追寻

TRACING

保联
先行者的足迹

★ ★ ★ ★ ★

THE FOOTPRINTS
OF THE
PIONEERS OF BAOLIAN

中国保险学会 ◎ 著

新 华 出 版 社

图书在版编目（CIP）数据

追寻 : 保联先行者的足迹 / 中国保险学会著.
－－ 北京 : 新华出版社, 2023.9
ISBN 978-7-5166-7014-9

Ⅰ. ①追… Ⅱ. ①中… Ⅲ. ①故事－作品集－中国－当代
Ⅳ. ①I247.81

中国国家版本馆CIP数据核字（2023）第187504号

追寻 : 保联先行者的足迹

作　　　者：中国保险学会		撰　　　稿：林振荣	
责任编辑：徐文贤		书名题字：丁永康	
封面设计：刘子溪			

出版发行：新华出版社
地　　址：北京石景山区京原路8号　　　邮　　编：100040
网　　址：http://www.xinhuapub.com
经　　销：新华书店、新华出版社天猫旗舰店、京东旗舰店及各大网店
购书热线：010－63077122　　　中国新闻书店购书热线：010－63072012

设计制作：上海耕书文化发展有限公司
印　　刷：上海华教印务有限公司

成品尺寸：185mm×260mm　　1/16
印　　张：36　　　　　　　　　　字　　数：522千字
版　　次：2023年9月第一版　　　印　　次：2023年9月第一次印刷

书　　号：ISBN 978-7-5166-7014-9
定　　价：188.00元

忆"保联"红色履痕
赞青春峥嵘岁月

吴 越

吴越获得党组织颁发的"光荣在党50年"奖章和证书

　　中国共产党已走过百年风雨征程，百年芳华，初心永在，"光荣在党50年"以上的老党员受到党组织的慰问嘉奖，荣获纪念章，备感党的关怀与温暖。此情此景让我更加缅怀"保联"地下党战友们。

前排右起	吴　镇	程振魁	施哲明	张先成	林震峰	王尧山	陆志仁	宋国华
	杨世仪	江春泽	梁廷锦					
中排右起	郭素珍		胡国定	廖国英	王永昌	戚白铭	蔡同华	陈　瑛
	周繁琍	袁若霞	唐凤喧	朱元仁	金家铨	王亦洲	徐天碧	
后排右起	汤铭志	杜伯儒	魏原杰	吴　越				

注：名单中除宋国华是北方地下党、魏原杰为军队转业干部外，其余均为上海地下党员

　　我的脑海里常常浮现出1988年5月在上海华山饭店举办"保联"创建五十周年纪念会的场景：一群"保联"老人，步履蹒跚，虽行动不便，却从全国四面八方聚集而来，几天里共同追忆，把五十年前的"保联"往事翻过来倒过去叙说个不停，声声浸透真情。人虽已老，但"保联"依然那么年轻——当年的"保联"欢快而新鲜，既为热血青年提供了释放青春活力的舞台，也为我们赋能铸魂，打下心许家国的政治底色，义无反顾追随党，迈出忠党爱国的步伐。

　　追光的人，自带光明，我们为自己拥有这样刻骨铭心的往事而自豪——投身于"保联"的芳华是无悔的，因为在中国大变革的时代洪流中我们留下了自己的足迹，伟大的时代照亮了我们的青春。

追寻
▶保联先行者的足迹

"保联"像一个大家庭，饱含兄弟姐妹般的深情厚谊。战友们重逢，相见匆匆，离别匆匆，"保联"往事仿佛昨日，成为我们脑海里最深的记忆。

八十载春秋倏尔而过，当年的追风少年如今已年届百龄，对身外诸事已渐失兴趣，尽管故旧凋零，"保联"战友健在者寥寥，早已断了信息，但当看到这些"保联"人物和书稿，读到这么多熟悉的传奇故事，眼前便飞扬起战友一张张熟悉的面容，还是让我激动难眠了。作为一名77年前入党的"保联"老战士，在党爱党、在党言党、在党为党，抚今追昔，感慨万千。

"保联"前后存在11年，不仅仅为同人联谊娱乐而生，而且实为党领导下的统一战线组织、隐蔽的革命阵地——"保联"的创建与发展，始终是在中共上海地下党组织的坚强领导之下，"保联"的履痕，本身就是伟大党史的有机组成。1936年后，党中央为白区工作确定了"荫蔽精干，长期埋伏，积蓄力量，以待时机"的16字方针，"保联"很快成为一个成功的典范。在恶劣的环境中，"保联"从无到有，从小到大（连中共地下党的江苏省委书记刘晓都成为"保联"会员），构建了坚强的党组织，利用公开合法社团的掩护，根据保险运营特点和阶段性形势需要，因事因人，灵活开展了丰富多彩的群众性文娱活动。保险业党组织历经抗日救亡的烽火淬炼，从小到大，由弱变强，在长期斗争中保存了自己，壮大了党的力量，涓涓细流最终汇入人民解放战争的滚滚洪流，迎来了中华人民共和国的诞生。

"文章合为时而著。"撰稿者林振荣多年来钟情于中国保险业历史文化资料的收藏与研究，经常与我交流有关保险史问题，我们因共同的志趣成为忘年交，我深为他的执着努力而感欣慰。20多年来他先后发表了多篇保险历史文化及人物传记文章，他尊重历史，行文"严谨""真实"，笔触细腻，以文献实物为底本，活用史料，阐释适度，注重言之有据，措辞稳重，且富有文采，把关键历史事件、核心人物叙述得清晰可信，人物故事不是靠道听途说去演绎，也不是剪贴复制他人文章改头换面拼凑而成。尤其是他在抢救保护上海保险历史文化实物方面功不可没，为建成上海财经大学保险博物馆奠定了藏品基础，完成了我多年来的夙愿。这次他以党的二十大精神为引领，遴选25个"保联"人物故事，梳理考证，汇编成册。请我作序，我非常乐意接受了。我近年来受困于年老体衰，行动不便，时而失忆，已多年不再撰写文章。我个人的经历不值一提，但我还是愿意把"保联"的红色记忆推荐给业界，为后辈们留下一份亲历者的"历史参考"，亦以此向党的102岁生日献礼。本书中所叙述的25位保险业红色人物都是我所熟悉的，让我仿佛回到了那个激情燃烧的岁月，往事片段在脑海里翻涌，历久弥新。我相信，一滴水可以折射出太阳的光辉，此书用琐碎的故事细节，复原厚重的历史场景，在人物叙述中升华主题，用鲜活的故事呈现红色金融文化魅力；我相信，后辈们一定可以从中感悟建党百年的艰辛历程，在让历史告诉未来中，传承红色基因，共享党的荣光。

吴越

2023年1月

追寻

▶保联先行者的足迹

"保联"烽火岁月里
奋战在上海保险业的中共地下党

中国保险学会

中国共产党已走过百年风雨征程，立志于中华民族千秋伟业，百年恰是风华正茂。向百年历程致敬！向伟大复兴誓师！

早在2011年，中共上海地下组织斗争史陈列馆为了庆祝建党90周年暨上海解放62周年，从5月中旬开始，举办了"永恒的记忆——中共上海地下组织斗争史料展"，开幕以来观众云集，好评如潮，引起媒体的广泛关注。

在众多珍贵展品中，有一件胡詠骐使用过的饭盒，颇为引人瞩目。"展品说明"是这样写的："这是一只湖蓝色四层搪瓷手提饭盒，是红色资本家胡詠骐每天上班的必备之物，里面装着他和职员的午餐。胡詠骐曾是一名虔诚的基督徒，抗战时期加入中国共产党，是中国民族保险业的拓荒者，也是中国保险业上层人士中最早的中共地下党员之一。他是一个节俭的人，自己的花销很少，工作餐都是饭盒自带；他也是一个慷慨的人，出资给抗日军民购药买粮食买武器，资助进步人士出版抗日书刊……长期的刻苦与劳累，极大地损害了他的身体，1940年11月5日，年仅42岁的胡詠骐病逝了。去世前，他给家人留下了遗嘱：'余信仰为人在世应为大多数人民谋福利，生为中国人应先中国而后世界。余不赞成私有财产制度，家人日常生活应力求简朴，只求合乎卫生，切弗奢侈。每年全数收入除简朴生活所必需之外，应用于为大多人谋福利之事业。'这成为其后人一生的座右铭。"

文物不言，自有春秋。红色记忆蕴含着激励人们前行的精神力量，让我们能够从中汲取奋发向上的养料，这一点确实给力。在这特殊的日子里，追忆七八十年前上海保险业界中共地下党人经历的那段如火如荼的革命生活，同样令人备感振奋，备受教益。

红色保险是红色金融战线的重要组成部分，上海的保险业承载了年轻的共产党人对革命斗争岁月血与火的记忆。作为旧中国保险业中心，上海滩诞生了全国保险业最早的中国共产党地下支部，胡詠骐、程恩树、谢寿天、施哲明、林震峰、沈润璋、程振魁等一批年轻的中国共产党人在民族危亡时期，在艰险环境中，利用保险这一特殊职业作掩护，团结职员群众，吹响救亡图存的号角，为结成最广泛的抗日民族统一战线和爱国民主统一战线作出了贡献。他们通过筹建"保联"联谊团体，创办进步刊物，兴办共产党人自己的保险公司，发起、推动建立大上海分保集团，团结民族保险业界同行，抵制了日本帝国主义妄想控制上海保险市场的图谋，促进了民族保险业的崛起。保险业党组织也历经抗日救亡的烽火淬炼，从小到大，由弱变强，在长期斗争中保存了自己，壮大了党的力量，涓涓细流最终汇入人民解放战争的滚滚洪流，迎来了中华人民共和国的诞生。他们用青春谱写了一曲壮美的理想信仰赞歌，他们的英雄业绩为党旗增光添彩，他们的奋斗史是中国共产党人改天换地光辉史册中亮丽的一页。

上海保险业地下党组织诞生在抗日救亡洪流中

早在1936年年初的抗日救亡运动中，保险业职员程恩树、杨延修、林震峰、施哲明等就积极参加了上海职业界救国会的活动。到1937年全面抗战爆发，在保险界中上层人士胡詠骐、谢寿天、杨经才、郭雨东等人的宣传动员下，保险业职工300余人组成了"上海市保险界战时服务团"，投入声援抗战的各项宣传活动。在上海爆发"八·一三"淞沪抗战后，他们积极开展募捐、战地慰劳、救济难胞活动，成为上海职业界救亡协会领导下一支比较活跃的队伍，也为以后发展保险业党的力量夯实了深厚的群众基础。11月，国民党军队西撤，上海租界沦为"孤岛"，形势发生变化，但抗日救亡运动变换形式仍在继续发展。

1938年春，根据上级党组织"转变活动方式，广泛发动群众以合法的社会团体开展统战工作"的精神，胡詠骐与程恩树、谢寿天、林震峰、郭雨东等作为共同发起和筹备人，开始组建联谊会。在筹备期间，上级党组织考虑到保险行业与各行各业的联系比较广泛，通过保险公司的业务活动，可与各行各业中上层人士发生和保持经常联系，有利于开展党的抗日民族统一战线工作，还可利用保险业务职业便利，掩护党员及地下党组织的秘密活动，因此，1938年5月，中共江苏省委职员工作委员会领导人张人俊（张承宗）通知程恩树（1937年11月入党，原编在洋行华员联谊会支部）和林震峰（1938年5月入党，原属银钱业业余联谊会支部）两位党员秘密碰头，传达上级党组织决定，抽调他俩回保险业创建党支部，由程恩树任支部书记兼组织委员，林震峰任宣传委员。中共上海保险业党支部诞生后，迅速成为党在业界群众中的战斗堡垒。

一九三八年年底上海保险业中共地下党支部成员
左起张先成 程恩树 林震峰 吴镇
一九六一年十月摄于北京铁狮子胡同国务院专家招待所

在之后的十余年里，先后担任支部书记的是程恩树、施哲明、林震峰、沈润璋、廖国英、吴越、金家铨等。

他们依托"保联"这个公开合法的群众团体，扎根于保险业群众之中，积蓄力量，做长期战斗的准备。他们结合保险业的特点，在职工中宣传党的抗日主张和抗日民族统一战线政策，紧紧依靠"保联"活动中涌现出的积极分子和骨干，广泛联络社会各界群众，开展抗日救亡活动，逐步打开了党建工作局面。

党支部贯彻"积极慎重"的方针，秘密实施党员发展工作。党支部从抗日救亡活动中涌现出来的骨干、积极分子中物色建党对象，确定党员分工联系，进行个别考察教育，推荐进步书刊，分析革命形势，帮助他们树立革命的人生观、世界观，按照党员条件，成熟一个发展一个。

从1938年5月创建到上海解放前夕，保险业地下党组织先后发展党员60名，其中除6名党员因思想觉悟或家庭关系等原因后来自动脱离党的队伍外，绝大多数党员在党组织的领导下发挥先锋模范作用，保证了各项斗争任务的完成。积极的党建成果壮大了党的队伍，增强了党组织的战斗力（详见附录列表）。

发起组建"保联"，拓宽统战工作主阵地

1938年7月1日，此时的上海正沦为"孤岛"，满目疮痍，人心惶惶。而在租界内的西藏路宁波旅沪同乡会所里却人头攒动，热闹非凡——400多名上海华商保险界高中层人物及职员代表齐聚一堂，一个非官方的行业联谊会，就这样在暗潮涌动的上海滩诞生了。

这个组织的发起人和筹备者当中，虽有声名显赫、衣食无忧的资本家，但更多的却是怀揣着理想与信仰，冒着生命危险，投身到为人民解放事业而不懈奋斗的共产主义战士。当时在场的大部分人没有意识到，一个保险业界的职员联谊组织，会演化为他们投身抗日救国的熔炉和摇篮；而能有幸跻身这个联谊会，也成为伴随他们一生的荣耀。

上海市保险业业余联谊会（以下简称"保联"），是在中共地下党指导下组建起来的。"保联"会员的主体是业界下层职员，但为了全民抗日，为了争取合法的团体地位，在各项活动中又积极争取中上层人物的支持和参与，使他们在参加"保联"活动中逐步接受党的主张，进而实现团结一切可以团结的力量，共同对敌。"保联"理事会下设总务部、组织部、会员部、体育部、学术部、福利委员会、出版委员会、图书委员会等职能部门。为了将党的策略方针更好地贯彻于群众工作，保险业党支部内明确分工，程恩树负责"保联"总务部、会员部、体育部、福利委员会等部门的活动，林震峰则负责出版委员会、图书委员会、学术部等部门的活动。保险业的党组织与"保联"，一暗一明，在实际工作中发挥主导作用。

一九四零年
『保联』第三届
理事会成员合影

后排左三林震峰
左四关可贵

　　"保联"的创立，就像是开启飞驰的战车，驰而不息。一方面，"保联"使抗日救亡运动扩展到整个保险行业中，由原来300名会员迅速扩大到近2000人的社会团体；另一方面，"保联"把抗日救亡运动、保险业职员的专业能力提升、文娱体育与日常生活福利有机融合在一起，使它成为深受广大职工衷心拥戴的群众组织。

　　"保联"是以大家喜闻乐见的文体娱乐活动方式打开工作局面的，如足球、乒乓球、游泳、象棋、话剧、平剧、聚餐、旅游等，都开展得轰轰烈烈。我们以"保联"话剧组为典型案例，管中窥豹，领略"保联"卓有成效的活动方式。

　　"保联"话剧组是以党员为骨干组建起来的业余剧团，是对保险业界青年最具影响力的舞台。"保联"成立后不久，党员程振魁受命筹建话剧组，开始时只有十余名青年参加，但他们思想进步，抗日热情高涨，活动主动踊跃。话剧组以这部分青年为骨干，很快就火热起来了，凭着满腔爱国热情，积极排练独幕剧、活报剧以及一些中外名剧。在社会上，它以"保联剧团"的名义举行义卖公演，参加联欢慰问演出。话剧组的规模由小变大，组员逐步发展到80余人，最兴盛时多达百余人。骨干成员中吴振年(吴镇)、孙文敏、蔡同华、徐天碧、沈润璋、朱元仁、陆瑛、吴越、刘凤珠、王亦洲、徐慧英(徐达)等先后入党，还未包括后来进入苏北根据地入党的周繁琍、赵萍、吴秀丽、汤翠娣、赵倩等。话剧团先后单独或联合演出近40次。1939年7月24日至30日，"保联话剧团"参加由上海地下党发动的上海市业余话剧界慈善公演，演出的剧本是阿英（钱杏邨）创作的三幕剧《群莺乱飞》。内容是一个大家庭由于内部的腐朽和矛盾，以至于出卖了城东北一块祖传的土地。该剧影射腐败的国民党蒋介石政府出卖我国东北三省的现实。演出时因阿英同志已经暴露，为了避免当局的检查，临时将该剧改名为《日出之前》，剧作者姓名也改为"沈宥"。这次联合义卖公演轰动了全上海，仅"保联"售票所得就有1400多元，除费用开支外，全数由公演筹备委员会副主任胡詠骐通过中共八路军驻沪办事处刘少文转交给新四军。1939年秋，话剧组还到胶州路"集中营"，向坚守四行仓库的"八百勇士"作慰问演出。

　　"保联"通过举办保险讲座和学术研究班的形式，培训了一批保险技术骨干，适应了保险公司大量发展业务的需要。同时，"保联"通过演唱救亡歌曲、排演抗日内容的进步话剧，激励"孤岛"人民保持民族气节，还通过举办政治经济时事形势的宣传教育，图书馆借阅进步书籍，传播进步思想，宣传苏联社会主义的美好前途，满足了广大青年职工关心时事、接受进步思想教育的愿望。党组织要求党员密切联系会众，绝不允许对会员居高临下发号施令，而是必须以自己的模范行动，去影响和带动群众，通过培养出许多积极分子，进而把全行业群众带动起来，冲破国破家亡的意志消沉和颓废萎靡情绪。党组织还动员大家利用业余时间，增强自我教育，鼓励大家从远处、大处着眼，树立对祖国和事业前途的信心，抓住有利时机，强健体魄，培养心智，以适应复兴时期的需要，肩负起保卫国家经济战线的重任。通过这些活动，广泛联系保险业职工，团结一切可以团结的力量，"保联"自身日益发展壮大，骨干分子后来有的转入大后方，有的进入解放区，奔赴抗日前线，在上海保险业职工运动史上留下了光辉一页。

筹创红色保险公司，构建隐蔽战线的红色堡垒

　　1941年年底太平洋战争爆发，日军占领上海租界，原来控制保险市场的英、美、法商保险公司被迫停业，日商保险公司一时难以取代其地位，出现保险市场空白。中共地下党党员谢寿天认为这是发展民族保险事业的大好时机，便向上海地下党职委会书记陆志仁提出创办保险公司的建议。党组织考虑到利用保险公司与各行业联系业务较为广泛，有利于扩大抗日民族统一战线，就同意

了谢寿天的建议，并支持他出面筹建。谢寿天多方联系，邀集陈巳生、郭雨东、董国清、关可贵、龚渭源等7人为发起人，分头负责从社会上筹集股金。1941年11月28日举行创立会，借广东路51号大莱大楼二楼办公，注册资本法币50万元，实收半数25万元，按法定手续，申请登记批准，1942年5月11日开业。推举孙瑞璜为董事长，郭雨东任经理，谢寿天为常务董事兼总稽核。陆续在敌占区的天津、南京、广州、青岛、烟台和北平设分公司，武汉、无锡、苏州设代理处，经营各种财产损失保险业务。

大安保险公司虽是职工不到30人的小公司，但其中、高级职员里，有中共地下党员10人，他们虽未编在同一个支部，也没有横向联系，互不知情，但在执行党的决议时却是步调一致的。他们以保险公司职业作掩护，从事革命工作，作出卓越的贡献。谢寿天、陈巳生还以"大安"合法身份参加上海金融界、工商界和知名人士组织的座谈会、聚餐会，开展统战工作，联系和团结爱国民主人士。大安保险公司对全民抗战的贡献主要有：

其一，鼎力支持"上海市保险业业余联谊会"的各项活动。大安的中上层干部大多担任了"保联"的重要职务，承担主要会务工作。他们团结一批进步青年，组织义演、捐款、募集物资和药品，支援抗日救亡工作。

其二，积极发起组建"大上海分保集团"，实现团结自救。上海沦陷时期，华资保险公司数量猛增，但由于绝大多数资力薄弱，依靠英、美、法商的分保之路也已中断，因此，唯一的出路就是华商联合起来，自力更生解决分保问题。谢寿天联合郭雨东、董汉槎等华商保险公司同人，决定发起、推动筹建大上海分保集团，以便妥善解决集团各公司的溢额分保问题。1942年2月，大上海分保集团正式成立，参加者有大上海、大安等19家保险公司。该分保集团以所属公司的资本金额、公积金额与营业情况等核定，按比例分配，共负盈亏。每年将纯利润提成充作赔款准备金，借以增强集团组织力量和维护保户的保障，其实力仅次于太平分保集团。此举有效地解决了民族保险业的危险分散问题。这是民族保险业团结互助、反日控制的重要建树，有力地推动了华商保险业的自主经营。

另外，由上海内迁到重庆的卢绪章、杨延修、张平等地下党人，以广大华行与卢作孚的民生公司联合投资的方式，于1943年设立了民安产物保险公司。

卢作孚任董事长，卢绪章继任总经理，转移到大后方的程恩树担任业务处副处长，协助卢绪章主持保险业务工作。这是党在国统区创办的保险公司，由周恩来同志亲自掌控、广大华行直接领导的秘密堡垒。1943年6月，"民安"开始受理保险业务，同年11月正式营业。1945年9月，抗战胜利后，总公司由重庆迁至上海。"民安"的中共党员遵循党的指示，团结奋斗，出色完成了上级党组织分配的任务。1949年年底，"民安"国内机构全部停止营业并宣告清理，1953年5月清理结束。但中国香港"民安"仍继续经营和发展扩大，一直坚持到改革开放年代，汇入中国太平。

组织和领导保险职工为争取民主自由和生活保障做斗争

遵照党的建立广泛民主统一战线的要求，为配合民主运动高潮的来临，1946年3月，陈巳生发起组建"上海市保险界民主促进会"，在南京东路中华劝工银行大楼举行成立大会，马叙伦、陈巳生莅会演讲，"保联"的骨干们几乎都报名参加，由蔡同华、沈润璋、姚乃廉具体负责，明确表达"渴望和平，反对内战；要求民主，反对独裁；争取自由，反对迫害"的政治主张。保险界填写志愿书办理入会手续的有120余人。

1946年6月23日，上海和平代表团乘火车赴南京向国民政府请愿。上海各人民团体发动各界群众5万余人集中在北火车站广场举行欢送大会。是日，保险职工200余人在外滩公园门口集合，打着"保险界民主促进会"的旗帜参加欢送行列。当晚，上海和平代表团与新闻记者到达南京下关时，即被大批手持凶器的国民党特务包围，惨遭殴打，酿成"下关惨案"。周恩来发表了致"三人会议"国民党和美国代表两方备忘录，对此暴行表示严重抗议，并亲到医院慰问受伤代表。"下关惨案"充分暴露了国民党独裁专制和蓄意破坏和平、制造内战的罪行，更加激发了全国性的群众和平民主运动。保险界民主促进会及时向会员报告了"下关惨案"真相，并联合"保联"，邀请马寅初、郭沫若、吴晗等人来会所演讲，开展以反内战、争和平民主为主题的宣传教育活动。同年7月11日和15日，国民党特务在昆明先后暗杀了中国民主同盟中央委员李公朴、闻一多。在沪郭沫若、沈钧儒、马叙伦、许广平等人发起《致美国人民书》

的签名运动，呼吁美国人民起来制止美国政府帮助国民党发动内战。保险界民主促进会积极响应，动员保险职工签名，派出代表参加上海各人民团体联合在天蟾舞台举行的"李公朴、闻一多两先生追悼大会"，以及在静安寺举行的公祭仪式。

抗战胜利后，国统区通货膨胀日益加剧，物价飞涨，国民党上海市政府故意压低作为调整职工工资标准的生活指数，每月公布的指数与实际物价相差较为悬殊。一般保险职工的工资收入仅能购买三四斗糙米，生活艰难。1945年下半年，上海各界掀起要求改善工资待遇的经济斗争，其中尤以南京路百货业店员的罢工斗争对职工群众教育很大，于是人们纷纷开始仿效。1946年2月，同处一栋大楼里的金城银行（太平保险公司的主要投资银行）职工罢工斗争取得胜利，大大鼓舞了保险职工斗争维权的勇气和信心。保险业党支部分析形势和群众的呼声，认为在太平以及由它投资管理的安平、丰盛、天一等4家保险公司的职工中发动经济斗争的条件是成熟的，因此党组织决定发动一次改善工资待遇的罢工。罢工委员会针对群众对公司内上中下层职员工资过分悬殊存在不满情绪，确定斗争策略，强调必须说服群众服从大局，把斗争的矛头针对资方，明确只有照顾高层职员的利益，才能争取这些人的同情或保持中立，不致被资方所拉拢利用，强调要注意团结中高层职员，掌握"有理、有利、有节"的原则。经过秘密发动，召开了有40余名代表参加的筹备会议，对罢工斗争做了研究部署，次日推选代表向总经理丁雪农提交工资计算基础从按生活指数的50%提高到70%等三项要求，全体职工集中在食堂立等回音。由于资方拒绝提议，被迫发动群众250余人罢工。罢工委员会要求大家聚集在食堂，不去办公室，由纠察人员看守大门，封闭电话室，防止资方对外联络，与此同时，还以罢工委员会的名义，电话通知其他有关的保险公司援手以扩大影响，在党组织的策动下，多家保险公司的职工代表到太平表示支持和慰问，鼓舞大家的斗志。

罢工坚持了3天，资方被迫出面谈判。在取得初步胜利后，罢工委员会宣布及时收兵，同时建议立即组建带有工会性质的"太安丰天同人联谊会"，以鼓舞职工士气，巩固斗争成果，党员廖国英当选为主席，党员朱元仁、金家铨等13人当选为理事，积极做好下一步谈判的准备工作。

到4月，太安丰天同人联谊会发动第二次罢工，要求资方解决在第一次罢工中未解决的问题。党组织为了加强对这场斗争的领导，成立了太平保险公司支部，由程振魁任支部书记。但由于资方采取两面手法，拖延时间，对罢工群众进行分化瓦解，罢工遭受挫折。到5月中旬，资方反攻倒算，以工作需要为名，将罢工领导人程振魁和积极分子姚乃廉等4人调离上海去武汉太平所属公司工作，以示惩戒。党组织经过研究，为了鼓舞群众斗志，决定程振魁拒绝调离，最后资方恼羞成怒下令将其开除。太、安、丰、天集团70余名职工假座八仙桥青年会欢送这些被开除和调离的同志，在会上，程振魁鼓励职工加强团结，继续斗争。党支部抓住这一事实，揭露资方的丑恶面目和卑鄙手法，进一步团结和教育了群众。由于在群众中打下基础，1948年在党的领导下职工又进行了两次怠工斗争。在罢工斗争中，党员发挥了先锋模范作用，提高了党在群众中的威信。

1948年2月，当申新九厂职工罢工斗争遭到反动派血腥镇压后，保险业地下党也发起组织了"保险界申九惨案后援会"，开展声援活动。

穿透黎明前的阴霾，去迎接日出

1948年下半年，国民党在军事上面临崩溃，政权摇摇欲坠之际，对上海人民进行疯狂镇压和迫害，特务机关党通局竟于11月下旬秘密逮捕了"保联"党员廖国英和吴越，以及活动骨干（党外积极分子）洪汶、赵伟民4人。在危急时刻，为避免遭受更大损失，党组织决定：在"保联"中比较活跃的党员沈润璋、汤铭志、徐达（徐慧英）、朱元仁、刘凤珠、唐凤喧、王培荣、袁际禹等撤离上海，转移去苏北解放区。调林震峰、姚乃廉(姚洁忱)去上海局策反小组从事其他秘密工作。保险业支部一部分未曾暴露的党员杜伯儒、王永昌、张葵珠、陈联芳、翁辅庭暂时隐蔽，在党的领导下继续进行地下活动。

1949年春，三大战役结束，解放大军渡江在即，针对反动派准备炸毁重要机构和设施、毁灭上海的阴谋，上海地下党按照上级党组织护厂护桥护路保产保业的指示，将大大小小的护厂队、护校队、纠察队等，组建为上海人民团体联合会人民保安队。

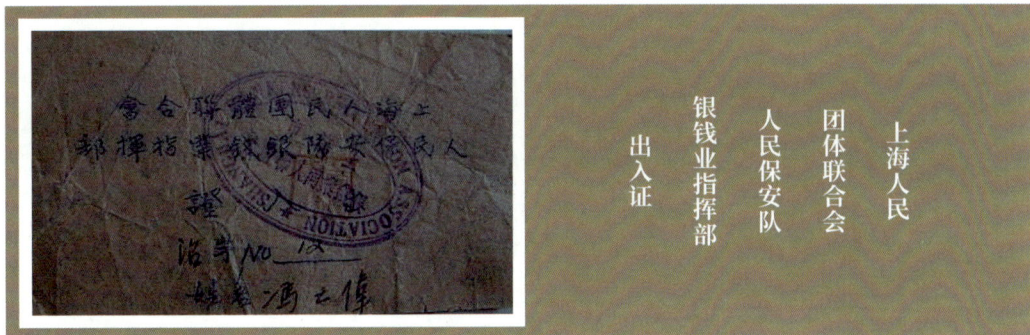

　　保险业党组织迅速发动保险业职工40余人组建两个保险小队（隶属人民保安队沪中区队华联中队，由杜伯儒、金家铨分别带领），寄发人民解放军《约法八章》，宣传党的城市政策，佩戴袖标，站岗巡逻，为解放军做向导，协助解放军维持地方秩序。地下党员利用保险业务承保地段卡片比较齐全的信息资料（里弄门牌、房屋建筑、企业名称、仓库堆栈、财产物质），摘录绘图，方便解放大军入城之用，也用作接管和查封官僚资本的参考。5月26日，地下党员接管"保联"会所作为保险业工会筹委会活动场所，并为进城的解放大军引路送水，维护交通。5月27日，解放军击溃国民党残余部队，解放全上海。为使上海能顺利接管立即恢复生产，地下党组织抽调了一部分"保联"活动骨干，到上海市军管会金融处保险组，学习城市接管政策，讨论制定接管官僚资本保险公司的计划。保险组参加了接管中央信托局保险处、中国保险公司、太平洋保险公司、中国农业保险公司等官僚资本保险机构的工作，并尽早恢复保险业务，组织保险业职工参加纪念"七七"和庆祝解放的上海百万军民大规模游行活动。还动员一些进步职工参加西南服务团，为解放大西南提供了干部储备。

　　以后，保险党组织又筹备成立保险业工会，做了办理失业登记，发放平价米等工作。1949年12月与银钱业工会改组合并为上海市金融工会筹委会。

《上海金融工会保险分会
中国人民保险公司支会
成立大会特刊》

一九五零年九月九日
大会纪念徽章
第三第四支会联合成立
上海金融工会保险分会

上海解放后中共地下党财经系统领导人合影于励志社

第一排左起	谢寿天　卢绪章　吴雪之　刘少文　刘　晓　刘长胜　徐雪寒　陈　明
第二排左起	杨延修　方　行　梅达君　张纪元　叶景灏
第三排左起	程恩树　项克方

追寻

▶保联先行者的足迹◀

总之，上海保险业的职工运动经历了抗日战争和解放战争两个历史阶段，其工作方式和组织形式虽然随着具体形式和职工群众需要的变化而不断有所变化，但贯穿始终的基本任务只有一个，那就是结成统一战线：在抗战时期是调动一切力量，结成抗日民族统一战线，打败日本侵略者；在解放战争时期是团结一切可以团结的力量，结成爱国民主统一战线，反对独裁专制，夺取新民主主义革命的完全胜利。"保联"开展丰富多彩的文艺、体育、福利、学术性活动，都是围绕这个基本任务来推展并为其服务的。保险业党支部通过党员以及一批非党积极分子，联络了整个保险业的职工群众，通过采取当时当地条件能够许可的组织形式和活动方式，争取了同盟军，打击了敌人。保险业党支部（后改为分党委）在解放战争后期，曾遭到敌人破坏，正是由于党与群众的鱼水深情，得到了许多非党积极分子和群众的掩护、支持，才使暴露了的党员得以安全转移，被捕的党员和非党积极分子得以营救。

"历史蕴含价值，光荣成就未来。"上海保险业的地下党人组建红色保险网络，是把握历史主动构筑战略优势的关键一招，也是与时俱进动态调整的创新之举，为争取抗日战争乃至新民主主义革命的最终胜利贡献了"保险业智慧"。

目 录

信仰至高 "詠"者无畏

中共"特别党员"胡詠骐的特别贡献

胡詠骐

1917年毕业于上海沪江大学，1926年赴哥伦比亚大学攻读人寿保险和商业管理学学位。1929年返沪任宁绍商轮公司保险部经理，1931年发起创办宁绍人寿保险公司，任总经理。1933年起先后当选上海市保险业同业公会执行委员、主席，成为影响力深远的行业领袖。1938年发起创建"保联"，奠定联谊会基础。1939年初成为中共"特别党员"。

在一般人眼中，虔诚的基督徒与坚定的共产主义战士，是水火不容的，而在中共"特别党员"胡詠骐身上，却实现了两者完美契合，有序转换，毫无违和感，让人不得不佩服追求理想道路上真理非凡的力量。

钩沉索隐，细节蕴藏着见微知著的红色故事

在中国共产党人的精神家园——上海市兴业路76号（今黄浦区黄陂南路374号）中共一大会址纪念馆里，曾展出这样一件展品：胡愈之（新中国首任国家出版总署署长）为追悼胡詠骐逝世而写的《忆詠骐先生》手稿。

文中追忆了与胡詠骐的相知相交，缅怀胡先生鼎力襄助文化界救亡协会工作，资助《团结》《译报》的继续出版，以及合作组建复社，赞助编译出版埃德加·斯诺《西行漫记》（*Red Star Over China*，又译作《红星照耀中国》）往事。

当胡愈之看到斯诺的英文版《红星照耀中国》，觉得应该让更多国人读到这本书，让更多人了解红军长征和红色领袖，但在当时的环境下几乎没有公开翻译出版的可能。于是，进步知识分子文化团体复社（以促进文化、复兴民族为宗旨）1938年年初应运而生，胡詠骐是其核心社员，自当大任，"有钱的出钱，有力的出力"，傅东华等分头译成中文。胡詠骐除缴纳社员费筹措资金，还为印刷《西行漫记》中译本提供了无私帮助，从出谋划策到文稿印校，将印样纸版秘密隐藏在美华利钟表公司原料仓库里，胡詠骐都亲力亲为，还共同擘画刊印《鲁迅全集》（20卷本）、《海上述林》（即《瞿秋白文集》）等事宜。

《西行漫记》的募资出版幸遇『红色保险人』

"至今抗战三年有余，国内青年之参加革命而受《西行漫记》的鼓励者不知凡几。但谁也不知道我们复社不过几个社员各出50元资本凑合而成的，而詠骐先生也始终为它的赞助者之一"，此书一经面世，"洛阳纸贵"，一版再版，不到一年工夫竟接连印了4版。"我知道他，是个事业家，但也是一个真诚的爱国者""自我离去上海以后，就很少与詠骐先生通消息，但从友人的口中，知道他对于爱国的活动更积极，对于政治的认识也更深入了，在上海各同业公会登报声明立场的启事中，我仿佛见到他巍然耸立的姿态；在民食调节协会的创办中的我仿佛见到他忠诚奔走的形貌，在宪政运动的斗争中，我仿佛见到他一本人民立场，卓立不阿权势的严正的表示"。我"知道他从1939年起，孜孜不倦攻习社会科学，准备向阔大而光明的理想世界迈进了。但谁又知道他正要肩背着真理之囊迈步前进的当儿，他忽然倒下了！这是他个人的丧失吗？这是谁的丧失呢？伤哉！……远望祖国之原野，缅想友好之溘逝，虽觉伤痛，但还须战斗呵！"（胡愈之：《忆詠骐先生》，《上海市保险业职工运动史料（1938—1949）》，上海市保险业党史资料征集组编写，1987年12月。）这张写于1940年的泛黄的手稿，挥洒自如的笔迹，一段上海红色记忆跃然纸上。

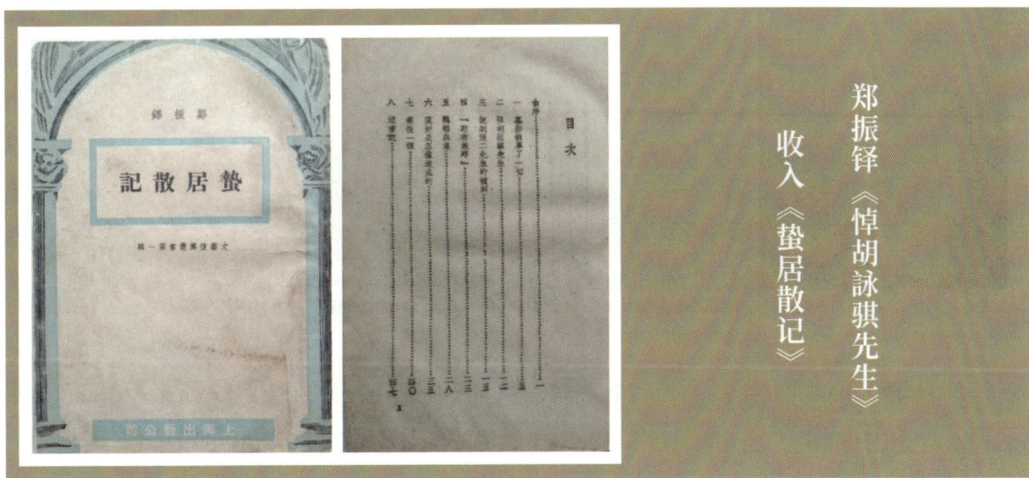

郑振铎《悼胡詠骐先生》收入《蛰居散记》

无独有偶，"保联"的学术顾问郑振铎（新中国第一任文化部文物局局长）当年致胡詠骐的悼词写道："他不是一个孳孳为利的普通商人。他看得远，见得广，想得透彻。他知道一个商人在这国难时期应尽的责任是什么。他的一切措施，一切行动，都是以国家民族的利益为前提的。他从事商业近二十年，但他的经济情形也仅足够一家温饱而已。而对于爱国事业，则无不竭力帮助着；比千万百万富翁所尽的力量更多，更大！""他稳定地站在危难、艰苦、恐怖、纷扰的环境中，像一个巨人似的；在他的巨影之下，许多人赖以安定、不惧。他执了一盏光明四射的灯笼，在茫茫黑夜里，引导着许多人向前走。他的勇敢、冷静与明晰秋毫的理论，增加了同伴者无穷的勇气。"（郑振铎：《悼胡詠骐先生》，《蛰居散记》，上海出版公司1951年版。）

无怪乎，1997年，年逾古稀的电影表演艺术家孙道临，对胡詠骐短暂一生的贡献及人格魅力非常钦佩，认为胡先生从虔诚的基督徒到坚定的共产主义战士之转变颇具典型意义和感人力量，因此与徐昌霖合作，创作了以胡詠骐事迹为原型的剧本《绿叶青葱》，原打算自导并主演，由上海电影制片厂拍成8集连续剧，纳入上海地下党题材电视剧系列（该系列先行拍摄公映的是8集《出生入死》）。

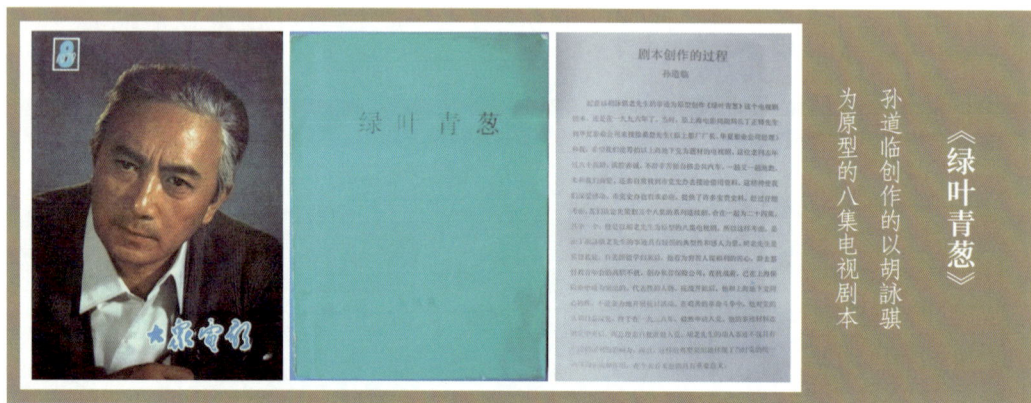

《绿叶青葱》 孙道临创作的以胡詠骐为原型的八集电视剧本

但由于拍摄档期拖延，也因要摄制自编剧本并主演的电影《詹天佑》，错过了最佳开拍时机，计划搁浅，孙先生2007年因心脏病猝逝，这成了他一生未竟的心愿，也是金融文化一种难于弥补的缺憾：如果当年拍摄计划落实，那将是中国金融史上的里程碑——第一部以保险人物为主人公的红色影视经典。

　　大道不孤，早在2011年6月，中共上海地下组织斗争史陈列馆为庆祝建党90周年暨上海解放62周年，推出"永恒的记忆——中共上海地下组织斗争史料展"，观众云集，好评如潮，引起媒体的广泛关注。在众多展品中，有胡詠骐使用过的饭盒，颇为引人瞩目，（《大上海解放"号外"今起展出》，《新闻晚报》2011年5月28日。）旁边解说词："这是一只湖蓝色四层搪瓷手提饭盒，是红色资本家胡詠骐每天上班的必备之物，里面装着他和职员的午餐。胡詠骐，曾是一名虔诚的基督徒，抗战时期加入中国共产党，是中国民族保险业的拓荒者，也是中国保险业上层人士中最早的中共地下党员之一。他是一个节俭的人，自己的花销很少，工作餐都是饭盒自带；他也是一个慷慨的人，出资给抗日军民购药买粮食买武器，资助进步人士出版抗日书刊……"带饭上班"抠老板""对自己'小气'，资助党的事业却很慷慨"成为人们好奇的焦点。

　　那么，胡詠骐究竟是何方神圣？其真实身份中共"特别党员"为何不为世人所知长达半个世纪？他的隐秘故事能否诠释信仰的真义？

　　文物不言，自有春秋。红色记忆蕴含着激励人们前行的精神力量，能够从中汲取奋发向上的动能，确实值得追寻。

沐浴圣恩　初心如磐

胡詠骐1898年出身于小业主家庭，父亲懋堂公是浙江鄞县一家手工织绸茧作坊业主，经营丝绸发扬国货，在江浙商场中卓有声望，育有8个儿子，胡詠骐排行老六，胡詠莱排行老七，兄弟们均身材魁梧，相貌出众。

　　胡家慎德堂奉行"清白传家敦厚做人"的祖训，父慈子孝、婆贤媳惠、兄弟同心、妯娌和睦，代代传承淳朴的家风，为人正派，不攀附权贵，损人利己的事绝不可为，在事关国家民族的大是大非面前，能够坚持原则，爱国爱乡，立场坚定，深得乡邻敬重。

一九三三年胡詠骐家族合影
后排站立左九 胡詠骐 左五 胡詠莱

　　胡詠骐少年时就读于教会学校宁波斐迪中学（后易名浙东中学），入校后开始信仰基督教，中学毕业后求学于浸会背景的上海沪江大学，均为校内风云人物，品学兼优。时时沐浴在圣歌声中，他打心底里服膺基督牺牲精神，从青少年时期起树立了舍己为人、不计名利的博爱信念，内化出回报社会服务他人的热情，时刻关怀民众之疾苦，展现出博大仁慈的胸怀。

胡詠骐酷爱体育锻炼，曾与戚正成配对代表沪江大学，与南洋及圣约翰两大学进行网球双打比赛，对诸如辩论会、级友会、年刊会、天籁社等课外社团活动尤感兴趣，颇具领袖天才，常被推为主席之职，勇于任事，组织能力出众，办事公道热心，思维敏捷，交友广阔。

一九一六年十月二十四日
胡詠骐新婚时全家合影
后排为兄弟七人 左二胡詠骐
中排左二新娘周巧英

上大学期间于1916年10月24日奉母命与周巧英成婚，1917年毕业获文学士学位，之后回宁波受聘任四明中学教员，从事教书育人事业。

1918年，由全国基督教青年会总干事余日章博士力荐，胡詠骐牵头筹备宁波基督教青年会，为开拓局面先赴上海基督教青年会观摩会务一年，1919年重返家乡出任宁波基督教青年会第一任总干事，全情投入，他笃信中华基督教青年会"非以役人，乃役于人"会训，认定该会倡导各项社会公益，能直接造福于全社会，因此积极倡导"德智体群"四育事业，践行人格教育，业绩突出，到1922年已征招会众1200余人，通过向基督教北美协会以及甬籍富商名流募捐，在"一穷二白"的基础上购地建起新会所（江北岸新江桥堍保护性建筑），奠定基督教青年会宁波长远发展基础。其间被擢升为中华基督教青年会全国协会董事、书记、司库，基督教上海市组委会主任委员、董事。

长期的栉风沐雨、辛苦劳碌让他心力交瘁，肺痨咯血，几不能起。

1926年秋，胡詠骐得到国外考察学额，由教会资助，远赴美国调养身体兼资深造（旅美客居调养近年，疾患始告痊愈），同时入哥伦比亚大学进修，这是他人生另辟蹊径的开始：他攻读人寿保险和商业管理学双科硕士学位，还到纽约联邦人寿保险公司见习业务一年，归国时顺路赴欧洲多国考察。这种见识让他领略了欧美保险业的宏大规模与发展愿景。

当实业报国、富民强国成为信仰时

1929年，胡詠骐返沪，应聘担任宁绍商轮公司董事会总务主任兼保险业务部经理，开始了为民族保险业筚路蓝缕、顽强打拼的一生，公司改组后转任宁绍水火保险公司总经理。这种身份转换的背后预示着价值观开始蝶变。

七弟胡詠莱亦属于上海早期寿险经理人才。当1926年胡詠骐远赴美国留学之时，胡詠莱大学毕业后进上海美商友邦人寿保险公司谋职，从最低层业务员干起，等到1929年胡詠骐学成归国时，胡詠莱已经磨炼成营销业绩卓著、经验丰富的高级业务经理，很受"远东保险王"、美亚董事长史带的器重，进入友邦的核心管理层，这在《友邦汇刊》中有多处报道。

胡詠骐虽已远离宁波，仍身兼中华基督教宁波分会名誉总干事，宁波的一应重要会务遥为指导。1934年，在基督教青年会第十二届全国大会上，胡当选为书记和董事，兼任董事部司库，几年里"对于协会尽力匡助，每次董事会几无一次缺席，于审议各项要案，时有嘉猷贡献，而司库一职，须签署协会支款单据，手续尤为繁重，先生欣然为之，数年不感疲乏……至协会历年筹募常会经费，先生尤多所尽力，盖其爱护青年会之热忱，始终如一，此尤协会全体同人所深切仰佩者也"。（《胡詠骐先生纪念册》，梁小初撰《胡詠骐先生与中华基督教青年会全国协会》。）

就像胡詠骐旅美期间为何选择寿险学专业深造是个谜一样，如此坚定的基督徒为何会转信无神论进而走上革命道路？同样是个不解之谜。

宁绍商轮公司保险部同人合影

前排居中胡詠骐 后排右一程恩树

从有神论蝶变为无神论，胡詠骐并非孤例——青年马克思就是从有神论者变为无神论者的，我们可以大胆去揣度其中的必然性诱因，尽管这会带有主观臆测，胡先生的转变，很大程度上源于旅美留学经历及归国后投身救亡图存实践中的透彻幡悟。因为生活在那个年代的中国人需要面对的现实很残酷：祖国积贫积弱，饱经外国列强欺凌，北洋军阀欲壑难填，都让拯救苍生兼济天下的虔诚祈祷显得苍白无力。他们逐渐知晓仅靠宗教博爱情怀，唱诗礼拜不能改变受压迫民族的命运，实现经济自强，御侮保国才是恒久的理想追求。

1931年11月，胡詠骐发起集资创办宁绍人寿保险公司。胡詠莱即从友邦人寿离职，兄弟携手创天下。

胡詠骐创业之时，适值"九·一八"事变，嗣又迭经"一·二八"沪战，社会不景气之弥漫，国内时局之推移，直至"八·一三"烽火燎原，欧战兴起，鼙鼓声动，时逢多厄，几无宁日。宁绍人寿保险公司危难时世中开局逆势成长，困难可想而知，所幸1932年5月17日在实业部注册（设字第258号，注册年限为五十年，规定满期后经股东会议决议得呈准续展之），注册资本（实收）国币二十五万元，发行股票2500股，每股国币100元，决算日期为12月底，募招的股东大多是宁绍籍旅沪富商。

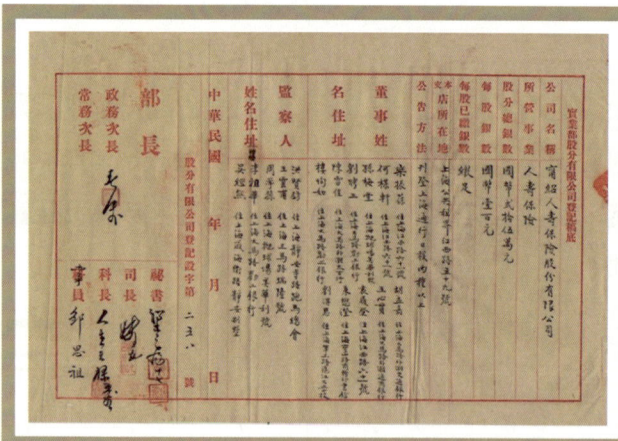

总公司初设上海江西路59号，后迁至北京东路356号国华银行大楼，先后由邵长春、乐振葆出任董事长，胡詠骐长期任总经理，胡詠莱任襄理兼业务部主任，营销业绩长期名列荣誉榜，兄弟同心，其利断金，很快打造出华商寿险界全新气象。

保险昆仲，识才善任，凝心聚智

没有天时地利，只能依赖人和。胡詠骐兄弟在宁绍推行欧美新型模式，低调初创，却高调招徕人才，借以开拓市场。

宁绍人寿保险公司推荐杨培之赴美国留学，同人欢送留影
前排左5胡詠骐　左4胡詠菜　左6杨培之　左3陆权谋　右3李守坤

　　胡詠骐平素就知人识才，对学识卓越之士，执礼至恭，殷勤访聘，委以重任，岗位历练培养。他把宁波斐迪中学及沪江大学同窗七载的好友戚正成从华华中学校长任上挖来保险公司做襄理，多有倚重，世间少了一位安贫乐道的校长，保险业界多了位才华横溢的高级经理人。还有周永德（美国南加州大学经济学硕士，曾任清华大学教授）任襄理，李守坤（毕业于美国密歇根大学人寿保险精算专业，是1949年之前中国获得北美精算师协会准精算师资格仅有的三人之一）任秘书长兼精算会计主任，杨培之（沪江大学校友，1934年留学美国攻读保险硕士，两年后杨得到MBA学位回国创业，1959年移民美国，投资实业大获成功，担任沪江大学美国东部同学会会长多年）任公司襄理兼展业主任。方景和（原友邦人寿的验体医师）任副经理兼医务主任，文牍主任陆士雄，保单主任施苹舟，研究部主任张素民（后任大夏大学商学院院长）。沪江大学高才生陆权谋，应聘在宁绍人寿历练五年，担任公司人事课主任，公司重点培养其在人事管理讲习所修习，取得资质证书，之后又出具保函保送其入大夏大学

商学院银行专业进修。公司高层受过高等教育，群英荟萃，"或历任军政界要职，或深孚社会时望，均感于胡先生之诚欣然愿供驱使，且矢忠合作，追随不懈"。为凝聚同人，胡咏骐"有一句挂在嘴边的话语'工作的时候工作，游戏的时候游戏'，那就是说，在工作之余，我们彼此都一样，没有等级之分"。

正是倚重这些杰出人才，公司顺利渡过初创瓶颈，步入快速上升通道，正如1933年以"安全的轮子"为主题的广告所云："本公司过去两年中载着壹仟余位保户向幸福之途前进""有效保险金额已近肆佰万元""实施科学管理，实行服务精神，投资绝对安全，会计悉主公开。"胡咏骐兄弟倡导的服务理念与人文关怀颇得人心，充分释放出营销优势，推出的业务种类有终身保险、限期缴费终身保险、储蓄保险、薪资储蓄养老金保险、子女教育金保险、子女婚嫁金保险、团体保险、意外保险等，十分接地气。宁绍严格审慎投资，循序渐进，市场拓展很快，相继在广州、北京、汉口、青岛设分公司，在九江、重庆、苏州、南京、杭州、烟台、济南、开封、汕头、宁波、长沙、威海卫、镇江、无锡、南昌、潍县、厦门等地分设代理处，公司业务蒸蒸日上。

寿险市场说到底是人际关系经营，寿险营销需要乡谊"人情味"。于是宁波同乡刘湛恩（沪江大学校长）、方椒伯（两届上海总商会副会长、银行公会会董、宁绍轮船公司董事长、公共租界纳税华人会理事长）、孙梅堂（中国钟表大王）、袁履登（上海宁绍轮船公司总经理、上海总商会会董副会长）、胡孟嘉（交通银行常务董事兼总经理、中国实业银行总经理）都受邀成为董事。宁绍良好的业绩，"归功于胡先生领导有方和管理方法的完善"，当然也使公司股东们得到丰厚回报，1936年派息三厘，1937年至1939年度则派息七厘，受到广大股东的赞誉。

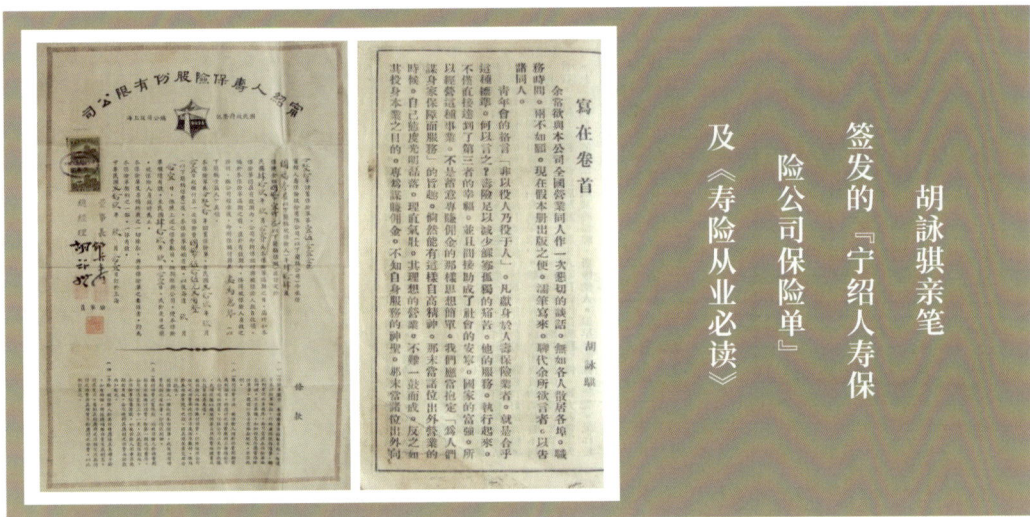

胡詠骐具有国际视野,能够跳出保险业而着眼大势和大局,高屋建瓴。他常谓:国以民为本,民以养生为要,发展人寿保险业,盖欲以养民生也,保险本与慈善公益活动使命一致,是福利人群的事业,殊途同归。故而应弘扬保险业扶危救困之本质,积极宣传保险业的新意义新精神,倡导“以被保险人利益为前提”经营理念,反对把寿险仅仅以纯粹营利之业视之,尤其痛斥我国旧式商业“出门不认货”的做法,盛赞美国汽车大王福特倡行的“汽车售出方为服务开始”策略,不骛近利,尽力效从。“当先生筹设宁绍人寿保险公司之初,时则风气犹未尽开,此业为世诟病,先生秉其海外闻见之实,学理研究之深,毅然赴事,不为所移,卒树国人自营寿险事业之良模,其见解独具,意志坚遒,于此可见一斑焉。”(《胡詠骐先生纪念册》,孙广志撰《悼胡詠骐先生》。)这种以天下众生为念,以扶危救困为己任,用寿险业务为大众谋福利的理念,在80多年后的今天仍然振聋发聩,富有警示意义。

作为受过欧美寿险专业培训的保险经理人，胡詠骐兄弟都深知普及保险知识、培养专门人才的重要性，所以编写《人寿保险学讲义》，利用一切机会争取名流政要支持，呼吁各界扶持保险，宣传保险，尽己所能在金融业内部和社会舆论界掀起了普及研究保险知识之风。

1933年4月10日，宁绍人寿创办《人寿》季刊，免费赠送保户，以广招徕业务。胡詠骐在《人寿》季刊、《保联》月刊以及《新闻夜报保险周刊》上先后发表了《中国保险业近况》《保险业之自由职业化》《人寿保险之沿革与现状》《团体保寿问题》《实行改革币制后之人寿保险业》《社会不景气中，国人对于人寿保险应有的认识》《寿险公司投资的分析》《对于保险业法之意见》《人寿保险职业之我观》《供献与保险界同人的几句话》等系列文章，为民族保险业的发展鼓与呼。

胡詠莱也在《人寿》季刊第1期上，刊发了《保险之性质及效用》，在第7期上刊发了《服务寿险之真谛》的文章。在《寿险界》第二卷第四期上刊发《宁绍人寿保险的科学管理观》之专稿。

在这些文章里阐述了寿险具有"保障社会之属性，鼓励公共俭德，减少流落窘状，增裕慈善经费"的社会意义。胡氏兄弟都主张，"保险是一种社会事业，所以必须每一个保险业从业员以信仰一种事业的心情来从事保险业务"，保险企业家也要事业心胜于营利心才会真正成功。1935年，胡詠骐还特别创制了《承办沪江大学团体保险办法》（共10条），为母校师生承保团体寿险，回馈母校。同年7月10日，胡詠骐应邀到复旦、沪江等大学演讲人寿保险问题，借以扩大保险业的社会影响力。

革故鼎新，精心擘画保险业发展愿景

"有非常之事业，端赖乎有非常之人才，领袖为之倡。"正是由于胡詠骐在上海乃至全国金融界的影响力日益彰显，1933年，他被推选为上海市保险业同业公会执行委员，从1935年秋起，更连续被推举为公会主席（直至病逝），"对该会之兴革事项，多所建树，力求该会成为推进保险事业之积极机构"，成为金融界闻名遐迩的行业领袖，思想进步的革命先驱。

上海市保险业同业公会《火险保价规率》《火险费率规章》

胡詠骐认为"今日之保险公会，不同于以往仅司例行公事之机关，而实为积极化、学理化、研究化、同业互助化之组织"，在肩负同业公会统率责任的8年中，"公会每星期举行执行委员会时，胡先生照例亲到主持"，热心擘画，"论事察物，多独到见解，深中要紧，剔隐抉微，周详缜密"，为维护华商保险的共同利益，做了许多开拓性的工作：他不遗余力组织同人与外商谈判，成立了囊括华商和外商的上海市火险联合委员会，协调统一了火险费率和条款，主持制定中英文保单标准条款格式，审定保险单上长期沿用的英文条款译文，结束了我国早期民族资本保险公司保险单上没有中文条款的历史，限制了外商保险公司对华商保险公司的不正当竞争；他还推进上海市火险经纪人登记与管理规章之实行，奠定我国保险业健康发展之基础。他主政的同业公会，还将推进保险教育作为发展保险事业之首要工作，首创上海保险业同业公会阅览室和图书馆；由同业公会和中国保险学会联名向各大学商学院建议在商科中规定保险学列入必修课；以同业公会名义吁请国民政府庚款委员会在公派赴外留学生中规定保险专科名额，以谋多培养保险人才；还与中国保险学会联名呈请教育部通令全国各大书局，援照欧美日本先例，在中小学教科书中增加商科保险知识的课程内容，借以倡导。这些建议付诸实施，起到很好的治理业界小环境的作用。

以同业公会名义吁请教育部在中小学教科书中
增加保险知识内容的批复

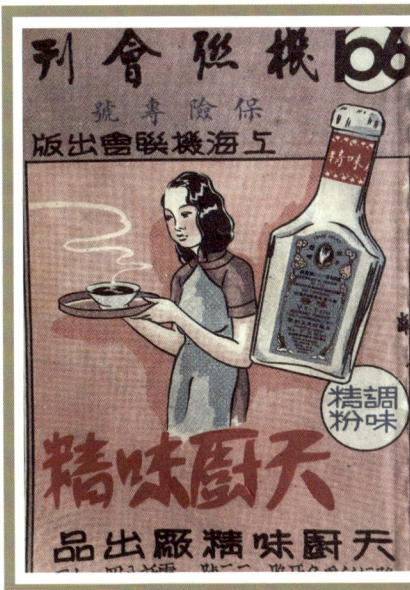

上海机制国货工厂联合会一九三四年十一月一日特发《机联会刊保险专号》

1934年9月22日，中国工商管理协会举行第51次聚会，胡詠骐在会上作了关于团体保寿的讲演，他慷慨陈词：美国寿险公司已有300余家，而我国只有10家。我国投保寿险者只有12万人，占全国人口3%不到。而美国则有6000万人投保寿险，占全国人口数的60%。中国寿险公司现在保额约国币4000万元，即每个国民仅摊到1角钱。而同期美国每人约1600元，日本每人100元。我国投保团体寿险的机关只有商务印书馆、中国银行、新闻报馆、家庭工业社、中国红十字医院、光华火油公司等，为数甚少，呼吁大力倡导开办团体寿险。

胡詠骐赢得业界的广泛拥戴，《保联》月刊第一卷第八期在《保险界人物志》栏里专文介绍胡詠骐，赞誉他"以社会服务态度来推进保险，以科学管理方法来经营业务，以合作为上政策来联络同业，以好学不倦精神来鼓励同人——他是个新事业的模范人"。（《保险界人物志——胡詠骐》，《保联》第1卷第8期。）

以民为本：责无旁贷的担当情怀

　　有人期望金融企业管理公众资金应该保持中立，不介入战火纷争，但求置身局外，明哲保身。那是一种天真的幻想，覆巢之下，焉有完卵，银行保险公司的兴衰与国家民族的命运休戚与共。"九·一八"事变爆发后，正处于艰难创业期的胡詠骐，即响应全国基督教青年会的呼吁，厉行"对日不合作运动"；到"一·二八"事变时，他更是力所能及支持十九路军抗日。

上海繁华闹市遭日机轰炸浓烟滚滚及先施公司被炸后的惨状

追寻 ▶ 保联先行者的足迹

1937年7月全面抗战爆发，日寇铁蹄所到之处，国土被践踏，生灵遭涂炭。接着"八·一三"淞沪抗战铺开，宁绍人寿所处的北京路国华大楼靠近苏州河，北岸的四行仓库成为全球关注的中日交战地，八百孤军死守四行仓库，南岸公共租界群众隔岸为战士加油，枪弹纷飞，北京路及外滩一带的金融机构业务遭受严重影响，像中国保险公司、太平人寿保险公司、泰山保险公司等金融机构一样，为企业的安危考虑纷纷迁离，胡詠骐被迫将宁绍临时迁到法租界亚尔培路382号（即国际公证拍卖行）办公。在日伪政权"白色恐怖"时期，宁绍同人翁光天（宁绍水火保险公司副经理）、邵虚白（宁绍水火保险公司襄理、大光通讯社社长）因不畏日寇淫威，惨遭杀害，为国捐躯，这让胡先生同仇敌忾。

商人也知亡国恨，患难见真心。在那个苦难岁月，虽然随处可见唯利是图、见利忘义、大发国难财的商人，在一个金钱至上、权力至上、个人利益至上思潮风行的国度里，有着滋生奸商，乃至汉奸卖国贼的土壤。但商人亦可高风亮节，行为世范。胡詠骐虽居商贾之林，却不失士夫之志。当民族危难，国之大厦将倾之时，胡先生把宗教热情升华为家国社稷情怀，希冀救亡图存、救国救民。他兼任了许多社会公益社团职务，如上海国际救济会、上海市民粮食调节协会、宁波华美医院、上海市振德中小学校董会等社团的董事理事兼职，无不尽心竭智，推进社会救济事业。一份兼职，两份责任，多倍付出，他的表现深孚众望，1940年春荣膺上海工部局工务委员。

随着战火的蔓延，大批丧失家园的难民涌入上海租界寻求庇护。由于纷杂混乱，人满为患，租界当局下令关闭铁门，架起铁丝网，阻止难民进入。形容枯槁的妇孺老人与衣衫褴褛的儿童，扎堆蜷曲在公共租界及法租界以外的弄堂口街边乞讨，流落于街头的难胞达十余万人。时任上海国际红十字会副主席的饶家驹（"上海的辛德勒"、来自法国的天主教独臂神父）与美、英、法日多方斡旋，在上海方浜中路、人民路范围内创建了免受战火侵袭的上海南市难民区（史称"饶家驹安全区"，被写入《日内瓦公约》的战时平民救护范例，其在近三年时间里，拯救过30万难民）。几十万缺衣少食的难民每日浩繁的赈济费用，主要靠社会各界捐助救济，为此上海各行业团体纷纷开展旷日持久的慈善募捐活动。

面对日寇野蛮侵略带来的深重苦难，中共江苏省委10月初将救助难民列入组织抗日救亡运动的急迫任务，提出"节约救难"口号，发起"节约献金、劝募寒衣"运动，一来可救济上海南市难民区及其他难民收容所（一些地下党员还深入收容所当管理员或教师，组织政治宣传与难民生产自救活动）；二来也能借以替新四军劝募寒衣与钱款、支援物资、输送人员。胡詠骐拥有仁爱的心怀，博大的胸襟，他以同业公会主席影响力，发动同业致力于难民救济活动，上海市保险业同业公会积极承担赈灾任务，"特捐助国币三千元于上海市救济委员会，又三千元于红十字会，以作救济难民之用""特再捐国币伍百元"。根据胡詠骐之建议，上海国际救济会发起了"一角捐运动"，即市民每人每天节省一角，可供难民一日食粮，以3元为一单位，每集得3元，随时捐助。上海各行业群众团体积极响应，"一角钱慰劳将士爱国捐"成为时尚，废奢就简，厉行节约，捐款捐物，体现出炽热的爱国情愫，除发给捐款者收据公示外，另特制赠送"一角捐运动纪念章"，以示褒扬。

到1939年12月，日伪加紧对"孤岛"经济封锁，上海居民的粮食来源断绝，米价飞涨，哀鸿遍野。在民生凋敝之时，胡詠骐铁肩担道义，认为民生即良心，利用国际救济会的关系，力排阻碍，邀集沪上各界热心公益人士，发起组织"上海市民粮食调节协会"，手订规章，不辞辛劳，劝说各行各界集体向越南大量籴米，以谋开源，使囤积居奇操控米价者穷其伎俩，米价可望抑平，在斗升小民，藉纾喘息。为减轻同人生活负担，他率先垂范，在宁绍人寿公司里实行米贴，并且为"保联"会员直接向外洋订购大米，补贴保险界同人。为因输米入埠，他临事不惧，好谋而成，考虑垫付定金，擘画运输之安全，仓廪之妥实，辛苦备尝。胡詠骐守正不阿，光明磊落，在一段时期里平抑了猛涨的米价，深为同人所钦服和拥戴，胡先生个人奉行节俭，不谋私利，却为抗日军民赈灾、买粮、购药、添武器，堪为"达则兼济天下"的楷模。

爱国统一战线的感召，使他重塑了信仰

信仰追求是人的精神寄托，是内化于心，也是外显于行的。在国家危难之际，胡詠骐义无反顾地奉献自我，为民族奉献忠诚，他与同人以特有的方式担当起了企业家的社会责任，为国分忧，积极参加上海职业界救国会，并发起组织上海保险界战时服务团，通过各种渠道参与抗日救亡，声援抗战将士。

1938年上半年，胡詠骐在自家客厅与谢寿天、程恩树、郭雨东、林震峰等悉心擘画，作为共同倡议人，提出以"联络感情，交换知识，调剂业余生活，促进保险业之发展"为宗旨，发起组织上海市保险业业余联谊会（以上发起人都先后成为中共地下党员）。1938年7月1日"保联"正式成立时，胡詠骐当选创会理事会理事。他依托爱多亚路160号大厦保险同业公会为"保联"提供了会所（设在保险业同业公会隔壁）和其他多方面福利支持，像图书馆、消费合作社的基本设施，都是胡詠骐出面帮助解决的。"保联"是在中共地下党影响下，利用同业联谊形式，团结一切可以团结力量的行业群众机构，事实上成为党在保险业界的外围组织。

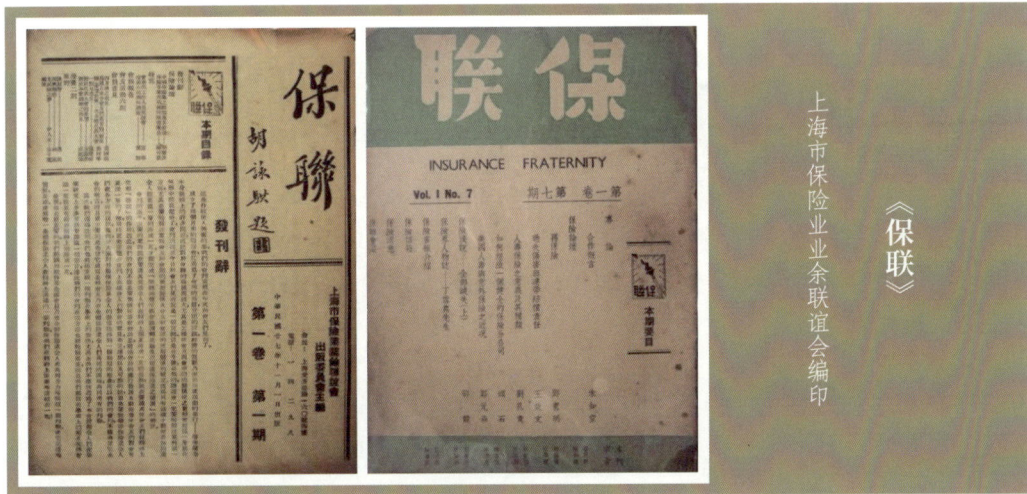

《保联》
上海市保险业业余联谊会编印

从第二届理事会起，他被聘为"保联"名誉理事兼顾问，为会刊《保联》题写刊名，为创刊号题写"乐业好群"贺词，为保联创建壹周年题词，他多次撰写理论文章，专题演讲勉励保险从业人员"努力学习业务，增进学问品行之修养"。

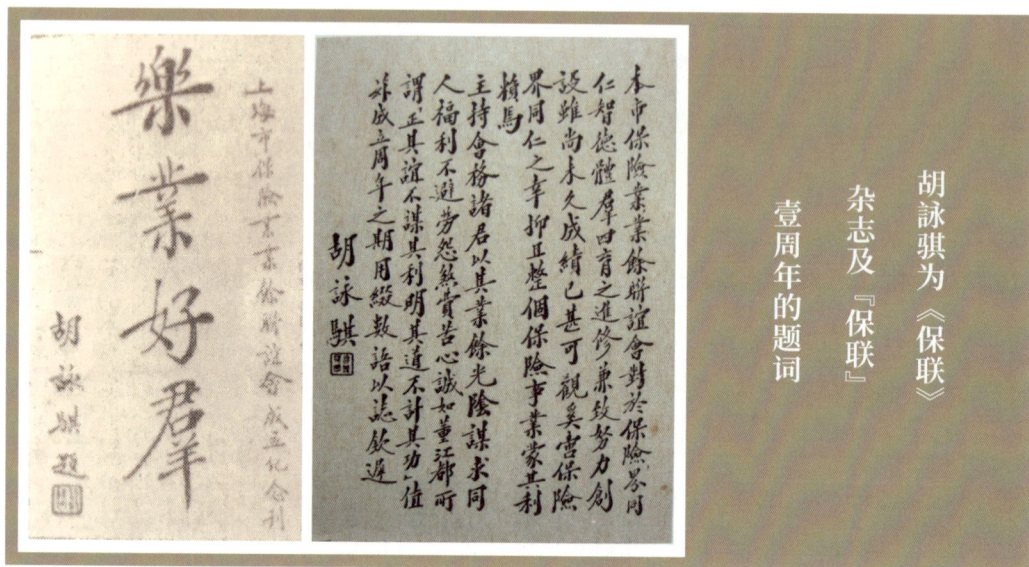

胡詠骐为《保联》
杂志及『保联』
壹周年的题词

他还积极襄助"保联"开展各项文娱体育活动，如为体育部举办的各保险公司职员小型足球赛出资赞助，后来这些比赛冠名"詠骐杯"。胡詠骐的积极态度得到广大会员衷心拥戴，也在保险业界上层中起了很好的示范倡导作用，大大方便了党在金融业界广泛团结群众开展抗日民族统一战线工作。

一九三九年秋
『保联』体育部举办
小球比赛 胡詠骐
（站立者）
主持开球礼 夫人
周巧英（旁坐者）
抱病到场
陪同出席

胡詠骐赞助创办的"詠骐杯"两届
小球冠军保裕队全体合影

胡詠骐主持"保联"第三届征求
会员大会的报道

理想信仰是有志者赋能蓄势，踔厉前行的不竭动力。胡詠骐不忘实业救国、富民强国之初心，自觉擎起追求真理、笃行真理的旗帜，在国土沦丧，民族危亡时局下，他忧心如焚，渴望找到拯救民族的光明道路。他与胡愈之、郑振铎、王任叔、许广平、雷洁琼、赵朴初等进步爱国人士相交相知，也参加工商界方液仙、胡厥文、盛丕华、黄延芳等组织的"星五聚餐会"，惺惺相惜，以聚餐为掩护谈论国事。他对这些虽不信仰基督，却具有为民请命、甘愿舍弃个人私利、自觉献身情怀的爱国人士，深感钦佩，见贤思齐。有了这种觉悟，他更加积极投身于利国利民的事业中去，常出钱出力资助文化界人士，解决他们面临的困难。当夏衍、王任叔创办的《译报》因经费支绌面临停刊时，他便鼎力资助渡过难关。

认清真理，重树信仰是灵魂的蜕变，是精神的升华。尤其是与献身于人民解放事业的共产党人刘少文、沙文汉、王任叔、刘晓等结交后，胡詠骐就像突然发现活着的耶稣一样，把他们看作与众不同的"圣人"，热切期待向他们讨教学习。他阅读进步书刊和《论持久战》《论新阶段》等文件，在鄞县同乡沙文汉（中共江苏省委宣传部长）的引导下，直接阅读英文版《资本论》，思想认识产生飞跃，于1938年向沙文汉递交了入党申请。中共江苏省委对他的思想转变及实际表现早有了解，但因胡的资本家身份，按照党员审核规则，必须经省委申报党中央，因此直到1939年年初，才由中共中央批准胡詠骐为特别党员（不是一般意义上的党员，而是中共中央为了党的秘密工作需要，为增强党在各界中上层的力量，便于发动群众开展合法斗争而吸收的特别党员。具有较高社会地位，肩负特别的使命任务，其党员身份在党内外保密，不编入、不参加支部的组织生活，由党的高层负责人直线联系并进行教育）。

奋斗大半生，终于找到救国救民的康庄大道，胡詠骐入党时明确表示：随时准备放弃城市的地位与生活，到抗日前线流血牺牲在所不惜。但党需要他留在上海，利用其社会地位及行业影响力做金融界统战工作。胡詠骐的特别党员身份和许多党内活动是严格保密的，家人亲友丝毫不知晓，即使到他逝世时，这一秘密也没有被揭开。随着岁月流逝，这一秘密直到改革开放以后才终于披露出来。

事实上，胡詠骐早已为党做了大量工作。例如，1937年中共上海地下党实际负责人刘晓初登上海滩接任中共江苏省委书记，即由胡詠骐安排化名刘镜清在宁绍人寿做"捎客""兜售生意"。刘晓因工作需要自沪赴渝时，又是胡詠骐设法出具宁绍商轮公司职员的身份证明，掩护通行。

1939年7月，中共上海地下党依托"职业界救亡协会"，发起组织了空前规模的"上海业余话剧界慈善公演"，以群众喜闻乐见的话剧形式宣传抗日救国道理。胡詠骐是公演筹备委员会副主任，厥功至伟，为扩大影响，他利用个人私谊争取到上海银行公会秘书长林康侯出任主任委员，共同筹备。

「保联」话剧组参演《日出之前》《上海业余话剧界慈善公演纪念册》及剧照

参演的剧团包括"保联""银联""华联""益友社"及"职业妇女俱乐部"等11家单位，轮流演出。从7月24日至30日连续七天在八仙桥黄金大戏院日夜各上演一场。为此"保联"组织了由谢寿天、程恩树、金瑞麒、关可贵、谈峥声、李言苓、徐可昇、傅其霖、过杰庆、龚渭源等15人组成的义卖公演委员会，分头负责剧务、演出、义卖入场券等事宜，胡詠骐为主要赞助人。"保联"话剧团排演了由上海剧艺社鲁思导演，沈宥（又名阿英，即钱杏邨）创作的三幕抗日剧《群莺乱飞》（演出时改为《日出之前》）。这次联合慈善公演，是"孤岛"时期最大规模的戏剧展演活动，戏票由各社团分摊推销，票价分五角、一元、两元、五元四档，场场客满。演出空前成功，仅"保联"就有1400多元售票所得，除费用开支外，全数由胡詠骐通过中共八路军驻沪办事处刘少文转交给新四军。

胡詠骐对党的事业极为慷慨，耗费巨资给抗日将士购药、买粮、买武器（胡詠骐率先示范发动社会各界捐款十万元，这在"上海支援新四军财力情况表"上有所记载）。但他对个人的生活用度却有些"吝啬"，是一个十分节俭的人，除应酬外几乎从不在外吃饭，午餐都是用一套湖蓝色的饭盒自带，花销很少，能省尽量省，很多不知内情的人都认为这个大老板很抠，太"小气"。

精神不死，功业长存

胡詠骐曾与好友郑振铎说起，保险公司的投资，要以投于那些有益于国家民族的事业为主。国难当头，购买外汇，垄断米粮布匹及其他日用品以牟取暴利者都是民族的罪人，我的公司绝对不做这种事。并与郑协商，要辟出一部分基金用于保存民族文化。热衷文化的郑深表赞同，当即表示愿意全心全意协助他玉成此事。但不幸这次谈话后不久，胡詠骐就一病不起，再无机会得偿所愿了。

在中国保险业早期发展史中，亲兄弟携手创业同为杰出人才的实例并不多见。正当大展宏图之时，天不假年，先是1937年初胡詠莱患病就医，因意外事故不幸辞世，年仅34岁。中央信托局保险部经理项馨吾特给胡詠骐发来唁函慰问："詠骐仁兄大鉴：噩耗传来，藉知令弟詠莱兄因病恒化，闻悉之下哀伤莫名。我国人寿事业方至蓓蕾预放之时，大好人才即遭折残，非特为贵公司惜，亦为保险界叹，而我兄手足之情，爱成天心，哀伤如逾常当之，爰顺变节哀……"

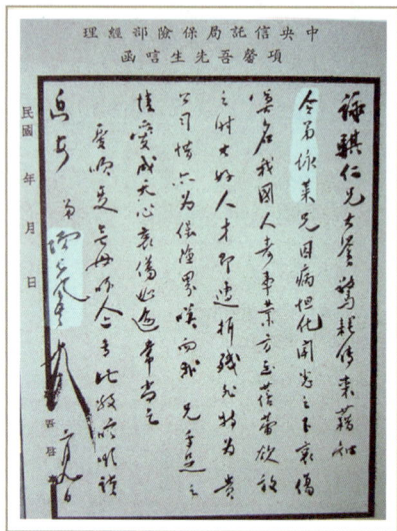

兄弟猝逝，断腕泣血，痛彻肺腑，戚戚悲伤，萦绕心怀，加上长期对自己的"苛刻"与超负荷工作，不到四年，胡詠骐也积劳成疾，从腹泻的持久不愈遍访名医找不到病因，到1940年5月腹泻加剧并发黄疸时住进医院做手术，方确诊罹患胰腺癌，在当时的医疗条件下已无能为力。"六月，他请了两个月的休养假，（保险同业）公会公务，由丁雪农代理"，因病不能履职，他通过写信提建议或委托关可贵先生为私人代表转达，不敢稍加懈怠，困于病魔仍勇于任事。直到生命最后的日子里，他还牵挂着未竟的事业，考虑的还是怎么实现自己的信仰。

10月25日，他留下遗嘱："致巧英我妻，暨国城、国美、国定、国安诸儿：余信仰为人在世应为大多数人民谋福利，生为中国人应先中国而后世界。余不赞成私有财产制度，家人日常生活应力求简朴，只求合乎卫生，切弗奢侈。每年全数收入除简朴生活所必需之外，应用于为大多人谋福利之事业。"

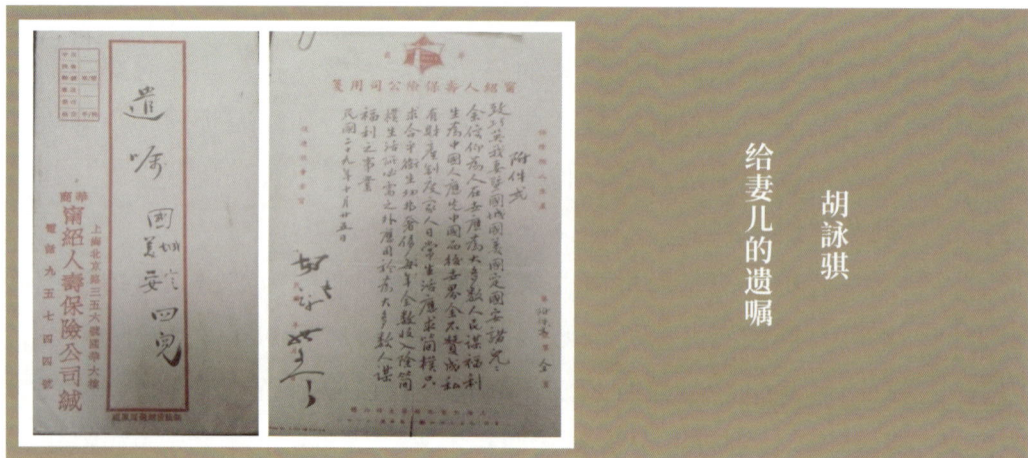

胡詠骐
给妻儿的遗嘱

追寻
保联先行者的足迹

胡詠骐弥留之际还把四个孩子都召集到跟前谆谆嘱托，人总是要死的，但是人的灵魂可以不死，精神不灭，我希望你们有达则兼济天下精神：一心为大众。丧殓务须俭约，不得铺张，治丧费用不要超过国币贰仟元，并选定刘湛恩（刘系胡詠骐哥伦比亚大学校友，曾任中华基督教青年会全国协会教育总干事，沪江大学校长，抗日英烈，因拒绝出任汪伪政府教育部部长遭日伪特务暗杀，胡曾扶枢送葬）相同的丧殓及安葬地点，以此来表示他与这位挚友的深重情谊，表白自己的信仰与追求。1940年11月5日，胡詠骐逝世，年仅42岁。

11月7日，胡詠骐遗体在胶州路万国殡仪馆大殓，11月8日下午，盛大的追悼仪式在上海虞洽卿路慕尔堂以基督教礼节举行。

上海市保险业同业公会、上海市保险业业余联谊会、宁波旅沪同乡会、上海沪江大学、中华基督教青年会全国协会、上海中华基督教青年会、宁波中华基督教青年会、上海联青社、宁绍人寿保险公司等机构联合组织了悼念活动，不请自来送别的业内外人士多达700余人，全场无不潸然之色。首先，由各团体代表献花致敬，除主办机构外，另有上海公共租界工部局、上海火险公会、上海美国同学会、中央信托局保险部、永亨人寿保险公司、上海文化界联谊会、上海学生协会、上海国际救济会、上海难民救济协会、上海民食调节协会、上海剧艺社等几十家机构派专人送来慰唁函电和挽幛。接着，由沪江大学校长樊正康讲述胡先生生前的嘉言懿行，悲壮激昂，备极哀荣。最后，由生前挚友扶枢上车，一路护送安葬在虹桥公墓。

整个丧礼共收到纪念仪金计国币伍仟元整，治丧委员会经征询胡夫人之意旨，拨归三项用途，算作胡先生最后的贡献："一、捐赠宁波中华基督教青年会基金计国币叁仟伍佰元整，该款以动息不动本为原则，并以所得利息指定作训练干事之用。二、捐赠上海沪江大学计国币壹仟元整，该款亦以动息不动本为原则，并以利息所得充作奖学金之用，凡选读该大学保险学程者，不论人寿或财产保险其得第一名者可获该项奖金。三、捐赠中华基督教沪北浸会堂国币伍佰元整，该款指定作建筑礼拜堂之用。四、本册出版后，如再有纪念金送来者，汇充上海沪江大学奖学金，不作别用。"（《胡詠骐先生纪念册》，《胡詠骐先生纪念仪金分配公益用途报告》。）

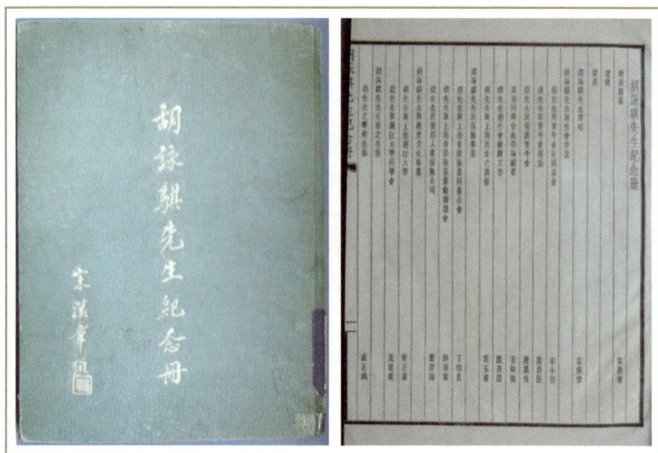

　　之后，上海市保险业同业公会联合八家机构编辑印刷了《胡詠骐先生纪念册》，分赠亲友与同人，宋汉章题签并撰写了"胡詠骐传略"，郑振铎、陈鹤琴、黎照寰、樊正康、凌宪扬、陆高谊、朱孔阳等文化教育界名流，过福云、吕岳泉、丁雪农、朱博泉、傅其霖、朱如堂、郭雨东、关可贵、朱晋椒、方椒伯、冯佐芝、陈干青、陈巳生、刘聪强、龚渭源、戚正成、方景和、孙广志、陆士雄等保险业精英纷纷撰文献词悼念，上海市保险业业余联谊会创办的《保联》还紧急组稿增发了纪念专栏（两月合刊），表达哀思，"胡先生之死，不只是一家公司的损失，应该说是人寿保险事业的损失，是正在步入光明之路的整个中国保险事业的损失"。

宁绍人寿由陈巳生继任总经理，受困于时局动荡和通货膨胀，严重影响着寿险业的发展，业务渐趋停顿。

商人亦可高风亮节，行为世范

胡詠骐投身商界近二十年，没有被世俗恶习所腐蚀，出淤泥而不染。他待人至诚，"生平交友重然诺，轻私财，好施与，严于律己，待人和蔼，如沐春风"，过着"基督化的商人生活"。在家庭生活中，胡先生倡行美国传教士式的生活：简单、朴素、清洁、安适以及有规律，除抱病以外，不论寒暑，每日都按时起床。周日半天偕同家人公园散步，难得有休闲全天机会时，常陪全家作郊外之游。他没有任何不良嗜好，虽工作之需经常应酬请客，但从来不吸烟、不饮酒、不赌博、不狎妓，与"烟酒赌嫖"生意场四字经彻底绝缘，这在富商圈子里是极其罕见的。

小处显大节，风范隐平凡。"胡先生对于各种善事义举总是极肯慷慨捐助的，只要他力所能及，总是有求必应，乐助其成的，他绝不是锱铢较量的牟利者，也并非是一毛不拔的守财奴"。（《胡詠骐先生纪念册》，张仕章撰《胡先生的模范生活》。）　陆高谊(世界书局总经理，著名教育家、出版家)在悼文中也提及，直到胡先生去世之后，家属才发现他每月的薪水所得数，除支付家庭开支外，竟有大部分都是用在秘密捐款上的，甚至"有时有人让我捐款，我就写了双份，一份为我，一份为他，但他从无多话，有时而且还说，'只要你认为有帮助的必要，你捐，我当然也捐'……他只问目的，不问其他，实在令人钦佩"他是低调慷慨做善事，"真像《圣经》上所说'你们施舍，不要像假冒为善的人，喜欢沽名钓誉，行在众人面前，你们施舍，应当做得左手不让右手知道'，他真是一个基督教的实行者"。（《胡詠骐先生纪念册》，陆高谊撰《胡先生的社会救济工作》。）

校董會題名

董事長	副董事長	校董兼書記	校董兼會計	校董	校董	校董	校董	校董	校董
李耀邦	虞滎鏞	胡詠騏	于溎春	董景安	趙晉堅	鄔志卿	林育初	趙傳家	李廉聲

胡詠騏在沪江大学与沪江附中董事会里兼职奉献

作为沪江大学培养的杰出人才，胡詠騏一秉校训，眷恋母校终其一生，相互引以为荣。他担任沪大同学会常务委员多年，主张"同学会之于母校，犹成家子女之于父母，理应常通消息，互相辅助，方能两受其益"，对于同学会"经费之筹措，会员之征集，事工之兴办，参赞不遗余力。遇有聚会辄喜拨冗参加，而参加之时，又往往谈笑风生，引人入胜，使大家咸感群体生活之可乐，不啻为同学会作有力之号召"，是校友公认的同学会中坚人物。1929年春，同学会推举胡先生为出席校董事会代表，"联任校董历十余年直至去世。每值集会，讨论兴革，辄多建议"。"八·一三"抗战发生，校舍被毁，胡先生"秉其卓识远见，翊戴中枢勉为负弩……尤饶贡献"，（《胡詠騏先生纪念册》，周迪斐撰《胡先生与沪江大学同学会》。）在促进母校与校友之联络，协助校友会员之得业，发扬沪江精神，靡不竭尽力所能。

胡詠騏的治事天才，闻名于世，态度热忱，业绩出色。乐此不疲投身慈善公益事业二十余年，似乎从来没有过完整的两天假日，然而他却是个好学不倦的人，当他在百忙中难得短暂休息时间，也总是手不释卷。他的人格魅力感化了许多人，这从当时《胡詠騏先生纪念册》里多人的缅怀文章可以佐证。

"一个火种遗留下来，可以传之不熄。他便是这不熄的火种"，胡詠騏的嘉言懿行，革命激情，极富感染力，鼓舞许多有志青年先后走上革命道路，仅在宁绍保险公司内部就有陈巳生、程恩树、吴振年、张先成、张庆祥、翁逸平、翁辅庭、章耕华、陆权谋等。

追寻
▶保联先行者的足迹

胡詠骐与妻子及
四个儿女全家福

后排左起胡国定 胡詠骐 胡国城

前排左起周巧英 胡国安 胡国美

　　胡詠骐一家是典型革命家庭。妻子周巧英，出身四明望族，懂礼明理，仗义疏财。她没有工作，但她不是纯粹的家庭妇女，她不势利、不市侩，夫唱妻随，受胡詠骐革命精神的感召，竭尽全力支持丈夫的事业。1939年秋，保联体育部举办小球比赛，胡詠骐抱病到场主持开球礼，她陪同在侧；保联成立一周年庆典，她以家属身份捐助伍元，鼎助丈夫的公益活动，像对待自家亲人一样掩护寻求避难的同事战友，赢得大家的敬重。新中国成立后她是里弄里的积极分子，全心全意为群众服务，获得过"三八红旗手"的光荣称号。1991年病逝，享年93岁。

　　胡詠骐当年去世后安葬在原虹桥公墓，1992年因市政动迁，遂举行迁葬仪式移至淀山湖畔归园墓地禄区，实现夫妻合葬。上海党史办负责人江春泽（当年上海地下党中国银行支部负责人，曾任中共上海市对外经济联络局党组书记）和上海保联前辈吴越代表有关部门出席迁葬仪式并讲话。他的墓碑背面镌刻《遗嘱》全文，这一遗嘱成为其子女们一生的追求。

具乃父风范，子女踔厉奋发激荡时代

在胡咏骐夫妇的革命精神影响下，三子一女均继承父辈遗志，先后走上了民主革命的道路，成为满门忠烈的革命家庭。生活条件优渥，全家能够义无反顾走上革命道路，肯定是出于救国救民的理想信仰，唯其如此，更觉难能可贵，更能凸显崇高精神。

长子胡国城，生于1919年7月，子承父志，上海沪江大学工商管理系毕业，是一个通晓英语、俄语，追求理想的进步青年，积极投身抗日救亡运动。1942年被党组织送到苏北解放区党校学习，1943年加入了中国共产党。

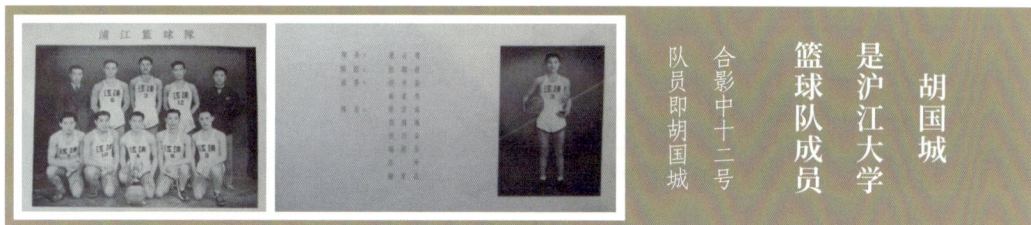

胡国城
是沪江大学
篮球队成员

合影中十二号
队员即胡国城

中国文化投资公司
总经理胡国城为
党的红色出版事
业建立了功勋

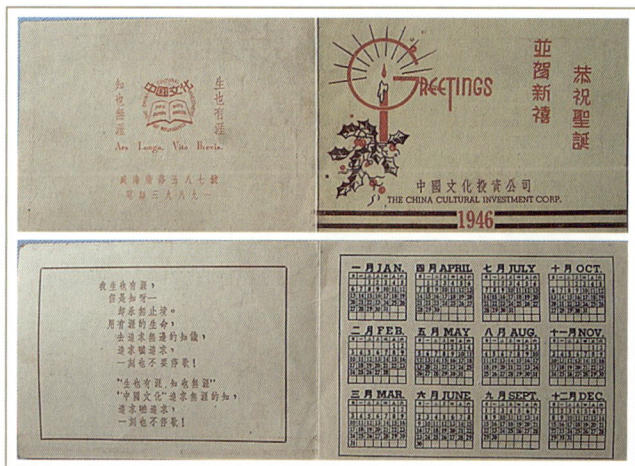

　　1944年，胡国城返沪，利用创办上海美化服饰公司作掩护，在"白色恐怖"环境里，勇敢机智地开展对日伪的斗争。1945年，由中共上海地下党文委书记张执一秘密倡导、由上海女实业家董竹君出资创办了中国文化投资公司，邀请胡国城担任总经理。他以此为掩护，孜孜以求地为发展中国新文化事业而奋斗，在董竹君的《我的一个世纪》中也述及此事。这家公司职员中还有杨允桐、冀朝鼎、胡风等文艺青年，出版一些进步书刊，如《文萃》《郭沫若文集》，还有胡风的《希望》，美国作家斯坦因的《红色中国的挑战》等，对鼓舞敌占区人民参加民主革命起了积极作用。据《上海出版志》记载，"这个公司原是中共上海地下党在1945年10月11日创办……胡国城任经理，公司招牌是民主人士领袖马叙伦题写，谢寿天、卢绪章等著名共产党人出任董事，地址在威海卫路587号，1945年10月11日开业，出版一些进步书刊"。

胡国城是热情的社会活动家，1945年12月30日，中国民主促进会成立大会在中国科学社社址（2011年前称卢湾区图书馆，今黄浦区明复图书馆）举行。胡国城是应邀出席的26名创始人之一（成立大会签到簿上，他是第13位签名者，其余有马叙伦、王绍鏊、周建人、林汉达、陈巳生、徐伯昕、雷洁琼、赵朴初、柯灵等）。这26人中，胡国城与陈巳生、万景光、章蟾华、梅达君5人是中共地下党员身份。（《寻觅26位出席民进成立大会的先辈》，《民主》杂志2013年第2期。）

在国民党"白色恐怖"时期，中国文化投资公司还配合当时风起云涌的学生运动、职工运动，秘密印制政治宣传单。在印这些密件时不可谓不小心谨慎：由印刷部主任直接布置工作，一律在夜间排印，清晨运走；印完后把版子拆光，不留痕迹；账册、通知单印件名称都用代号或假名。中国文化投资公司1946年11月改组为富通印刷公司，经营单一的印刷业务，改由章蟾华接任经理，凌国光、虞金迅任副经理。

1947年夏天，胡国城被列入党通局搜捕黑名单，无奈离开富通，上海地下党组织安排他转赴山东日照解放区，乘船中途在青岛附近海面上被党通局特务截获而羁押，危急关头，半夜时分他借口出船舱小便，伺机跳入海中，乘夜色潜泳脱险，幸免于难。之后，他得到朋友的帮助返回上海，10月辗转去了香港。

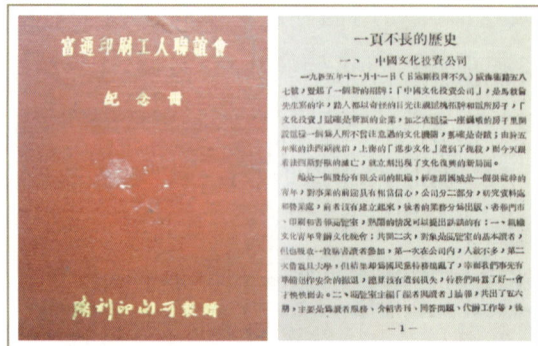

追寻
保联先行者的足迹

1947年7月上海街头出现"上海各职工团体为揭破戡乱总动员令阴谋"的秘密传单，蒋介石下死令限期党通局特务机关彻查破案。党通局组成专案组，从铅字字体、型号、整齐度、清晰度等详加比对，确认与承印《文萃》刊物的字模一样，终于查出是富通印刷公司承印的。9月19日下午，国民党党通局特务30余人突然包围了富通印刷公司。（诚言撰《1947年富通事件首犯蒙难记》，《检察风云》2016年第14期。）由于富通印刷公司事先防卫工作做得细致，虽经查抄和抓人拷问，但特务始终抓不到重大"把柄"，也没有查出公司有共产党活动的证据，最终借机敲诈勒索后放人。

1948年年初，胡国城经中共驻欧洲代表刘宁一介绍，受党组织的派遣，远赴捷克斯洛伐克，协助吴文焘（新华社常驻东欧记者），参与创建新华社布拉格分社（新华社首批四家海外分社之一），从此他后半生奋战在党的新闻宣传机构，成为党在海外的喉舌，宣传舆论战线的优秀战士。当时的主要工作是：在布拉格成立收报台，收新华社英文稿，把新华社播发的英文广播稿抄收下来，经过打字油印，每天印500份，分发至捷克斯洛伐克、东西欧、美洲以及非洲和印度等地。由东北局宣传部宣传科协同《东北画报》提供照片稿，负责对外供应解放区新闻照片。他们还对布拉格分社所订阅的上百份外文报刊进行阅读、分析，从中摘录有价值的信息，用英文或中文发回新华总社，丰富国际舆论稿件，大大补充了新华社国际报道的稿源。

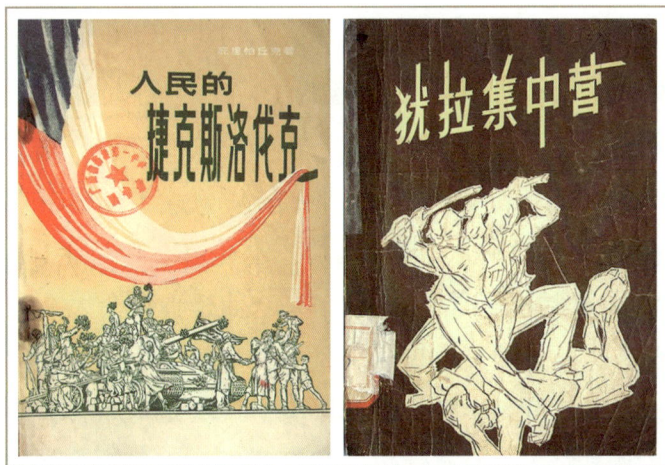

胡国城娶了一位捷克姑娘英德组建了小家庭。工作之余，他还翻译了不少著作，如《意大利工会运动简史》《人民的捷克斯洛伐克》《犹拉集中营》等。（摘引自万京华撰《新华社第一批海外分社及其创建者》，《百年潮》2012年第5期。）1952年胡国城奉调回新华社总社工作，先后在国际部、对外部担任秘书、记者、编辑等工作。

十年动乱期间，胡国城遭受残酷迫害，但对共产主义的信念始终不渝。党的十一届三中全会以后，他精神焕发投入新华社总经理室的筹建工作，出任副总经理。1984年起，他受命先后去伦敦担任新华社西欧分社总经理、去开罗创建新华社中东总分社任总经理。他为开拓新华社的外事报道，发展对外特稿事业作出了非凡的贡献，1986年9月因患胃癌医治无效在北京病逝。

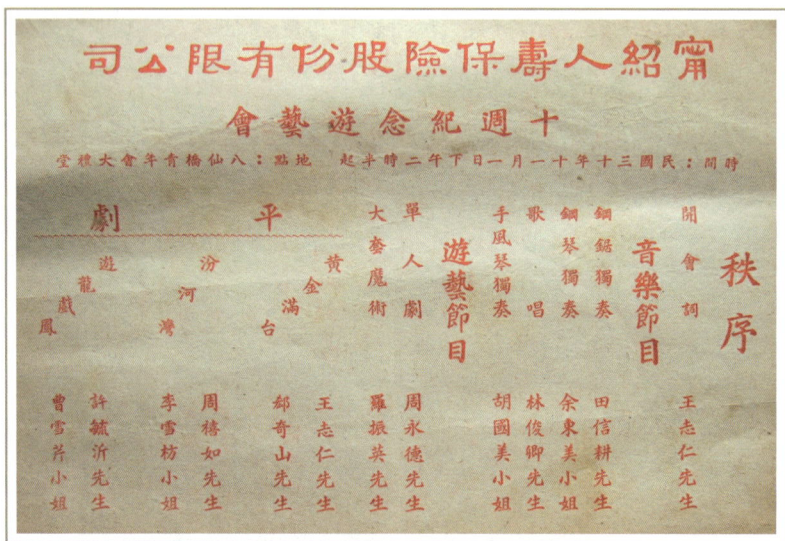

女儿胡国美，毕业于上海中西女子中学，后就读于上海国立音乐专科学院钢琴系，知性娴静，貌美多才，有很高的艺术造诣。1941年11月1日，父亲创办的宁绍人寿保险公司迎来十周年庆典，在八仙桥青年会大礼堂举办纪念游艺会时，她还以自己的专长助兴，表演手风琴独奏节目，以告慰父亲在天之灵。上海解放后，她在上海舞蹈学校任钢琴伴奏，默默无闻地从事艺术教育工作。丈夫陆洪恩是上海国立音乐专科学院钢琴系校友、著名指挥家，1953年任上海交响乐团副指挥，1956年任副团长及常任指挥，为迎接建国十周年创作管弦乐

《年年欢》，演出后轰动一时，成为中国交响乐的代表作品。这位才华横溢的音乐家，因参加过电影《武训传》的配音工作，深受迫害。直到1979年，经过弟弟胡国定的多方努力、反复申诉，陆洪恩冤案真相终于大白于天下，重获彻查，昭雪平反。9月26日下午，陆洪恩平反昭雪追悼大会在上海龙华革命公墓大厅举行，陆洪恩的生前友好闻讯奔走相告，场面催人泪下。中共上海市委宣传部、统战部，联合中国音乐家协会、上海市文联、市文化局、市电影局、上海音乐学院、上海歌剧院、上海市舞蹈学校、上海歌舞团、中国人民解放军总政军乐团、广州乐团等单位，以及文艺界和有关单位负责人夏衍、周巍峙、陈沂、贺绿汀等许多陆洪恩的生前友好都送了花圈。大会由市文化局主持，上海交响乐团团长黄贻钧含泪致了悼词。在大会上郑重宣布，"推倒强加于陆洪恩同志的一切诬陷不实之词"，为他彻底平反昭雪，恢复名誉。丈夫平反昭雪后没过多久，尘世再无牵挂的胡国美便撒手人寰了。

次子胡国定（1923.4.4—2011.9.21），从小就是学霸，酷爱数学、物理，中学毕业后于1943年考取了上海交通大学物理系，自小受父亲影响，并直接受当时上海地下党负责人沙文汉等的培养，1945年22岁时加入中国共产党，1946年至1947年任上海交通大学中共地下党的支部书记，成为上海高等院校风起云涌的学生运动领导人之一。

胡国定与导师
数学大师陈省身

大学毕业后，因在上海暴露了党员身份，当时负责中央研究院的陈省身推荐他去清华大学工作，手续已办妥，但因有人向清华大学告密而未成行。随后陈省身又将他推荐给天津南开大学吴大任，胡自1947年9月起在南开大学数学系任教，秘密担任中共天津市交通站负责人，并任中共南开大学支部委员、支部书记，秘密护送400余名爱国人士到泊镇解放区，参与迎接天津解放和领导南开大学护校等工作。1957年9月至1960年8月，赴苏联莫斯科大学数学力学系概率教研室留学，从事概率论与信息论的研究。在此期间，他完成了信息论论文，受到导师和国际同行学者的高度评价。回国后他在南开大学开创信息论研究室，成为我国信息论研究的开拓者，从1961年开始招收研究生，是我国最早开拓香农（Shannon）信息论研究领域的学术领导人之一。1993年成为我国第一批博士生导师成员，他的不少学生已成为我国该研究领域的学术领军人和中坚力量。胡国定始终把父亲的遗嘱作为自己做人做事的座右铭，淡泊名利而无所求，潜心学术研究，虽在"文革"中遭受强烈冲击，但他不畏邪风，光明磊落，凛然度过了最艰难时期，迎来了党的十一届三中全会后"科学的春天"。先后担任了国家自然科学基金委副主任，中国数学会副理事长，天津市科协主席，南开大学党委副书记、副校长等职务。

　　幼子胡国安，毕业于上海外国语学院俄语专业，辛勤园丁，默默无闻在教育战线上耕耘了一辈子。20世纪90年代以后，中共上海地下组织斗争史资料征集组找到胡国安，希望了解胡咏骐当年的革命往事，他将父亲所使用过的搪瓷饭盒、德国牌座钟、字典、书籍等物都捐赠给了陈列馆。令人惋惜的是，胡国安在完成捐赠后不久就病逝了，未等到父亲生前用品的展出，也还没来得及讲清这些物品的来龙去脉及背后故事。2011年6月，中共上海地下组织斗争史陈列馆推出"追寻红色记忆"展览，其中的那套湖蓝色四层搪瓷手提饭盒颇受参观者关注。

　　凡是过往，皆为序章；所有将来，皆为可盼。红色记忆蕴含着激励人们前行的精神力量，胡咏骐当年所期冀的民族复兴，在今天已经变成现实。我们重温并铭记革命历史故事，探寻传承红色金融文化基因，可以赋能国家治理现代化大业。

平凡的履历秘藏着神奇和伟大

记上海保险业首任地下党书记、中共第三条秘密战线上的坚强战士程恩树

程恩树

1913年出生于上海高桥,1930年入宁绍水火保险公司当练习生,1937年11月入党,1938年5月,创建中共上海保险业党支部,首任书记。"保联"创始人之一。

1939年10月,加入"保险界十三太保"团队,在重庆、昆明等地从事党的地下工作,加入广大华行和民安保险,成为党的第三条战线的杰出战士。

从政治迷惘彷徨，到困顿中的觉醒与抗争

程恩树，1913年1月13日出生于上海浦东高桥镇陈家街，少年时代在高桥镇日新小学读书，为缓解家计困难而中断学业，15岁高小毕业即进上海鸿兴金号当学徒，17岁时转投宁绍商轮公司保险部当练习生，业务熟悉后转为办事员，出外拉客户，收入低微，晚间无家可归，就睡在公司写字间办公桌上。工作之余常到上海总商会商业补习夜校，旁听英文、簿记、速记、商事要领等课程。

　　受那个年代蓬勃兴起的革命热潮鼓舞，程恩树常怀忧国忧民之心，积极投身社会进步事业。1930年10月，他应募加入了上海市总商会社会童子军团，参加野外露营、侦察、救护等初级训练，"日行一善"，参与慈善募捐救济难民活动，社会公益服务越来越踊跃。他对军阀连年混战，弱肉强食，百姓遭殃的时局深为不满，更对"九·一八"事变后祖国饱受外敌凌辱义愤填膺，积极参加募集棉衣支援东北抗日义勇军的活动。

　　1932年"一·二八"淞沪抗战爆发，他随"商会社会童子军团"参加志愿救护队，身着统一的童子军制服和装备，以"革新社会，捍卫民族""为社会服务"为己任，自救救国，参加虹口战区救护难胞活动，在前线组成担架队救援十九路军伤员，随军队共进退，就在这些战地服务活动中，有四位童子军战友牺牲在日寇屠刀下，激起了大家的同仇敌忾。当中国抗日军队全线撤退，童子军也追随转移到昆山至苏州一线，随军服务，直到淞沪停战协定签署后才撤回上海，沿途受到广大市民的热烈欢迎，上海各大报刊纷纷刊登图片和新闻进行报道。

　　1933年，因对童子军团副团长、国民党党员徐国治生活腐化、贪生怕死极为不满，程恩树与卢绪章、杨延修、田鸣皋、张平、郑栋林等战友集体退出童子军团以铭心志。"第五十团"小队长卢绪章显露非凡领导才能，使他成为这伙年轻人的领头大哥，他们意气相投，另组小团体"兰社"，最多时聚拢起80多人，由卢绪章、杨延修、田鸣皋三人担任常务委员，程恩树、张平、郑栋林等人为委员，遇事商量，分工负责，还准备再集合一部分职业青年，以过好正当的业余生活，勿致青年人走上颓废堕落道路为初衷，在上海天潼路归仁里社址内组织乒乓球训练、图书阅览交流，利用节假日组织郊游，参加抗日救亡宣传。但由于社员入社及参加活动没有硬约束，自由化倾向较为严重，加之经费缺乏，兰社的房租、水电费、文化娱乐开支都由发起人负担，难以持久，维持一年左右就濒临解散。

程恩树踊跃参加抗日宣传集会，高唱救亡歌曲，有一次在上海老西门公共体育场参加刘良模组办的救亡歌咏大会，当宪兵警察前来捣乱，要抓走演唱总指挥吕骥时，程恩树与卢绪章挺身而出，掩护吕骥安全退出会场。在这些斗争中，他开始接触革命思想和进步书刊，希望能够走出政治上的迷惘，找到人生出路。

抗日救亡中考验入党，创建保险业地下党组织

1935年，程恩树与卢绪章结伴进入量才业余补习学校（原为《申报》业余补习学校）学习，该校校长是爱国进步人士李公朴，校董会主席是报业巨头史量才（1934年11月因宣传抗日救国而罹难），这是一所向学员灌输抗日救亡思想的补习学校。在这里，他们如饥似渴阅读进步书刊，研读鲁迅和高尔基的著作，培根铸魂，出于对苏联的向往，他们还一同进修过俄语，革命觉悟有了很大的提高。

"一二·九"运动爆发后，全国抗日救亡运动空前高涨，上海的街头巷尾、工厂车站，救亡歌声处处昂扬；茶馆店铺、机关学校，人人议论民族危亡。中共上海地下党发动上海各界进步人士组织救国会，掀起救亡运动。1936年2月，上海职业界救国会刚刚成立，程恩树就积极投身其中，成为活动骨干，不久又参与组织"上海洋行华员联谊会"（简称"洋联"），在历练中逐步靠近党组织。

1937年上海"八·一三"抗战爆发，到10月份，中共地下党组织与上海文化界救亡协会在沪江大学城中区商学院联合举办"社会科学讲习班"（名为抗日救国干部训练班，实际讲授科学社会主义学说和马列主义革命理论），程恩树与卢绪章、杨延修、张平报名参加，接受了系统教育，更加坚定了信仰，11月，程恩树与卢绪章，经杨浩庐（新中国成立后曾任对外贸易部副部长）介绍光荣地加入中国共产党，成为上海保险业内最早的共产党员。因整个保险业尚无党的机构，编入上海"洋联"党支部，主要任务是利用职业身份掩护宣传革命，开展抗日救亡工作。11月12日，日军占领上海，租界成为沦陷区包围的"孤岛"，形势骤变，公开的抗日活动已较难推进，根据上级党"转变活动方式，广泛发动群众以合法的社会团体开展统战工作"之精神，上海党组织要求各行业组建群众联谊团体，并能取得公开合法地位，借以积蓄力量，扩大活动辐射力。因多数保险公司规模小，职员人数少，分布松散，各公司单独组织职工开展联谊活动有一定的困难，而保险行业的经营特点，又要求职员有广泛的人际交往，同业之间也需要保持密切联系，迫切需要建立一个全行业性的群众组织。

这年年底，上海市保险同业公会主席、宁绍人寿保险公司总经理胡詠骐发起保险界定期聚餐会，邀请保险业中上层人士，假座宁波路35号邓脱摩饭店聚餐，提议利用合法条件筹备成立保险业群众组织，团结职员继续从事救亡活动。这一提议满足了保险同人的内在需求，纷纷赞成。程恩树作为宁绍保险公司职员，是积极追随者和具体实施者。1938年春，程恩树与谢寿天、林震峰，以及郭雨东、董国清等志同道合的朋友，齐聚胡詠骐家中，参照上海市银钱业业余联谊会形式，酝酿筹划保险业群众团体事宜，经多次讨论修改拟订了章程草案。

与此同时，中共上海地下党组织考虑到保险行业与社会各行业的联系密切，保险业务能掩护地下党活动，有利于开展党的抗日民族统一战线工作。因此，1938年5月，中共江苏省委职员工作委员会领导人张承宗通知程恩树（原编在"洋联"支部）和林震峰（1938年4月入党，原编在"银联"支部）两位党员秘密碰头，传达上级党组织决定，抽调他俩回保险业创建保险业党支部，由程恩树任支部书记兼组织委员，林震峰任宣传委员，力争打开党建局面。

推动"保联"创建，开拓保险业群众运动新局面

在胡詠骐影响和推动下，由二十多家保险公司的中上层职员作为联名发起人，以"联络感情，交换知识，调剂业余生活，促进保险业之发展"为口号，力推筹建"上海市保险业业余联谊会"。因"保联"符合保险业各阶层的共同愿望，众多保险公司因而纷纷响应。经过数月紧锣密鼓的筹备，1938年7月1日，"保联"成立大会在西藏路宁波同乡会召开，参加大会的有华商和洋商保险公司的代表400余人。

"保联"理事会下设秘书处，会员部、总务部、娱乐部、体育部、学术部、妇女部、出版委员会、图书委员会及福利委员会等工作部门。程恩树当选为第一届理事会常务理事，担任会务部副主任、体育部干事长等职，并实际承担秘书处、学术部干事工作。各部、会根据工作需要分设小组，广泛吸收各公司职员参加各项活动。

上海市保险业业余联谊会成立一周纪念大会徽章与宣传广告

心有信仰，方能行远。党内分工，程恩树负责"保联"总务部、会员部、体育部、福利委员会等部的活动，林震峰负责出版委员会、图书委员会、学术部等部的活动。"保联"与地下党支部，一明一暗，无缝衔接，效率倍增。

程恩树坚定了理想信念，以饱满的激情、昂扬的斗志投入"保联"群众运动，显露出过人的组织才干和宣传策划能力，迅速开拓了工作局面。

根据"保联"宗旨和广大会员群众要求，程恩树与同伴们组织了丰富多彩的联谊活动，主要有：

征求会员，壮大队伍。"保联"成立了征求委员会，按照保险公司性质、规模，分别组织征求队，推选大公司的中上层人士担任主席团成员和各征求队队长，先由他们作自上而下的号召动员，然后面向各保险公司中下层职员聘请100名征求干事，在群众中广泛动员和联络。征求过程中，安排几次阶段排名，鼓励各队互相竞争，特别是在公布排名结果的总揭晓时，巧妙利用了各大公司领导好大喜功、争先恐后的心理，借以吸收更多的会员入会和获得更多的经费。每发展10名会员设1个联络干事，选择热心会务活动的积极分子担任，通过他们深入保险公司内部，向会员群众介绍会务活动情况，并向"保联"反馈职员的意见和要求，上通下达，成为"保联"与行业群众间的沟通桥梁。"保联"还经常举办联络干事会议与联欢会，也分批招待各公司同人到"保联"会所举行联欢，既增进了会员间情谊，密切了同业关系，也扩大了"保联"在公众中的影响力，强化了组织归属感。在会务部努力下，"保联"会员从成立之初300余人，迅速增至1939年3月时的1116人。最多时达1400多名会员，约占全体职工人数的80%。

上海市保险业业余联谊会第二届征求会员大会优胜纪念镀银牌

宣传抗日民族统一战线政策，支援抗战。1938年10月，武汉、广州相继沦陷。上海各界救国会扩大宣传党的抗日主张，开展救济难民、义卖捐献等活动。"保联"积极响应，动员保险业同事献金，从物质上、精神上支援民族抗战，捐款名单在《救亡日报》公布；劝募寒衣、发动妇女缝制棉衣，义卖所得和劝募的寒衣，都通过适当途径捐献给难民及新四军。

举办学术讲座和文化学习班，成立图书室，满足会员提高文化素养和业务能力的需求。"保联"会所设图书室，向广大会员征集并出借图书。程恩树协助同仁举办经济学、时事、青年知识、新文艺讲座，还组织俄文班、漫画班、新文字班，保险实务、人寿保险以及水火险等专业培训。会所场地太小，不能满足活动需要，就因陋就简，租用临近学校教室。班额控制在20至40人，参加人员虽不多，但热情很高，社会反响很好。

宁绍与保裕
足球赛前合影

前排右二程恩树 右三吴振年
右一杨德华 后排右一刘文彪
右三赵帛 右四李福增
右六江莘耕

提倡正当娱乐，开展体育健身，寓爱国情愫于文体活动中。体育部经常开展篮球、足球、排球、乒乓球、弈棋等活动，夏季还举办游泳训练班和比赛，程恩树是主要的组织者和参与者。"保联"会所内设有乒乓球台，每晚都有人打擂台，其他球赛则租用操场，均有一定规模。每次篮球比赛报名参赛公司在8家以上，参赛者达百余人。1938年11月8日举办第一届"保联"杯篮球联赛，美亚保险公司获冠军，中国保险公司获亚军。赛后由竞赛委员会选拔出20名队员，组成"保联"篮球代表队。为增进球艺，篮球队除规定时间分"保联保队"和"保联联队"两队对抗练习外，经常约其他行业球队打友谊赛，并专门前去慰问坚守过四行仓库的谢晋元团将士，打篮球友谊赛。他还在《归舟》（由高桥旅外青年返乡会编辑并发行）1937年第2期上发表《游泳的话》，表明心志，开展这些体育活动，锻炼身体，振作精神，冲淡了大片国土沦陷时保险职员心中的那种挫败情绪和消极思想。话剧组组织会员骨干，排演进步话剧。1938年12月，为庆祝"保联"第一届征求会员运动取得胜利，话剧组在宁波同乡会公演苏联独幕剧《锁着的箱子》。1939年2月，借四川路青年会举办"保联"春节联欢会，话剧组演出《春回来了》等三个独幕剧。1939年夏，"保联"话剧组在黄金大戏院参加"上海业余话剧界慈善公演"，演出阿英创作、上海剧艺社陈鲁思导演的三幕剧《群莺乱飞》（为应对当局封杀，演出改名为《日出之前》）。程恩树是这次义卖公演委员会的15名委员之一，参与入场券义卖工作，为义演的成功作出了贡献。售票所得除开支外，全数捐献给新四军。

程恩树作风朴实，不慕奢华，待人诚恳，乐于奉献，颇有人格魅力和应急智慧。经过大伙共同努力，"保联"越来越红火，日益深入人心。"保联"会务活动，满足了保险职员追求新知识、丰富业余生活的愿望，开辟了群谊娱乐的新园地，也一定程度上摒弃了部分职工腐化堕落生活方式，培养了业界团结互助的作风，激发出保险业职工的爱国热情，弘扬了积极投身抗日救亡的主旋律，充满正能量。"保联"在中国保险业职工运动史上谱写了光辉一页。

对于"保联"联谊活动的意义，程恩树认为，保险业专业性较强，需要从业人员熟悉保险理论和技术，为了兜揽保险业务又往往要求从业人员拓展社会关系，进行广泛交际。当时少数品德不好的从业人员常常沉溺于不正当的交际活动，生活腐化堕落，结果反而给所在公司造成经济及声誉损失。程恩树在《冲破陈腐的习惯，创造新颖的生活》一文表露了心迹："在这苦闷的'孤岛'上，一般的从业员们由于精神上的无所寄托，而不免要流于狂放的无纪律的腐化生活……所以在特殊环境下生活的我们，决不应该一点没有意识的跟着人家随波逐流，要以有益身心的正当娱乐来代替以往的腐化生活，要以研究学术的精神及养成注意体育的习惯为国家储藏力量，运用联谊会的组织，团结全保险界的从业员创造我们的新生活。"

由于出色的工作表现，"保联"骨干们深受会员群众的信赖和支持，1939年6月，程恩树连选第二届"保联"常务理事。保险业的地下党支部也成功利用"保联"公开合法的群众团体，出色完成了上级党组织分配的宣传抗日主张、促进抗日民族统一战线的任务，并把"保联"活动中涌现出来的骨干分子，按照党员条件秘密吸收入党，程恩树作为介绍人先后发展施哲明、吴振年（吴镇）、张庆祥、黄锡荣、王应琪等入党。宁绍保险公司的小伙伴翁逸平（翁子樵）深受程恩树革命精神鼓舞（曾在宁绍公司替程召开秘密党员会时望风），1939年10月投身崇明游击队，在极端艰苦的抗日战场成为光荣的中国共产党党员。

保障战时生产，"保险界十三太保"功不可没

1939年7月，"孤岛"形势日趋恶化，日伪特务机关不断制造恐怖事件，暗杀抗日进步人士。上海党组织出于长期抗战的考虑，对群众团体抗日救亡活动出头露面较多的党员，实施有计划的转移。恰在此时，重庆国民政府为加强战时大后方的经济实力，充实抗战资源，动员组织沿海工厂内迁，但由于制空权掌握在日军手中，敌机到处狂轰滥炸，一部分工商界人士心有余悸，徘徊观望。为了消除他们怕遭敌机轰炸的顾虑，政府财政部拨款1000万元，委托中央信托局保险部迅速开办"战时陆地兵险"。这是适应战争需要而开办的险种，是冲破国际惯例的创举。因为缺乏国内外的成熟经验作参考，战时英美保险公司不愿接受分保，风险难测，既无分保，更无专业人才，开办难度甚大，唯由政府财政兜底。为此，特派中央信托局保险部经理项馨吾潜赴上海，通过中央信托局保险处驻沪办事处（法租界善钟路87号）主任姚达人，联络上海保险同业公会秘书长关可贵，秘密选聘富有保险理论及实践经验的优秀保险人才。选聘得到"保联"协助，通过《保联》刊发"某大保险公司，扩充业务，拟招聘保险从业人员若干名，派往内地工作，有志者可向本会关可贵先生面洽"招聘消息，寥寥数十字，传播面却较广，半月内报名者即达一百数十人之多，经过两星期面试，择优录用。经请示上级党组织允准程恩树、林震峰借机离沪转移到大后方，程、林二人在胡詠骐的鼎力举荐下如愿获选。部分"保联"骨干聚餐欢送他俩，胡詠骐以"事业方面应有事业心胜过图利心的态度，学术上应有研究的态度，同业方面应抱合作互助的态度"相勉励。地下党组织安排施哲明接替程恩树任保险业支部书记。

1939年10月，程恩树、林震峰、张仲良、包玉刚、唐雄俊、茅子嘉、沈雍康、周志斌、徐曾渭、赵镇圭、胡肇忠、沈尔元、童肇麟共13名上海保险界的

精英组成团队，在"一切为了祖国"的信念鼓舞下，绕过日军占领区，辗转香港、越南，远赴昆明，经认真研究精细制定条款办法，短期筹备后，即分派至成都、昆明、贵阳、桂林、衡阳、万县、西安、宝鸡等城市，负责培训当地业务人员。1939年12月7日，陆地兵险业务首先在重庆开办，随之在大后方全面展开。其承保对象多为工厂与仓库，以及部分指定的商店和轮渡设施，基本责任是由于飞机轰炸所致的损毁及延烧损失，基本费率为0.50%、0.75%、1%，保险期限为1个月。

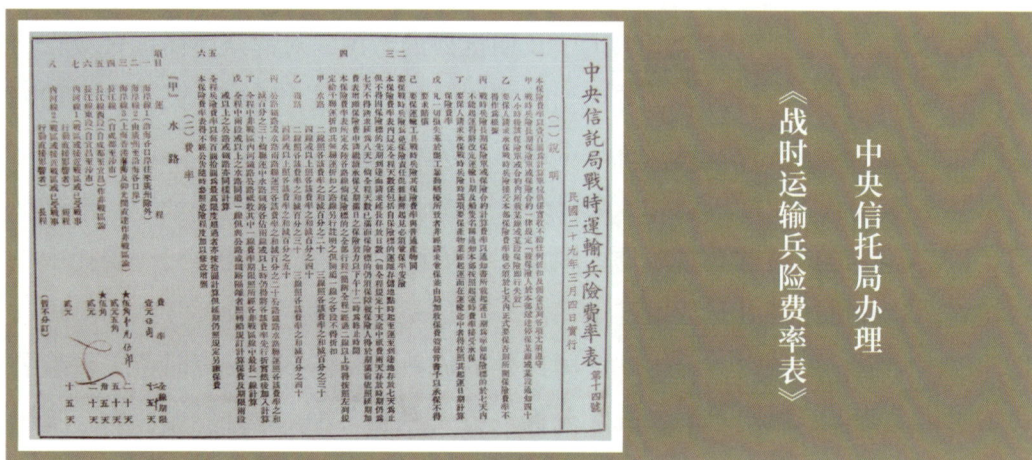

中央信托局办理
《战时运输兵险费率表》

敌机频繁袭扰，给运输兵险及陆地兵险经营带来很大压力，出险很多，赔款额巨大。据有关资料显示，兵险赔偿率高达78%，远远高于其他险种，尤其在交战最激烈的1937年和1940年，赔付率都超过了100%，以至于财政部部长孔祥熙忧心忡忡，饬令中信局保险部逐天上报保险费收入与赔款支付报表。1940年年初，日机加紧袭击"渝军心脏"重庆，每天出动成百架战机，进行地毯式轰炸，闹市区遭受严重破坏，申新纱厂、章华毛纺织厂等，迭遭轰炸，损失甚巨，兵险总部（重庆打铁街204号中央信托局大楼，原文德女中旧址）也被炸毁了一半。

追寻
▶保联先行者的足迹

程恩树将

重庆中央信托局

保险大楼被敌机炸毁

照片邮寄上海 刊登在

《保联》第二卷第九期

更为疯狂的是日寇对闹市中心小梁子、大梁子一带投下大量燃烧弹，大批商店在火海中被毁，商贾小贩逃散，市场供应断档，影响民众生活。为此，重庆市社会局呈请政府批准，中信局又举办了商店兵险（陆地兵险之特殊形式），指定500家商店投保"门市商品兵险"（标的为食品、服装、医药、日常生活必需品以及旅馆等），承保限额为每家商店5000元，消费合作社10000元，旅馆20000元，公卖处50000元不等。之后随物价上涨保险限额有所增加。为严格审慎，规定"存货日报表所填数字，必须与实际相符，不得虚报；凡与货物数量有关各项簿册文件，必须妥善保藏，以备随时核对"。1941年4月后，进一步将承保范围扩大到理发店等。另外，还开设了重庆市"轮渡兵险""差轮兵险"等战时特殊陆地兵险。

有关抗战时期"兵险"资料显示，具有法律效力的保险合同契约，出险赔付有一定的标准，令企业起死回生，是看得见的保障，这种大后方保险举措远胜于国防动员，比政府口头承诺的保障措施补偿办法更具可信度、安全感。由于办法简便、条款明细、费率合理，它的确对繁荣经济，稳定生产生活，充实战争资源起到了积极作用，为社会各界所普遍接受，好评如潮，深得人心。当时重庆文艺界的演员张瑞芳、舒绣文、秦怡、陶金、顾而已等，都曾在舞台上宣传过战时兵险。战争带来巨大损失是不可避免的，政府承办战时运输兵险和战时陆地兵险，能够在民族危难之时减缓工矿主及商人的损失，树立了诚信形象，扩大了保险业的影响，增进了社会各界对保险业的认同，这是保险事业在抗战中的一大贡献。

当然，战时兵险属于非常时期的无奈之选，最初设想由政府财政拨注，不求盈利，不计成本，只求保障。但出乎国民政府意料的是，兵险深受社会欢迎，工商企业投保十分踊跃，保险费收入除去赔款支出后尚有盈余。1940年8月1日法国驻重庆的哈瓦斯通讯社(现法新社)专电说："截止七月初为止，重庆兵险的保险金额为法币一亿三千五百万元，其所征收之保险费率最高为1%，该局在此项兵险业务中所获之盈利已达一千万元。"这篇报道夸大其辞，不足为信，但兵险盈余却是不争的事实。

兵险成就的取得，与13位保险精英的卓越表现是分不开的，后来他们被誉为保险界"十三太保"（其中包玉刚后来成为"世界船王"，唐雄俊成为上海社科院研究员、上海市保险学会副会长，张仲良、林震峰、沈雍康、徐曾渭成为中国人民保险公司初创时期的领导骨干）。

『保险界十三太保』
合影

左二唐雄俊 左四沈雍康
左五程恩树 右二林震峰

『保险界十三太保』
一九三九年合影

前排左起 赵镇圭 唐雄俊
沈尔元 包玉刚 后排左起 程恩树
沈雍康 徐曾渭 张仲良 茅子嘉
童肇麟 周志斌 林震峰 胡肇忠

二零零六年十一月十四日经茅子嘉前辈核实

"与魔鬼打交道的人"，第三线上建奇功

程恩树以金融职业及经商作掩护，先后在重庆、昆明、韶关（中央信托局韶关办事处保险部主任）、衡阳、桂林等地从事党的地下工作。1939年12月，程恩树的组织关系转到中共广大华行支部，其社会职业均与保险相关，还兼任地下党重庆城区区委委员，负责组织工作，他还与迁渝的上海市商会社会童子军团接续了联系。

在衡阳时，程恩树兼任工矿银行衡阳支行襄理兼保险部主任，包玉刚则任工矿银行副经理，他俩与刚来大后方的张先成合资在贵阳开设了"中美行"公司与义利商行，经营日用百货、服装、化妆品等，从上海、昆明、衡阳进货，运到贵阳销售，在贸易经营中打磨商战经验。

历史，有时就是这样神奇。1942年4月，由于工作需要，程恩树转投广大华行任职。而广大华行，这个营业网点遍布大半个中国，以经营西药、医疗器械、五金器材为业的商行，竟然是党在国统区内的地下掩体和经济支柱，是绝密级别的第三线机构，经营比较成功的商贸企业。谁能想到，这个1933年草创于上海的小商行五位创始人的合伙契约，是在程恩树的签名见证下生效的，而广大华行董事长兼总经理卢绪章，协理杨延修和郑栋林，董事张平、陈鹤等核心领导，竟然是当年上海"商会社会童子军团"里出生入死的战友，先后成为中共秘密党员。

从1941年11月，程恩树参与了广大华行从沪迁渝的改组活动，到1942年直接入职，当年的过命交情以及对党的事业的坚定信念，让他们肝胆相照，生死相托，缔结下从事地下工作最值得信赖的情谊，以为共同理想英勇献身的战士姿态，去应对千难万险，奠定了广大华行作为党在大后方第三线坚强堡垒的基调。

所谓"第三线"，是我党为应对最困难、最危险、最黑暗之局面，而在国统区亲自部署的秘密防范机制。1939年到1941年，国民党实行消极抗日、积极反共政策，犯下了"平江惨案""秦江战干团惨案"等系列血腥暴行，使我党在国统区的组织遭到严重破坏，党员人数大减。当时以八路军办事处、新华日报社等公开露面单位为第一线，原各省、市中共地下党组织为第二线，再建立

绝密性质的第三线机构，意在形势突变，第一线及第二线遭到破坏瘫痪时，第三线担负起秘密掩护任务。

作为极端隐蔽的秘密机构，广大华行扎根白区，隶属南方局，他们对任何人都不暴露自己的党员身份，不与地方党组织发生横向联系，要在商言商，多交朋友，包括与国民党党政军特宪警的要人交朋友，利用一切可以利用的社会关系作掩护，做好生意。为此，卢绪章同广大华行内的党员，一般采取单线联系方式，党员对与自己无关的事情，不准过问，严格执行组织纪律。广大华行在国统区实际上发挥了秘密搜集传递情报、为从事地下工作的领导同志建立交通安全线、为党中央筹措经费及药品的功用。

1943年6月，广大华行与四川民生实业公司在重庆合作创办民安保险公司，卢作孚出任董事长，杨经才任总经理。民安保险公司创办不久，程恩树即被调回重庆担任业务处副处长，协助卢绪章主持保险业务工作，迅速在昆明、成都、贵阳、西安、内江、泸州、宜宾等地建立分支代理机构，扩大业务经营。他在实践中锻炼了经营才能，积累了管理经验。

民安保险的经营业绩卓著，不仅极大地提升了广大华行的社会地位，而且为党培养造就了金融专业干部。

这一时期，程恩树还配合广大华行卢绪章、杨延修、张平等党员擘画业务重点转移策略：乘战争尚未结束，物价还未暴跌之际，尽量将存货脱手，资金集中于总行，买进黄金、美钞，向外线转移，准备投向国际贸易领域。为此，正像经典谍战剧场景一样，他们经常以打麻将为掩护，在位于南岸龙门浩瓦厂湾八号的卢绪章居所的会客厅秘密开会，讨论公司的转型，有时开到次日拂晓。

1944年年底，程恩树还与卢绪章、陈鹤一起以民安保险公司负责人的身份参与罗北辰、谈峻声等发起的重庆市保险界同人进修社，1945年2月，重庆市社会局准予筹建，程恩树与罗北辰、陈鹤等11人被公推为筹备委员，在6月2日的成立大会上被选举为理事，"以联络感情、调剂业余生活为宗旨"开展活动。

布局迁沪大计，矗立在商战的最前沿

当日本投降的喜讯传来，还来不及欢庆，卢绪章就紧急部署广大华行与民安保险复员上海，定调未来，于是，就上演了杨延修巧用特殊关系拔得头筹，搭乘由重庆到上海的第一班轮船东下上海占得外滩桥头堡精彩一幕——以预付2000美元的低价承租上海外滩一号亚细亚大楼全部底层作办公地，这座位于黄浦滩和爱多亚路转角的巴洛特式建筑风格大厦，巍峨恢宏，凝重气派，历来为洋行或大银行所拥有（半个世纪之后成为中国太平洋保险公司总部大楼）。甫返上海，尚未立足，因陈鹤要到中纺公司保险事务所担任协理一职，10月向民安提出辞职，因变更登记需要时日，为避免陈离职可能引发外界误解对民安造成不良影响，卢绪章与程恩树、吴雪之、杨延修等，在民安总经理室开会讨论挽留陈鹤事宜及应对预案，议定同意陈鹤离职，为稳妥起见，先擢升陈鹤与张宗植为总公司协理，决定在上海先行成立民安分公司，由陈鹤兼任经理过渡。

1月2日，以董事长卢作孚、总经理卢绪章和上海分公司经理陈鹤联名在《申报》等上海大报刊登开幕公告，"本公司总公司向设重庆，专营水险、火险、运输险、船舶险、其他损失保险及再保险等各项业务，历有年所。兹奉部令核准设立上海分公司。谨择于中华民国三十五年一月四日在中山东一路（外滩）第一号正式开幕。特此公告。尚希各界人士不吝赐教为幸。地址：中山东一路一号。"经政府经济部核准，民安保险公司于1946年2月4日正式开幕，宣布奉财政部准予民安总公司迁沪令，注销重庆的总公司设置，并撤销上海分公司。莅临现场的社会各界人士与保险行业同人祝贺，气氛热烈。程恩树升任民安业务处处长，实为主持业务负责人，一时间，从外滩面对黄浦江大门进去的是民安保险办事人员，从面对爱多亚路一侧大门进去的是广大华行及民孚企业客户（大厦里面是相通的），含蓄表现出广大华行与民安保险的实力地位，极大地提升了企业形象。

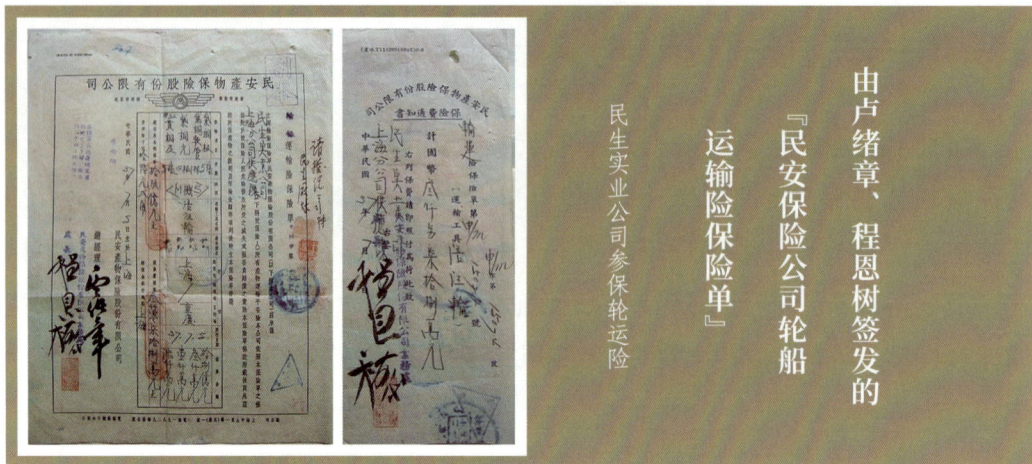

由卢绪章、程恩树签发的『民安保险公司轮船运输险保险单』

民生实业公司参保轮运险

在百废待兴、物价飞涨、保险业务萎缩、竞争激烈的形势下，刚刚迁沪的民安产物保险公司要站稳脚跟，拓展市场，实非易事。民安调整并扩大分支机构，将原重庆、天津、汉口三个分公司改为华西、华北、华中三个区公司。随即又在南京、广州、青岛、沈阳、长春等地筹建新的分公司或代理处，由总公司派员或就地延聘有声望的商界人士负责经营。同时，民安紧紧依托广大华行及民孚企业公司推展国际贸易业务，开辟国外保险市场。随后又与美亚保险公司建立了合约分保关系，一时业务蒸蒸日上，令同业刮目相看。

为保证"民安"资金及保费盈利，公司兼做一些黄金美钞买卖，1946年年初，民安将民益商行扩充为独立经营的民益运输公司，总公司设上海。由民生实业公司副总经理童少生出任董事长，王应麒任总经理。民益运输公司利用民生实业公司的关系在国内一些重要的口岸设立分支机构十余处，并建立起了轮船、铁路、飞机等相衔接的联运网络。由民益运输公司代办向民安保险公司投保运输险，不仅手续简便，而且服务周到，受到客户欢迎。

返沪后的程恩树还接续了与"保联"的关系，不仅鼓励本公司职员积极报名参加"保联"，积极参与各项活动，还捐助大额经费。当"保联"开办诊疗室时，民安与太平保险公司各捐助经费法币20万元，"保联"出版发行《保联会刊》，民安、广大、民益都刊登广告，以广告费变相给予经济资助。此外，为支持"保联"开展失业同仁人职业介绍工作，曾接纳了"保联"介绍前来的多名会员就职。

　　"保险界十三太保"的过命情谊也派上了用场，1946年程恩树与包玉刚、张仲良一起投资大信保险公司做董事（陈干青为董事长、茅子嘉任常务董事兼总经理，徐曾渭、沈雍康为监察）。1947年年底茅子嘉发起筹组大夏产物保险公司，程恩树投资出任监事，陈干青当选董事长，茅子嘉任常务董事兼总经理，张仲良任常务董事。民安保险公司先后参股投资大安保险公司等数十家企业，使公司的业务范围和社会影响进一步扩大。

　　1947年3月，为吸引更多的保险经纪人协同承保，程恩树还按广大华行扩张规划，与他人筹资法币1亿元创办联安产物保险公司，并出任董事，卢绪章任总经理，陈鸣皋代总经理，谢步生任总稽核。联安与民安联号同址办公，经营财险业务，满怀豪情，准备大展宏图。遗憾的是，那时上海乃至整个国统区的金融问题已积重难返，通货膨胀、法币贬值日甚一日，导致老百姓哄抢物资，政府官员贪污腐化，地痞流氓坑蒙拐骗，整个社会一片乌烟瘴气，保险业务江河日下，不久就被迫停业。

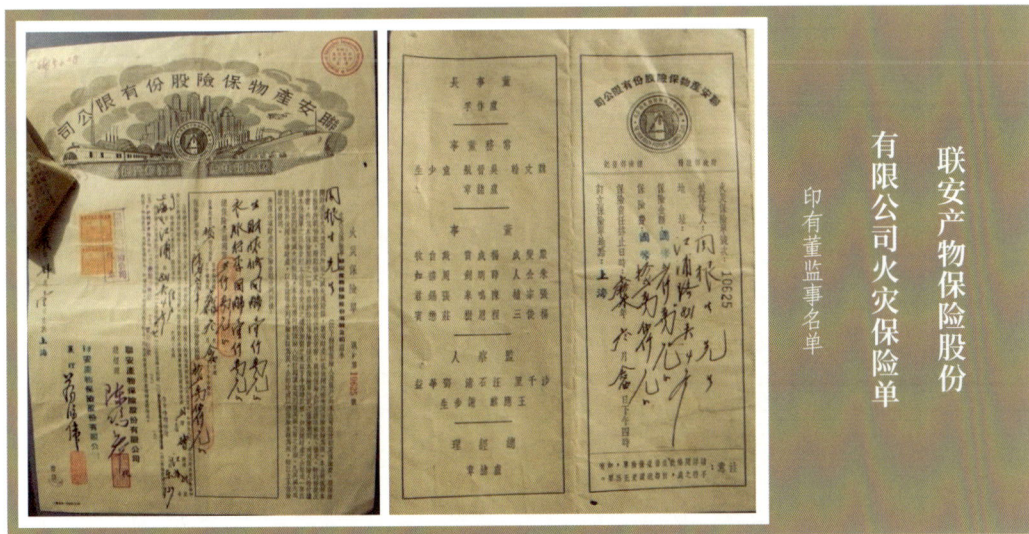

联安产物保险股份
有限公司火灾保险单

印有董监事名单

　　1947年9月，原上海市商会社会童子军团发起成立"绿营联谊社"，广大华行捐助1.1亿元作为筹建基金，程恩树被推选为委员，加入绿营联谊社13人领导机构。在征募社友及经费的征募委员会里，卢绪章、杨延修、王应麒任总队副总干事，程恩树、张平、郑栋林等任参谋，接续群众性联谊娱乐活动传统。

1947年广大华行与当年商会童子军成员刘浩清、杨长康等合伙投资创办大中华拆船厂有限公司，以自营拆船及代客拆船为主要业务，兼营修理船舶及买卖旧钢铁业务，资本总额为国币20亿元，程恩树代表广大华行出资6亿元，卢绪章任董事长，刘浩清担任总经理，程恩树、杨长康兼任副经理，经营从香港购入旧轮船运沪拆卸等业务，获利颇丰。1948年1月，他们又合伙设立大中华船舶厂作为联号企业，以买卖船只及其附属物件为业务，资本额港币100万元，广大华行由程恩树出面认港币30万元，并出任副经理。1948年1月，他们在香港购进载货量1万吨的"大江"轮船一艘，为适应国内轮船进口之规定，交由大陆轮船行代理，停泊在黄浦江里。1949年4月，国共北平和平谈判开始，卢绪章指示程恩树，若和谈成功南北通航实现后投入航行。不承想"大江"轮被国民党海军强行征用，运送国民党大员及家属到台湾基隆，然后严令返青岛运送官兵到海南岛，此时上海已经解放，解放区物资供应紧缺，急需远地运送，受上级党组织的指示，程恩树策划"大江"轮职员起义，运送紧缺物资北归青岛港，两年后"大江"轮改名"和平一号"，为新中国的外贸事业屡立新功。

战友情深，危难之际施以援手

全面内战爆发后，蒋介石政权搞专政，加剧了"白色恐怖"统治，大规模逮捕屠杀革命群众，残酷镇压民主运动。

虽然规定不准与地方党组织发生横向联系，但"保联"会员陷于危险，程恩树尽己所能掩护，将党员转移安置到民安或广大华行及民益内部。原中共太平保险公司党支部书记程振魁，因1946年2月领导了太平集团200余职工为改善生活待遇的第一次罢工斗争而遭太平公司开除，民安接纳了革命战友。特务机关长期追踪程振魁的动向，到1947年9月，地下党员施月珍和陆瑛被党通局逮捕，迫于严峻形势，党组织通知已暴露的程振魁撤退，程恩树冒极大的风险密送其赴汉口广大华行张先成处暂避风头，后入建业银行工作，1948年1月，特务到上海民安保险公司逮捕扑空，即向汉口方向跟踪追捕，党组织密告程振魁紧急转移，于是张先成掩护程振魁赴香港，找撤退到香港的中共中央上海局书记刘晓。而特务机构屡次追捕扑空，回头又逼迫民安要人，要追查程振魁的档案信息，程恩树答复说，民安对辞职离开的职员是不保留档案的，早已销毁了，特务不得要领，悻悻而去。窃据上海市保险业同业公会理事长权的罗北辰（国民党上海市金融特别党部常委），踌躇满志，久存染指民安保险的贪念，散布民安是"共产党的老窝"，必须加以清理。

还有原金安保险公司职员沈润璋，1947年5月起担任"保联"的党团书记，因曾代表"保联"去上海市社会局社会处申请民众团体登记而引起特务注意，党组织亦安排他到民安保险公司任职。不久又调整至所属的民益公司担任襄理。

1948年11月21日，国民党党通局以"共党嫌疑"逮捕"保联"4名骨干：廖国英（太平保险公司），吴越（新丰保险公司），洪汶（民安保险公司），赵伟民（中央信托局）。情势危急，党组织通知沈润璋、唐凤喧、朱元仁、刘凤珠、王玮等党员立即撤退至华中解放区。

被捕的吴越等人先被关在亚尔培路2号党通局上海办事处，后转到蓬莱路警察局看守所。在狱中，吴越历尽折磨，坚持斗争，始终没有暴露党员身份，没有牵涉任何同志，没有危害地下党机构。1949年1月，国共准备和谈，在释放政治犯的舆论呼声压力下，民安保险公司出面保释，并付出26万金圆券，将吴越等4人一同营救出狱。

1948年6月，广大华行与民安保险公司被迫从上海转移香港，程恩树亦撤往香港，参加中共地下党上海局书记刘晓组织的整风学习。

广大华行与民安保险领导人在广州合影

前排居中卢绪章
右一程恩树

程恩树长期生活在国统区，出于拓展业务和身份掩护的需要，身处灯红酒绿的环境，结交了三教九流各色人物，他对自己及家属要求十分严格，生活很简朴，保持了一名共产党员的纯洁本色，真正做到"同流而不合污，出淤泥而不染"。

冲破黎明前的黑暗，"老板"变身"接管大员"

解放战争捷报频传，全国解放指日可待。广大华行的党员迫切希望脱掉身上的"资本家"外衣，公开共产党员身份，为缔造新中国服务。1948年11月，广大华行党支部提出两种方案：一是保存这一机构作长期打算，向海外发展；二是结束这个机构，党员干部回解放区工作。刘晓当即表示同意，但要上报上级领导批准后才能决定。因为解放区急需一批贸易、海关、运输、金融的内行干部，尤其是懂国际贸易的干部，所以党中央决定采纳第二种方案。遵照中央指示，广大华行并入华润公司，党外人士之股份一律清退，而党员所持股份及红利则一律上交党组织。

1949年2月27日，中央领导致电报给刘晓，提名点将"谢寿天、程恩树、杨延修、张先成等为调进之人员，并尽先送进"。接到命令，大家怀着无比兴奋的心情，乘船北上到达北平，1949年3月，辗转到天津，参加了有关接管大城市的工作部署，学习党的"公私兼顾，劳资两利"和"发展生产，繁荣经济"方针，并观摩学习了接管天津的工作经验。4月20日随军南下，在丹阳集训了一个月。

5月27日上海解放，程恩树随着解放大军回到家乡，原来的保险公司高管穿着军装，带着警卫，成了上海市军管会的"接收大员"，让不明真相的熟人感到诧异。程恩树负责接管中央信托局贸易处、中国纱布外销公司，从此离开保险业转入新中国外贸系统工作。

1949年5月至1952年12月，程恩树担任华东贸易部对外业务处处长，注重把发展对外贸易与保险业务联系起来，力求相互促进，是真正懂行的领导干部。1953年1月至1954年10月，任对外贸易部华东特派员办事处副特派员、华东对外贸易局副局长等职务，为新中国的外贸事业贡献才智。1954年

11月至1956年12月，程恩树应越南政府聘请，秘密担任越南对外贸易专家及顾问，作出非凡的国际主义贡献。1957年1月至1959年底，擢升对外贸易部驻越南经济代表处副代表（正代表是方毅）。1960年2月，调回北京，出任对外贸易部一局副局长，多次赴苏联以副团长身份洽谈贸易协定。

咏歌演剧：他将爱国救亡主旋律融进了红色保险文化拼图

记上海保险业第二任地下党书记"保联"歌咏指挥施哲明

施哲明

1914年出生于上海，1930年进入美亚保险公司当练习生，1936年年初加入职业界救国会投身革命。1938年9月入党，是上海保险业党支部第二任书记。"保联"娱乐部副部长，歌咏活动总指挥。1944年进苏北新四军根据地从事财经工作。1951年6月出任中国保险公司第一副总经理。20世纪60年代初和80年代初两度出任中国人民保险公司副总经理。

抗战初期入党的同胞三兄妹

施哲明，又名施子英，施爱民，1914年10月28日出生于上海黄陂路小弄堂一贫寒家庭，父亲早逝，母亲在弄堂口摆个流动杂货摊，风雨无阻，勉强维持生计。施哲明有两个妹妹：施文美与施月珍，一家四口相依为命，挤在只有十平方米的前厢房，在城市底层挣扎，看透世态炎凉，尝尽人情冷暖。在轰轰烈烈抗日救亡革命洪流中，兄妹三人于1938年9月到1939年7月的不到一年时间里，在不同的场所递交了入党申请，先后接受党组织考验，成为坚强的先锋战士。

穷人家的孩子早当家。1930年，16岁的施哲明肄业于上海中华职业学校商科，经人介绍，进入上海美商美亚保险公司当练习生，他倍加珍惜来之不易的工作机会，勤奋好学，进步飞快，在外资保险公司的历练，让他开阔了视野，保险业务水平及英语应用能力有了长足进步。1938年9月，施哲明在"保联"经程恩树介绍加入中国共产党，一个月后，担任保险业党支部委员。1939年10月，施哲明接替奔赴大后方的程恩树，出任上海保险业地下党第二任支部书记。

施文美，又名施培芬、施迪文，施哲明的大妹。1939年7月在华联同乐会补习学校，经钱铎介绍加入中国共产党。参加"保联"及"华联"活动，曾与施月珍、陆瑛一同夤夜在大街上张贴抗日标语。介绍同事贝树生加入共产党。抗战胜利时去了苏北革命根据地工作。晚年在山东省掖县干休所。

施月珍，又名施培云，施哲明的小妹。1938年10月，在浙江游击区加入党组织，开始从事党的救亡宣传，后在萧山被捕，断了党的联系。抗战末期，她通过著名红色特工卢志英接续了党内关系。1945年8月，她以大安保险公司妇女主任身份为掩护，参加"保联"活动，同时参与中共华中局联络部上海特派员办事处秘密工作。1947年3月6日，因张莲舫叛变，华中局办事处遭破坏，施月珍被中统特务逮捕，坚不吐实。次日傍晚，特务把她放出去，准备放长线钓大鱼。保险业支部领导得悉施月珍的闺蜜陆瑛被捕，察觉施的情绪消沉有点反常，即秘派蔡同华探询情况，施月珍流泪讲出自己被捕经过和敌人拖她上吉普车去抓自己同志营造叛变的假象，以及特务机关要挟她必须经常到"保联"活动，要她监视程振魁、蔡同华、王亦洲等人的行动，还专门指派一个特务到家里催要情报。党支部觉得势态危急，马上采取应对措施：说服施月珍装病（本来有肺病）秘密离沪到蔡同华的家乡宁波去暂避风头，伺机再转去解放区。但不巧，哥哥施哲明从解放区来沪办货探亲，不明妹妹被捕情况，被保密局特务系统水警逮捕。党支部应急通知程振魁撤离上海赴武汉，辗转去香港，通知徐天碧转移到南京，蔡同华、袁若霞撤退去浙江四明山游击区。施月珍在新中国成立后进入军政干校学习，远赴西安中国人民解放军第四军医大学工作。两次被捕的往事，改变余生，1956年审干以来，她背上了"叛党分子"罪名，倍受迫害。1986年7月去世前还恳求所在单位第四军医大学党委对她的冤案作出公正结论，恢复她的党籍。后经该校训练部政治处根据大量调查材料证实，施月珍是为党做了大量奉献的好党员。1989年6月，校党委决定恢复她的党籍，党龄从1938年10月算起，撤销退职处理的决定，骨灰移进烈士陵园。

为时代发声，以音乐唤醒民众斗志

当下讲好中国金融精彩故事，需要深入挖掘红色保险蕴含的文化记忆，找准切入点。我相信，如果我们今天绘制"保联"历史画卷，就必定少不了咏歌演剧——娱乐不忘救国的经典场景呈现。

"九·一八"事变让中华民族陷入苦难的深渊，"一·二八"淞沪抗战揭开了全民抗战的序幕，"不愿当亡国奴"成为那个时代中国人发自内心的呐喊最强音。1935年北平爆发了党领导的"一二·九"学生运动，全国掀起要求停止内战，抗日救国的高潮，国人的爱国热情空前高涨，上海各界爱国人士纷起组织救国组织。1936年年初，上海职业界救国会成立，22岁的施哲明凭着一腔热血报名加入，编入张承宗的第四大队。施哲明与来自华商公司的胡詠骐、谢寿天、程恩树、郭雨东、林震峰，来自外商保险的杨经才、杨延修、卢绪章等一起站在抗日救亡运动前列，成为上海保险业最早投身革命的救国会战友，他们集会、游行，扩大救亡宣传活动。10月4日"上海市银钱业业余联谊会"成立，这是自上海第三次工人武装起义失败以来金融业职工重新构建的革命组织。"八·一三"抗战爆发后，他们组成"保险界战时服务团"，开展劝募、战地慰劳、救济难胞等活动，上海金融业的抗日救亡运动向纵深发展，需要扎根业界群众，扩大抗日民族统一战线。

《保联》第一卷第一期『会友活动六则』报道

作者『真你』即吴镇

1938年7月，"保联"成立，这是保险职员自己的公开合法团体。"保联"下设娱乐部，提出把群众发动起来，"为调剂业余生活而努力，为提倡正当娱乐而奋斗"的口号，部长是李言苓，副部长是施哲明、程振魁和刘文彪，齐心协力，其下再分歌咏组、国乐组、口琴组（胡晏指导）、舞蹈组及话剧组等。

自8月歌咏组组建，就由施哲明负责教唱抗日救亡歌曲，最初有20多人，参加者以青年职员居多。活动时间是每周六下午6时半至7时半，地点在"保联"会所的乒乓室。施哲明是颇有造诣的音乐专家，声音高亢雄壮，有张力，形象玉树临风，有魅力，负责音乐指导应对自如，培养出蔡同华、翁逸平（翁子樵）、周繁珮（周础）等文艺骨干。你可以展开想象的翅膀，遐想一群朝气蓬勃的帅哥靓妹，每周一次排练演出，面孔上洋溢着神圣与热情，围拢在指挥者周边，尽情放歌，嗨翻了会所，歌声萦绕，掌声雷鸣，映射出红色保险文化的万千气象。

残酷的战争岁月，不可能纯粹为艺术而艺术，"我们不唱古风的西班牙探戈舞调子，我们不唱流行痴狂的《蓬岛情歌》和肉麻的波克里尼《小夜曲》。我们是唱着时代的歌曲，尖锐地击碎我们四周焖闷的氛围……"按施哲明的说法，"歌唱是一种集体力量的表示，要唱好听的歌，请参加我们的歌咏队"。（震尼：《在全体职员联欢会里》，《保联》第1卷第2期，第13页。）"我们的歌声将唤醒了城市和乡村……使音乐大众化地普遍起来，不是少数资产阶级专有的娱乐。我们不希望做一个象牙塔顶上的艺术家，我们要用音乐缀成的词句来燃烧起大家的热血，引导着大众向民族解放的路上前进！"如此振聋发聩的真情表露，诠释了"保联"歌咏组成员强烈的爱国情愫和初心。

位卑未敢忘忧国，为救亡图存开展慈善义演性质的音乐活动，在动员市民救难救国的同时，表达"娱乐不忘救国"的现实诉求，才是进步文艺的真谛。据施哲明在《"保联"歌咏组和口琴组活动片段》一文中回忆，初期教唱的抗日救亡歌曲，如聂耳、冼星海、麦新等人创作的《义勇军进行曲》《救国军曲》《大刀进行曲》，大家高唱着《打回老家去》《松花江上》《五月的鲜花》《旗正飘飘》等歌曲，"快奋起，莫作老病夫，快团结，莫贻散沙嘲。团结奋起，奋起团结！"延续着新音乐运动对民众的动员，成为"孤岛"潜伏的抵抗力量。

后来上海形势有变，"孤岛"很难开展公开的抗日宣传，歌咏组教唱的曲目也相应做了调整，增加了艺术性歌曲的比例。

> 再接是歌声指挥施哲明的歌唱，他领唱了几支要求很严的歌，他的歌声委实太动人了，是一道道的轻雷划过……曲，通要有人他心们的赞青剧推载着于……是尊由施哲明和歌唱慕着的附位军人……青年航空员，这首歌也唱到了上亲备悦于一个……伟大苏联十月革命纪念日，在庆祝一个接着每……起来……道是愉讚英勇男的十月革命有力的唱……解放世界和平的中国十月革命纪念日，在庆祝一个接着每……个穗束教唱更是壮魁悦耳了的天空中自由地飞翔……而F首合唱团这些曲颗有力的唱颂它。」
>
> 施哲明说："歌唱是一个集体努力量的表示，要唱好她的歌请参加我们的歌咏队"，这是真正的诠释。
>
> 这是有意味的……课堂上唔唱了……一定的地方令交有人辣謡，诺可调到结角数唱什么……溢茉羹在发表意见时很可感又亲切，有人开会到人家闲弄，友们在上船氛围着满足和笑意。四周的姿氛很快倒演……点变下，大门羽列速谈着平剧彩排的盛光，十个茶……徽友园书馆开幕时唱笑拳参供诗……在白角烟光……的黑暗下，这整齐伟合满足了许多彼生活工作者所祐……返了他的眼睛。

1938年11月举行的"保联"的联欢会中，娱乐部第一次集中汇演，会员的脸上都氤氲着满足与笑意。如果说施哲明口琴伴奏的独唱《小夜曲》，"他的歌声委实太动人了，是一道道的轻雷划过云的边际"，以及《比翼鸟》(俄罗斯舞曲)和独奏《蓬岛情歌》是娱乐唯美性质的，具有很强的穿透力，那么施哲明与同伴合唱的苏联歌曲《青年航空员》(菲列曲，塞克配词)显然是动员抗战的，"那更是壮丽悦耳了，激动得每个听众都像要青云直上，在广阔的天空中自由地飞翔起来"。在庆祝伟大苏联十月革命纪念日，渴望民族解放、世界和平的热血男儿，用歌声赞美着英勇的青年航空员，对黑暗现实唱出"破坏它，破坏它"。

同年12月25日在上海宁波同乡会举办的全体"保联"会员联欢会节目中，如果说王庆隆的口琴独奏《多瑙河之波》和黄丽珊演唱的粤曲《昭君怨》和《蓬门未识绮罗香》是纯娱乐性质的，那么施哲明指挥歌咏队合唱陕北民歌《骑白马》（即后来《东方红》的旋律曲调，只不过填词内容不同）和美国《摇小船》就显然是抗战宣传意味的。实际上，丰富业余生活的纯娱乐节目与鼓舞抗战的爱国宣传节目在演出中相互交织，是很难泾渭分明的。当然，如果你能听懂《黄河大合唱》，那你就一定能够理解国难当头这些歌咏活动的意义及价值。

1939年5月，为筹备"保联"一周年纪念交谊会，经施哲明积极争取，歌咏组扩充为合唱队，聘请著名音乐家陈歌辛每周六下午来会指导练唱"世界名曲"，主要是教苏联电影歌曲，像《祖国进行曲》《快乐的人们》及《船夫曲》等，社会主义新苏联令人憧憬，雄浑有力的旋律，百转千回，入脑入心，他们"放开喉咙发泄胸中的欝气"，慷慨激昂地高唱，以此弥补会员"技术的修养"的短板，（保联理事会：《娱乐部报告》，《保联》1939年第1卷第8期，第42页。）温暖了许多被生活工作枷锁所压制枯寂的心灵。当然演唱肯定还包括《渡过这冷的冬天》，歌词营造出沉浸式体验，读到这里，眼前仿佛浮现一幅画面：施哲明一边拉着风琴，一边深沉地唱着"渡过这冷的冬天，春天就要来到人间，不要为枯树失望，春天就会开放……"这个映象太感人啦！

1939年6月7日，"保联"联合"益友社""职妇"等团体在大陆电台举行"慈善义卖联合音乐会"演播。1939年11月19日或22日，上海业余歌咏会联合"保联""银联""华联""益友社""职妇"等团体在八仙桥青年会大礼堂举行音乐大会（实际上是为新四军征募寒衣），其中最引人注目的是由各联谊会歌咏成员组成的百人合唱队，在郑守燕指挥下演唱《抗敌歌》《旗正飘飘》等救亡歌曲，由陈歌辛担任伴奏，评论者赞誉之"不仅是本年度音乐界的一件大事，也正是战后音乐歌咏艺术新生的一个开始"，"象征了'孤岛'业余音乐界的团结一致"。

"保联"歌咏活动虽属自娱自乐的联谊，但咏歌演剧，从来不是个人的余兴消遣，施哲明视歌咏组为党的群众工作主场，把唤醒青年、用歌声服务于全民抗战作为自己的天职，"保联"同人更将其视为"消弭眼前一切恐惧而勇往直前"之"战斗的武器"以及"组织群众的工具"，是"人类正义的呼声"。划过"孤岛"夜空的歌声，猛然地扑进每个窒息者的内心，唤起听众的共鸣，"帮助了他们发泄胸中的愤怒"，驱散了颓唐和愁闷，仿佛战地号角，刺入敌人心脏的匕首和投枪，担当起唤醒民众共赴国难的大义责任。

革命文艺的力量在实践中也得到验证，后来加入新四军的翁逸平（宁绍水火保险公司练习生，由程恩树引入"保联"，得以结识施哲明），在《党教育我参加革命》一文中追忆，施哲明"家庭负担重，身体也不太好，但是工作很积极，待人也诚恳。1938年秋，我和蔡同华、周繁珂三个小年轻跟着他学唱革命歌曲，这些歌曲在帮助我们树立革命人生观上起了一定作用"，成了他们投身革命的催化剂。到1939年夏秋，活跃的"保联"话剧排练演出渐渐替代了歌咏组活动，歌咏组成员多投身话剧演出，"当时要进行救济难民的义卖演出，排演繁忙，无暇再继续顾及歌咏组的活动"。

1939年4月，在"保联"学术部举办的师生交谊活动中，施哲明主演活报剧《精神总动员》，创新了形式，博得了大家的赞扬。1939年5月，中共上海地下党为援助新四军，依托"职业界救亡协会"，发起筹划了"上海市业余话剧界慈善公演"，"保联"话剧团排演了钱杏邨（阿英）创作的三幕抗日剧《日出之前》，施哲明担当后台主任勇挑重担。从擘画剧目，后勤保障，到选定演员，指导排练；从接洽落实演出剧场，到准备各种场景道具（包括木材造景、租借灯光设备调光）；从聘请专业化妆师，到为防舞台人杂管理难，预订制作演职员徽章佩戴作为后台出入证等：施哲明事无巨细，勇于任事，处处留下了忙碌的身影。

1939年6月，施哲明当选为"保联"第二届理事会理事，第二次征求会员大会的筹备委员。施哲明在《保联》第一卷第14期发表《自力更生为中国保险业的唯一途径》的文章，身为外资雇员，在外商保险长期垄断中国市场的大背景下，提出自力更生发展民族保险业的主张，这是极其可贵的见解。他还在《保险月刊》上翻译发表《火灾保险与海上保险》，连载八期。翻译W.E.No-bie《火灾保险单条款述义》学术原著，为发展民族保险业，提供理论支持。

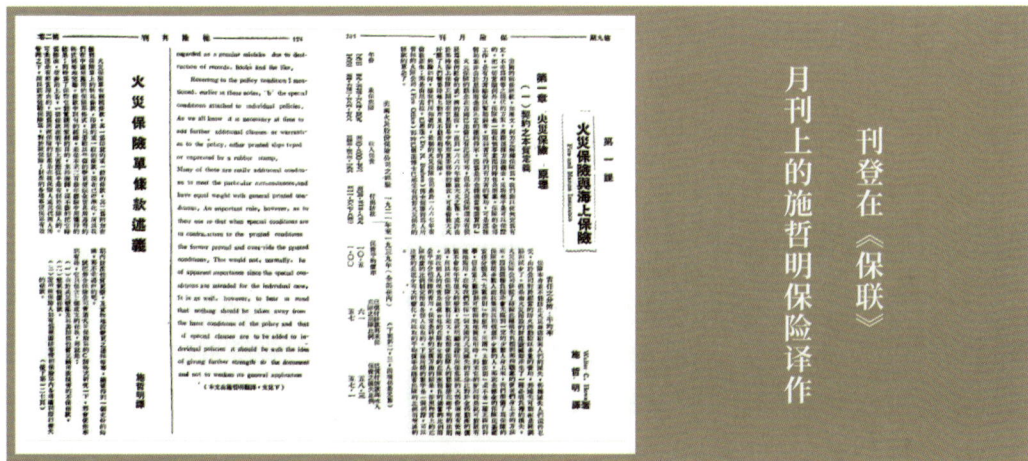

刊登在《保联》月刊上的施哲明保险译作

施哲明为悼念胡咏骐
病逝而撰写的悼词

1940年11月5日，胡咏骐病逝，施哲明撰写《向我们先驱者学习——悼念胡咏骐先生》，表达对青年导师的缅怀之情，吁请保险同人学习胡先生"坚毅不拔、忠贞不阿"的无畏精神，"胞与为怀服务社会"的牺牲精神，培养起"练达的思想远大的目光"，为中国保险业的独立自强而奋斗。

从解放区财经干部，到上海军管会专员

1942年12月，施哲明因肺病离职休养，林震峰接替他成为保险业第三任党支部书记。1944年，施哲明辗转到苏北新四军根据地。其间，施哲明曾任淮南抗日根据地津浦路东货管总局经情科科员，后去如西县（今如皋市）卢港的苏皖边区第三分区货管局调研科科长，1944年12月到1946年10月，先后任苏皖边区第三分区货管局党支部委员、支部书记及银行、货管中心支部副书记。在方毅领导下，从事货物检查，缉私征税，实行低利借贷，挹注农村经济，通过自己专业的财政收支服务为根据地的抗战队伍筹措经费给养，量入为出，为指战员确保最低供给标准津贴，厉行节约，实现生产自救。

1947年3月6日，因中共华中局联络部上海特派员办事处张莲舫叛变，施月珍被中统特务逮捕。不巧，施哲明不明妹妹被捕情况，从解放区来沪办货探亲，遭保密局特务系统水警逮捕，被关在监牢里。施月珍避难到宁波乡下，孤苦伶仃的母亲省下摆小摊的辛苦钱，买了衣服食物去探监，施哲明说："被关

的不是我一个人，还有其他人，叫妈妈多借点钱。"家里经济很困难，母亲还是筹措了一些钱，满足了儿子的要求。最后千难万险，施哲明总算保释出狱。

1949年5月，上海解放，施哲明以军事联络员身份参与接管官僚资本保险公司的工作，由军代表孙文敏率领，与陆自诚、吴越、廖国英先后进驻接管了中国保险公司。

上海军管会金融处
庆祝解放大游行

队伍前列为施哲明 吴越 唐凤喧
幸福的笑脸上洋溢着新生的气息

待中国保险公司接管初战告捷后，施哲明出任上海美商保险公司军事管制专员。1949年10月，中国人民保险公司成立后，任华东区公司监理科科长。

1949年10月25日，中国人民银行总行组建"法规编审委员会"，开始对有关金融法令章则的研究和审查工作。委员会内分7个小组，其中保险章则小组由新成立的中国人民保险公司组织，总行研究处派人参加，工作重点是草拟新的保险法和保险业法。华东区公司按总公司指示于1949年11月26日召开保险法规研究会，会上组建了保险法和保险业法两个研究小组，由与会的人任选一组参加，参加保险业法小组的有施哲明、王伯衡、陶听轩等16人，该小组推定关可贵、潘华典、金瑞麒、毛啸岑、王伯衡、施哲明6人负责起草。由关可贵执笔，经多次讨论修改，把保险业管理法的字样改为保险业管理条例，于1950年2月10日提交研究会全体审查通过后上报。

1950年11月，"民联分保交换处"为提高会员公司从业员研究保险学术兴趣起见，决定举办"保险讲习会"。施哲明作为中国人民保险公司监管部门负责人，做了重点讲话，高屋建瓴，强调了三点建议：要使保险技术与社会要求相结合，要理解保险技术的特殊性，要认识保险的社会意义。

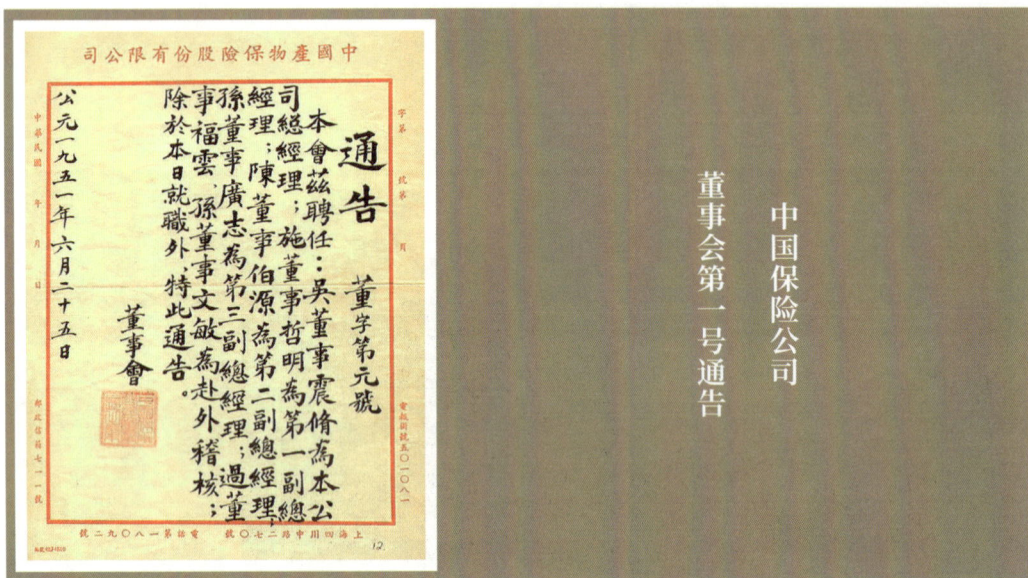

中国保险公司董事会第一号通告

1951年6月25日，施哲明出任中国保险公司董事兼第一副总经理。9月25日，中国保险公司总管理处正式迁往北京与中国人民保险公司合署办公。

三起惊动世界的涉外赔案

施哲明担任人保总公司的国外业务处处长，并兼任中国保险总管理处副总经理主持工作时，圆满处理了澳门的康生栈大火赔案、"海后"轮分保索赔案、万吨级海轮"跃进"号沉覆理赔案这三件惊动世界的涉外赔案。

尤其是康生栈大火赔案几乎成了业界教科书的经典案例。

1951年秋，刚刚由上海迁至北京在天安门西侧南长街44号正式办公的"中保"总管理处，立足未稳就面临严峻考验：9月25日，发生震惊澳门的康生栈大火理赔案——中保澳门支公司承保的澳门康生栈火险，保险标的汽车轮胎，保险金额高达7000万港币（当时约25万两黄金），轮胎全部焚毁，保户申请全损赔偿。施哲明亲赴澳门负责调查，理赔人员勘查中发现多处纵火诈赔疑点：其一，康生栈原系私人住宅并非正式公共堆栈，保户租用后将住宅改作货栈，独家堆存汽车轮胎；其二，保险标的汽车轮胎系抗战期间太平洋战争结束后美军的剩余物资，澳门市场上对军用汽车轮胎并无市价，而投保的保险金额过高；其三，投保轮胎数量之多，超过康生栈可供堆放的容积；其四，澳门报刊披露"康生栈"失火前附近邻居闻到汽油气味的报道。施哲明凭借纯熟扎实的保险功底，查勘险位、画平面图，取证核实，用事实说话成为这个赔案的胜诉保证。调查表明，7名有政治背景的案犯，有计划、有组织地将一批接收美军剩余物资中的军用汽车轮胎作为保险标的，租用民宅取名康生栈堆放，鉴于军用汽车轮胎在澳门市场上并无市价，遂在纵火前密谋制造一起军用汽车轮胎交易的高额成交价，为其索赔提供依据。为彻底焚毁轮胎，案犯还购买了大量汽油作案。这一切既有销售汽油店家的旁证，也有"康生栈"邻居一名保姆闻到强烈的汽油味旁证，在物证、人证确凿依据下，中国保险公司澳门支公司拒赔了这笔纵火诈骗，澳门法院判决纵火主犯有期徒刑7年，其余6名案犯分别处以有期徒刑1至6年。

这是一起企图扼杀新生中保为政治目的、兼而诈骗巨额保险赔款为经济目的的犯罪。该案的成功处理，得益于中保专职的"一竿了插到底"的理赔工作机制。不是层层审批，而是按各自赔款权限各司其职，事后笔笔有监督。

1951年，我国从国外购买的价值700万英镑的橡胶等物资，租用巴拿马籍货轮"海后"轮运回国内，途经台湾海峡时被劫掠。因为再保险业务的及时分保，最后98%左右的损失从国际再保险市场摊回，为国家减轻了外汇补偿的负担。

1963年，新中国制造的第一艘万吨级远洋货轮"跃进"轮在从青岛到日本门司港的航行途中触礁沉没，由于再保险业务的保留和及时分保，仅用65天即从伦敦市场摊回赔款，为国家挽回83%的财产损失。这两次赔案都得到了国家领导人的高度肯定。

施哲明曾说人保国外业务处是靠"两轮"起家。但在"文革"中造反派给施哲明贴大字报《"两轮起家"可以休矣》，对施哲明无端指责，意在停办涉外业务。

北京展览馆前的合影

左起 孙广志 施哲明
孙继武 沈日昌 吴震修

中国专家组在越南
左起 施哲明 陶增耀 王恩韶

一九六三年时任人保副总经理的
施哲明（右一）访问越南

施哲明在东南亚
国家考察指导

追寻
▶保联先行者的足迹

1963年8月至1966年3月，施哲明与王恩韶、陶增耀组成保险专家组，两次赴越南，帮助建立保险公司，从拟订保险条款、分保合同到财务管理等，都是手把手教出来的，甚至越南保险公司名字"保越"（Bao-Viet）也是双方"同志加兄弟"一起商定的。当时胡志明还在，越南政府给他们颁发友谊勋章。还有阿尔巴尼亚、罗马尼亚等国，也都接受过人保的帮助。

1979年，国内保险业务恢复，冤案撤销，施哲明再任中国人民保险公司副总经理、中国人民保险公司总公司监事，成为拨乱反正的中坚力量。1983年，施哲明离休。

施哲明是中国保险学会主要的发起人、创始人，在中国保险学会成立大会上做"筹备工作报告"，当选第一届、第二届理事会副会长。1990年，被评为高级经济师，并担任中央财政金融学院兼职教授。在《保险研究》上发表了《保险工作要为国民经济调整服务》《东欧等国家的保险事业的发展》《保险发展史简介》（连载6期）及《谈谈保险学基础理论的学习及保险教学》《百尺竿头更进一步》等论文。并为《当代中国金融事业》撰写了《涉外保险》一章。

1981年9月，中国人民银行金融研究所五道口研究生部成立，施哲明与林震峰、王永明被金融研究所研究生部聘为首批保险硕士生导师。在五道口金融学院，施哲明是魏迎宁（保监会副主席）、郑燕（泰康人寿）的导师，一身正气，两袖清风，严谨的治学态度和谦逊的为人师表，令人终身难忘。

1983年6月，施哲明参加"上海市保险业党史资料征集组"任委员，参与撰写《保险业支部在上海解放前夕的活动》的回忆文章。1988年赴上海参加上海市保险业业余联谊会创建五十周年纪念大会。

1999年11月，在北京病逝，享年85岁。

红色保险文化的躬行者

记上海保险业第三任地下党书记、保险业党史的重量级人物林震峰

林震峰

1918年6月出生于上海，1936年进中国保险公司当实习生，参加职业界救国会。1938年4月入党，参与创建上海保险业首个党支部，任宣传委员。"保联"创始人之一，主编《保联》刊物。跻身"保险界十三太保"行列，赴大后方以战时陆地兵险服务全国经济抗战。返沪后成保险业第三任支部书记。上海军管会接管大员，人民保险的奠基者。

林震峰无疑是中国保险业历史画卷之最主要绘写者、"保联"革命史当代价值的发现者及最用心的守护者，是营造中国红色保险文化主旋律氛围的主流担当，他听从党的召唤与安排，用一生的忠诚来诠释初心和使命。

林震峰（1918—2010），籍贯浙江慈溪，原本姓吴——母亲胡美英在家乡慈溪丧夫后改嫁给上海印书局吴姓老板，1918年6月林震峰出生于上海，原名吴善德。但3岁时父亲去世，家庭的变故频出，让他从小就懂得了自立自强。他在上海从小学读到初中，一直品学兼优，因家境困难终止了继续上高中。对知识的渴望，驱使青年林震峰报考夜校，通过几年自学，从上海沪江大学城中区商学院夜校毕业。1936年，经同母异父的哥哥（上海金陵饭店西餐厅当掌柜）推荐，18岁的他到中国保险公司作实习生，为介绍家族关系方便，他将吴姓改姓林。

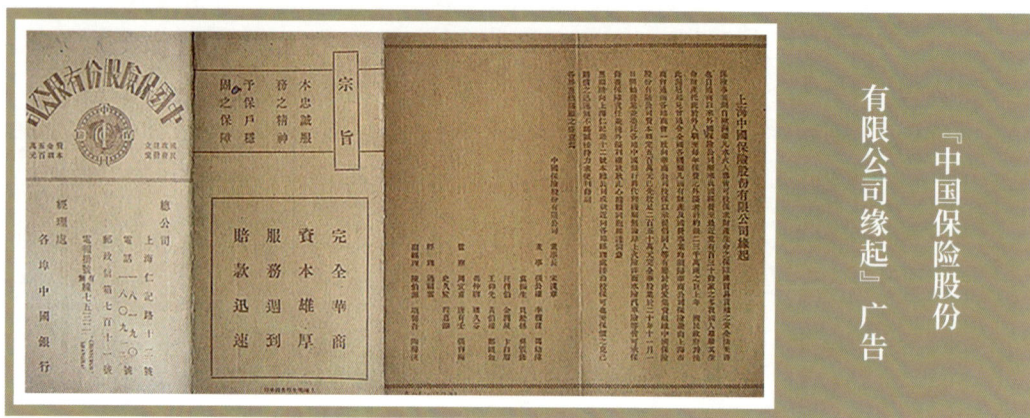

『中国保险股份有限公司缘起』广告

中国保险公司由中国银行独家投资创办，成立于1931年11月1日，注册资本额500万元，属于当时实力超群的大公司。总公司设址仁记路12号，后迁四川路270号，宋汉章为董事长，过福云任总经理，均属恤下忠厚之人。公司经营各种产险和寿险业务，外埠不设分公司，全都委托中国银行各地分支机构代理，遍布各大城市85处，银保合作相得益彰。并在香港、澳门、新加坡、吉隆坡、槟城、巴达维亚、泗水、马尼拉、曼谷、西贡等海外设有分支机构。林震峰无疑是幸运的，一入职就在大公司获得对保险业的最初认知和基础历练，起点高，视野宽，对他的保险业务能力迅速提升大有裨益。

人是由环境与时代塑造的。从"一二·九"学生运动到西安事变，到"七七事变"抗战全面爆发，再到"八·一三"后大片国土被日寇侵占，林震峰亲历了祖国山河破碎、同胞惨遭蹂躏的悲惨境遇，上海救亡运动及新革命文艺思潮的风起云涌，激发了他的强烈爱国热情，使他明白了要保家就要先救国，要救国就必须参加革命的道理。

烽火岁月的坚定信念

林震峰的保险职场自沪上起步，他的革命生涯也从这里上路：参加上海职业界救国会——创建保险业第一个党支部——参与筹建"保联"——主创《保联》杂志——加入奋战大后方之"保险界十三太保"行列，承担以战时陆地兵险服务全国经济抗战的大任——智勇兼备的中共地下党负责人——军管会接管

追寻
保联先行者的足迹

大员——人民保险的奠基者，每一步都无惧艰险，走得坚定执着，昂首挺胸，他不断砥砺共产党人的信仰，为人民解放事业立下了丰功伟绩。

1936年2月9日，上海职业界救国会成立，下设6个大队，银钱业和保险业会员被编在第四大队，张人俊（张承宗）任大队长，林震峰与程恩树、谢寿天、施哲明等编入其中，成为各种抗日救亡集会游行活动的活跃分子。5月30日，林震峰与伙伴参加了上海各界民众纪念"五卅"惨案11周年大会，会后游行，在江湾烈士墓前举行公祭。6月，林震峰作为11人筹备委员会成员，参与发起筹建金融业职工联谊活动团体，到10月4日上海市银钱业业余联谊会正式成立，林震峰当选为第一届理事，积极参加"银联"组办的各种报告会、演讲会、讲座、讲习班等活动，聆听了钱俊瑞、萨空了、刘良模、章乃器、周予同、潘序伦、江问渔等知名学者的时事政治讲座，使他对马列主义理论有了较为系统的学习。

1937年7月，抗战全面爆发，8月上海沦陷，林震峰参加保卫大上海青年别动队，担任文书。在中国保险公司内部，他与徐曾渭一起动员同事报名参加"银联"读书会，有18名中国保险公司同事入会，积极追求进步。

1937年11月，由胡咏骐发起保险界定期聚餐会，假座宁波路35号邓脱摩饭店，共商筹建保险业合法群众团体事宜，林震峰与宁绍保险的程恩树与李言苓、天一保险的谢寿天、太平保险的郭雨东与朱懋仁、北美洲保险的董国清、友邦人寿的林绳佑，以及保险业同业公会的关可贵和王中振等人积极响应，分工负责各项筹备工作。

林震峰在"银联"里积极宣传抗日救亡，地下党很快将他列为重点培养对象。经过中国企业银行的中共党员尹克长培养引导介绍，1938年4月林震峰秘密入党，从此，坚定信念为争取民族独立人民解放事业奋斗终身，成为他矢志不渝的人生追求。不久，接上海地下党领导张承宗指示，原属"银联"党组织的林震峰与原属"华联"党组织的程恩树调回保险业组建党支部，由程恩树任书记，林震峰任宣传委员。

1938年7月，"保联"诞生，林震峰当选为第一届理事。1939年6月又当选为第二届常务理事，经过三轮征求会员运动，到1940年1月"保联"会员1402人，占当时上海保险界全部从业人员的约70%，几乎囊括了当时上海保险业的精英；党内分工，程恩树负责"保联"总务部、会员部、体育部、福利委员会的活动，林震峰则负责出版委员会、学术部、图书委员会等部门的活动。

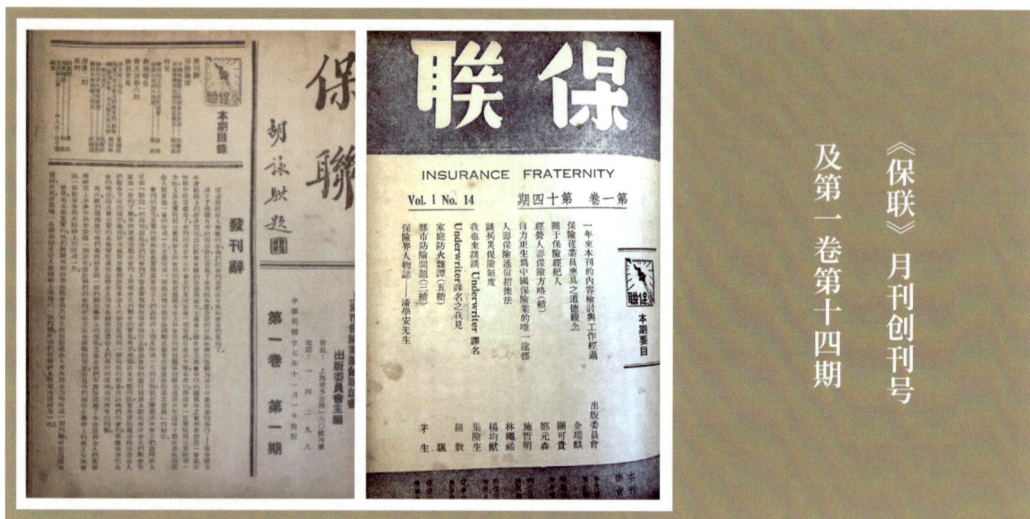

《保联》月刊创刊号及第一卷第十四期

林震峰膺任学术部副部长，负责报刊编辑、图书阅览等活动，他积极创造条件，筹划出版能代表"保联"并适应保险业各层次群众欣赏口味的刊物，借以占领宣传舆论主阵地。经过三个月的筹备，1938年11月1日《保联》月刊正式创刊。胡詠骐为刊头题字，目录首页刊印"保联"火炬会徽。创刊词中的期许是"希望它是会的喉舌，希望它成为全体会友乃至全体保险业同人们共同的园地，共同所有的刊物"。办刊的任务是"报道会务消息，综述会务的进行发展及动向，反映保险业同人们在各方面的现状及趋向，鼓励同人们在学术研究上交换知识，使同人们在精神上相互融成一片"。《保联》月刊从创刊至1939年12月止，共出版了14期（1940年1月起改名为《保险月刊》，又出版了12期），成为保险学术性刊物，另行出版《保联会报》，加快会务活动的报道交流。学术部十分注重保险业务的提升交流，许多专家学者都为之撰写文章，倡导学术研究。

这两种报刊在中国红色金融史上具有非同寻常的意义和难以估量的史料价值。作为"保联"的宣传平台，设有保险论坛、会务报告、专载、专论、保险消息、保险界人物志等专栏，经常报道"保联"举行的各种业务讲座、读书交谊、摄影绘画培训、话剧排练演出、歌咏口琴比赛、体育比赛等信息，这成了我们今天研究红色保险史最可相信的史证依据。事实上它密切了业界联系，丰富了会员业余生活，借以宣传党的方针政策，引领青年奋斗方向，发动群众壮大爱国统一战线，凝聚起蓬勃的抗日救国力量，故广受好评。尽管林震峰负责刊物出版只有不到一年时间（1939年10月即赴昆明从事兵险工作），但因这段主编经历，奠定了林震峰作为保险学术专家和宣传权威的历史地位。

1938年夏秋，鏖战硝烟弥漫大半个中国，广州失守，武汉吃紧。当时工商业大半集中在长江及沿海一带，为避免中国工业的根基毁于日寇，保留坚持抗战的希望，重庆国民政府动员沿海工矿企业内迁，这是一场史无前例的厂矿企业大迁徙，晏阳初称其为"中国实业界的敦刻尔克大撤退"，大量人员及战略物资先从沿海各地水路到武汉，再通过川江航道转运中国的大后方，依靠卢作孚民生公司运输船队，绝境中创造奇迹，"宜昌大撤退"打通了经脉，改变了中国民族工业的布局。但仍有部分工商界人士顾虑内迁后，其厂房机器设备和物资储存仓库，目标大，会随时遭到日军敌机的轰炸危险，躲无可躲，藏无可藏，行动上徘徊观望，不肯内迁，不肯开工。

油画《宜昌大撤退》

为鼓励工厂主信心，给物资运输及内迁设厂生产安全托底，重庆政府在1939年夏，拨付中央信托局资金1000万元（旧法币，约合黄金三万两），授权保险部迅速开办战时兵险业务，专门承保对抗战及民生性命攸关的工厂设备及战略物资，希望通过对因战争原因而蒙受损失的企业给予补偿，以达到鼓励沿海工厂内迁，保障战时生产生活，支持全面抗战的目的。

很显然，陆地兵险是适应战争特殊需要而开办的新险种，是打破国际常规的创举，既无前例可循，大后方也无专业人才储备。为招聘到高端人才，1939年7月，中央信托局保险部经理项馨吾由昆明潜回上海，与中信局驻上海办事处主任姚达人取得联系，然后通过上海保险同业公会秘书长关可贵，在《保联》刊物上发布了招聘保险人才的广告，传播面很广，半月内报名的人达到了百余人。项馨吾花两个星期时间，分别进行了考试及面试，择优录取了十三人，组成一支办理陆地兵险的精干队伍，后来被誉为"保险界十三太保"。

时势造英雄，英雄亦适时。抗战的迫切经济需求创造了保险人共赴国难，为民族建功立业的机会。林震峰与程恩树，一起跻身"保险界十三太保"奔赴大后方，为祖国做经济后盾，堪称保险业界在抗战奉献榜上浓墨重彩的一笔。

加入"兵险"特别行动组的中国保险公司职员，除林震峰外，还有张仲良（领队，在重庆兵险总部任赔款科主任，后升襄理）、唐雄俊（后成为"保联"学术部部长，著名教授）、徐曾渭（"保联"第一届理事会常务理事兼会务部主任）、沈尔元（入重庆陆地兵险总处，后在香港从事贸易工作），占5人之多，可见该公司人才储备之丰。"保险界十三太保"，先在善钟路（今常熟路）87号三楼集中，由姚达人负责，分头进行各项准备工作，查找国际上的兵险相关法律条款，比较异同，结果发现国外无值得参考的资料，联系上海再保险机构分保，国内保险同业无能为力，而外商保险业均不愿意接受，屡经接洽，毫无成果。最后决定不办再保险，由政府承担全部责任，虽属冒险，但迫于形势不得不这样做了。他们共同研究承保范围、保险标的及不同地区的损害赔偿责任等具体规定，未雨绸缪做好预案。

『保险界十三太保』
一九三九年合影

前坐左一唐雄俊　左二程恩树
最前者震峰　后站左一张仲良
左四包玉刚　左五沈雍康

　　10月7日，部分"保联"骨干在新雅酒店聚餐欢送程恩树与林震峰，他俩用"一切为了祖国"的口号鼓励着同伴，通过陆地兵险身份掩护，撤退到大西南，克服生活习俗最初不适应的困难，奋战在昆明、重庆经济战线。陆地兵险小组成为一个坚强的奉献集体。在林震峰留下的照片中可以寻见当年"十三太保"在香港、河内、昆明、重庆等地的活动情景，他还撰写了《西南经济建设与中国保险业》《都市防险问题》等文章。后来陆地兵险铺开，人员分散各地，但他们的情谊维系终生。战时陆地兵险，办法简易，费率合理，效果良好，广受各界好评。这项爱国主义壮举为抗日战争的最后胜利贡献了力量，争取到更多的资源支持，在保险业发展史中写下了辉煌的一页。林震峰在西南边陲纵横跋涉培训兵险业务骨干时，还以昆明中央信托局职员之身份，积极开展地下党工作，1939年12月昆明职业青年党小组建立，林震峰继任支部书记，党员有沈以文（胡斌，昆明复兴公司职员）、熊跃晖（邮汇局职员）、杨延修、张平、孙实（广大华行职员）等，建立了以党员为核心的秘密读书会，团结了大批职员和进步青年，培养革命骨干，发展壮大党组织，1940年9月，林震峰介绍从事兵险工作的顾濂溪加入中共地下党。党支部还领导了上海迁昆企业中职业青年筹建的"昆明业余联谊社"活动，抵制了国民党推行的"限共、溶共、防共"反动政策，这一期间林震峰与包玉刚结下了深厚友谊。

林震峰在重庆红岩村见到了中央领导，并提出奔赴延安的请求，中央领导认为上海地下党遭到日伪清洗，骨干力量薄弱，而林的社会关系及家境条件，更适合在上海开展地下工作，八路军办事处为林震峰提供了部分路费，林震峰卖掉西装，从重庆飞到香港，又从香港乘船回到了上海。

潜伏的身影，高举"保联"的火炬

返沪的林震峰暂时在哥哥参与创办的上海洽和洽茂冷汽公司栖身，以出门跑业务来掩护"保联"地下党活动。该企业大有来头，上海规模最大的冷藏厂，董事长是杜月笙，生产的"冰轮"和"金驼"冰棍"顶顶清爽""风行全沪"，天热之后，每天供不应求。

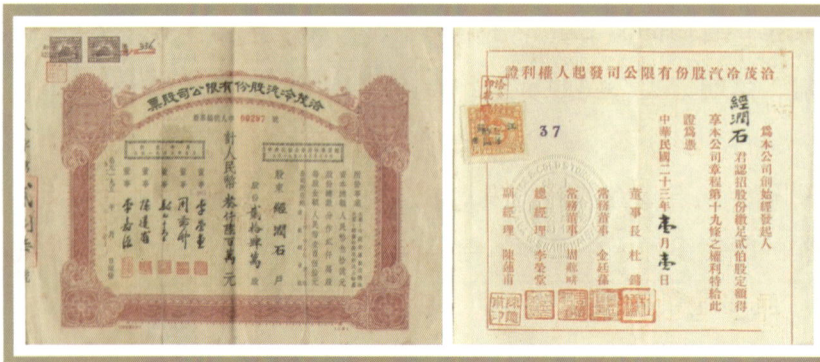

洽茂冷汽股份有限公司股票及发起人股权证

追寻
保联先行者的足迹

洽茂冷汽股份有限公司股票及发起人股权证心有信仰，方能行远。少小的磨难、社会的历练，成就了林震峰朴实坚韧、乐观豁达的性格。1942年12月，林震峰接替因病休养的施哲明，成为中共上海保险业支部的书记、党团书记、分党委书记，六年里利用"保联"团结教育了一批积极分子，培养考察了30多名合格人选，考核吸收入党，壮大了党的队伍。在上级党组织部署下，通过地下党员收集官僚资本保险公司的组织、人员、业务、财务等各项资料，以及华商公司和外商公司的动态，送往解放区，为解放上海，接管官僚资本的保险公司做准备。1948年11月，因国民党党通局特务机关抓捕"保联"党员骨干四人，形势危急，林震峰通知党员先行隐蔽，准备撤离，他与姚乃廉转移到中共中央上海局策反小组，做争取国民党军队起义投诚的工作。他的地下党身份，家人一概不知情，直到1949年5月上海解放，林震峰穿着军管会军装归来，妻子才知道他是一个"干大事业的人"。

走向新生的决战，创建华东保险

1949年5月上海解放。上海市军管会成立金融处，谢寿天任副处长，林震峰担任保险组组长。参加接管官僚资本保险公司的人员有：孙文敏、郭雨东、施哲明、徐天碧、吴越、朱元仁、刘凤珠、廖国英、汤铭志、唐凤喧、杜伯儒、姚洁忱、陆自诚、陶增耀、顾濂溪等，都是"保联"战友。

第一家示范接管的是中国保险公司。军代表孙文敏领着几个成员在大门口张贴了军管会主任签署的布告，宣布从即日起接管，同时召集中保的副经理及部门主管，让他们把财务、物资、人员情况做了汇报，接着召开全体职工大会，宣布接管政策"职工原职原薪，要求每天报到，配合军代表做好财产、账务、业务等方面的交接工作"。军代表宣布接管后，即留下联络员发动党员积极分子实施具体接收措施。其他23家官僚资本保险公司基本上采取接管这种方式。另外，军管会贸易部军代表接管了中央信托局，然后将中信局下属的产物保险处和人寿保险处划归保险组，遂派了姚洁忱作为军事联络员，负责这两处的接管。

在不到一个月时间里，军管会保险组接管了中国保险公司等24家保险公司。林震峰在《建国初期的上海保险业》一文中有较为详尽的介绍：共接收（不包括中央信托局的两个保险处）"黄金123两；银元1718枚；美钞15783元；港币3345元；英文打字机88台；小轿车19辆以及少量股票、债券、金圆券和房地产，还有4支自备手枪。保险机构的员工777人；职员652人、工人125人"。

经过清理整顿，部分保险公司登记复业。要让经济运转起来，保险是重要的保障。上海工商业有参保传统，工厂要开工，没有保险不敢开，万一出了事无法承担责任。因此5月30日中国保险公司被接管后，6月20日就恢复营业了。

"民联分保交换处"制作的"火烛小心"宣传广告

复业后的大多数保险公司受资产贬值影响，已经山穷水尽，走投无路，承保能力极其低下，军管会金融处体恤私营保险公司的经营困难，尽管调低了营业保证金额度，但仍有一些保险公司无法正常运营。鉴于原有的分保集团大多已解体，为增强华资保险公司承受巨额保险责任的能力，经军管会金融处批准，47家民营保险公司自愿组合，于1949年7月20日成立了"民联分保交换处"，办理分保业务，林震峰担任副理事长。丁雪农被推选为主任委员，董汉槎、毛啸岑、孙广志为副主任，唐雄俊任经理。

实践证明，"民联分保交换处"是挽救处于瘫痪状态的民族保险业的最佳选择。其办事机构设在太平保险公司内，不直接经营保险业务，属于华商

追寻
保联先行者的足迹

再保险集团。凡成员公司将其溢额全部交给该处交换分保，按约定份额再接受其他成员公司的相互分保业务。由于当时水险业务未能普遍推开，经办的分保交换以火险为主。民联交换处的创办，改变了华商保险公司依赖外商的心理，大大增强了华商保险业的自信心，同时为私营保险公司的进一步联营奠定了基础。分保交换的好处有目共睹，原来未参加的十余家保险公司，后来先后申请加入。这样一来，那些残守阵地的外资保险公司的业务来源捉襟见肘，经营每况愈下，无计可施，只好纷纷撤离大陆。

奠基人民保险，与共和国同沉浮

1949年9月林震峰出席了中国人民保险公司筹建第一次全国会议，10月1日，林震峰观摩了天安门广场的开国大典。10月20日，中国人民保险总公司及华东区公司，在北京和上海同日成立。谢寿天出任华东区公司经理，林震峰任副经理。华东区公司在内部设置"清算处"，负责清理金融处保险组接管的各官僚资本保险公司的资产、负债等事宜，并专设监理科，代替原军管会负责监管中外保险公司，按军管会训令及要求，继续整顿上海保险市场。

为了打破外商和私营保险公司对中国保险市场的垄断，新中国开始有步骤、有组织、有分别地对旧中国的保险业进行整顿改造。

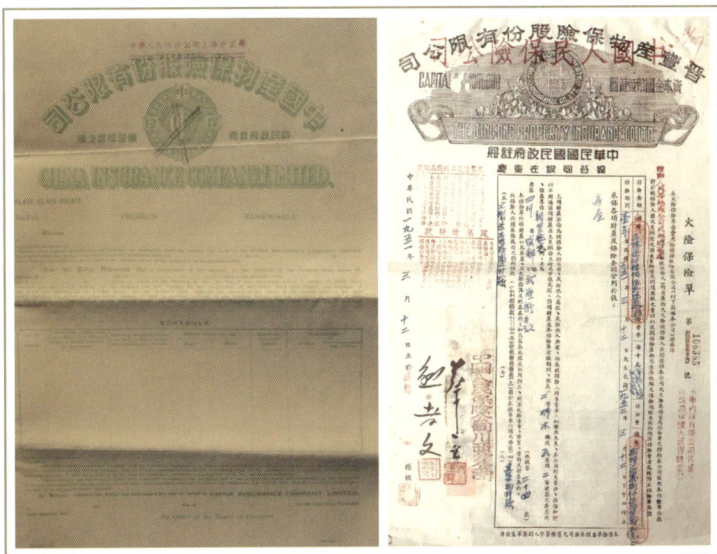

当时百废待兴，筹建人保新公司，忙到连新保单都来不及统一印制，只能改用旧保险公司的保单临时替代——用一条红线抹去这家当时已被改造或不复存在的公司名称上，加盖上"中国人民保险公司"字样的保险单，目前发现有数十种之多。

"保联"虽已完成使命，但其广泛联系群众依靠群众的革命传统不能丢弃。1950年2月，林震峰在保险同业会议上作了题为"新民主主义保险政策"的讲座，并为"上海民联分保交换处"创办的《防灾》杂志题词："要发展为人民服务的保险事业必须加强防灾工作。"

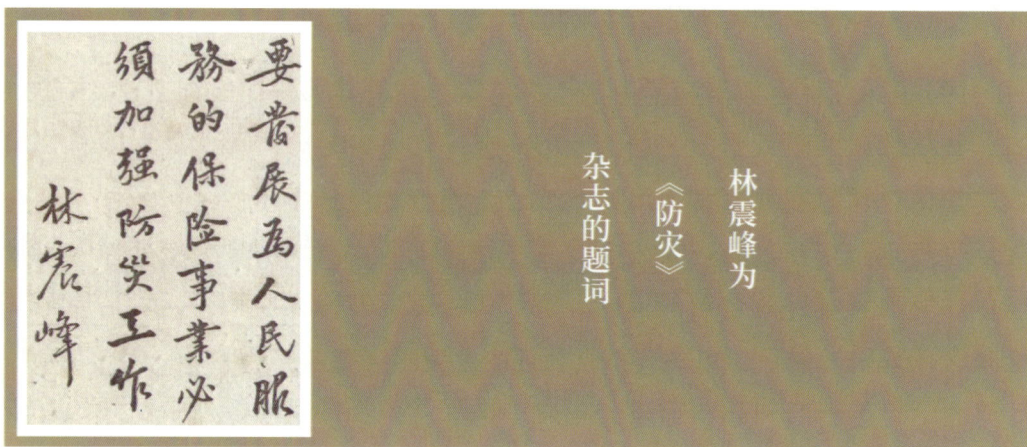

林震峰为《防灾》杂志的题词

1950年7月8日，上海市金融工会保险分会成立。在成立典礼大会上，林震峰作为领导嘉宾发表了热情洋溢的讲话，祝贺行业群众组织的诞生，勉励保险同人协力同心，讲话记录整理后刊登在《上海金融工会保险分会中国人民保险公司支会成立大会特刊》上，高慧撰写的《金融工会保险分会成立大会素描》（刊登在《防灾》杂志第八期，1950年8月1日。）有详细的报道。

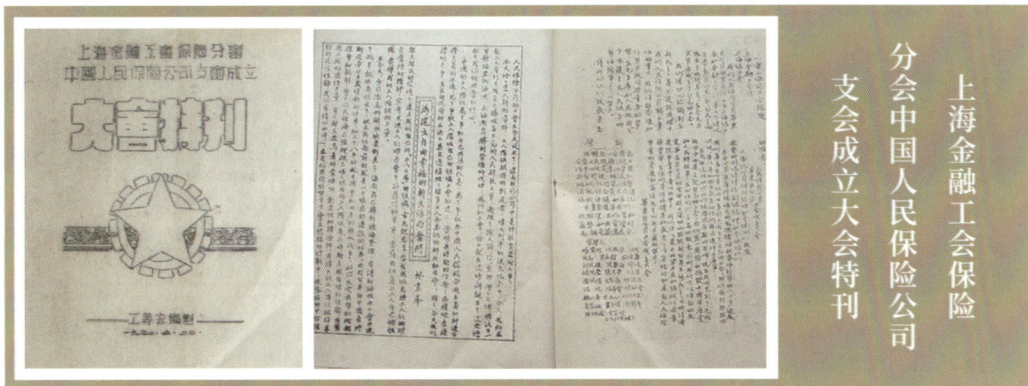

"上海金融工会保险分会第三第四支会联合成立大会纪念"
及人保总公司徽章

　　1951年11月，太平等12家上海保险公司和大昌等3家天津保险公司，共计15家私营保险公司与国营保险公司联合组建公私合营太平保险公司。15家公司自行联合评估各自公司的资产，共计45亿元（旧币），国营保险公司投入公股55亿元，额定资本总额100亿元。原太平董事长周作民任董事长，林震峰作为国营公司代表出任总经理。既要改造苟延残喘的官僚资本保险公司、探索史无前例的公私合营模式，又要在上海地区继续拓展保险业务，林震峰觉得这样的工作充满了挑战，却也是自己人生中难得的宝贵经历。

　　到1952年1月，由于上海保险全行业实现公私合营，组成了公私合营太平保险公司和新丰保险公司，民联分保交换处的成员都归并到以上两个公私合营公司。至此民联分保交换处完成了历史使命，并于1952年4月宣告结束。

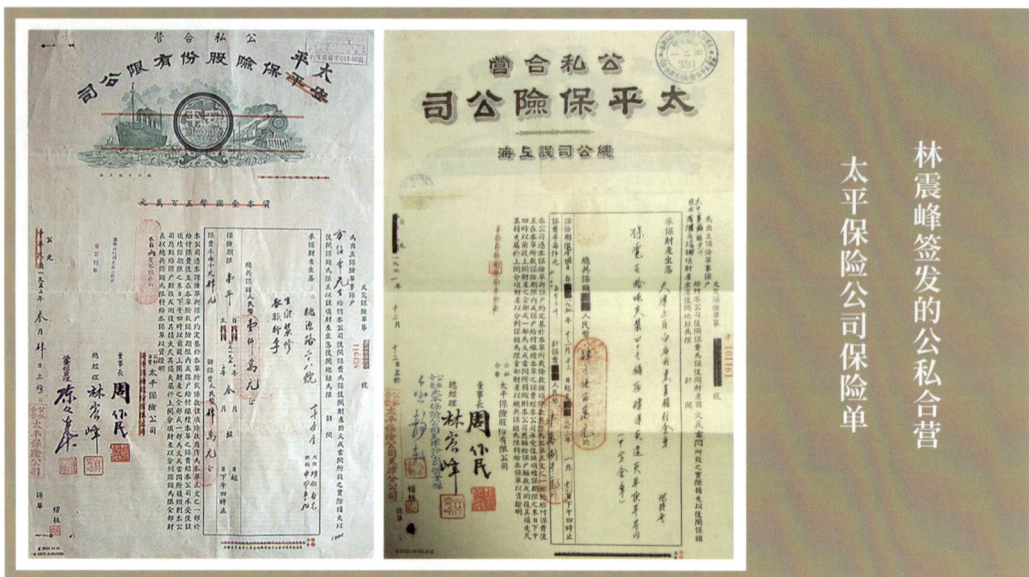

　　1951年年底，随着太平保险公司迁入北京，成为中国人民保险公司的附属公司，林震峰也正式调入北京，任人保总公司办公室主任、计划处处长。

　　中国人民保险公司推出各种业务险种，对保障人民生产生活、促进国内外物资交流、支持国民经济的恢复发展，发挥了积极的作用。

中国人民保险公司业务宣传广告

这是中国人民保险有史以来第一个出国访问团

一九五二年 林震峰率中国人民保险代表团访问苏联和捷克

新中国的保险事业受苏联国家保险理论与实践的示范影响是毋庸置疑的，诸如确认保险事业国家专营原则、建立集中统一的保险管理体制、视国家保险为国家财政制度中独立环节等，无不带有脱胎于苏联模式的痕迹。曾有人撰文介绍，第一次全国保险工作会议时，特邀的苏联专家库图佐夫就介绍了苏联保险的基本原则和如何把保险事业作为一项社会政策来推行。1952年中国人民保险代表团访问苏联，林震峰、王永明等与苏联保险专家进行了互动交流，向专家取经。他俩带回经苏联高等教育部审定的财经院校教科书《苏联国家保险》，人保总公司决定以此作为教材，对总公司及中国保险公司总管理处全体人员进行业务轮训，办公室主任阎达寅随即组织人员译成中文，交由出版，人手一册，从1954年2月8日起开始，在内部组织自学和辅导报告。

目前看到《苏联国家保险》的实物，有两种中文版本，均由苏联保险专家康辛编著，中国人民保险总公司翻译，第一种中华书局版，1953年出版；第二种财政经济出版社版，1956年出版。人保前任总经理秦道夫在回忆录中说："这本书是我踏进保险业大门的第一本保险专业书，对我的影响很深。"

这本书及其他苏联保险教材对中国人民保险开创初期的业务拓展和组织架构建设影响深远，而且20世纪50年代高校全国保险干部专修班一改以往培训教材良莠不齐，"难免'急就章'之弊"，均采用《苏联国家保险》。

凡事过犹不及。虚心学习是好事，但后来走向极端化，片面认为国家保险依靠垄断经营，一切灾害和不幸造成的经济损失，都能由国家和集体包下来，推行国家法令强制保险，而削弱自愿互助保险，进而认为国营保险公司的利润，"形同税收"，企业的闲置资金不需要保险公司去吸收，完全可以通过上缴利润来解决，如果由国营保险公司来积累资金，那就是所谓的"倒口袋"了，结果出现了国内保险业务停办20年的局面。1979年恢复国内保险，仍有人在业务培训及编写保险教材时以此为蓝本，借鉴吸收马克思主义保险基金的各种形式和不同用途等理论。但时过境迁，如果我们今天仍然走老路是没有前途的，如果不能从20世纪50年代"苏联国家保险"的思想影响中解放出来，那就无法赢得未来。我们必须尊重客观经济规律，运用市场经济手段来保障保险业发展之路越走越宽。

一九五九年三月
国内保险业务决定
停办人保总公司
迁入财政部办公楼
结束时合影
前排左二郭雨东 左三施哲明
左四闫达寅 左五孙继武 左六林震峰
三排左三刘凤珠

1958年，国内保险业务停办，林震峰与同人在财政部那栋中西合璧的大楼前合影，说不清是欣喜还是悲凉，每个人的脸上挂着前程未卜的神情，总公司同人奉指令分赴全国各地。

1959年至1965年，林震峰担任中国人民银行国外局副局长。在此期间，林震峰积极组织开办国外业务，为进出口贸易保驾护航。尤其在1963年"跃进"轮出险后，面对如此重大赔案，果断指挥，与国外再保险联系，及时进行分保索赔，摊回分保金额104万英镑。在相关的赔付支票与保单上，还可见到林震峰当年的签名和批示。

1965年，林震峰再度任职于人保总公司，先后担任总公司总支委员、财政部分党组成员，公司副总经理。

1984年，林震峰出任中国人民保险总公司副董事长、副总经理等职，同期兼任中央财政金融学院教授、第一届中国保险学会副会长、中国国际金融学会常务理事、中国金融学会理事等职务。历经劫难，看淡了名利，包容一切，不再锋芒毕露，这一阶段，应算是林震峰一生中最为平和的时光，直到1986年7月离休。

1982年6月5日至11日，第三世界保险大会在肯尼亚首都内罗毕的肯雅塔会议中心举行。该组织1964年9月成立，旨在通过相互保险和再保险安排，既分散亚非地区的风险，又力求将保费收入留在联合会内，而不是像过去那样将保费分到欧美市场，从而增强亚非再保险业的交流与合作，维护亚非地区发展中国家保险利益。中国人保是亚非保险再保险联合会的副主席方，林震峰为该会的理事副主席，率中国三人代表团前去参会，接续这一交流合作的传统，使我国业界有机会接触各国保险同业，会议就有关保险和再保险的学术问题进行了讨论，共举行了关于保险的区域性合作、工业风险、保险革新、防损及人寿险等13次报告会，宣读了14篇报告。林震峰做了《区域化的保险和再保险》的书面发言。

1985年林震峰与王恩韶一起赴埃及参加协商成立FAIR保险业务会议的具体事宜，其中有一件趣事令王恩韶后来记忆犹新：那次召开的会议分为两部分，前两天举行保险业务会议，由各家保险公司总裁、总经理等出席；后两天开的是保险监管会议，由保险监管机构的负责人出席。而中国莅会的两人都是来自中国人保，参加完前两天的保险业务会议之后，林震峰与王恩韶继续参加第三天的保险监管会议。当时外国友人都很诧异，问林震峰："昨天你参加业务会，今天怎么又来参加监管会？"林震峰说："这是我们国家的制度。"埃及保险公司总经理说："你用自己的左手管自己的右手，能管得好吗？"有的国际同行甚至产生疑问："我们大家协商成立FAIR，是不是应该按照多数的统一标准，将保险业务和监管划分开？"

事实上，中国人民保险公司成立以来，先是被划归中国人民银行，后来改为划归财政部管辖，其后又重新划归中国人民银行监管，其实一直没有专门的保险行业监管机构。代表团回来后给上级部门报告，说对外不好交代。1985年9月，第9届FAIR大会在北京举行，来自60多个国家的500多位来宾参加了会议。人保作为东道主，承办了这一届国际会议。时任国务院副总理田纪云出席大会开幕式并致辞，时任国务委员兼中国人民银行行长陈慕华出席会议。直到1998年11月中国保监会设立，业界监管乱象才得到了调整和理顺。

镌刻熠熠生辉的"保联"丰碑

林震峰被业界公认是金融保险领域的顶尖专家，20世纪50年代初即兼任上海财经学院（今上海财经大学）副教授，赴京后又兼任中央财政金融学院（今为中央财经大学）保险学兼职教授。

1981年9月，中国人民银行五道口金融研究所研究生部成立，林震峰与施哲明、王永明被金融研究所研究生部聘为首批保险硕士生导师。在五道口金融学院，林震峰是刘渝（招商局）、关贵森（创新支付）、朱芝（安邦）、缪建民（人保）的研究生导师，一身正气，两袖清风，严谨的治学态度和谦逊的为人师表，是他留给学生的印象。

"源浚者流长，根深者叶茂。"你能看到多远的过去，就能看到多远的未来。有远见卓识的勇士无需"击鼓摇旗"就已自觉进军——林震峰是前后两次编写保险业革命史的中坚核心，比"四史"教育的全面推进早了30多年。林震峰笃志不畏艰，站在历史发展的大局上看待诸多群众意见突出的问题，他认为保险行业要彻底维护形象，就需要敬畏行业历史，重视行业优秀文化。保险人有了文化自信，自尊才能自强，敬业乐业才能奉献。所以他希望通过整理发掘"保联"革命史，展现历史大变革中保险人的风采，弘扬红色"保联"文化，来激发行业内生动力，所以他成了矢志不渝的文化战士，推动功在当代利在千秋的修志编史工作。毫不夸张地说，他是最有力的倡导者和永不言弃的躬行者。

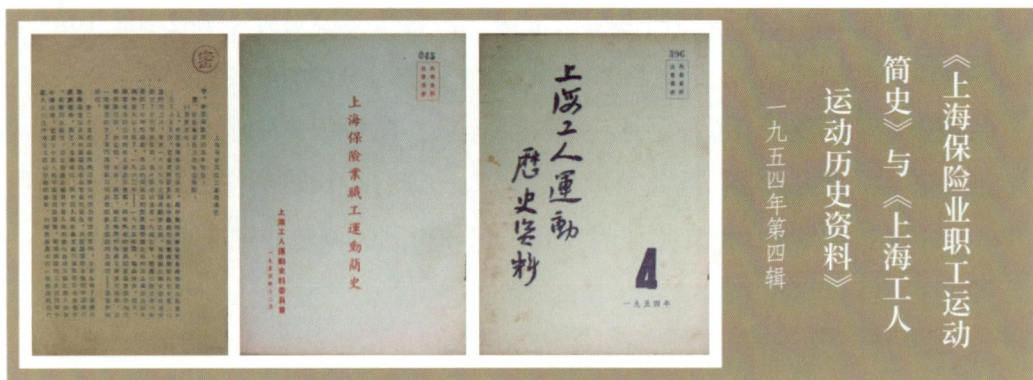

《上海保险业职工运动简史》与《上海工人运动历史资料》

一九五四年第四辑

1952年7月初，经中共上海市委批准，由刘长胜倡议组建的上海工人运动史料委员会，全力推进上海各行业对党领导的工人运动史料征集研究工作，并将取得的初步成果有序编撰成册。《上海市保险业职工运动简史》，是林震峰与沈润璋密切合作，整理编写了初稿，面向全行业征求意见，然后刊登在《上海工人运动历史资料》第四辑，准备做进一步的充实完善。但情形有变，因自1958年起上海市工联机关精简，修史计划搁浅，两位撰稿人亦远赴北京总部任职，更由于50年代末全国取消保险业务的影响，整理"保联"史料的工作被迫中断，未能坚持下来。

上海市保险业党史资料征集组成立

征集保险党史资料和保险史料的启事

1983年6月，上海市保险业党史资料征集组成立，林震峰任组长牵头，吴越与沈润璋、程振魁、戚白明任副组长，十几位健在的老"保联"会员担任委员。

机缘巧合，笔者见到一些林震峰在20世纪80年代中期为整理上海市保险业党史资料，与"保联"会员的往来信件。写在早已发黄的信笺纸上的一行行

追寻
▶保联先行者的足迹

楷小字，十分隽秀洒脱，充满个性和文化韵味。由此得知，整个保险业党史资料征集的计划安排、调查核实、研究撰文，包括联络上级领导及党史办题词作序，整理出版都是林震峰亲力亲为的。

尽管这种先知先觉、夙夜在公的奉献，被不理解的人误以为是花人保公司的钱为个人歌功颂德，树碑立传，好在公道自在人心，干大事岂能做到让所有人都称心如意？但求问心无愧。

1984年10月10日至17日，劫后余生的革命战友张先成、程振魁、陈瑛、蔡同华、吴越、金家铨、唐凤喧、汤铭志、王永昌、顾青云、姚益君等，响应林震峰召唤，不顾年老体弱，从全国各地而至，齐聚东湖宾馆共商修史大计，再次携手谱写新篇章，经过充分听取意见，讨论提纲，一致同意将50年代的《保险业职工运动史》做较大的修订补充，改名为《上海市保险业业余联谊会的十年》，之后撰写回忆录、抢救史料工作全面铺开。

1986年11月，党史征集组召开扩大会议，进一步推动工作全面铺开。

到20世纪80年代后期，这些初步成果由征集组审核组稿，编印成《上海市保险业职工运动史料（1938—1949）》和《续集》两本资料。这是传承修史传统、赓续红色血脉的壮举，是中国保险业红色文化研究的显性成果。

而1998年《中国保险史》的出版，则是中国保险历史文化发展具有拓荒意义的里程碑事件。毫不夸张地说，这是新中国成立以来、到目前为止最具权威的中国保险史研究专著。这部弥足珍贵的史学文献凝聚了我国几代保险人的心血，不仅是对我国民族保险业史料的一次抢救性挖掘整理，更是对中国特色社会主义市场经济条件下，中国保险业发展规律的一次有益的探索。

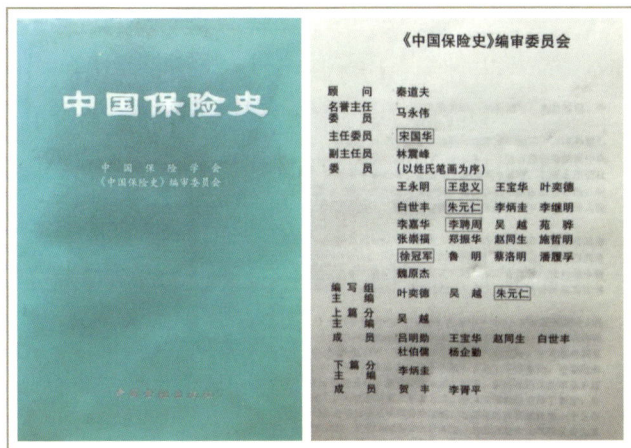

《中国保险史》编审委员会

顾　　问	秦道夫			
名誉主任委员	马永伟			
主任委员	宋国华			
副主任委员	林震峰			
委　　员	（以姓氏笔画为序）			
	王永明	王忠义	王宝华	叶奕德
	白世丰	朱元仁	李炳圭	李继明
	李嘉华	李聘周	吴越	苑睁
	张崇模	郑振华	赵同生	施哲明
	徐冠军	鲁明	蔡洛明	潘履孚
	魏原杰			
编写组成员	叶奕德	吴越	朱元仁	
主篇分编	吴越			
上主成	吕明勖	王宝华	赵同生	白世丰
	杜伯俊	杨企勋		
下篇分编	李炳圭			
主成员	贺丰	李菁平		

　　中国历来有"盛世修史"的传统，这有助于中华文化的薪火相传。由宋国华和林震峰两位领导（均任中国人民保险公司副董事长、中国保险学会副会长）领衔《中国保险史》编审委员会的正副主任，倾全行业之力，组织上海保险史志办公室、中国保险管理干部学院10多位同志，以及20余名来自中国人民保险公司、具有丰富保险工作经验、熟悉我国保险业发展历史的老同志、老前辈历经六载有余、不辞辛苦、几易其稿、编撰成书，于1998年9月由中国金融出版社公开发行。该史采用"章节体"而非编年体，"分上下两篇，共十章，上迄1805年，下止20世纪80年代末，包括新中国成立前我国民族保险业的诞生、发展和新中国成立后人民保险事业的创建、壮大、坎坷与新发展"。

一九八五年十一月林震峰与宋国华吴越深入上海金融专科学院为保险专业学生办讲座

林震峰既是中华优秀传统文化的忠实传承者和弘扬者，又是中国革命文化的积极引领者和践行者。正像红船精神、井冈山精神、长征精神是中华精神的革命创造一样，保险业内形成的"保联"文化是这种革命文化的具体呈现，是中国共产党领导人民在改天换地斗争中构建的行业文化，它以马克思主义为指导，以"革命"为精神内核和价值取向，承载着党领导人民对国家独立、民族解放、人民幸福的不懈追求，是中国保险一代先贤的精神标志，应成为推进中华民族伟大复兴的强大精神动力，永远闪耀着光芒。

林震峰性格耿介，工作严格自律，从无特权意识，妻子一直没有工作，生活并不宽裕，但他从未向组织提出照顾要求，五个孩子也没有走后门安置在保险业系统工作。在北京初期，无论是在前门珠市口，还是打磨厂，以及后来在月坛北小街5号院人保宿舍居住，林震峰从没有计较居住条件的好坏。林震峰对钱财看得很轻，他放弃继承家乡的房产。在刚解放时，他就把家里留存的股票全部上交党组织，对军管会发放的供给制补贴也未领取。作为一名老资格的出生入死懂专业的干部，林震峰一直担任公司副职，他从不抱怨，甘于奉献，对人保的创建立下了居功至伟。

中国保险学会第三届会员大会合影照片

前排右十四 林震峰

2010年3月19日，林震峰在北京逝世，享年92岁。他用不懈奋斗的一生践行了入党时的誓言和初心，把毕生精力都奉献给了中国人民保险事业，他正派做人、清白做官、踏实做事的人格魅力及敬业精神，感动了所有人，在金融业界矗立起一座丰碑。

附：林震峰发表的部分文章一览表

文 章 名 称	发表时间	刊物名称及期数
新民主主义的保险政策	1950年	《防灾》杂志第3期
加强地区合作，扩大承受限额	1981年	《保险研究》第4期
发挥保险基金在生产建设中的积极作用	1982年	《保险研究》第2期
保险基金与生产建设资金	1982年	《金融研究》第3期
区域化的保险和再保险——在第三届第三世界保险大会上的发言	1982年	《保险研究》第5期
改革保险的经营管理体制，促进保险的大发展	1984年	《金融研究》第10期
改革保险的经营管理体制，加快发展保险事业	1984年	《保险研究》第5期
上海市保险业业余联谊会的十年	1985年	《上海保险》第1期
怀念无产阶级革命战士胡詠骐同志	1985年	《上海保险》第4期
上海保险业职工同反动政客罗北辰斗争的前前后后	1985年	林震峰与沈润璋、吴越合作《中国民族保险业创办一百周年纪念专集(1885-1985)》上海市保险学会编
搞活保险基金，发挥保险在资金融通上的积极作用	1986年	《浙江保险》第1期
谈保险经营体制的改革	1986年	《保险研究》第5期
全国保险理论研讨会及中国保险学会第二届会员代表大会闭幕词	1986年	《保险研究》第6期
关于金融体制改革的若干意见：目前的保险经营体制必须加以改革。保险业务经营应允许多家办理	1986年	《金融研究》第10期
《社会主义保险学》(专著)	1986年	林震峰主编，中国金融出版社
国民党对保联的破坏活动和保联骨干对他们的斗争	1987年12月	林震峰与沈润璋、吴越合著《上海市保险业职工运动史料》

盛世修志, 大快人心——总公司召开保险史(志)编写经验交流会	1987 年	《保险研究》第3期
《保联月刊》和《保险月刊》	1987年12月	《上海市保险业职工运动史料》
怀念胡詠骐同志	1987年12月	林震峰与杜伯儒合作《上海市保险业职工运动史料》
对太原北郊区农业保险互助合作社的调查	1988年	林震峰与鲁明、童伟明合作《保险研究》第3期
中共上海保险业地下组织的统战工作	1989年	林震峰与吴越合作《上海市保险业职工运动史料续集》
关于接管上海官僚资本保险机构的回忆	1989年	《上海保险论文选(二)》
再保险公司和再保险集团	1993年	《山东保险》第1期
再保险的国际活动	1993年	《山东保险》第3期
周总理关心涉外保险——忆跃进轮赔案的处理	1994年	《中国保险》第10期
谈保险经营中的几个问题	1995年	《上海保险》第6期
保险要更好地为市场经济服务	1996年	《保险研究》第2期
解放前后的中国保险公司	1996年	《上海保险》第12期
中国保险公司的创立和沿革	1997年	《上海保险》第5期
解放初期上海保险业的监理工作	1997年	《上海保险》第9期
建国前后的上海保险业	1999年	《上海保险》第4期
周恩来与跃进轮赔案	1999年	《中国保险》第10期
建国初期的上海保险业	1999年	《中国保险》第10期

注：此表依据知网查询整理，一些年份之著无从查阅，留待以后弥补空缺。

追寻

保联先行者的足迹

让信仰与爱情相融
这对革命伴侣用一生书写红色篇章

记红色保险事业的开拓者、金融家
谢寿天与夫人蒋学杰

谢寿天

1914年9月出生于浙江余姚，1935年沪江大学城中区商学院夜校部会计专科毕业，应聘天一保险公司做会计科长。1937年7月发起组建"上海市保险界战时服务团"，任秘书长。在筹创"保联"中展现卓越组织能力。发起创建大安保险公司。1941年2月入党，主做金融界上层人士的统战工作。筹建"东方联合营业公司"，为党赚钱。上海解放后任金融处副处长，负责对官僚资本金融的接管工作，任中国人民保险公司华东区分公司总经理。

蒋学杰

出生于上海金融高管家庭，启秀女中毕业，考入复旦大学，1933年与同学黄维祐成为苏联远东情报局谍报人员，因"怪西人案"而受当局稽查。1938年5月5日，协助茅丽瑛筹创中国职业妇女俱乐部，当选副主席，领导抗日救亡。1945年加入中国共产党，1946年当选上海人民团体联合会理事。

　　谢寿天，号叔申，宗谱名本守，1914年9月出身于浙江余姚泗门镇书香门第。祖父谢高树，曾候选县丞，诰封奉直大夫。伯父谢裕晋，州同衔加三级，诰授奉直大夫。叔父谢裕颐，翰林院孔目衔。

父亲谢家山，号梯青，是受敬重的乡村教育家，清白传家，1897年考中举人，内阁中书衔，敕授文林郎，泗门三乡诚意高等小学堂的首任堂长。

三乡诚意高等小学堂（今泗门镇校前身），创办于清光绪二十八年（1902年），是姚北一座有名望的新式学堂。因系（东山、开元、兰风）三乡的士绅共倡，故称为"三乡"；以泗门谢氏为主组成校董会，募资兴学，将募集到的教育基金存入泗门人谢纶辉在上海经理的承裕钱庄，每年以利息支付学校费用。"诚意"之名取词于《大学》"格物、致和、诚意、正心、修身、齐家、治国、平天下"，寄托着淳朴的办学宗旨。开设的课程有国文、地理、历史、英文、算术、自然、体操、图画、唱歌等，还修了一个新式运动场，添置了篮球、排球、木制长中短哑铃等。在旧科举制度尚未彻底废止的年代，率先打破"八股取士"窠臼创立新学，实属超前于时代。到民国初年，学堂注重时政教育，阅览室里订有许多报刊，如《新青年》等。这为学堂带来了清新开明的民主维新思潮和革命思想，师生的眼界远阔，思想颇为活跃，培育的民主精英众多，"一切根基皆培植于该校"。

同族谢纶辉早年赴上海咸康钱庄学徒，极富理财天资，后替镇海方家打理承裕钱庄，一跃成为业中翘楚，经商致富，投资华商第一家新式银行——中国通商银行，任董事，被董事会聘为第二任总经理。作为上海滩北市钱业会馆总董、上海总商会会董、著名藏书家，他重视文化，对故乡人事也多有提携眷顾。他有感于幼年因贫失学，遂响应乡贤创办倡议，并劝募于宁波旅沪同乡会，允诺资助诚意学堂常年经费，每年大洋二千余元，还出资创办"核真学校"和"景棋学堂"，建造"希范"义庄。校董与校长自然熟络，对有学问的人素来敬佩，后谢家山受邀赴上海任通商银行秘书，这恐怕是童年谢寿天对现代金融业最初的认知吧。

抗战期间，谢家山甘于清贫，退隐山林，不为汪伪汉奸的高官厚禄所诱惑，他曾对追逐私利的门客回帖："古稀老人，乏精会客！"清淡八字，谢家山的浩然正气可见一斑。他一生清明旷达，时常嘱托儿女：做人要不求功利，但求心慰。谢寿天兄弟继承父亲衣钵，不仅擅书法丹青，而且敦厚稳重，不尚虚华。

长兄谢菊曾（谢寿长），1901年出生，进诚意高等小学堂学习，13岁随全家迁往上海，插入通惠小学作寄宿生，后转入商务印书馆所办的尚公学校就读，先后履职于商务印书馆编译所、中华银行、四明银行、垦业银行、中国天一保险公司（总务处处长）及长城保险公司（稽核）等，上海解放后，在华东财政委员会任职，1954年奉调中国银行研究小组任职。从少年时就在报刊发表翻译作品，文笔流畅，笔耕不辍，以"寿长""九香""菊曾""康沙""微笑""富兰""川虹"等笔名，向《时报》《新闻报》《钱业月报》《银行周报》《银钱界》《人民日报》《文汇报》《新民晚报》《展望》等众多报刊投稿，成为他们的特约栏目编辑、经济观察撰稿人、著名报章作家，发表众多文章，著述等身。编译过《银行服务论》（商务印书馆1923年版）、《青年经济独立指导》（大东书局1931年版）、翻译出版英国保罗·爱因西格名著《经济战争》（世界书局1941年7月初版）。编著《票据法概论》（上海世界书局1930年版），与魏友棐合作编写过《外股提要》（在华洋股概览工具书），颇受好评。以"申言"的代名，编写《外汇浅说》。1983年《十里洋场的侧影（上海忆旧虹居随笔）》由花城出版社出版。

1926年，12岁的谢寿天自家乡诚意小学堂毕业，来到上海进入刚刚创设的正风中学读书。先后在该校任教过的进步文人有于伶（任禹成）、聂绀弩、周立波、沙汀、王季愚、陈家康、章汉夫等，使他经受了革命思想的最初启蒙，后来的校长胡昌治积极抗日，支持进步学生运动。

沪江大学商学院徽记及师生合影

谢寿天17岁时高中毕业后进入上海民信银行当练习生，自感学历太低，晚上到基督教青年会主办的商业补习夜校继续深造，1932年春，转入沪江大学城中区商学院夜校部会计系接受系统的会计培训。1935年会计专科毕业，应聘中国天一保险公司做会计，因其天资聪颖，会计学理论功底深厚，保险实务娴熟，勤勉尽职，工作出色，不久任科长。

中国天一保险公司木质招牌

　　中国天一保险是谢寿天保险生涯启程之地，也是迈上救国救民革命道路的抉择之地。天一保险是以中国垦业银行为主集股于1934年2月1日创建的，总公司设在上海市北京路255号银行大楼内。注册资金500万元，在华商保险公司行列里，属于中等规模，但人才济济。

『中国天一保险股份有限公司』职员证章及礼品烟灰缸

中国天一保险总公司及上海分公司全体同人合影　摄于一九四三年四月

前排坐者　左六总经理金瑞麒　左四襄理兼会计主任谢寿天

以救亡宣传为己任，用资本助推革命文学

时逢日寇把魔爪从东北伸向华北。中共中央发表了著名的《八一宣言》，号召停止内战，一致抗日。上海民众积极响应，各界抗日救亡运动风起云涌。经鄞县同乡、天一保险上海分公司襄理杨经才的引介，谢寿天怀着"国家兴亡，匹夫有责"的赤子之心，参加了上海市职业界救国会。

"近朱者赤"，在抗日救亡的各项群众运动中，他不但思想觉悟有了提升，还得以认识许多爱国民主人士。尤其是时任上海市保险业同业公会主席、宁绍人寿保险公司总经理胡詠骐的引领，谢寿天参加了中共上海地下党"文委"领导的红色出版机构"复社"（由胡愈之创办，有复兴中华之意），并为"复社"出版发行《西行漫记》和《鲁迅全集》跑关系、筹集资金，他头脑活络，想出了"众筹"预售的办法：即书价定为2.5元，预售只需交款1元，发给一张优待券，出书后凭券领取，预约者就可享受四折的优惠。《西行漫记》一经面世，"洛阳纸贵"，一版再版。接下来，600万字、皇皇20巨册的《鲁迅全集》，也在胡詠骐与谢寿天的积极募资下，于1938年在上海"孤岛"奇迹般地全部出齐，对于弘扬鲁迅思想、激励全民抗战，可谓意义深远，影响巨大。

在太安丰天保险集团内部，他借公司同事共进晚餐之机，进行抗日救国宣传，春风化雨，从而感召团结了一批进步青年，成为后来筹建"保联"的骨干力量。

创设"保联"，总有讲不完的故事

1937年7月"卢沟桥事变"爆发次日，谢寿天与胡詠骐、杨经才、郭雨东等人联合发起组建"上海市保险界战时服务团"，报名参加的保险界职员有300余人，谢寿天担当服务团秘书长，展露组织协调才华。8月，他作为保险业团体代表，参加"上海市职业界救亡协会"会议，任委员。在"八·一三"沪淞会战中，他联络全体团员，积极开展募集捐款、慰问伤员、救济难胞等工作。

到11月12日，国民党军队西撤，上海租界成为被沦陷区包围的"孤岛"，公开的抗日活动受到限制。中共上海地下党考虑保险业务联系八方，通过保险运营，有利于扩大党的抗日民族统一战线，还可掩护地下党组织的秘密活动，决定组建合法的保险业群众联谊团体，由胡詠骐发起保险界定期聚餐会（假座宁波路35号邓脱摩饭店）擘画筹建方案。谢寿天在具体筹备过程中倾注全部心血，发挥了前军主将作用。他的宿舍一时"谈笑有鸿儒，往来无白丁"，成为爱国青年碰头交流的地点。

经过半年的辛苦奔波，1938年7月1日，"保联"成立大会在宁波同乡会召开，出席的代表达400余人。"保联"确定以"联络感情，交换知识，调剂业余生活，促进保险业之发展"为宗旨。各届的理、监事均由业界热心公益事业的各阶层代表担任，名誉理事由业界上层担任，这样在会务活动中，便于推进统一战线工作。

黑暗環境中的燈塔

「保联」就像黑暗环境中的灯塔

谢寿天当选组织部主任兼首任图书委员会主席，对内策划会务，对外联络各方，在"保联"创建和早期组织发展中，展现出卓越的组织能力。

谢寿天连任三届常务理事，凡"保联"开展的各项活动中总会看到他奔忙的身影。在为扩大队伍的"保联"首届征求会员活动中，他担当总干事，实干笃行。他协助"保联"学术部出版《保联》月刊和《保联会报》，开始主要是报道会务活动，沟通"保联"与会员间的联系，扩大宣传会务，使更多会员来参加各项会务活动，后来刊载一些保险学术及保险实务方面的文章。

「保联」会员郊外联谊活动场景

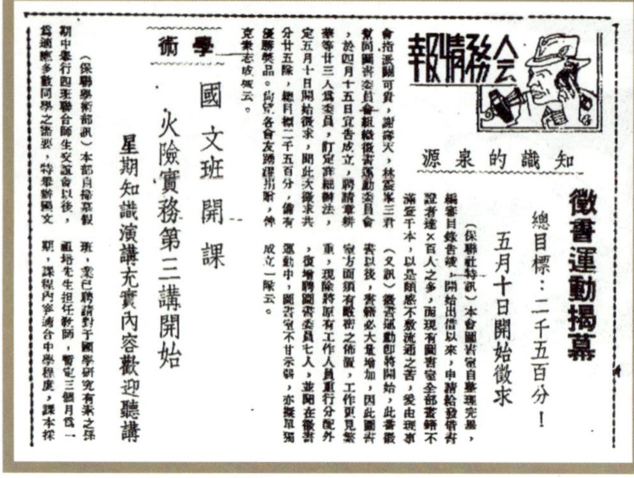

《保联》
一九三九年一卷
七期会务情报

学术

国文班开课
火险实务第二讲开始
星期知识演讲充实内容欢迎听讲

知识的源泉

征书运动揭幕
总目标：二千五百分！
五月十日开始征求

1939年5月，理事会指派谢寿天与关可贵、林震峰三位理事下基层，包干促进图书馆转变思路，扩大渠道，组织开展群众性征书活动。他身先士卒，垂范同人，爱人蒋学杰担任队长，一个队就征集到973册，占征书总数的四分之一。为方便读者，在会所设置了阅览室，订购报纸、杂志几十种，供来会所群众阅读。

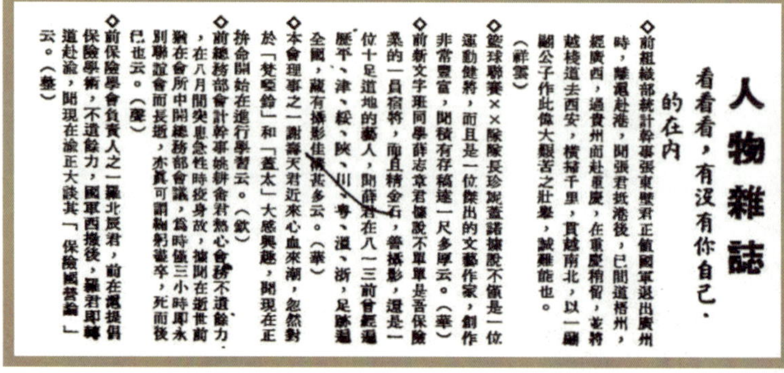

《保联》
一九三九年一卷五期

人物杂志
看看看，有没有你自己，的在内

《保联》1939年1卷5期《人物杂志》里有段妙趣横生的报道："本会理事之一谢寿天君，近来心血来潮，忽然对于'梵哑铃'（西洋乐器，形似中国之琵琶）和'蓋太'（吉他）大感兴趣，闻现在正拼命开始在进行学习云"，作者挪揄之中可看出谢寿天的生活情趣，以及他与会员的亲密无间。

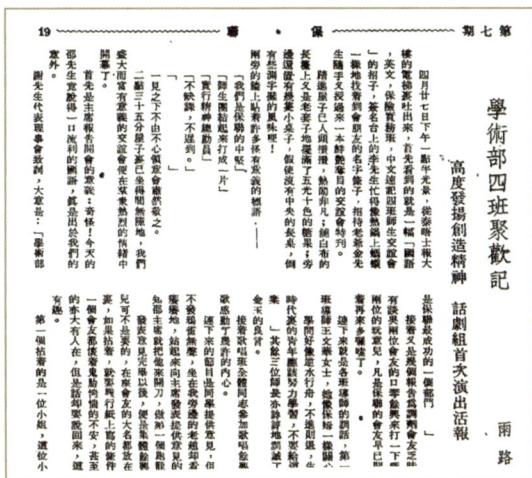

1939年4月27日，《保联》第一卷第七期报道："保联"国语、英文、保险实务、中文速记四个培训班联合举行师生交谊会，谢寿天代表理事会致辞，充分肯定学术部是"保联"最成功的一个部门。

1940年11月5日胡詠骐猝逝，谢寿天与关可贵、李言苓、王中振等马上赶往府上，共举治丧委员会办理善后，然后与龚渭源等发起筹募保险文化基金，并安排保联剧团公演《沉渊》作筹募活动的开始，以实际行动缅怀胡詠骐。

1939年11月，《保联会报》报道，经"保联"福利委员会擘画筹备，"上海保险业消费合作社"成立（首届社长为谢颂玉），贯彻互助合作原则，踊跃入股的社员有400余人，为会员群众谋福利，提高了"保联"威望。1943年10月17日，消费合作社第四届社员代表大会在四川路青年会举行，到会各公司代表百余人，推选陈巳生、谢寿天、赵伟民、林绳佑、董国清5人组成主席团，选举新一届理事监事会。10月28日，当选的新一届理事监事会在江西路金城议事厅举行联席会议，选举陈巳生、谢寿天等11人组成常务理事会，孙广志当选理事长兼社长，谢寿天、陈巳生为副社长，过福云、丁雪农、任硕宝等保险业界上层人士出任监事，推选丁雪农为监事长。关心民生，拉近了"保联"与群众的距离。

抗战胜利后，一度中断的"保联"立即进行复兴会务的各项工作。谢寿天与程恩树、陈巳生多方联系，及时调整了"保联"组织，并推选林绳佑为"保联"总干事，赵伟民为副总干事，恢复各项会务活动。

坚定信仰，光荣入党

1938年至1939年间，谢寿天作为保险界代表，参加由中共上海地下党组办的"职业界理论学习会"，以学习中共中央发表的公开宣言为主，同时到各团体进行演讲和为报纸杂志撰稿，在青年职工中开展进步文化活动。

谢寿天还捐出个人收入与积蓄，为《每日译报》社筹集经费（挂英商牌子，实由中共江苏省委主办，编辑是梅益、夏衍、王任叔）。后来，中共地下党为了支援缺少棉衣的新四军将士以及救济租界内十多万难民，以"节约救难"为号召，发动了群众性捐献运动。谢寿天动员《每日译报》发布即时信息，代收捐款，社会各界各团体踊跃捐赠，络绎不绝。有一位工商业主，捐送一部百衲本《二十四史》，言明谁献金最多就赠给谁，表达了广大民众"献金救国"的热情。该报社代收的捐款和物品，逐日公布，涓滴归公，既昭信于众，又起到助推宣传节约救难的作用。谢寿天还通过"保联"，销售该社出版的其他进步书籍，使党的正确主张和抗战真实形势在社会各界迅速传播。上海海关负责人丁贵堂当时虽对共产党不了解，但他知道八路军与新四军是真正的抗日军队。八路军取得平型关大捷后，丁贵堂请阎宝航转交一万元给八路军办事处，还把海关同人爱国基金两万元，通过八路军驻沪办事处刘少文捐献给新四军。

经历了一系列抗日救亡运动的实践和锻炼，谢寿天坚定了自己的信仰理想，1941年2月，谢寿天经石志昂介绍加入中国共产党，由中共上海职委会书记陆志仁直接联系。1944年和1945年，他曾先后两次进入解放区，分别到淮南黄花塘与葛家巷向华中局城工部汇报工作，并参加党的整风学习。依照"越公开、越秘密"，实行党员秘密工作职业化、群众化的策略，他虽没有参加"保联"党支部，但"深入群众，团结群众"，活跃在金融各界，将党员培养成为群众领袖，把优秀的群众领袖吸收为党员，按照组织程序，他考察培养革命运动中的积极分子，先后介绍陈巳生、郭雨东、吴承禧、陆修渊（益友社主要负责人）、徐兰甫等加入党组织。

创新阵地，发起筹建红色保险实体

太平洋战争爆发前夕，原垄断上海保险市场的英美保险公司被迫收缩停业，在沪日商保险公司因实力薄弱，一时还难以替代，游资泛滥，这是一个发展民族保险事业的大好时机。谢寿天向陆志仁请示创办保险公司，同意由谢寿天出面，邀请郭雨东、陈巳生、关可贵、董国清、龚渭源、全家瑜7人为共同发起人，自1941年10月19日开始分头筹集股金，于11月28日举行大安产物保险公司创立大会，借广东路51号大莱大楼二楼办公，注册资金50万元，实收25万元，1942年5月正式开业。谢寿天任常务董事兼总稽核。开业后，在天津、南京、广州、青岛、烟台、北平设有分公司，并在武汉、无锡、苏州等地设有代理处。

大安保险是一个不满30人的小公司，除谢寿天外，它的高中级职员，多属中共各系统的地下党员，如郭雨东、陈巳生、蒋学杰、赵帛、孙文敏、蔡同华、吴福荣、施月珍、石志昂等。他们虽未编入同一个支部，也无横向联系，互不知情，但在执行党的决议时却是步调一致的。

以后，谢寿天又与郭雨东、李言苓等联合工商实业界发起创建了中国工业联合保险公司和安全保险公司，并进而团结保险同业筹组"大上海分保集团"，妥善解决溢额分保问题，抵制了日伪的垄断企图。他们以保险职业为掩护，在大力发展业务的同时，遵照上海地下党的意图，从事革命活动，并为支持"保联"的各项活动，作出了显著贡献。

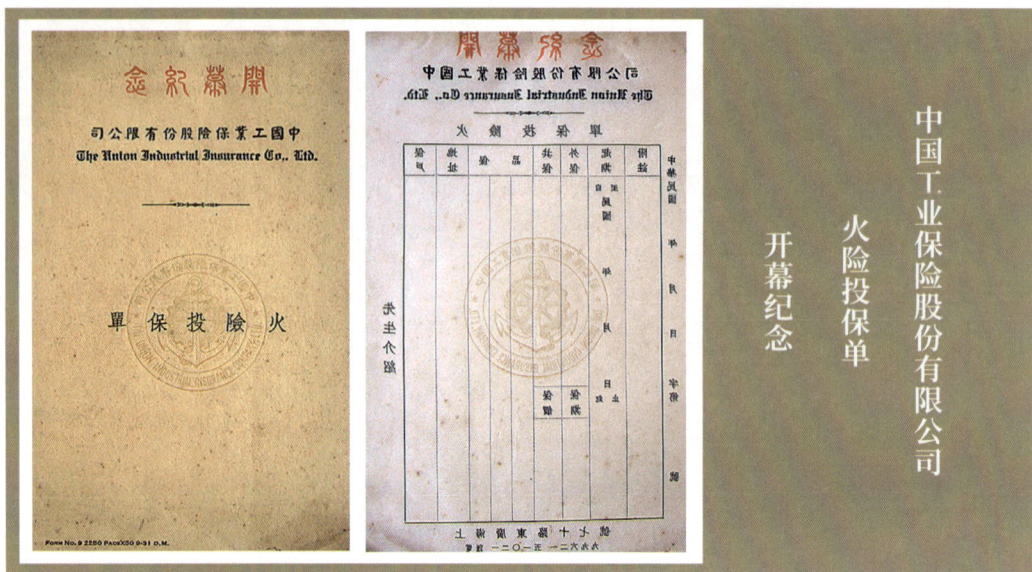

中国工业保险股份有限公司

火险投保单

开幕纪念

峥嵘岁月，众志成城

　　"大安"成为地下党的堡垒后，遵照上级党的指示，谢寿天的工作重点由"保联"转向金融界上层人士的统战工作。

　　谢寿天经常参加上海金融界、工商界知名人士组织的座谈会、聚餐会，联系团结爱国民主人士，开展统战工作。1944年，他与陈巳生、郭雨东，密切关注民族品牌关勒铭金笔厂的动向，资控改组，并兼任该厂董事。后来，中共江苏省委书记刘晓（化名刘镜清）到关勒铭金笔厂作常务董事，省委组织部部长王尧山做职员，为他们取得了社会职业的掩护。

　　为扩大金融强国宣传，谢寿天以金融专家名义，在杂志专刊上撰文写作，还投资一些文化出版机构，为金融业造势。他在《太安丰天保险界》上发表《保险经理员之管理与训练》（1936年第2卷第23期）《保险经纪人缴付保险费利用承兑汇票之商榷》（1937年第3卷第12期）《缴付寿险保费与远期支票问题》（1938年第4卷第5期）等文章。

　　1940—1941年间，谢寿天翻译的《意外保险与责任保险》文章，从《保联》第二卷第10期开始，到第三卷第7、8期连载十余期，作为"保险教育第三课"的讲义，普及专业知识。

INSURANCE MONTHLY

Vol. III No. 5,6　第三卷第五六期

本期要目

新保险公司的增设与华商保险业的前途　关可贵

我国的社会保险问题（续）　郭雨东

团体职工意外保险　章文涛

火灾保险与海上保险（六续）　施哲明译

人寿保险意外保险与健康保险（六续）　彭金泉译

意外保险与责任保险（二续）　谢寿天译

信用及保证保险（续）

火灾损失赔偿之应付方法

人寿保险与社会风尚

第一课　施哲明先生翻译

第二课　彭金泉先生翻译

第三课　谢寿天先生翻译

第四课　在商榷中

第一课　火灾保险与海上保险

第三课　意外保险与责任保险　谢寿天

银钱界　第三卷　第六期

战后上海金融特辑

本期目录

战后上海的保险业　谢寿天

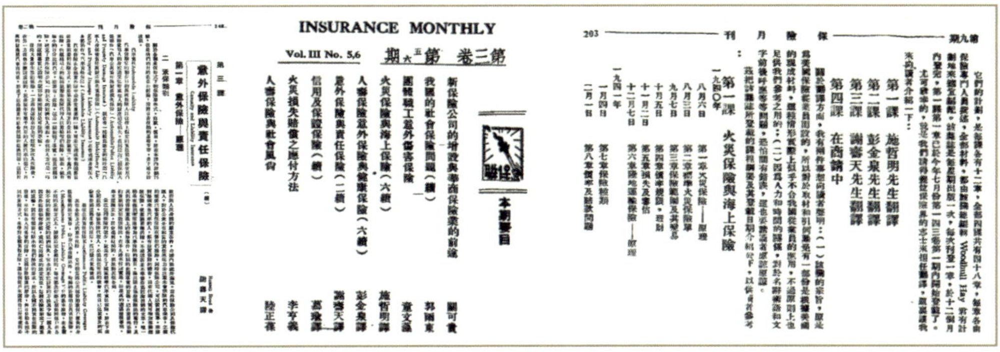

《银钱界》第三卷第六期刊登谢寿天《战后上海的保险业》

1939年谢寿天为上海市银钱业业余联谊会主编的《银钱界》（第三卷第六期）《战后上海金融特辑》，撰写了《战后上海的保险业》的文章，概述行业现状，宣传发展民族保险事业的意义。

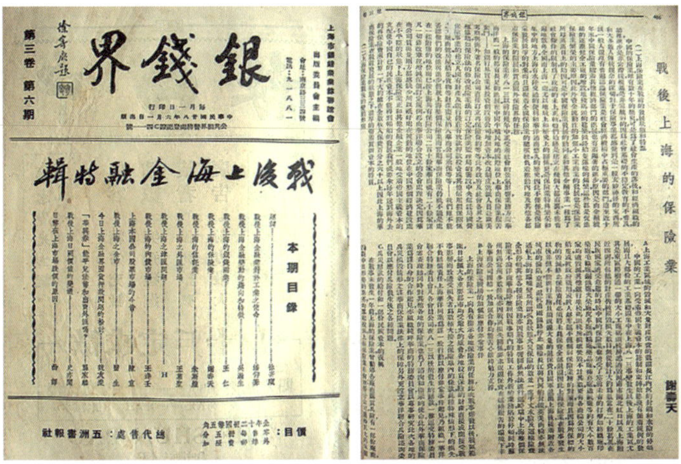

1944年至1945年间，在地下党的部署下，谢寿天会同吴承禧、胡宣同，与金城银行董事长兼总经理周作民，中国银行沪行经理吴震修密切接触，以及施加影响争取上海海关监督丁贵堂支持抗战到底。周、吴、丁在上海经济金融界是拥有话语权的核心人物，争取团结他们，无疑对扩大和巩固抗日民族统一战线有利。谢寿天以学者的身份同他们进行坦率而深入的交谈，赞扬他们在日伪的威逼下，拒绝担任伪职，借助分析国内外形势、抗战前途、国共关系等问题，向他们介绍共产党的主张及策略。经过一段时间，周、吴两人的态度开始明朗，认为中国的希望是在共产党而不在国民党。1945年初，

周作民表示愿意去新四军根据地参观访问，吴震修则积极赞同支持（后因日伪严密监控，难以脱身而未能成行）。此后，周、吴两人一直与谢寿天亲密合作，为人民解放事业出了不少力。

抗战胜利后，中共上海市委张执一委托谢寿天作为发行人兼编委（后谢寿天转托信赖的张统桢做挂名发行人），创办《经济周报》，刊物由上海书报社总经销。谢寿天把党内外进步的经济学家，如李进文、吴大锟、吴承禧、唐守愚、寿进文、庄炎林、钦本立、葛一飞等凝聚在周围，将杂志办得红红火火，受到工商金融界的高度关注。

《经济周报》及代表人谢寿天
吴承禧 吴大琨
上海一九四五年

目前看到的解放战争时期《经济周报》共出版9卷185期。封底、扉页广告，有提供赞助的金城银行，也有党产经营的东方联合公司的广告。谢寿天也在《经济周报》上刊发了《新春特辑：我看对外贸易》（1948年第6卷第7-8期）；

《结汇证明书制度实施后应注意及争取各点》（1948年第6卷第23期）的文章。谢寿天还牵头与现代经济通讯社及银行学会负责筹备"上海各经济团体联谊会"，公推马寅初为名誉会长，《经济周报》负责人为总干事，每两周举行一次聚会，由参加的18个团体轮流主持，为遏制经济态势的恶化献计献策。"经团联"共组织了28次聚会，吸引民族工商业者和经济学家近悦远来，既有学术上的交流互动，更有政治上的统战共识，为党的统战工作开辟了新的阵地，实际发挥了反对专制统治的"第二条战线"之力量。通过《经济周报》，谢寿天为党调查收集有关国民党政府企业的经济情报和资料，对中共中央作出正确决策提供情报依据。1949年4月，因《经济周报》揭露国民党财经内幕，介绍解放区形势及解放战争进展详情，遭国民党当局警告，被勒令停刊。直至上海解放，才得以复刊。

胡詠骐的长子胡国城是地下党员，1945年10月在上海威海卫路537号集股创办中国文化投资公司（后改名富通印刷公司），担任总经理，出版进步书刊，谢寿天、卢绪章均入股当秘密董事。1947年7月"富通事件"发生，地下党背景暴露，遭党通局特务破坏。

1946年，在爆发恶性通货膨胀的形势下，为使党的有限活动经费不受贬值的影响，同时也为掩护地下党员活动，使党员在企业界开展统战有合法的身份，谢寿天和梅达君（1949年后，历任上海市人民政府办公厅副主任、上海市政协副秘书长、驻苏联大使馆参赞、上海市民委副主任、上海财经学院副院长）、陈巳生、方行、赵朴初等发起筹建了"东方联合营业公司"，资本为黄金1000两，其中上海地下党投资500两，其他合资各方筹集500两，卢绪章及广大华行也大力援助（这也是广大华行秘密的投资项目——到1947年年底止共投资122814.8万元）。谢寿天任总经理，积极创新业务，努力赚钱。该公司以经营进出口贸易为主，兼营信托投资，公司内建有党小组。该公司在大家的悉心经营下，业务不断扩展，赴香港开设分公司。

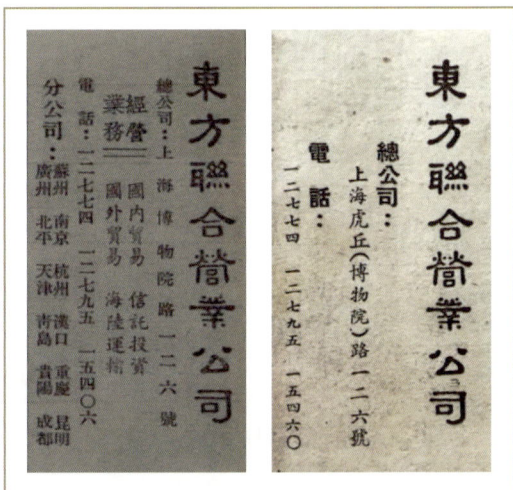

1947年冬，国民党徐州城防司令部派一位兵站副总监，到上海采购筑城防工事用的材料。这位兵站副总监与孙晓村相识，到上海就找上门来说明来意，希望能介绍可靠厂商，不能出差错。孙晓村回说，上海市场黑幕水很深，要特别小心，我会负责介绍可靠的厂商。遂找合众公司石志昂商量，石认为这是一笔大买卖，更关键的是通过这笔生意，能知道购买钢筋水泥及洋松的数量，工程专家就可测算出徐州城防工事的坚固程度，所以必须设法促成这笔买卖。向党组织汇报，决定尽快由合众公司与东方公司出面营造竞争投标假象，实施进展中商定最后这笔生意让东方公司做，因为东方公司有位董事同国民党高官有来往，可在谈判时施加一定影响。

1948年下半年，谢寿天随张执一多次往返于沪港之间，并在香港参加由上海地下党举办的整风学习班，整个学习班的全部经费由"东方"香港分公司通过万景光提供。是年10月，谢奉党的指令撤离上海，为使"东方"业务不致中断，邀请原天一保险公司同事张统桢、徐兰甫跳槽来"东方"从事股票、金银买卖，以遮人耳目，直至上海解放。这就为"金融大决战"埋下了伏笔：张、徐两人，对人民政权的金融稳固作出了贡献：他们对证券大楼内各投机商号、经纪人操纵整个上海金融黑市银元投机违法活动进行秘密调查，确定了一批应予惩办者的名单。1949年6月10日，上海市军管会查封上海证券交易所，封堵在大楼内的人员到大厅集中，听取人民银行代表赵帛的政策教育，根据事先确定的名单，当场扣押238名送思南路看守所羁押，其余1800余人均陆续放出。银元投机活动逐步被控制，人民币终于在上海滩站稳了脚跟，初步稳定了上海的金融市场。

"快接""细收"，开拓人民保险事业

1949年年初，谢寿天从香港出发到达石家庄，由中共中央分配参加接管上海的准备工作。5月27日，正式成立上海市军管会财经接管委员会，谢寿天任金融处副处长，负责对官僚资本金融的接管工作。

谢寿天充分发挥熟悉上海金融界情况的特长，积极配合曾山、陈穆在《银行周报》上发布通告，推出"中国人民银行沪行成立""收兑伪金圆券办法""沪伪金圆券集中特定行局收兑""中国人民银行设立流动兑换组""代理收兑伪金圆券之沪金融机构名称及地址"等系列统一人民币、稳定经济金融的举措。他对在10月1日新中国成立前胜利完成接管工作作出了重大贡献。

金融处下设保险组，由谢寿天召集17人队伍开会，交待"快接""细收"任务要求，林震峰、孙文敏任军代表，并分任保险组正副组长，郭雨东协助保险组的全面工作，大家奉命换上军装，佩戴"中国人民解放军"胸章和"上海市军管会"臂章，集中吃住，纪律非常严格，出去要请示，干什么去、什么时候回来都要有交代。军事化管理，直到顺利完成接管24家官僚资本保险公司的工作。

接管分工组别及人员	负责接管的保险公司	备注
顾濂溪、姚乃廉	中央信托局产物保险处和人寿保险处	接收财产颇丰
吴越、陆自诚	中国产物和中国人寿保险公司	颇有财产
徐天碧、戈志高	太平洋保险和交通产物保险公司	有房产
施哲明、陶增耀	中国农业保险和国民保险公司	有房产
朱元仁	资源委员会保险事务所	
杜伯儒、廖国英	中国航联意外责任中国航联产物保险公司	
唐凤暄	台湾产物保险公司	

朱元仁兼作保险组秘书，廖国英、刘凤珠则负责审查各接管单位的财务账册与报表。依靠党员和骨干群众帮助清点财产，整个接管工作大概用了10天时间，而财产及债权债务之清理则费时半年有余，至10月23日顺利结束。

由于南京政府统治后期恶性通货膨胀，经济濒临崩溃，像中国再保险、中国人事、江苏、浙江、世界、中南、人和、同信等各家保险公司早已停业，仅剩空壳子，中合保险公司的资金全部转移至台湾，至于四联盐运保险及盐运再保险系统，以及"中中交农"四家官僚保险公司的联合保险办事机构，因没有资本金，账面资产殆尽，许多保险公司已经名存实亡，故而被接管的官僚资本保险公司之资产极少，除几家大公司存有少量外汇、债券及房产外（如中保有职工宿舍，太平洋和农业保险公司也有些房地产），没有接收多少资产。接管中还收缴了四支手枪，是保险公司经理自卫用的。

1951年6月5日，中国保险公司第一届第一次董事监事联席会议在北京召开，会议推选龚饮冰任董事长，谢寿天与孙继武、吴震修、潘久芬等7人当选为常务董事，聘请吴震修任总经理，施哲明、陈柏源、孙广志为副总经理。10月25日，谢寿天等人致信北京总部胡景沄，提出由于原中国保险总经理宋汉章的夫人患半身不遂，宋滞留在香港，目前不宜公开宣布中国保险公司的改组，为维护纺织业保险业务的稳定，先默认中国保险的总经理人选吴震修，待宋回国及海外机构接收完毕，军代表撤出后再宣布。从中可以看出，谢寿天的一片赤诚及虑事周全。10月22日，公私合营太平保险公司成立，周作民任董事长，谢寿天任副董事长。

中国保险公司召开第一次董监联席会议合影

前排右三谢寿天

新中国头几年，谢寿天历任中国人民银行华东区行副行长，兼中国人民保险公司华东区分公司经理等职。1953年上半年他接替吴雪之出任上海市工商业联合会第一届执行委员会副主任委员，在团结民族工商业者，克服"二六"轰炸后的暂时困难，稳定市场，打击金融投机以及对私营金融保险业的社会主义改造中，忘我地工作，付出了大量的心血。

中国人民银行华东区分行同人合影

前排右5行长陈穆　右4副行长谢寿天

履行中国人民银行华东区行副行长职责

　　1950年6月10日，中国人民银行派谢寿天为公股董事，参与私营银行上海商业储蓄银行的内部清理，实现初步的公私合营。随后，被称为旧上海北四行的金城、盐业、中南、大陆以及联合商业储蓄信托五家银行也申请公私合营，获得中国人民银行允准。同年8月25日，五家银行董事会分别推派董事代表，与中国人民银行指派的十名董事一起组成北五行联合董事会，谢寿天任副董事长。9月1日，在保持各行原有法定地位，兼顾公私股东利益的原则下，成立公私合营北五行总管理处，谢寿天任主任。其间，他还作为公股董事派往原由官商合办的新华信托储蓄银行，使新华信托储蓄银行成为上海最早的公私合营银行之一。

谢寿天担任
人行上海分行
副经理的职员印鉴

履行中国人民保险公司华东区分公司总经理职责

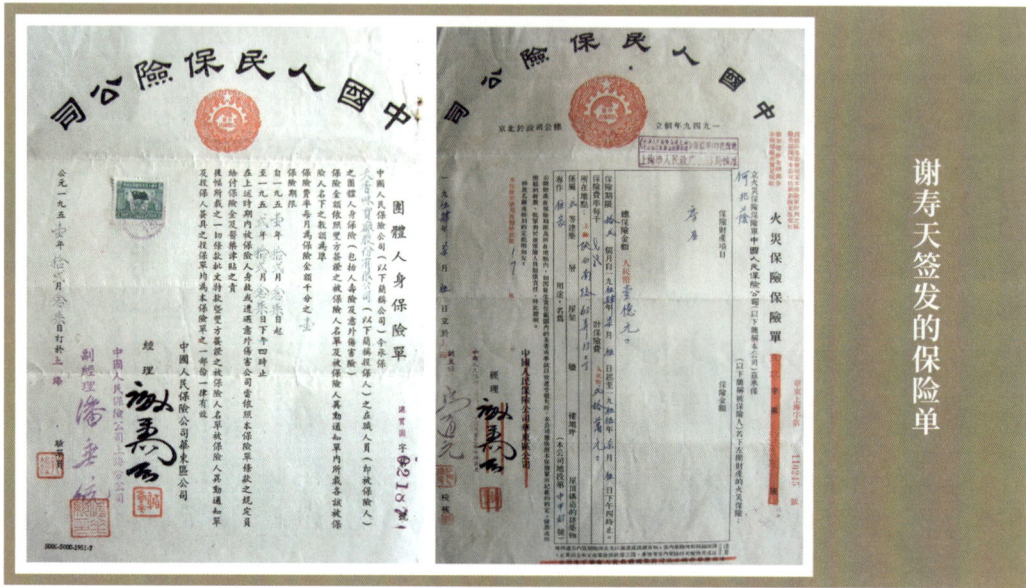

谢寿天签发的保险单

　　人保华东区公司管辖范围包括江苏、浙江、山东、安徽、福建、台湾（待解放）六省的业务，公司本部设立在上海，谢寿天兼任总经理。

追寻
保联先行者的足迹

拓展人民保险事业是促使生产企业稳步而迅速发展的有力保证

谢寿天

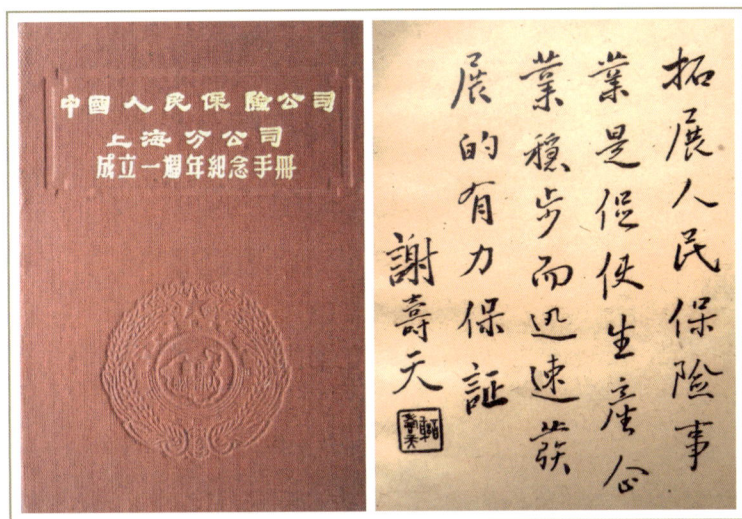

1949年12月的一天，谢寿天亲自在上海广播电台播讲，宣传人民保险事业为保护国家财产安全，开展防火工作的业务方针。

防灾防险工作为经济建设的重要步骤

谢寿天

为保险业的题词

为中国外交商贸战线再立新功

1954年，中国同英国两国互派代办，建立互设代办处级外交关系，谢寿天出任第一任驻英商务参赞。在担任外交官期间，谢结识了许多英国工商金融界的朋友，帮助他们了解新中国的内外政策，安排英国厂商同国内的外贸工业企业建立业务关系，促进了中英两国之间的经济贸易往来。

1960年，谢寿天奉调回国，出任外贸部出口局副局长，1961年1月23日，担任中国五金矿业进出口公司总经理，充分发挥中国金属矿产品进出口主渠道的作用。1964年，国务院为加强外贸外汇工作，将谢寿天调回银行，担任中国人民银行国外业务局局长。

谢寿天多年从事金融外贸工作，具有丰富的专业经验，面对新的工作，他有魄力，开拓进取，勇于担当。不久，国务院成立了谢寿天与刘希文（外贸部部长助理）、宦乡（外交部部长助理）三人小组，从组织上落实出口创汇精神。谢寿天要求大家加强收集有关西方金融的信息，提高分析研究的质量。业务局撰写的有关报告，不仅送三人小组，还呈交国务院领导以及相关部委参阅。

中国银行财会处经管着我国的外汇头寸（包括国家持有的外汇资金和中国银行可供支付的外汇资金），20世纪60年代，中国银行香港总管理处存总行的外汇资金逐渐增多，到1966年已超过1亿美元。中国银行从60年代中期就开始向交通部发放外汇贷款，持续支持我国远洋运输船队的建设。为了更好地运用中国银行的外汇资金为国家创汇，1968年2月下旬，任中国银行副总经理的谢寿天带中国银行清算科的赵孜龙到国务院向李先念副总理汇报用外汇购买黄金事宜，中央领导当即拍板，通知中国银行伦敦分行从自由市场上购买20吨黄金。此次购金操作，恰逢美元出现危机，不久，国际外汇市场掀起一轮抛售美元、抢购黄金的风潮，金价不断上扬。大家都认为这次购金操作时机选择得非常好，中国银行可获得丰厚的账面利润。但随后人行领导从战略考虑，决定这20吨黄金用于补充国家的黄金储备库存，并全数分批运回国内。随着国家外汇资金逐步充裕，人民银行后来按当初的买入价格，把这20吨黄金折合成外汇归还给了中国银行。

这充分彰显了谢寿天为增裕国家黄金储备的智慧与用心。谢寿天多次参加政府代表团出国访问，他从不计较个人得失，兢兢业业，克己奉公，多作贡献。

1971年10月，中国恢复在联合国的合法席位。1972年，谢寿天恢复工作，准备被派驻联合国，不幸在接待外宾过程中，突发心肌梗死，抢救无效，于1972

年8月10日去世，终年58岁。

1978年7月，中国人民银行党委对谢寿天的历史进行复查，追述他历史清楚，参加革命三十多年来，对党忠诚，努力学习，为党和人民的革命事业勤勤恳恳工作，是党的好党员、好干部。对他蒙受的不白之冤，予以平反昭雪，恢复名誉。

英国马克思墓前的合影
谢寿天与蒋学杰在

谢寿天 蒋学杰全家福

谢寿天的爱人蒋学杰，曾用名蒋浚瑜、蒋渊若，出生在上海，亦属老资格的革命者，岳父蒋惠先是一家银行的高级经理，家境十分富裕。蒋学杰有非凡的革命经历，夫妻共生育二女一子。

用汽车接送掩护逃难的同志

五卅运动掀起的反帝风暴震撼了启秀女校校园，初步唤醒了蒋学杰、茅丽瑛等过去极少过问政治的女学生，茅丽瑛经常与蒋学杰借阅《学生杂志》《妇女周报》等刊物，开始接触新思想，劝说市民抵制日货。1927年3月21日，上海工人在中国共产党的领导下英勇地进行了第三次武装起义，茅丽瑛与蒋学杰受革命热潮鼓舞，紧急写稿、裁纸、油印了反映上海工人英勇斗争场面的传单，在校内散发。蒋介石发动了"四·一二"政变，血腥的大屠杀让她们悲怆，不知道该如何改变中国社会的不平等状况。蒋学杰从上海启秀女中毕业后，考入复旦大学，她与闺蜜黄维祐（即黄君珏，复旦学生会的领导者之一，1942年以身殉国的太行女杰），是从中学，再到复旦大学的同窗好友，关系十分亲密，1933年两人同为苏联红军总参三部（远东情报局）工作，成为出色的谍报人员。

1935年5月发生的轰动一时的"怪西人案"是对她一生影响最深远的事件。约瑟夫·华尔顿，身材魁梧，戴一副眼镜，蓄有短须，看上去仪表堂堂，能讲德、俄、英、法四国语言，很有西方绅士派头。其真名罗伦斯，是出生于苏联立陶宛的老布尔什维克，做过红军上校，由第三国际派驻上海，接替前任佐尔格，负责远东情报网。他以上海为中心，辐射到南京、南昌、武汉、天津、北平、香港、广州等大城市。他网罗的情报人员，甚至渗透到国民党中央及地方党政系统的要害部门，收集日寇的绝密情报，特别是国民党军队进攻瑞金根据地的情报，为帮助中央红军粉碎前几次围剿起了重要的作用。后因内部出了一个叛徒陆海防，给整个情报网带来灭顶之灾，情报员刘燧元暴露（公开身份是蒋介石武昌行营第五处上校法规专员，侦获蒋介石关于"围剿"红军战况的报告及"剿匪"方针、政策、措施等文件），机警的刘燧元侥幸逃脱，由于陆海防的出卖，除华尔顿外，国民党反动当局陆续逮捕了黄维祐、汪默清、胡克林、陈文杰和俞瑞元，蒋学杰因用父亲的自备汽车接送掩护逃难的同志亦遭逮捕。华尔顿在拘押中始终一言不发，以沉默来对抗一切审讯，令特务一筹莫展，查不清其身份，故称之为"怪西人"，这为党组织转移机密文件赢得了时间。蒋学杰始终保持镇静，坚贞不屈，一口咬定黄维祐只是同学，其他情况概不知情。在国民党高等法院受审时，黄维祐将所有"罪行"全部包揽到自己身上，同时蒋学杰的父亲想尽一切办法解救，最终法庭以蒋"年幼无知，受共党利用，无罪释放，责家长严加管教"而结案。

巾帼志士，与"孤岛"抗战女杰并肩战斗

抗战爆发后，蒋学杰投身抗日救亡运动，1938年5月5日，她与茅丽瑛，以及董琼南、郑玉颜一起筹创上海妇女救亡团体——中国职业妇女俱乐部（简称

"职妇"），茅丽瑛、蒋学杰当选为正副主席，理事会下设总务、交谊、研究、服务、联络等股，通过读书会、时事讨论会、话剧、歌咏、粤曲、平剧等形式，宣传抗日救亡。8月13日，中国职业妇女俱乐部为纪念"八·一三"沪战周年，发起"每日一分捐"的献金运动。

职妇俱乐部
成员的合影
左二茅丽瑛

茅丽瑛的性格爽朗，组织能力很强，她到哪儿，都会把哪儿的活动搞得红红火火，蒋学杰倾力协助，在极端困难的环境中不断发展壮大组织，很快"职妇"拥有1000余名会员，相继创办了国语班、英语会话班、会计班、中文速记班、文化补习班等，开展对妇女的培训工作，还成立缝纫组、编织组、消费合作社，接洽特约商店和医院，为失业妇女就业创造条件，减轻会员生活负担。

正是在上海"职妇"举办的一次演讲活动中，蒋学杰深深吸引了台下谢寿天的关注：穿着合体的丝绒旗袍，胸前别着银色胸针，优雅大方，演讲声情并茂，富有魅力，浑身迸发着对革命事业的激情。貌美多才的蒋学杰一下子俘虏了谢寿天的心，心动不如行动，他主动与蒋学杰相识，开始了追求。

1939年春节，上海赴皖南新四军的各界代表慰问团回沪，向各救亡协会代表作汇报，当得知前方战士在受苦，不仅缺食缺药，而且时届严冬，身上还没有棉衣御寒时，茅丽瑛认为救国救民如救火，我们马上行动起来支援新四军，向职业界发出支援抗日武装的倡议，党组织也作出指示，利用上海"孤岛"特殊条件，以茅丽瑛为首的"职妇"打头阵，为新四军筹募寒衣和款项，同时也为难民募集救济金。她们将分头行动募到的寒衣，集中送到浦东大厦五一二室会所，把一间屋子塞得满满的。捐募寒衣原是为运送给皖南新四军，后因温州口岸阻断，送不出去。于是，舞女卫学书怀着"献金救国"，出钱买下所有寒衣捐给上海各难民收容所，所有款项可购买五万套军装所需用的布匹及药品支援新四军。

上海职妇剧团
公演后的全体合影
后排左一茅丽瑛

　　1939年1月，歌咏组话剧组合并为"职妇剧团"，以歌咏和话剧形式为新四军和难民募集寒衣和筹款，在宁波同乡会、卡尔登戏院（今长江剧场）义演话剧《阿Q正传》《女子公寓》，在兰心大戏院（现艺术剧场），义演越剧，演平剧，轰动全市。到6月连续在"大陆电台"举办平剧、粤剧大汇唱，扩大宣传，推销了大批代价券，征集了大批义卖品，得到了社会各界人士的支持，募得大批物品、钱款。

追寻
▶保联先行者的足迹◀

物品慈善
义卖会现场

要奋斗就会有牺牲。原定"物品慈善义卖会"7月14日在宁波同乡会开拍。临期之前，宁波同乡会突然通知"请另觅地点"，联系了新新公司、美国妇女总会、逸园跑狗场等，都异口同声有难处，拒绝租借。显然这些机构是接到特务的恐吓信，不敢提供会场。十几位筹备人情绪出现波动，有人开始动摇。义卖事关全局，不能半途而废。

茅丽瑛接到附有子弹的恐吓信，但她坚定表示："环境越是艰难，我们越动摇不得！为义卖而生！为义卖而死！商场就放在会所。"短短数语，感人肺腑，大家遂以南京路福利公司二楼为义卖会场。蒋学杰与同伴又开始忙碌起来，彻夜准备，抢在天亮之前布好义卖品。日伪特务见恐吓未能奏效，遂气急败坏，施暴破坏义卖会。当天突然闯进两名暴徒，大打出手，打砸售品，会员们奋起还击，把暴徒扭送工部局巡捕房。然后理好商场，继续义卖，直至胜利闭幕，《申报》及《大晚报》分别于15日、16日刊登"义卖"特写。义卖所得款，除2300元交难民救济协会外，其余秘密转送给新四军，作为购买前方将士棉衣的经费。汪伪视茅丽瑛为"第二史良之中国共产党激烈分子"，动了杀心，12月12日夜，茅丽瑛在南京东路遭76号特务陈剑飞、黄鸥枪杀，年仅29岁。好友的被害，让蒋学杰体验了革命斗争的残酷性，之后"职妇"被迫停止活动。

但革命的火种是扑不灭的，上海地下党为了揭露日伪反动当局的阴谋，激发人们的爱国热情，以茅丽瑛家人的名义，在上海各大报纸刊登丧讯启事。12月17日，在上海胶州路万国殡仪馆，上海各界爱国人士满怀悲愤心情向心目中的英雄做最后告别，自发吊唁茅丽瑛的人数之多，声势之大，是上海民众继鲁迅逝世之后最大规模的公祭。中共江苏省委职委和八路军、新四军驻上海办事处均派代表参加。在香港的妇女领袖何香凝特派专人赴上海致祭。《申报》报道“其情绪之哀伤，为鲁迅先生逝世后所未有”。声势浩大的公祭仪式，既是对烈士的沉痛悼念，又是对反动当局的愤怒抗议。

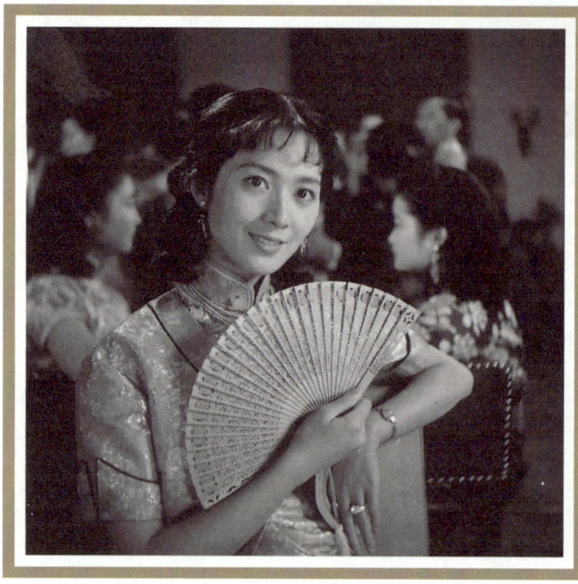

电影《七月流火》剧照

龚雪饰倪岫云

1962年，剧作家于伶完成以茅丽瑛和“职妇”为原型的舞台剧本《七月流火》，演绎上海人民为难民筹募寒衣，与日伪特务进行英勇斗争的故事。作品甫一问世，便引起了文艺界的广泛关注，当时即有十余个省市话剧院团同时排演。1981年，上海电影制片厂拍摄了同名电影《七月流火》，由叶明执导，陈大姝、李志舆、王苏娅、龚雪等主演，人物形象里有蒋学杰的原型。

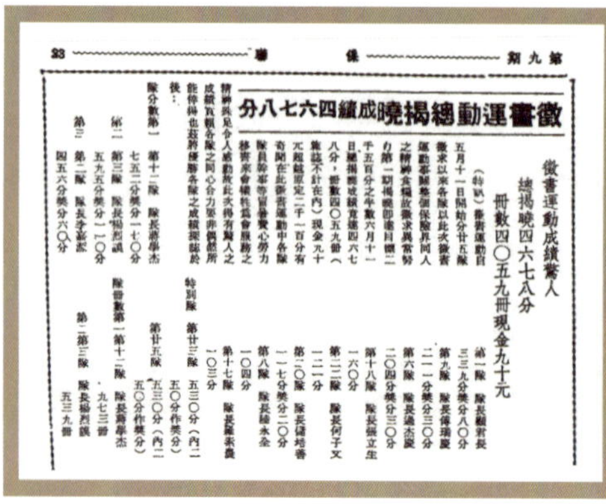

第九期 保联 23

徵書運動總揭曉成績四六七八分

徵書運動成績驚人

總揭曉四六七八分

冊數四〇五九冊現金九十元

《保联》一九三九年一卷九期的相关报道

龚雪饰倪岫云

1939年5月，"保联"发起征书运动，在征书运动委员会的推动下，历时两个月，共征得图书4059册，现金90元。第12队队长蒋学杰率队征集973册，占征书总数的四分之一，获得第一名。图书室藏有鲁迅的《呐喊》《彷徨》，茅盾的《子夜》，巴金的《家》《春》《秋》，中国古典小说及外国翻译小说，还有《大众哲学》《政治经济学》《社会发展史》《论持久战》《西行漫记》等进步书籍。这次征书运动，不仅解决了图书室经费短绌、书源困难问题，而且提升了有效阅览的人气，引领时尚。

1945年，蒋学杰由陆志仁与谢寿天介绍加入中国共产党，主要承担大安保险公司襄理工作及"保联"妇女工作，并积极协助谢寿天在上海保险界开展地下党活动。

抗战胜利，上海地下党开始全力配合新四军进占上海。后因形势变化，新四军不进上海了，便要求党员发动群众，扩大党的影响，反内战，反迫害。于是决定重新筹建上海市妇联。

1946年3月6日经多方努力，上海妇女联谊会在八仙桥青年会成立，会上通过了章程和《上海妇女团结起来，争取自由民主》的宣言，选举许广平、罗叔章、胡子婴等为常务理事，蒋学杰为理事会临时主席。"三八节"当日，由蒋学杰主持，请来马纯古作有关民主自由的演讲报告，会后高呼口号，绕场游行。到5月，党领导各界47个主要人民团体联合组建反独裁、反内战、反美帝的上海人民团体联合会，蒋学杰被推选入第一届理事会，荣膺29名理事成员，公推九人组成代表团赴南京请愿，呼吁和平。蒋学杰还加入"保险界民主促进会"做会员，开展有关活动。

1949年10月，蒋学杰与谢寿天参与中国人保上海华东区公司的建立。1953年上海工人运动史料委员会成立后，曾借调熟悉中国职业妇女俱乐部和茅丽瑛的蒋学杰来干事会工作。1956年，蒋学杰随谢寿天赴驻英商贸代办处工作。回国后，先后在外贸部、中化总公司工作，任宣传处处长，直到离休。

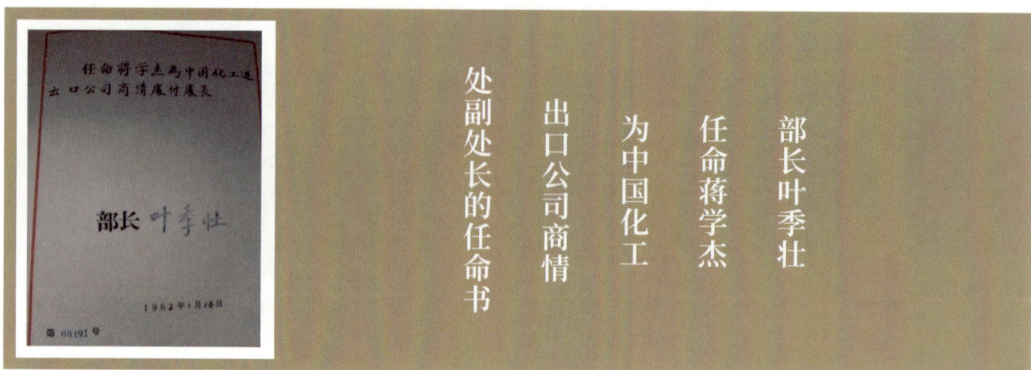

任命蒋学杰为中国化工进出口公司商情处副处长的任命书

1986年，蒋学杰将自撰的有关谢寿天、陈巳生的回忆材料转交给陆志仁，补充完善了他们在保险业之外活动状况的党史资料。蒋学杰逝世后，骨灰放入八宝山革命公墓红军墙。

从红色记忆里重拾
保险人匡时济世的英雄情结

记广大华行与民安保险公司创始人卢绪章

卢绪章

1911年6月出生于浙江鄞县,1927年秋发起组织上海市商会社会童子军团,参加社会服务。1933年3月筹资创办广大华行。1937年10月加入中国共产党,1938年秋,发起筹建华联同乐会,任华联同乐会党团书记、党总支书记。1943年发起创办民安保险公司,广大华行与民安保险成为党在国统区的隐蔽盾牌。新中国对外商贸事业的开创者和功臣。

与当下走红谍战剧里红色特工的人为拔高、脱离真实,低级红、高级黑不同,我们的保险故事主人公是在隐秘的经济战线上出生入死的真正勇士,他们对理想信仰的执着追求,他们斗智斗勇的非凡故事,跌宕起伏,不落俗套,比谍战剧精彩,丝毫不用人为去艺术渲染和审美塑造,故事情节原生态就足以惊艳了时光,彰显了经典,感人肺腑,他们为人民解放事业献身的责任与担当,他们置个人生死于度外的大无畏精神,至今仍令人热血沸腾。

"商夜"缔结一生友情,立志救国投身革命

卢绪章,又名植子,1911年6月出身于浙江鄞县聚奎坊(小沙泥街一带)的小商人家庭,入读鄞县第一小学,老师王任叔(巴人,著名共产党员)对他

进行了进步思想启蒙。因父亲打理的米行生意越来越艰难，他14岁辍学背井离乡远赴上海入苏州河畔的源通轮船公司当练习生，工余时间去上海总商会商业补习夜校，修习国文、英文、簿记、速记、商事要领等课程。

第三排右四 卢绪章

一九二七年十一月
上海市商会商业补习
夜校童子军成立时合影

受那个年代蓬勃兴起的革命浪潮鼓舞，卢绪章常怀忧国忧民之心，积极投身社会进步事业。1927年秋，他与同学叶春年发起组织了"上海商会社会童子军团"，这是我国第一支由民间团体创办的童子军组织。上海商会社会童子军团创立于1927年11月1日，隶属市总商会。冠以"社会"二字，并以绿色营帐和初升的半轮月亮为团徽，以表示与在校童子军不同的社会青年业余性质，其宗旨是"提高青年商人之人格，改造青年商人之生活，增进青年商人之智能，强健青年商人之体魄"。首届24名团员均为上海总商会商业补习学校的学生，团长叶春年，副团长徐国治。卢绪章、王应麒任教练，先后招募了三届团员。

1928年南京政府成立中国童子军总会，上海市商会童子军团被编为中国童子军第50团。团员的制服及装备自费购置，义务参加各种活动，没有津贴，旅行、宿营费用归本人负担，参加社会服务也不收任何报酬。童子军团成立后，除经常训练与参加社会公益服务外，曾组织团员卢绪章、诸懋益等十余名团员去南京，参加孙中山先生灵柩的奉安大典接待外宾任务。

卢绪章在这里相识相知了许多后来的革命伙伴，他们身着统一的童子军制服和装备，以"革新社会，捍卫民族""为社会服务"为己任，自救救国，参加野外露营、侦察、救护等初级训练，"日行一善"，参与1931年长江大洪水后的慈善募捐救济难民活动，社会服务越来越踊跃。他对军阀连年混战、弱肉强食、百姓遭殃的时局深为不满，更对"九·一八"事变后祖国饱受外敌凌辱义愤填膺，踊跃参加募集棉衣支援东北抗日义勇军活动。

1932年"一·二八"淞沪抗战爆发，卢绪章是"第50团"队长，组织"上海商会社会童子军团"志愿救护队，参加虹口战区救助难胞，在前线组成担架队救援十九路军伤员，随军进退，在战地服务中，有四名童子军战友牺牲在日寇屠刀下，激起了大家同仇敌忾。中国抗日军队全线撤退后，童子军也随军转移到昆山至苏州一线服务，直到淞沪停战协定签署后才撤回上海，沿途受到市民的热烈欢迎，上海各大报刊纷纷刊登图片进行新闻报道。1933年，因对童子军副团长徐国治生活腐化、贪生怕死极为不满，卢绪章与程恩树、杨延修、田鸣皋、张平、郑栋林等战友集体退团以铭心志。卢绪章的非凡领导才能，让这伙意气相投的年轻人衷心拥戴他做领头大哥，另组"兰社"，最多时聚拢起80多人，还准备再集合一部分职业青年，以共筹过好业余生活，勿致青年人走上颓废堕落道路为宗旨，在上海天潼路归仁里社址内组织乒乓球练习、图书阅览，利用节假日组织郊游，参加救亡宣传。但由于社员入社及参加活动均无硬约束，自由化倾向严重，加之经费短缺，兰社的房租、水电费、文化娱乐开支都要发起人负担，难以维持，一年后就濒临解散。

不经意的"电商"模式操作，却成就了广大华行的奇迹

正是这种政治上迷惘，找不到人生出路的彷徨，让他们想到了经商，借以改善生活条件，为以后的活动赚取必要的经费。于是，几个小学徒试水商业，谋划创富。1932年秋，卢绪章、田鸣皋、钱兴中3人合资创办了一家小商铺——光大行，为外地教会医院、客户办理医药用品邮购业务。由于资金微薄、营业额低，加上钱兴中半途撤资，经营不到半年就出现亏损，最终夭折。

广大华行五位创始人

前右起卢绪章 田鸣皋
张平 后右起杨延修 郑栋林

1933年3月，卢绪章与田鸣皋、杨延修、郑栋林、张平5人拼凑所有的积蓄，凑齐300元大洋，在亭子间创办广大华行（五位创始人，卢与田各出75元，其余三人各出50元，合伙契约是由王树九执笔，在程恩树的签名见证下生效的），以代理外埠基督教会医院及学校采办西药医疗器械，代办邮购收取佣金为业。取名"广大华行"，是承袭最初的"光大行"，添加"华"字，是要区别于上海滩众多外国洋行。田鸣皋任总经理，卢绪章负责财务，5人均为外商公司小职员，义务兼业，完全不支薪水，但他们熟谙资本经营之道，把握市场动向，找来教会医院与学校的地址名录主动联系，拓展客源渠道，经过一年多的辛苦经营，终于立稳脚跟，先用盈利充足资本金，然后租下宁波路香港国民银行的楼面作为固定营业场所，还招聘了守店员工。在今天看来，这种方式与阿里、腾讯等电商巨头的起步手段和方式比较，确有一番"电商"雏形的感觉。广大华行从起初的皮包公司，成长为正规西药商行，并逐渐构建了以上海为中心辐射全国的商贸网络。

广大华行股份有限公司
发行的股票

　　1935年卢绪章与程恩树结伴进入量才业余补习学校学习，出于对苏联的向往，他们还一同进修过俄语，革命觉悟有了很大提高。1936年2月，上海职业界救国会刚刚成立，卢绪章就积极投身其中，成为活动骨干，不久又参与组织"上海洋行华员联谊会"，在斗争中逐步靠近党组织。

　　1937年"八·一三"抗战爆发，到10月份，上海地下党与上海文化界救亡协会在圆明园路沪江大学城中区商学院联合举办"社会科学讲习所"，主要负责人为胡愈之、王任叔、方行、韩述之，客座教师有刘少文、郑振铎、陈望道、孙冶方等，学员多为各界抗日救亡群众团体的负责人及骨干，以夜校形式组织教学，每晚安排两三门课。共办了4期，名为社科讲习，实际讲授马列主义思想和科学共产主义学说，当时上海市面上很难买到的《西行漫记》，这里可买到，培养了一大批革命干部，仅输送到"江南抗日游击队"的就有七八十位学员，有人在报刊上赞誉讲习所是"孤岛"上一所"抗大"式学校，还招致国民党反动派通过上海英租界工部局加以追究迫害。卢绪章与程恩树、杨延修、张平均报名参加，接受了党的教育，坚定了信仰，卢绪章与程恩树，经杨浩庐（曾任新中国对外贸易部副部长）介绍光荣入党。彼时，杨浩庐奉党组织派遣深入训练班工作，经考察，他认为卢绪章的表现符合党员的条件，1937年10月的一天夜里，杨浩庐与卢绪章进行了一场开诚布公的谈话。当询问卢绪章是否愿意加入中国共产党时，卢绪章坚定地回答："当然愿意，我已经找了很久了，我要参加的是胜利到达延安的共产党。"于是，几天后由地下党上海市职委陆志仁主持宣誓，卢绪章加入中国共产党。

随着五位创始人中有三位成为秘密的中共党员，毫无疑问广大华行已成为共产党掌管的经济实体，完成向党的秘密机构转变。

"华联同乐会"徽章与会员证

在党的领导下，他们积极发起筹建了党的外围群众组织华联同乐会，策动抗日救亡。华联同乐会成立后，工作计划和活动由卢绪章、杨延修、陈鹤与理事会主席商议，再提交常务理事会通过并付诸实行。卢绪章还亲自发展广大华行同事杨延修、张平等加入中国共产党，使广大华行成为地下党的一个重要阵地，也增强了华联同乐会的组织力量。1938年秋，为加强党对华联同乐会的组织领导，考虑到卢绪章在筹建华联同乐会（当选为常务理事兼宣传部长）中表现出的组织才能和重大贡献，经中共江苏省委书记刘晓批准，地下党职委决定卢绪章担任华联同乐会党团书记、党总支书记。1939年清明节前后，卢绪章到朱祖贤（日商达昌洋行职员）住的亭子间里，通知他党员预备期满，可以转正，于是两人在天井中，用香烟盒纸写上马克思、恩格斯的名字，让朱祖贤对着这些名字轻声地庄严宣誓。在卢绪章领导下，华联同乐会继续开展征召会员、发起募捐、支援抗战、救济义演等活动。1939年夏，华联同乐会已拥有1万多名会员，成为上海地下党外围组织中人数最多的公开合法团体。

红色商业保险的壮大：民安保险喷薄而出

"八·一三"淞沪会战后，上海沦为"孤岛"。随着国民政府西迁，重庆变身战时中国的首都。为适应形势变化需要，1940年中共江苏省委书记刘晓决定把广大华行改建为党的第三线秘密机构，去大后方执行任务。中央领导跟卢绪章做了一次深谈：第一，广大华行内的党员由你单线领导，但是不要再去发展新党员。第二，在重庆的一切活动由我单线跟你联系，具体怎么个联系方法，有人跟你们进一步交代。第三最重要，"以后你们必须做到不与左派人物在形式上过于接近和往来，对任何人不允许暴露自己的政治身份，包括对自己的父母妻子也不能暴露，这是党的纪律。你要多交朋友，广交朋友，交各方面的朋友，包括国民党党政军要员，要勤学、勤业、勤交友，近距离交朋友，利用一切可以利用的社会关系作掩护，保持自己的一种灰皮红心，使广大华行这一秘密机构能长期保存下来，完成党组织交给的各项特殊任务""工作环境是险恶的，你这个'资本家'一定要当得像样，但又要像八月风荷，出淤泥而不染，要做到同流而不合污"。后来为党赚钱，成为卢绪章工作的信念和动力。

从此，卢绪章与杨延修成了旧友口中"见钱眼开"的逐利人，成了妻子眼中不顾家的神秘人，成了一个孤独的"潜伏者"，也成了与魔鬼打交道的人。卢绪章一面把重庆等地原有的广大华行改建为党的机构，派人去昆明、贵阳、成都、西安经营西药、医疗器械、运输等业务，广大华行的业务重心移转到大后方；一面广交朋友，吸引各方资金，合股建企业、做投资。他牢记党定下的铁律，"对任何人不允许暴露自己的政治身份"，即使面对亲人的怀疑，也守口如瓶。到1943年，广大华行虽已在重庆立稳脚跟，在昆明、成都、贵阳、西安等地设立了分支机构，业务有了长足发展，但其社会地位并不高，仅仅是药品经销商而已。经过慎重思考后，广大华行决定以创办保险公司为突破口，力求跻身重庆金融领域。

《与魔鬼打交道的人》电影海报

在重庆，仅凭广大华行一己之力创办保险公司，是一个巨大挑战：一需专才，二需资金。好在机会是由人创造出来的，杨延修、程恩树两人本是保险业出身，熟悉保险业务，还有上海市华联同乐会时的战友杨经才（华联第一任理事长）可以倚重，此时杨在重庆的身份是太平保险公司重庆分公司的副经理兼任中兴保险公司总经理，有才智有人脉。于是，卢与杨经才协商了创办保险公司的计划（耐人寻味的是，当时他俩谁也不会预料，多年后他们一同擘画筹创的民安保险会与太平保险合为一家）。杨经才主张还得引入更多的资本，并引荐了魏文翰（芝加哥大学法学博士，海商法专家，曾任轮船招商局经理，还创办了海鹰轮船公司和海兴保险公司），此时魏是民生实业公司协理与航运顾问，实际负责民生公司的日常运营。通过魏的关系，他与西南最具实力的企业家卢作孚搭上了交情（民生实业公司是大后方涵盖航运、煤矿、染织、水电、钢铁等实业领域的财团，卢有"中国船王"及"北碚之父"誉称）。卢作孚当年起步创业时曾得到金城银行总经理周作民的鼎力资助，后卢作孚投桃报李出任太平保险公司董事，还兼任兴华保险董事，对保险并不陌生。为拓展航运业务，民生实业公司先后投资过多家保险公司，但还没有自己能控股的，故而卢作孚赞同创办，希望民生实业能够占股51%，取得控股权。经过积极沟通，最后双方商定在平等互利基础上，由广大华行与民生实业公司各负责筹资500万元，共同发起创建。为有利于筹资号召，卢作孚答应出任董事长，这家新创保险公司以"应行侧重于人民物资之安全保障"为天职，命名"民安保险公司"，在某种程度上预示了它与民生实业公司的天然渊源。

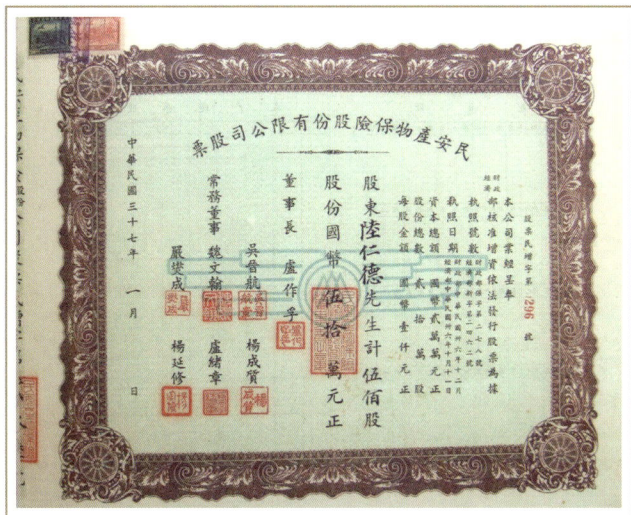

民安保险公司资本总额为法币1000万元，分为1万股，每股1000元，先实收半数。由卢作孚、卢绪章等56人为发起股东，先行募足500万元股份，于1943年4月呈请重庆市社会局转呈经济部设立登记核准。6月1日开始接受分保业务，7月1日开始营业。恰恰此时，财政部颁布《非常时期管理保险事业办法》，规定创办保险公司必须征得财政部核准。于是，民安按照规定向财政部重新申请，补领营业执照。同时依据《保险法》之规定，将名称正式定为"民安产物保险股份有限公司"。7月28日，备案中的民安召开股东大会，选举卢作孚为董事长，吴晋航、卢绪章、严爕成、魏文翰、杨成质、杨延修为常务董事，杨经才、康心如、刘航琛等16人为董事，戴自牧等9人为监察。董事会聘请杨经才为总经理，卢绪章为协理。民生公司与广大华行各派骨干充任关键岗位，代表投资方的利益把守要津，民生推荐谢步生为财务处处长，广大华行推荐陈鹤为业务处处长、王应麒为总务处处长。10月底各项手续终于完成。11月1日，公司举行了隆重的成立大会，重庆各媒体广为报道，红色民安保险就这样诞生了。

建业银行董事会

广大华行实际出资35万元，占民安实收500万元总资本的7%。用7%的资金来撬开市场。民安保险的设立，可以说是我们党娴熟运用社会资金创办自己能掌控的金融机构的一个成功案例。民安以海上保险、航空运输保险、水陆联运保险等为主营业务。当时大股东民生实业公司已实际垄断了西南地区的航运业务，遂把长江航线50多艘轮船的运输保险业务交给民安保险承担，促成了民安保险第一笔生意，为红色经济实体奠定基础。

之后，卢绪章与范旭东、侯德榜、龚饮冰合办建业银行；与卢作孚、王晓籁、包玉刚等合办民孚进出口公司。这些企业始终与广大华行共进退。

隐蔽盾牌热血铸就，第三战线出生入死

现实中的真实场景有时比影视剧情节更离奇。1949年5月，当卢绪章作为陈毅市长倚为干城的得力助手，公开亮相刚解放的上海，接见工商界人士，签发各类接管通告时，上海地下党的同志与工商界人士十分震惊，纷纷给陈毅市长打电话，发来急函：卢是C.C头子陈果夫的红人，中统、军统是他家的座上宾，务必请组织查清他的底细……也难怪，这些误解并非空穴来风：卢是隐身最成功、最具传奇色彩的"卧底"。

用灰色的面目长期隐藏下来，在商言商，卢绪章于觥筹交错、酒酣耳热之间，结交了蒋介石侍从室专员施公猛、军统局少将处长梁若节、航空检查所所长严少白、军统中统均倚重只手通天的张军光等人。与这些党国要员打得火热，甚至还利用宋美龄航空委员会的飞机倒卖黄金美钞；拉拢施公猛得到了第二十五集团军少将参议的头衔和国民党特别党员证书；与宋子文、马步芳等创办中国皮毛公司，在台湾与吴开先、施公猛创办七星纱管厂等。广大华行还通过孙科太子系，与苏联粮食出口协会签订协议，独家代理苏联出产鹿茸精、碘化钾等。利用这些强烈的保护色，卢绪章不仅伪装得很好，而且也有利于实业经

营，广大华行成为效益卓著的经济实体，想尽一切办法，为党赚取经费。

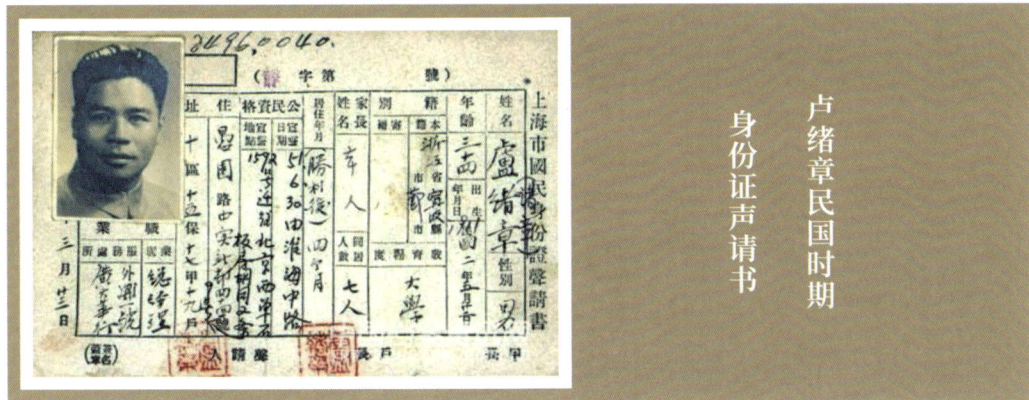

广大华行与民安保险，成为党的第三条战线最隐蔽的堡垒。卢绪章与战友，从充当地下党组织的联络站，搜集革命情报，到后来他们多次掩护中央领导人来往于国统区，妥善保护爱国人士；通过公司的汇兑业务调剂上海党组织与大后方党组织的资金余缺，向根据地秘密输送大批急需医药物资；特别是给党的一线、二线机关及延安送去了大量经费，从1937年至1948年8月的11年中，广大华行为党组织筹集经费、赚取利润近400万美元。

中共驻沪办事处（即上海思南路73号）是刘少文用从广大华行提取的20根金条买下的。每逢组织上收到华侨捐赠但无法在市面上使用的黄金、美元，就交由卢绪章联系兑换成市面上流通的本票、法币（或将美元、金条送到银行，以做生意为由换成法币），这些现金用麻袋装好，待夜半时分再用汽车或竹筏送到接头地点，由组织派人取走。有时遇到大额资金，则由卢绪章亲自送达，经常彻夜无法回家，引起了妻子的猜疑，卢绪章有苦难言。

最惊险的一幕，是化名"老孟"为党中央送经费。1942年春卢绪章按中共南方局指示，化名"老孟"亲送法币8.5万元去韶关交给姓郭的联络员。等从韶关返回重庆不久，韶关郭姓联络员被特务抓捕并叛变，供述"老孟"是大人物，"特征是操一口宁波腔普通话，沟通上会有些许障碍"。特务胁迫监视他每天在重庆街上兜圈、守候"老孟"。为避免暴露党组织，卢绪章紧急避险，战争环境一般不许商人买机票，只有军政界要人才能乘坐飞机。通过施公猛开出一张"少将参议卢绪章因公赴昆"证明信，他顺利购到机票，在严少白的放行下飞抵昆明，不久转往成都，躲过了特务与叛徒的追踪，约两个月后风头已过才返渝。返沪后因业务发展迅速，卢不断受到国民党特务的暗中调查和敲诈。

在外人看来，卢绪章出入有汽车，西装革履赴宴，过得十分潇洒奢侈。然而，谁也不会想到，这位赚钱有术的大老板，经常穿假领，贴身衬衣却打着补丁。为避免外人怀疑，卢绪章不能把衣服拿到洗染店，也不敢请人代洗，只能由夫人亲自处理。每次假领衣服洗后，再将马铃薯磨成浆，抹在领子上熨烫平齐，以使衣领保持硬挺。

那么，卢有何过人之处，让这么多上流人物对他言听计从？在这些要员眼中，卢绪章会做生意，为人慷慨大方，都乐意与他交朋友。按卢后来的说法，国民党官员普遍存在胸无大志，庸俗贪婪，不知餍足的状况，足可充分利用。卢绪章以让这些人入股广大华行，参与分红，用各种理由盛情款待、送钱送药，俯仰捭阖，将他们把玩于股掌之中。

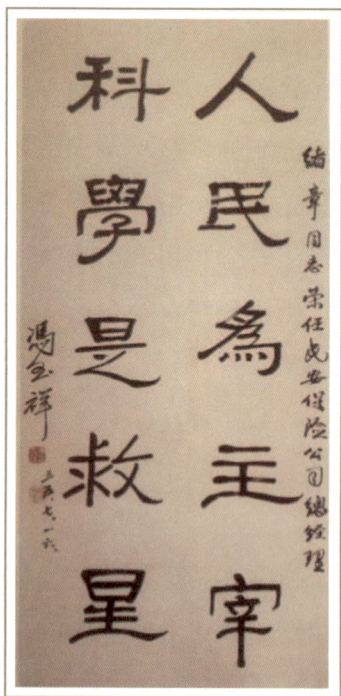

绪章同志荣任民安保险公司总经理

人民为主宰 科学是救星

冯玉祥

至于陈果夫愿意降尊屈贵出面站台，也在"情理"之中。抗战胜利后，国府要员均靠"没收敌产"大发横财，陈果夫在上海"劫收"了一大批制药机器设备，可延宕至1947年，陈果夫还为徒有一大堆无法带来收益的宝贝而烦恼。他急需一个懂管理善经营的人才，为他办厂赚钱，增资强产，扭转自己在"蒋、宋、孔、陈"四大家族中资力落下风的尴尬局面。他十分赏识并最终让卢绪章代行其事，于是1947年4月中心制药厂有限公司成立，陈果夫亲任董事长，卢出任总经理。上海近60家大企业联合在上海《申报》刊登"祝贺中心制药厂隆重开幕"，当时身患肺病正频频咯血的陈果夫，携带备用氧气袋，不辞辛劳由医生随身陪同，专程自南京抵沪参加典礼并剪彩。开幕典礼结束后，在上海静安寺百乐门舞厅举行盛大宴会，晚上卢绪章再次设家宴为陈果夫洗尘，市长吴国桢及吴开先、潘公展等一众上海要员亲临家宴，气派之大，出席名流显贵之多是上海滩少见的，轰动一时。同年12月中心制药厂投产成为国民党国防部用药特许生产厂家。接下来，卢绪章还在1948年春为陈果夫的亲信俞松筠竞选立法委员提供竞选经费，为潘公展荣任上海参议长提供资助。他高调亮相让世人知道这层关系，意在获得庇护，巧妙化解了各种风险。商战丛林法则，你必须比对手看得长远，要善抢先机。当年在上海流行的肺结核是极可怕的传染病，离不开特效药。1945年年初抗战胜利在望，卢绪章敏锐觉察大后方的作用将降低，政治经济重心将转移至南京、上海。于是便断然抽出全部资本的三分之二，计20万美元，派舒自清赴美国成立广大华行纽约分行，试图打开国际贸易通道。

经过多方努力，广大华行终于与美国施贵宝药厂结成了西药及其原料在中国销售总代理的关系。当不少阔佬笑话卢绪章"神经不正常"，把几十万钞票白白扔进太平洋时，1945年10月广大华行总行迁回上海，别人还像没头苍蝇嗅商机时，广大华行经销的第一批美国药品盘尼西林已经投放市场，成了极其稀缺的救命药而"大发其财"了。源源不断的西药运抵上海，这时，杨延修奉命筹办"广大药房"来扩大经营销售。

《施贵宝良药大全》
广大华行编印、发行　富通印刷公司印刷

自从迁沪，程恩树担任民安业务处长，民安保险接纳沈润璋、程振魁、洪汶等人，利用民安保险的影响力，推动"保联"群益活动，征求会员运动得到民安的全力支持。民安不仅鼓励本公司职员积极报名参加，而且捐助大额经费。当"保联"开办诊疗室时，民安与太平等大公司各捐助经费法币20万元。"保联"编辑印发月刊、会报，民安及民益、广大华行都刊登广告，以广告费形式变相经济上援助。1947年，为吸引更多的保险经纪人协同承保，"民安"又设立了联安保险公司，卢绪章任总经理，陈鸣皋任代总经理，朱介人任副总经理，谢步生任总稽核，与"民安"同址办公营业。在这一时期，广大与民安先后向大安保险、建业银行、东方联合等几十家企业进行参股投资，使公司业务范围和社会影响进一步扩大。

　　当然革命历程也充满着惊险。1948年6月，负责与广大华行联络的地下党员赵平夫妇被捕（其妻叛变），刘少文侥幸逃脱。为防不测，刘晓通知广大华行党员紧急撤退，并指示广大华行放弃在大陆发展的计划，将资金集中到香港待命。卢绪章立即叫停原有各项业务，把资金汇到香港，当时国民党政府严禁资金外移，卢绪章撤到香港亲自布置，同伴们运用各种秘密手段，在政府发行金圆券之前，于1948年秋将大部分资金安全转移到香港。为理财方便，还创办了南洋商业银行和广业房地产公司。之后为香港地下党组织捐助一部分活动经费，曾分两次经刘晓转给港澳工委15万美元，由钱瑛转给湖北和西南地区党组织港币20万元。

　　随着解放战争进入战略反攻阶段，广大华行和民安保险在国内支持敌后运动的使命基本结束，民安保险公司上海总公司公告歇业清理。为配合广大华行业务重点南移香港的战略决策，进一步发展华南地区及国际保险业务，民安保险公司派出专员沈日昌前往香港筹建香港分公司。

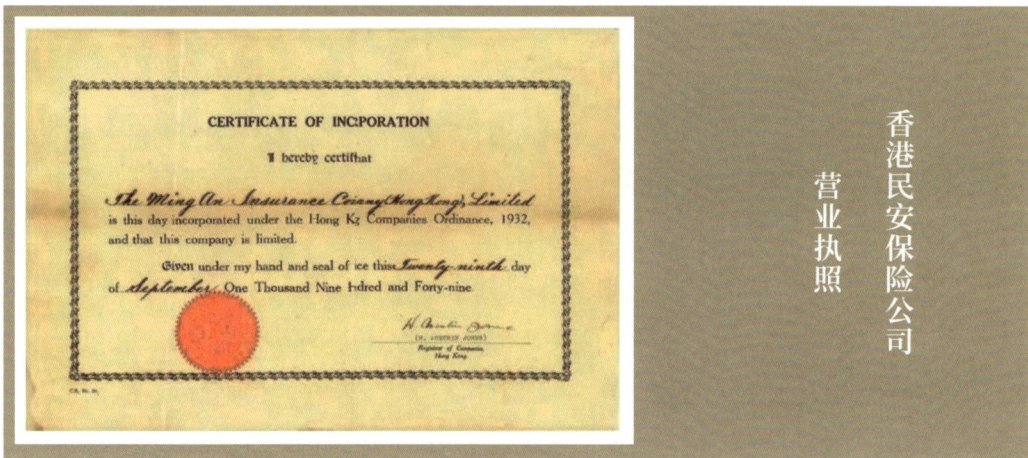

香港民安保险公司
营业执照

在风雨如晦的战争岁月，卢绪章接受党的委派，置个人生死于度外，在极其艰险的环境里打拼，既要搏击商海与资本家斗智斗勇，更要与敌特你死我活，为人民解放事业立下了不朽功勋。金戈铁马、硝烟弥漫的革命商战，早已随那段动荡不安的历史落幕，唯有他们出淤泥而不染的风姿，将永远矗立在这片热土上。

个人利益服从党和人民需要，方显高风亮节

1948年11月，中共中央来电指示，因解放区需要大量商贸干部，广大华行除香港外，所有国内外分支机构一律结束，全体党员干部到解放区待命。党中央密电要求：香港广大华行仍予保留并与华润公司合并，由钱之光领导，广大华行的党员干部除舒自清、张平留港工作外，其他同志都北上参加接管工作。1949年初，按照中共中央指示，由张平送交刘晓100万美元，支援越南胡志明领导的劳动党。等广大华行与华润公司合并时，上交资金约200万美元。此外，卢绪章与广大华行党员干部将个人拥有的全部股份红利上缴党组织作党费，并在广大华行结束时将结余的资金100多万美元也全部上缴党组织，而这些钱，按理属于他们的私有财产。在1949年前后，广大华行共上缴党组织315万美元和20万元法币，但出于"内外有别"的考虑，卢绪章同意拿出40万美元发还了非党群众的股份。妻子毛梅影（非中共党员）曾提出希望退还自己在广

大华行的股金，以补贴家用。但卢绪章认为，自己的家属退还股金并不妥当，因而直接将自己和妻子在广大华行的全部股金和红利都上缴给了党组织。数十年后，有记者向他提问："卢老，为什么在你清算所有资产的时候没有按照当时的规矩，可以保留自己的一部分股份，而你把所有的资产全部交了？"卢绪章很幽默地说："你们知不知道当年让我下海经商是干什么？那是脑袋瓜子拴到裤腰带上，绞刑架下生活，党什么时候要钱什么时候给，要多少分文不能少，所以当清算所有资产的时候，我是把钱全部上交，仿佛浑身轻松，回到人间，没想过保留什么自己的股份，再加上执行党的任务，我不辱使命，这是我最大的幸运。"

穿戴上海军管会服装
胸章的卢绪章

卢绪章正式撕去"资本家"伪装，随龚饮冰、王一知、李济深、章乃器及茅盾夫妇等一批民主人士共30多人，乘"阿尔丹"轮船到达大连，辗转去河北西柏坡中央党校学习。不久与华东局的同志随军南下，参加接管上海的准备。

1949年5月，根据组织安排，卢绪章出任上海市军管会财经委员会贸易处副处长、副局长和华东区贸易部副部长，负责接管中央信托局、上海海关等，为恢复经济，保障民生，投身于建设新家园的工作中。

1950年3月，卢绪章被调至天津，出任刚刚成立的中国进口公司总经理。公司刚成立，朝鲜战争爆发，十几个西方国家对我国实行"封锁禁运"，刚刚起步的外贸事业遭遇严重挑战，面临的紧迫任务就是打破西方的"封锁禁运"。卢开创了很多新业务，比如以大米换橡胶业务，中国第一个化肥进口业务等。不久，中国进口公司和中国出口公司合并为中国进出口公司（发展成为后来的《财富》世界500强：中国中化集团），卢绪章担任经理，全面负责对资本主义国家贸易，一方面通过港澳窗口公司协助抢购物资，一方面通过签署执行"米胶协定"等标志性事件打破西方的封锁禁运。1952年，中央贸易部撤销，成立对外贸易部，卢绪章任第三局长，因没有合适人选，兼任中国进出口公司经理一职。

1954年，外贸专业进出口公司经过调整分工后，改"以商品为对象、以业务为中心、苏新资合一、进出口兼营"为原则，为配合这一改变，对资本主义国家统一经营的中国进出口公司，将商品的进出口业务分别划给中国机械进出口总公司、中国五金矿产进出口总公司、中国土畜产进出口总公司、中国粮油食品进出口总公司等经营，中国进出口公司仅保留经营石油、化肥、橡胶、化工原料、塑料、医药和医疗器械业务，并且在以上商品的进出口业务上，扩大对苏联和东欧国家的贸易，种种调整后，仍为中国最大的外贸进出口专业公司。卢绪章出任外贸部局长、部长助理、副部长等职。在外经贸工作中，卢绪章有魄力，有主见，高风亮节，清廉刚正，在群众中享有很高的威信，在国内外享有良好的社会声望，是一位对外贸易战线上具有奠基人和开拓者作用的卓越领导人。

一九六一年卢绪章率领中国政府贸易代表团访问非洲在领事馆合影

卢绪章失去心爱的儿子，但他依然对党忠诚，不改初衷，从不抱怨，他对党组织提出的唯一要求是早日为党工作，不求职务待遇。1976年回外贸部作顾问。

1977年8月，卢绪章调任国务院侨办党组成员、华侨旅行社社长。次年转任新成立的国家旅游总局首任局长、党组书记，成为我国旅游事业的开拓者。1981年2月，调任国家进出口委员会和外国投资委员会副主任。同年8月，又奉调回外贸部任常务副部长、党组副书记。1982年3月，卢绪章退居二线，改任对外经济贸易部顾问。他以党和人民的利益为第一生命，无论是在外贸战线，在国家旅游局，还是在党分配的其他岗位上，他都干一行爱一行，殚精竭虑，亲力亲为，开拓创新，为打破西方对中国实施的经济封锁作出了不懈努力。他刚毅正直，廉洁奉公，严格要求亲属，不得向组织提出额外要求。

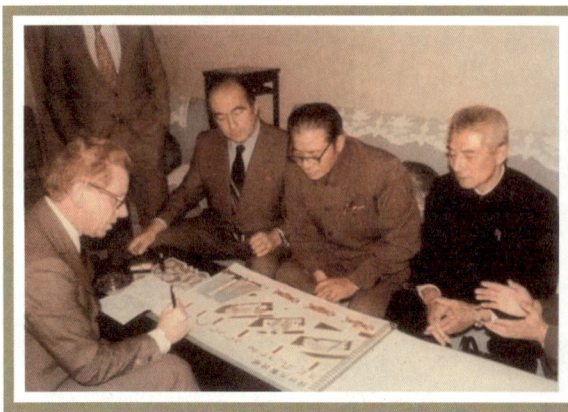

国家旅游总局局长卢绪章与外商研究北京长城饭店建设方案并察看设计图纸

动员全球宁波帮，成就了最美夕阳红

卢绪章是宁波开发建设的大功臣，促成了家乡的经济腾飞。中央领导同志在与"世界船王"包玉刚见面谈到宁波对外开放时，亲自点将"要派卢绪章同志去宁波，帮助那里搞好对外开放工作，把全世界的'宁波帮'都动员起来建设宁波"。73岁高龄的卢绪章没有去"颐养天年"，而是素衣还乡造福桑梓，被浙江省、宁波市政府聘为特邀顾问。

卢绪章到宁波即深入实际调查研究，帮助宁波制定长远发展规划，确定宁波经济发展的战略方向。为加快利用北仑深水良港，卢绪章于1985年上书中央领导：为进一步发挥北仑港的作用，建议国家将北仑二期工程的集装箱和散货泊位建设列入"七五"计划，并抓好沪杭甬高速公路和萧甬铁路的改造等配套交通集疏运网络的建设。这些建议得到有关领导的高度重视。

　　他充分利用自己海外朋友多、声望高的优势，多方奔走联络，请海外乡亲回家乡走走看看，加深对家乡的了解。他首先做船王包玉刚的工作，多次到香港看望包玉刚，并于1984年10月陪同船王回家乡访问。就是在这次宁波之行中，包玉刚从卢绪章口中得知宁波尚无一所综合性的大学，而家乡人民正在酝酿筹办，由此决定率先捐资创办宁波大学。

一九八六年四月国务院
设立的宁波经济开发
协调小组合影

前排右四谷牧　右五包玉刚

右六卢绪章　右七陈先

　　包玉刚说，宁波的事情，"我当顾问，我跑腿"。卢绪章也说"我是给家乡宁波来跑腿的"。他们用同样的语言表达了同样的心愿。于是，两位古稀老人为开发宁波奔波穿梭，一个主内，一个主外，配合默契。在卢绪章与包玉刚等一众热心人士的推动下，国务院于1985年12月成立了由国家10个部委领导参加的宁波经济开发协调小组。国务委员谷牧任组长，国家计委常务副主任陈先任副组长，聘请包玉刚、卢绪章为顾问，下设办公室。国务院为一个地方经济开发专门成立协调小组，是史无前例的。

　　由此许多关系宁波发展全局的重大问题得到了顺利解决，一大批国家级重点工程落户宁波，而像宁波大学、北仑港、北仑钢铁厂、宁波机场等市政工程的建成都离不开卢绪章的辛苦奔波。

游子归乡的卢绪章夫妻
在故居门前开心得像孩子

1995年11月8日，卢绪章病逝，享年84岁。他的爱国爱民爱家乡的高风亮节和道德情操，是留给后人的宝贵精神财富，值得后浪们研究和继承。

追寻
▶保联先行者的足迹◀

志同道合
先同"志"后合"道"

记为金融事业奋斗终身的"保联"党团书记沈润璋与爱人王玮

沈润璋

1926年6月出生于上海。从立信会计学校毕业，应聘金安保险公司会计。加入"保联"成为骨干，1944年12月入党，1945年11月，"保联"党团组织组建，不久即担任党团书记。入民安保险公司及民益公司任职，从事党的地下工作。1948年11月，紧急撤往苏北解放区，进华中党校担任第十四队党支部书记。1949年5月，任中国人民银行华东区行办公室副主任。1987年参与筹建交通银行，任副董事长兼副总经理。

王玮

出身于银行职员家庭，原在上海市永乐小学任教，积极参加"保联"活动。1944年12月与沈润璋结为夫妻，1948年8月加入中共地下党，11月投奔苏北解放区，进入中共华中党校学习。图为1948年冬季，在苏北解放区身着军装的王玮。

英雄的城市，必定拥有英雄的记忆。上海是中国共产党的诞生地，蕴藏着丰富的红色金融文化资源。

相隔30余年，两次编写保险业革命史的中坚核心

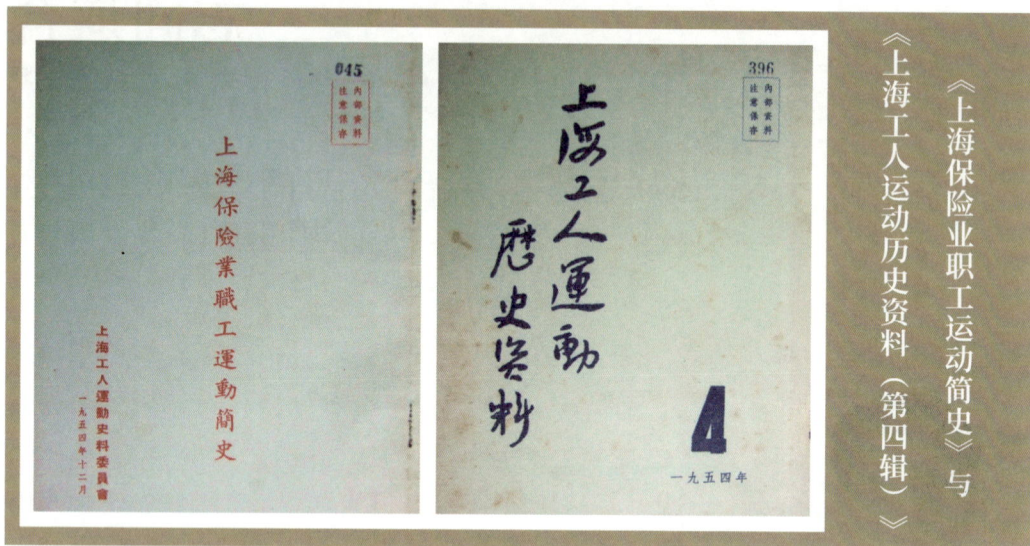

《上海保险业职工运动简史》与《上海工人运动历史资料（第四辑）》

2000年前后，笔者在旧书地摊上征集到两本1954年编印的小册子：《上海保险业职工运动简史》与《上海工人运动历史资料》第四辑（刊名是集鲁迅手迹拼接而成），均属上海工人运动史料委员会内部印发填写编号的存档资料。

读后得悉，1952年7月初，由刘长胜（中共上海市委第三书记、上海总工会主席）倡议，经中共上海市委批准，组建的上海工人运动史料委员会，全力推进党领导的上海工人运动史料征集研究工作，将取得的初步成果有序编撰成册。

上海工人运动是一段彪炳史册的红色记忆，像五卅运动、上海工人三次武装起义、上海文化界职业界救国会促成抗日民族统一战线都是改变历史进程的重大事件，无数革命先烈抛头颅洒热血、舍生取义、他们的壮举感天地泣鬼神。这既是党的创建发展史诗，更是党走向成熟成为执政党的必要历练。知史爱党、知史爱国，"历史是最好的教科书。对我们共产党人来说，中国革命史是最好的营养剂"。现在大家熟知的经典"初心故事"：革命烈士张人亚（上海金银业工人俱乐部主任）家人拼死在家乡宁波"衣冠冢"里保存中国共产党第一部党章等一批党的早期文献，就是在工人运动史料征集活动中捐赠出来转藏中共一大会址纪念馆的，如今已成为"四史"教育中党员心目中的"圣物"。

1952年至1958年间，史料征集"整个过程的工作量很大，但有的却进展迅速，例如在店职员方面，大约在半年内就写出了海关、银行、电讯、大百货、银钱业联谊会、保险业、职业妇女俱乐部、德士古（石油）、酱园业、酒菜业、蚁社、华联同乐会12个方面的史料，共开会百余次，参加者400余人，执笔者60人，成稿40万字。可以说是对店职员斗争史做了一次群众性的总结"。（姜燕：《"上海工人运动史料"1500万字记录上海工运辉煌篇章》，《新民晚报》，2016年6月26日。）这份《上海市保险业职工运动简史》，是上海保险业中共地下党负责人沈润璋与林震峰密切合作，整理编写了初稿，面向全行业征求意见，然后刊登在《上海工人运动历史资料》第四辑里，准备做进一步的充实完善。但好景不长，因自1958年起上海市工联机关精简，修史计划搁浅，两位撰稿人亦远赴北京总部任职，更由于50年代末全国取消保险业务的影响，整理"保联"史料的工作被迫中断，未能坚持下来。

现在看来，20世纪50年代无疑是编撰各行业职工运动史的最佳时期：当年的革命者年富力强，相互之间还保持密切往来，间隔时间不出二三十年，往事历历在目，且相关的史料实物相对容易征集。我们应该庆幸50年代上海的收集、研究和编纂工作，在全国开了编撰党史工运史先河，1500万字的珍贵史料（含大量口述历史）记录了上海工运史灿烂篇章，（郑庆声：《回忆"上海工人运动史料委员会"》，载《上海工人运动历史资料》，上海书店出版社2016年版。）奠定了新时代书写党的辉煌百年史之坚实基础。

上海市保险业党史资料征集组扩大会议合影
前排左二沈润璋

党的十一届三中全会正本清源，在原上海地下党领导人张承宗的关怀下，1983年6月，上海市保险业党史资料征集组成立，林震峰任组长，沈润璋与程振魁、吴越、戚白明任副组长，十几位健在的"保联"会员担任委员，当年的革命战友不顾年老体弱，从全国各地应召而至，再次携手谱写新篇章，之后抢救史料工作全面铺开。在征集过程中，为使史料求实存真，广集博采，还在《人民日报》《参考消息》《解放日报》《文汇报》《新民晚报》上刊登征集启事，组织相关同志座谈讨论，查阅档案资料，走访知情人。

时间消弭了一切的存在痕迹，四五十年岁月恍若隔世，许多的人生往事都已不再清晰，唯有"保联"革命经历让这些花甲老人无法忘怀，有十多位老会员提供了珍藏的"保联"会刊、章程、徽章、照片、会员证、会员名册和纪念册等稀见实物，共达百余件。大家共同追忆佐证，根据亲身经历撰写了五十多篇回忆文章，经过反复核对修正补充，力求真实。

这些初步成果由征集组审核组稿，编印成《上海市保险业职工运动史料》和《续集》两本资料。这是传承修史传统、赓续文化血脉的壮举，是中国保险业红色文化研究的显性成果，利用这些文献资源，可以让后来者们提升行业认知度，对保险业产生归属感和凝聚力，尊崇先烈，继往开来。

上海市保险业职工运动史料一九三八至一九四九与《续集》

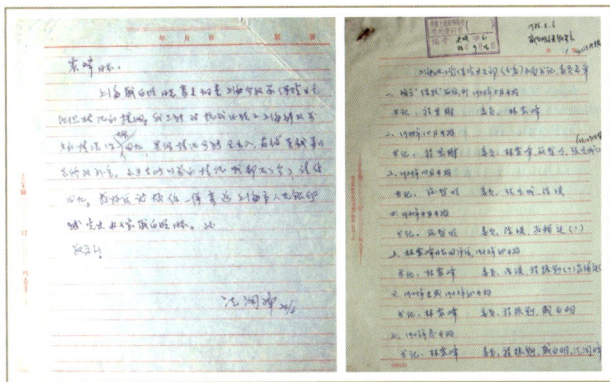

沈润璋亲笔书写了《关于编写保险业党史问题的意见》《上海地下党保险业支部（分委）历届书记、委员名单》《上海地下党保险业支部（分委）党员情况变化》《国民党对"保联"的破坏和"保联"骨干对他们的斗争》《上海保险业职工同反动政客罗北辰斗争的前前后后》《关于王培荣同志的情况》等文稿。

笔者阅读过沈润璋在第二次修史中回复林震峰的亲笔信，满纸真诚，表达了"我只能对抗战后期至解放前夕的情况做一大体回忆，具体情况可能有出入，有待吴越等同志修改补允"的意见，长期党务纪检工作的经历，使沈老养成了严谨务实的作风，即使自己当年担任党团书记，但对自己记不清楚或不知道的党内成员往事绝不信口开河，绝无溢美浮夸之辞。

"保联"：进步青年之精神家园，无悔的革命青春

当年衣食无忧的金融业职员，为何走上革命道路？他们冒杀头危险投身人民解放事业有着怎样的"初心故事"？

笔者拜读过"保联"成员回忆往昔峥嵘岁月的一些往来信件，也有幸拜访过保险业革命前辈，这些耄耋老人，情真意切，均不约而同提及"保联"。时隔五六十年，回首"保联"的青春往事，他们的眼中仍闪烁出明亮的光彩，神情依然那么眷恋与神往，在他们心灵深处，总为这段经历保留着一块神圣的位置，他们都把"保联"视为自己政治新生的洗礼。

"保联"芳华无悔，因为在中国大变革的关键时刻，在时代洪流中留下过自己的足迹，是伟大的时代照亮了自己的青春，这种崇高滋养着灵魂，"保联"的历史将永远铭刻神圣一幕：一曲用热血与忠诚谱写的可歌可泣的青春之歌，印证了"革命人永远是年轻"的真谛，永远吟诵在保险业的历史深处……

　　此情可待成追忆。

出身职员家庭，在革命洪流中成长

沈润璋的家族纪实录《家在时代的洪流中》

　　2012年年初，通过网络联系，笔者与沈润璋的外甥女胡晓岚有了一面之识，了解到他们家庭居然有七位热血青年不约而同投身革命根据地成为党员先锋的传奇故事（其中两人在中共第三线秘密机构"广大华行"下属公司任职），我为她提供了已搜集到的"保联"图片文献。后来这些资料汇入由胡晓岚组编的《家：在时代的洪流中》一书（作者孙光玥，系沈润璋的姑表姐，胡晓岚系作者的女儿），这本列入"上海人故事"的自传体书籍，追忆自家波谲云诡的真实经历，折射出渐行败落的大家族在动荡乱世中的变迁，讲述芸芸众生渺小个体，如何像涓涓小溪汇入时代洪流，成为革命队伍大家庭一员，有血有肉有细节有真相，文图并茂，鲜活立体，可读性强，印数不多，反响颇大。

　　沈润璋，原名沈光荣（在苏北根据地化名郑润璋、郑焕章），1926年6月16日出身于上海职员家庭，祖籍松江西门外杨家桥，父亲沈子安是上海绸布业的跑街，经常拿着绸布样品到各县城去推销，生意辛苦，收入一般。因系独子，怕孤单，沈润璋从小便认姑姑为寄娘，与表姐孙光瑛、孙光玥，表哥孙光迪一起长大，关系亲密（加入孙家姐弟排行为四弟）。父母尽全力供养他上学，系统接受文化教育，十几岁时就已身板颀长，性格敦厚，气质儒雅，待人热情，显得很有教养。

少年时期的沈润璋

上海立信会计同级全体同学合影
后排最高为沈润璋　20世纪40年代

　　20世纪40年代的上海滩，已成为远东"华尔街"，金融机构扎堆设立。选择入职金融界是一件很体面的事，可以穿长袍或西装，坐写字楼，工作轻松，收入可观，因此，沈润璋从立信会计专科学校毕业后，即应聘金安保险公司会计工作。金安保险公司是创建于1942年9月2日的保险公司，规模小，注册资本只有125万元，总经理贝在荣。公司设址九江路210号，靠近著名的金融街外滩和江西路，主营财产保险，加入太平分保集团。

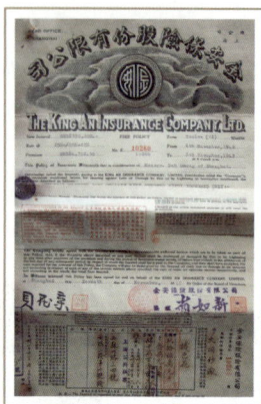

金安保险股份有限公司
火险保险单

金安保险公司同人偕游江湾敷岛园
右一为沈润璋　摄于1943年10月

　　在太平分保集团内，沈润璋结识了太平保险的程振魁，受其影响，在工作之余，经常相伴前去爱多亚路160号的"保联"会所，旁听经济学、时事、青年知识、新文艺等讲座，接受保险实务、人寿保险以及水火险等专业培训。这等于迈入革命队伍的门槛。受那个年代风起云涌的救亡图存革命形势鼓舞，他们常怀忧国忧民之心，积极投身爱国进步事业。

　　日伪统治下的上海，无法满足广大青年业余生活的需要，亡国奴的耻辱充溢在每个人心头。而随着英美保险公司被勒令关闭，华商保险公司蓬勃兴起，青年职员陡增。保险行业的经营特点，要求职员有广泛的人脉资源，同业之间也需要保持密切联系。"保联"的联谊活动，满足了保险职工追求新知识丰富、业余生活的需要，开辟了自救救国的新园地，也一定程度上纠正了部分职工腐化堕落的生活方式，培养了业界团结互助的作风，激发出爱国豪情，使他们积极投身抗日救亡活动。

　　1942年前后，在党支部直接指导下，程振魁与沈润璋，曾仿效"保联"初期的惯例，组织非公开的《大众哲学》和《政治经济学》读书小组，对进步青年提高马列主义水平起到催化作用，参加者有蔡同华、姚乃廉、徐天碧、华世德、吴越、程文魁等10余人（这些积极分子后来都加入了党组织）。沈润璋接受了党的教育，坚定了信仰，1944年12月经程振魁介绍加入中共地下党，决心用青春和热血，为人民解放事业贡献自己的一切。

话剧舞台：唱响抗日救亡主旋律

抗战烽火特殊环境促成了"孤岛"的话剧繁荣。众多业余剧团为抗日救亡而呐喊助威，揭露黑暗，激发广大民众的爱国热情，进步话剧尽了最大最多启迪民智、唤醒国魂、提高敌忾心的责任。精心布置的舞台，跌宕起伏的故事情节，传神的演员姿态、动作、对话、独白等表演，这种时尚路演表达了时代的呼声和人民的情愫，成为真正的民众艺术，淋漓尽致地发挥着话剧巨大的宣传教育功能，使它真正赋予中国特色，被普通民众所接受和喜爱。

"保联"话剧组成员最多曾达130余人，编成太平保险公司、泰山保险公司等四个分队，沈润璋组建了金安保险公司分队，平时在各自公司中排练，总队统筹安排在"保联"会所演出。这样的实习演出，几乎每月有一到两次，话剧组通过这种方式使演艺活动深入基层公司。话剧组通过定期展演，宣传抗日救国，团结教育了保险业职工群众，培养了很多积极分子。

1944年开始，日寇在战场上节节败退，对上海人民疯狂镇压。日伪在经济上加紧掠夺，物价急剧上涨，职工生活十分困难，话剧组的活动被迫停止。1945年8月15日，日寇宣布无条件投降，坚持14年的抗战终于取得了最后胜利。为欢庆反法西斯斗争的胜利，"保联"组织了保险业界庆祝大会。话剧组又重新聚集在一起，积极筹备排练二幕剧《宁静的江南》（原为"银联"杨扬在抗战初期创作的独幕剧，演出时改编为二幕剧），内容演绎江南一个安逸的乡村被日寇侵占烧杀，人民揭竿而起，经过长期艰苦抗争，最终打败日本鬼子。参演者有：沈润璋、程振魁、徐慧英、朱元仁、刘凤珠、程文魁等人。演出结束时，演员在台上领唱，台下观众起立齐唱抗日歌曲，一首接一首，气氛达到高潮，歌声持续了20多分钟大家还不肯散去。

话剧组成为培育上海保险业进步青年的革命熔炉，许多青年从话剧舞台走上革命道路。其骨干，像程振魁、吴振年、施哲明、沈润璋、徐天碧、孙文敏、周繁琍、朱元仁、刘凤珠、吴越、蔡同华、廖国英、徐慧英、王亦洲等先后加入了中国共产党。

魅力体育，最能蓬勃起正义与力量

体育部是"保联"最经常、最活跃的联谊机构。成立伊始即开展了篮球、足球、排球、乒乓球、游泳、弈棋等深受青年喜爱的体育活动，活力四射，寓教育于体育娱乐活动之中。

"保联"篮球比赛，参赛公司众多，多时在8家以上，参赛球员往往达100余人。"保联"体育部部长沈昆南为提高队员球艺，还特地借来一套美国篮球协会选手表演战术的纪录片放给大家观摩，当时除"保联"队员外，会员中的篮球爱好者也踊跃围观。为增进球艺，"保联"篮球代表队除了规定时间集中练习外，还经常约其他行业团体球队组织主客场比赛，与华联同乐会篮球队、文汇联队举行过友谊赛。这样不仅锻炼了球艺，同时还增进了相关行业之间的友谊。他们还专门去慰问坚守过四行仓库的"八百壮士"，同谢晋元团的篮球队进行友谊赛。

1945年在法租界某中学球场练排球后合影
后排右3沈润璋 右2孙文敏 右6赵帛
前排右3王玮

游泳活动合影
自上而下第2唐凤喧 第3吴越 第4孙文敏
第5王亦洲 第6程振魁 第7沈润璋 第8李福增

"保联"体育部还举办过游泳训练班，为会员订购团体优待券，逢星期日组织会员集体到大陆游泳池活动。

在赛场上大家感受体育魅力无极限，活力四射，彰显青春。这里没有贫富，没有尊卑，体育展现的生命活力和精神意志，远远超过了竞赛输赢本身。

追寻 ▶ 保联先行者的足迹

是体育，教会大家珍惜朋友情谊并且热爱自己的集体，"保联"是一个牢不可分的集体。

"保联旅行团"：结伴游胜地，共叙爱国情

抗战胜利后，国民党为控制职工思想，上海市社会局勒令所有群众社团必须审核登记，妄图使各社会团体演变为御用工具。

1946年9月，"保联"在登记过程中，被强行改名为"上海市保险界同人进修会"。政客罗北辰凭借社会局权势，伺机爬上"进修会"理事长宝座。自此，"保联"原受会员喜欢的文化娱乐和福利服务活动，罗不是借口"经费困难""场地狭小"而横加阻挠，就是有意在审查经费开支时不予批准。致使《保联会报》被停刊，"保联"理发室遭取缔，话剧组勒令中止，消费合作社濒临瘫痪。种种迹象表明，罗北辰企图改变"保联"一贯的服务会众宗旨，限制和削弱地下党与民众的秘密联系，使职工联谊纳入国民党的可控范围。

面对这一新形势，"保联"党支部决定：有条件开展之活动仍应坚持，如学术部举办的保险学术讲习班，平剧委员会的学戏、彩排、义演，诊疗所的打针、健康检查等，且领导权必须掌握在自己手里，强调必须依靠群众自身的智慧和力量，开辟新的活动阵地，尽可能争取群众，密切党与会众的鱼水情谊，扩大"保联"影响面。

1947年年初，"保联"骨干程振魁、蔡同华、吴越和贝超杰等结伴去苏州、无锡春游，从中受到启发，根据保险业职员之喜好及经济条件，如果以"保联"的名义组织会员短途旅游，既可调适精神、联络感情、增进友谊，亦能从祖国大好河山的绚丽景色中激发爱国热情，肯定受欢迎。上海人有喜欢旅游的传统，完全能够把会员吸引过来，这会成为与罗北辰争夺群众的高明策略。这一建议，经"保联"党团讨论赞成，决定大胆采用，通过联络员广泛发动会员报名参加。

「保联」旅行团出发 前在上海北站

右一高个子是沈润璋

「保联」旅行团休息

手擎团旗的沈润璋喝茶 身后王玮 前右一沈的母亲

　　1947年春筹划首场旅游时，即打出"保联旅行团"旗帜。他们先是利用礼拜天休假举办当天往返的苏州、无锡、昆山、嘉兴一日游，后来发展到利用节假日举办杭州二日游。每次专包一节车厢，可最多组织120人参加。由于"保联旅行团"不以营利为目的，纯属服务性质，费用比商业运营的旅行社便宜很多，而且旅游是老少咸宜的活动，会员还可报名带家属一起参加，颇受职员欢迎。现存的"保联旅行团"照片资料里，多处看到沈润璋、王玮以及母亲王氏的身影。

　　为把旅游计划落实好，他们确定"保联旅行团"由党员孙文敏、沈润璋、吴越、蔡同华、廖国英、刘凤珠等负责，并构建了联络员制度，明确了分工，聘请"保联"骨干及积极分子承担旅游活动的具体组织工作。沈润璋负责包车厢及租船，蔡同华负责摄影，盛揖乔担任导游，洪汶管财务，孙文敏、吴越等负责与各保险公司会员间的联络。

虽被迫改名
但仍打出
『保联』旗帜

车窗右一王玮及刘凤珠

为扩大影响，他们特意在专包车厢外挂出"保联旅行团"横幅。每10人编为一组，由临时组长手持"保联"标志三角旗指挥，使参游的保险业职工感觉到"保联"之名虽被篡改，但"保联"为民服务实质没有变，"保联"的精神永存，"保联"的铁粉仍在坚持斗争，因而维护了群众的信任和支持。

手持
『保联旅行团』
三角旗在苏州
旅游合影

右三与右二是沈润璋 王玮

"保联旅行团"在不足两年的时间里，先后安排多次游览苏州的天平、灵岩、虎丘、狮子林，无锡的蠡园、鼋头渚、梅园，常熟的虞山、剑门，昆山的马鞍山、亭林公园，南翔的古猗园，嘉兴的南湖，海宁观潮以及杭州的西湖、灵隐、花港、玉皇山等处景点。其中，安排旅游次数最多的要算苏州、无锡了。当时游太湖还没有游艇，每次都是雇一艘小火轮，后面拖挂一只木制大船，大家乘舟荡漾于水天一色、烟波浩渺的太湖，欣赏祖国大好河山，尽享一日之欢乐，消除一周工作之身心疲惫。中午在船上共食船菜，虽然午餐简单，但大家的心情愉悦。有些党员和积极分子主动与群众推心置腹，聊聊时事政策，为扩大"保联"队伍和培养党的积极分子创造机会。

峥嵘岁月，绚烂的革命青春

"保联"的文体活动，丰富了会众业余生活，强健了体魄，振奋了精神，冲淡了大片国土沦陷压在人们心中的那种颓废情绪和消沉思想。大家学习专业培训课程、听报告、讨论时局社会热点、学唱革命歌曲、演出进步话剧，渐渐变成志同道合的同志，一片赤子之心忠诚报国，"保联"从救国救民中发现和培养了许多骨干分子，在如火如荼的革命潮流中，经受磨炼考验，谱写壮丽的革命诗篇。"保联"地下党支部按照"积极慎重"方针，秘密实施党员培养工作，将涌现出的骨干分子，确定为党员纳新对象，分工联系，个别考察，推荐进步书刊，分析革命形势，帮助他们树立正确的世界观、人生观，按照党员条件，成熟一个发展一个。

1945年11月，"保联"党团组织成立，林震峰任书记，沈润璋、徐天碧、蔡同华、吴福荣4人为委员。不久，党团书记改由不到20岁的沈润璋担任。1947年5月，经中共上海市职委会讨论，决定保险业党支部扩大为保险业分党委。分党委书记为林震峰，委员为沈润璋、廖国英，下辖两个支部和一个党团（太平公司党支部书记由廖国英兼任，其他保险公司党支部书记由沈润璋任，后由吴越接任，"保联"党团仍由沈润璋兼任书记）。上级联系人为职委王致中。沈润璋以饱满的激情、昂扬的斗志投入"保联"群众运动，显露出过人的组织才干和宣传策划能力，迅速打开了工作局面。沈润璋作为介绍人，培养王玮、周世清、唐凤喧、王永昌、林彬等人加入地下党。

王玮，曾用名韦贞、王贞瑜、沈贞瑜，出身银行职员家庭，原在上海市永乐小学任教，因与沈润璋的恋爱关系参加"保联"活动，两个热血青年，有同样的信仰和追求，相识在烽火年代，为了革命理想走到了一起。按照党的纪律，经报告党组织审查同意，1944年12月结为夫妻，1948年8月王玮经沈润璋介绍加入中共地下党，三个月后，与沈润璋共同投奔苏北解放区，进入中共华中党校学习。

在民安联安产物
保险公司工作时的沈润璋

由于沈润璋在"保联"活动踊跃，上了国民党特务的黑名单，在原金安保险公司受迫无法立足，遂投奔红色背景的广大华行，在其下属民安保险公司任职，每天到外滩1号亚细亚大厦一楼上班，工作之余全身心投入"保联"会务。

1946年，沈润璋奉调民益公司任会计部主任，表兄孙光迪（地下党员）任营业部副主任。民益商行原是以民安同仁福利名义在重庆开设的，经营内江白糖、木耳、黄花菜等土特产购销业务，以商行利润来弥补物价飞涨对民安职工生活的影响，稳定职工情绪。1946年年初，民益商行扩充新组为独立经营的"民益运输公司"，由民生实业公司副总经理童少生出任董事长，王应麒任总经理，沈润璋任襄理。

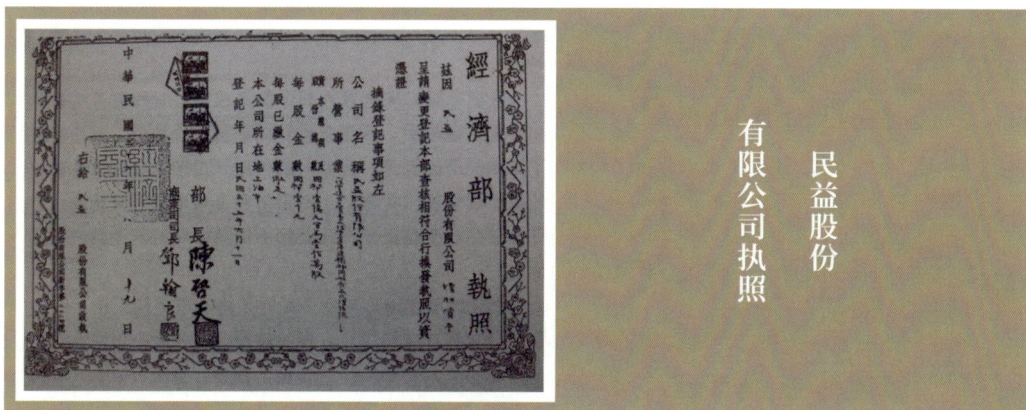

民益股份
有限公司执照

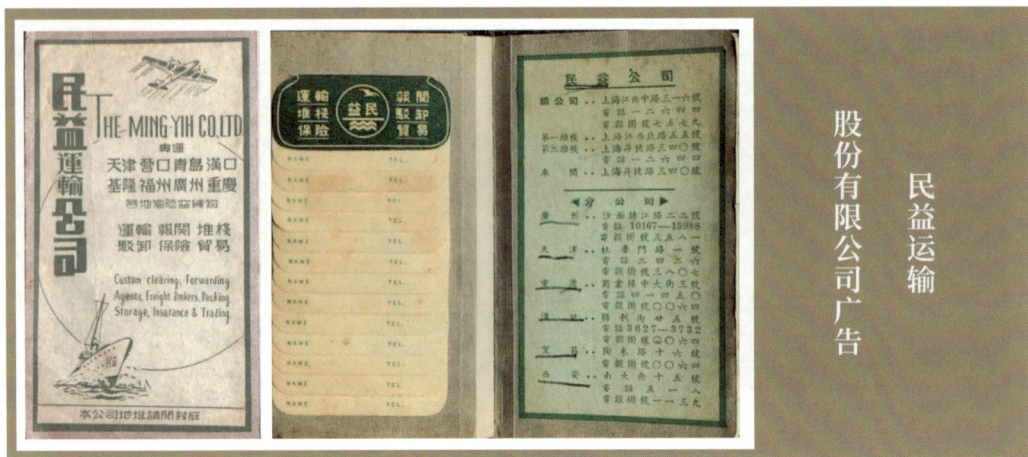

民益运输股份有限公司广告

　　他们大胆开拓，利用民生实业公司之关系在国内重要的口岸设立分支机构十余处，建立了轮船、火车、飞机等海陆空运输相衔接的联运网络，除经营运输本业外，还经营进出口贸易、仓储、报关、保险等配套业务服务。由于代理民安保险投保运输险手续简便，服务周到，客户满意度很高，相得益彰，取得良好的经济回报，民益迅速成为上海运输业新"八大家"的中坚。

　　1947年，为吸引更多的保险经纪人协同承保，广大华行扩张规划，创办联安产物保险公司，与民安同址办公，经营财险业务。遗憾的是，恶性通货膨胀，上海乃至整个国统区的金融问题已积重难返，保险业务江河日下，不久被迫停业。

至暗时刻：度过黎明前的黑暗

　　罗北辰看到自己改组的同人进修会备受冷落，而"保联"组织的各项活动如火如荼，受到群众的拥戴和支持，恼由心生，便唆使亲信经常撕掉"保联旅行团"张贴在广告栏下的通知，甚至还派人来探查旅行团活动秘密。罗北辰公开扬言："民安保险公司是共产党的窝，必须加以清理。"沈润璋因与赵伟民一同前往社会局办理"保联"登记事宜，而被特务机构瞄牢，上了黑名单。

　　尽管遭遇阻挠，"保联"并未因此而终止活动。1948年8月29日，"保联"发起组织骑自行车赴曹园郊游。这次远足是"保联旅行团"的最后一次活动。

　　1948年冬，有战略决战意义的辽沈战役见了分晓，淮海战役也捷报频传，印证了民心向背。国民党反动派不甘心覆灭的命运，加紧镇压民主力量。上海处于黎明前的黑暗，"白色恐怖"日重，许多共产党人被当街枪杀。1948年11月，国民党党通局特务，先后逮捕了"保联"的中共党员廖国英、吴越，"保联"体育部副部长赵伟民和话剧组骨干洪汶4人。党组织为避免更大的损失，紧急指令在"保联"活动表现突出的9名党员先行隐蔽，不要去公司，也不要回家，安排撤离。沈润璋、王玮夫妇及王培荣作为比较暴露的党员，第一批撤往华中解放区；朱元仁、刘凤珠、汤铭志、姚洁忱为第二批；徐达等为第三批。

　　撤退的过程十分惊险，就像经典谍战片的重演，我们钩沉索隐《上海店员和职员运动史》的描述，听故事、追情节，沉浸式体验峥嵘岁月，从引人入胜的故事去萦回胜利荣光之艰险。

　　"当交通员刘燕如接到组织安排'保联'沈润璋（化名郑焕章）、王玮夫妇撤往华中党校的通知，如约赴曹家渡接上了关系。但在动身的当晚，车站上大雨倾盆，显然不能在苏北农村道路上行走，否则极易暴露，而沈已表示不能再返回上海家中，遂由交通员先安顿于闸北甘肃路交通员的宿舍中，次日即转移到浦东乡下王家渡的交通员家中，俟天晴后再走。事后得知，就在沈润璋离家的第二天，敌特机关就去沈家搜捕扑空，其实这时沈尚未离开上海，只是转移了一个住地，逃脱了敌人的魔掌。"（中共上海市委党史资料征集委员会、中共上海市委党史研究室、中共上海市商业工作委员会编：《上海店员和职员运动史：1919—1949》，上海社会科学院出版社1999年版。）

淮阴华中党校学习的沈润璋（前二排居中眼镜者）
担任第十四队党支部书记

在华中解放区淮阴县城，沈润璋、王玮脱下了都市服装，换上了军服，进入中共华中党校，编入主要由上海撤退的店职员组成的第十四队，接受党的基础知识教育，学习城市接收工作条例政策。

一九四九年二月二十日
中共华中党校十四队
保险小组学员合影

前排左起徐天碧　沈润璋　朱元仁
王培荣　后排左起汤铭志
徐达　唐凤喧　刘凤珠　王玮

随着解放军迅速渡江南下的形势发展，党校逐步南迁至淮安、高邮，经组织决定随军沿扬州、丹阳、南翔南下，参加上海市军管会为接管官僚资本而设的金融处，深入学习上级党委对接管上海的有关指示及入城纪律，研究拟订银行业接管方案，明确接管范围和对象。

『上海市军事管制委员会』的徽章与布标

1949年5月27日，解放大军攻克上海。第二天，距离撤退不过半年，沈润璋、王玮夫妇就以接管者身份，返回了上海。沈润璋被分配到了金融处银行组，随派驻中国银行军代表龚饮冰、冀朝鼎、项克方、洒海秋，参加接管中国银行的工作。5月30日至6月1日，他们进驻中国银行，向全体员工宣示了军管会命令，解释《中国人民解放军布告》，约法八章，要求有关人员负责将中国银行原有文卷、账册及各项物资封存，赶制移交清册，限一星期内将移交清册缮制完毕送军代表办公处，将应行移交各档案分别加封，听候接收和清点。同时声明银行官股部分全部没收，私股权益则予以保留，原董事会停止，由华东军区指定华东财经办事处代行董事会职权。向地下党同志摸清情况，听取对接管事务的意见，在可依靠的积极分子协助下，广泛发动群众，并根据中央"保留原名义、原机构、原封复业、稳步改造，尽快恢复营业"的接管方针，明确出路：凡愿继续服务者，在接管后准予量才录用。6月6日，中国银行总管理处所属各部及其上海分行正式复业，中国银行经过改组，成为中国人民银行领导下经营外汇业务的专业银行。

1949年5月30日，中国人民银行华东区行在外滩24号宣告成立。沈润璋担任华东区行办公室副主任，王玮成为中国人民银行的干部。

中国人民银行华东区行撤销时与同事合影
左一沈润璋 摄于一九五六年

华东区行成立后，迅速发挥社会主义国家银行的各项职能，领导和管理全市金融事业。对原有各类金融机构，根据不同情况，分别处理。大区撤销后，沈调至北京中国人民银行总行。

追寻
▶保联先行者的足迹◀

异国他乡，出色履行国家金融驻外机构神圣使命

1957年至1965年，沈润璋与王玮被派往中国人民银行驻巴基斯坦卡拉奇分行任职。情深意笃的革命伉俪在异国他乡，出色履行国家金融驻外机构的神圣使命。

1964年2月，中国代表团访问巴基斯坦，在中国大使馆，沈润璋、王玮夫妇与其他驻巴同志受到中央领导的亲切接见，这是幸福时刻。

1965年回国的沈润璋受命担任中国人民银行会计发行局副局长、司长，稽核司长等职务，是懂专业的金融业高管。沈老夫妇始终初心不改、砥砺前行，无论是在危险的地下战线，还是在异国他乡，他们始终保持着共产党员对党的事业的无限忠诚，数十年如一日，兢兢业业为党的金融战线工作，脚踏实地，踔厉奋发，任劳任怨。

党的十一届三中全会后，已经52岁的沈润璋焕发了革命青春，调任中纪委驻金融系统纪检组副组长。

沈润璋
时任交通银行副董事长、副总经理

1986年7月24日，为适应中国经济体制改革和发展，国务院批准重新组建交通银行，银行资本金的筹集采取国家控股和公开招股相结合方式。为此，年届花甲的沈润璋1987年3奉调上海，参与筹建交通银行，助力百年金融名企绽放新芽。到1987年4月1日，重新组建后的交通银行正式对外营业，成为中国第一家具有股份制特点的全国性综合性金融企业，总行设在上海江西中路200号（原金城银行太平保险大楼）。沈润璋任副董事长兼副总经理，就重新组建的交通银行实行股份制、企业化经营以及开展综合金融业务等问题接受了记者专访。作为金融改革的试点，交通银行在中国金融业的改革发展中实现了六个"第一"，即：第一家资本来源和产权形式实行股份制；第一家按市场原则和成本效益原则设置机构；第一家打破金融行业业务范围垄断，将竞争机制引入金融领域；第一家引进资产负债比例管理，并以此规范业务运作，防范经营风险；第一家建立双向选择的新型银企关系；第一家可以从事银行、保险、证券业务的综合性商业银行。1994年，飞速发展的交通银行已成为中国第五大银行，按资产规模在全球银行中位居第191位。

1995年6月沈润璋到龄离休，虽曾中风，行动不便，身体状况欠佳，仍受聘交通银行咨询委员会作顾问。王玮80年代末在中国银行总行营业部退休。夫妻俩情真意笃，携手走过最艰难的革命岁月，风雨同舟70多个春秋，为发展新中国的金融事业贡献了青春年华。即使在整个白区地下党蒙冤受屈的时候，他们始终坚定信念，赤心不改，以党的利益、人民的利益为重，认真工作，坚持原则，经受住了考验。

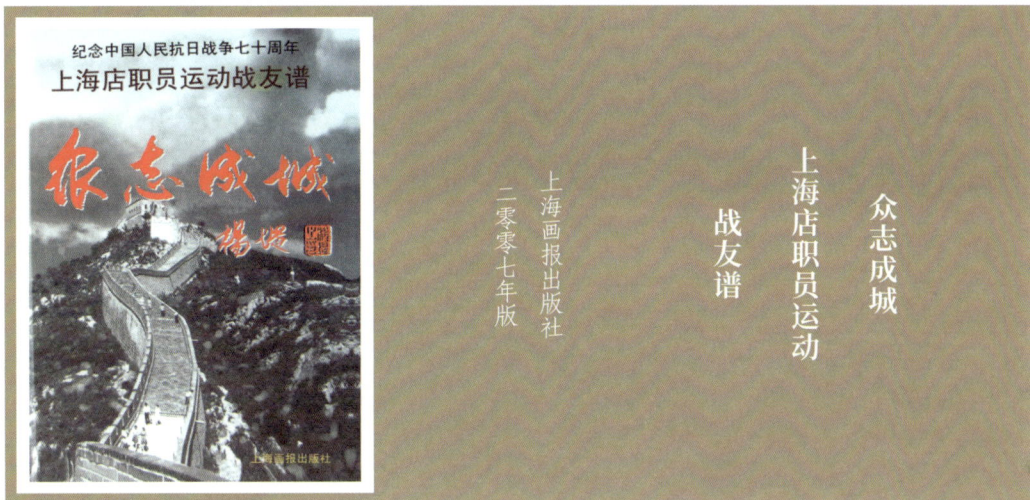

纪念中国人民抗日战争七十周年
上海店职员运动战友谱

众志成城

上海店职员运动
战友谱

上海画报出版社
二零零七年版

2007年，为纪念中国人民全面抗战70周年，健在的上海店职员抗战老人共同协作、自主编辑出版《众志成城——上海店职员运动战友谱》，缅怀革命先烈，追思已故的战友，罹患重疾的沈润璋与吴越负责"保联"十位战友传记的查找资料，撰写简历，合作编写了这本红色纪念册。

二零一二年五月

暮年的沈润璋
与外甥女胡晓岚
核对文稿

沈老2015年在北京北里东区社区家中逝世，享年89岁。据说沈老是在拿到"中国人民抗日战争胜利70周年"纪念章的当晚安然离世的，令人感慨。

"一个有希望的民族不能没有英雄，一个有前途的国家不能没有先锋。"同理，受人尊重的行业，必然拥有英雄的光辉。历史将永远记住革命先驱的功绩！

红色文化是共产党人的鲜亮底色，红色经典故事，悠悠往事，就像陈年佳酿，愈久弥香。我们修史存录传播，筑守精神家园，理应成为发展金融党建事业，传播金融文化自信的主阵地，也应成为"四史"教育常读常新的教科书。让我们以金融人的名义，向革命先驱敬礼！

追寻
▶保联先行者的足迹

苟利革命生死以
岂因祸福避趋之

记为党中央掌管"钱袋子"的
百岁革命前辈杨延修

杨延修

1911年1月出生于江苏泰州,1925年进英商信纳洋行保险部当学徒,后转入法商保太保险任职。"上海市商会社会童子军团"骨干,赴抗战前线抢救伤员援救难民。参与集资创建"广大华行",参与筹建"上海洋行华员联谊会""华联同乐会"等进步团体,1938年8月加入中国共产党。1939年9月,受命赴昆明开拓市场,任广大华行副总经理兼昆明分行经理,从事党的地下工作。上海解放后,任市工商局副局长。

似乎是印证孔圣人"德润身""仁者寿""大德必得其寿"的说法,保险业界因承担雪中送炭、扶危救困的神圣使命,故长寿者明显比其他业界为多。这样的保险先辈不胜枚举,像百岁人瑞王永明、吴镇、乌通元、王溁清、李晴斋、吴越等令人景仰,而活了106岁的杨延修名如其人,一辈子廉洁自律,克己奉公,修身齐家治国在路上,爱生而不苟生,无疑是德高寿长的典型代表。笔者曾有幸走近这位有着百年传奇人生的革命老人,近距离聆听先生的讲述。让我们拭去峥嵘岁月的尘埃,重新认识这位著名红色商人,领略他的赤胆忠心。

杨延修,又名连生、再之。1911年1月30日出生在江苏泰州小手工业者家庭。因家境贫寒,7岁便离乡投亲,仰赖在上海设皮匠摊的叔父维持生存,进慈善界联义善会义务小学扫盲识字，10岁后回家乡扬桥中心小学读完初小，因家庭无力支持升学，又辍学跟二哥继续学皮匠手艺。如果不是后来选择革命道路，他有可能是一个凭手艺四处奔波谋生的出色皮匠。

法商保太保险公司在上海签发的股票

杨延修不甘心一辈子做这种辛苦却没有生活保障的皮匠营生，期冀自己能够像镇扬帮先辈那样在都市经商开钱庄，或在洋行金融界履职。1925年，14岁的他就跟英商信纳洋行保险部经纪人金嗣云做徒弟。他的职业生涯是从外商保险业小茶房起步的，稍长后转入法商保太保险公司华员代理处当练习生（保太设在巴黎，1918年上海信孚洋行主人麦地及万国储蓄会董事榭法诺、盘藤、四比而门等发起在上海开办远东分公司，实收资本700万法郎，为公众性股份有限责任公司）。该公司资本雄厚，代理多家法国保险公司，经营水、火、汽车、运输、行李、伤害、玻璃、盗难等保险业务。在上海、天津、香港及西贡、海防诸埠设分号，在广州、北平、济南、青岛、烟台、汉口、辽宁、苏州、杭州、温州、汕头等地设代理处。

杨延修从底层服务开始，做事不惜力，肯动脑子，逐渐熟悉了保险运营环节规矩，业务干练，未久成为水险部华员领班。自感年少失学太久，深知只有发奋图强才能改变命运，于是，他一边白天兢兢业业工作，磨炼商务协作技

追寻
保联先行者的足迹

能，一边晚间潜心求学，先后进景林堂夜校、基督教青年会夜校、民治夜中学等，所学课程有国文、算术、英语、常识，意在弥补文化短板，掌握谋生本领。在夜校里他踊跃参加学生会的活动，曾担任民治夜中学学生会主席。

参加童子军团，共赴国难

"九·一八"事变让杨延修热血沸腾，他报名加入上海市商会社会童子军团，成为第50团第三届新团员，在这里相遇相知了许多伙伴。他接受基本训练，以筹募捐款、募集棉衣方式积极支援东北抗日义勇军，从事抗日宣传。1932年上海"一·二八"淞沪抗战爆发，翌日清早，"社会童子军团"大部分团员主动聚集团部，坚决要求投身抗敌御侮的前线，在民族危亡关头，童子军们把以往的"自我修养"转变为"自助助人、自救救国"，团员们认为，战区房舍密集多为贫苦居民，事出仓促，无力趋避，生命危在旦夕，协助红十字会

抢救难民是第一要务。但上前线，就意味着身陷绝地，必须有牺牲的准备。年少气盛的杨延修与百余名同伴毅然决然在宣誓志愿书上签名，四人一组组建服务队随同卡车去抢救难民。

1月31日，童子军团罗云祥、应文达、毛征祥、鲍振武4位团员在抢救难民中被日寇捆绑带走杀害并毁尸灭迹，这让战地内外军民同仇敌忾。为支援前线救护伤兵，经与南翔十九路军军部联系后，由卢绪章、杨延修、张平等28名团员组成担架队，编入七十八师军医处，跟随一五六旅在前线从事战地救护伤员及其他服务工作。3月2日，抗日军队全线后撤，童子军们随军转移至昆山、苏州一线服务。前后历时三月有余，直至淞沪停战协定签订后，童子军们才于5月8日撤回上海，沿途受到广大市民的热烈欢迎。

新闻报道中的『社会童子军团』

手握旗杆者即杨延修

据《新闻报》1932年5月13日报道，"社会童子军团"担架队在军乐队的前导下，高举着十九路军军部颁发的锦旗，列队从上海北火车站经南京路。他和战友一样戴着船形帽、穿着土黄色夹克短袖短裤军服、脚蹬长筒袜，胸前挂着铜质军哨、腰挎瑞士军刀，颈部系一条蓝白相间的三角围巾，浩浩荡荡回到团部。杨延修是擎旗手，戴着黑边眼镜，斯文帅气的脸上面色凝重，显出超越年龄的成熟，这是一支充满朝气引人瞩目的队伍。翌日，上海各大报纷纷刊登图片新闻，报道这一激动人心的场面。

十九路军七十八师为童子军团员们的奉献精神所鼓舞，专门给上海市商会书写了感谢信。童子军团与市商会及市红十字会共同筹划，建造4烈士衣冠冢和纪念塔，塔正中由抗日名将蔡廷锴题写"为国牺牲"4个大字，筹备举行2000多名各界人士参加的追悼大会，并致电驻日内瓦中国代表，申诉于全世界。蒋介石还为"四烈士"家属颁发了"智仁勇"荣誉奖章四座，对伤者也分别授奖。

经过血与火的洗礼，杨延修看清了国民党不抵抗政策本质，对其扼杀抗日力量的黑暗现实极其不满，认准了只有促成全民族抗战才是拯救国家危亡的正道。于是他积极投身于中共地下党擘画的"上海洋行华员联谊会""华联同乐会"等进步团体的行动，在抗日救亡中追寻真理。

广大华行："其作始也简，其将毕也必钜"

　　1933年，为了谋求联谊活动经费，卢绪章、田鸣皋、张平（张焕文）、郑栋林和杨延修五位青年尝试创业，集资300大洋筹建了"广大华行"，开启商界打拼生涯，由此书写了十年后红透半个中国的红色商企传奇史的序章。起初只是一家微不足道的"皮包公司"——在邮局租个邮箱，开始用邮寄的方式做代购西药、医疗器械生意。他们没有挂招牌，租借上海天潼路怡如里29号一间大亭子间，分隔成内外两间，前店后家——外间作办公室，里面一小间是杨延修与朱学明的结婚新房。开始时没有多少生意，只由朱学明协助照应，五位合伙人每人有自己本职工作，只在早晚工余时间及节假日，才到办公室相聚。伙伴们没有薪水，只供应晚餐和些许车费津贴，所有花销都精打细算，尽量节省。杨延修与张平打理内部事务与邮包装箱、寄发等事务，营业初期，每月经销额只有数百元，但因开支很少，仍能略有盈余。后来营业额逐步攀升，每月增加到一二千元乃至更多，积攒下一定盈余，遂进一步扩大经营范围与规模，办公地方从小小的亭子间，转到宁波路47号香港国民银行办事处，员工也增加了。在大家齐心协力下，业务拓展出乎预期。到1935年下半年，已经打响了"广大华行""海思洋行""友宁行"3块招牌，拥有一大批稳定客户，业务蒸蒸日上。1935年年底，卢绪章组织同人到浙江嘉兴南湖召开广大华行创始人会议暨庆功会。会议确定了未来发展方向和人事调整，确定了主要目标：积极参加抗日救亡活动、读书活动和爱国活动，争取早日建立进步的有影响的青年社团。

　　日寇强占东三省，觊觎华北，燃爆了洋行华员抗日救国的热情，中共地下党派党员石志昂、王明扬，通过杨经才、杨延修在洋行华员中的发动，响应上海各界抗日救国会的号召，发起建立自己的组织，喊出了"鉴于亡国之前车，愿为先驱，共赴国难，歼此暴敌，以雪国耻"之口号。1931年10月，"上海洋行华员抗日救国会"（简称"洋联"，后改为"上海洋行华员联谊会"）在上海八仙桥青年会礼堂宣告成立，杨经才担任了第一任理事长，到场600余人，后来会员发展到1900多人，活动十分活跃。有时因会场狭小，一些人数较多的活动经常与同期成立的"上海银钱业业余联谊会"联合举行。从一定意义上说，"洋联"已成为具有统一战线性质的进步组织。

1937年"七七"卢沟桥事变后，上海各职业界进步团体举行集会，希望统一步调，相互支持，加强配合，开展抗日救亡工作。杨延修代表"洋联"经常参加活动。上海"八·一三"淞沪会战爆发前夕，他因随广大华行撤退大后方的经营需要离开上海赴汉口，坚持抗日救亡。杨经才遭到通缉，撤退到大后方。

上海沦为"孤岛"后，租界下令取缔一切抗日团体，禁止一切抗日活动。中共地下党为唤起民众持久抗战，适应变化的新形势，决定将"洋联"改组为新的公开的合法联谊团体，石志昂、卢绪章、杨延修、陈鹤、张平等10人，作为筹备新社团的核心力量，约定每星期日轮流在各人家里（主要在卢绪章和杨延修家里），以聚餐会、茶话会等形式聚集在一起，商量新组织的筹备工作，研究如何开展上层统战工作和发动基层群众等问题。

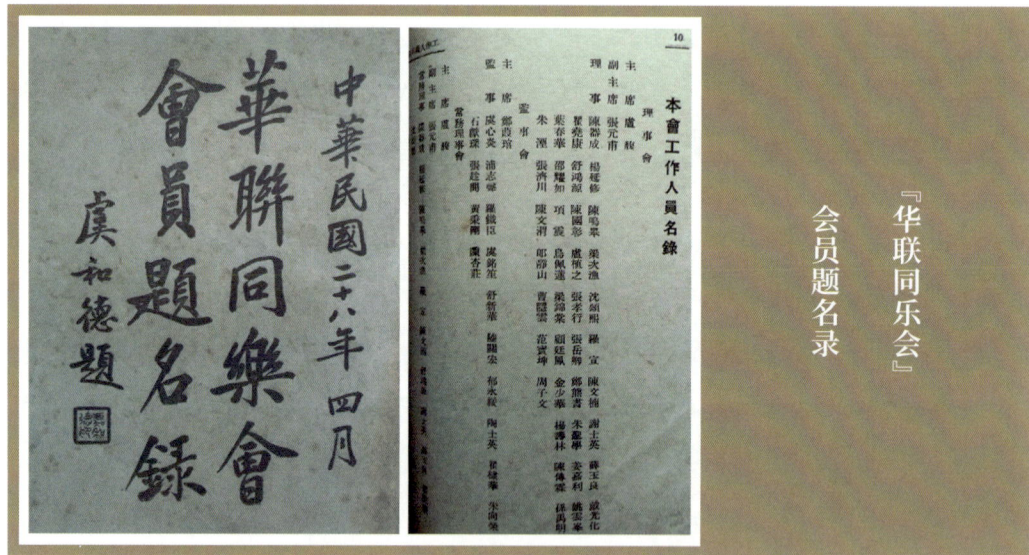

『华联同乐会』会员题名录

经过积极斡旋，1938年4月，公共租界工部局核准颁发的C字264号社会团体登记证拿到了，等于有了公开活动的合法许可证，正式更名"华联同乐会"，杨延修任常务理事兼秘书处主任，卢绪章任出版委员会主任兼服务委员会常委。"华联"的一切工作计划及活动，均由卢绪章、杨延修、陈鹤三人约请理事会主席卢馥在广大华行内一同商量，先开预备会，打通卢馥的思想，讨论的方案措施决定后，再拿到常务理事会上通过，付诸实行。在华联各项会务蓬勃开展的同时，中共地下党组织也有了新的发展，卢绪章担任华联党团书记，1938年8月，经卢介绍，杨延修光荣加入了中国共产党，到1939年9月，华联党组织已经发展了30名新党员，分为三个支部。

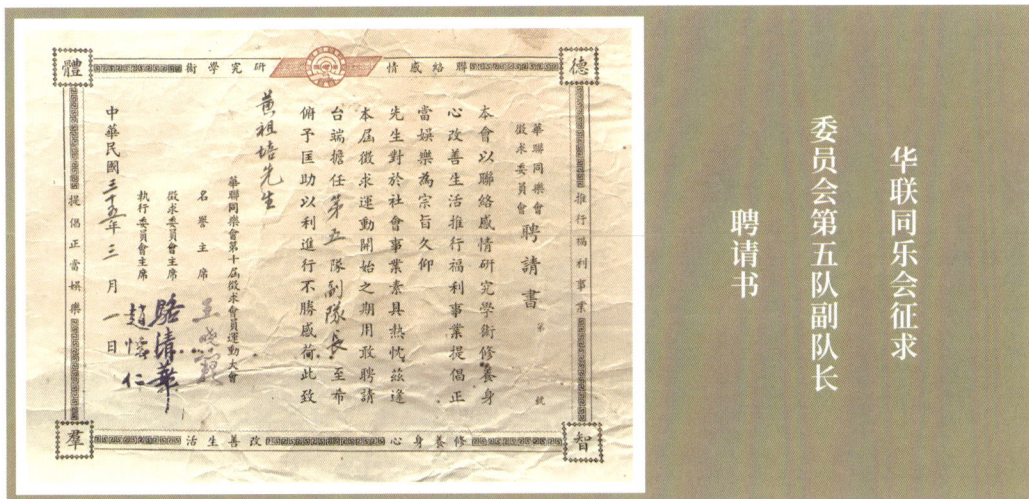

华联同乐会征求
委员会第五队副队长
聘请书

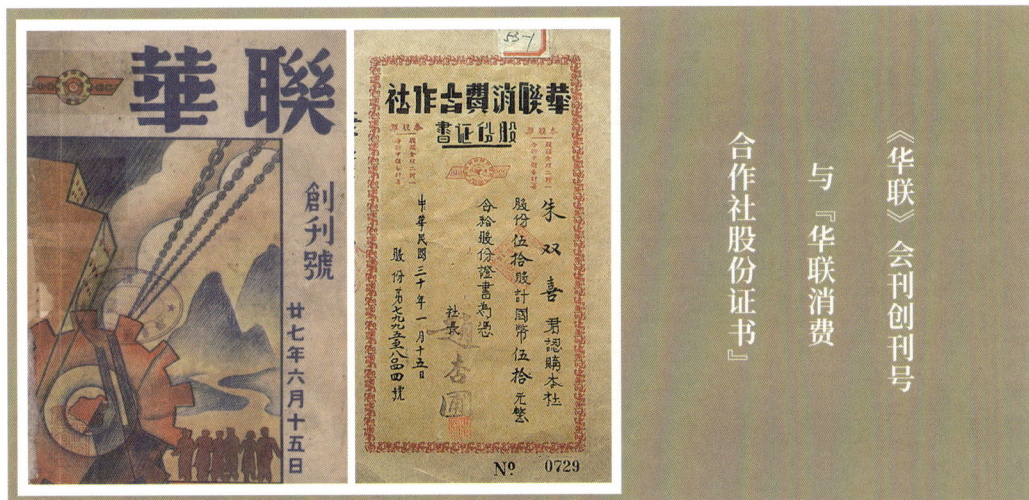

《华联》会刊创刊号
与「华联消费
合作社股份证书」

1938年6月在上海创刊《华联》（兼征求会员特刊），杨延修发表了《对扩大征求运动的希望》的文章，其他撰稿人有卢馥、沈颂熙、郑熊书、高凡、张元甫、屠侯斌、赵静斋、刘声、李之光等，主要栏目有本会工作概况、本会组织、华联漫画、会务简报、论著、学术讲座、文艺、话剧、体育等。《华联》以"联络感情、研究学术、改善业余生活、提倡正当娱乐"为宗旨，发扬"德、智、体、群"四德为中心任务，以改进社会为己任。内容以报告会务活动情况为主，介绍该会开展的各项文娱体育活动，进行抗日救亡的宣传教育。

"华联同乐会"广泛开展了文化教育、文娱体育、会员福利等服务活动，到1939年夏季，华联同乐会拥有会员1万多人。

战火导致广大华行在外地的业务几乎全部停顿，于是他们另辟新运输线，代客办理由上海经香港至海防、昆明、贵阳、重庆、成都、兰州一线的海陆联运业务，为此专门成立了运输部，杨延修任经理，并以此为掩护，进行抗日救亡活动以及党的秘密工作。他还与人合办永平保险总行（任总经理），同时兼任江南银行保险部经理，虽然收入较高，但他生活节俭，将省下的钱款支援抗日运动和捐助会费。他积极参加由中共驻上海代表刘少文领导的"星一聚餐会"，广泛接触各界进步人士。杨延修逐渐认识到：要取得对敌斗争每一步胜利都离不开党组织，都同党的领导分不开。

大后方，"白色恐怖"下的特殊使命

上海沦为"孤岛"后，1939年9月，广大华行派杨延修去昆明开拓市场。他奉上级党组织指示赴西南大后方。

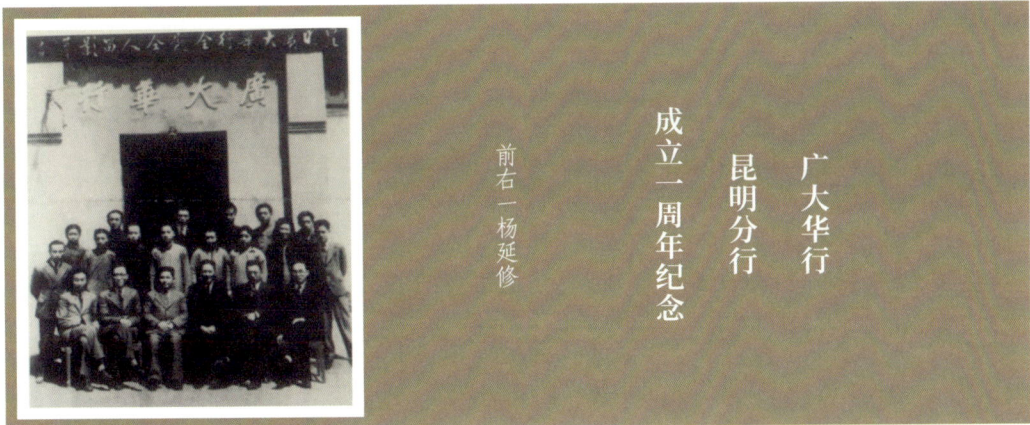

前右一杨延修

广大华行
昆明分行
成立一周年纪念

　　昆明是西南重镇，是连接滇越、滇缅两条国际贸易通道和战时补给线的交通枢纽，也是东南各路去陪都重庆的必经之路，战略地位突出。因此大批内迁工商企业、金融机构、机关学校和文化团体都集聚这里，重庆政府的交通运输管理局也落户当地。来自四面八方的职业青年汇聚春城，大街小巷到处涌动着抗日的热情和蓬勃的朝气。云南省主席龙云为了笼络人心，保住地盘，对群众的抗日民主活动比较宽容。

　　杨延修以广大华行副总经理兼昆明分行经理之身份，在昆明独当一面，与国民党党、政、军、警、宪、特等各方面周旋，纵横捭阖，游刃有余。凭着多年的经验和把握商机的敏锐感觉，他利用在保太保险公司履职时与法籍经理的旧谊，疏通了（法属）越南海防的海关，抓住昆明交通枢纽的优势，推展货物运输及保险业务，构建了上海经香港、越南海防到贵阳、昆明、成都、重庆、西安、兰州等地，一直通往新疆过境到苏联的运输网，寻到不少商机，赚取了丰厚利润。广大华行还在沿线城市布设了分支机构，这些商业运输线，扩大了业务，同时又成为党的秘密交通线。

　　杨延修担任昆明中共党支部委员，党的秘密活动主要通过组织读书会进行，即以党员为主，吸收一些党外进步人士，在读书会上阅读进步书刊，讨论研究工作步骤、方法和分工，会后分头到各部门各基层，发动和组织广大社员参加活动。

　　最令人称道的是他担任有千余名会员的昆明业余联谊社（简称"昆联社"）代理主席，把当地职业青年抗日救亡热情推向了高潮，赢得了昆明社会各阶层的关注。杨延修以此为依托，与昆明政界上层及工商界领袖建立了密切联系。昆明市市长裴存藩挂名昆联社征求队员名誉总队长，省主席龙云之子龙绳曾、中国银行昆明分行行长王振芳、云南省政府军医处处长周晋熙等20名市政要员担任名誉队长。龙云还为《昆联社特刊》题写刊名，裴存藩题写"敬业乐群"四字。

越是发展顺利的时候，杨延修越谨慎。他完全按照地下工作的要求，时刻提防敌人的迫害与捣乱。不出所料，1940年7月的一个夜晚，月色惨淡，漆黑一片，宪警特务闯进"昆联社"，扬言有共产党分子的非法活动，不容分说，疯狂搜查。幸亏早有防备，敌人一无所获，悻悻而去。消息传出，广大社员群情激愤。

杨延修通过熟人探听到这是奉国民党中央党部密令所为。权衡利害，他马上去找本社监事长张军光（全国商会联合会西南办事处主任、中央储蓄会昆明分会经理，做过报社社长，国民党中央评议委员），鼓动这个很有背景与活动能力的高级政客，一同去省党部讨个公道。张军光吃着广大华行的干股，又合伙做各种赚钱的生意，一向对杨延修的精明才干佩服得五体投地，况且也认为市党部出于羡慕嫉妒恨，便拍着胸脯保证："杨兄，这事有我，一定叫他们好看！"

云南省党部书记长陇体要接待了杨延修和张军光，却避开实质性问题。张军光毫不客气地发难，要求澄清事实，追查责任，陇体要一再搪塞、敷衍。杨延修察言观色，看出陇很是心虚，便适时点明："昆联社向来遵纪守法，于地方经济颇有建树，社员又大多小有名气，若处置不当，弄出麻烦，您脸上也不好看啊！"话说得柔中带刚，切中要害。陇觉察事态不妙，马上借坡下驴，扭头疾言厉色地声斥市党部书记长："冒失！""胡闹！"又满脸堆笑地说："请两位和社里各董事、监事今天一定光临冠生园，兄弟设宴为诸位压惊、赔情！"当晚在筵席上陇体要声声"误会"，屡屡道歉。一场由顽固派挑起的政治迫害事件，经杨延修巧妙的斗争策略，就此收场。后来陇为广大华行的业务鞍前马后，十分卖力，还对杨延修说"咱们这叫不打不相识嘛！"

为党中央掌管"钱袋子"

在商言商，伪装要逼真，同流而不合污，出淤泥而不染，要保持一个共产党员的本质，这是中央领导对广大华行党员专门提出的要求。"皖南事变"以后，广大华行由党的一般地下机构转为隐蔽最深的第三线秘密机构。

杨延修协助卢绪章把准市场脉搏，创新形式，走集团化多种经营之路，广大华行先后投资民安保险公司与中国人事保险公司经营保险业务，开办民孚公司经营国际贸易。还投资过建业银行（占股44%）、益大昶钱庄、慎源钱庄、飞腾药房以及信托公司等，鼎盛时期参股企业多达六七十家。杨延修先后与工商界人士合办了一些地方企业，如昆明中和药房、贵阳广和药房等，为党提供及调剂经费创造便利。

尤其是1943年民安保险的成立，标志着地下党所领导的广大华行社会地位提高，经营领域扩大，已跻身大后方金融实业界的行列。

1944年，"民安保险"在昆明正义路设立分公司，杨延修任经理，勤业、勤学、勤交友。他参加昆明市保险业同业公会，利用每月一次的会员联谊聚餐，联络了昆明金融界的众多英才，对民安保险拓展业务，奠定了良好基础。鉴于政府为挹注军政开支滥发纸币造成物价暴涨，为确保"民安"资金安全与保费盈利，民安暗中兼做黄金美钞买卖，又以民安同仁福利名义开设民益商行，经营内江白糖、木耳、黄花菜等土特产购销业务，用利润来改善民安职工福利，安定职工生活。

在第三条隐蔽战线，杨延修有意疏远了过去的朋友，为党的事业忍辱负重。除了秘密联络人外，他不与地方党组织及民主人士产生瓜葛，完全以一个殷实商人的面目出现。恰逢他的故交，救国会领袖之一李公朴来到昆明，距杨延修办公处不远开了一家"北门书店"。他经常过来找杨延修聊天叙旧，还热情地邀请昔日好友去家里吃饭。杨延修唯恐招惹特务注意，坏了党的大事，可又不好断然拒绝。苦恼之余，他令门房见李先生到来便托辞不在；实在躲不过去，也要延宕再三才出来见客，往往是顾左右而言他，非常冷淡。李公朴屡屡碰壁，不辨何故，从惊诧、疑惑转为愤怒，最后拂袖而去，见到故友便痛斥杨延修"人一阔脸就变，真是满身铜臭的商人！"沈钧儒等也对杨延修的行为鄙夷不屑。表面上刻意与李公朴疏远距离，暗地里却把李公朴及夫人张曼筠联袂创作的书画（那是成立民安保险昆明分公司时的贺礼）挂在私人书房里，既欣赏又感激。自己的同志不能亲近，却要对敌人笑脸相迎，长期在昆明独立作战，与国民党党政军警特的周旋中应对自如的杨延修，内心深感苦闷，却不能向任何人倾诉。1946年7月李公朴夫妇遭国民党特务暗杀，杨延修只能在心中默默缅怀这位挚友。

1943年秋，杨延修因商务去重庆，突然接到口头通知，让他立刻去汇报工作。他仔细化装，换好衣服，对镜自检，俨然是位学富五车的教授。一切准备妥当，他在天黑后去指定地点等车。半夜时分，终于回到了向往已久的"家"——红岩村。

抢先机，外滩"第一楼"变身红色据点

1945年8月初，抗战胜利大局已定，国民政府准备迁回南京，大后方各公私单位闻风而动，摩拳擦掌，准备在未来的市场布局中拔得头筹，因此去上海的机票、船票早被抢购一空。这时，谁率先踏进上海滩，谁就能占得先机。

杨延修肩负为广大华行打前站的重任，通过俞松筠（上海市政府卫生局局长）关系，他以市局接收专员、军委会化学防毒处上校参谋之身份，搭乘上海市政府接管包舱"民权"轮，抢先返沪，争取到宝贵时间。当时回迁机构众多，想找一处合适的办公场所非常不易：作为公司的门面和招牌，既要气派，又要地段显赫，交通便利，才有助于提高声誉，扩大经营。杨延修为此焦急万分，他通过熟人探知：英商亚细亚火油公司总经理，刚从日寇的集中营释放出来，手头急需现金，准备出租公司的楼面。亚细亚大楼地处上海黄金地段"外滩1号"，门面开阔，气势雄伟，是多少金融贸易巨擘梦寐以求的办公地点。杨延修怕夜长梦多，抢先预付定金2000美元，租下大楼一层所有的办公室，为广大华行与民安保险回迁上海、大展宏图铺平了道路。

延寻
保联先行者的足迹

人称"外滩第一楼"的亚细亚大楼。

外滩南大门
一号亚细亚
大楼

　　当时重庆与上海黄金差价较大。杨延修凭借上校参谋头衔，应对各种盘查，畅行无阻，频繁往来渝沪之间，通过买卖黄金来套汇，广大华行一下子就赚了很多钱。顺境中往往蕴含着危机，1946年2月4日（大年初三），杨延修随身携带两箱金砖，约900两乘飞机抵沪，一转手在金市卖了个好价钱，剩余的90两黄金便全部存入了总经理办公室。未料当晚小偷用迷香麻翻了值班保安，从沿街的窗户爬进室内，撬开保险柜，窃走了金砖外加2万多美元现钞。

　　事发后，公司内外十分震惊。杨延修等核心层立即通过当权人物要求警察局迅即破案，一边采取"内紧外松"应急之策，避免引起市面恐慌，造成挤兑风潮，一边向各分公司紧急调头寸，补窟窿。正好广大华行纽约分行自美国发来一船紧缺药品，非常及时，帮公司渡过了难关。后经调查确定窃案系上海黑社会所为，虽追回了部分资金，却也闹得满城风雨。而新闻报道反而起了宣传广告作用，因为那时到处银根紧缩，能储存这么多黄金、美钞，又经营大宗黄金生意，实力雄厚自不待言。

　　接受了教训，杨延修等人开始有意结交上海帮会人物。后来他经理的"上海广大药房"在广东路389号开张典礼时，青帮头子黄金荣莅临道贺。店内贵宾如云，热闹非凡。门前好几条繁华的街道，都挂满了"维他命保命丸""盘尼西林真灵"等宣传广告，甚是风光。一些想乘机来敲诈勒索的地痞、流氓，见黄帮主坐镇客厅，谈笑风生，都吓得悄悄溜走，一般黑帮喽啰再也不敢上门骚扰。

"接收大员"成了"接管大员"

抗战胜利后的上海滩，各方势力卷土重来，外国资本、官商资本明争暗斗、花样翻新，相互倾轧，各公司之间商战已呈白热化。为扎根上海，开拓进取，广大华行迅速调整经营战略，以国际贸易为中心向周边辐射，买卖做得风生水起，十分兴隆，并先后投资一系列经济实体。

广大华行高层从卫生局局长俞松筠口中得知国民党C.C系陈果夫准备利用接收的制药设备兴办制药厂。为争取这个稳固的政治靠山，遂拟订了与陈果夫合作办药厂计划。陈果夫一直对开发中医中药很感兴趣，还筹设了专门的特效药研究所。在四大家族中数陈氏财力较弱，也希望借此广开财源。所以，当广大华行与陈果夫接洽在上海合办制药厂，并请他担纲董事长时，他欣然应允。这位中统头子在国民党内一向以公正廉洁自诩，标榜无恶行、不自私，以严治党，所以拉拢他要采用不同于其他官僚的手段。为熟络关系，杨延修受命到南京去见陈果夫。闻报广大华行的副总经理来了，陈果夫破例首先接见了他。这可是前所未有的殊荣，陈的官邸每天门庭若市，求见的人络绎不绝，等到天黑也排不上稀松平常。

杨延修窥见外界传言不虚，面前的陈果夫是个病痨，面色苍白，清癯萎靡，手捧一只小金痰盂，与人讲话时咳嗽不止。于是在谈完合作事，就从皮包里拿出早已准备好的药品，恳切地说："果公，这是专门从美国寄来的治肺病新药链霉素，请您试用。"他还有意引入养生保健话题。陈果夫年轻时染上结核，一直未愈，十分痛苦。他见杨延修不但办事干练，而且对自己这样关心，不禁产生了好感。在关系更为熟络之后，杨延修又陆续送去进口大冰箱、西洋参等高级滋补品，颇得陈果夫的欢心。

1947年4月12日，陈果夫亲到上海主持公司创立会，通过公司章程，确定以制造一般药品、化学原料及其他有关制品为业务，设总公司及制药厂于上海，陈出任董事长，聘卢绪章为总经理。争取到江湾西体育会路1102号一块面积三亩多的空地建厂。8月10日，陈果夫带着医护人员和随从，亲自到上海为中心制药厂奠基剪彩，并致辞"应制中国之药，行销世界。勿徒随外国之后，竞逐末利。有创造精神，存心济世，笃守忠信，实惠贫病"。上海市政官员倾巢出动作陪，成为轰动上海滩的新闻。12月15日，中心制药厂开工生产。从此，中共三线绝密机关得到了陈果夫这把"保护伞"。

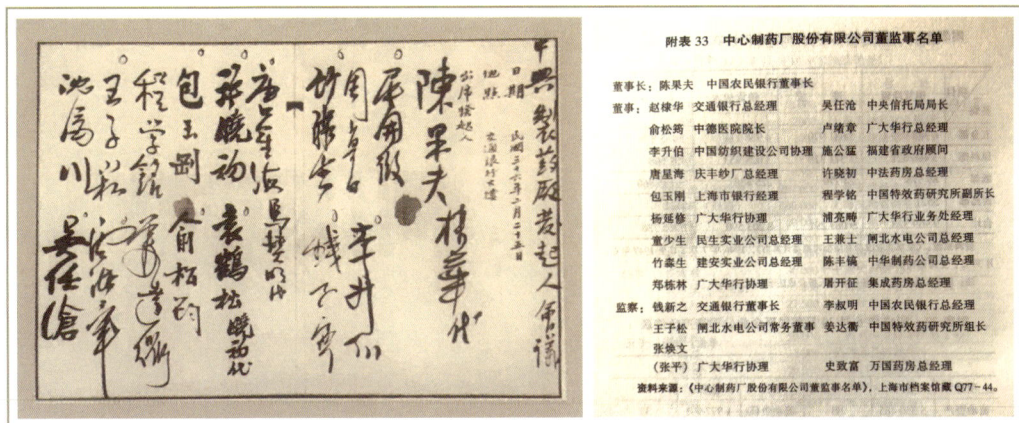

广大华行与陈果夫合办中心制药厂董监事会议签名
下排左二是卢绪章签名

1947年8月，原商会社会童子军团的第七届团员陈杏荪（中共党员）等发起筹建"绿营联谊社"倡议，以吸引和组织广大职业青年开展健康进步的文体活动。经过讨论决定，报市商会同意，于9月16日正式成立绿营联谊社，商会社会童子军团团员全部转为绿营联谊社第一批社员，杨延修、卢绪章接续关系，并一起作为创会元老，担当征募总队副总干事，积极协助征募新团员，最多时达12207人。绿营社随着社员人数的增多，在中国共产党的统一战线政策感召下开展各种群众性的进步活动，壮大了争取人民民主的力量。

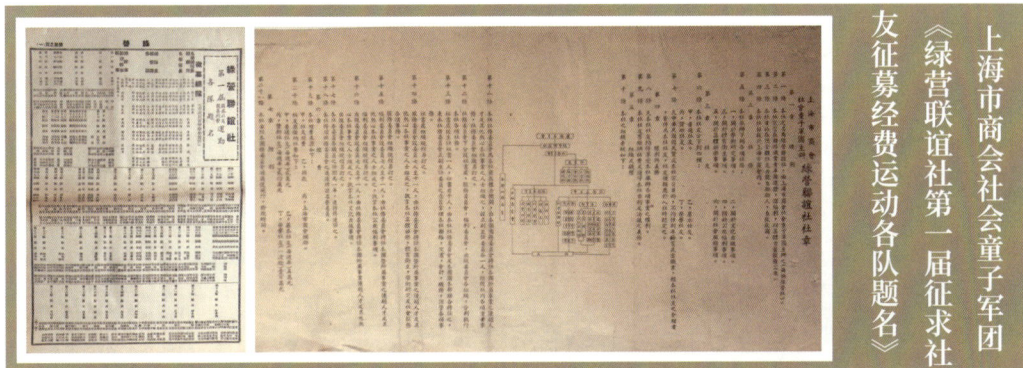

上海市商会社会童子军团《绿营联谊社第一届征求社友征募经费运动各队题名》

临危不乱，从容应对

随着国民党在军事上的失利，对国统区的政治管制愈来愈严。树大招风的广大华行还是引起了敌特的注意。

附表41　1947年底止广大华行总行各项投资明细表

一天深夜，杨延修得到密报说警察局部署监视、侦察广大华行动向。杨立即向上级汇报，党支部连夜召开紧急会议，分析形势商量对策。大家都很紧张，因为哪个环节出了差错都将满盘皆输。他们估摸敌人尚未掌握证据，需要马上探明真相主动出击，要保住党的三线机构。他们迅速通过高层关系，弄清密令确系南京内政部发出，怀疑广大华行私通"共匪"要各地严查。于是杨延修等人分头公关，首先宴请陈果夫的亲信，让他们为自己"正名"，把与共产党有染等说法统统斥之为"造谣""误会"。再利用办案人贪财心理，请客送礼，终于大事化小，小事化无。后内线情报侦知，陈果夫在密令上亲批"撤销此案"，足见他们的公关工作成功有效。

党通局特务刚刚稳住，保密局特务又来寻衅，把杨延修"请"去，出示国防部要查广大华行运输大批粮食到东北"通匪"事。杨延修两手一摊，拿出商人的派头用无奈的语气说："老兄，我们生意人是只管赚钱，不问政治的。去东北只是为了大豆出口美国，那可是对本利呀！时局如此艰难，哪样好做？你叫我们怎么办！"这倒把对方问蒙啦。继而又大侃"生意经"，弄得特务也不禁怦然心动，竟跃跃欲试也想入伙大捞一把。1948年春天，上海特种经济检查所又要清查广大华行套取外汇。倒卖黄金美钞的"不法行为"。其实那会儿几乎所有公司都在倒腾美元、金条，这不过是滋事敲诈的借口罢了。为保护组织和同志，杨延修只身犯险与敌谈判。凭着机智灵活、八面玲珑，最终平安过关。

追寻
保联先行者的足迹

1948年杨延修全家福　摄于香港

杨延修在险象环生的地下斗争中忠贞不渝，出色完成了党的各项任务，并且遇险不惊、从容应变。1948年6月，由于广大华行联络员赵平被捕，其妻沙平叛变，第三条秘密战线工作的同志立即撤退到香港。杨延修接令后迅速启动广大华行善后预案，也转移去港。

1949年3月，人民解放军即将推翻蒋家王朝，为进一步拓展国际保险业务，民安保险按计划办理停业善后事宜，民安国内机构全部停业宣告清理。按照党的政策，对党外人士投资的股金、股息和红利一律清退给股东，职工从优发给遣散费。广大华行除保留海外机构外，国内业务一律结束，党员功成身退，将所有财产"裸捐"给党组织。杨延修不仅与同伴一起上缴了广大华行股权和酬金红利，还主动把在民安、民孚等企业个人投资的股权酬金红利共计10万元美元也全部上缴（新中国成立后，杨延修又拿出最后一笔钱上缴给了党组织）。

一九四九年三月
杨延修在天津
参加培训

杨延修秘密离港，怀着终于回家的欢快心情赴北平中央社会部报到，归队后参加培训，学习党的七届二中全会文件，明确了在全国胜利后必须把工作中心放在城市，要努力学习管理城市和建设城市经验。杨延修到天津参加了有关接管沿海大城市的调查研究，以及实地考察。

4月20日随解放大军南下到南京参加第二、三野战军会师大会，随陈毅到丹阳休整编组，参加接管上海的准备。5月28日夜晚进入上海，筹划接管事宜。

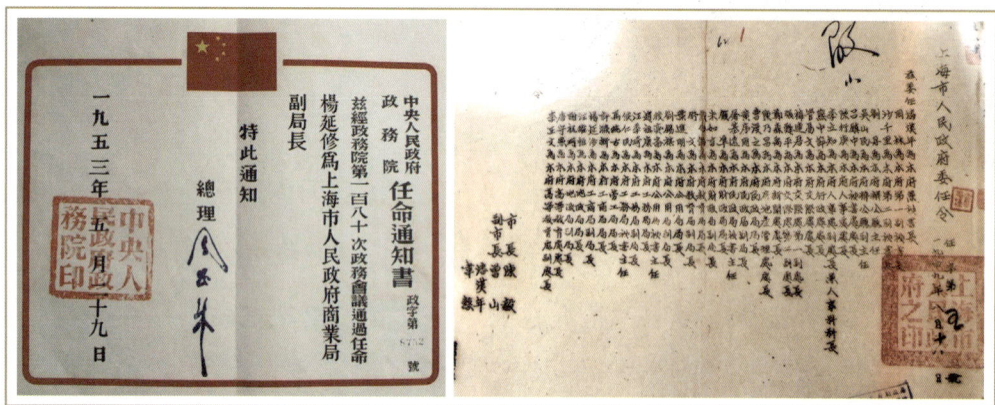

上海市人民政府委任令
有对杨延修任命的公示

刚解放的上海已是一座危城，国民党溃逃时劫掠了大批金银物资，使经济濒临崩溃，人民生活极端艰难。接管上海必须以保障市民生活，"安定人心"为先。不扰民的进城纪律是关系到新生政权存亡的大问题，在排除了种种抵触情绪后，陈毅定下"部队不住民房"的铁律。这一举措，是解放军给上海人民的一个极好的"见面礼"，人民把解放军称为仁义之师。这种良好形象为上海接管工作奠定了良好开局。

为粉碎反动派妄想从经济上摧垮新生政权的美梦，在上海市军管会的领导下，迅速成立了市工商局，许涤新任局长，杨延修任副局长。工作重点放在整顿市场、平抑物价、清理敌产，重组工商企业，恢复正常生产与经营等方面。杨延修团结民族工商业者，克服"二·六"轰炸后的恐慌心理，稳定市场，恢复生产，打击投机资本，忙得每天只能在地板上和衣躺几个小时，有时干脆通宵不眠，时间太晚集体食堂关门了，就只好凑合到第二天。他们在一个月内，组织起50多家国营粮店进驻居民区，从全国各地调运来大量粮食，保证供应，而且不掺石子，不涨价，使上海市民安心恢复生产生活。继而又陆续成立了百货、土产、交电、煤炭、油脂、医药等民生相关的国营公司，彻底掌控了局势。

为顺利完成任务，杨延修召集工商界名流胡厥文、刘鸿生、荣毅仁、刘靖基等开会，商讨整顿私营工商业之良策。本来这些商界大佬对共产党的经济政策心存疑虑，互相探听消息。当身穿军装的杨延修出现在门口，同这些老朋友一一亲切打招呼，他幽默地自称："阿拉是今天会议的主持人，上海市工商局副局长。"这时，好些在抗战前"星二聚餐会"上就同他称兄道弟的精明商人，见他从西装革履的大老板突然变身戎装领导，纷纷围拢过来："想不到你也是共产党！"杨延修笑答："你们要是早知道了，还敢跟我做生意吗？"大家哄堂大笑。于是许多疑虑与不理解，随着杨延修的统战艺术轻松化解了。

1949年8月20日，上海成立了工商联合会筹委会，采取民主协商、同业座谈等方式改组了同业公会，推动工商界接受国营经济领导。后来在推销公债、劳资协商、民主评税、团结工商界恢复生产中发挥了主导作用。

那是革命热情高于天的时代，杨延修在稳定市场、保障供给、发展国营企业、改造私人工商业及统战工作等方面表现突出，被推选为上海市第一、二届政协常委，担任市第二商业局局长兼党组书记。

　　1951年3月中旬，上海市工商联贯彻中共中央收购土产的工作指示和华东贸易会议"发展生产、繁荣经济、内外交流、城乡互动"之精神，组织私营土产行业代表参加工商局召开的专门会议，决定举办上海市土产展览交流大会，临时抽调工商局杨延修、税务局王纪华、市工商联胡子婴3人共同负责筹备工作。

　　杨延修先在市工商联47个土产行业同业公会中进行动员，并抽调数百名工作人员参与筹备工作。上海市相关部门十分重视这次活动，抽调出园林师、建筑设计师、美工师，只用了几个月就建成了各具特色的"城乡交流""食品""手工业品""水果蔬菜""中药材""畜牧场""农业生产资料""日用品"等14个展馆，其中"水产品馆"的大鲸鱼造型最引人注目。

自3月16日孵化，筹备三个月，于6月10日开幕，展会设在南京西路跑马厅内，占地400亩，展期两个月，参观人数达305万人。大会设14个展览馆，印发了16本展品介绍书。共计17260种展品，其中土特产品10194种，手工业品5240种，日用工业品1303种，农具306种。展期内签订合同296份，现场交易494笔，协议1408笔，总计2198笔，交易总值6284亿（旧币）元。会议结束后设临时交易所，促成各种交易317亿（旧币）余元，前后共计6601亿（旧币）元。这场展览会是新生上海的第一次利用跑马厅为劳动人民谋福祉。

杨延修对盛况的追忆，亦可从1952年市工商联主办的《上海工商》杂志的报道中得以印证。

筹委会还为此次展销胜利开幕发行了纪念章、纪念特刊和纪念手册，并备有参观指南的服务手册。纪念章，中间由金星红丝绸带分割，上边是嘉禾、鱼、畜、书、水果等图饰，下边是老式的木车轮，轮辐上有"1951"的字样，在轮辋上写"上海市土产展览交流大会"的金色字迹。

举办土产展览交流大会的意义在于推动社会经济加速发展，粉碎美蒋对新中国的封锁，打开土特产品销路，促进加工订货，扩大市场，增进商品流通，繁荣城乡交流，稳定市场供应，拓宽国家税源，增加就业，巩固新生的人民政权。1953年3月，政务院根据上海交流大会的成功经验发出指示，要求各大行政区、各省市、专区和各区乡，有计划地举办土产展会，开展地区间的物资交流，培育国内市场，活跃城乡经济，为解决各地农村恢复和发展农副土特产品的销路问题探出一条新路。杨延修很自豪，认为这是一件利国利民的举措。

创立爱建，为民企蹚路圆梦

1979年1月，中共上海市委任命杨延修为上海市工商联副主任兼党组书记、市统战部党组成员、市政协副秘书长。

一九七九年
访港代表团代表合影

1979年，杨延修参加上海工商界经济代表团访问香港；同年10月，香港工商界访问团一行26人回访，沪港间的全面合作与交流从此"破冰"。

爱建公司总部
原上海银行业
公会大楼

从这年下半年开始，他积极参与刘靖基、唐君远等老一辈工商业者筹建上海市工商界爱国建设公司。这是由海内外1000多人集资创办的外向型、综合性的民营企业，完全采取股份制运作。"爱国建设"之名，诠释了杨老毕生的追求。

7月16日，筹备组成立，组长刘靖基，副组长杨延修、唐君远，成员为刘念智、吴志超、陈铭珊、郭秀珍、汤蒂因、宗之琥等。9月22日，爱国建设公司成立大会在南京西路上海展览馆友谊电影院召开，会议通过公司章程，选举刘靖基为董事长，杨延修、吴志超为副董事长，董事42人，监事17人，监事长唐君远，初创的爱建公司位于香港路59号，这里原是上海银行业公会大楼。

"爱建"是改革开放后大陆第一家民营企业，它是最先"吃螃蟹"的，现在民营企业常见的困难，如行业壁垒，办事难，"玻璃门""弹簧门"的障碍，"爱建"都经历过，是最早挑战种种"门"的民营企业。

杨延修先后担任爱建公司党组书记、副董事长、代董事长，为其发展倾注了大量心血，他提出了许多极具创见的发展战略。很快公司业务范围就扩展到服装、印刷、食品、机械、化工、纺织、五金、仪表、化妆品、汽车配件等数十门类。并与德国西门子公司等国外著名企业合作，投资开发新技术产品，不断加大进出口力度。在数年间就拥有了126家独资、联营企业，与87家境外银行259家分支行建立了代理行关系。1992年总资产即达14.6亿元，成为立足上海，面向世界，享誉国内外的新型经济实体。还被评为全国500家最大的服务性企业之一。

1996年，杨延修以85岁的高龄出任董事长，1999年改任董事会顾问，2002年以91岁高龄离职。2008年起，97岁的他担任爱建特种基金会名誉理事长。

百岁老人闻鸡起舞，壮心不已。仍然关心着爱建事业的发展，孜孜不倦地为金融文化事业发热发光。他撰写《上海华联同乐会的统战工作》，协助中共上海市委党史资料征集委员会，组织人员编写《上海市商会社会童子军团简史》《华联同乐会与上海外商企业职工运动简史》，向民政部门报告当年设立童子军四烈士纪念塔、衣冠冢的过程，提议将童子军四烈士墓重建于福寿园内枕石园。2014年，爱建公司根据103岁杨老的口述传奇经历，整理出版了《笑傲特殊战线："红色商人"杨延修的传奇人生》一书，成为红色金融的宝贵精神财富。

为整理保险业口述史料 笔者与保险界人士
在华东医院采访103岁的杨延修

　　2000年10月，耄耋高龄的杨老回到泰州，捐出自己的20万元积蓄，在母校扬桥中心小学设立了教育教学奖励基金。2017年逝世前，他仍难忘母校，立下遗嘱再捐赠20万元。2009年2月18日，98岁高龄的杨延修来到青浦福寿园枕石园，童子军四烈士墓地在这里落成。他执意出席仪式，终于了却夙愿。2017年1月1日，106岁的杨延修在上海逝世，依照老人家的意愿，他也在福寿园安眠，与一生牵挂的战友们相伴，墓碑设计成荷花形。

笃行红色保险　矢志奉献报国

记建功于多家红色保险机构的孙文敏

孙文敏

1918年6月出生于上海，1932年进上海英商保裕保险做练习生，1941年10月成为红色机构大安保险的肱骨干将，受命赴天津开拓新市场组建分公司任经理。后转任新丰保险公司襄理。"保联"歌咏组、话剧组、平剧组、旅行团核心中坚，入党后成为党团委员。上海解放后任军管会"17人保险组"副组长，人保华东区公司副总经理。1950年2月担任人保驻香港办事处经理，1951年后任民安保险公司总经理、董事长。担任大陆保险系统驻港联办处负责人。

在太平保险红色记忆里，孙文敏无疑是一个发挥过重要传承作用的人物。他的非凡经历烙上了神圣的红色印记——中共地下党人创办的两家红色股份制保险公司：大安与民安，他都先后履职服务过，而这两家渊源不同的红色堡垒，万涓归海，最后汇入太平保险大海。孙文敏还是接管中国保险公司的军代表，后受命赴香港出任民安保险公司董事总经理，兼任中国保险公司、太平保险公司驻港稽核，让中国保险事业在最艰难岁月里火种得以延续。他的毕生奉献为太平保险品牌注入了红色基因，打上了鲜红的文化底色，丰厚了红色央企传统教育的内涵。

初心故事：乐受革命启蒙，争做开路先锋

孙文敏，又名文正明，1918年6月出生于上海，祖籍江苏吴县，父亲是小

职员，经常失业，家庭经济拮据。1925年，孙文敏进上海湖州旅沪公学上小学。1931年，孙文敏考入上海市北中学，在苦难环境里逐步成长的孙文敏，穷且益坚，不坠青云之志。1932年，孙文敏在上海英商保裕保险公司做练习生，补贴家用。1935年从上海职业补习学校毕业，即加盟保裕保险公司，从学做办事员起步，开启了毕生的保险职业。保裕保险是颇具影响力的英商保险公司，1880年创立于伦敦，经营水火险、汽车险等业务，1915年来上海创建分公司，设址于南京路外滩标志性建筑沙逊大厦（今和平饭店），在天津、青岛、济南、辽宁、汉口、重庆、南京等地设代理处。在沪上保裕属实力雄厚的外资保险机构，其总经理 F.R.Barry，兼任了洋商火险公会主席。

在保裕的岁月里，孙文敏与包玉刚、诸懋益、李福增、刘文彪、席乃杰、山文元等几个青年同事，志同道合，关系比较亲密，白天工作，晚上补习文化，进步神速。热血青年虽服务于外商，但深怀赤忱爱国心，投身社会进步事业，报名参加"保联"，积极参与劝募、战地慰劳、支援前线将士、救济难胞以及抗日宣传等活动。他在保裕公司里号召大家"有钱出钱，有力出力"，推动同事献金，捐款者名单在《救亡日报》公布，以实际行动支援抗战。这一时期，他还短时间兼职过四明保险公司业务。

"保联"的过命情谊让他与红色保险公司结缘。1941年10月19日，中共地下党员谢寿天邀集郭雨东、陈巳生、关可贵、董国清等"保联"核心成员，志同道合的战友作为发起人筹募股金，筹创大安保险公司，孙文敏是积极的参与者，并成为大安保险面向全国开疆拓土的骨干成员。

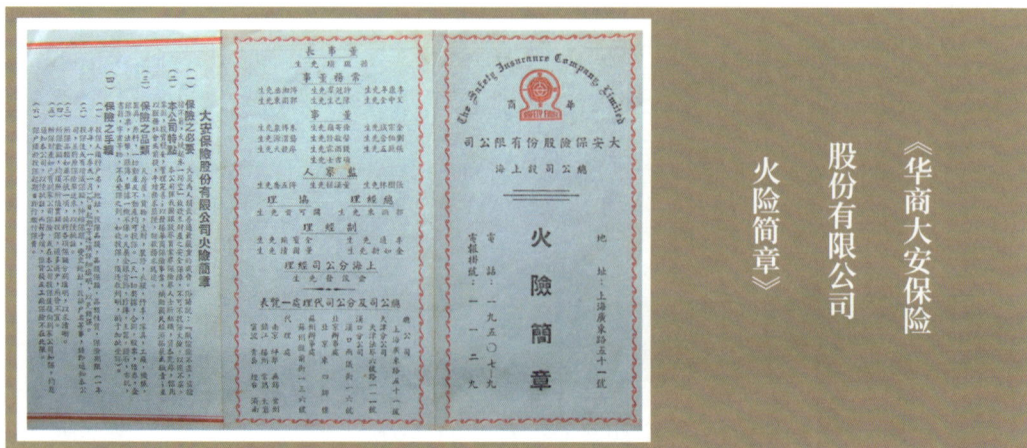

《华商大安保险
股份有限公司
火险简章》

对怀抱着救国理念的青年人而言，在大安保险公司这样的革命熔炉里，追随信仰接受考验并加入党组织是顺理成章的事。大安公司虽规模不大（职员不满30人），行业影响力有限，但在上海保险业职工运动史上却发挥着至关重要的作用。它的高中级职员中，有中共地下党员10人，他们虽未编在同一个支部，也没有横向联系，互不知情，但在执行党的决议时却是步调一致的。他们以保险职业为掩护，发动业界群众联谊，借以传播进步思想，散播革命种子。1938年7月创建的"保联"，其理事长、常务理事及组织、出版、图书、文娱、福利等部负责人，后来都成为中共党员，大安保险公司襄助"保联"开展各项文体活动，事实上承担了保险业地下党主阵地的职能作用。

孙文敏的协调管理能力出众，足以独当一面，于是被大安保险公司派往天津，在法租界六号路111号组建天津分公司，担任经理，开拓新领域新局面。

新丰产物保险公司五周年纪念全体同仁合影
民国三十六年八月
前排左三孙文敏 左四潘垂统 左五张明昕 左六诸懋益
后排左四吴越 左三蒋德荣

一年后孙文敏接受新丰产物保险公司的聘用回到南方。这家由新华银行注资创办的保险公司，在原银行保险部基础上改组扩建，银保合作，多元化经营，颇具影响力，实收资本金法币50万元，总公司设上海，参加"久联分保集团"。

其董事长冯耿光，董事有孙瑞璜、朱如堂、朱博泉、徐拯东、项叔翔、吴申伯、刘聪强等，总经理张明昕和副总经理诸懋益、潘垂统，都很器重孙文敏，擢升他为公司襄理，1944年即派他前往南京筹创分公司，出任经理，1945年又授权他前赴重庆拓展大后方市场。

因抗战胜利后，中国经济中心由大西南地区向东南沿海城市转移，1946年夏，孙文敏从大后方返沪。

"保联"熔炉：厚植爱国情怀，情系群谊文化

一九四五年『保联』会员在法租界某中学球场练排球合影

后排左五沈润璋 左六孙文敏
左二赵帛 前排左一李福增

『保联』体育部举行游泳活动合影

前排右一孙文敏 右二沈润璋
右三程振魁 右四吴越
右五李福增 右六廖国英
后立右一杨炳茂 右二吴福荣

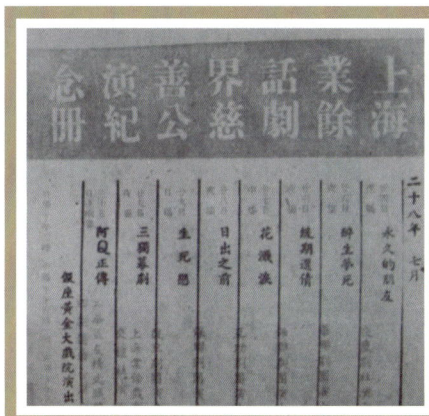

上海业余话剧界慈善公演纪念册

孙文敏参加
「保联」话剧组
《日出之前》公演

「保联」话剧组
《日出之前》
公演剧照

在"保联"大家庭里，孙文敏留给人们的第一印象，是充当"保联"文娱活动先锋，凸显出保险职员不同凡响的文艺范与体育范。孙文敏起初是"保联"文体骨干，后期成为领导成员（1946年5月至1948年11月，孙担任了"保联"党团委员）。他会拉胡琴，多才多艺，是歌咏组、话剧组、平剧组的活跃分子，圆圆的脸上，总是挂着憨厚的笑容，脾气特好，从不与人起争执，而且乐于助人。他以饱满的激情、昂扬的斗志，投身到"保联"群谊中去，并显露出过人的宣传策划能力和组织才干，迅速打开了工作局面。你能从有关"保联"的回忆录里，看到他热情奔波的身影，真正领会火红年代"革命人永远是年轻"那句歌词的丰富含义。他与其他革命同伴参加歌咏组，学唱《义勇军进行曲》《我们祖国多么辽阔广大》等歌曲，共同唱响了保险业界群众抗日救国的主旋律。

"保联"体育部1940年举办"保联"杯小型足球联赛和1941年举办"詠骐杯"小型足球联赛时，孙文敏服务过的英商保裕保险公司华员小足球队即是其中的佼佼者，两届小型足球联赛都拿了冠军。这两次业界球赛场地是借成都路光夏中学球场，均有10多支球队参加，比赛场面火爆，让这些白天在租界坐办公室的热血青年，在假日休息时刻于绿茵场一展雄姿，锻炼了意志，振奋了精神，冲淡了大片国土沦陷时弥漫在保险职员中间的那种消沉情绪和颓废思想。有时与租界洋人玩足球，大家也能抱团同心协力，与日寇的家仇国恨在心中汹涌，鼓舞起年轻人的抗争斗志。

"保联"话剧组是最具人气、宣传最活跃的外联窗口。1938年秋，党员程振魁负责组建话剧组时，成员只有10多个帅哥靓女，经过几次成功演出，逐渐扩充到80多人，不仅发挥重要的宣传鼓动作用，而且实训培养了一大批进步青年。话剧组骨干有孙文敏、徐天碧、吴振年(吴镇)、谈峥声、刘文彪、蔡同华、洪汶、陈绍征、沈润璋、吴越、朱元仁、刘凤珠、周繁琍(周础)、陆瑛、王亦洲、徐慧英(徐达)、蒋德荣、董国怀等，他们都先后走上了革命道路。

大伙利用工作之余时间排练，成功组织了三次公演。首次公演是1938年12月25日，在西藏路宁波旅沪同乡会演出独幕剧《锁着的箱子》。第二次公演在1939年2月21日(农历新年)，假座四川路青年会大礼堂，举行新春同乐会，演出《春回来了》《征婚》《二楼上》等三个独幕剧。第三次是1939年7月24日至30日，参演由上海地下党发动的上海市业余话剧界慈善公演。报名参演的有"保联""银联""华联""益友社"及"职业妇女俱乐部"等共11家剧团，演出地点在八仙桥黄金大戏院(现在的大众剧场)。戏票由各社团分摊推销。这次联合慈善公演，是"孤岛"时期一次大规模戏剧活动。

"保联"话剧组公演日期被安排在28日夜场，参演的剧目是沈宥（阿英，即钱杏邨）创作的三幕剧《群莺乱飞》。内容反映一个大家庭因内部腐朽与矛盾，以致出卖了城东北一块祖传的土地，影射蒋介石国民党出卖东三省的现实。演出时因阿英已暴露，为避开当局检查，临时将该剧改名为《日出之前》，剧作者也署名"沈宥"，导演是上海剧艺社的陈鲁思。他在排练中认真负责，严格要求，深深鼓舞了大家。参演的演职员有：孙文敏、周繁珵、程振魁、谈峥声、白砥民、许铨、江凤、金娇丽、梅兮、周钦明等。主演原本有吴振年，而且已排练数次，后因地下党输送他远赴苏北新四军，只能临时向别的剧团借调白砥民顶替。舞台监督是金鑫，后台主任施哲明，从剧务、灯光、化妆、道具、服装、效果到提示均有专人负责。这次演出影响力空前，仅"保联"售票所得就有1400多元，除费用开支外，全数由公演筹备委员会副主任胡詠骐通过八路军驻沪办事处刘少文转交给新四军。

1939年秋，话剧组还赴胶州路"集中营"，为坚守四行仓库英勇抗敌的"八百勇士"演出《放下你的鞭子》，这对于演职人员不啻是一次爱国教育。以后又陆续在卡尔登剧院(现长江剧场)，演出根据法国莫里哀名著《吝啬鬼》改编的《生财有道》三幕剧，还演出过《沉渊》《湖上的悲剧》《罗密欧与朱丽叶》等。话剧组先后单独或联合演出近40次，话剧组通过演出活动，宣传抗日救国，团结教育了保险业广大职工群众。

由于日伪对"孤岛"的控制趋紧，形势渐趋恶化。从1940年秋开始，"保联"会务收缩，话剧组的演出转向较少涉及政治内容的平剧（即京剧）。但在1941年也偶尔演出过独幕剧《路》和《离婚》，其中在《路》剧演出中，孙文敏饰演的老父亲孙直，与周繁珵饰演的女儿小俐子，以及程振魁饰演的舅舅铭志，给大家留下了深刻印象。

太平洋战争爆发后，日军进占租界，"保联"的文娱体育活动陷于停顿。

反内战促和平，以联谊活动团结群众

抗战胜利后，从大后方复员迁沪的官僚资本和私营公司纷纷在沪设置新机构。在此情况下，保险业职员的流动较大。1946年，国民党推行法西斯独裁统治，上海市社会局为掌控职工运动，勒令已成立的社会群众团体必须重新登记。在"保联"申请登记时，强令改名"进修会"。政客罗北辰伺机篡夺了"进修会"理事长职务，打压群众联谊活动，"保联"各部门的活动受到阻碍，举步维艰。

平剧《贺后骂殿》演出剧照
扮演者蒋德荣

1946年夏，为了守住"保联"阵地，根据变化的新情况，党组织考虑到传统平剧曲目能淡化政治色彩，容易通过审查，且有一定群众基础，因此决定强化"保联平委会"工作，改由刚从重庆回沪的孙文敏负责，主任委员仍由钱本立兼代。参演者有蒋德荣、汪平治、魏承辉、吴尚礼、钟永衍、陆子嘉、施信昌、黄佩卿、张克璜、赵荣江等30余人，当时仍聘请吴继兰为旦角教师，朱锦亮为琴师。"平委会"在宁波同乡会与另一票房共同演出，这是抗战胜利后"保联"的第一场演出。演出全本《群英会》及《宇宙锋》，全部戏码费用均由"平委会"自行解决。鉴于平剧演出乐班戏装花费较巨，需要争取上层人士的鼎助保护。经孙文敏之力邀，由重庆迁沪的中兴保险公司总经理谈峻声出任"平委会"名誉主任，愿意资助，也愿意挑头排忧解难。谈峻声颇有来头靠山，谈的夫人是国民党军队师长的千金，爱好平剧。罗北辰在重庆时就与谈有往来，知其底细，故不敢轻言封杀，这样"保联"平委会的演出活动得以顺利开展。

1948年9月18日，为庆祝保险界元老、时任中国保险公司总经理的过福云七十晋八寿辰暨从事保险事业六十周年，"全国保险公会联合会""上海市保险业同业公会"及"上海市保险界同仁进修会"三团体联合发起筹组祝寿活动，假座宁波同乡会礼堂举行隆重纪念典礼。

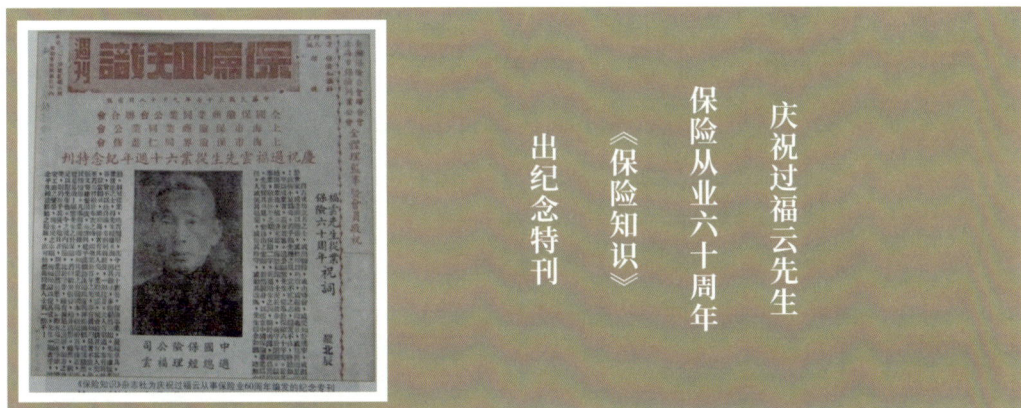

庆祝过福云先生
保险从业六十周年
《保险知识》
出纪念特刊

莅会的有保险界大咖宋汉章、丁雪农、王伯衡、孙广志、相寿祖、刘聪强等及各公司同人达700余人。经筹备庆典三团体议定凡致送礼物者均改折现金，充作"过福云子女教育基金"之用，并规定当日参加庆典的入场券每张金元券四元，也充作教育基金。典礼之压轴戏，是由"保联"平剧社社员义演平剧，魏承辉、过杰庆、蒋德荣合演《武家坡》、中国保险公司马崇尧与张慧英合演《坐宫》、汪平治、吴尚礼合演《春秋配》、太平洋保险公司王慕蝶演出《穆柯寨》、中信局产险处周志斌演出《水淹七军》。以上经典折子戏都是由孙文敏统筹串联的。

"保联旅行团"：寄情壮美山水，畅叙爱国情怀

孙文敏留给后来者的第二印象，是他以人为本，想职员之所想，变身"导游"，拓宽联谊途径，创新活动形式，发起"保联旅行团"，以"保联"名义组织会员短途旅游，通过徜徉于祖国大好河山"代入式体验"之旅游，远离喧嚣的山水意境，在带来视觉享受的同时，可以开阔胸襟气度，平复职业人内心

的焦虑急躁情绪，而与革命积极分子"零距离接触"，借以联络感情、增进友谊，激发爱国热情，扮演革命引路人。

经"保联"党团同意，决定推广这种新联谊形式。为了把旅游活动打造成品牌，孙文敏与沈润璋、吴越、蔡同华、廖国英、刘凤珠等党员骨干决定广泛征求会员报名，扩大"保联旅行团"影响力。为此，他们明确了分工，聘请"保联"骨干和积极分子担任旅游活动的具体联络工作。由沈润璋负责包车厢及租船等工作，蔡同华负责摄影，盛揖乔担任导游，洪汶管财务，孙文敏与吴越负责对各保险公司会员间的联络事项。旅行团不以营利为目的，纯属公益服务性质，在1947年春的首次活动中，即打出"保联旅行团"的旗帜。

"保联旅行团"的骨干合影

右起孙文敏 廖国英 吴越 李福增

手持"保联旅行团"团旗的孙文敏（前举旗者）与同伴合影

起初是利用星期天，休假日，举办当天来回的苏州、无锡、昆山、嘉兴一日游，后来发展到利用节假日举办杭州二日游。由于旅游是老少咸宜的活动，职员可带家属一起参加，每次专包一节车厢，可组织120人参加。而且"保联"组织的费用比营运性的旅行社便宜得多，深受会员欢迎。

为扩大影响，每次在旅游专包车厢外公开挂"保联旅行团"横幅。每10人编为一组，由临时组长手持"保联"标志的三角指挥旗，使参加活动的保险业职工觉得"保联"之名虽被篡改，但"保联"为民服务的实质没有变，"保联"精神依然在。

拉『保联旅行团』横幅乘船旅游

后排右一孙文敏　右二吴越
居中沈润璋

在苏州旅游的『保联旅行团』

居中打领带白衣者即孙文敏

在不到两年的时间里，"保联旅行团"先后多次组织游览苏州天平、灵岩、虎丘、狮子林，无锡蠡园、鼋头渚、梅园，常熟虞山、剑门，昆山的马鞍山、亭林公园，南翔古漪园，嘉兴南湖，海宁观潮以及杭州西湖、灵隐、花港、玉皇山等处。在以上旅游景点中，光顾次数最多的是苏州、无锡。当时游太湖还没有游艇，每次都雇艘小火轮，后面拖挂一只木制大船，大家泛舟太湖，享受山水之乐，中午在船上吃船菜，心情十分愉悦。

右三孙文敏

这次远足是「保联旅行团」的最后一次活动

1948年8月29日，孙文敏还发起骑自行车远足曹园郊游活动。曹园临近市区，当时尚未对外开放，没有直达的公交车辆，骑自行车去最为方便实惠，虽没有低碳环保理念，但曲径通幽，比较清净，参加远足者均属"保联"铁杆成员。当时保险职员家庭拥有自行车的不多，多数是向亲友借车。一行人出发时，由"保联旅行团"小旗帜开路，前后衔接，互相照应，引人瞩目。那时宛平路、衡山路一带已经绿树成荫，近郊还有不少农田，这些保险公司职员，平常只是为外出查勘时骑自行车穿行在大街小巷，而今骑自行车编队远足，为的是赏玩风光，自然别有一番情趣。中午在花园休憩，大家拿出自带的干粮共进野餐。每人还各擅其长，即席表演节目，谈笑风生，直到黄昏时分才兴尽而归。

"保联旅行团"有何意义？正像程恩树所言"以有益身心的正当娱乐来代替以往的腐化生活，以研究学术的精神及养成注意体育的习惯为国家储藏力量"。实践证明，这是一项创造新生活的形式，它既活跃了保险群众的业余生活，又寓教育于文化娱乐之中，使"保联"这面具有光荣传统的旗帜，始终闪耀在保险业同人心目中，密切了党群感情，有效地与政客罗北辰分庭抗礼，争取了群众，堪为共产党人不忘初心，牢记使命，取得民众信赖支持的成功范例。其实，要创造和谐的行业内部生态，有时并不需要花费巨额资金，只要用心，尊重职员的诉求，努力使生活高雅化，充盈员工的业余生活，擘画丰富多彩的文化活动，就会感受到满满的关怀，这种归属感和凝聚力工程，民心工程，能够激发出无穷创造力。

在"保联"熔炉里，年轻人体验救亡图存为国效命的新奇与崇高，还收获了爱情，寻到了生命中的另一半，孙文敏与李文锦以"保联"为媒结成革命伴侣，在艰辛的革命斗争画卷中，涂抹上一道艳丽的风景。

肩负特殊使命，为接管上海打前站

1948年11月初，中共地下党组织决定委派孙文敏与徐天碧秘密撤往华中解放区学习接管城市政策。不为人知的是，他俩还承担着另一项秘密使命："顺便"给解放大军带去了一批保险公司的业务档案资料。旧时拓展火险业务，必须详细了解承保客户及所处街道地段的底细，包括里弄门牌、路况交通、房屋构造、仓库堆栈坚固程度、包括各企业的经营状况及财产物资，都列入地段卡备查，作为查勘出险掌握承保限额核定费率的直接依凭。这无意中成为筹划解放上海巷战最实用的敌情情报。之前，上海地下党组织曾发动党员分头摘抄各街区的地段卡，花费三天就整理出中心城区包括驻防的详图信息。这批带到根据地的保险业务资料派上了意想不到的功用——到1949年2月，中共中央华东局社会部组织人力汇集各地方提供的信息资料，整理编写出53册有关上海及江南主要城市的资料（内容包括国民党党政军警宪特组织、官僚资本企业、金融机构、教育医疗机构等概览），为接受丹阳培训的干部，了解敌情与社况，提供最直观的教材，配合接管城市政策的学习。这是"保险人"为人民解放事业立下的不朽功勋。

到1949年5月，孙文敏召集撤退到华中党校学习的保险业地下党员徐天碧、朱元仁、刘凤珠、唐凤喧、汤铭志等脱下便服，换上解放军衣帽，挂了解放军胸章，戴上"上海市军管会"臂章，随军渡江回沪，与林震峰、吴越等留守的地下党员会合，在上海市军管会财经接管委员会金融处谢寿天领导下，共

17人组建了"保险组"，林震峰任组长，孙文敏任副组长，宣讲入城纪律，讨论接管官僚资本保险公司的方案。

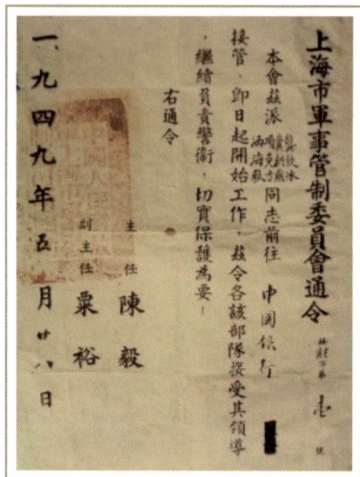

5月28日，即上海解放第二天，陈毅签发了《中国人民解放军上海市军事管制委员会通令》，保险组旋即分工负责接管24家官僚资本保险机构。孙文敏以军代表身份，首先接管的是中国保险公司，他带着几名队员在中国保险公司大楼张贴了布告，宣布从即日起接管，召集中保几个副经理，让他们把财务、物资、人员情况做汇报，接着召开全体职工大会，宣布政策：职工原职原薪，要求每天报到，配合军代表做好财产、账务、业务等方面的交接工作。作为军代表，孙还负责接管了太平洋保险公司。

1949年10月20日，中国人民保险公司在北京成立，全国各地纷纷组建分支机构，筹建中国人民保险公司华东区公司也在紧锣密鼓地进行着，白天以接管收尾和监管全市中外保险业工作为主，夜晚集体讨论华东区公司的组织机构设置、人员编制安排，改革各项保险规章制度，并充分发动被接管单位中富有经验的技术人员协商改革旧险种，设计新险种，制定新条款，编写新的业务规章制度和实务手册等。

华东区公司是以旧中国保险最发达的上海地区为中心，管辖范围包括江苏、浙江、山东、安徽、福建、台湾（待解放）6省业务。首任总经理由中国人民银行华东区行副行长谢寿天兼任，同为31岁的孙文敏与林震峰为副总经理。

在人保公司的主导下，经过初步酝酿、自愿协商和具体筹备三个阶段，1951年，来自上海和天津自愿参加合并的28家私营保险公司组成了两个集团，分别为太平保险公司和新丰保险公司。同年11月1日，公私合营太平保险公司正式开业，由上海12家公司和天津3家公司组成，即太平、安平、中国天一、太安丰、华商联合、福安、宝隆、建国、大丰、大信、裕民、扬子和大昌、中

追寻
保联先行者的足迹

安、中国平安共计15家，资本总额定为100亿元。孙文敏与谢寿天、林震峰、郭雨东、顾濂溪、阎达寅、杜天荣、杨海泉8人担任公方董事，周作民、丁雪农等担任私方董事。

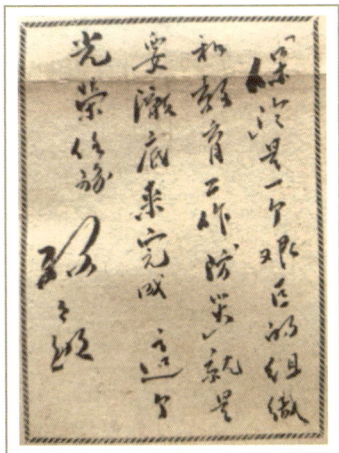

孙文敏为《防灾》杂志的题词

同时中国保险公司也批准复业，专营外汇业务。1951年6月5日，在中国人民银行行长南汉宸策划下，中国保险公司第一届第一次董监事联席会议在北京召开，由孙文敏以军代表资格做了《军管期间关于业务、机构、人事之变更及措施》的报告，考虑到公司以后任务主要是面向国外，为便于向西方国家争取营业注册，会上决议仍保留原有《中国保险股份有限公司章程》。但为求有系统有领导地工作，参照《中国人民保险公司组织条例》新订组织规程草案，以尽量做到统一编制。

受命海外创业，为中国企业"走出去"护航

1950年2月，为争取宋汉章，身为人保华东区公司副总经理及中保第一副总经理的孙文敏被委以重任，开始担任人保驻香港办事处经理，就近联络，负责接管香港的中国保险公司、太平保险公司和民安保险公司等海外保险机构，它们都成了中国人民保险公司的海外机构。

早在1947年解放战争进入战略反攻阶段，上海分局书记刘晓传达指示，决定将"广大华行"业务重点南移香港，"民安"也派出专员沈日昌到香港筹建分公司，由"广大"香港分行经理梁次渔任经理，沈日昌任副经理，当年即开张营业。"民安"香港分公司与广州分公司互相呼应，又与"广大华行"内外贸易业务相辅相成，绩效显著。

1949年，上海解放，民安总公司办理停业善后事宜，10月1日，香港分公司向香港当局办理申请注册，改组为"香港民安保险股份有限公司"，由梁次渔任董事长，石志昂为总经理，沈日昌为经理。1951年，民安改由国家金融部

门领导，孙文敏出任董事兼总经理（沈日昌任协理），1953年孙擢升董事长。在抗美援朝时期，外商保险公司不受理我国大批量进口物资的运输保险，香港"民安"保险在打破帝国主义封锁，承担国家进出口贸易保险方面发挥了重要的作用。

太平保险公司香港代理处1950年3月晋升为香港分公司。1951年太平保险公司总管理处董事会在香港成立"太平保险公司驻港常董办事处"，领导太平保险香港分公司，由孙文敏和丁雪农担任驻港常董，凸显出该处的重要地位，他还同时兼任中国保险公司总公司的赴外稽核，驻香港办公。

香港海外保险机构逐步纳入了国家统一管理的轨道，同时担负统战宣传任务。孙还介绍在香港的童一翱返回国内赴中国保险公司工作。

孙文敏与保险界同人的合影

前排左二孙文敏　左三张蓬　右三金瑞麒　右四贝仲选　右五吴震修　右七胡立教
第二排左二刘凤珠　左六施哲明　第三排左三秦道夫

　　1956年，中国人民保险公司决定在北京召开海外保险公司经理会议，这是人保召开的第一次此类会议。总公司派秦道夫、刘凤珠亲自到深圳迎接会议代表，香港民安保险公司总经理孙文敏、经理沈日昌；中国保险公司香港分公司经理金通明，新加坡分公司副经理周家清，雅加达分公司经理徐绍之、副经理赖曾耀、襄理杨延桂、会计主任林渐炬，泗水支公司经理马崇尧；太平保险公司香港分公司经理曹伯忠、新加坡分公司经理陈克勤、吉隆坡支公司经理黄纪良、雅加达分公司经理古简生等会议代表，在北京受到国家领导人的接见。代表们并到天安门观礼台，出席国庆庆典观礼。

　　1949年至1964年间，孙文敏任民安保险公司董事长，兼中国保险股份有限公司香港分公司总经理，出任大陆保险系统驻港联办处负责人。因为孙文敏与"世界船王"包玉刚从练习生时代开始就有着过命的交情，在统战工作方面发挥了重要作用。1960年，孙文敏负责筹建侨光置业有限公司，任公司董事、总经理。

香港保险界
国庆十六周年庆祝联欢
孙文敏在主席台居中

二十世纪六十年代
太平公司合影
前排左五孙文敏

追寻
▶保联先行者的足迹◀

　　1964年，孙文敏任中国银行港澳管理处企业小组组长、天厨化工公司常务董事、南洋烟草公司董事等职。

　　1968年，孙文敏回到北京，当时中国人保停办国内业务，孙文敏奉命到中国人民银行任再保处副处长，为国外保险业务发展增砖添瓦。

　　1969年4月，孙文敏被下放到河南淮滨"五七"干校劳动。1972年，孙文敏从河南返回北京，在人保再保处任处长，其夫人在医务室工作。

参加中日保险界交流活动留影

前排左三孙文敏 左四耿道明 左六朱元仁

　　1978年11月，孙文敏已届退休年龄，被委以重任，调入新华社香港分社（中联办）参与筹备经济部，以副局级顾问身份，从事统战工作，为香港的顺利回归出谋划策。孙文敏没有彻底告别奋斗了大半生的保险行业，他一直兼任民安保险公司董事，积极参与香港与内地有关的保险交流活动，支持人民保险事业的发展。

1979年孙文敏（前排右12）应邀参加香港民安保险公司成立30周年

　　党的十一届三中全会后，大陆保险业的春天降临，创建于1935年的中国保险学会也于1979年11月恢复，孙文敏当选为第一届、第二届理事会理事。

　　1988年，70岁的孙文敏正式离休。1989年，孙文敏任侨光置业有限公司副董事长、顾问。1997年香港回归后，孙文敏坚决拥护"一国两制"方针政策，利用在港工作多年积累的丰富经验和人脉，继续为香港繁荣稳定作贡献。1987年，在上海举办纪念"保联"成立50周年座谈会，一些"保"老战友相聚，大家都十分遗憾远在香港的孙文敏，未能莅会共襄盛举。2016年5月4日，孙文敏因病在香港去世，享98岁。中央政府驻港联络办经济部发讣告，5月19日在香港殡仪馆福海堂设灵，20日举行了追悼会。历史将会永远铭记这位红色保险人。

高擎信仰火炬　燃烧青春光辉

记"保联"熔炉里成长的革命伉俪程振魁和陈瑛

程振魁

1917年出生于上海，1936年入安平保险公司任职。1938年秋成为"保联"话剧组负责人，在咏歌演剧中找准了革命坐标，1939年年初加入中共地下党。1946年以中共太平保险支部书记身份发起领导太平保险集团职工为改善生活待遇而举行的罢工运动，后遭公司开除，转入红色背景的民安保险公司、建业银行任职。1947年12月紧急撤往香港，由刘晓安排进中共上海局整风学习班工作。上海解放后负责接管中国纺织建设总公司。1954年6月任国务院第八办公室（即中共中央统战部）副主任。

陈瑛

1907年出生于宁波，1934年入天一保险公司任职。当选"保联"第二届理事会理事，从事妇女部及福利委员会工作。1939年加入中国共产党。1940年4月，任中共上海保险业支部组织委员。1944年12月，调入中共上海职妇支部，从事全上海各社团职业妇女的领导工作。

岁月如歌，芳华依旧，革命先辈的爱情富于理想主义浪漫情调，唯美牵情。"保联"里成就的8对革命伴侣，既诠释志同道合革命信仰的魅力，体验了志士报国、救亡图存的新奇与崇高，也彰显着无限缱绻的人间深情，践行承诺，为爱信守，情如磐石。聆听了他们的感人故事，谁还会说爱情经不起岁月的蹉跎？程振魁是"保联"话剧活动的总指挥，也是太平保险公司地下党支部书记，在接受革命斗争洗礼中邂逅了情缘，寻到了生命中的另一半，演绎出一段至死不渝的爱情——与爱人陈瑛接受考验共同入党，同属"保联"战友，执子之手，患难与共，相濡以沫，余生美好相守！在"保联"共同革命生涯里，青春因奋斗而迸发出夺目的生命光彩。

浪漫至极，战火中的"姐弟恋"

程振魁，曾用名程子范，1917年出身于上海一个普通工人家庭。1930年，13岁的程振魁到上海泰隆洋行当学徒，期满后转任职员。艰辛的生活，让他过早走上自立自强的人生路，1936年，程振魁进入安平保险公司工作。

陈瑛，1907年出生于浙江宁波，1934年2月，她进入中国天一保险公司做职员。1936年6月，与程振魁一样，随着太平保险公司集团化战略的推进，合并到"太安丰天集团"旗下做办事员。陈瑛有着江南女子温婉柔美的容颜，风度高雅，外表柔弱，内心刚毅，在太平保险办公室里，两人性格志趣相投，尽管年龄相差10岁，但爱情来了，神仙也挡不住，开始了无怨无悔之办公室恋曲。

『华商太平保险公司木驳保险证』与『太安丰集团』徽章

太平保险公司印发的上海火险价目表

在太平集团办公室里，邻座是陆缀雯，她潜移默化塑造了全新的革命者，成为程振魁与陈瑛的革命引路人（注：许多年以后经刘少文介绍，才知道陆缀雯是1925年入党的同志，丈夫王一飞是党派往苏联莫斯科东方大学和伏龙芝军事学院的留学生，1927年春王一飞在上海主抓军事斗争，任中共中央军委秘书长，1927年10月初，任中共湖南省委书记组织两湖暴动，失败后被捕，英勇就义）。陆缀雯1937年进入太平保险公司水险科谋职，与程振魁面对面办公，熟悉后生活上关心，经常引导程振魁与陈瑛心系救亡济困事业，关心天下大事，启发他们注意区分积极抗日与消极抗日，推荐阅读进步报纸刊物，1937年年末，他们在太平保险公司内部发起抗日募捐活动"每月一捐"，所得款转交学生界办的夜校，坚持了半年。上海"复社"成立，她动员大家预订《西行漫记》和瞿秋白的《海上述林》，程振魁与陈瑛逐渐懂得了革命真理。1938年5月间，得知保险界有筹组联谊会的倡议，陈瑛与程振魁相伴赴"保联"。"七七事变"一周年，陆缀雯倡议公司同人午餐素食一顿（中餐由公司提供）以表纪念，得到大多数职工的响应，只有3个"托派"当场表示反对，但反对没有得逞，大多数太平职员是具有爱国心，事后她还引导大家加深对"托派"的认识。

"保联"话剧舞台上的领航人

在"保联"，程振魁的才华与热情得以释放，迅速成为崭露头角的活跃分子。

太平同人们积极响应，踊跃报名，共同参与到火热的联谊活动中去。

保联话剧团
《沉渊》演员合影

1938年秋，"保联"根据当时形势及会员要求，确定由程振魁负责组建话剧组。起初成员只有十数个来自宁绍水火保险、太平保险、中国天一保险等公司的帅哥职员，经过几次成功演出，"组员逐步发展到80余人，最多时达100多人"，甚至还吸引来自保险业之外的学生、教师及社会青年参加，如美商海宁洋行的普通女工陆瑛、赵萍、吴秀丽、汤翠娣、赵倩等都曾经在"保联"话剧组参加活动。

按照程振魁后来在回忆录中的说法，话剧兴盛是有社会背景的，"1937年年底，上海租界沦为'孤岛'，抗日救亡运动已无法公开进行，但它播下的种子，转变为各种形式，到处发芽生长。当年，活跃在'孤岛'文艺舞台上的进步戏剧运动，就是从抗日救亡运动的街头宣传活动演变发展过来的，除了专业剧团之外，许多群众团体都有业余的话剧活动。众多剧团的频繁演出，形成了一股'话剧热'。这股春风很自然地也吹到了保险界的青年职员中间。保险业党支部根据当时形势及会员要求，积极推动保联话剧组的成立"。

话剧组从事进步话剧排练，以"保联剧团"的名义义卖公演，曾演出过《黎明》《母亲的梦》《忍受》《一杯牛奶》《教训》《生财有道》《湖上的悲剧》《宁静的江南》等剧，借以"宣传抗日救国，揭露社会黑暗，激发广大群众的爱国热情，密切联系一批保险界的青年职员"。为新四军筹募寒衣经费，慰问伤员，揭露丑恶，鼓舞斗志，不仅很好发挥了宣传鼓动，营造团结互助、蓬勃进取之行业氛围的作用，而且实训培育一大批进步青年，使他们先后走上革命道路，陆续加入了中国共产党（光"保联"女成员投奔抗日根据地的就有9人之多）。

多次公演给会员们留下终身难以忘怀的印象，这在回忆录中多有述及。1938年12月，"保联"在西藏路宁波同乡会举行庆祝第一届征求会员运动胜利的联欢会，这是"保联"成立后的第一次大规模群众集会，也是话剧组的首次亮相。他们排练演出的独幕话剧《锁着的箱子》成为活动的重头戏，其内容反映帝俄时代一个贪婪的老农民，在警官威逼利诱下，为讨3个卢布赏钱，不惜出卖为正义而斗争的小舅子，但老农的妻子把表弟藏在箱子里，帮助他躲过了警官的搜捕。演出获得成功，谈峥声饰演老农，周繁琍饰演妻子，吴镇饰演表弟，程振魁扮演剧中卑鄙狡猾的警官，人物形象特质演绎得淋漓尽致，获得大家的认可。

程振魁尝试导演过《忍受》一剧，由吴镇与周繁琍合演，演绎一个失业潦倒的知识分子，在彷徨中忍受着煎熬，终于在妻亡子夭的绝境中觉醒过来，演出的布景道具，都是大家自己动手制作的，演出效果很好，程振魁逐步成长为话剧组的常任导演。为学习兄弟剧团的经验，争取更多的公演机会，"保联"

与"银联""华联""益友社""永安"五个群众团体的话剧组相互观摩演出，还联合举办导演集训班，于1939年3月18日在"保联"会所开班，自力更生培养导演骨干。此后，除对外公演的大型演出任务外，一般都不再仰赖外聘导演了。程振魁、徐天碧、洪汶等先后担任过导演。此外，还分别在"银联"和"华联"联合举办化妆训练班和演技班。

《保联》（1939年1卷3期和6期）"话剧特辑"中的工作总结

受陆缀雯的潜移默化，程振魁在"保联"积极靠近党组织。1939年年初，程振魁经施哲明介绍加入中共地下党。关于入党之秘事，还弄出过一个不合规范的囧局：大约是1938年秋冬时分，张先成刚刚入党，积极性颇高，但缺乏经验，方式比较幼稚。他联络陆缀雯和程振魁一起参加秘密读书会，在会上直接提出发展两人集体入党，比较突兀，程振魁是涉世未深的青年，完全信任陆缀雯，跟随她的表态，陆缀雯作为已有13年党龄的老党员，心知这不符合地下党单独秘密发展党员的规定，便未置可否，程振魁亦加以推托。发展党员是需要较长的教育培养、谈心交流的考察过程的。张先成这次冒失未导致严重后果，但受到党组织批评。程振魁半年后按组织程序入党，从此牢记入党誓言，在鲜红党旗下荆斩棘，无畏前行，1942年12月他接替离沪的张先成担任"保联"党支部组织委员。

1938年12月20日和1939年1月3日，上海民众组织了两批慰问团，秘密到皖南新四军总部访问，给抗日将士送去一批稀缺药品和医疗器材。慰问团成员返沪后，向上海民众报告了新四军给养极端困难的情形。帮人民子弟兵纾困解难，共克时艰，是上海人民义不容辞的责任。于是，1939年5月，中共上海地下党依托"职业界救亡协会"，擘画发起了"上海市业余话剧界慈善公演"，为避免遭日伪当局的阻挠破坏，对外宣称为慈善义演名义，实际以群众喜闻乐见的话剧娱乐形式扩大抗日宣传并筹集经费，胡詠骐是公演筹备委员会副主任，厥功甚伟。1939年7月，上海市业余话剧界的联合慈善公演空前成功，成为"孤岛"时期最大规模的戏剧展演。报名参演的有"保联""银联""华联""益友社"及"职业妇女俱乐部"等共11家剧团，演出地点在八仙桥黄金大戏院（今大众剧场），连演7天13场。戏票由各社团分摊推销。

"保联"参演剧目是由阿英（钱杏邨）创作的三幕剧《群莺乱飞》。内容反映一个大家族因内部纷争与腐朽，以致出卖了城东北一块祖传的土地，影射国民党政府出卖东三省之现实。演出前因阿英"左联"党团书记身份已暴露，为避免查禁，临时将剧名改为《日出之前》，编剧也改作"沈宥"。

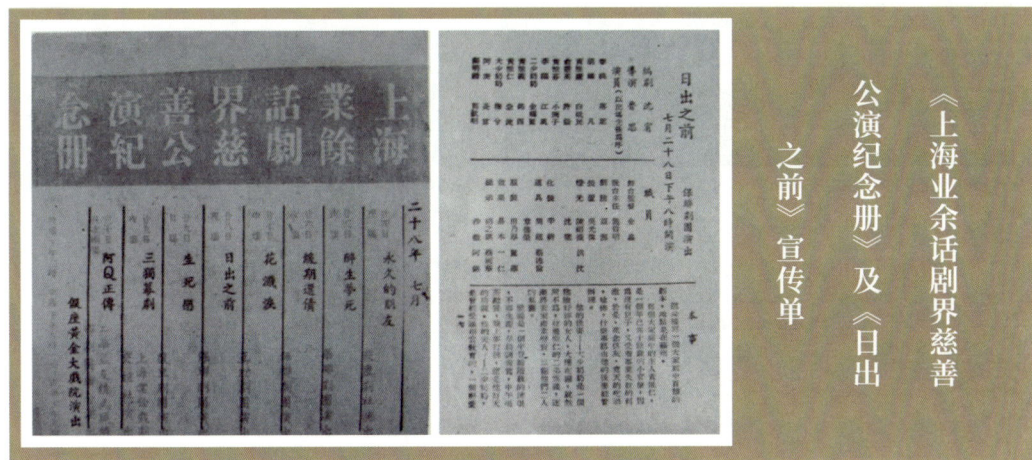

《上海业余话剧界慈善公演纪念册》及《日出之前》宣传单

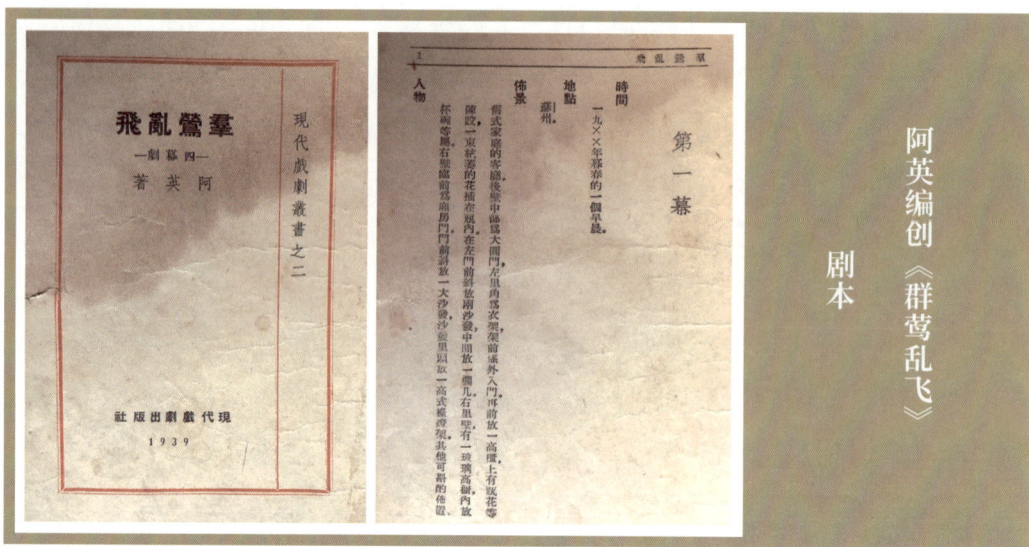

阿英编创《群莺乱飞》剧本

《日出之前》剧照

一九三九年七月

　　外请上海剧艺社专业导演陈鲁思义务指导，不取分毫，其认真负责、严格要求的精神，深深感动了演职员。陈导演对排练抓得很紧，大家经常一下班就立即赶往"保联"会所排练，时逢六七月酷暑，"保联"会所狭小，十几平方米的排练场，十多个人挤在一起汗流浃背，衬衫被汗水浸透。对台词和走场，一练就是几个小时，直至深夜十一二点钟才会结束。房内热得忍受不了时，就在排练间隙到门口透透气。导演除了讲解该剧的环境背景外，还帮每个演员分析角色的特点及个性，每句台词、每个动作都要求准确到位，声情并茂，往往通过反复排练，才能达到初步要求。但大家从不叫苦，毫无怨言，因为大家都有一颗坚决抗日、不愿当亡国奴的赤诚之心。

程振魁是主要演员，全程参加了《日出之前》的排演，其他参演的还有：孙文敏、周繁琍、谈峥声、白砥民、许铨、江凤、金娇丽、梅兮、周钦明等。他还协助后台主任施哲明，做好剧务、灯光、化妆、道具、服装、效果、提示等各项准备。这次公演影响力空前，仅"保联"票房就有1400多元，除费用开支外，全数由胡咏骐通过八路军驻沪办事处刘少文，转交新四军，支援前线将士。

一九四零年"保联"话剧团成员在保联会址楼顶平台合影

后排左一洪汶　左三蒋德荣　左四程振魁　左六童文藻　左七廖国英　左十一林志康
中排左三王亦洲　左四李家培　左五徐天碧　左八蔡同华　左九赵京生　前排左五赵萍
左六郭素珍　左七陆瑛　左八周繁琍

1939年秋，话剧组为胶州路羁押的四行仓库英勇抗敌"八百勇士"演出《放下你的鞭子》，这对于所有人不啻是一场爱国教育。

1939年冬，"保联"在卡尔登剧院（现在的长江剧场）举行第二次全体会员联欢大会，话剧组为全体会员演出了根据莫里哀《吝啬鬼》改编的《生财有道》三幕剧，以及莎士比亚的《罗密欧与朱丽叶》。

上海市保险业业余联谊会"保联"剧团《沉渊》戏票 票价2元

这张戏票的信息表明1940年12月29日上午九时半，为缅怀胡詠骐（1940年11月5日因患癌症逝世），筹募保险文化基金，"保联"剧团再一次公演，演出地点在公共租界爱多亚路浦东同乡会大楼的璇宫剧场。

话剧《沉渊》剧照

1940年冬，"保联"剧团曾在卡尔登剧院售票公演了四五场，其中排练电影编剧、导演、理论家陈西禾（笔名林柯）创作的三幕话剧《沉渊》，由夏风导演，旨在揭露资产阶级尔虞我诈的本质，广受好评。

1941年程振魁在独幕剧《路》中饰演戏中的舅舅铭志，孙文敏饰演父亲孙直，周繁琍饰演女儿小琍子。

话剧团先后单独或联合演出约40余次，通过演出活动，宣传抗日救国，团结教育了业界广大职工群众，培养了革命骨干。

后因日伪政权对"孤岛"的恐怖统治加强，形势渐趋恶化。"保联"逐渐收缩，话剧团的排演陷于停顿。话剧活动受限后，程振魁遂与骨干蒋德荣、汪平治等转到"保联"平剧委员会活动，历史曲目形式传统，政治色彩略低，程振魁主演过《借东风》《黄鹤楼》等曲目。

1942年夏到1944年春，"保联"话剧团又活跃了近两年，人员曾达130余人。由于当时不允许对外公演，故将话剧团编成四个分队，有泰山保险公司分队、太平保险公司分队、金安保险公司分队等，平时分散在各自公司中进行小规模排练，在"保联"设一个总队，帮助各分队到"保联"会所演出，这样的实习演出，几乎每月有一到两次。

1945年8月15日，日寇无条件投降，坚持14年的抗日战争终于取得了最后的胜利，会员们由衷地兴奋。为欢庆胜利，"保联"擘画了保险界职工庆祝大会。话剧团又聚集在一起，紧张排练，筹备上演二幕话剧《宁静的江南》。剧本原是"银联"战友杨扬（已在抗日前线为国捐躯了）在抗战之初创作的独幕剧，演出时改编为二幕剧。内容反映江南一个宁静的农村被日本鬼子侵占烧杀，人民奋起反抗，经过艰苦斗争，最终打倒日寇。参演者有程振魁、程文魁兄弟，还有徐慧英、沈润璋、朱元仁、刘凤珠等人。演出结束时，全体演员在台上领唱抗日歌曲，观众群情激奋，起立齐唱，歌声持续了20分钟，久久不肯散去。这次演出，给程振魁留下了深刻的记忆。

可以说，"保联"话剧团的活动，经历了整个抗战时期，在中共地下党的职工运动史上，留下了浓墨重彩的一笔。话剧团伙伴在演艺过程中找准了革命的坐标，先后选择人民解放道路，程振魁按照党组织发展规程，介绍徐天碧、沈润璋、王亦洲、金家铨等人加入中国共产党。

高擎"保联"火炬，对抗反动政客的控制

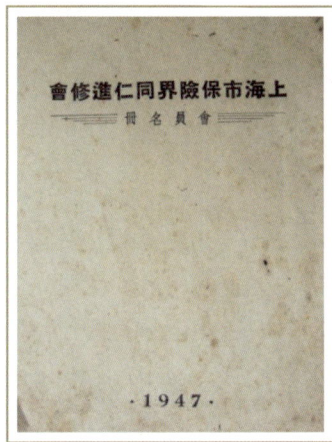

上海市保险界同仁
进修会会员名册

抗战胜利后，反动政客罗北辰凭借政治势力，以办理社团登记为由，运用不光彩手段攫取了理事长职位，将在敌后坚持八年、具有广泛群众基础的"保联"篡改为"上海市保险界同人进修会"，并妄图用国民党官办御用社团的伎俩改造"保联"机构，密植暗哨，取缔正常的群众联谊，如停止一些会务活动，借口扩建会所停办了理发室，清算消费合作社；借口经济困难终止出版在群众中颇有影响的《保联会报》，不准恢复《保险月刊》，务必使"保联"脱离基本群众；

借口安全，不准举办政治时事演讲会，不准排演夏衍的《芳草天涯》话剧等。

"保联"骨干力量只好以开办保险学术讲习班为主阵地延续火种，在罗北辰控制不严的、有条件继续活动的领域，寻机以"保联"的名义继续活动，依靠自身的力量，开辟新的活动方式，如扩大诊疗所服务范围，除打针外，开展防疫、体检、诊治一般服务项目，并将优惠范围扩大到会员之家属；平剧活动聘请了教师、琴师经常吊嗓子学戏，彩排演出；举办"保联杯"球类比赛，歌咏、舞蹈组的活动，在困难的环境下坚持进行。这些联谊都自觉用"保联"的名义，特别还刻制了"保联"原有的"火炬"徽章。

1947年年初，程振魁、蔡同华、吴越与贝超杰等结伴去苏州、无锡春游。从这次活动中得到启发，他们普遍觉得如果以"保联"的名义组织会员短途旅游，可以愉悦身心、联络感情、增进友谊，从欣赏祖国大好河山景色中激发爱国热情。"保联"党团讨论同意，决定设立联络员广泛动员会员报名参加。在1947年春首次活动中，他们即打出"保联旅行团"的旗帜。

『保联』成员随程振魁去郊外聚会游玩

旅游活动十分吸引会员，这成了与罗北辰争夺群众的一种好方式。开始时利用星期天、休假日举办苏州、无锡、昆山、嘉兴一日游，后来发展到利用节假日举办杭州二日游。每次专包一节车厢，可组织120人参加。由于旅游老少皆宜，阖家同欢，且"保联"旅行团不以营利为目的，纯属服务性质，费用比商业运营的旅行社便宜好多，深受会员欢迎，不少会员都带家人一起参加。

为扩大影响，他们出行时在专包车厢外张挂"保联旅行团"横幅。每10人一组，由临时组长手持"保联"标志的三角旗引导，使保险业职工觉得"保联"名称虽被篡改，但"保联"宗旨没有变，互助合作精神依然存在，在坚守阵地中赢得了会众的信任和支持。

有次组织无锡一日游，傍晚要返沪时，发现预订的车厢被他人占用，几位领队十分焦急：万一当晚赶不回上海，影响第二天早班怎么办？正好益友社旅行团也碰到同样难题。在场的党员程振魁、吴越、蔡同华等与益友社的领队一起商议后采取联合行动：先拿掉路签，组织一部分群众静坐拦车，人多势众，另派代表找车站站长交涉，严正声明售出回程车票不兑现，专包车厢挪作他用是违规的，如果影响大家次日工作，带来一切后果要由车站负责。经过交涉评理，最后站长答应另行筹措车厢，虽延迟了两个小时，但保证大家不留滞无锡。这次联合维权使大家感受到团结起来有力量。

"保联"体育部举办游泳训练班，为会员订购团体优待券，逢星期日组织集体到大陆游泳池游泳，程振魁属于积极的拥趸。

体育部组织
的游泳活动
合影

自上而下第六人是程振魁

前排右三是程振魁

体育部组织
的游泳活动
合影

他们通过这些活动，团结了党员和核心群众，给罗北辰的破坏以有力的回击，陷他于离心离德非常孤立的境地。

罢工总指挥，引爆维权阵地战

程振魁的青年与老年照片

1946年年初，国民党蒋介石蓄意打内战，时局动荡，物价飞涨，法币贬值，太平保险普通职工的收入不增反降，生活困难，群情激愤，怨声载道。大多数"保联"会员是在1946年年初加入"保险界民主促进会"集体会员，接受民主维权思想的启蒙。1946年2月，外表儒雅、待人谦和的程振魁（时任中共太平保险支部书记）临危受命，办公室先生手执长缨，以罢工总指挥的身份，走上前台——就像一颗红色的火种，引燃了上海金融界的燎原之火，程振魁身先士卒掀起了保险业界反饥饿反内战的惊涛骇浪，领导了太平保险公司200余职工为改善生活待遇而举行第一次罢工。

据《太平保险公司职工的经济斗争》一文追述："地下党保险业支部从维护职工的经济利益出发，分析了当时的政治经济情况、群众情绪和要求，认为在太平保险公司发动经济斗争的条件已经具备。虽然当时太平的党员人数少，太平公司职工从未搞过经济斗争，但通过经济斗争，可以对群众进行教育，使群众在实际斗争中锻炼成长。因之，党组织决定发动一次以改善工资待遇为目标的阶级斗争，并研究了斗争策略。"程振魁召集太平公司的中共党员与积极分子廖国英、朱元仁、姚乃廉（姚洁忱）、金家铨、杜伯儒、李锵、董仁民等人进行秘密商议，共同制定了罢工策略，部署了各部门的联络骨干，分头开始动员。

1946年春节后，太平集团太安丰天各单位代表40余人举行了预备会议，对罢工做具体部署。第二天一早，陈瑛通知职工到公司七楼食堂召开全体职工大会，250余人到会（只有高中级职员和查勘外勤人员未到场）。会议由程振魁主持，议定三项要求：其一，工资计算基础从按生活指数的50%提高到70%；其二，一律发年奖三个月；其三，传递生即行提升为职员。共同推举程振魁、金家铨、张少渔为交涉代表，职工签名请愿，在食堂立等回音，罢工委员会下设组织、宣传、纠察等小组。

丁雪农闻讯非常恼火，蛮横拒绝了罢工要求。职工遂决定不回办公室，集体在食堂，纠察队队长李锵看守大门。封闭电话室，动员安平保险公司职工也参与行动，以壮大声势，安平职工群起响应。

罢工到下午，资方代表丁雪农、李祖模不得不出面谈判，并推出社会局处长顾炳元（在太平人寿保险公司任副经理）出面调解。并向陈瑛施加压力，要她劝说丈夫不要挑头罢工，当即被陈瑛义正词辞顶了回去。

罢工持续了三天，声势浩大，迫使资方让步，答应三项要求除第一条缓期考虑外，第二条立即兑现发放，第三条原则同意但需经过考试，罢工委员会及时宣布罢工结束，初战告捷，收获了民心。

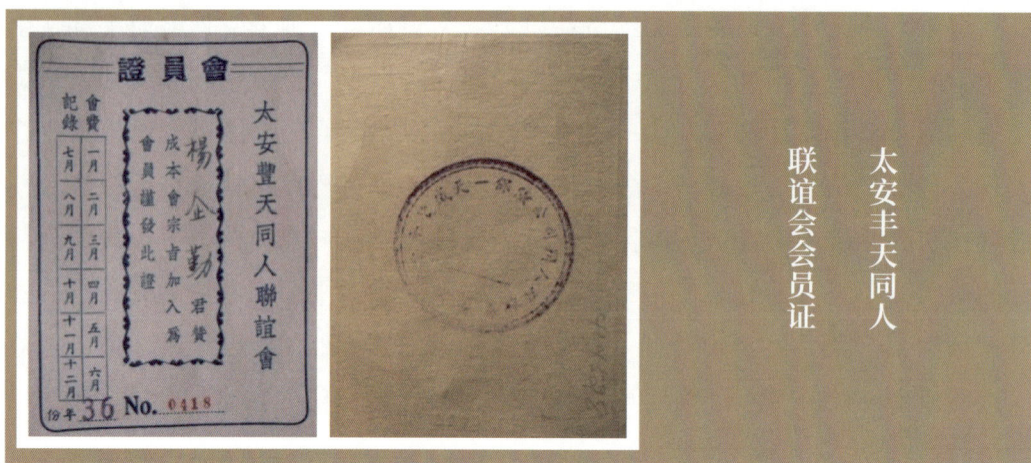

太安丰天同人
联谊会会员证

斗争是要讲策略的。为巩固成果，罢工委员会顺势筹建了太安丰天同人联谊会，朱元仁、金家铨等13人当选为理事，廖国英为理事会主席。1946年4月，因太平公司资方一直敷衍推诿答应的复工承诺，对改善工资待遇不予兑现。部分员工要求第二次罢工，但参与人数明显下降，党支部分析罢工胜利可能性不大，建议及时收兵，保存实力再战。但太平高层为瓦解工人组织，让程振魁的姑父对其劝说，紧接着调动程振魁赴宁波分公司任职，将姚乃廉、李锵、严秉中3个罢工骨干遣赴武汉，进行分化报复，激起广大职工愤慨，朱元仁的堂叔、稽核科科长朱懋仁认为是火上浇油，向管理层表达了反对意见。为保护罢工骨干，程振魁提出自己去宁波公司，其他3人不做调动，但资方不接受。党支部决定他拒绝调动，以表明罢工到底的决心。丁雪农派李祖模出面劝说，程振魁坚定拒绝。最终，程振魁遭公司开除。

经保险业党支部的协调，程振魁转到红色背景的民安保险公司任职。廖国英接任了太平地下党书记，组织70余名职工到八仙桥青年会聚餐送别4人。1947年5月，程振魁发现有特务暗中盯梢，遂报告党组织，党及时安排程振魁撤离上海，秘密赴汉口找张先成隐蔽，不久程振魁进入红色背景建业银行任职，躲过了特务机构的缉捕。

追寻

保联先行者的足迹

"和尚行长"龚再僧

建业银行是地下党控股的金融机构。行长龚饮冰（化名龚再僧）是1923年由中共一大代表何叔衡介绍入党的老党员，1942年下半年到重庆开锦华湘绣庄，以老板身份掩护秘密活动。他以党内资金入股民安保险公司，直接联络卢绪章与广大华行。为掩护地下活动的需要，龚再僧时而身披袈裟，口念佛经，一副虔诚的佛门居士形象；时而西装革履，礼帽拐杖，湘绣庄老板身份。

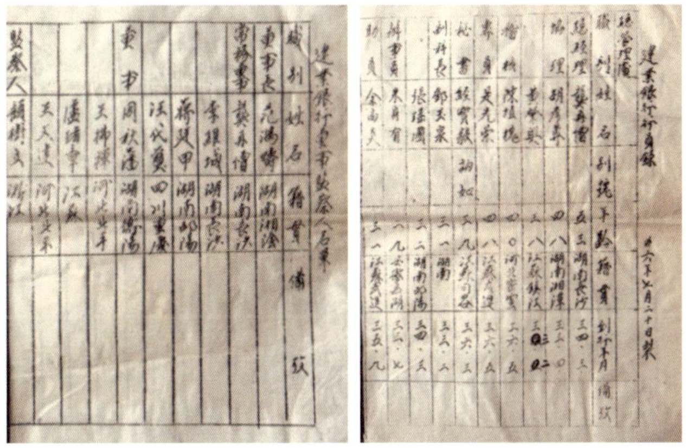

《建业银行行员录》

油印本民国三十六年七月

1943年，中央决定与爱国实业家范旭东在重庆联办建业银行，一方面扶持民族工商业，另一方面是为了掩护党的财务、交通和情报工作。范旭东笃信"实业救国"，创办了永利化学工业公司和久大盐业公司，全面抗战爆发后，毁家弃舍撤退大后方，重建工厂需要大量资金周转，打算创办一家集聚社会游资以扶持"永久集团"的银行。依据当时的法规，开办一家新银行要有两个以上已注册的银钱业组织合并方能组成，在何廉（经济部次长兼农本局总经理）的斡旋下，由重庆和济钱庄与成都振华银号增资合并改组而成建业银行，资本1000万元（龚再僧以党的营运资金170万入股）。1944年6月建业银行开业，总行设于重庆，原和济钱庄董事长汪代玺出任董事长，永利公司财务协理范鸿畴（范旭东的堂弟）任总经理，龚再僧任常务董事。

到1945年1月，因经营过于保守，业务拓展不力，亏损严重，董事长与总经理双双请辞，后经龚再僧带头增资（以美元现钞12000元置于银行中作分摊增资的准备金），卢绪章代表广大华行投资300万元，进行人员改组，范鸿畴挂名董事长，龚再僧接任总经理，股额成份转变为中共营运资金居首位，占44%；"永久集团"退居第二位，占23%，业务经营颇有起色，井然有序。抗战胜利后，龚再僧陆续在长沙、南京、汉口、天津等地增设分行。

1945年年底，龚再僧在党组织指示下，决定将柳州分行结束并迁沪。次年筹设建业银行上海分行（天津路201号），开业之初安插了一批党员骨干，并团结依靠进步同事，服务支持红色背景的华商企业，仅两个月便得余利1000万元，为新形势下党的隐蔽战线活动创造了物质条件。在金融业务掩护下，龚再僧与妻子王一知肩负着上海3个秘密电台与延安的通信任务，为推进革命斗争的胜利作出了贡献。

香港整训，化身出色的党务工作者

程振魁服务建业银行时间较短，但他借以认识了许多坚定的革命斗士。1947年9月，国民党分崩离析前实施"白色恐怖"统治，大肆捕杀革命群众，特务到民安保险调查程振魁的去向扑空，即向汉口方向追查，林震峰及时警示程振魁速离汉口转移。

1947年12月31日程振魁撤退到香港，与东方贸易公司的副经理万景光接上了组织关系（谢寿天任总经理），1948年3月由刘晓安排入上海局整风学习班工作，先参加第二期培训，为期两个多月，逐字逐句学习《目前形势和我们的任务》，听取潘汉年、许涤新的辅导报告，然后学员各自总结地下工作的经验，相互发言交流，5月份结业后留任，负责接待从上海撤离到香港的同志，先后租了五六处民宅组办学习班，秘密做好南京、武汉、台湾等地下党组织的培训班的安全管理及生活服务工作，买菜烧饭，照料生活。为应付警方的突击检查，学习班有严格规定，学员用化名，不该知道的事不准打听，不准逛大街，更不准到进步书店买书，学完的进步书籍要藏起来。有一次与谢寿天、郭雨东小饭馆相遇，知道这些培训班的花费都由谢寿天的东方贸易公司提供，但地下工作各有分工，即使再熟悉也不允许随便来往。在香港的石塘嘴，10月上海地下党还举行过一次会议，刘晓、刘长胜、张执一等重要领导均参加了。

1949年3月，程振魁随刘晓北上解放区。5月随解放军南下，程振魁加入上海市军管会，负责接管中国纺织建设总公司，任军代表兼秘书组组长。经过改组，程振魁任上海华东纺织管理局副处长、副主任、办公室主任。

1954年6月，程振魁奉调北京，任国务院第八办公室秘书组（即后来的中共中央统战部）副组长、办公室副主任。1959年1月，程振魁调入沈阳任中共辽宁省委统战部副部长，兼民族事务委员会主任。1977年4月，程振魁第二次出任统战部负责人。1978年4月正式任副部长，辽宁省第二届政协常委，1984年12月离休。

1983年6月，上海市保险业党史资料征集组成立，程振魁任副组长，当年的革命战友不顾年老体弱，从全国各地应召而至，携手谱写新篇章，之后抢救史料工作全面铺开。大家共同追忆佐证，以亲身经历撰写回忆录，程振魁撰写了《活跃在抗战时期的"保联"话剧组》，还与朱元仁、杜伯儒合作撰写《太平保险公司职工的经济斗争》，与钟永衍、蒋德荣合作撰写《锣鼓声中传友谊》等文章。到80年代后期，经过反复核对修正补充，力求真实，这些初步成果由征集组审核组稿，编印成《上海市保险业职工运动史料》和《续集》两本资料。

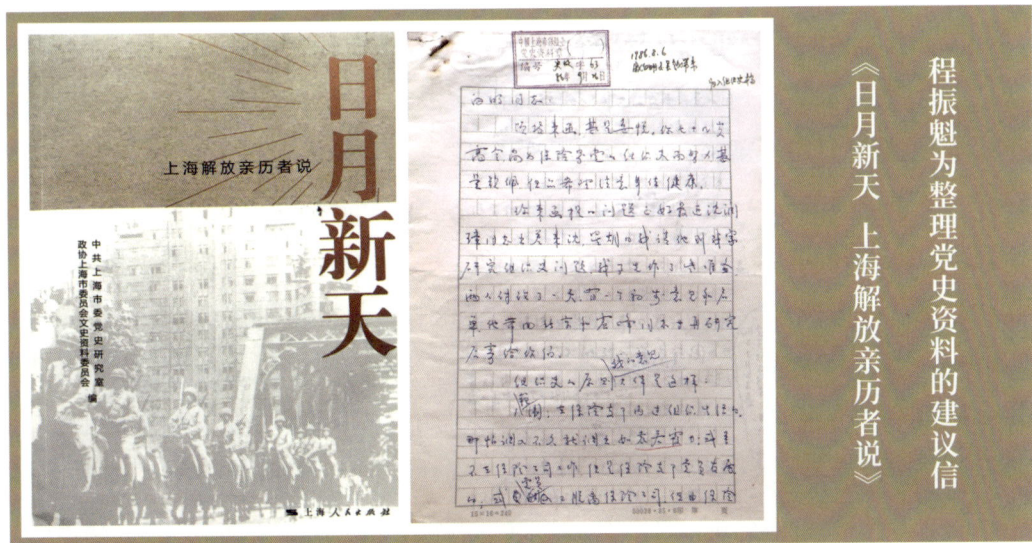

程振魁为整理党史资料的建议信
《日月新天　上海解放亲历者说》

另外，程振魁撰写的《上海地下党在香港办学习班的点滴情况》一文，编入了《统战工作史料选辑》第四册，2019年5月又编入《日月新天——上海解放亲历者说》（政协上海市委员会文史资料委员会与中共上海市委党史研究室联合主编，上海人民出版社第1版）。

1992年，程振魁病逝，终年75岁。

在近现代上海保险发展史中，同胞兄弟同为保险业界精英的，不乏其人。兄弟齐心，其利断金，如胡詠骐与胡詠莱、谢菊曾与谢寿天、过元庆与过杰庆、姚达人与姚学乾、卓牟来与卓东来、张绪诂与张绪谱等，但同胞兄弟同为坚贞的地下党战士，唯有程振魁与程文魁昆仲。

程文魁，1942年前后，受哥哥影响秘密参加"保联"《大众哲学》和《政治经济学》读书小组，思想觉悟得以提升，不久在"保联"话剧组参加演出。后在参加华联声乐话剧股活动中，成为中共地下党员。1946年进红色经济实体广大华行下属的上海广大药房作财务部主任，献身革命。1948年，因哥哥地下党身份暴露，程文魁在广大药房三楼会计室差点被特务逮捕，幸亏同事掩护，侥幸逃脱，紧急撤离。11月，在香港参加上海地下党举办的整风学习班。后在香港华润（集团）有限公司工作至离休。

"保联"理事会唯一的妇女理事

陈瑛当选"保联"第二届理事会理事，从事妇女部及福利委员会工作。

"保联"女会员人数不多，只有50余人。而经陈瑛与潘齐英的筹划，于1938年秋成立了妇女部。陆缀雯（不属保险支部的老党员）、饶志德（姚志英）、周繁琍（周础）、舒鸿梅、汪建征、郭素珍等经常来会，参加妇女部会务活动。陈瑛利用"母亲节"发动女会员开展义卖纸花、小国旗，支援抗日将士。为组织卢沟桥抗战周年纪念活动，将事先购到数以千计的小旗，分发给各公司的妇女联络干事，由她们分别到各保险公司大门口或电梯旁等候职工上班，见面时轻声说"请您支援前线"，将一面小旗别在她（他）的衣襟上，受到职工的理解支持，纷纷从衣袋里掏钱表达心意，彰显平凡草根的爱国热忱。1939年秋，为配合上海市职业妇女俱乐部发起的义卖活动，在陈瑛的带动下，将陆静芳、姚益君、朱肇芬等利用业余时间编织的毛衣、裁制的儿童衣帽等送"职妇"参加义卖。劝募的寒衣和义卖所得，都通过适当途径捐献给难民和新四军。这些活动增强了姐妹们的爱国情愫，坚定了抗日信念，推动了妇女工作的开展。虽不能效仿花木兰替父从军上前线，但居家做一些力所能及的公益，同样可以使大家感到自豪和激动。

"保联"妇女部团体合影

前排左一姚益君　左二张葵珠

后排左一刘凤珠　左三魏静茹

1939年，陈瑛加入中国共产党。1940年4月全1944年12月，秘密担任中共保险业支部组织委员。

《保联》第1卷第8期的相关报道

在"保联"第二届征求会员运动中，陈瑛当选11人组成的筹备委员会成员。最值得称道的是陈瑛在创建"保险业消费合作社"中的卓越能力。1939年冬，"孤岛"经济日益恶化，受战争影响物价飞涨，生活费用指数不断上升，民不聊生。当时保险业一般职员每月的薪资，仅够买三斗黑市米，日伪当局的"配给米"数量很少，且多为掺沙粒的碎米，根本不够吃。其他日用必需品市面非常紧俏，职工生活日趋艰难，情绪波动不安。中共保险业党支部贯彻上级"关心群众生活，开展福利合作事业"的指示精神，及时把工作重点转向组织福利性活动，决定由党员联合积极分子发起筹设保险业消费合作社，利用股份制来凝聚人心共克时艰。

于是，时任"保联"理事的陈瑛挑头，与"保联"福利委员会的董国清、林绳佑、谢仲复、庄祖濠、乔关福等作为共同发起人，起草了社章，为彰显互助合作精神，体现自力更生、共建共享原则，明确规定以社员集股为合作社资本，每股以1元为限（后改为每股5元），每个人所集股份不得超过总资本的十分之一；设立董监会，由社员大会选举产生，处理与监督全社事务。

在各项筹备工作就绪后，1939年11月，在西藏路宁波同乡会召开了上海市保险业消费合作社成立大会，出席大会的有700多人，这是"保联"福利委员会一次盛大的群众集会。之后，发动征求社员运动，得到广大保险职工的热烈响应与支持，踊跃参股，初创社员即达400余人，征集到股金计5600余元。

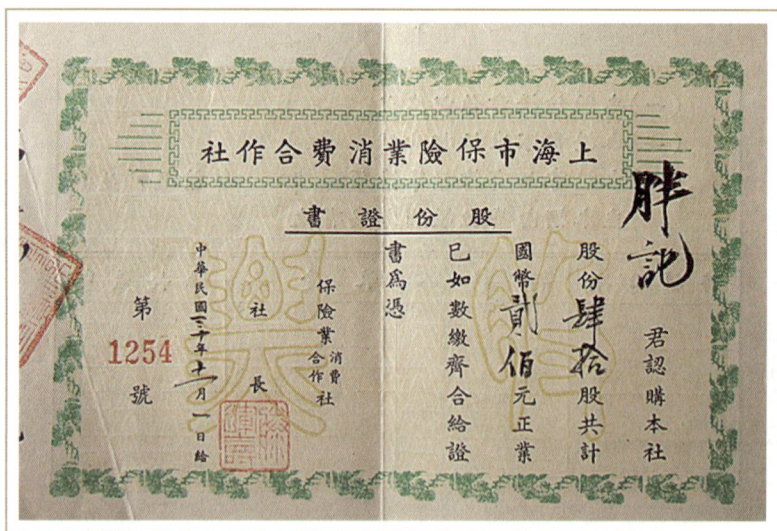

"上海市保险业消费合作社股份证书"，发行于中华民国30年（1941年）11月1日，股额肆拾股，共计国币贰佰元，持股股东为胖记，编号"第1254号"，有社长滕运寿的签章

与银行交易所金融股票一般采用大尺幅、豪华制作、股金数额较大的惯例明显不同，这张股票双面彩印，别具一格，票幅小，股额亦小，小而精致，票面有"银色水纹"防伪设计，票背没有领息栏目，只有受让过户记录栏。以记名方式发行，不保本不付息，报酬视合作社经营情况而定，等于公益捐赠性质，入股人的权益就是在合作社里买到便宜的生活消费品，一旦等钱用，有人就接受可以转让。股票还装在特制的封袋里，封袋印有"股权证书"，有点像荣誉证书。上海保险业消费合作社的相关物件存世不多，犹显珍贵。

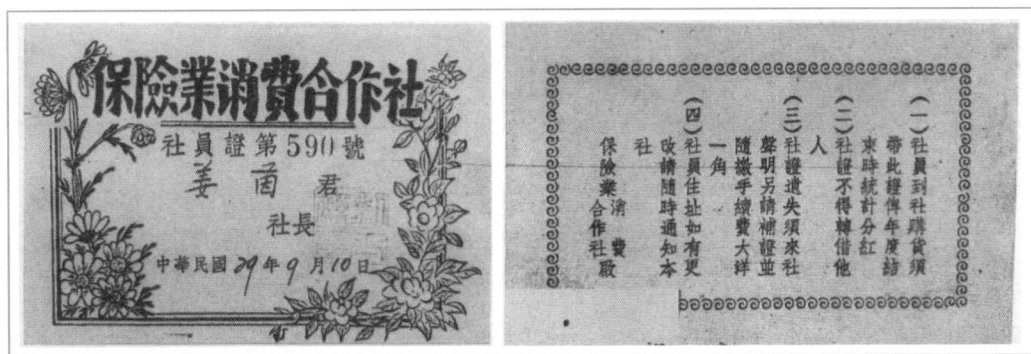

签发于中华民国29年9月10日的"上海市保险业消费合作社社员证书"

图为"姜茵"的"上海市保险业消费合作社社员证书"，编号"第590号"。背面注明"保险业消费合作社启事"，照录如下："（一）社员到社购货须带此证，俾年度结束时统计分红；（二）社证不得转借他人；（三）社证遗失须来社声明，另请补证并随缴手续费大洋一角；（四）社员住址如有更改请随时通知本社。"

当时消费合作社的征股口号是"加入消费合作社，能减轻我们生活的负担！加入消费合作社，能发扬互助合作的精神！加入消费合作社，能免除物价暴涨的痛楚！"以后经过四次扩社增股运动，参股人数与金额不断增加，到1943年11月，"社员已达三千余人，基金已达四十余万元。每月消费总额当在十万元之谱，略具规模"。

公益事业需要能人，需要各显神通。上海市保险同业公会的理事谢颂玉善交际商界朋友，与各大百货公司行号关系熟稔，能够为保险消费合作社拉来源源不断的货源，因而被聘为消费合作社社长，李春生（怡和洋行保险部）担任会计出纳职务，陈瑛、蔡同华、吴福荣、李福增等协助开展工作。合作社为了方便社员，除了在"保联"会所设有日用品柜台（雇请了一名售货员，负责日常营业）外，在较大的公司分设销售站21处，并在每一家保险公司聘请了一名社员担任"保合"联络工作。消费合作社销售的商品主要为市场上难以买到的大米、白糖、食盐、肥皂、煤球、鞋袜、毛巾、牙刷、香粉、花露水等日用品，都以批发价购进，以低于市场5%—10%的零售价格转销给社员，深受广大社员的欢迎与好评。特别是在日军进占租界后，米、煤、糖、盐等主要生活必需品，以及奶粉、肥皂、毛巾等几种日用百货均为日伪机构严格控制，"保合"仍千方百计地批进这些紧缺商品，以较优惠的价格卖给社员，使他们感到"保合"确实是为社员谋福利的。

《保联会报》复三刊
消费合作社专刊
一九三四年六月二十日出版
对第四届征股运动情况
有较为详尽的报道

1941年4月，"保合"费很大周折购得一批进口的西贡米，准备向社员出售。社员们闻讯莫不欢呼雀跃，及时前来抢购的社员就有270多人。有一次，"保合"从煤球厂批得一些煤球，因煤球厂只能吨批吨送，不能分担零售给用户，只好让社员前来自取。为争取优惠的批发价，经与厂方商定，一次把成吨的煤球放到厂外附近露天堆栈，届时由"保合"派人去过秤分发给凭证前来领取的社员。不巧在约定当天，一清早便浓云密布，估计要下雨。于是蔡同华等立即发动积极分子分头奔忙，借油布搭帐篷，并向厂方临时借了几架磅秤，增设了分发点，加快速度。大雨倾盆而降，幸亏早做防范，堆在油布下的煤球干燥无损。一俟雨过天晴，分发者与领取者一起动手，来领煤球的自行车、三轮车、黄包车络绎不绝，熙熙攘攘，依靠团结互助，终于把煤球顺利分发给社员，人们打心底里感到"保合"就是"雪中送炭"啊！还有一次"保合"设法购进几麻袋白糖，不敷分配，按社员人数核计每一社员只能分得四两，不得不花气力预先按四两一袋分包，然后销售给社员。即使微不足道的四两白糖，在物资供应奇缺的年代，也让大家心生感恩，当时社员的期待心情，正像会刊中描述的那样"社员望配给糖油盐，正似大旱之望云霓"。钙奶生也是市场上很难抢到的代乳品，"保合"每次只能批得若干磅，无法普遍配售，只好规定限售给有婴儿和病弱老人之家庭，以解急需。"保合"想群众之所想，急群众之所急，为社员谋福利，分配办法公平合理，服务工作体贴入微，使大家从心底感激"保合"。

为解决社员粮食短缺，有一次陈瑛与蔡同华、吴福荣动员了部分年轻人一块去徐家汇近郊，隔着敌人设置的铁丝网向农民购买大米，此地日军疏于监管。但返程必须经过日军哨卡，有的社员混在过路人群中冲过去了，有的被日军用刺刀拦阻进行盘查，不准通过。在紧要关头，有人情急智生，暗示所有背米的人紧紧聚拢在一起，把米袋顶上头和肩，齐声怪吼，转移日军哨兵的注意力，借机随着潮水般的人群冲过了封锁岗，安全返回。后来考虑这样的闯关行动，可一而不可有二，因为有不少背米的人在通过岗哨时被狼狗咬伤，被日寇枪杀的事屡屡发生，组织社员冒险背米就不敢再筹划了。"保合"虽采用股份制组建，但性质上完全不同于股份制保险公司——"保合"不以营利为目的，而是社员生产自救的公益经营，互助共济性质，股票不能分得多少股息红利。举办"保合"，旨在为职工谋福利，减轻其生活负担，其经营方式是通过团体批购消费用品，不求厚利，以低于市场之价零售给社员，由于商品售价只包含成本及经营费用，减除了中间商的盘剥，所以消费合作社能够供给社员物美价廉的商品。而且，对消费合作社盈余的分配，事先规定，合作社每届年终为一会计年度，年终结算要列出报表，详细列具股本利息和盈余收支情况公示。如有盈余，除提出一部分充公积金以及谋社员共同福利之基金外，余额作为消费红利、股息红利，仍按购买额之多寡退还给各社员（或充作股资，分派每股提升股额之用）。本社社员可在本社凭证购物，但不得代他人购买或转卖，提倡使用国货。一般规定是"现金售货"，但有特殊需要时，售货给社员准许暂时赊欠，待"每月发薪时扣还"，既返利得实惠，方便社员消费，又扶危救困，救了社员家庭一时之急，所以"保合"的商品服务还是深得人心的。

"保联"是极富奉献精神的群体。"保合"的骨干成员牺牲休息时间，从事辛勤的经营劳动完全是尽义务，没有报偿。李春生与陈瑛，经常会同蔡同华、吴福荣、李福增等，利用工作之余，为"保合"进货、销贷、清点存货、核对账目、减少滞销库存、加速资金周转等，他们勇于牺牲，乐于奉献，善于协作，勤勤恳恳，热忱服务的精神，很受业界群众敬佩。

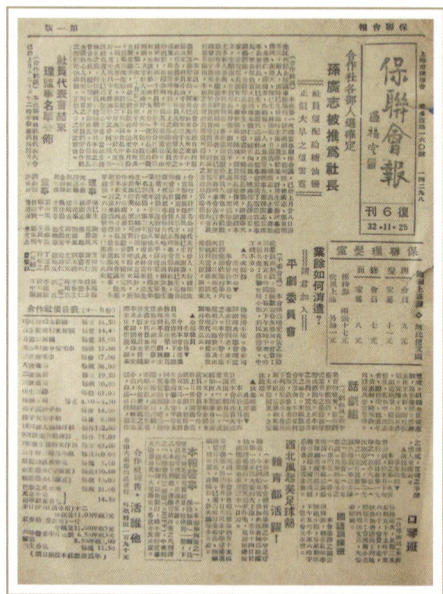

《保联会报》复6刊中华民国32年11月25日出版，对"保合"第四届理事监事会的选举过程有详细报道

"保合"的经营活动，呈现一派热闹兴旺的景象，服务项目及规模越来越广，在保险业界的社会影响力也在不断扩大。我们从"保合"第四届理事监事会人员组成情况可以略窥一斑。1943年10月17日，上海保险业消费合作社第四届社员代表大会在四川路青年会举行，到会各公司代表百余人，推选陈巳生、谢寿天、赵伟民、林绳佑、董国清五人组成主席团，首先由陈巳生报告开会宗旨，赵伟民代表上一届理事会报告社务，谢寿天代表上一届监事会报告账略，然后由保险界元老过福云为本社开展的征股运动和合作社征文活动优胜者颁奖，最后选举新一届理事监事会。10月28日，当选的新一届理事监事会假座江西路金城议事厅举行联席会议，选举陈巳生、谢寿天、赵伟民、林绳佑、董国清、孙广志、过杰庆、蒋鹏、朱懋仁、薛鸿群、陶锡凤11人组成常务理事会，孙广志当选理事长兼社长，陈巳生、谢寿天为副社长，过福云、丁雪

追寻 ▶ 保联先行者的足迹

农、郭雨东、李祖模、顾中一、徐可陞、刘聪强、任硕宝、邓东明、王良年等保险业界上层人士出任监事，推选丁雪农为监事长。合作社内部机构人员分工，司库朱懋仁，秘书陶锡凤，总务部部长薛鸿群，会计部部长李春生，稽核部部长蒋鹏（谢寿天兼副部长），进货部部长谢育仁（陈瑛、林绳佑为副部长），销货部部长赵伟民（钱本立、文继康任副部长），存货部部长莫仲夔（副部长邱化平）。

"保合"的经营服务活动为职工群众解决日常生活中的困扰，带来一定的利益和实惠，拉近了"保联"团体与会员之间的距离，密切了各公司同行间的感情，故受到保险业上中层人士的称赞，发挥了统战作用，对团结互助熬过苦难岁月作了贡献。同时，"保合"的活动提高了"保联"声誉，发扬了合作互助精神，把业界群众吸引到"保联"周围，党的威信得以提升。在互助共济中，党培养教育了一批积极分子，使他们受到平等、民主、自愿、互利等合作思想的熏陶和启迪，进而接受"发展集体生产，消除中间盘剥，谋求经济平等"的新社会理念和价值观。

1944年12月，陈瑛调入中共上海职妇支部，与蒋学杰一起从事全上海各社团职业妇女的领导工作。

1948年11月，陈瑛从上海撤退到香港，与程振魁一同参加中共上海局举办的短期学习班，做旁听生。随刘晓乘货船北上，经烟台到北京，代表上海党组织出席全国第一次妇女代表大会。随后编入工作队南下。1949年5月，陈瑛参加接管中国纺织建设公司，任上海纺织总公司财务出纳科副科长。后任华东纺织管理局财务处副处长、处长。1954年，陈瑛调北平，任纺织工业部财务司副司长。

1959年陈瑛随丈夫调入沈阳，任辽宁省计划委员会财务司司长。1962年任辽宁省财贸办公室副主任。1965年任辽宁省华侨事务处处长（侨办主任）。1982年12月离休。

相知相守，默契相依的程振魁因病去世后，她站在时光的这头，回望太平保险公司的那场遇见，依旧无怨无悔。1999年6月，陈瑛病逝，终年92岁。

当好中国保险历史文化遗产的守护者和传承者

记中共上海保险业地下党支部书记"保联"学术部副部长吴越

吴越

保险业务培训教育的实干家。1939年10月进太平保险公司当练习生,1946年入党,进新丰保险公司任职,成为"保联"骨干成员,被聘为学术部副部长,主持保险业务培训班。1947年5月任上海保险业地下党支部书记(太平保险公司除外),1948年11月21日全面负责保险业地下党。11月24日遭党通局特务秘密抓捕,铁窗生涯两个多月,坚贞不屈,经地下党营救保释出狱。上海解放后成为军管会"17人保险组"大员,接管中国产物保险和中国人寿保险。担任"华东区保险干部培训班"班主任。1979年后任人保上海市分公司副经理,副局级总经济师。

吴越,原名吴光远,1924年2月出身于江苏武进县店员家庭,父亲是棉布店账房先生,母亲粗通文墨,操持家务,吴越在卜弋桥镇小学读书,成绩斐然。1937年秋战火燃起,吴越由此辍学随父母四处避乱,颠沛流离。1939年10月,15岁的吴越只身来到上海,经姑父保荐,进江西中路200号的太平保险总公司当练习生。

融入时代潮流的人生充满传奇

　　懵懂的求职青年闯进了上海滩经营最成功的华商保险机构，面对的一切都是新奇的，也是催人奋进的，从杂役服务开始，他很快融入其中，勤奋好学，认真探索着，积极进取着，很快就职员转正，由此开启的保险人生有了无限的成长可能，也注定充满神奇色彩。

「保联」

黑暗环境中的灯塔

《保联》插图

塔燈的中境環暗黑

　　还没来得及认真做好个人职业生涯规划，幸运的他找到了人生道路上重要的方向标——"保联"。1940年年初，他由同事引领走进了"保联"会所，为火热的文体活动所吸引，几乎夜夜去听讲座，打乒乓，唱歌，继而参与一些救亡演出活动，后来还与伙伴一起外出游泳，郊游。

　　渐渐地，他的追求目标不仅仅囿于个人的身心娱乐，加薪升职，而是有了家国社稷民族大义的考量。虽说太平保险属于难得的成长平台，起步平稳，未来可期，然小职员的晋升渠道毕竟有限，前程未卜，在国破家亡的覆巢下，这些个人利益的权衡显得微不足道。那个年代，热血青年们最喜欢演唱的歌曲是电影《桃李劫》的插曲《毕业歌》："同学们，大家起来，担负起天下的兴亡！听吧，满耳是大众的嗟伤！看吧，一年年国土的沦丧！我们是要选择战还是降？我们要做主人去拼死在疆场，我们不愿做奴隶而青云直上。我们今天是桃李芬芳，明天是社会的栋梁，我们今天弦歌在一堂，明天要掀起民族自救的巨浪！巨浪，巨浪，不断地增涨，同学们，同学们快拿出力量，担负起天下的兴亡……"

高亢的旋律让人热血沸腾，歌词慷慨激昂，直抒胸臆，产生共鸣，激发了青年人空前的爱国热情，尤其是1941年年初吴越秘密阅读了《西行漫记》，领略了共产党人的英勇顽强，向往延安。1942年年初，在程振魁与沈润璋帮助下，他参加了"保联"《大众哲学》与《政治经济学》读书小组（同组还有蔡同华、姚乃廉、徐天碧、华世德、程文魁等10余人，后来这些骨干都参加了党组织），逐渐提高了思想觉悟和理论水平。

而"孤岛"的种种管制让热血志士尝到了亡国奴的屈辱，许多人投笔从戎，奔赴延安，投身解放区。吴越知道上海有成千上万爱国青年去了抗日前线，所以于1943年夏从太平辞职，准备自闯苏北，唯恐天机泄露，被视为另类遭遇迫害，遂以回乡的名义前往，秘密未告诉任何人，但这次盲目行动还是失败了。因没有根据地交通员接应，过不了日伪的封锁线，在泰州即遭检查站扣留，审查半天后勒令遣返。还算走运，19岁的吴越没有为自己的冒失付出惨痛的代价，当地天天有人被以通共罪名砍头。只是返沪后失去了太平保险原职，需要另谋生路。一度进常州宏业银行作临时短工。为提升自己，他还报名函授自修，肄业于上海民治新闻专科学校。

客串班主任——"保联"学术部实际负责人

抗战胜利后，人民期待的幸福并没有如期而至，接收大员乘乱劫收，横征暴敛，物价飞涨，游资泛滥，保险业畸形发展，有众多金融资本与产业资本相继投资保险业。国民政府搞"附逆"清算，区别对待，一些汪伪时期的金融大亨被关进了监狱，还规定：在上海凡向南京政府注册的保险公司准予继续营业；凡在重庆注册的公司，也可迁沪复业。而仅在汪伪政府注册的公司一律统统取缔，若须继续经营者，必须重新登记注册，另缴保证金。除一部分中小公司或因经营不善，或因缴不起保证金而倒闭外，多数保险公司通过增资改组，重新申请注册。当时报刊上铺天盖地是新保险公司开张志禧的报道，保险公司数量猛增到三百家之多，上海保险从业人员激增，超四千之众。

吴越于1946年年初进入新丰产物保险公司供职，回到"保联"大家庭，重续前缘，积极参与组织各项活动，因社会活动能力强，被"保联"聘为学术部副部长（部长唐雄俊），拥有陆自诚、华德芳、唐凤喧、韩精武、李家培、陶福生、章启桢等蓬勃向上的干事，精兵强将。

　　学术部鉴于新建保险公司增加不少新员，存在保险业务培训的客观需求，遂转变重点，轻车熟路，自1946年10月起举办"保险学术讲习班"，开设火险、水险、查勘、火险实务、人寿保险和保险会计课程，代培专业技术，报名者200余人，讲习班由唐雄俊部长任班主任，吴越为副班主任，实际主持。培训班持续8个月，成效显著，受到保险业界普遍赞誉。

"保联"学术部主办的保险业务培训班师生合影（前坐者右3吴越）

　　此时国民党政客罗北辰已大权独揽，野心膨胀。罗是中央信托局人身保险处经理，中国再保险公司董事长，属CC系分子，抗战胜利后由重庆复原到上海，出任国民党上海市金融特别区党部常委，俨然以业界领袖自居，他首先要奸弄权攫取上海市保险业同业公会理事长（宋汉章、丁雪农不屑与其争权），旋在9月借社团登记之机，将在敌后坚持8年具有广泛群众基础的"保联"改名为"上海市保险界同仁进修会"，私下与国民党上海市社会局达成秘密协议，由罗北辰担纲理事长改组，交换条件是完全掌控进修会，剔除共产党及一切民主活动。罗北辰独断专行，架空理事会，安排亲信把持各部领导岗位，"包而不办"，徒挂虚名不干事，停办《保联会报》和《保险月刊》，明令学术部不准再举办政治时事演讲会，以达其阻断"保联"联络会众之目的，罗北辰安插爪牙穆道政（三青团骨干、原青年军军官）为进修会专职干事，日夜驻会监视会务活动，"风吹草动"随时向罗北辰汇报。

"保联"骨干们被迫改变策略，与罗北辰展开控制与反控制的斗争。此时的吴越已成长为英勇无畏的先锋战士，1946年3月参加了"保险界民主促进会"，5月，经吴福荣介绍加入中国共产党（"保联"党组织已对他考察培养了几年时间，对他的情况知根知底，因此很快即获批准）。他义无反顾地投身于保险界的革命浪潮中，顺应社会各界反内战反独裁的民主运动蓬勃兴起，会员爱国热情高涨的形势新变化，吴越先后邀请马寅初、郭沫若、陶行知、黄炎培、沈钧儒、章乃器、茅盾、马叙伦、沙千里、吴晗、雷洁琼等到"保联"会所作专题政治报告、形势演说。这些名流一请即到，不收酬金。特别是郭沫若的演讲，临时借用金太食堂（金城大厦7楼）做会场，济济一堂，规模超过600人，反响热烈。此举彻底惹恼了罗北辰，违逆了罗的旨意，由此留下祸根。吴越自1947年5月担任上海保险业地下党支部书记（太平保险公司除外），到1948年11月21日后全面负责领导保险业地下党组织。从事秘密工作需要大胆、机警、低调，据吴越回忆，那时施月珍、陆瑛已遭党通局特务逮捕，程振魁、蔡同华、徐天碧因转移及时而幸免于难，形势严峻，自己与谢寿天、孙文敏等骨干已经不能在会所里碰面，因为时时处处有人监督。为掩人耳目，他们一般选择南京路的永安公司七重天舞厅喝茶跳舞，时间也是选择晚餐时段的5时至7时。他们在"靡靡之音"与细碎舞步的氛围里，商讨会务、沟通情况、部署任务，传递着红色的火种。在热闹的夜场来临前，及时把自己的身影隐藏进黄昏的里弄中。为反击罗北辰的淫威，大家决定继续使用"保联"火炬标志联络会众，仍以"保联"名义，推展话剧团、平剧组、诊疗所活动，还另辟蹊径创办"保联旅行团"，利用节假日组织会员与家属去周边城市一日或二日游，组织游泳训练及"保联杯"球类竞赛，用真诚服务温暖人心。

站立最前排右二吴越　坐者王玮
身后刘凤珠

『保联』旅行团
在无锡游船上

　　他们还以"保险界民主促进会"的名义声援社会各界革命，比如支持学生爱国民主运动，当"劝工大楼惨案"和"申新纺织九厂惨案"发生后，立即以共产党员为核心成立了"二九惨案后援会""申九惨案后援会"，发布《告保险界同人书》，揭露惨案真相，伸张正义。并在保险业界发动劝募捐款，慰问受伤者和死难者家属，声援工人运动。

　　1948年1月，鉴于恶性通货膨胀直接影响职员家庭生活，"保联"地下党发起成立了"保险界同人子女教育基金筹募委员会"，下设18个劝募小组在业界推展劝募基金运动，凡捐款即赠书签纪念品，凸显玫瑰余香，弘扬互帮互助。由于将罗北辰操控的同仁进修会排除在外，罗北辰得悉后，利令智昏，通过御用报刊《和平日报》，散布"近有一些亡命之徒，冒用保险界名义，招摇撞骗"等谣言，进行恐吓阻挠。骨干们不予理睬，坚持斗争。

校门挂『穷人莫入』牌子

印『自助助人』『十年树木　百年树人』口号

『上海市保险界同人
教育基金劝募委员会
制纪念书签』及保险
储金教育广告

善行善举终会得民心，这一共克时艰的互助举措得到保险界上中下各阶层的积极响应和支持，大约有超80%的保险业职工群起响应，售出了1119枚纪念章和1万多个书签，积少成多，太平、美亚等40多家公司顶住罗北辰的阻挠和压力，毅然化名或个人名义捐助基金款，共计募集超过2.2元法币，大大超过预定目标，然后组织方公开推举各方代表人士组成基金管理委员会，负责制定了同人子女教育免息贷金规则（共11条），民主管理和使用，对困难职员发放无息教育贷金或困难补助，解除子女失学之忧，广受赞誉。

罗北辰又转变主意觊觎成果抢摘桃子，一再表示愿意追加捐款参与管理，却遭管委会拒绝，罗北辰的阴谋未能得逞。

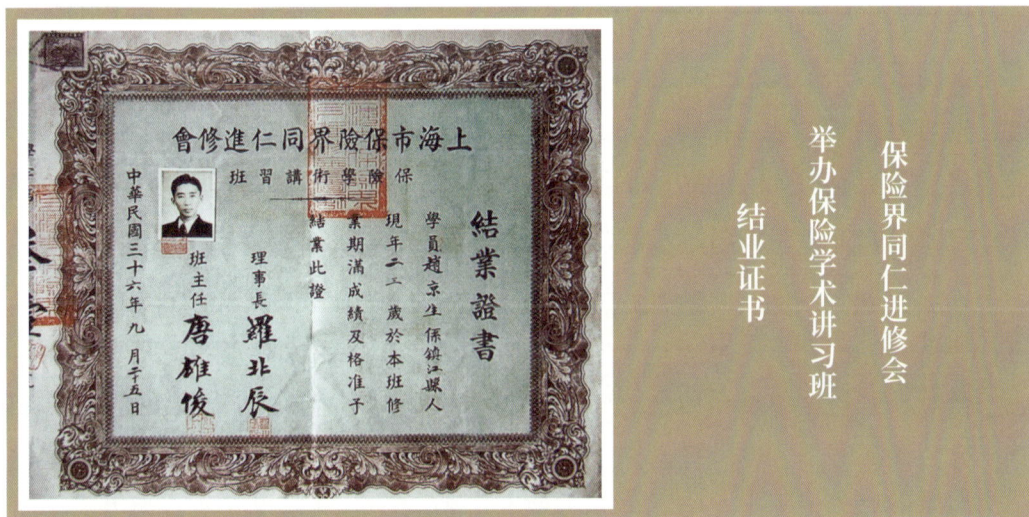

坚持了8个月之久的"保险学术讲习班"，到1947年6月结业。临结业典礼时，罗北辰又来挂名争功，他购买了一只普通公文包，指定要奖给论文评比第一名，学术部无奈将原计划颁给第一、二、三名的银盾和奖品，依次后推奖给第二、三、四名，而这些银盾及奖品明显比罗指定颁给第一名的公文包质好价高，罗北辰争名逐利"抢摘桃子"的卑劣用心昭然若揭。还有，结业证书上的签发人偷梁换柱变为从未谋面的罗北辰，而实际全程负责8个月的副班主任吴越的名字却不见了踪影，吴越当面讥讽他"摘桃子"，为此发生争执，罗北辰恼羞成怒，悍然宣布撤销吴越副部长和讲习班副班主任之职，解散学术部。

罗北辰玩弄卑鄙手段未能阻止地下党活动，难以向社会局交待。于是，就变本加厉进行赤裸裸的政治迫害，公开声称进修会有共产党活动，排挤看不顺眼的人。他对太平保险公司协理丁雪农施加压力"廖国英可能是共产党"，对大安保险公司副董事长陈已生说"要管教好蔡同华，否则要叫社会局吊销大安执照"，恫吓四明保险公司"一定要开除徐天碧"，要合众保险公司开除陶锡凤，罗北辰还亲口警告吴越"不要搞政治活动，玩政治是危险的"。

吴越虽被免去学术部副部长，但与讲习班学员有8个月的情谊，实际仍能左右学术部工作。应对党员骨干分子全被排挤出学术部的变故，中共"保联"党团决定，由吴越牵头筹建新组织，设想以第一期保险学术讲习班结业的学员为基础，广泛团结业界中下层群众，争取上层，待条件成熟时另行筹组"上海市保险学会"，以与罗北辰的进修会分庭抗礼。于是吴越积极主动联络学员骨干，参与者达70余人，分布在40多家保险公司中，并通过他们密切联系全体学员，先行筹组同学会。在同学会成立大会上，共举缪焕华、韩精武、唐在洞、李家培、章启桢等7人组成干事会，公推缪焕华为总干事，密切联系群众，排除了罗北辰的干扰和阻挠，并教育培养吸纳新党员，逐步壮大地下党队伍。

在吴越具体策划下，由同学会组建"太立夫（TARIFF）保险费率规章研究组"和"火险条款研究组"，举办"火险讲座"和"保险实用英文班"，坚持"自愿参加、自由结合"活动原则，定期辅导，相互切磋，同学会热情不减，开展各项保险学术交流活动（新中国成立后，这批学员均成为中国人民保险公司挑大梁的业务中坚）。学术部原聘请的讲师们，保险教育界名流关可贵、唐雄俊、郭雨东、谢寿天、过杰庆、诸懋益、沈毓龄、李志贤、邵竞等答应作"上海市保险学会"共同发起人，均热情支持，新丰保险公司总经理张明昕（中国保险学会常务理事）表示赞同，愿鼎力支持。正当紧锣密鼓酝酿筹划，多方联络之际，1948年11月24日，吴越突遭党通局特务逮捕。这一变故令"上海市保险学会"筹组计划戛然而止。

铁窗下，牢记誓言，坚贞不屈

随着三大战役的逐步推进，国民党濒临崩溃边缘，开始在国统区丧心病狂

追寻
▶保联先行者的足迹◀

地大肆抓捕共产党员。1948年11月21日，保险业地下党遭破坏，党通局特务先是秘密逮捕了廖国英（太平保险公司支部书记）和"保联"非党骨干洪汶，党组织部署党员立即撤离，指定吴越留守待命，全面负责领导保险业地下党组织，11月24日中午11点，吴越遭党通局特务秘密抓捕，关入亚尔培路2号魔窟，后转到蓬莱路警察局内看守所。罗北辰随即封闭了进修会会所，停止"保联"一切活动。

吴越在党通局魔窟里应对叛徒张莲舫的诱供逼供，遭遇了各种刑具的折磨，坐老虎凳，夹十指架，痛不欲生，备受煎熬，昏迷过去了一盆冷水浇醒，肉体上的蹂躏，精神上的受虐，都没有动摇他的信念，他经受住考验，宁死不屈，保持革命气节，始终未屈服，没有暴露党员身份，对党的秘密守口如瓶，没有牵涉任何同志，没有影响地下党组织。1949年1月国共准备和谈，在释放政治犯的舆论呼声压力下，被关押审讯两个多月的吴越等4人，未能查出真凭实据，经过地下党的积极营救，民安保险公司出面缴纳26万元金圆券后，4人一同保释出狱。

20年后，在"文革"中吴越饱受诘难，党员资格也被撤销。好在大道不孤，天佑公理，这件事情的真相有确凿的文献史料佐证：

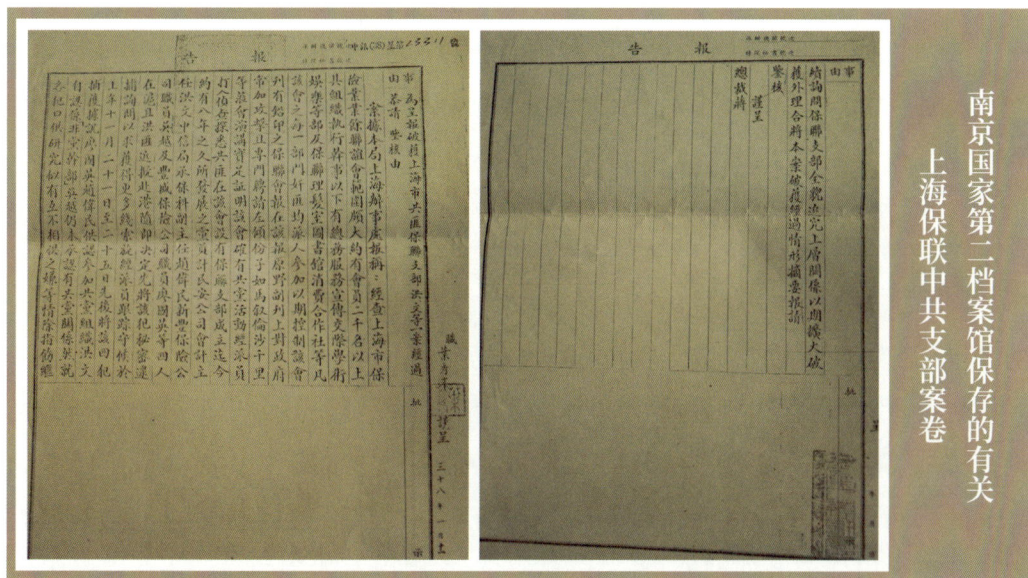

南京国家第二档案馆保存的有关
上海保联中共支部案卷

1986年，上海市保险党史资料征集组为编写《上海市保险业职工运动史料》时，前往南京的国家第二档案馆搜集相关文献，意外发现了国民党党通局局长叶秀峰于1949年1月11日，为破获中共上海保险地下党案呈给蒋介石的报告。

事关澄清是非，恕原文照录如下：

为呈报破获上海市共匪保联支部洪汶等一案经过恭请鉴核由案据本局上海办事处报称：

经查上海市保险业业余联谊会范围颇大，约有会员二千名以上，其组织执行干事以下有总务、服务、宣传、交际、学术、娱乐等部及保联理发室、图书馆、消费合作社等，凡该会之每一部门，奸匪均派人参加，以期控制。该会刊有铅印之保联会报，在该报原野副刊上对政府常加攻击，且专门聘请左倾份子如马叙伦、沙千里等莅会演讲，实足证明该会确有共党活动，经派员打入侦查，探悉共匪在该会设有保联支部，成立迄今约有八年之久，所发展之党员，计有民安公司会计主任洪汶、中信局承保科副主任赵伟民、新丰保险公司职员吴越及丰盛保险公司职员廖国英等四人，在沪，且洪匪近拟赴港，随即决定先将该犯秘密逮捕询问，以求获得更多线索，旋经派员跟踪守候于上年11月21日至25日先后将该四犯捕获，据讯廖国英、赵伟民供认参加共党组织，洪汶自认系"非党干部"，吴越仍未承认有共党关系，然就各犯口供研究，似有互不相供之嫌等情，除指饬继续询问保联支部全貌，追究上层关系。以期扩大破获外，理合将本案破获经过情形摘要报请鉴核。

谨呈

总裁蒋职 叶秀峰

1949年5月27日，上海解放，自1927年上海工人第三次武装起义后，鲜艳的红旗，时隔22年后，终于再次并永远飘扬在上海滩。

当天即宣布成立中国人民解放军上海市军事管制委员会。稍后，中国人民银行华东区行成立，曾山兼任行长，是金融业接管的总指挥。军管会金融处成立，处长为陈穆（原北海银行行长），熟悉上海金融业情况的地下党人项克方、谢寿天担任金融处副处长。林震峰、孙文敏以军代表的身份出任保险组组长、副组长。谁能想到，距离从监狱获释仅过四个月，革命获得成功，吴越、廖国英与"保联"党员战友会合，加入军管会保险组，脱下便服换上军装，戴上中国人民解放军胸章，走进24家官僚资本保险机构，开始全面接管。因强调执行入城纪律，他们过着军事化的集体生活。

吴越受军代表孙文敏的委派，与廖国英、陆自诚、施哲明一起接管中国产物保险公司和中国人寿保险公司。1949年5月30日，上海市军管会金融处发布《保字第1号训令》，令上海保险同业公会通知所属会员，限期具结填报股东名册。6月18日，发布《保字第4号训令》，规定各公司按照经营的业务类别缴存足额保证金后方可复业，不论中外公司，一视同仁。经营火险缴200万元，水险缴100万元，并限于6月20日起半月内缴付。同时规定，非经核准，不得签发国内业务外币保单，分保合约须缴呈审核。

清理后的中国保险公司，6月20日率先复业，主要任务是配合反封锁、反禁运、反轰炸政策，促进物资交流，保障公私财产。此后，符合条件的其他保险公司也先后复业。尽快让保险公司复业，意义深远，其一，有助于及早恢复办理国营企业财产险和贸易货物运输险业务；其二，有利于争取海外机构，改变外商保险的主宰地位；其三，有利于统一发展对外分保联系。

一九四九年七月
上海市军管会金融处
庆祝解放游行
队伍前列为保险组吴越、施哲明
朱元仁　唐凤喧

筹建中国人民保险公司华东区公司的工作也在紧锣密鼓地进行着，保险组白天以接管收尾和监管全市中外保险业工作为主，晚上集体研究华东区公司的组织机构设置、人员编制安排，革新各项保险规章制度，并充分发动被接管单位中富有经验的技术人员，协商研讨改革旧险种，设计新险种、制定新条款，编写新的业务规章制度和实务手册等。吴越与徐天碧两人负责研究甄选提出各部门成员配备候选名单方案，经中共保险组支部讨论通过，报经上级党委批准。华东区公司经理由谢寿天兼任，林震峰、孙文敏为副经理，徐天碧为人事科科长，吴越任副科长。

培训教育先锋，引领保险未来

其实，许多保险业务溯源的尽头是培训。在中国保险业成长进程中，若论保险业务培训教育的实干家，当首推吴越。从"保联"学术部的培训班副班主任，到上海解放后对被接管的大批旧员工审核登记，区分良莠，分别不同情况培训留用或遣散，妥为安置，使他们能有工作、生活和学习的出路，招收知识青年，担任"华东区保险干部培训班"班主任，再到1979年恢复保险以后的全国干部培训，三度重用，业绩斐然，他心无旁骛，筑梦育人，甘守业务培训平台，为中国保险发展的人才储备事业作出了非凡贡献。

吴越任保险业务训练班副班主任并主持常务工作

中国人民保险公司华东区公司业务训练班第1、2、3期纪念章

　　为满足保险规模扩张的人才旺盛需求，人保华东区公司把培训班当成解决干部荒的最快最好途径，筹办了多期保险业务训练班（后改为华东储保干部训练班），由区人事科正副科长徐天碧、吴越二人兼任正副班主任（1955年徐天碧选调外交部任职后，由米秋阳接替），训练班先在九江路210号中国航联意外保险公司开展教学，后来租赁到可容纳500多人的交通路原伯大尼孤儿院作为校舍。吴越主持常务工作，高中毕业生成为新一轮招募对象，每期招400人，通过三个月的正规培训，迅速走上工作岗位，先后办了10多期，共计4000余人。

储蓄保险业务训练班同学通讯录

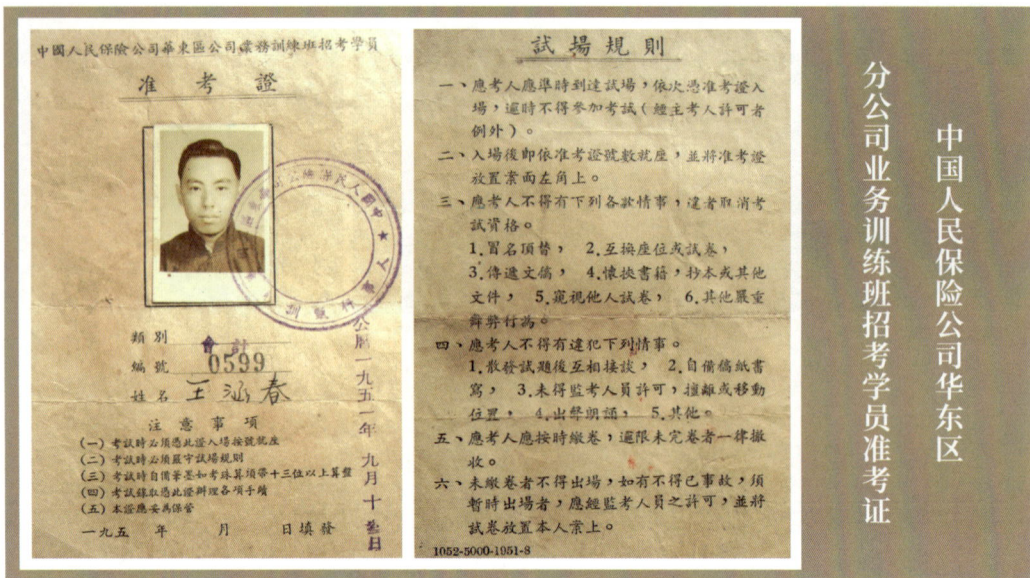

中国人民保险公司华东区分公司业务训练班招考学员准考证

保险培训的专业课程，主要有火灾保险、运输保险、农业保险、人身保险、防灾理赔和保险会计等。

与以往培训相比，不再是单一的专业技术，突出了政治素养要求，增设了政治教育课程，如保险政策方针、社会发展简史、政治经济学、为人民服务、革命人生观与中国革命和中国共产党等。用新民主主义保险教育人武装人，注重核心价值观宣导，致力于企业精神与经营理念的塑造。班部为此还订立了新的"爱国公约"，确保政治挂帅，把公司理念和人才文化观植入学员头脑。

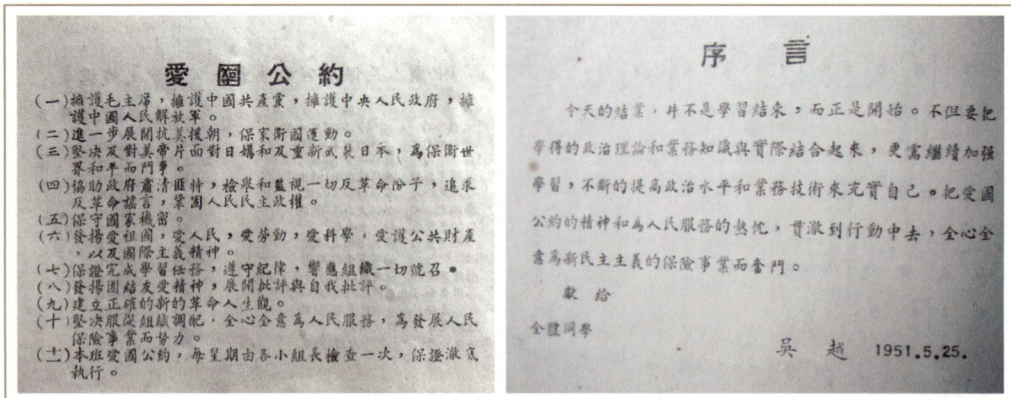

培训班条件艰苦，学员们坐的是木板长条凳，大房间既无电风扇，也没有空调，40来人酷暑天席地而坐。临时搭建的餐厅，勉强能放下60张方餐桌，学员轮流站着吃饭。吴越与学员们同甘共苦，经常一起吃饭交流，师生结下了深厚情谊，结业时他还在纪念册留下真诚祝福。经过培训，学员思想觉悟有了提升，职业能力明显提高。好男儿志在四方，学员们服从组织分配，奔赴全国各地工作岗位。新生的人保公司以极大的热情铺设机构发展业务，到1950年6月，连青海、宁夏等边远省份都设置了分支机构，新疆也派去了干部，保险覆盖面之大堪称史无前例。

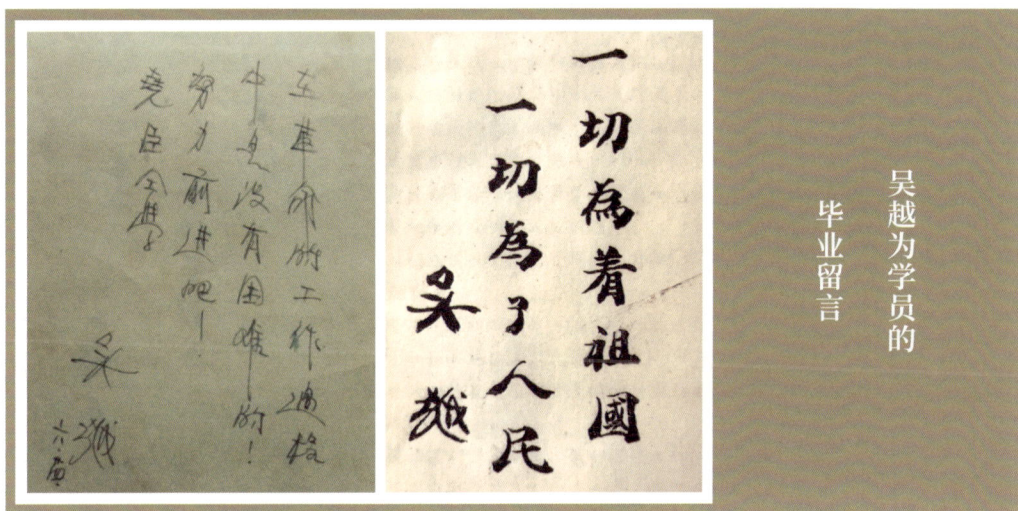

一切为着祖国 一切为了人民 吴越

吴越为学员的
毕业留言

综观这一时期的人保业务培训，可以说既是发扬"保联"密切联系群众，依靠群众，与祖国同呼吸共命运精神的最好体现，也是传承革命根据地创办"速成的、联系实际的，但又是正规的培训教育"人才培养之传统。战争年代共产党领导人民取得胜利的法宝之一，就是快速培养实用型干部人才，有"抗大型"与"延大型"类型，均学期短，强调教育同革命实践相结合，"学以致用"。

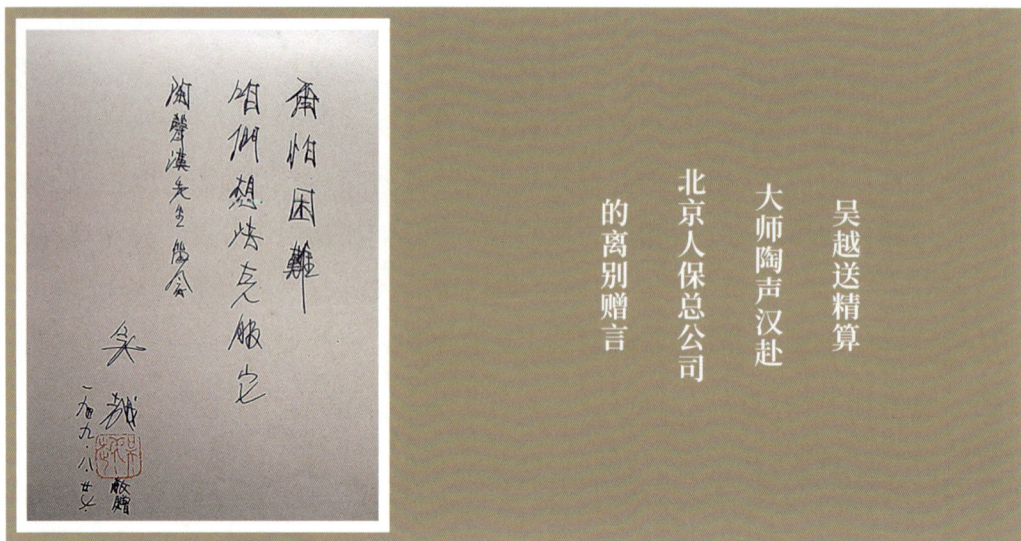

人保培训，聚有能力，散有光芒，聚是一团火，散是满天星；正是这种高效培训，支撑人保营建全国铺开的网络，让人民保险的光芒照耀到祖国每一个角落。

保险业之命运，与人民共和国休戚与共

1952年，人保华东区公司撤销，吴越归并到上海市分公司，先后担任业务科科长和防灾理赔科科长。多事之秋，考验人民保险事业。1954年，上海遭逢几十年不遇的特大暴雨灾害。上海市迅速成立防汛总指挥部，以加强对灾害气候的预警和防范。但当时一无干部，二无技术，更无经验，不知如何下手。

后来得悉人保公司有防灾防损业务，经常深入工厂企业检查防火防汛的情况后，市政府决定借调一批有经验的保险干部参与防汛指挥部工作。吴越等9人到总指挥部报到，总指挥是常务副市长潘汉年，常务副总指挥是副市长宋日昌。办公室设在市政府内，办公室主任由市政府秘书长熊中节兼任。办公室由市政府、市政工程局和保险公司派员组成。吴越初为检查组长，继为办公室专职副主任，主持工作。

专项工作非常辛苦，特别是检查组人员，经常要跑区县局了解防汛情况，布置抢险工作，还要深入工厂、仓库实地检查落实防汛指令，提出改进防灾措

施的建议。每逢潮汛高潮期或台风来袭，不论白天黑夜，大家都要紧急出动，顶狂风、冒暴雨、涉深水，处理突发险情，这一兼职就是数年。

人民保险与多难之秋的祖国同频共振。1958年10月，在全国国内保险业务大跃进"放卫星"高潮中，从西安财贸会议传出"人民公社化后，保险工作的作用已消失，除国外保险业务必须继续办理外，国内保险业务应立即停办"（这个理由是牵强的）的消息，"倒口袋"的说法甚嚣尘上，由此保险业陷入非正常状态。到12月，武汉全国财政会议正式作出立即停办国内保险业务的决定，全国各地以"大跃进"的速度纷纷停业务，撤机构，裁减人员，保险业的大好局面毁于一旦。

只有了解全国"雪崩"的大背景，才能悟出上海保险周旋于中央，"苟延"下来的难能可贵。吴越觉得这样简单粗暴的"一刀切"，自废武功，失之偏颇，会违背经济规律。于是，上海市保险公司组织大家学习马克思的《哥达纲领批判》中关于建立保险基金必要性的论述，用革命的理论捍卫自身的存在，他们联合财政局，两次邀请各专业局领导举行座谈，征询对企业财产强制保险是否立即停办的意见。而绝大多数单位认为保险在新形势下仍有必要，建议改"强制"为"自愿"投保。进而大家共同商议，待市委批准可以办理自愿保险后，需要保险的单位，可补办保险手续。

在全国停办的形势下，上海保险究竟何去何从？该如何处理好地方与中央的关系？吴越代财政局党组起草报告，历时3个月，苦心斟酌，十多次易稿，拟就《关于本市国内保险业务的处理意见》上报中共上海市委。其主要精神为，企业财产强制保险、船舶强制保险改为自愿保险，并与国内货物运输保险继续办理；简易人身保险和公民财产险等群众性业务继续维持；农业保险停办，改由公社自办；旅客意外伤害保险移交有关交通部门办理；原由财政局领导的保险公司将其业务移交人民银行接管和领导。

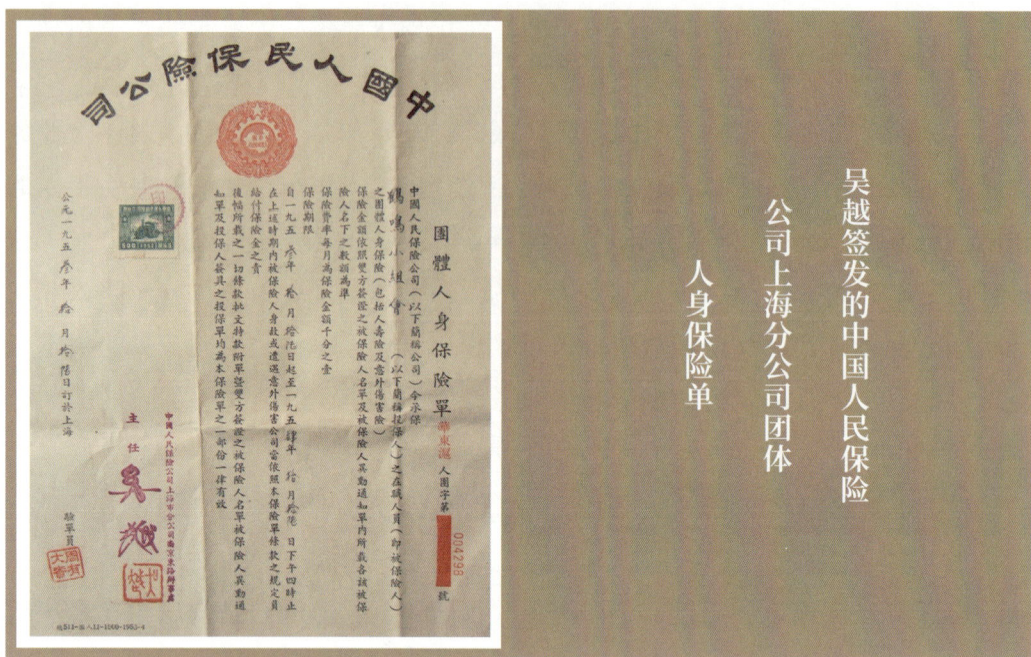

吴越签发的中国人民保险公司上海分公司团体人身保险单

1960年1月，保险公司正式并入银行系统，对外保留保险公司名义，内部则为保险处、科、股。银行领导认为上海的保险经营有悠久历史和光荣传统，一时停不下来，所以暂为"维持"作为过渡，但"最终目标是停办"。虽经多次申诉，说明保险不能停办的原因，但各级领导始终认为中央决定全国停办，上海理应执行维持—收缩—停办的方针。接着强调贯彻自愿政策，对财产保险不宣传、不展业、不派员办理续保，只发到期通知，愿者上门来办。对简易人身保险取消原由工厂企业每月在工资中代扣代交保险费的做法，改为必须由保户自己到保险公司或银行交费，无形中使许多财产险保户脱保，保户由于深感不便而大量失效或退保。尽管保险业快速萎缩，但保险经营一直没有停止，上海成为大陆仅有的一直延续经办保险业务的孤岛，创造了人民保险成长史的奇迹。1964年，由于上海国内保险业务的继续办理，对发展国民经济，稳定地方财政，安定群众生活起到积极作用，经全国财政会议的介绍，天津、广州及广东省财政厅局都派员来沪取经，几地随即先后恢复了国内保险业务。上海存续保险火种，成了暗夜里的一道微光。

中国人民保险公司简易人身保险保金单（分20年、15年、10年、5年满期两全保险）

1962年3月，停办派又占了上风，但20世纪50年代签发的20年期、15年期、10年期简易人身保险单，多未满期，清算有一定难度。坚持派的吴越，根据人民银行行长意见，几经易稿，煞费苦心地撰写了《关于停办本市国内保险业务的意见》，上报中共上海市委财贸政治部。上海的领导还是懂经济的，答复保险还是有作用、有需要的，仍应继续办理。濒临停办的上海国内保险，重获生机。

1962年7月，保险从人行储蓄保险处单列出来，进行组织架构整顿。市委派员充实保险处领导班子，原保险干部归队。同时健全制度，恢复展业。吴越率领保险人员主动联系企业，加强服务，保险业务逐步回升。

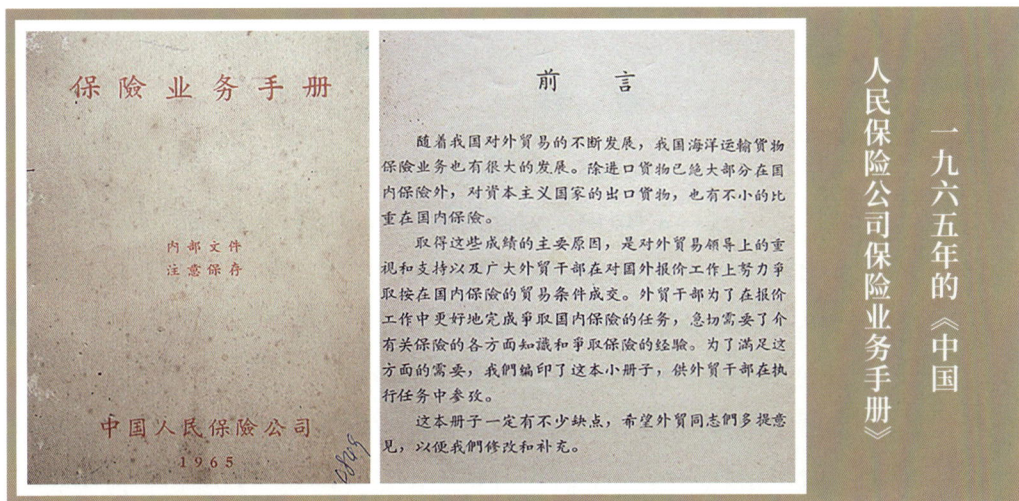

人民保险公司保险业务手册

一九六五年的《中国

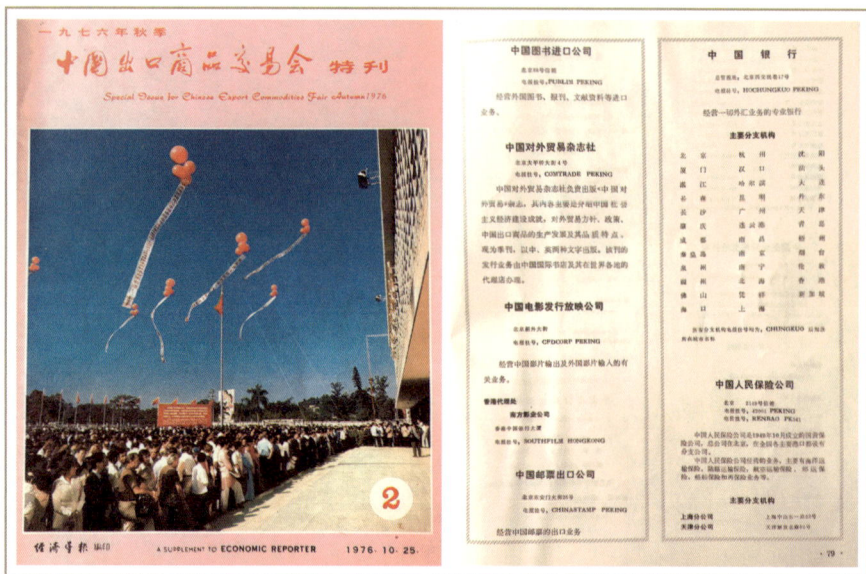

一九七六年的中国人民保险公司只存在于对外贸易中（广交会中有广告）

1967年1月，在造反派的逼迫下，上海保险公司终于停办了企业财险。1968年6月，保险机构被撤销。吴越苦心维护的上海保险屹立不倒的旗帜，出现歪斜。1969年年初，上海市保险处干部全被下放到财贸"五七"干校劳动。对外虽保留中国人民保险公司上海市分公司的名义，内部实为中国银行上海分行保险科，仅经营国外保险业务，保留着人民保险的火种。干校劳动结束后，吴越被下放到人行营业部会计科。

为保险业全面恢复，再立新功

凡是过往，皆为序章。1978年，国务院和中国人民银行将收到建议恢复保险的来信都转给了中国人民保险公司，总公司于10月中旬发文，想通过上海和南京对恢复国内保险业务问题进行调查研究。

吴越在历史变革关头，又一次勇立潮头，他顾不上为个人叫屈鸣冤，迅速撰写了《关于恢复国内保险业务的调查报告》和《关于恢复国内保险筹备工作意见》，分别提交中国人民银行上海市分行和中国人民保险总公司，成为人保有关恢复议题的最早的理论议案。1979年1月，为了促进国内保险早日恢复，吴

有关恢复议题的最早的理论议案。1979年1月，为了促进国内保险早日恢复，吴越又商请唐雄俊以上海社会科学院世界经济研究所名义，召开"保险座谈会"，在媒体上制造舆论带节奏，并促成在《解放日报》经济专版发表唐雄俊、刘琳《把人民保险事业恢复和发展起来》的重磅文章。

吴越在全国保险业务座谈会上发言

随后，人保总公司向人行上海和南京分行指名商借吴越和李继明，同时商调赵济年与叶奕德归队，齐聚北京共同设计拟订国内保险条款办法。他们历时一个月，完成了企业财产保险、国内货物运输保险、国内船舶保险、汽车及第三者责任保险、家庭财产保险、家庭财产和人身综合保险与简易人身保险7种条款、费率规章及说明，为恢复保险夯实了基础。

1979年5月至1985年11月，吴越出任中国人民保险公司上海市分公司副经理，负责恢复保险业务，并主持重建公司独立建制的全套机构，开辟诸多业务领域，为全面恢复办理国内保险业务作出了不可替代的贡献。

1985年，保险公司正在为吴越办理到龄退休手续时，上海市委组织部宣布纠正错案，恢复吴越党籍，并立即停办退休手续，重新任命吴越为中国人民保险公司上海市分公司副局级总经济师，直到1990年1月离休。

像实干家一样"做事"，像理论家一样"治学"

吴越有着谦谦君子般的儒雅风度，"粗缯大布裹生涯，腹有诗书气自华"，他几十年如一日，坚持学用结合，知行合一，他不仅是引领上海保险行业改革发展的排头兵，保险经营翘楚，而且是术业有专攻的理论专家，被人誉为中国保险史的"活字典"。

1979年11月29日，中国保险学会成立大会在京举行，名誉会长由许涤新担任，会长胡景沄。吴越应邀参会，当选理事。

中国保险学会第一届理事合影
后排右三吴越

随着保险业的恢复，加强保险的学术研究愈来愈显重要。1983年6月，人保上海分公司组成了专门的筹备组，相隔36年，吴越再次牵头负责筹组"上海市保险学会"，他草拟学会章程，积极着手发展会员并鼓励他们撰写学术论文，协商理事会成员名单和学术顾问名单草案。经过一年时间的筹备，1984年10月23日，被赋予新的历史使命的上海市保险学会正式成立。人保上海分公司的总经理魏原杰担任了会长，四位副会长：吴越、唐雄俊、顾濂溪、魏文达、其中吴越是常务副会长。学会的办事机构秘书处的成员都来自人保上海分公司。

上海市保险学会成立大会

前排右一吴越

上海市保险学会成立时理事元老合影

前排左一吴越

中国保险学会第三届会员代表大会合影照片（前排左2为吴越）

《上海保险》月刊和《中国保险辞典》

吴越主导创办并主编的《上海保险》月刊，被评为全国金融保险类核心期刊。

1989年，上海市保险学会与复旦大学经济系合作，吴越主编（乌通元、徐文虎任副主编，秦道夫、蒋学模作序）《中国保险辞典》，由中国社会科学出版社出版，共收词目3400多条，内容涵盖保险理论、基础知识、保险业务、再保险、保险法律、保险机构、保险人物、保险著作及刊物、保险财务会计、计划统计和有关保险的词汇概念等，还附录了中国保险法规及关于发展保险事业主要文件、中国保险主要条款、地震烈度表、风力等级表、火灾分级标准、气体爆炸极限、国际公约与国外法规，以及世界主要港口、世界货币名称一览表等，是权威而实用的保险业工具书。

吴越还主编《中国对外经济贸易辞典》"保险篇"，与华东政法学院合作编著高等院校教材《保险法教程》，获司法部"优秀教材奖"。他编撰《上海保险志》（1846—1949）初稿，担任《上海金融志》编委，《辞海》编委暨《辞海》和《大辞海》保险分科主编。他先后发表了近百篇富有价值的保险学术论文，在海峡两岸暨香港、澳门的同类刊物上屡被转载，特别是对于上海保险业发展前景的政策性建议，高屋建瓴，具有指导性意义，多次获上海市社会科学界联合会等"优秀学术成果奖"。

吴越还兼职上海市金融学会常务理事、上海市消防协会副理事长、上海社会科学学会联合会委员、上海财经大学教授、世界贸易组织上海研究中心专家委员。他还当选中国人民政治协商会议上海市委员会第七届委员，更是为保险业鼓与呼。在此期间，作为中国保险学会考察团成员，曾多次赴日本、泰国以及我国港台地区进行考察、交流和讲演，为中国保险业的发展，拓展与海外同行的交流层次起到了积极的推动作用。

弘扬保险业红色文化的铺路石

吴越身兼上海保险史志编纂委员会主任，深知弘扬保险历史文化，培根铸魂，是一项长期的系统工程，非一己之力能够完成，亦不能希冀毕其功于一役，需要久久为功，"道虽迩，不行不至；事虽小，不为不成"，修史编志，最怕的就是眼高手低，只说不做，一曝十寒。于是，他身体力行实实在在做学问，亲力亲为推动这一宏伟事业。他不计个人得失，不会只靠发通知、开大会、念文件、造声势，搞形式主义。他主动承担责任，不贪功，不诿过，只为心中的那份梦想而坚守，而执着。

纪念中国民族保险业创办一百周年大会
暨上海市保险学会一九八五年年会

1985年11月，中国保险学会与上海保险学会联合主办"中国民族保险业创办一百周年纪念大会暨上海市保险学会一九八五年年会"，吴越作为主要筹备人，花费半年心血，精心擘画，征集到了论文、诗词和题词130多篇，邀请到了人保总经理秦道夫、中国保险学会副会长宋国华、林震峰以及上海市副市长叶公琦等领导出席纪念大会。吴越作《贯彻"保险企业管理暂行条例"，振兴中国保险事业》的主旨报告，作了《上海市保险学会工作报告》，撰写了《保联学术部的活动及其作用》《上海保险业职工同反动政客罗北辰斗争的前前后后》等文章，会议成果汇编成《中国民族保险业创办一百周年纪念专集（1885—1985）》。

在中国民族保险业诞生一百周年纪念大会上吴越做学会工作报告

上海市保险学会特制的"中国民族保险业创办一百周年"纪念大铜章

一九九四年特制的"上海市保险学会成立十周年纪念"大铜章

1985年11月上海纪念中国民族保险业创办一百周年大会的保险界元老

一排左起	吴越庄	咏 文	姚达人	余 瑾	唐雄俊	崔 璐	顾树桢	魏原杰	秦道夫
	宋国华	林震峰	王永明	魏文达	顾濂溪	潘垂统			
二排左起	赵镇圭	林正荣	陈人麟	陈寅康	夏泽芳	陈寿山	陶声汉	乌通元	刘凤珠
	王明初	周谨溪							
三排左起	顾用麋	范永年	廖 申	王永昌	丁惠民				

"上海市保险业党史资料征集组"，办公室设在上海市宛平南路590弄1号楼306室，配备专职干部，负责征集上海各历史时期的保险业党史资料和文物，研究整理出版相关资料集和大事记，并运用党史资料进行爱国主义教育，为社会主义精神文明建设服务，这在全国保险系统是破天荒的。

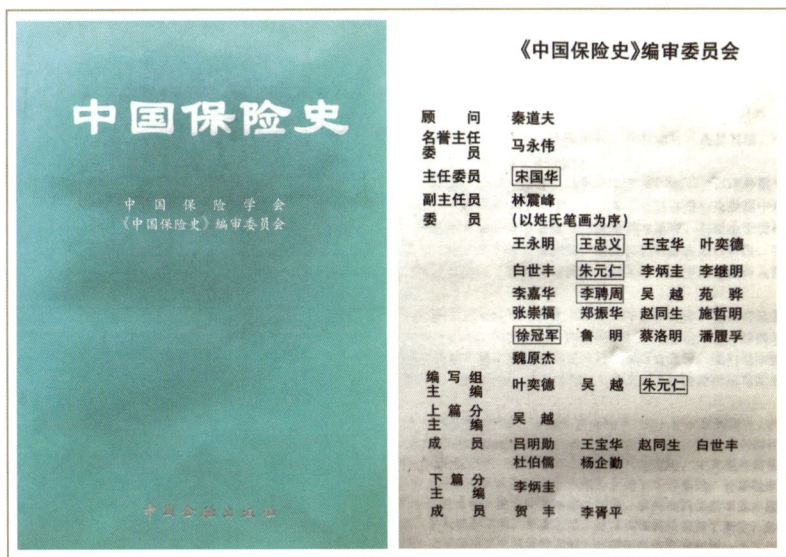

数年辛苦奔忙，征集到"保联"章程、徽章、会员名册、照片、纪念册和会刊等十分可观的文献资料及实物，梳理研究的成果编纂成了《上海市保险业职工运动史料》两集，这是中国保险业红色文化研究的奠基之作。

1990年吴越离休后，全身心投入中国保险学会的宏大形象工程——编写有史以来首部《中国保险史》（1805—1949年）。他担任编写组主编，分工承担了难度最大的"上篇"部分，系统考察了从古代保险意识萌芽到现代保险业诞生的演进全进程，上下数千年，年代跨度大，前无古人，没有现成的文献资料可供借鉴，需要从零开始，从无到有，爬梳历代典籍文献，食货志书，近代报章杂志，搜寻解读有价值的信息，勾勒出中国保险业成长的基本概貌，既揭示西方保险业对中国近代保险市场的控制和垄断，也考察了民族保险业自立自强、跌宕起伏的演变，系统总结业界成败得失。由于他不带功利心的辛勤付出，勇于任事，保证了书稿如期竣工，顺利通过审核，1998年由中国金融出版社出版发行，填补了保险史学研究领域的空白。无论是从事经济金融保险研究的史学者，还是一般的保险从业者，都能从书中获得系统的保险历史知识，汲取丰富的成长营养。

吴越还两次创意主导了"中国人民保险公司上海分公司与上海书画院"的联谊创作展示活动，这为保险文化史绘写了保险与书画艺术结缘的美好篇章。这说明那时的保险企业营销还是十分注重文化品位的。

　　1985年9月6日，上海市保险学会邀请上海中国画院的艺术家以祝贺中国民族保险业创办一百周年为题，举行联欢座谈，画院的副院长韩天衡、张桂铭，总支部书记吴玉梅，老画家曹简楼、林曦明、郁文华、邱受成等欣然参加了活动。

　　轻松愉快的氛围中，艺术家们当场挥毫泼墨。最精彩的是，他们联袂创作多幅巨作：曹简楼先画一束芝兰，郁文华再捧出牡丹，邱受成笔下迎春花开，其他名家纷纷献上名花异卉，最后韩天衡在画首书写篆体"春意盎然"四个大字。画家们意犹未尽，换卷再绘，吴玉梅轻轻几笔，芙蓉盛开；林曦明饱蘸画笔，鸡冠花红；张桂铭手臂轻舒，和平鸽飞来；石榴菊花山石，画家各显身手，不多时，百花园里万紫千红，硕果累累，由韩天衡题上"九秋佳色"四个大字，再加上艺术家们亲手钤盖的红色印签，画面缤纷多彩。金融企业与艺术家的跨界合作留下了足以流传后世的名作，表达对人民保险事业欣欣向荣的祝愿。

《纪念画册》与书画艺术家合作的《岁寒三友》

　　1989年10月20日，中国人民保险公司成立40周年纪念日，上海分公司邀请上海艺术家们再次联欢，适逢上海中国画院成立30周年，有50多位著名书画家现场创作艺术精品，展现各臻其妙的艺术风采，为双庆活动增光添彩。

　　最令人称道的是，三位艺术大师联袂创作的《岁寒三友》：唐云画竹，朱屺瞻补山石，最后由程十发补梅花并题款，表达美好的祝福。

存续文化基因，凝聚奋进力量

　　无需"击鼓摇旗"已自觉出发，向心目中认定的目标进军，吴越以饱满的历史文化情怀，壮心不已擘画着未来。自20世纪80年代初始，他与林震峰倡导上海创建了中国保险业首家由企业组建的党史资料征集办公室及保险研究所，在《上海保险》杂志专设历史栏目，多年来奔走呼吁有识之士抢救历史资料，多次捐献个人的珍贵文物，力推上海创建保险历史文化博物馆，旨在由上海市保险学会与保险研究所联袂构建起引领全国保险集约型发展的文化高地。星星之火，终成燎原之势，尊崇历史文化的人渐渐多了起来，有识之士纷纷呼吁保险人内修信仰，外塑形象。吴越既经历了开创先河的兴奋，又遭受了无端被曲解、被诋毁、被撤销的磨难，无论在什么样的环境里，他都没背弃过信念，他有着"功成不必在我"的境界和"功成必定有我"的担当，也见证了红色保险文化受重视遍地开花的释然、坦然、欣然。

　　实话实说，在当下全国各行各业都在重视优秀历史文化纷纷筹办博物馆的热潮中，上海保险行业并未输在起跑线——30多年前就已经起步——而是被叫停在撞线前，功亏一篑。吴越富有远见的宏伟设想最终未能落地，令人扼腕，不是客观条件不具备，亦非主观能力不到位，而是输在业界认知同心同德方面。

"文章千古事，得失寸心知。"林震峰与宋国华当年还身居人保总公司、总经理副董事长，推进修史编志弘扬企业文化比较顺利，而当他们先后退居二线后，情况出现变化，有人认为他们修史编志是花公家的人力资金为个人歌功颂德，树碑立传。于是党史资料征集组被突然取缔，人员被遣散，费尽心血收集的资料（包括众多前辈捐赠的个人物品）被封存不准利用，后来居然遗落到废品回收站，已经交送上海地方志办公室审稿的《上海市保险志》也被撤回，中止出版计划。当年那一波编撰出版行业志的全国热潮，据不完全统计，仅就全国各省乃至州县小地方的《保险志》就有六七十种之多，这是保险文化人为后人留下的一笔丰厚文化财富，但令人深感诧异的是上海没有出版保险志。最具有历史渊源和厚重文化底蕴，最具备成书资格的上海竟然没出专门的保险志，令人难以置信。当年仅在上海，各类上海专业志就出版百余种之多，难道保险业还不能位居经济百业之列？格局决定未来，据了解已经撰成的初稿被打入冷宫，不认可为何不另起炉灶？如今只能在《上海金融志》里找到保险业的梗概，粗略看到保险前辈的奋斗轨迹。

吴越参加
上海市第七届
政协会议

感谢"保联"前辈的努力，让我们有可能看到红色保险文化的深邃与博大。

老一辈"保联"先贤们用自己夙夜在公的修史编志、保护文物、传承文明的奉献，先知先觉的凛然正气，无愧于心，不畏于行，其实是在完美解答困扰业界许多人的灵魂追问"何以保险？以何保险？"——经常有人问，保险行业属于怎样的金融行业？保险人该属于何种社会地位、身份认同？保险业存在合理性的"终极价值究竟何在"？说直白点，凭什么客户要相信你？把安全保障责任交给你？你值得信赖吗？

或许我们可以从中国保险业的发展历程中寻找线索，去思考这一世纪追问。"历史是最好的教科书，也是最好的清醒剂"。没有高度的保险历史文化自觉自信，没有保险历史文化的繁荣兴盛，就没有中国保险业的伟大复兴。打开卷帙浩繁的历史篇章，拂去岁月的浮尘，当我们透过保险业界的喧闹与纷乱，去追忆和溯源，就会发现保险业中的红色基因和红色血脉，自一百多年前起，就已经深深蕴藏在近代金融业发展历程中。无论是在觉醒年代、全面抗战时期，还是上海解放初期、改革开放年代，保险业都有着重要贡献，红色保险始终闪耀着独特的光芒。历史的脉络引向远方，重温红色保险峥嵘岁月，其现实意义不只提醒我们有两百年的成长史、奋斗史的深厚积淀，至为关键的还在于保险文化蕴含了五千年来人们居安思危，对未来美好生活的憧憬与期冀，为中国保险业的伟大复兴注入强大的精神动力。某种程度上，积蓄备荒、互助共济已成为人类集体下意识，融入我们的血脉，穿越时空，凸显了风险治理的本质定位。国有难，召必至，扶危救困是保险业的使命担当，是恒久的保险信仰，也成为这一行业存在合理性的欣赏及评判。

我们确实需要对历史文化研究阐释，正本清源——探源溯流，叩问来路：保险究竟是什么？保险人如果没有对自己所从事保险职业风险治理文化特质的清醒认知和作为扶危救困角色的自我认同，就不会有文化自觉和文化自信。只着眼保费几何，市场占有率沉浮，热衷于资本市场博弈，静不下心来审视，更不愿意去灵魂追问：赚那些利润的合理性有几多？这个行业的存在价值何在？她会拥有怎样的未来？我们有责任让社会公众知道保险业本质上不是传销，保险销售是一份值得尊重的职业。现代保险业已成为应对风险挑战的制度安排，是社会治理不可或缺的重要政策工具，是实现国家治理体系和治理能力现代化的重要环节，作为朝阳产业足以度量一国经济的发达程度。

二零一八年
九十五岁的吴越先生在
上海财经大学保险博物馆

保险决策者首先必须是文化人，要有面向世界、面向未来的大格局，保险人眼中，不能只有保费。

1999年上海市保险学会特制"中华人民共和国保险事业五十周年纪念"银章

崇高职业需要文化底蕴支撑，保险人应该是承担崇高使命的文化精英，高明的保险决策者，要常怀敬畏之心，有文化担当，保险业界要赢得世人的尊重，需要正本清源，回应人民的现实关切，守正创新，保险服务要始终把人民摆在心中最高位，践行家国至上的情怀，这或许是追忆"保联"的初心。保险业是高资源集聚高技能附加值的朝阳产业，是经济的聚宝盆，更是社会的稳压器，在未来国家治理体系和治理能力现代化中将承担重要责任。

附：吴越发表的部分文章一览表

文章名称	发表时间	刊物名称及期数
办理国营企业的保险是"倒口袋"吗?	1980年	《保险研究》第2期
发展保险事业，为四化建设服务	1980年	《上海金融研究》第5期
发挥补偿作用，促进保险事业	1981年	《保险研究》第3期
为什么有些企业还没有参加保险?	1982年	《上海金融研究》第1期
举办人身保险是积聚资金的重要渠道	1982年	《保险研究》第1期
旧中国的保险学会	1982年	《保险研究》第1期
企业财产保险实行账面责任赔偿方式之我见	1982年	《保险研究》第5期
开创国家保险工作新局面——对企业财产实行法定保险的探讨	1983年	《保险研究》第5期增刊
我国第一家保险企业名称和成立年月的考证	1983年	《保险研究》第6期
日本的"财形制度"	1983年	《上海金融研究》第2期
保险工作要积极为农村经济和社员福利服务	1984年	《上海金融》第5期
香港的人寿保险	1986年	《上海金融》第1期
保险资金是金融市场的潜在力	1986年	《保险研究》第5期
迎接挑战，投入竞争	1987年	《保险研究》第5期
保险基金应在资金市场发挥作用	1987年	《上海金融》
开创国家保险工作新局面	1988年	《上海保险论文选（一）》
转变观念改革保险体制	1988年	《上海保险论文选（一）》
建立多层次保险体系振兴上海保险事业	1988年	《上海保险论文选（一）》
人寿保险的历史经验及发展策略设想	1989年	《上海保险论文选（二）》
忆华东保险训练班	1989年	《上海保险论文选（二）》
忆华东保险训练班	1989年	《保险研究》第5期
多层次养老保险的构想	1991年	《保险理论与实践》第4期
闯过生死线	1993年	《上海党史研究》第2期
探索我国保险与国际接轨的若干问题	1993年	《世界经济研究》第6期
回顾与展望	1994年	《上海保险》第2期
重建上海保险中心的构想	1994年	《上海保险》第7期
话说中国寿险精算师	1994年	《上海保险》第8期
一段坎坷的历史回顾——六十年代上海国内保险	1994年	《中国保险》第10期
抗战胜利后的上海保险业——纪念抗日战争胜利50周年	1995年	《上海保险》第8期

追寻
▶保联先行者的足迹◀

《保险法》必将促进中国保险事业的健康发展	1995年	《上海保险》第11期
我国保险事业发展态势——权威人士、专家、学者笔谈辑	1996年	《保险研究》第1期
六十年前的中国保险学会	1996年	《上海保险》第2期
永福和大东方人寿是1846年开始在上海设立分公司的吗?	1996年	《上海保险》第3期
保险英文条款改用中文的演变	1996年	《上海保险》第4期
2000年上海保险市场展望	1996年	《保险研究》第3期
机动增值火险的出台与收场	1996年	《上海保险》第5期
黄寅初赌博"太平"轮	1996年	《上海保险》第6期
"保险箱条"的性质与作用	1996年	《上海保险》第7期
万众一心要和平——纪念保险界民主促进会成立五十周年	1996年	《上海保险》第8期
"保险标牌"钉门楣	1996年	《上海保险》第9期
"一二八"兵灾火险纠纷案始末	1996年	《上海保险》第10期
"特别注意本保险单条款"的特款出台缘由	1996年	《上海保险》第11期
关于保险史的若干悬疑	1996年	《上海保险》第12期
前邮政储金汇业局创办简易人寿保险始末	1997年	《上海保险》第1期
人寿小保险兴衰始末	1997年	《上海保险》第4期
中国保险公司的创立和沿革	1997年	《上海保险》第5期
旧中国对保险经纪人的登记管理	1997年	《上海保险》第8期
火灾联保公司的兴衰缘由	1997年	《上海保险》第11期
我国保险市场的现状与展望	1997年	《上海保险》第12期
峥嵘岁月 坎坷历程——六十年代上海国内保险的回顾(三期连载)	1999年	《上海保险》第9期、第10期、第11期
呼吁筹建保险历史陈列室	2000年	《上海保险》第8期
在上海市防汛总指挥部的日子里	2006年	《上海保险》第4期
关于《中国保险业二百年》几则史实的商榷	2008年	《上海保险》第1期
我在上海恢复国内保险的日子里	2008年	《上海保险》第11期
中共上海保险地下党对国民党控制"保联"的斗争	2010年	《上海保险》第1期
在上世纪六十年代时期的坚守	2011年	《中国保险报》7月29日
抗日战争胜利后的上海"保联"学术部	2013年	《上海保险》第2期

回首一切的过往
信仰才是力量源泉

记香港民安保险公司创始人沈日昌

沈日昌　香港民安保险公司创始人。1918年出生于浙江桐乡，1935年，大学毕业考入太平保险公司任职，几年后擢升太安丰天保险总经理处稽核一职。1947年10月受民安保险委派筹建民安保险香港分公司。经过先后几次增资，香港民安纳入了中国人民保险公司系统，1953年，沈日昌任民安保险总经理，直至1986年退休。

历史的细节往往蕴含感人的力量，于细微处见精神。

1949年10月1日，当举国上下洋溢着新中国诞生的喜悦与欢庆氛围时，受英国殖民统治下的香港，在华人商行的一间办公室窗口，也伸出了一面鲜艳的五星红旗，迎风飘扬，于蓝天白云的映衬下，异常醒目。

这是沈日昌带领香港民安保险公司同事，与人民一道迎接新中国的新生，当然，也是庆祝香港民安保险公司诞生日。从这年开始，每年的10月1日他都会自己挂国旗，此举彰显着无数海外华人的家国情怀。沈日昌，时任香港民安保险公司总经理。

保险元老秦道夫回忆道："英国殖民统治时期，在节庆日悬挂五星红旗的香港中区办公楼寥寥无几，民安所在办公楼就是其中之一，每逢节庆，沈总就庄严地从自己办公室的窗口挂出五星红旗，拳拳爱国之心尽在其中。"

沈家才子初长成，入职太平保险立毕生事业

沈日昌，出身于人杰地灵的浙江桐乡柞溪一家老字号家族，先祖沈济自明朝嘉靖年间从湖州到乌镇锻造农具，经营冶铸业，家族数百年来以铸造锅釜和龙凤烫斗驰名江南，亦工亦农，因依傍京杭大运河的运输通达，成为进贡朝廷"膳具"的"官家冶坊"而名扬天下。

沈亦昌冶坊 "天下第一锅"

至今在乌镇旅游风景区西栅老街一处老院落，供奉着一口号称"天下第一锅"的大铁锅。1866年，沈亦昌冶坊为了纪念为朝廷贡锅100周年，也是为了展示自家的冶炼技术和经济实力，特意冶炼这口大锅。据传当时沈家还用这口锅熬了3大锅粥，接连3天，施粥于当地灾民，普施善心。乌镇有两族沈家，沈雁冰（茅盾）与沈日昌这一族同姓不同宗。

祖父沈善保（1869—1939），字和甫，乌青镇商会主席，镇议会副议长，浙江第一届省议会议员，儒商风范，除经营沈亦昌冶坊外，在苏州、上海、嘉兴、平望等地，独资或合资开设冶坊、钱庄、盐仓、典当等。在实业致富后，藏书颇丰，以诗书会友，广交社会贤达，匡危扶贫，热心公益，1902年创办乌

青镇中西学堂（即今乌镇植材小学前身，沈雁冰曾在该校蒙学），重视课读。沈和甫扶助家境困难而有志向学的青少年在嘉兴一带传为美谈，曾资助沈泊尘、应时（字溥泉）、丁士源等人成才。沈泊尘自幼丧父，兄弟三人皆得沈和甫资助方得成年，为了让沈泊尘掌握生存技能，沈和甫送他入钱肆当学徒，后来又送到上海南京路上的一家绸庄当执业。后来沈泊尘为《申报》画刊头，以笔代刀，画时事讽刺漫画，在上海创办漫画月刊《上海泼克》，开创了中国漫画界的先河。国学大师章太炎的夫人汤国梨幼小怙，天资聪慧，沈和甫认她做了干女儿，在他的资助和鼓励下，茁壮成长，得以旅外深造，考入设在西门黄家阙路的上海务本女学师范，毕业后从国文教员到校长，到报社编辑，善诗词，高才享誉女界。1913年6月15日，章太炎与汤国梨在上海爱俪园（哈同花园）举行婚礼，证婚人蔡元培赞之为"文学与革命的结合"，前来致贺者多达两千余人，包括孙中山、黄兴、陈其美等各界名流，哈同夫人罗迦陵在场照料一切，爱俪园又一次成为上海报章和街谈巷议的热点，沈和甫是以女方舅舅兼媒人身份操办婚礼的。

爷爷独善其身、兼济天下的胸怀对孙儿沈日昌产生了深远影响。

三叔父沈承彬是德国柏林大学医学博士，父辈沈承彪及胞兄沈家宏皆留学日本，哥哥沈家宏还是京剧"程派"名票友，参加朱希、汪鹤松的抗日部队，1954年在上海创办亚洲实业有限公司附属铁工厂（1956年改名为：亚洲实业铁工厂）。在这样开明的家庭氛围里，1918年出生的沈日昌无忧无虑度过幼年、少年到青年时光，在上海顺风顺水完成了小学、中学及大学的学习历练，拥有了扎实的知识储备。沈氏家族开放、进步、宽容、慈善的家风烙印在沈日昌身上，潜移默化于血脉里，培根铸魂，铸就他一生的底色。

1935年，机缘巧合下，沈日昌考取了太平保险公司任职资格，从此与保险业结下一生之缘。他在太平保险业务实践中得到了提升，爱岗敬业，追求卓越，也在太平保险开明人士的影响下，思想升华。

几年之后，太平保险成为全国最大的华商保险公司之一，兼并了丰盛、安平、天一等保险公司，形成欧美托拉斯性质的管理模式，为业界所瞩目。沈日昌随着太平公司的变革重组，也逐步走上了重要的企业管理岗位，他的忠诚守信及才智深得决策层的青睐，擢升太安丰天保险总经理处稽核一职。

1937年，日寇发动全面侵华战争。1941年年底，太平洋战争爆发，日寇又强占上海租界，太平保险公司业务重心被迫转移到大后方及海外。

1941年，沈日昌内迁到重庆，擢升太平保险重庆市分公司副经理一职，兼职红色实体广大华行保险部，在这里他相遇、相识、相知，并将相许相守一生的伴侣——广大华行会计江黛茜。他在重庆积极参与大后方保险市场开拓，服务于经济抗战大局，当选为重庆市保险同业公会委员。1945年8月抗战胜利，沈日昌又随太平保险返回上海。1946年，沈日昌升任太平保险集团总部稽核。

1943年年初，在重庆的卢绪章想通过创办金融机构来提高广大华行的实力及社会地位。1943年秋，"广大华行"与民生实业公司卢作孚合创民安产物险公司，成为广大华行党组织正确执行党的抗日民族统一战线政策的显性成果，变身成秘密红色经济实体，虽然创建时间比较晚，但却是党在"国统区"开展统战工作和经济运营的重要据点，不但为党培养了一批保险金融骨干，还为党筹措了活动经费。1945年9月，"民安保险"东迁上海，抢占外滩一号，积极调整并扩大分支机构，紧紧依托广大华行，并通过民生、民孚公司，开辟国外保险业务，多元参股投资实业。一时间业务蒸蒸日上，令业界刮目相看。

到1947年，随着全面内战爆发，上海社会及金融市场一片萧瑟，经济百业凋敝凄冷，一些名企将资金抽转香港，另谋生路，改弦易辙。根据中共南方局有关广大华行经营重点南迁香港的指示，民安保险总公司亦开始擘画赴港事宜，也打算为日后开辟海外战场未雨绸缪，做资金方面的先期准备。卢绪章出于对沈日昌品行能力的完全信任，也有借用太平保险集团强大影响力、人脉关系打开局面的考虑，特聘沈日昌以专员身份前往香港考察保险市场，伺机筹建民安保险香港分公司。

这是前所未有的挑战，30岁的沈日昌决心勇敢面对，1947年他孤身一人由上海南下。彼时的香港，正值日本战败投降，英国殖民当局接管，正从战乱中新生，百废待兴，人口仅有100多万，保险公司寥寥，而且监管失位。沈日昌在回忆录中叙述："当时我到香港，看到一个很有趣的现象，那就是香港保险公司的费例（费率）没有法律管制。外国人用Foreign Rate，中国人则用Chinese Rate，中国人的保费要比外国人的高，但折扣也大。比如为一间中国人的店铺作保，若是五块钱的保费，必须先开价十元，然后再讨价还价，然后或许会有个九折。""当时的保险业多是英美的天下，中国人做保险业的很少，资产亦有限"。

困难比想象的还要多，不过，目光长远的沈日昌意识到，香港是天然商都，是重要的交通枢纽，世界各地的水陆运输、物资集散都要经过香港中转，保险业一定大有可为。沈日昌将其考察所闻所见向卢绪章做了详细汇报，得到认可，决意创办民安保险香港分公司。

创业之路艰辛备尝，筚路蓝缕。1947年10月民安保险香港分公司即筹建成功顺利开办。开业之初职员只有2人，环境条件异常艰苦。沈日昌任副经理，还需同时肩负内勤外勤、承保员、出单员和分保记账等职责，事无巨细，亲力亲为，不辞劳苦，经常工作超过十几个小时。

一九四七年十月十五日民安保险公司香港分公司开业合影

前排左二沈日昌

沈日昌（右一）参加华商保险公会同业活动

由于资金与人员匮乏，公司其名不彰，阻碍重重，但沈日昌相信，三分天注定，七分靠打拼，爱拼才会赢！为开拓公司经营新局面，他使出了浑身解数，还积极周旋于香港保险业界，经常参加华商保险公会同业活动，团结华商同人共同培育民族保险事业。

绝处逢生，创办香港民安保险

沈日昌曾这样叙述："民安的生日跟中华人民共和国国庆同日，这纯属巧合。"这不是有意为之，背后的原因是，1949年6月，大半个中国完全解放，民安保险的股权结构发生变动——已筹建好的全国分支机构受命停业逐步清退，旧的"民安保险公司"宣告结束。

沈日昌不甘心前功尽弃，他紧急策划内地赴港的保险、银行界人士筹募资金，将原民安保险香港分公司改组为独立法人，注册资本100万港元，实收资本50万港元。首任董事长梁次渔（广大华行香港分行经理），总经理石景彦（石志昂），沈日昌出任副经理。沈老回忆："六七月份筹建新民安时，我问律师何时能办妥手续。""律师回答说，两三个月吧。于是就将10月1日定为香港民安保险公司正式成立的日子。"这比中国人民保险公司的成立还早了20天。从此以后，每年的10月1日，民安的全体同仁既欢度国庆，又同庆香港民安。民安成为在香港注册成功的第一家民族资本保险公司，也成为香港红色保险资本的摇篮。他更不会预料到，多年后他擘画缔造的香港民安保险公司会与太平保险公司合为一家。

客观而论，"在香港这个弹丸之地，却有200多家保险公司，而日本这么一个国家也只有20多家保险公司，相形之下，在香港能够成为一家颇出名及有信誉的保险公司是不容易的"。

香港民安继承了解放前后广大华行在香港的保险业务，特别是抗美援朝初期，外商不接受内地的进出口贸易，大量进口物资需经香港转口，香港民安保险把握商机，积极而谨慎发展货运险、火险和相关意外险业务，一方面充当中国人民保险公司的货运险香港理赔代理人，另一方面代理英国著名保险公司法通保险公司业务。这样不仅打破封锁，排除万难，服务好国家的转口贸易，也使香港民安保险业务迅猛发展，实现双赢，内地的外贸进出口保险，几乎全由香港民安承保，仅就保费收入而言，香港民安已经成为华商保险公司之首。即使在西方对香港禁运期间，民安的货运保费依然保持了增长。

经过先后几次增资，香港民安纳入了中国人民保险公司系统，1953年，孙文敏被派任香港民安公司董事长，沈日昌任总经理。后来董事长几经变易，先后由乔彬、苑骅、于葆忠接任，但总经理沈日昌一直没有变动，虽无数次受到外资公司高薪邀请，但沈日昌从不为所动，宁肯拿相对较少的薪资，也要服务中国人保，报效祖国。

沈日昌为挹注《保险知识》在港
复刊撰写的编者寄语

沈日昌为了公司长远发展，他强调效率为先，在内部制定了严格的管理制度，严于律己，宽厚待人，以身作则，兢兢业业。公司的公章一直放在自己的身上，从不借外人保管。他合理奖掖，鼓励职员岗位成才，经过多年培养，民安保险拥有一支超强的外勤队伍，通过他们直接联系大批的保险客户和保险代理人，并且通过以客化客和开拓新路的方式，开辟新的保险资源。

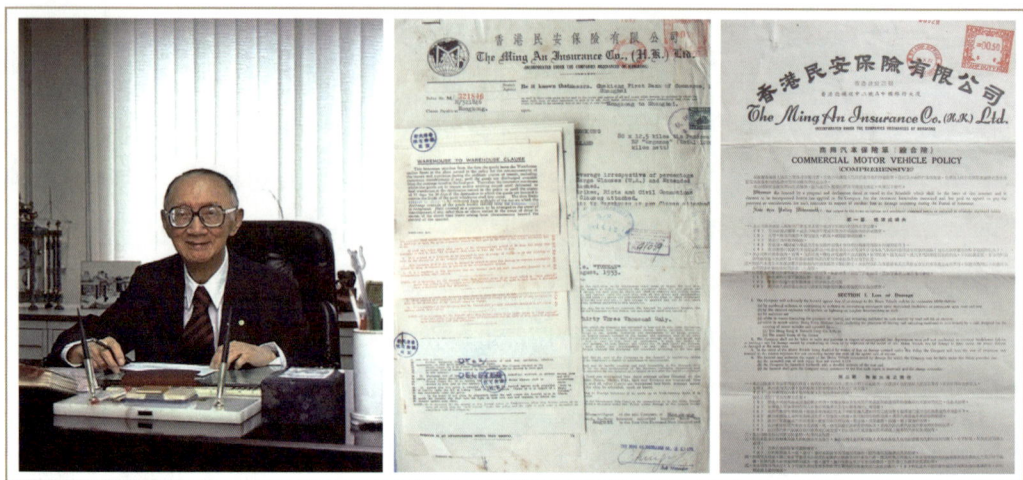

　　直到20世纪60年代之前，香港的保险公司还很少直接承保船舶险业务，有关业务大多由伦敦保险市场定价承保。沈日昌领导香港民安充分运用香港得天独厚的转口贸易港优势，担任人保总公司的货运险香港理赔代理人，尝试船舶险业务。这一举措，使得香港民安在业绩上实现了飞跃，成为"香港少数对船舶险业务有专长的直接保险公司之一"。当时船舶险业务定价权主要掌握在英国手中，香港民安在中国人民保险公司的支持下开始自定费率，实现了自主定价，船舶险逐渐成为香港民安的金字招牌，到1971年，香港民安的船舶险保费达到2000万港元，超过公司总保额的80%。

　　1966年，"文化大革命"爆发，内地的涉外保险业务遭受厄运，但香港的太平和民安保险公司一直坚守着保险业务阵地，延续着人民保险的火苗。1969年上半年，外贸部门先后发生从国外进口手表和铂金在空运中丢失事件。中央领导指示"保险还是要办，保险是对外联系的一个渠道，敌人想孤立我们，我们不要自己孤立自己"。这成为保险在困境中恢复发展的契机。

　　1970年6月，内地的涉外保险和国际再保险业务重新开办。20世纪70年代末期国内实行改革开放，外贸出口速度加快，民安保险业务因此受益，毛保费年收入达到5000万港元。1975年，上级委派秦道夫到香港民安保险公司任副总经理，加大对海外保险的监管。身为总经理的沈日昌，在工作和生活上，给予了秦道夫贴心的照顾，两人结下了真挚的情意。

到20世纪80年代末，香港民安已由当初的2人公司发展到拥有四个分公司、一个支公司，十多个代理处，净保费逐年递增，业务不断扩展，与17个国家、地区的43家同业建立分保关系的国际公司。到2000年，民安已经成长为注册资本达到10亿港元的行业翘楚。

2009年12月22日，香港民安保险有限公司正式易名为中国太平保险集团公司（香港）有限公司，旗下成员公司有太平保险控股、资产管理（香港）、证券控股（香港）、民安保险（中国），并在澳门、英国、新加坡、新西兰、印度尼西亚、日本等地设立分支机构。公司业务涉及人寿保险、财产保险、养老保险、资产管理、再保险、再保险顾问、投资控股等。

爱国情怀，永葆初心

早在赴香港之前，沈日昌与夫人江黛茜都秘密加入了党组织，成为一名活跃在香港保险界的红色企业家。沈日昌吐露肺腑之言："为国家做贡献是我们的心愿，我们的一切是国家给的"。

20世纪50年代到60年代后期，港英当局不断镇压香港爱国同胞，发生了一连串涉及中英外交纷争的事件。沈日昌带领香港民安员工成立了"号角战斗小组"，编印手抄报，积极参与反英抗暴运动，战斗小组成员手持宣传品前往港督府示威游行，并在港督府门外张贴大字报。

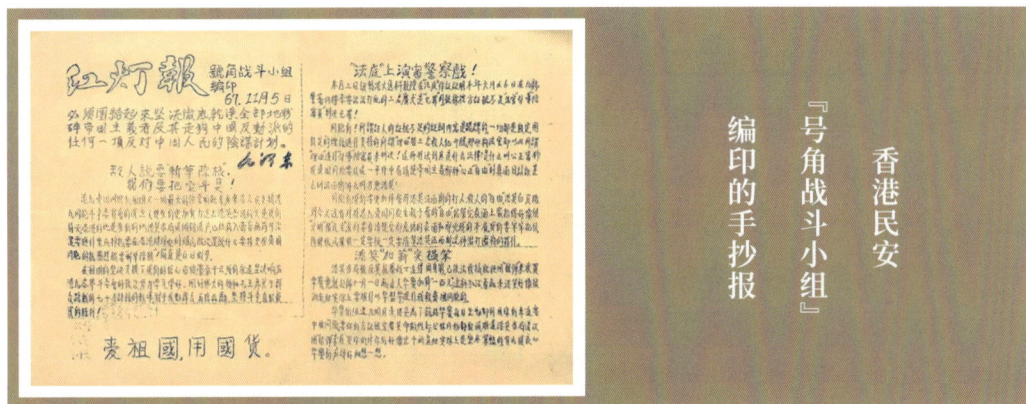

香港民安"号角战斗小组"编印的手抄报

沈日昌还组织了香港民安公司"学习小组"，积极参与社会调查，更多地深入了解底层群众。他们发现，在香港筲箕湾圣十字径村和九龙钻石山区有一些住在山区木屋中的工人，"居住条件十分恶劣，打雷下暴雨，木屋随时有被摧毁或倒塌的可能"。沈日昌批准试行"木屋保险"实验，以极低的保费为香港底层工人提供木屋财产保险，旨在让保险为"劳动群众做一些服务"。

　　萧亦煌是沈日昌的得力助手，曾有在英国商行工作的经历。他回忆，之所以当时选择只能算是小公司的民安，是因为在当时的香港保险界，大家都知道"进民安能为国家做事，为民安工作就是为国家工作"。正是这种朴素而真挚的爱国情怀推动萧亦煌作出了这一生无悔的抉择。

1979年，中国人民保险公司所属的香港民安保险公司员工合影

　　为推动香港回归祖国怀抱，沈日昌担任了香港特别行政区基本法咨询委员会委员，新华社香港分社香港地区事务顾问等社会公职，为恢复香港主权提出了许多宝贵意见，作出了积极的贡献。他的社会兼职工作很多，先后任香港华商保险公会主席、副主席各六届，香港保险总会执行局特邀委员、广东省保险学会名誉副会长、中国再保险(香港)有限公司董事、中华保险顾问有限公司董事会主席、巴拿马民安(海外)有限公司主席兼总裁。他连续三届当选广东省第七届人民代表大会代表等职，积极参与国家建言献策，致力于粤港经济、文化和社会事务之交流。

信仰是踔厉奋进的力量之源

沈日昌始终把成为一名守正务实、勤俭理财的保险人作为毕生追求。无论是在民安公司初创的困难关头还是后来步入正轨时期，他都谨守勤俭办企业的原则，严于律己，以身作则。

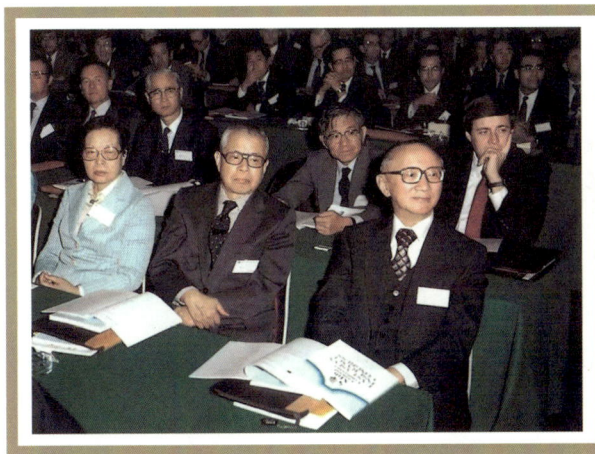

二十世纪八十年代
沈日昌出席
国际保险会议

沈日昌几十年不忘初心，牢记使命，他热爱祖国，爱港敬业，正是这种源自信仰的力量，使他把毕生的精力都献给了民安保险的成长与发展。

接触过沈老的人，都会被他的亲和力所折服，他从无咄咄逼人的时候。他的为人处世中温文尔雅的性格、胸怀坦荡的气质，令人钦敬，即使在生意场上，也是重义轻利，争做德商、义商，绝无为私利锱铢必较、睚眦必报的表现，透射出非凡的人格魅力。

秦道夫曾评价："沈日昌是一位保险专家、大公司领导人，运筹资金数以千万计，调度很有魄力。但是在民安保险的运营外，他又总是从小处着眼，是一个非常注重节约的人。"家住九龙的沈日昌配有一辆专车，每天乘车必须花20港元过海隧道费往返到香港中区上下班，沈老为节约开支，总让司机开车顺路把他送到渡海码头，然后徒步乘轮渡过海，直到地铁贯通。

沈日昌在香港工商金融界的朋友很多，民安保险的商务应酬亦十分频繁，然而每逢晚间应酬后，他总是首先为他人安排车辆，而他自己最后坐地铁回家，几十年一贯如此。他对来自内地的公司干部员工非常贴心，经常请他们吃饭，叙叙家常，餐费从来都是自掏腰包。

曾担任中国再保险公司总经理的于葆忠回忆道："沈日昌老先生请同事吃饭，从来不在公司报销。下班回家也不让公司的车送。在他的影响下，民安的同志们养成了公私分明、点滴归公的好传统。"

保险伉俪，无私奉献

沈日昌的爱人江黛茜，按照香港习惯，大家都称她为沈江黛茜。两人邂逅于山城重庆。沈日昌任职于广大华行保险部，是个初出茅庐的小职员，而江黛茜则在广大华行担任会计职务。工作上的来往，互相欣赏，便约定终身。在沈日昌只身闯荡香港的第二年，1948年江黛茜追随其步伐来到香港，然后结婚，无怨无悔。婚后二人相守终身，沈太不仅在生活上无微不至关心照顾丈夫，对他奉献的保险事业也给予极大的理解和支持。

1980年，人保集团成立新世纪证券公司（今太平金控的前身之一），需要一位持牌人。按照香港法例，持牌人需要对公司债务负无限责任，这是一件需要承担极大责任与风险的事。但想到人保公司需要，沈日昌、江黛茜二话不说，主动担任投资公司持牌人，顺利拿到了营业执照。沈日昌在担任新世纪证券公司董事长初期，看到公司初创，资源有限，便将公司发给江黛茜的花红拨作教育基金，以资助和奖励证券公司同事进修。江黛茜坚持天天上班，全身心投入工作，但她一直谢绝领取工资，到年底时，人保向她开出薪金支票，也被她退了回来。江黛茜表示：我投入工作只是尽一种义务。在保险业受经济环境影响，经营困难时，沈日昌主动提出凡以沈日昌名义在中华总商会联名刊登的广告都由他自己付费。

1983年，已经65岁的沈日昌在民安保险公司光荣退休。他一如既往关心着公司的发展，为培养新人，坚持每周多次到民安指导工作，退而不休。

2006年，沈日昌逝世，享年88岁。"爱司爱港九十余载，赤子楷模沈生日昌；立业立德半个世纪，师表风范山高水长"，这是中国太平集团公司的挽联，高度概括了他的一生。

他没有儿女，家中留下的财产不多。2007年，遗孀江黛茜设立遗嘱，财产将在其去世后全数捐出，由中国太平和沈太的遗嘱执行人(郑国屏、胡志雄)共同发起设立员工教育基金——民昌教育基金，以资助中国太平集团员工参加与本职工作相关的在职进修培训活动。

2016年6月23日，以中国太平保险集团名义设立和命名的第一个具有慈善性质的公益基金——"中国太平民昌教育基金"设立暨捐赠仪式在香港举行。初始本金来源于中国太平保险集团捐款及沈太遗产捐赠224万港元。这是对老一辈太平人的杰出代表——中国太平保险(香港)有限公司创始人沈日昌及其夫人江黛茜——的最好缅怀。历史将永远铭记！

才华横溢厚实学养
投身保险初心不改

记"保联"首任理事会
主席、大安保险总经理郭雨东

郭雨东

　　1904年出生于松江省宾县，1930年东渡日本留学，保险学研究生。归国后任核心刊物《太安丰保险界》主编，业界硕学。发起筹建"保联"，荣膺首任理事会主席。1941年底参与筹建大安保险公司，任总经理，改组宁绍人寿保险公司，任总经理，成为红色保险企业家。上海解放后，跻身军管会"17人保险组"接管大员。1949年8月，驰援北京，成为人保初创元勋，建章立制及新险种的设计者。

　　在"保联"中共上海地下党革命先辈群像里，郭雨东属于辨识度很高的人物类型：留学日本研究生，核心刊物主编，"保联"首任理事会主席，红色保险企业家，上海军管会的接收大员，以及人保初创元勋、新险种设计者。在学霸、总裁、专家学者、革命闯将等多重身份中自由转换，处处留下辉煌的先行者足迹。

郭雨东的个人简历登记表

郭雨东，又名郭景芳。1904年出身于松江省宾县（今隶属黑龙江省哈尔滨市）一户没落的地主家庭，自幼聪慧好学，受到良好的启蒙教育。但封建大家庭的腐化衰落氛围，令他憋屈郁闷，渴望外出求学奔赴光明。自考入北平朝阳大学法科后，他励志通过法律、教育等途径研习探寻救国之道，遂成为陶行知、朱其慧及晏阳初等人"以平民教育作为救国和改良社会之策"的忠实拥趸，在他们创办的"中华平民教育促进会"里谋得踏入社会后的最初一份职业，践行平民教育和乡村建设理想。

留学经历，编辑生涯，砥砺厚实学养

自学生时代，郭雨东就对跻身仕途没有丝毫兴趣，认定中国积贫积弱之原因，在于教育事业不发达和社会互助事业缺失所致，进而在平民教育工作中认识到教育可以救国，经济更能强国，遂开始关注日渐兴盛起来的商科保险学，自觉有进一步研究深造的必要。1930年他负笈东渡，赴日本国立东京商科大学专攻保险学（与后来任日本首相的大平正芳是同班同学），留学期间，"朴实无华，潜心研讨，对于收集古今保险史料，尤勤奋不遗余力，常常为了一部心爱的书籍，倾囊相求，毫无吝色；为了一部有价值的著作，冒着风雨和别人争相购买而兴趣盎然，其视知识如生命的精神，邻邦同学也不由得都为之折服"。（《郭雨东先生》，《大上海分保集团月报》第八期《人物介绍》栏目1944年5月10日出版。）学者的爱书好学本色于此略窥一斑。

生逢乱世，终难独善其身。在即将研究生毕业的1936年，日寇吞并东三省、觊觎华北，中华民族到了生死存亡之危急关头，郭雨东的出众才华，颇得日本校方的重视，准备安排他去伪满洲国出任财政厅要职，被他严词拒绝。东北沦丧，家仇国恨令他刻骨铭心，誓死不做汉奸，不为日本人做事。在填写毕

追寻
▶保联先行者的足迹

业履历表时，郭雨东有意在国籍栏不填写"满洲国"，而是"中华民国"，被日本宪兵队呵斥，不准其归国。郭雨东遂以妻子生病为由，申请妻子先回国，并特意为其购买美国公司船票，前往码头为妻子送行，在船开行的一瞬，早有准备的他一个冲刺跃上甲板，日本宪兵也只能望船兴叹。

回国的过程充满惊险，郭雨东抵达上海后，即应丁雪农之聘进太平保险公司，负责编辑出版《太安丰保险界》。该刊系太平安平丰盛保险公司总经理处主办的半月刊，1935年创刊时，旨在搭建集团内部信息交流的平台。

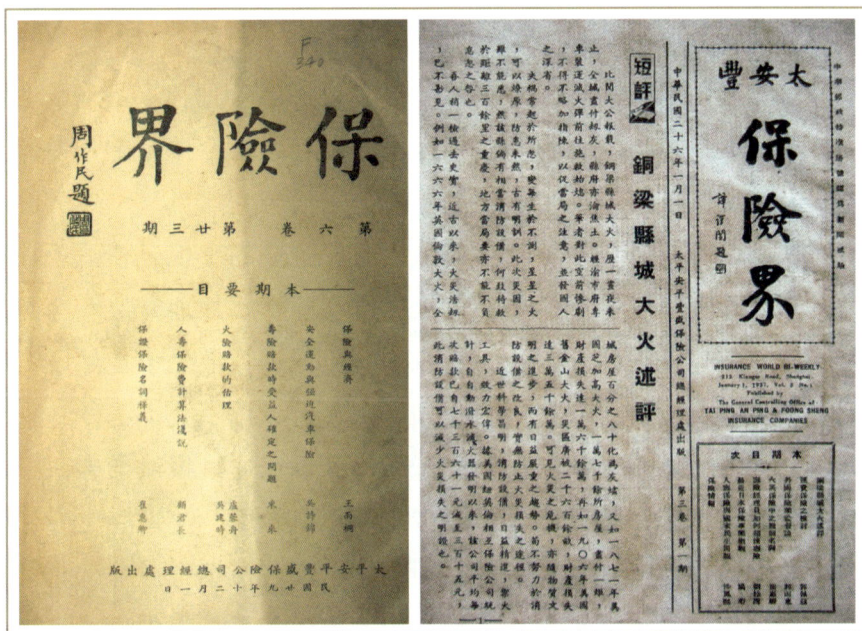

容宏富，侧重学术性，设立了许多有特色的专栏，如专设《名词研究栏》，对保险名词进行解释或探讨；《国内外大事记》《情报栏》则报道国内外有关保险业的最新动态资讯，以及刊登火警、汽车肇事的出险汇报；《判例栏》翻译刊登国外有关保险诉讼的典型判例。栏目翻新，雅俗共赏，每年24期，洋洋大观，在业界渐渐有了声名。到第五卷第1期，为跳出太平集团内部刊物的圈子，释放全行业的辐射力，遂易名为《保险界》。上海"八·一三"事变之后，许多行业刊物被迫停刊关门，《保险界》在物质紧缺条件下艰难维持，而且扩大篇幅，更新纸张材料，成为硕果仅存的保险刊物，六年下来，累计百余期之多，确属难能可贵。

《保险界》虽不是我国保险业最早的专业杂志，但却是保险专业刊物领域出刊最多、坚持最久的一种，创办数年里，固然首先起到了扩大太平保险集团声誉的作用，同样对普及保险知识，扩大全行业影响力亦是厥功甚伟。

郭雨东见识过日本保险公司的宏大规模，对欧美保险业的蓬勃发展赞叹不已，深悟保险攸关国计民生之道理，他认真做过中日两国经济发展的对比研究，认为日本"明治维新"前是一个积弱不振的国家，内部四分五裂，外部强敌环伺，但在变法后短短二三十年时间内就赶上了西方发达国家。到20世纪30年代，日本保险业已十分发达，保险密度及保险深度甚至不亚于英美强国，其成功之经验值得我们借鉴。因此在《保险界》及《保险月刊》上连载刊登《日本保险事业总览》《日本人寿保险事业面面观》等系列专稿，主张中国要迎头赶上，舍普及保险教育别无他途。

鉴于时人对保险认知欠缺，为唤醒国人对保险业的重视，郭雨东常于公余之暇撰文，乐作拓荒者，辛勤笔耕，发表论著，要言不烦地介绍发达国家之保险业政策措施，据以阐发保险学理，普及保险业知识，散见于各种报纸刊物的文章颇丰，尤以《保险界》和《保险月刊》上多见，据不完全统计，有百余篇之多，以余寡闻浅见，在民国时期，勤于写作，乐于通过报纸杂志正面宣传保险社会作用，甘心作保险普及工作的学者，除了王效文、沈雷春之外，郭雨东算是比较勤奋多产的业界硕学，他们共同为扩大保险市场、提升行业影响力而不懈奋斗。在保险教育的莽荒时代，他们用笔墨树起了身为先行者、拓荒人的旗帜，他们的足迹，成了后人前行的道标，他们的论著文章，给后人留下一笔丰厚的精神遗产，让后来者知道保险业是具有历史文化内涵的朝阳产业，鼓舞了一批又一批的新人，引导着后来者进入这个充满光辉前景的行业。

据与其共事多年的保险前辈回忆，郭雨东相貌清癯，双目磊落而有神，性格中既有东北汉子的爽朗，又兼有南方男子的细腻，聪慧有远见，博学而笃行，是一个善于动脑勤于动手的人。郭雨东"为人和蔼可亲，恭而有礼。平居沉默寡言，简单朴素，但天性极富热情，对朋侪之急，无不竭力以赴。无任何嗜好，有之就是与书为伍，平常只看见他手不释卷，在这物欲鼎沸的海上社会中，郭先生的操守学问，实在是我们青年的一位不可多得的典型模范"。（《郭

追寻
保联先行者的足迹

雨东先生》，《大上海分保集团月报》第八期《人物介绍》栏目1944年5月10日出版。）

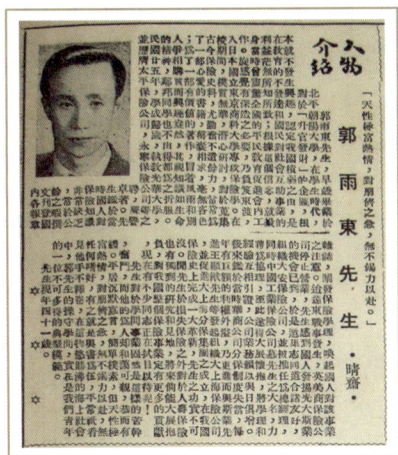

长年坚持自学，拓宽了知识视野，积淀了深厚的学养，使他显得睿智恢宏，才气逼人。郭雨东主编刊物，虽编审的是财险业务专题，但所著文章却侧重寿险学术研究，表明郭先生有着宽广厚实的专业功底，对财险、寿险均有深入研究。难能可贵的是，他能大学问家写通俗文章，不计个人名利得失推动保险普及，笔耕不辍，乐学善思，常有独到见解，使得他能站在保险学术前沿，硕果累累，贡献良多（见附表1）。

郭雨东还执教于光华大学商学院，主授保险学，培育经济英才。与大学生的直面相对交流知识，教学相长，更激活了他的思维，砥砺了思想，升华了研究深度，使他不遗余力践行普及保险教育的梦想。

时势造英雄：热血青年赴国难，"保联"救亡图存

时势造英雄，英雄亦适时。怀着一颗拳拳报国心，就会义无反顾投身抗日救亡活动。郭雨东学识渊博，为人真诚热情，乐于助人，在年轻一辈中拥有超高人气，其活动组织能力亦很强，在保险同人里出类拔萃。机缘使郭先生成为上海保险业著名的"保联"的主要创始人之一，亲历发起、筹备到成立的所有环节过程，并担任了第一届理事会主席。

1937年"七七"事变的次日，郭雨东即与胡咏骐（上海市保险业同业公会主席）、杨经才（美商美兴保险行经理）、谢寿天（天一保险公司会计主任）等共同发起，筹划组织"上海保险界战时服务团"，动员保险界职员开展救亡图存运动，7月9日正式成立战时服务团，"八·一三"淞沪会战爆发，即动员300多名业界成员，积极开展劝募、战地慰劳、支援前线将士、救济难胞以及抗日宣传等活动。

不久，上海租界沦为"孤岛"，租界里的英、美、法势力，同日寇既有妥协迁就，也有矛盾冲突，工部局选择偏安苟且。郭雨东与胡詠骐、谢寿天、程恩树、林震峰、董国清等经常利用聚餐机会商讨天下大势，认为利用合法条件筹划组建保险业群众联谊组织，继续从事较隐蔽的救亡活动是当务之急，郭雨东始终站在发起人的前列，擘画各项事宜。1938年7月1日，"上海市保险业业余联谊会"如愿在西藏路宁波同乡会诞生，参加成立大会的有华商和洋商保险公司的职员400余人。大会选举胡詠骐、郭雨东、谢寿天、董国清、程恩树，林震峰、关可贵、王中振、朱懋仁等组成第一届理事会，由于太平保险公司的行业地位，更因为郭的学术影响力及工作热情，大家一致推选34岁的郭雨东为理事会主席。聘请丁雪农等人为名誉理事，胡詠骐等4人为顾问。"保联"设会所于爱多亚路160号，原《泰晤士报》大厦四楼417-8号。

　　依据《上海市保险业业余联谊会章程》，"理事会设理事十一人，候补理事三人，由会员代表大会选任之""理事互选常务理事五人，组织常务理事会，互推一人为主席""理事会每月召集一次，遇必要时得由主席临时召集之""理事会之职权如下：一、秉承会员代表大会之意志，谋会务之进行；二、办理预算、决算；三、聘请各部主任干事，名誉理事及顾问；四、于必要时组织特种委员会；五、召集会员代表大会；六、举行特别募捐。"在《理事会组织条例》中同时规定："本会通常事件由主席及常务理事会会同办理""开会时理事会主席为当然主席，如理事会主席有事故时，由常务理事中互推一人为主席""本会如有对外事件，经开会公决后得由理事会主席为代表，理事会主席有事故时，得由常务理事推定一人为代表""本会应议事项，须有理事过半数出席始得开议，提议事件以到会理事多数取决可否，同数时由主席表决之""议决事项须记载于会议记录，由列席理事签名，并于议案后由理事会主席与记录签名存案"。可见，虽为自发群谊组织，建章立制及监督自律还是相当规范的。郭雨东作为"保联"法定代表人、常务理事、首届理事会主席，承担了"保联"最主要的组织领导责任，并直接领导了"保联"成立前后的各项活动，事无巨细，每个环节都亲力亲为，发挥了带头人的作用。

　　据记载，理事会下设了秘书处、会员部、总务部、娱乐部、体育部、学术部、妇女部、出版委员会、图书委员会及福利委员会等工作部门。各部、会根据工作需要，再分设若干组，广泛吸收各公司会员参加各项会务活动。

"保联"成立一周年
纪念章及征求
会友优胜纪念章

　　"保联"成立一周年纪念章及征求会友优胜纪念章为了使"保联"的队伍迅速发展壮大，为使一年一度的征求会员和筹募经费的活动得以顺利进行，"保联"还组织征求委员会，聘请各公司的上层人士分别担任征求委员会的主任、委员、征求分队长等职务。如宁绍人寿保险公司的胡詠骐、陈巳生、龚渭源；中国保险公司的过福云、孙广志；永安水火保险公司的容受之；宁绍水火保险公司的方椒伯、李言苓；太平保险公司的王伯衡、朱懋仁；中国天一保险公司的谢志方、谢寿天；外商保险公司的朱孔嘉、邱菊夫、过杰庆、曹骏白、胡树白、林绳佑、陈立文等均先后分别担任过征求委员会委员、征求分队长，而郭雨东亲自担任了"保联"第一届征求会员运动委员会的总队长（仅设两名，另为杨士珍）。1938年8月，第一届征求会员运动结束时，会员即达973人，1939年3月，第二次征求运动结束时增加到1116人，到1940年1月第三次征求运动、增加到1402人，占整个保险业职工总数的70％左右。

　　为巩固已得成果，避免遭日伪势力取缔，"保联"向当时的公共租界工部局政治部申请办理团体登记，于1938年10月4日，领到"华人总会"第5号执照，取得了合法社会团体的地位，会务活动逐步走上了正轨。

　　"保联"贯彻"勤学、勤业、交朋友"的策略，组织开展各项活动，如学术部组织时事政治讲座、青年知识讲座、新文艺讲座，举办政治经济学讲习班，新文字班以及保险业务讲习班和业余补习学校等。话剧组排练演出进步剧目，寓教育于娱乐活动之中。体育组则经常组织篮球、足球、乒乓球、游泳、弈棋等文体娱乐活动，借以增强职工身体素质。

马雅可夫斯基说过："谁赢得年轻人，谁就赢得未来。"对一个社会、一个行业来说，这是至理名言。年轻人的世界是美好的，只有让年轻人生机勃勃，情绪更浓烈、更饱满一点，这样的行业才有生机。文体活动无疑是最受年轻人喜爱的活动，"保联"能联络业界群众，就仰赖丰富的文体娱乐，调剂业余生活。有人在文章里这样描述"保联"的活动："深居简出则孤陋寡闻，世界在不断地变，社会在急速前进，这绝不是独善其身或闭门造车的时代，况且，社会也绝不允许回复到陶渊明时代的清静生活""看啊，在我们的保联里，年轻人乐观的微笑挂在嘴边，艰重的工作负在每一个干部肩上，坚定的步伐在我们的脚下……我们要有集体的生活，我们也要活跃的生命""一个个活的生命的火花，一个个求前进的心，创建了活的保联，这将是一支不能战胜的宏伟的力量"。（《去找——活跃的生命在会所里》，《保联》1938年第1卷第2期。）

"保联"的联谊活动，接地气，正能量，受到会众的热烈欢迎，也深得许多保险高层人士的赞许和鼓励，个别原来存有顾虑的高层也相继转变了态度，如太平保险公司丁雪农在"保联"成立之初，曾担心"保联"会出现过激的抗日言行连累公司，又怕最后演化为对抗公司决策层的工会组织，因而采取不热衷的态度。后来由于郭雨东及太平集团进步职工的说服，还有其他保险公司积极赞助行动的影响，丁才改变了主意，转而出面支持，并在征求会员运动中还要求确保太平公司的会员人数超过其他保险公司，名列前茅。

除以上工作之外，郭还发挥所长，与林震峰、沈雷春一起在学术组担任干事，临时应急帮忙，推动宣传及学术工作。

1938年10月，武汉、广州相继沦陷。而上海各界仍积极开展支援抗战前线的捐献、救济难民、劝募寒衣等活动。"保联"也共襄盛举，如劝募寒衣，利用各个纪念节日义卖纸花、小国旗，捐献给难民和前方战士。还结合其他会务活动，通过各种形式，筹募款项，支援抗战。

磊落为公益，心底无私天地宽

在别人眼里，理事会主席声名显赫，风光无限，但任职仅几个月，在筹划组织"保联"各项事业过程中，郭雨东愈来愈觉得拓展新局面之艰难，个人在太平公司里人微言轻，没有实权，不能给"保联"带来更多的实际利益。为了有裨益于"保联"的长远发展，1938年10月30日，第二次会员代表大会于浦东同乡会毅厅召开时，郭雨东建议增补了各保险公司近二十位中上层人士做理事监事，而深孚众望的郭先生却主动递交了请辞理事会主席的申请，并委托理事王中振将"会务收支情况"公开向大会报告。大会选举李言苓（宁绍水火保险公司襄理）继任理事会主席。此举体现了郭先生的光明磊落，大义凛然，让大家明白"保联"属于群众公益团体，无关个人面子，没有私利可图。

这种好的传统在后来的"保联"得以传承：只要能够使"保联"发展壮大有利于会务活动顺利开展，牺牲个人利益在所不惜，名誉得失算不了什么。以后"保联"历届的理监事适当考虑上、中、下各阶层的人员比例，每届理事会的主席和常务理事等重要职务，均推请保险公司的总经理或知名人士担任。他们对于"保联"的创建和发展起过积极的作用。

郭雨东团结保险业界各阶层人士，密切了同行关系，同仇敌忾，使"保联"步入正规，不断发展壮大，其创会之功永留史册。

退出"保联"理事会后，1939年郭雨东奉调出任太平保险广西分公司副经理，离沪远赴桂中，但仍然十分关心"保联"事务进展，与好友经常保持书信联系，还撰写了《旅桂一年之观感》的文章，刊登在1940年1月的《保险月刊》第2卷第1期上，以真情鼎助"保联"发展。

到1940年年初，郭雨东应上海永宁保险公司之聘，返沪出任总公司副总经理，回到"保联"大家庭里。当年春天，学术部组织保险知识讲座，请郭雨东主讲"保险界康采恩之得失"，继续鼎力支持"保联"发展。

在抗战时期，"保联"利用公开合法团体的社会地位，根据不同形势和保险业的特点开展工作，激发了保险业职工的抗日爱国热情，同时培养了一大批保险业务精英，在上海保险业发展史上留下了光辉的一页。

保险学者办实业，学理与经验相印证

1941年年底，太平洋战争爆发，日军扯下了在英美面前的伪装，挺着刺刀进占租界，勒令原本控制上海保险市场的英美保险公司停业（外籍人员被关进了集中营），一时间，实力薄弱的日商保险公司还难以取而代之，出现保险市场空白。中共地下党员谢寿天认为这是发展民族保险事业的大好时机，便向上级联系人、中共江苏省委职工委书记陆志仁提议创办保险公司，党组织考虑到利用保险公司业务，有利于发展抗日民族统一战线，同意谢寿天出面筹建。郭雨东作为保险业为数不多的留学专家，同时又是地下党忠诚的追随者，当然是主要的依靠力量。

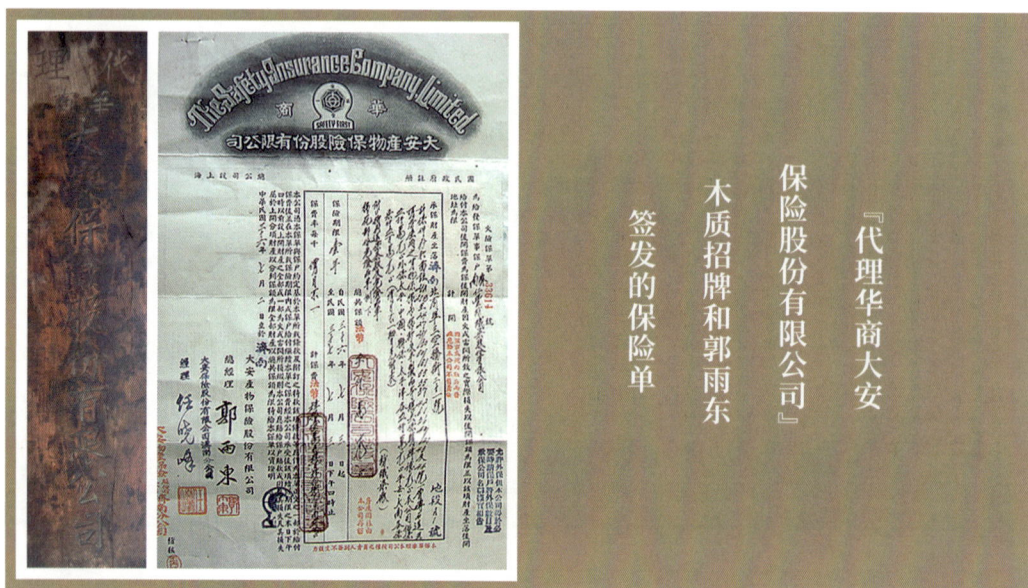

『代理华商大安保险股份有限公司』木质招牌和郭雨东签发的保险单

追寻 ▶ 保联先行者的足迹

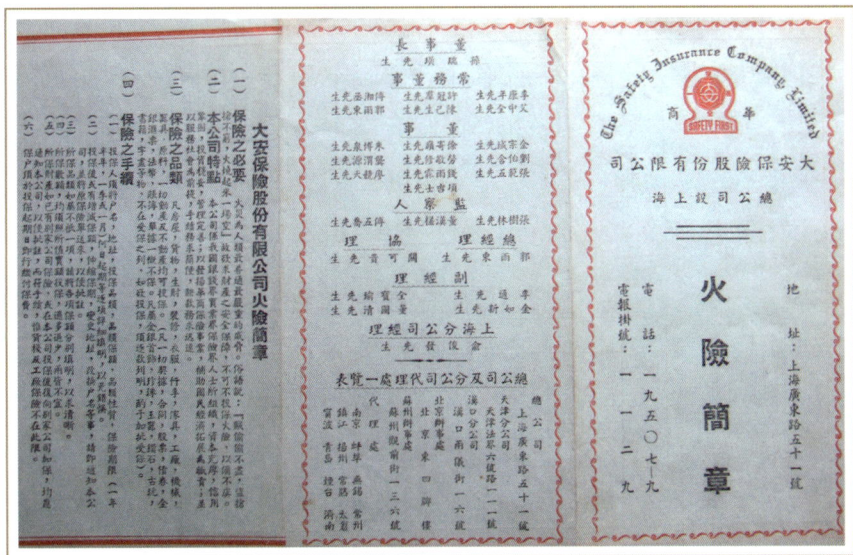

　　1941年10月19日，谢寿天邀集郭雨东、陈巳生、关可贵、董国清、龚渭源、全家瑜7人组成发起人团体，计划筹资国币100万元，发行股票2万股，每股50元。股东以中华民国人民为限，股票用记名式，由五名董事署名盖章发行。

　　1941年11月28日，举行大安保险公司创立大会，选出董事监事会，孙瑞璜（新华银行副总经理、上海市银钱业业余联谊会理事长）当选为董事长（另请上海名流闻兰亭为名誉董事长），徐寄顾（浙江兴业银行总经理）、李康年（中国国货公司总经理）、金宗城（上海银行经理）、刘伯含（北京鼎丰银行总经理）、陈巳生（宁绍人寿保险公司经理）等金融实业界人士及郭雨东、谢寿天当选常务董事。董事会聘任郭雨东为总经理，谢寿天兼总稽核，关可贵任协理，董国清、李晴斋为副经理。借广东路51号大莱大楼二楼办公，按法定程序，申请登记批准，注册资本法币50万元，实收半数25万元，1942年5月11日正式开业。陆续在日军控制的天津、南京、广州、青岛、烟台和北平设分公司，武汉、无锡、苏州等地设代理处，经营各种财产损失保险业务。

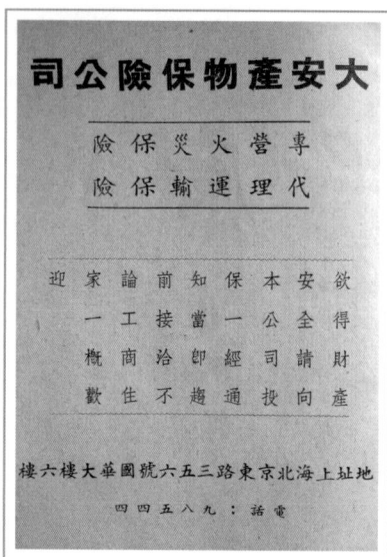

大安保险公司是在中共上海地下党组织的直接擘画下创办起来的，事实上承担了保险业地下党主阵地的作用。公司虽然规模不大（职员不满30人），业务有限，但在上海保险业职工运动史上却发挥着举足轻重的作用。它的高中级职员中，有中共地下党员10人，他们虽没有编在同一个支部，也没有横向联系，互不知情，但在执行党的决议时却是步调一致的。他们以保险公司职业作掩护，从事革命活动，组织领导保险业内的群众工作（见附表2）。

大安保险公司响应并从人力物力上全力鼎助"保联"开展各项活动，借以散播革命火种，大安中上层干部出任了"保联"的理事长、常务理事及组织、出版、图书、文娱、福利等部负责人。1942年郭雨东还任《大上海分保集团月报》委员会主席，与华商保险业同仇敌忾、共克时艰。

当然，大安保险公司在遭逢难关时也得到中共地下党的无私资助。抗战胜利后，国民政府颁令：所有汪伪时期设立的保险公司，必须以法币为计算单位增加资本，重新登记，方能继续经营。有许多小公司因受"中储券"贬值的影响，无力增资，被迫关闭停业，大安也陷于资金匮乏困境。在关键时刻，上海地下党组织拿出十根金条（100两黄金），由市委委员张执一亲自交到郭雨东手里，协助通过验资得以继续营业，并嘱咐一定要设法把大安保险公司维持下去。在公司增资改组时，由中共地下党掌控的民安保险公司也认购股金，助一臂之力。

郭雨东还与陈巳生、董国清、李晴斋等投资宁绍人寿保险公司作股东。1940年12月1日，郭雨东以"东记"户名向宁绍缴款22000元，持股220股，陈巳生缴款5000元，持股50股。到1945年4月8日，大安保险开始控股宁绍人寿，以"大记"（代表人为李晴斋）和"安记"（代表人为董国清）的户名，分别缴款肆万元持股400股，着手挽救处于停业状态的宁绍人寿。

另据《宁绍人寿保险公司股东临时会决议录》记载，鉴于发生恶性通货膨胀，国民政府财政部修改战事保险业管理法第六条，规定"保险业之资本总额不得少于国币壹亿元"，而宁绍人寿"实收资本国币贰拾伍万元，每股壹佰元，计贰仟伍佰股"，资本总额不达标，应遵令增资。

1947年11月25日，宁绍董事会召开股东临时大会，公推孙瑞璜为会议主席，一致通过增资扩股办法，"每壹老股得比例认购叁佰玖拾玖股，自即日起至本年十二月二十五日止认齐，逾期不认，即作弃权论，由董事会负责募足"。

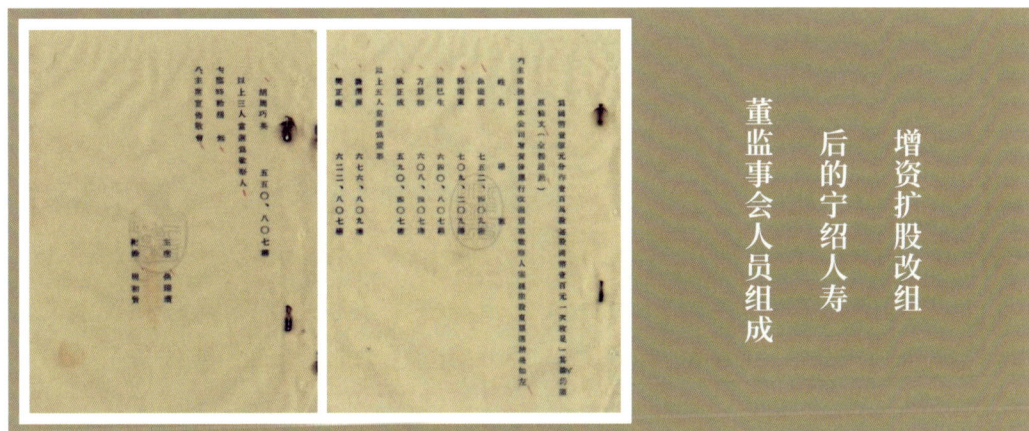

增资扩股改组
后的宁绍人寿
董监事会人员组成

于是，1947年12月24日，郭雨东续缴款8778000元，增加股份87780股，陈巳生续缴款1995000元，增加股份19950股，而"大记"和"安记"又分别续缴款1596000元，各增持159600股，这样大安保险成为第一大股东，在其后召开的股东临时会决议改选董监事会，孙瑞璜、郭雨东、陈巳生、方景和、戚正成当选为董事，龚渭源、樊正康、胡周巧英当选为监察人（见表1）。五人常董有四人来自大安保险，郭雨东兼任宁绍人寿保险公司总经理，等于大安保险彻底"并购改组"了宁绍人寿，大安初创时是借寓广东路51号大莱大楼二楼办公，这时已迁至北京路356号四楼，与宁绍人寿合署办公，主营水险、火险及其他财产损失业务。

表1 1947年增资扩股后的宁绍人寿董事会、监事会

姓 名	籍 贯	身份职业背景	董事监事	备 注
孙瑞璜	江苏崇明	新华银行副总经理，大安保险董事长	董事长	1947年11月25日增资扩股后的五人常务董事会
郭雨东	黑龙江宾县	"保联"首届主席、大安保险总经理	常务董事	
陈巳生	浙江海宁	大安常务董事，关勒铭金笔厂总经理	常务董事	
方景和	浙江鄞县	大安保险襄理，澄衷肺病疗养院副院长	常务董事	
戚正成	浙江鄞县	宁绍人寿原经理、宁兴保险公司总经理	常务董事	
龚渭源	江苏武进	大安保险董事，上海新闻报馆副经理	监察人	1947年11月增资扩股后的监事会
樊正康	浙江镇海	宁绍人寿原董事、上海沪江大学校长	监察人	
胡周巧英	浙江鄞县	胡咏骐的遗孀	监察人	

为避免法币贬值带来的影响，大安保险公司还投资办实业，由副经理董国清出面，通过艾中全（地下党员）的关系，投资100两黄金创办大安木材公司，陈巳生任董事长，郭雨东任监事长，董国清做总经理。

1947年前后，由郭雨东策划，在广州设立了永康进出口贸易行，派员常驻，做橡胶、文具、纸张的进口生意，意在获取额外的利润，来弥补整个保险行业业务下滑带来的亏空。永康的进出口贸易曾得到广大华行香港分行经理李再耘的帮助，直到新中国成立前夕。

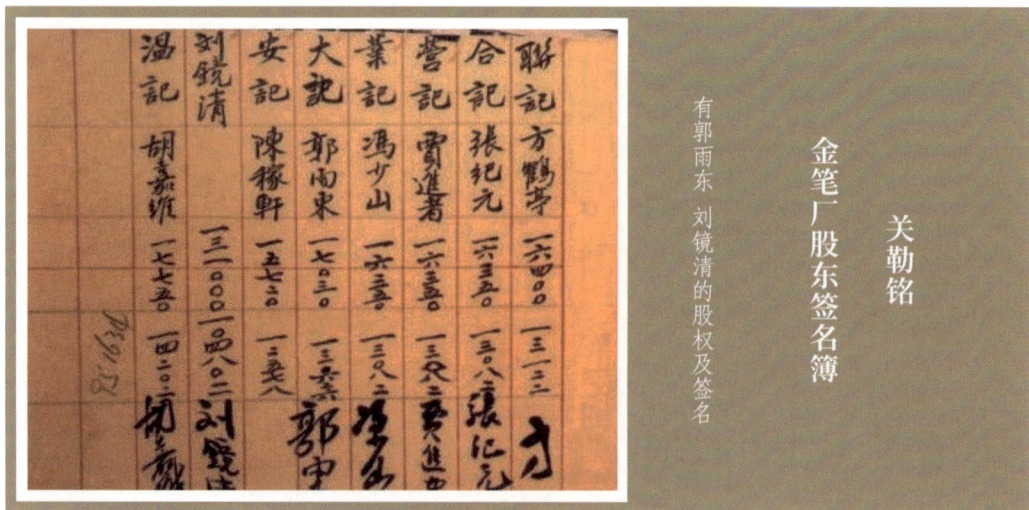

金笔厂股东签名簿

关勒铭

有郭雨东 刘镜清的股权及签名

最成功的投资，无疑是资控并购关勒铭金笔厂。1944年，上海地下党要寻找新的安身之所，"大安"密切关注关勒铭厂的变更动向，谢寿天入股并兼任该厂董事，陈已生兼任该厂总经理，郭雨东出任监事，为上海地下党组织寻找到一处可靠的隐身之处。他们不仅把该厂的分红全用于党的活动经费，而且凭借自己的社会地位，推荐时任中共江苏省委书记的刘晓（化名刘镜清）到该厂任常务董事副总经理，安排省委组织部长王尧山任该厂职员，除此之外，从股东名簿看，入股作股东的中共党员，还有梅达君、陆修渊、张纪元、方鹤亭、贾进者等，为他们的地下活动取得社会职业的掩护。关勒铭金笔厂成为掩护中共江苏省委的隐身堡垒。

这一时期，中国工业保险公司董事会慕其高才，还聘调郭雨东为公司总稽核兼职协理。1946年2月，郭雨东投资大沪产物保险公司作董事（该公司董事长为唐炳霖，董汉槎任常务董事）。还投资做过新宁兴产物保险公司董事。学者办实业，"得以大展怀抱，学理与经验相引证，公司业务赖以与日俱增"。

不畏强权，争取民主

大安保险公司成立后，谢寿天、郭雨东根据党的工作要求，经常参加上海金融界、工商界和知名人士组织的座谈会、聚餐会，联系和团结爱国民主人士，开展统战工作。同时，公开支持"保联"的各项活动，掩护地下党员的秘密活动。经常同郑振铎、许广平、王任叔、雷洁琼、赵朴初等爱国人士聚餐，参加盛丕华、胡厥文、王性尧等组织的"星五聚餐会"，以此为掩护，谈论国事。

1946年5月5日，上海各界53个社会团体成立上海市人民团体联合会，保险界陈已生当选为常务理事之一。为反对蒋介石发动内战，上海市民选派代表到南京和平请愿，人民团体联合会组织声势浩大的游行示威，掀起著名的"六二三"反对内战争取和平民主运动：各界民众5万余人在上海北火车站举行反内战大会，为请愿团代表马叙伦、胡厥文、蒉延芳、雷洁琼等11人送行，会后举行反战大游行。陈巳生还安排安通运输公司（陈兼任该公司总经理）的卡车作为大会主席台，并为大游行开道。

请愿团代表在南京下关车站，遭到预先聚集在站台上的国民党暴徒的围攻殴打，马叙伦、雷洁琼、阎宝航（战略情报专家，大明公司总经理，1937年入党）、陈震中（陈巳生之次子，中共党员，上海市学联主席，时年21岁）等受重伤。震惊中外的"下关惨案"发生后，在南京的中共代表立即赶赴医院看望。革命的鲜血教育了广大人民，推动了国民党统治区的爱国民主运动掀起新高潮。

面对特务的"白色恐怖"，郭雨东不顾个人安危，掩护阎宝航、陈震中两位民主战士在自己家中隐蔽疗伤，长达一年，后来15岁的阎明复（阎宝航的儿子、第七届全国政协副主席）也过来住，等伤愈后，又设法分别护送他们转道香港前往东北解放区，北上参加中国人民政治协商会议。阎宝航在疗养期间还曾数次偕同郭雨东到上海海关监督丁贵堂家，向他宣传党的政策，对争取其留在上海迎接解放施加影响。其时郭雨东住在上海虹桥的一栋日本别墅内。门口经常有国民党特务蹲守，情势十分危急。有次一个东北籍军警当班，因发生争执，那军警掏出手枪说："姓郭的！我知道你是共产党，你给我老实点。"情况到了剑拔弩张的地步。应对特务肆无忌惮搜身，郭雨东会把情报贴在衬衣内手臂下方，主动举手搜身时反而不易被特务发现。并约定假装叫外卖送面条与地下党组织联络，如果来人把一根面条头露在外面，就是情况不妙，赶紧走人的暗号。

根据党的部署，谢寿天、郭雨东正确执行统一战线政策，因事因人，灵活开展工作。

他俩与太平保险董事长兼总经理周作民以及中国银行沪行经理吴震修亦有多次接触，长年关心其对待革命态度的变化。周、吴在上海金融界是颇具影响的领袖人物，争取团结他们，无疑对巩固和扩大爱国民主统一战线具有重要意义。上海解放前夕，国民党特务开始威逼工商界名流撤离上海，1948年10月，谢寿天、郭雨东在离沪去港前夕，专程到周作民家里，向他宣传党对民族资本家的政策，稳定其情绪，周、吴两人表示愿意与共产党合作，不愿意随蒋家王朝陪葬。后来周作民在香港出资包租外轮，争取滞留在香港的众多民主人士及时北上，参加新政协会议，为新中国的建国大业做了贡献。

1948年11月，经过共产党长期考验，由谢寿天介绍，党组织审查，郭雨东在香港正式加入中国共产党，上级联系人为张执一。

接管官僚资本保险，推动全行业公私合营

1949年年初，郭雨东随谢寿天由香港北上，在石家庄参加接管上海的集中培训，研究接管对象、步骤和方法，做好入城纪律、政策教育后，旋即随军南下，5月27日重返上海，加入上海市军管会金融处保险组17人接管队伍，换上军装，佩戴特别胸章和臂章，在谢寿天的领导下，参加接管24家官僚资本保险公司工作。保险组由谢寿天具体负责，林震峰、孙文敏任正副组长，郭雨东协助保险组全面工作，朱元仁兼秘书，廖国英、刘凤珠负责审查各接管单位的财务账册和报表。接管工作从5月30日至10月23日顺利结束。由于国民党统治末期恶性通货膨胀，经济濒临崩溃，各家保险公司资产消耗殆尽，许多保险公司名存实亡，除几家大公司存有少量外汇、债券及房产外，没有接收多少资产。

保险组主导整顿民营保险公司，研究草拟修改保险条款、《保险法》和《保险业法》，取消外商保险公司特权，按照条例缴纳保证金。与民族资本各保险公司的负责人建立了每月一次的聚餐会惯例，借以宣传党的政策，交流业务上遇到的困难，商讨解决问题的办法。为适应保障工商企业财产，促进物资交流，迅速恢复国民经济的需要，经审核批准各家保险公司陆续复业。保险组还推动"民联分保交换处"的成立，进而推动全行业公私合营。

北上筹建人保，奠定业务基础

1949年8月，由陈云主持，在上海召开了有华东、华北、华中、东北、西北等5个大区的财政、金融、贸易部门领导干部参加的财经会议，会议正式提

出创建新保险公司的决议。金融处保险组兵分两路，即留守上海和支援北京，郭雨东与陶增耀、姚乃廉、戈志高4位党员奉命带领从接管单位挑选出的30多位思想进步、业务熟悉的中青年积极分子先期赴京，参与筹建中国人民保险公司，奠定筹建的框架基础，后当总公司发展有需要，保险组又动员了第二批中青年骨干分子赵济年、叶奕德、周志诚、俞彪文等20多人驰援北京。

中国人民保险公司第一次全国工作会议合影
前排右二 郭雨东

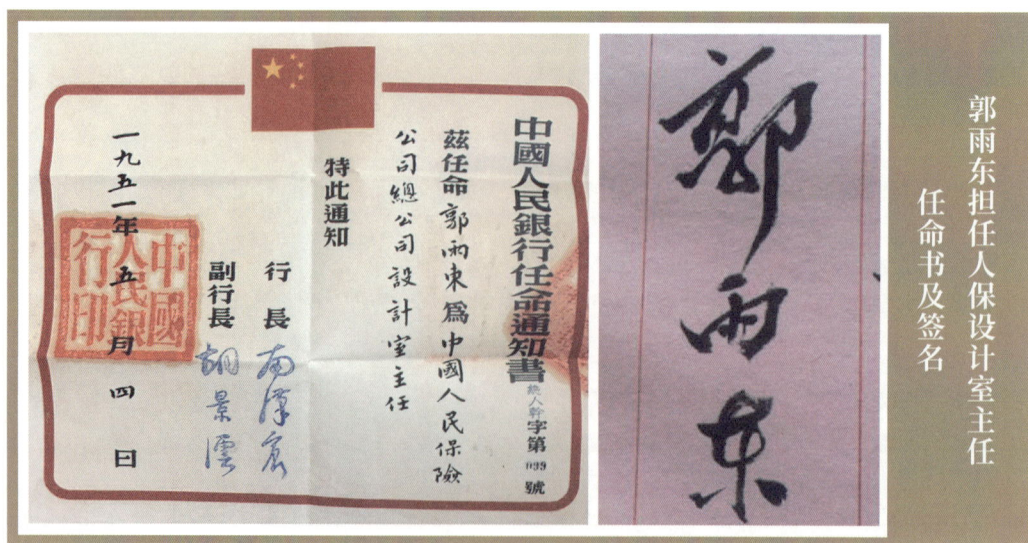

后来总公司各业务部门需要负责人，上海则动员各大公司的高管人才陶声汉（原中国人寿保险公司经理）、蔡致通（原资源委员会保险事务所所长）、薛志章（原太平保险公司业务处副处长）、林正荣（原人保华东区分公司副经理）、陶笑舫等赴京出任。郭雨东担任设计室主任，担纲研究改革旧险种，设计新险种，制定新条款，编写新的业务规章制度和实务手册等。这是一个高技术部门，肩负着审慎而艰难的责任，对中国人民保险创建及顺利开展业务发挥举足轻重的作用。

郭雨东还担任公私合营太平保险公司公方董事。1950年4月，上海民联分保交换处改组为新民联，太平保险公司等25家公司加入。在上海市军管会金融处的领导下，新民联积极配合人民政府对私营保险公司进行公私合营改造，1951年11月1日，公私合营太平保险公司正式开业，由上海12家公司和天津3家公司组成，即太平、安平、中国天一、太安丰、华商联合、福安、宝隆、建国、大丰、大信、裕民、扬子和大昌、中安、中国平安，资本额定100亿元。郭雨东与谢寿天、林震峰、孙文敏、顾濂溪、阎达寅、杜天荣、杨海泉8人担任公方董事，施哲明、程人杰担任公方监察。周作民、丁雪农、沈叔玉等11人出任私方董事。新公司继续对国外分支公司的领导，开展国外业务，为侨胞服务，替国家积累外汇资金。

随着1953年社会主义改造运动的推进，国家拟通过太平、新丰两公司合并，逐步实现国内保险业务由国家专营，通过合并后的合营公司海外机构来发展海外保险业务。尽管郭雨东勤勤恳恳工作，在人保公司发挥着巨大作用，但由于他的复杂身份，依然属于控制使用对象。但郭先生任劳任怨，从不计较个人得失，保险事业的发展是他最大的心愿，他先后将个人钟爱的保险专业图书杂志捐赠给公司图书馆。

1959年国内保险业务停办后，郭雨东无奈转行去了农林渔业部水产局科技司工作，任科技处处长，为国家出口创汇作贡献。

1979年"中国保险学会第一届理事会理事合影"

前排右起	魏文达	席乃杰	陶昕轩	郭雨东	施哲明	卜　明	许涤新	胡景沄	宋国华
	林震峰	张崇福	唐雄俊	陶声汉	孙广志	姚达人			
中排右起	王深清	沈才伯	蔡致通	张裕泉	叶蕙石	陆自诚	李进之	张　鑑	周泰祚
	劳修齐	杨子久							
后排右起	薛禹润	吴　越	何可中	朱元仁	赵济年	李嘉华	王　道		

　　到1979年保险业恢复时，他因年事已高无法归队。虽离开保险行业20年，他已退休，难舍难分保险情。1979年12月1日新成立的中国保险学会，仍然将年近八旬的郭先生选为第一届、第二届理事。

　　郭先生依然心系保险业，思考保险业发展大计，1984年还在《财政》杂志上发表《农村保险事业大有可为》的文章，他与林震峰、戚白明合作，撰写了《上海保险业统战工作的回忆》，1985年11月，还为《中国民族保险业创办一百周年纪念专集》撰写了《关于大安保险公司的史料》和《加快发展保险，改革保险体制》的文章，仍然对保险业充满真挚情谊，寄予厚望，自愿参加"上海市保险业党史资料征集组"任委员，撰写回忆文章。1995年9月，郭先生去世。

附表1　郭雨东发表的部分文章一览表

文章名称	发表时间	刊物名称及期数
"美国人寿保险制度的社会基础"	1935年	《新闻夜报保险周刊》(62—67期)
"日本保险事业总览"	1935年10月	《复兴月刊》(第4卷2期)《新闻夜报保险周刊》(67—70期)
"人寿保险经理员之特殊性"	1935年11月	《太安丰保险界》(第1卷2—3期)
"日本寿险资产分布之现状"		《新闻夜报保险周刊》
"日本保险事业总览"(续)	1936年1月	《复兴月刊》(第4卷5期)《新闻夜报保险周刊》(67—70期)
"人寿保险投资之原则及最近日本寿险资产分布之现状"	1936年2月	《太安丰保险界》(第2卷3—4期、5—6期)
"火灾保险业者之使命"	1936年7月	《太安丰保险界》(第2卷13期)
"美国寿险事业资产之运用"	1936年7月	《太安丰保险界》(第2卷14期)
"保险发达史上统计学之功绩"	1936年8月	《太安丰保险界》(第2卷15期)
"各国所得税法奖励民众保险之规定"	1936年8月	《太安丰保险界》(第2卷16期)
"人寿保险事业经费调节论"	1936年9月	《保险季刊》(创刊号)第1卷第1期
"谈家畜保险在国民经济建设运动上之重要性"	1936年9月	《太安丰保险界》(第2卷17期)
"人寿保险约款自杀条项变迁史"	1936年9月	《太安丰保险界》(第2卷18期)
"欧战时德国寿险经营之方策"	1936年10月	《太安丰保险界》(第2卷19期)
"人寿保险约款自杀条约变迁史"续	1936年11月	《太安丰保险界》(第2卷20期)
"缴清保险与延长保险论"	1936年11-12月	《太安丰保险界》(第2卷21期)
"论列强保险事业监督政策"	1936年12月	《保险季刊》(第1卷第2期)
"外国保险业监督论"	1937年1月	《太安丰保险界》(第3卷第1期)
"日本保险事业关系机关"	1937年1月	《太安丰保险界》(第3卷第2期)
"保险监督机关行政问题之检讨"	1937年2月	《太安丰保险界》(第3卷第4期)
"事业保险"	1937年3月	《太安丰保险界》(第3卷第5期)
"美国人寿保险投资法规概观"	1937年3月	《保险季刊》(第1卷第3期)
"经理员实务要诀"	1937年3月	《太安丰保险界》(第3卷第6期)
"日本民营人寿保险机关资产法规及最近投资概况"	1937年4月	《太安丰保险界》(第3卷第7—8期)
"美国所得税与遗产税关于寿险课税之规定"	1937年5月	《太安丰保险界》(第3卷第10期)
"墨西哥人寿保险约款摘要"	1937年6月	《太安丰保险界》(第3卷第11期)
"论人寿保险业盈余之分派"	1937年6月	《太安丰保险界》(第3卷第12期)

"国社党掌握政权后之德国寿险事业"	1937年7月	《太安丰保险界》(第3卷第13期)
"法国联合人寿保险公司业绩概况"	1937年7月	《太安丰保险界》(第3卷第14期)
"我国海上保险业者在非常时期应有之觉悟"(上)	1937年8月	《时事新报》(8月2日3版)
"我国海上保险业者在非常时期应有之觉悟"(中)	1937年8月	《时事新报》(8月4日4版)
"我国海上保险业者在非常时期应有之觉悟"(下)	1937年8月	《时事新报》(8月6日4版)
"欧战时德国通货膨胀对于寿险业之影响"	1938年1月	《太安丰保险界》(第4卷第1期)
"旅桂一年之观感"	1940年1月15日	《保险月刊》(第2卷第1期)
"保险普鲁之组织为发展我国保险业之一方策"	1940年2月15日	《保险月刊》(第2卷第2期)
"利用图表招徕寿险生意的妙诀"	1940年3月15日	《保险月刊》(第2卷第3期)
"对于非常时期保险业管理规则草案之商榷"	1940年4月15日	《保险月刊》(第2卷第4期)
"英国火险费率制度之沿革"	1940年5月15日	《保险月刊》(第2卷第5期)
"日本人寿保险事业面面观"	1940年6月15日	《保险月刊》(第2卷第6期)
"我国的社会保险问题"	1941年4月15日	《保险月刊》第3卷第4期
"我国的社会保险问题"续	1941年6月15日	《保险月刊》第3卷第5—6期
"人寿保险是储蓄吗?"	1941年8月15日	《保险月刊》第3卷第7—8期
"日本损害保险业集团组织史的演进"	1944年2-3月	《大上海集团月报》第5期、第6期
"闲话德国战争损害补偿制度"	1944年5月	《大上海集团月报》第8期
为了人民的福利和积累建设资金应迅速恢复办理人身保险业务	1980年	《保险研究》第2期
论保险在国民经济中的地位和作用	1981年	《保险研究》第3期

附注：此表依据《中国保险年鉴》(沈雷春编，中国保险年鉴社1937年版)、《保联》月刊(上海市保险业业余联谊会编1938—1941年)、《人文月刊杂志要目索引》(台湾天一出版社)等查询整理，遗憾的是1938年至1939年间，20世纪40年代中后期、50年代的论著无从查阅，空缺。

附表2 大安保险公司职员在"保联"的社会兼职情况一览表

姓　名	在大安保险公司所任职务	在"保联"的社会兼职情况	备　注
郭雨东	常务董事兼总经理	发起人之一，第一任理事长	中共党员
谢寿天	常务董事兼总稽核	发起人之一，常务理事兼秘书长	中共党员
陈巳生	常务董事	常务理事	中共党员
董国清	副经理	常务理事兼组织部长	
关可贵	协理	常务理事兼出版委员会主席	
蒋学杰	襄理	职业妇女救国会副主席	中共党员
赵　帛	会计主任	出版委员会委员，负责《保联》月刊、《保联会报》的出版工作	中共党员
蔡同华	会计主任	"保联"图书委员会的实际负责人	中共党员
吴福荣	庶务主任	福利委员会委员、消费合作社负责人	中共党员
孙文敏	天津分公司经理	"保联"党团成员，平剧组负责人	中共党员
石志昂	广州分公司经理	上海职业界救国会理事兼组织部部长	中共党员
施月珍	妇女主任	"保联"话剧组、歌咏队成员	中共党员
刘文彪	南京分公司经理	"保联"话剧组骨干	

仗剑从戎　赤诚报国

记"保联"里走出的新四军战士吴镇

吴　镇

1922年出生于上海，1938年6月进宁绍水火保险公司当练习生。在程恩树引领下走上革命道路，1938年10月加入中国共产党。在"保联"会所释放青春活力，成为文体联谊活动多面手。1939年6月，党组织派吴镇到苏北参加新四军。1944年6月，任苏中公学宣传科长。1949年南京解放后奉令转业，担任江苏《新华日报》社长、总编辑，1956年9月，吴镇当选党代表赴北京出席党的八大。1957年，任无锡市委书记处书记，《群众》杂志主编。1975年，任江苏省体委主任，献身群众体育事业。

吴镇（原名吴振年），1922年出身于上海家道中落的大家庭，父亲是银行职员，母亲则为其外室小老婆，饱受大老婆的欺凌。他从小寄养在三姨妈家，生活在成都路小弄堂的石库门里，浸染着上海老城厢的市井烟火气，姨妈家（三姨父是大烟鬼、赌棍，从不顾家）虽有小天井、客堂、灶间、亭子间和前楼，但两扇大门除了逢年过节外很少开启，平时进出都走后门。每天天蒙蒙亮，小弄堂就传出手推铁轮粪车在石块路面滚过发出的轧轧声，以及争先恐后的倒马桶、冲涮马桶声。

吴镇的祖父本来在浦东是有房产的，还在跑马厅里开了一个咖啡屋，后来父亲跟祖父做生意赔了本，家境衰落，亲情冷漠，在他上小学时，父亲竟然另觅新欢，把母亲及他们弟妹四人遗弃了。因长年依靠三姨妈，寄人篱下，他的表哥（三姨妈的儿子）西装革履，洋里洋气，在上海洋行做买办，打理外商开的水火保险公证行。什么地方发生水火灾情，就要由公证行前去查勘评估损失，核算赔付数额——家里安装了摇柄电话，只要电话铃一响，表哥就要外出，有时还乘长江轮船到芜湖、九江去查看险情，其余大部分时间打网球、喝咖啡、跳舞，礼拜六就到跑马厅赌马，这成了他对保险职业最初的认知。

吴镇从小好动，无人管束，整天遛到小弄堂玩。有次马路上有竞走比赛，扭屁股走，非常有趣，顽皮的他也在马路上学竞走，不出两天，脚趾头就从布鞋前头露出来了。他也时常到跑马厅，看里面养马的人遛马和马打滚，到礼拜六，他会在场外隔着水沟和栅栏看赛马。他6岁时回到母亲身边，进尚德小学读书，住在斜桥里弄里（属于法租界与华人地界接合部），三教九流各色混杂。马路上寻衅滋事的地痞成群扎堆，帮派争斗，欺男霸女，鸡飞狗跳，在这样的社会环境里，从小领略了黑暗社会贫困挣扎的众生相。

因家庭拮据，她买不起三角形校徽。学校组织同学去城隍庙春游，她也拿不出一元钱报名，内心凄凉。每个学期要找父亲讨学费，这是他不堪忍受的屈辱。顶着外滩黄浦江面袭来的寒风，遭受扎头帕大胡子印度门卫白眼盘问，站在父亲的银行写字间里伸手要钱，父亲冷着脸递过一只装有五六元钱的白信封，一句话不说，使他从小就尝到贫富悬殊、世态炎凉的酸楚。

少年壮志不言愁

小学、初中时代的吴镇，最高兴的是课间休息，抢着排队去打乒乓球，规则是一球定胜负，赢者守擂，输了就下台换人，有运动天赋的他，居然占据擂台的时候居多。放学后经常翻墙到隔壁南市体育场看球，踢球。他对当时的球星李惠堂、贾幼良、张邦纶最崇拜，会随着比赛场上的高潮而欢呼，按吴镇回忆录的说法，觉得外国人踢球"野蛮"，观众们会对其报以嘘声，对华人球队则使劲喊加油，这恐怕是爱国情愫的最早萌发吧！

小学毕业后，他考上了龙华路的上海私立南洋中学，因没有钱在学校里住宿，母亲就把家搬到学校附近的大木桥路农村租房住，陪他走读。周边是碧绿菜田，空气清新，憋屈的心情得以舒缓。吴镇的功课有点偏，他对语文、英语情有独钟，阅读要求都会照办，成绩不错，作文受表扬，但数学很糟糕，经常不及格，初一还留了级。最让他扬眉吐气的还是在操场上，他几乎对所有体育项目都感兴趣，夺得过全校运动会丙组50米短跑冠军，是学校篮球队、小足球队成员，出场过校际比赛。

上海南洋中学校刊上的
初中生吴镇

1934年上海南洋中学运动会50米起跑线上
258号吴镇

　　日寇不断侵略蚕食的现实，让爱国思潮蓬勃兴起，《马路大使》《渔光曲》《夜半歌声》《大路歌》的主题歌成了校园流行曲，成为学生一族精神追求的外在呈现，报效祖国的种子已播入了心田。最喜欢的还是《毕业歌》："同学们大家起来，担负起天下的兴亡。听吧，满耳是大众的嗟伤！看吧，一年年国土的沦丧！我们是要选择战？还是降？我们要做主人去拼死在疆场！我们不愿做奴隶而青云直上！我们今天是桃李芬芳，明天是社会的栋梁！我们今天弦歌在一堂，明天要掀起民族自救的巨浪！……"明快有力的节奏，慷慨激昂的歌词一直萦绕在耳畔。

　　西安事变后，全国反内战、团结抗日的呼声一浪高过一浪。有学生团体来串联停课上街游行声援，三位带头的同学遭当局公告除名，宣传抗日居然有罪？

　　"七七"事变，卢沟桥点燃了抗战的烽火，学校里进驻了一支国民党"中央军"，装备很一般："中正式"步枪，仅有几挺捷克式轻机枪和马克沁重机枪，而士兵面貌阴郁冷漠，毫无生气。他在士兵身边徘徊着，对他们寄托着深深的期望。

"八·一三"事变，日寇蹂躏上海。吴镇随着逃难的人群，越过铁丝网，涌进了法租界，上海抗日救亡运动风起云涌。英勇固守四行仓库的"八百壮士"，轰炸黄浦江上日本赤云舰的空中战机，激荡着年轻人的心。吴镇自愿报名到"丽都舞厅"的伤兵医院做服务，护理负伤的十九路军士兵。后来又转到难民收容所做服务，他初中毕业已无心继续上学了，要投身火热的革命生活中去。

小练习生开启保险生涯

上海沦为"孤岛"。吴镇终日彷徨街头，出路在哪里？学校在租界里租屋复课，因再也要不到钱，他只能退学。不忍心再让清苦的母亲来抚养，他遂求父亲介绍一个差事。这样，1938年6月，16岁的吴镇进上海宁绍水火保险公司当练习生学做生意。第一天上班时，吴镇穿上跟表兄借来的府绸长衫和旧皮鞋，走到写字间的每张桌前，向公司里的同人一一鞠躬。

起初每天的工作是打扫写字间，整理办公桌，端茶递水。坐在门边，守候邮差上门，收发信件，做各种内勤杂务。然后正襟危坐做登记，练练钢笔字，学学英文打字。到深夜把铺盖卷放开铺在写字间的办公桌上，公司供他吃"包饭"，提供睡处，每月另外发5元钱报酬。

公司下班之后，写字间成了小职员及练习生的天地。他们年龄相仿，情趣相近，关心抗战形势和前途命运，年龄最小的他也敢放声歌唱，无拘无束。尤其是寂寞时，练习健美操，吹吹口琴，可以让人忘记烦忧。

革命的引路人程恩树

吴镇一直都很迷茫，找不到奋斗的前景。其实人生道路的关键节点上能否踩准脚步，关键要看你遇到什么样的导师，选择了什么样的方向和目标。

夜间同睡写字间办公桌的，还有程恩树、张庆祥、翁逸平、翁辅庭、杨德华和陈瑞和等。程恩树是领头大哥，他戴着一顶压在眉梢的旧礼帽，穿着人字呢的旧西装，闪动着一对深邃、敏锐、诚挚的眼睛，虽只有25岁，却见多识广；张庆祥稍大一点，也是忠厚之人。吴镇初踏进职场，视他俩为知心兄长，后来断断续续把自己的身世遭际讲给他们听。

程恩树常领大伙晚饭后去四川路青年会游泳，曾为苏州河边看到过往白渡桥的中国人必须向日本哨兵鞠躬的受辱场景而义愤，星期天他带大伙到霞飞路白俄商铺买廉价鞋袜，叮嘱钱要省着花。可只要一回到写字间里，就很风趣健谈，他对抗战动态、中外历史、风土人情，几乎无所不晓。吴镇与张庆祥是热心的听众，张庆祥内向寡言，而吴镇机灵好插嘴，问长问短。相处了一段时间之后，渐渐地感觉到程恩树的见识非同寻常，可亲可敬——入党后才知道，他是中共上海保险业支部书记。

程恩树用聊天方式，潜移默化，渐渐地把听众的思想开窍了，同伴们先后走上革命道路。程恩树讲红军长征的故事，从他的描述中，大伙第一次听到了中国共产党。程恩树启发大伙读书，吴镇遂尝试阅读《大众哲学》《社会发展史》与《论持久战》。尤其是《红星照耀中国》里关于红军和苏区的真实见闻，那样饶有兴味，真切地吸引着大家。他点燃了一把火，让大家逐渐懂得了人间的不公平：为什么在十里洋场上，有人灯红酒绿、荒淫无耻；有人终日挣扎、饥寒交迫；为什么在日寇的炮火下，正面战场的国民党军节节败退，在敌后的八路军、新四军英勇抗击。他循循善诱地告诉大家，近百年来，我们的祖国多灾多难。眼前这个国家不属于工人农民。蒋介石是地主资产阶级的代表，他搞攘外必先安内，发动反共内战，而对日采取不抵抗政策。

程恩树耐心地解答吴镇在今天看来幼稚得可笑、但又十分实际的思想认识问题："现在每天帮资本家做事，我算什么人？我也在剥削吗？"程恩树说："你是一个穷学生，是一个被剥削的小练习生。是资本家雇佣你为他们做事。你没有资本，靠什么来剥削？""那我是在帮助资本家剥削了？！"说到这里，两人都笑了。

有一次吴镇请教程恩树："将来做什么好？"程恩树反问："你天天在练字、打字，你不是想学做生意吗？可我已经做了十年的理赔员生意，也不过是一个小职员，每月只有15元钱，你愿意沿这条路上走下去吗？"

吴镇反问："你不是也天天夹了皮包出去跑生意吗？你一早出去，忙忙碌碌，准时在5点下班前回来，你究竟在忙些什么？"程恩树说："我每天'跑街'，只带几份保险单出去，跑完生意，就去找'朋友'聊天。时间早的话，就到公司旁边北四川路图书馆去看书，到下班前才回来，我要使自己生活得更加充实，我要与许多朋友一起去寻找理想的生活。"他在入党之后才弄清楚，程恩树每天以职业作掩护，忙于开展党的工作。

吴镇接着问："你有那么多朋友？"程恩树说："有，苏联就是我们的朋友。和你到沪光大戏院看过苏联电影《农夫曲》，你看十月革命后苏联工人农民的生活多好，我们也要像苏联一样，在中国实行社会主义。你、我，还有许多好朋友，都要奋斗。推翻了反动派的专制制度，中国人民才真有出路，个人也才有希望。"

就这样，程恩树带领着不甘心按部就班、贪图安逸的保险小职员吴镇，认识了马克思、列宁，认识了中国共产党。当程恩树问吴镇，你愿不愿意参加这样的组织时，吴镇已经十分明确自己要走的路了，他毫不犹豫写了自传递交了申请。

1938年10月的一个夜晚，吴镇按照程恩树通知的地址，找到成都路一家加工馒头面条商铺的上层亭子间，发现程恩树已等候在那里。这是张庆祥的家，在用具陈旧杂乱、空间狭小局促、充斥浓浓面粉发酵酸味的螺蛳壳里，张庆祥把怀孕的妻子请到楼下望风。

三个人坐定后，程恩树把《共产党宣言》扉页的马克思半身像摊开，放在床铺上，带领吴镇和张庆祥，举起右手，一句一句，进行了入党宣誓。秋已深，但昏暗的灯光照进了内心，那低沉的宣誓声如春雷在胸中划过。入党仪式虽十分简陋，但庄严温暖。程恩树紧握着他俩的手说："组织上已经批准你们入党了。我们是同志了！我们要为共产主义事业奋斗终身！"不满17岁的吴镇十分激动，觉得心脏剧烈跳动，眼眶里滚动着泪水，觉得自己身心升华到一个心往神之的美好境界。倏忽间，亭子间变得高大了，昏暗的灯光也变得明亮起来。第二天，吴镇交了一角钱的党费，第一次交上了一颗真挚、纯洁的心。

"保联"："黑暗环境中的灯塔"

　　吴镇成为青年党员，要经受预备期考验。程恩树同他单线联系，交给他的第一项任务是到"保联"去，参加群众联谊活动，多同年轻人广交朋友。

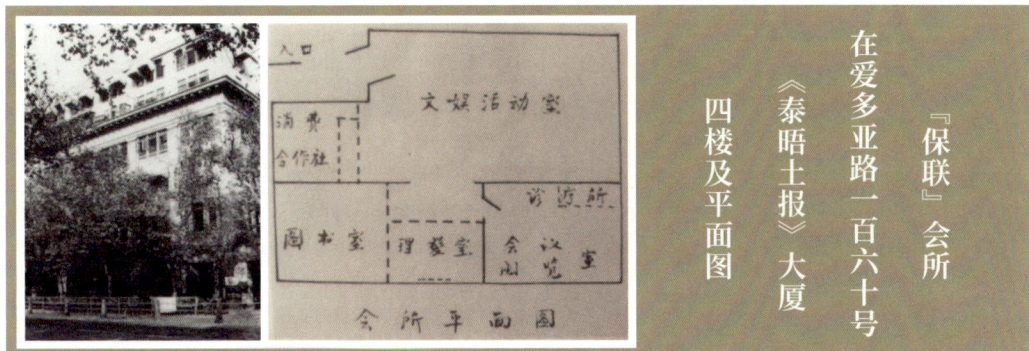

「保联」会所

《泰晤士报》大厦

在爱多亚路一百六十号

四楼及平面图

　　练习生要接受所有人的差遣，不能怠慢，不能出错，所以每个白天在公司生意圈内，会觉得度日如年，可一到夜晚，工作之余，吴镇就像换个人似的，会彻底放飞自我。他会迫不及待地奔向挂着《泰晤士报》招牌的爱多亚路160号大厦四楼，扑进"保联"的怀抱，顿时精神焕发。在"保联"会所，有着广阔的学习天地，无拘无束。

　　"保联"会所大约100平方米，空间并不大，一大间三小间，一进门的大间派作文体娱乐场所，正中一张乒乓球桌，四周就是出入通道，走路还得注意不要踩瘪飞过来的乒乓球，平时这里不是练球比赛，就是撤去球桌作咏歌演剧的排练场，有时也派作小型学术交流会场。另三小间分别设立图书阅览室、理发室、诊疗所和消费合作社。一到晚间这里热闹非凡，每天熙熙攘攘、进进出出的青年总有一二百人。

　　"保联"有种难以抵抗的魅力，16岁的吴镇最年轻，职场刚刚起步，幼稚与天真，肤浅与热情，是人们对他的最初印象，称他为"保联"的小阿弟。墙壁贴着广告：名人演讲，周刊座谈会，口琴歌唱班征友，图书室开放，平剧彩排，篮球联赛，象棋锦标……他对这些都觉得新奇，都愿意尝试，当然，几乎是什么都还不懂得，时间不敷分配。乐在其中，让他很快学会了写文章、哼诗歌、编辑刊物，享受到踢球、游泳、演话剧、吹口琴的快乐，成为人们眼中的多面手。

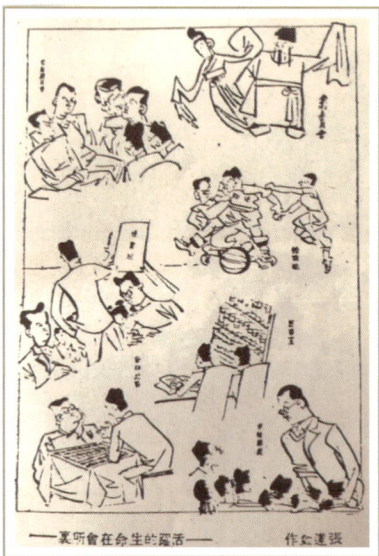

《保联》漫画《活跃的生命在会所里》 作者张莲如

"保联"的组建，为保险业职员提供了丰富的业余生活，不仅通过多种途径提升业务知识技能，还有"诗与远方"：引导他们健康生活，仅从漫画上的文字"活跃的生命在会所里"，便能想象出当时那充满激情与魅力的活动怎样吸引年轻人，哪怕放到80年后的今天也颇为令人称羡。

"保联"在烽火中诞生，保险业地下党成为领导"保联"的核心力量。吴镇在参加"保联"的各项活动中，时时处处都感受到党的领导在发挥作用。

宁绍与保裕的足球赛
前排右二程恩树 右三吴镇 后排右一刘文彪 右三赵帛 右四李福增以及
《保联》1939年1卷4期的报道

　　吴镇徜徉于"保联"活动中，虽不会有人告诉他哪一个是党员，可大家都像程恩树一样，在每项工作中带着他，帮着他，培养着他。凭直觉能体会出同志间的情谊，友爱互助。

　　吴镇比较喜爱体育活动，所以踊跃踢足球、打乒乓球、游泳训练（会员订购团体优待券，晚间或逢星期日集体组织到大陆游泳池游泳）等，结识了许多新朋友，这些正当的体育活动机会，锻炼了身体，振作了精神，冲淡了国土沦陷郁结在人们心中的那种悲观情绪。

"保联"与青年会健吾团
游泳对抗赛优胜摄影

"真你""正尼"撰写的《会友活动六则》
《保联》第1卷

吴镇喜欢写诗，他跟着林震峰学习编辑工作，组稿校对《保联》月刊与《保联会报》。林震峰办事稳重老练，朴实无华。他具体指导吴镇应该做什么，怎么把这些事做好。当时人手少，稿源缺乏，吴镇化名写诗，丰富"原野"副刊内涵，他还用"真你""震尼""正尼"的笔名，客串特约记者，写消息、拟特写，报道会员活动与会务工作。今天我们阅览这些即时报道，扑面而来昂扬的文字，蓬勃的生机，如沐春风，如饮甘醇，令人有参与其中的冲动。《保联》月刊与《保联会报》，高举"保联"火炬，把广大保险同人凝聚在一起，在冷寂的"孤岛"上，照亮了人们前行的路，温暖着孤独的心！吴镇后来投笔从戎到新四军部队，发挥特长，担任新华社的军事报道工作，特别是新中国成立后担任报社社长、新闻总编多年，就是从这里打下的根基。

　　吴镇跟着施哲明参与组织歌咏排练。在"保联"会所里，歌咏班每周练唱一次。施哲明是"音乐启蒙老师"，他穿着咖啡色的旧长袍，胸襟上泛出斑斑油迹。他挥动两只穿着长袖衣衫的手臂，激情满怀，热汗淋淋，用浑厚的嗓音，一边指挥一边教唱的形象一直深深地印刻在大家的脑海之中。大家歌颂"我们的祖国多么辽阔广大……"高唱"起来，不愿做奴隶的人们"唱得热血沸腾，唱得热泪盈眶。"我们的歌声将唤醒了城市和乡村……我们要用音乐缀成的词句来燃烧起大家的热血，引导着大众向民族解放的路上前进！"。

　　有一次，施哲明给吴镇一个人教唱《国际歌》，他俩都含着热泪，教一句，唱一句："英特纳雄奈尔，就一定要实现……"吴镇觉得自己精神在升华，浑身是力量，确信总有一天，旧世界一定会被埋葬。吴镇对歌咏的爱好，使他后来在新四军里与沈亚威合作创作了许多在部队流行的战斗歌曲。这种热情与能力，就是在"保联"歌咏班时培育起来的。

　　吴镇跟着程振魁，在"保联"参与话剧排练，"每两周演剧一次"，成为最初的"男一号"，在自嗨形式下"发挥着生命之最泼喇精神"，表达"娱乐不忘救国"的现实诉求。"保联"话剧组成为培育上海保险业先锋战士的革命熔炉，影响深广、最受追捧。话剧组的规模不断壮大，组员逐步增80余人，最多时达百余人。话剧组的成员在演艺实践中提高了觉悟，涌现出大批骨干分子，除他俩外，还有沈润璋、孙文敏、周繁琍（周础）、刘文彪、朱元仁

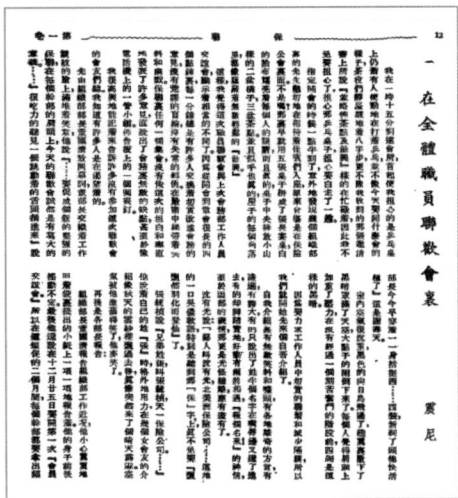

《保联》1938年1卷2期
吴镇的报道

刘凤珠、吴越、王亦洲、蔡同华、徐天碧、陆瑛、徐慧英(徐达)、谈峥声、洪汶、陈绍征、蒋德荣、赵萍、董国怀等。他们中许多人走上革命道路，先后加入了中国共产党。

文艺界的大咖担任了话剧辅导老师，他们从挑选剧本、导演排练，直到服装、道具、布景、化妆，都给会员耐心细致的指导。从演出《放下你的鞭子》等活报剧开始，到当年12月在上海宁波同乡会礼堂上正式公演由吴镇与程振魁、谈峥声、周繁琦合演的苏联独幕剧《锁着的箱子》，开启了"保联"话剧演出的新局面，在社稷家国情怀的驱动下延续革命新文艺运动对会员群众的动员。

见吴镇热爱戏剧工作，程恩树就鼓励他可以去进一步深造，于是吴镇与蔡同华结伴到中法剧艺学校，选修了戏剧历史、导演、演员修养和舞台化妆四门专业课，执教老师是戏剧家吴天、乔奇等。另外，吴镇还到舞蹈家吴晓邦的培训班去学习舞蹈基本功。程恩树还答应今后可以把党组织关系转到戏剧界党组织里去，他教诲吴镇无论在哪条战线都要忠诚党的事业，养成"无事不可对党言"的感情，要求他不要骄傲，对工农群众要平易近人，广交朋友。

"保联"话剧组加入"上海戏剧交谊社"为团体会员，排练独幕剧《忍受》《黎明》《一杯牛奶》等，还参加了各业余剧团的汇演竞赛。《忍受》导演是沈肯、程振魁和谈峥声，由吴镇与周繁琦主演，剧本演绎一个失业贫困的知识分子，在彷徨中忍受着煎熬，终于在妻亡子夭的绝境中觉醒过来。演出的布景、服装、道具虽极其简陋，可是上演后群众反响强烈，认为演得生动深刻，催人泪下，台上台下泣不成声，演出无疑达到了极好的效果。在

《保联》1939年1卷7期中有这样的评述：吴镇扮演的士英，形象鲜明，"出神入化，入木三分"，认为"他抓住了剧中人的个性""充分发挥着一个具有专门技术的青年找不到职业的苦闷，彷徨地忍受着圈子里的折磨，期待光明的到来，终于在妻亡子夭中觉悟，忍受是没有前途的，开始对这忍受起了怀疑，只有向这旧社会搏斗，才能争取到他光明的前途"。而周繁琍扮演伊文，士英的妻子，亦很成功，"她演得感动了台下几个小姐的热泪，她抓紧着一个产后病愈少妇的颓状……终于在忍受中牺牲了她的生命"。许铨饰演房东太太，一个典型的势利二房东，张佩芬饰奶妈，一个在下层挣扎的劳动妇女。该剧揭露在半封建半殖民地的社会里，"忍受！忍受！忍受就是自杀！"要寻找光明的前途，必须同旧社会搏斗，扫除一切反动势力。

保联业余剧团
参加救难义卖公演

"保联"还办了口琴班。吴镇原本是上海口琴演奏家王庆隆的门生，曾参加过在上海大光明大戏院的口琴演奏会。"保联"口琴班不去吹奏靡靡之音，而去吹奏时代最强音。1938年11月举行的"保联"全体会员联欢会中，如果说吴镇口琴二重奏节目《小夜曲》和《比翼鸟》（俄罗斯舞曲）以及独奏《蓬岛情歌》是唯美娱乐性质的，那么为苏联歌曲《青年航空员》（菲列曲，塞克配词）伴奏显然是动员抗战的，施哲明指挥歌咏队合唱《摇小船》和陕北民歌《骑白马》（即后来《东方红》的旋律，但填词内容不同）更具宣传抗战意味。实际上，丰富业余生活的纯娱乐节目与鼓舞抗战的爱国宣传节目在演出中相互交织，是很难泾渭分明区分开的。在经历寒冬的"孤岛"上，联谊会如同一个大家庭，安顿了青年彷徨无助的心，经由组织互助娱乐的联谊活动寻求安全感，以至于"发挥着泼刺的向上的战斗的精神"。

投笔从戎，踏上征途

1939年6月，党组织决定吴镇离开"保联"，到抗日根据地去，到新四军去。

据2021年5月采访健在的百岁革命老人吴镇得知，那个时候他已知道延安，知道有很多爱国青年放弃城市生活，跋山涉水奔赴延安寻求救国道路，所以向党组织提出"我很向往延安，想到第一线去"，但程恩树答复说："要求奔赴延安到'抗大''陕北公学'去的青年太多了，党中央已专电江苏省委，应组织有志青年就地学习，不提倡去了，现在路途阻隔，千难万险，走不通了。还是到新四军里去，敌后工作与前线同样重要。"程恩树同吴镇进行了一次谈话，情深意长，言简意赅。他说："我们'家里'需要人回去。你是我们这里最年轻的党员，你是这里第一个先回'家'去的人！"

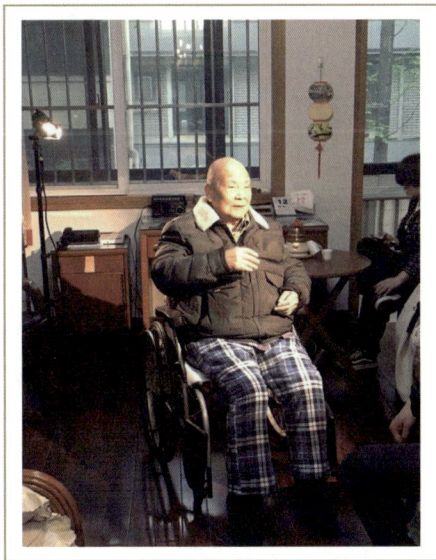

吴镇听了，丝毫也不觉得意外。因为《西行漫记》《新四军战地通讯》里那些动人的描述，早已在脑海里编织出一幅英雄豪迈的图像——走出"孤岛"，奔赴抗日救亡最前线，这本就是党的最大爱护和关怀，是去梦寐以求的家，便不假思索答应了！吴镇毅然决然做好离开上海的准备，放弃职业，离别母亲，朝气蓬勃地奔赴抗日战场。

何时动身，怎样的路线，到达何处？

一切听从党组织安排，严守秘密。有天下班，同伴通知他到外滩盐业大楼5楼的夜校教室去。突然有二三十位"保联"战友涌进来，主持人轻声宣布："今天，我们欢送最年轻的小弟，离开上海'回家'去！"没有会标，没有演讲，当然更没有糖果茶点。有的是一张张滚烫的脸庞和眼神，有的是一次又一次温暖的握手。吴镇只记得好几位朋友说着同一句话："你先走吧，我也要走的！"每个人在他的手心里放入1元、2元、5元，一共捐赠45元钱，供吴镇做盘缠。这是名副其实的"飞行集会"，等不及说谢道别，大家已分散离开。但这一幕在吴镇的心田里，刻下了深深的不可磨灭的印迹。在这次集会后，吴镇想买既有实用价值又可留作纪念的珍贵礼物，就花了8元钱到亨达利钟表行买了一只挂表。

又过一天，一个从未谋面的人找上家门。地下党负责交通线的同志，嘘寒问暖，一见如故，把一张四等统舱的船票递给他，告知地下交通员的联络暗号，还向他交代清楚，从上海到联络站经过哪些敌军据点，沿途和交通员如何保持联络，万一失去联络如何自行寻找联络站，以何凭证显示本人身份等。交通员还叮嘱穿着、言语、行动以及所带物品行李，都要与自己伪装的17岁学生身份相一致，应付日伪军的良民证检查时，要神态沉着镇定，不能慌乱。

吴镇要离别无依无靠的母亲和3个年幼的弟妹，离别朝夕相处的"保联"战友，突然从情感上有些难以割舍。遵照组织嘱咐，吴镇没有同亲人告别，甚至临走的当天下午出家门时，碧妹说："大哥，晚上早点回家吃饭！"差点泪水夺眶而出，他就这样悄然离去了。

7月4日夜晚，外滩黄浦江面吹来习习凉风，驱散白天的阵阵热浪，周繁琍与蔡同华把吴镇送到11号码头入口，吴镇将写好的一封家书，托周繁琍第二天通过邮局寄出。目送着他俩离开的背影，吴镇走进船舱心内有点发紧。

吴镇装扮成一个回乡探亲的学生，在四等舱里找到需要跟定的目标——工人模样的"中年人"，座位旁边放"一大把香蕉"——按照交通纪律，吴镇只能相隔一定距离跟随，混杂在许多普通旅客中，不准接触，不许直望，哪怕发生任何意外情况也不例外。

吴镇搭乘的是夜班客轮，晚十时开船，缓缓驶离码头，他长久地眺望着黑影幢幢的外滩建筑，满天的星斗渐渐明亮起来，出了吴淞口进入了长江。次日凌晨到达浒浦口，然后转乘内河小火轮，在河荡里七弯八拐，分不清南北，经过甘露、荡口两个日军据点，靠岸接受日军盘问搜查，船老大招呼乘客："东洋赤佬要搜查了，大家有什么东西都放好！"船舱里一阵骚动，见识了蛮横的日军挺着刺刀把全船乘客驱赶上岸，翻箱倒匣，野蛮搜身。等两个据点一过，船舱里立马欢声雷动，大家谈笑风生，有人哼起了抗日小调《大路歌》"轰，轰，轰，我们是开路的先锋"，汽轮也加快了航速，傍晚时分到达目的地无锡县梅村，船一靠岸，好几个人高喊："我们到家了"，原来一船二三十个乘客，除了少数几个本地人外，其余素昧平生的，都是由上海难民收容所和各种抗日救亡团体介绍而来，都为了一个共同目标，参加新四军去！

根据地的同志热情欢迎来自上海的革命青年，在梅村小学吴镇很快接上了党组织关系，被分配到新四军江南抗日义勇军第四路政治部去工作。吴镇换下了学生着装，长衫、皮鞋、皮箱统统不要了，只留下短衫、长裤，把随身的日用品用一块布打成小包袱系在腰间，把一条白毛巾围在脖子上。他们几个上部队的同伴连夜行军，追赶已出发打游击的部队。自小生长在大城市，走惯平坦马路，第一次在夜间弯弯曲曲的水田堤埂上行走，高一脚，低一脚，穿过泥泞，翻越丛林，但夜空是多么静谧，原野是多么清新，一切是那么新奇！终于到达抗战前线，找到队伍了，吴镇见到了英雄团长乔信明，政治部主任"大胡子"吕平，脑海里《西行漫记》英雄形象，幻化成活生生的现实。团长说："你当个文化教员吧！"吴镇说："我高中都没毕业，哪能当什么教员？"团长说："小鬼，部队不可以讨价还价，下连队去锻炼，连队就是个大学校。"

隔一天，7月7日，吴镇第一次在根据地参加了"卢沟桥事变"两周年纪念大会，他与战友们席地而坐，相互拉起歌来："日本鬼子打来了，亡国奴当不得，咿呀嗨……""大刀向鬼子们的头上砍去……"歌声嘹亮！他看到了四面八方赶来的父老乡亲，是怎样挥舞着彩旗欢天喜地支持子弟兵，他们痛恨贪官污吏，称新四军"菩萨军"。吴镇给连队战士上文化课，用借来的门板作黑板，写上"共产党"、"新四军"的词语，教大家识字，教大家唱歌，教连长指导员看行军路线图。当文书的他真切体会到只有贴近战地生活，尊重知识，依靠人民，有理想的军队才能克敌制胜。

鱼水深情，危难之中显身手

1939年5月，根据党中央"向南巩固，向东作战，向北发展"的指示，陈毅考虑到江南地处敌人心脏地带，群众性的地方武装一定要有主力部队支撑，决定派叶飞同志率新四军第六团从茅山地区出发东进，至武进戴溪桥与江南抗日义勇军（简称"江抗"）第三路军何克希、梅光迪部会合。为照顾统一战线关系，仍用"江抗"名义，成立"江抗"总指挥部，继续东进。一路经澄锡虞、苏常太地区，沿途又收编了各路游击武装，直打到上海虹桥机场附近（"江抗"二路二支队夜袭上海虹桥日寇机场，威震海内外）。自此，上海党领导的周边地方武装划归新四军"江抗"统一领导，而敌后游击区的党政组织仍属上海党东路特委领导。

一九三九年新四军六团将士在阳澄湖畔的合影

站立者右一吴镇

脖缠白毛巾　短衣裤

从"白色恐怖"的敌占区来到了共产党领导的根据地，吴镇穿上了崭新的军装，出操学习，生活在革命集体中，心情是极其兴奋的。

根据地为他展现一个全新的世界。天是明朗的，每个人脸上洋溢着翻身做主人的神情，个个生龙活虎。生活上艰苦自不待言，可以克服，但新四军武器装备非常简陋，要靠缴获敌人的武器来武装自己，只能发扬新四军的铁军精神，"变敌人后方为前线""敌进我退，敌驻我扰，敌疲我打，敌退我追"，在澄（江阴）锡（无锡）虞（常熟）地区开展游击战争，在打击敌人中壮大

追寻 ▶ 保联先行者的足迹

自己。

后来吴镇知道，上海党组织为支援"江抗"，不仅在党内动员党员参军，还通过学联、益友社等外围进步团体发动了大批工人、学生、职员下乡参军，奔赴敌后游击区像滔滔洪流一样，我们这支新四军的成员多半是这样来的。

初次下连队，吴镇水土不服，得了疟疾，打摆子，忽冷忽热，满身长满疥疮，化脓淌水，痛痒难耐，隐藏乡下。团长派卫生员送来敌后很难搞到的奎宁针剂给他治疗，把加了硫磺调制的凡士林药膏涂在疥疮上，使他跟上了部队。

1939年10月，部队到江阴西石桥整编。

1939年时的新四军政工干部吴镇

接着部队到扬中整训一个月，渡江到江都吴家桥建立了苏北第一个桥头堡。严冬腊月，部队没有棉衣棉被，人人穿单衣，打赤脚穿草鞋，夜里冻到睡不着，蜷在稻草堆里，官兵一样缺衣少食，吴镇递补到一连当指导员。

直到春节当天，新四军伏击从仙女庙炮楼向大桥镇扑来的几十个日本鬼子，打了胜仗，打出了新四军老一团的威名，振奋了抗日军民的信心。还有西进安徽增援半塔集的战斗，协同作战，无往不胜。

在根据地，巧遇"保联"革命战友

就在这段整训时间的一个偶然机会，巧遇了从上海投奔解放区的好朋友周繁琍（化名周础），她是"保联"输送新四军的又一位坚强战士，已编入战地服务团，说起在"保联"的演艺往事，大家都非常开心。

1940年6月，顽固派要围剿新四军，党中央决策"向北发展"，苏北挺进纵队2000余名指战员，在叶飞、管文蔚指挥下，挺进敌占区，抗击敌寇，创建新根据地。在郭村遭遇十倍敌军的围攻。吴镇当时已担任老六团九连指导员，组织战士布防，与乡亲们一起挖战壕、修工事、削竹签、设障碍，军民构筑血肉长城，采取积极防御、短促出击、保存有生力量的策略，用手榴弹集中攻击、刺刀近战的技战术，浴血奋战，打退了敌人三次总攻，有数百名烈士长眠于此。就在这次战斗中，吴镇把"保联"战友赠送的挂表失落了。当时把表挂在战壕上，为战士们换岗哨掌握时间用，但敌人突然发动攻击，他率领连队跃出战壕，英勇反击，最可珍视的礼物丢失，让吴镇懊恼了许久，不由思念起"保联"战友。直到兄弟部队昼夜兼程前来增援，取得了郭村保卫战的胜利。

　　1941年前后，当新四军一师一旅进攻姜堰，九连奉命堵击曲塘伪军陈泰运团，牵制该团，不让增援姜堰。改任九连指导员的吴镇，分工带一个排兵力控制曲塘镇运粮河南边的桥头，从傍晚到拂晓，与河对岸的伪军对峙。旅部敌工科科长陈超寰去对岸做统战，吴镇用话筒喊话表明来意，两岸停止了射击。见陈科长孤身一人，年少气盛的吴镇说："我陪你过去"，陈点头同意，两人面对重机枪封锁的桥头，雄赳赳地前往敌营，吴镇全副武装，俨然贴身保镖，穿过匍匐遍地的伪军，登上敌军团部楼上，申明"我们是新四军代表！"递交亲笔信，劝说陈泰运不要追随日寇，要为自己留条后路。事毕陈泰运派渡船送他俩回对岸。本来吴镇觉得单刀赴会下战书很英勇，但没想到刚回自己阵地，就看见团部四五个身背红绸布大刀，腰挎短枪的执法队员一拥而上，下了他的枪，把他押送到团部。事后才知晓，当他俩赴敌营时，战士、排长、连长、营长、团长到旅部，层层上报，一直报到叶飞司令员那里："九连指导员跑过去了。"情况没说清，还有人说："为什么不一枪干掉他，让他跑掉？"这时他才意识到，没有请示报告，擅离阵地指挥位置，犯了个人英雄主义，一个不大不小的错误。团政治部主任曾如清同吴镇坐在田埂上谈话，问清情况，狠狠批了他一顿："你犯了无组织无纪律的错误。"关了两天，把他带到团部，团党委首长都在，既严肃又恳切，团长乔信明代表党委宣布说："你是上海下来的小鬼嘛？我们查清了，你没有政治问题，要不，枪毙你！你犯了严重错误，指

追寻
▶保联先行者的足迹◀

导员撤职，调你到旅部去工作。"真的，在富有革命传统的新四军政工人员里，还从来没有一人临阵投敌的。

21岁的吴镇到新四军一师一旅政治部组织科报到，当青年干事（旅长是叶飞，政治部主任是姬鹏飞）。他经常下连队教战士识字、唱歌，写军事简报，做政治动员，对基层干部、战斗骨干配置及人员特点熟记于心（战争环境不可能设文书档案）。当部队出现伤亡、人员变动，要及时出谋划策，协助首长和上级机关调整、选拔干部，配置人员，并动足脑筋，培养发展新党员，壮大党组织。

战士们开玩笑说："天不怕，地不怕，就怕政工干部找谈话。"反正无论你怕不怕，围绕三大纪律八项注意，革命传统，实事求是，吴镇天天讲，保证入脑入心，这是生命线与传家宝。当然干部要以身作则，不能光耍嘴皮子，专做别人的思想工作，只叫战士冲啊杀啊，自己躲在后面，关键时刻要豁得出。1941夏，部队攻打泰兴城伪军蔡鑫元部据点，吴镇打好绑腿，手提驳壳枪投入了攻城突击队。拂晓前四处漆黑一片，他和队员匍匐前进在城门前的青石板路面上，被敌人发现了，从城墙碉堡里往下扔手雷，此时他们只能硬冲。突然"咣"的一声，一颗手雷掷到了脚下，刺眼的蓝光一闪，"轰"的一声爆炸了，吴镇只觉左腿受到重重一击，仰面倒下，鲜血汩汩地往外喷。他被从火线抢救下来，四个老乡用担架抬着经过旅指挥所时，有人问："是哪一个？"卫生员回答："旅部青年干事。"接着传出旅长叶飞既责怪又痛惜的声音："又是这个小鬼，谁叫他上去的？"四个老乡气喘吁吁地抬着他，从拂晓直到黄昏，把他送进了设在丁家桥的卫生所救治，这是他战争年代第一次负重伤，望着血肿得像水桶一般粗的腿，躺在门板上像个孩子似的哭了，十分思念上海的战友。卫生所在村中幽暗空旷的祠堂里，搭在条凳上的门板做手术台，没有医疗设备，只有一位医生，没有助手与护士。医生检查了伤口，作了局部麻醉后，让他咬毛巾挺住，用手术刀划开大腿肌肉，钳出了嵌在骨头上的铜钱般大的弹片，他听到弹片扔到白色腰子盘的"噹啷"一响，血肉模糊，钻心的痛。

日本鬼子下乡"扫荡"了，部队打游击，乡亲们推着独轮车将他连夜转移，一个后面推，一个前面拉，行进在无穷无尽的旷野，遇到狭窄的田埂上要跨越缺口时，怕他伤口震痛，就连人带车抬起来跨过去，远处不时传来一两声犬吠，乡亲不停息的脚步和小车"吱吱呀"的声音，令他终生难忘。后来迎头遭遇鬼子进村响起枪声，乡亲给他换上便衣四散隐蔽，在田垄下看见挺着上刺刀三八大盖的一小队日本鬼子，便拖着伤腿爬进茅草堆里隐藏起来。鬼子走后，老乡们回来把他抬到村边树丛里，等夜晚又把他转移到一间隐蔽的茅屋里，部队卫生员马祁每隔几天就会来换药，整整四个月，大爷大妈像照应自家孩子一样服侍他，每天送烧饼送玉米粥，送刚煮熟的带壳花生养育他，受伤的腿不能弯曲无法蹲着解大便，大爷大妈摆两条长凳，扶他坐在上面，地上铺几片树叶，等他用过之后，再处理干净，深更半夜，一有狗叫，大娘就抖抖擞擞起身过来叮嘱："要有动静，你往野地里爬……"直到他伤口愈合扶着拐杖告别时，大爷大娘还依依不舍地说："伢儿啊，年轻轻的吃这么大的苦！这个世道，什么时候太平啊！"

硬核红色大学——在转战疆场中成长

归队后吴镇调入一团一营当教导员，后来领导关心他，1943年初离开苏北进入苏南茅山中国人民抗日军政大学第九分校参加整风学习。

画家天然一九四二年回忆
常竹铭的战地素描
题记中误信常竹铭在皖南突围中牺牲
右图常竹铭与吴镇
一九四四年在根据地龙岗的合影

在烽火岁月吴镇还迎来了爱情。他是学员队中少有的营团级干部，队内还有几个服务团女兵学员，这样就邂逅了同样来自上海的常竹铭。她出身上海资本家家庭，清秀文静，1939年参加上海民众慰问团演剧队到皖南根据地演出，自愿留下不回上海，同年入党，是皖南事变前新四军战地服务团有名的"四大名旦"。据说1940年5月，常竹铭跟随服务团到国民党第三战区江南总指挥部演出《魔窟》。总指挥冷欣在演出后召开座谈会，对精彩的演出大加赞赏，但又居心叵测地向女演员提问。他问常竹铭："你的戏演得很好，一个月拿多少津贴呢？"常竹铭答道："3块钱。""太少了。到我们这里来吧，可以拿30多块呢。"常竹铭不屑一顾"我不是为了钱，是为了抗日。要为钱的话，我家比你有钱！"冷欣十分吃惊："啊？你是富家小姐！那为什么要离开家参加新四军呢？"常竹铭回答得很干脆："日本侵略中国，国家将亡，我要抗战。新四军抗战最坚决，我就参加新四军！"皖南事变中，常竹铭千难万险逃出重围，1942年5月担任新四军一师一旅陶勇部服务团党支部书记。这些军内佳话让吴镇肃然起敬，尤其知道她是与恋人一起投奔新四军的，但不幸恋人在战场上牺牲了，还没有治愈内心的创伤，便默默地关注她，祝福她。

直到几个月后，国民党调集1.5万兵力，围剿新四军十六旅及抗大九分校，意图制造第二次"皖南事变"。新四军苦战三昼夜，突围后渡江北返，部队连续急行军18个小时，冲过铁路、长江封锁线，大家极度疲惫，瘫在地上，吴镇帮常竹铭扛起了枪，背起背包，第一次向她伸出援助之手。部队转移到高邮湖畔的龙岗小镇，算是突出重围。小镇南端一座断了香火的五神庙变身教室，抗大不停课！火红的学员生活又开始了，出操练射击，读书写作，唱歌演剧。文艺女兵把旧军装的袖管裤管剪掉变成时尚的泳装，在高邮湖水里嬉水，引爆了男兵的眼球。吴镇在借给常竹铭的《钢铁是怎样炼成的》书里夹了张纸条："牺牲了前面的战友，还会有后面战友关心你。"她没有退回纸条，他俩在战火中相互关爱，在龙岗休整的几个月学员生活中感情渐深，直到组织上批准结婚。

1944年春，抗战胜利在望，党中央作出"大量吸收知识分子"创办干部学校的决策，苏中根据地决定以抗大第九分校为基础创办一所培养抗日军政干部的摇篮。于是，1944年6月，新四军在解放区宝应县的金吾庄创办苏中公学——一所新型军政大学，一边筹建一边招生，广收贤才。

一九四四年
苏中公学领导合影

右五教育长夏征农
右四宣传科长吴镇

　　解放区内外的青年闻风而来，敌占区的学生上山下乡，长途跋涉，穿过层层封锁线，到达这个小山村，6月1日，校长粟裕专程从前线回来主持开学典礼。苏中行署主任管文蔚兼副校长，张藩任专职副校长，夏征农任教育长。22岁的吴镇奉调参加第一期学员一队管理工作，担任指导员，后任宣传科长。

　　偏僻的小山村，何曾有过这样风光。苏公没有校舍，没有图书馆，但有茅屋，有田野，有阳光雨露，有精神支柱，有共产党的优良传统及革命先辈的言传身教，有青年人成长需要的一切营养。苏公的教材是军事政治常识，贯彻学用一致原则，学员穿军装，打绑腿，佩戴"N4A"臂章，在打谷场出操集会，上大课，听报告。领导干部站着演讲，联系实际，从来不是念稿子，讲得抑扬顿挫，生动风趣，姿态手势，引人入胜，时隔几十年仍然记忆犹新。学员用腿当桌，背包做凳，用心听讲，速记笔记，听讲后几个人的笔记一凑，讲话记录稿就整理出来了，然后出墙报，办校刊，扭秧歌，演话剧。铺稻草、睡门板，小油灯下，笑谈国际形势，纵论天下大事。夜里，干部值班查夜，学员站岗放哨，点一支香烟换一班岗。休息时举办田径、球类和军事项目运动会（刺杀表演、过天桥、爬障碍）。生活苦，学员便开荒种地，养猪种菜，建工厂，碾米榨油，生产军装军鞋和"勇士"牌香烟，依靠双手来丰衣足食。学校组织军民联欢，推行民主选举，油印《学习》报和《学习》杂志，刊登学员的学习心得、经验交流，激励大家投身红红火火的革命浪潮中。每期训练六个月，开展了新民主主义教育、整风学习、时事政治学习和军事学习，像奔腾飞溅的浪花，激荡着师生的心灵，学员们如饥似渴地学习马列主义基本原理，探索救国救民的真理。

吴镇是诗歌、舞蹈、话剧的多面手，苏中公学师生自编自导自演的许多话剧，有他编导参演。尤其是根据延安整风运动中党中央列入学习材料的郭沫若《甲申三百年祭》改编的五幕古装历史剧，以及苏联作家考涅楚克《前线》的排演，巡回各地公演，在苏中解放区引发了空前的轰动，学员们也开展了"李闯王道路"的大讨论，学员们吟诵着《圆圆曲》的唱词："旧江山换了新主，正要把基础稳固……将军，你是日出东方莫被乌云遮！"常竹铭在苏联话剧《第四十一个》里扮演红军女战士，感动了大家。这里学员的成长，1年等于20年！苏中公学两年里辗转于宝应、淮安、阜宁、兴化、东台等县的乡村和集.镇，先后培训了54个学员队，除大多数为知识青年队外，还有军政干部队和医务、会计、文艺、测绘等专业队，以及日本朝鲜反战兄弟队，被解放的伪军军官队。苏中公学像熔炉，锻造了4000多名党政军优秀干部，输送了大批抗战建国人才。

1945年8月日寇投降，全校师生与沙沟人民一起"漫卷诗书喜欲狂"，举行了庆祝胜利大游行，党中央发出"全军迅猛向敌占城镇进军，敌人不投降，就坚决消灭它"的号令，苏中公学奉命上前线，协同苏中部队投入战斗，23日解放了宝应县城，9月1日解放兴化城。

"黄海之滨，集合着一群中华民族优秀的子孙，人类解放，救国的责任，全靠我们来担承……"苏中公学以《抗日军政大学校歌》为校歌，像民谣一样在华中解放区人民中生了根，一直唱到了今天。

革命洪流，天翻地覆慨而慷

1946年7月，蒋介石蓄意发动全面内战，苏中解放区战云密布。红色军事史上的巅峰战例"七战七捷"拉开序幕。吴镇与作曲家沈亚威下到突击队，见到战士纷纷请战，摩拳擦掌，受到鼓舞，吴镇写词，沈亚威谱曲，创作了歌曲《打！》："打！打就打个痛快！打！打就打个干脆！一下，两下，再一下；连续打你几铁锤！好说好讲你不干，叫我来火你活该。来得容易去就难，打不死你才有鬼。不管你什么火箭炮、卡宾枪，不管你什么天上飞、地上爬，不打收条，一股脑儿……打！打！打打打！"歌曲浅显易懂，彰显战士的旋律与感情，一唱就会，边唱边打，成为最好的动员令，犹如排山倒海的怒涛，唱遍了新四军，化作战士们血管里奔腾的怒火，变成战士们枪口里射出的子弹！（到南京解放后，这首战歌获得华东军区政治部的嘉奖。）吴镇与沈亚威还协同创作了《英雄们还活着哩！》《保卫我们的丰衣足食！》等战斗歌曲，合作友谊维持终生。

这年冬天，部队在涟水地区集结，准备向山东转移，吴镇奉命调入第三野战军第一纵队，告别了怀孕的妻子，在山东蜿蜒崎岖的山路上日夜行军。吴镇随部队南征北战，从莱芜战役大捷，到孟良崮决战全歼国民党七十四师，挥师南下，途中探望多病的妻子和才两个月的女儿。六个月后，接到妻子的来信，信中夹了一撮泥土、几根干草——女儿在山东农村夭折了，妻子把女儿坟头的土与草寄给他作纪念，吴镇强抑着悲伤，怀揣了对妻女的思念，投入了淮海战役。他已调入军党委秘书处，在歼灭黄百韬兵团的日子里，设在开阔地里小破庙的军指挥所，被敌机发现，投弹轰炸，他与军长王必成、政委江渭清一起，从弹片硝烟中爬起来，继续战斗。

革命形势发展出乎人们的意料，从打游击战到大兵团作战，不过三五年，人民胜利的曙光，已经展现在眼前。国民党政权风雨飘摇，很快到渡江战役，"打过长江去，解放全中国"，吴镇任八兵团政治部秘书科长（部长是创作小说《红日》的作家吴强），跟随陈士榘司令员、江渭清政委，占领"总统府"，大门口的一对石狮子垂头丧气，穿过大铁门楼与长长的过道，进入蒋介石的办公室，这里早已人去楼空，唯有楠木板壁上挂的日历，还停留在"一九四九年四月二十二日"，外面的世界早已换了人间了。在西康路，兵团领导与南京地下党书记陈修良等会合了，挂出了中国人民解放军南京市军事管制委员

追寻
▶保联先行者的足迹◀

会的招牌。

南京解放后，35岁的吴镇奉令脱下军装转业，担任刚刚创刊的江苏《新华日报》社长、总编辑，在报社迎来新中国诞生的第一道曙光。报社建立值班总编辑签发付印每日报纸的责任制，一般是由夜班总编辑即"头脑最清醒的人"逐字逐句审核报纸清样，最后交领导石西民（市委委员兼宣传部长）看大样，把好最后一道关，所以编辑部经常灯火通明，吴镇半夜三更，把报纸大样和重要稿件送到石部长家里审阅。每天凌晨报社通讯员把一大卷散发着油墨味尚未邮递发行的报纸，直接送到市委领导人宿舍去，报社坚持每天第一张报纸送交市委，社论、要文由市委审阅，党委对思想政治负责，直接抓报社编辑部工作。为此，编辑部搬进西康路33号的前楼办公，前楼通向后楼市委常委集体宿舍，中间有一扇小铁门相隔，报社外来办事人员较杂，平时这扇小铁门是上锁的，但吴镇拥有一把钥匙，有事自己开锁。这样，他成了"挂钥匙的总编辑"，经常度过不眠之夜，每逢年节的夜晚，编辑部就更加忙碌，通宵不息了。爱人常竹铭参与创建南京电影制片厂，担任第一任厂长（1961年，常竹铭任江苏人民出版社党委副书记）。

繁忙的工作任务，使他抽不出时间回上海看望母亲、弟妹和"保联"战友们，直到1949年8月，身着洗褪了色的整洁黄军装，佩戴"中国人民解放军"胸章，腰束皮带，打着绑腿的吴镇，利用出差机会回到上海，站在亲人与战友的面前。在军管会大楼里，见到了阔别10年的程恩树、林震峰、谢寿天、张先成等战友，他们早已翘首以待，第一句话都是"我们'保联'的小弟弟回来了！"欢叙重逢，畅谈离别，"保联"的革命情谊比天高，比海深。

硝烟散尽，大展宏图。1956年9月，吴镇当选党代表赴北京出席了党的第八次全国代表大会。1957年，江苏省委派他担任无锡市委书记处书记，《群众》杂志主编。

当吴镇"第二次解放"出来后，在北京见到了程恩树、林震峰、张先成、施哲明、周繁琍等，难舍难分。与程恩树通信，他说他将去"南方"（越南）工作，时时牵挂。当程恩树1975年1月过早去世的噩耗传来时，吴镇禁不住失声痛哭，为失去一生最好的老师和兄长而难过。

体坛新帅，打造辉煌

1975年，百废待兴，江苏省委第一书记彭冲让吴镇出来工作，没有时间去诉冤，有的是只争朝夕，"身处大变革的时代，误伤是难免的"。这样，吴镇被安排到南京化工学院任副院长，工作了仅27天，省委又决定吴镇挑重担，出任江苏省体委主任、党组书记，兼任南京体育学院院长，他决心把"文革"失去的十年补回来，苦干实干。

早年在"保联"参加球类比赛，酷爱体育的经历，对吴镇的后半生事业产生了深远影响，在10年中，他立志改革，锐意进取，为开拓江苏省竞技体育事业，打造体育大省强省而呕心沥血。他在运动队里大力倡导"三从一大"训练、积极推行体育教学、运动训练、科学研究三结合模式，组织优秀运动员退役进大专班进修以培养体育师资，解决了运动员的后顾之忧，顺乎民心，合乎规律，主管相关工作的国家领导人曾在全国推广江苏运动队向学校化过渡的做法。

一九五七年年底在江苏省体委任职的吴镇

吴镇尊重科学，重视体育科研，以科研促成绩，以科研促全民健身。他与同事高力翔、王震合作做老年人体质的专项研究，撰写的系列文章刊登在《南京体育学院学报(南京)》上。他提出向世界水平看齐的指导思想，倡议创办《拼搏报》，他撰写了数百篇新闻稿，宣传体育领域的新人新事，他撰写并力推的女子花剑运动员栾菊杰纪实报道《世界女花之花——栾菊杰》和《中国女花的珍珠——奔向世界的人》成为轰动全国的重大新闻，成为唱响体育春天的报春鸟。他自愿做运动队的"后勤部长"兼心理老师，全力以赴配合袁伟民主教练率领的中国女排到南京集训，后勤保障他亲自过问落实，即使贴钱也不去计较，女排要借男排四名主力做陪练，这会影响江苏男排的夺冠实力，吴镇说这样做值得。当女排姑娘夺得首个世界冠军时，吴镇激动万分，落笔快捷，当天就在《新华日报》上发表《敲开世界冠军的大门》的专文表示祝贺。当江苏籍队员孙晋芳、张洁云载誉归来，吴镇带着锣鼓队到机场欢迎。他说："江苏有了世界冠军，这是第一批，今后还要有更多的世界冠军。"有人评论吴镇是"金牌迷"，吴镇为此毫不掩饰、自豪地说："金牌，是国富民强的标志！金牌是精神文明的象征！金牌，是社会主义繁荣昌盛的印记！金牌，是祖国的荣誉，人民的骄傲！"

吴镇力推国家间的体育文化交流，他多次带队赴国外比赛，力求比赛成绩与精神面貌双丰收，为此呕心沥血。他首创聘请外教来南京工作模式，用先进训练技术武装各项运动队，选拔运动员到国外留学。他克服困难，力主五台山体育场铺设塑胶跑道，搞足球灯光设施，有人质疑花钱太多了，吴镇说：没有现代化的体育设施，不能办国际比赛，没有体育交流，你什么也学不会，我们要有雄心壮志，力争申请举办亚运会，在我们这辈人手上实现不了，但相信我们的后人一定可以办到，再也不能因循守旧了。这些振聋发聩的表态，让许多人为之一振。

吴镇爱惜人才，尊重人才，贯彻落实知识分子政策，愿意为体育明星的大量涌现做铺路石，夯实基础。他蹲点体校，与运动员同吃同住同上训练场，他畅谈人生难得几回搏，鼓励运动员为国争光，像奥运女子花剑冠军栾菊杰、世界乒乓球冠军蔡振华、"五连冠"中国女排灵魂人物孙晋芳、奥运游泳冠军林莉、世界羽毛球冠军杨阳的成长，都凝聚着吴镇的心血。经吴镇的多次请求，江苏省委同意改革试点，省政府推出体育系统领导年轻化、专业化举措，28岁的孙晋芳被任命为省体委副主任（这在全国是开了优秀运动员担任厅局级领导的先例）。起用年轻干部，让体委系统面貌焕然一新。孙晋芳上任后，吴镇在党组会上讨论她的学习深造，决定暂不分管具体业务，主要精力投入南京体院的读书深造，记者的采访要求也被吴镇一一挡回，让她像普通大学生一样在学海里泛舟，真正做到扶上马送一程，当她结婚时，吴镇亲自过问事项并主持婚礼。花剑女杰栾菊杰退役后伤病严重，吴镇亲自为她落实住房，买药治病。他关心过问许多退役运动员、教练员的生活保障问题，赢得了广泛的口碑。

吴镇任江苏省体委主任的10年，以及退休后出任中华全国体育总会江苏省分会主席和上海华东足球会名誉理事长，为华东地区体育事业的发展发挥了巨大的推动作用。全国体育界普遍赞誉吴镇精力充沛、思维敏捷，江苏体坛的改革总比别省快半拍，他大公无私，创造条件，培养了一大批杰出的运动员、教练员，国内练兵，奔向世界，为国争光，勇于夺冠。他组织举办首届"梅园杯"足球邀请赛，他还义务兼职中国击剑协会主席、中国钓鱼协会副主席，离而不休，退而不闲，他认为民间垂钓，既是娱乐体育，又是渔文化的呈现，他积极主导筹建中国钓鱼协会，力推无锡市政府举办首届"太湖杯"国际钓鱼节，主编《中国钓鱼大观》巨著，开创了中国当代垂钓运动的先河。他在江苏省老年体协主席的岗位上继续耕耘，他与同人主编的《乐天简讯》，颇受全国老年人的推崇，他荣获"全国老年人体协开拓者金奖"。

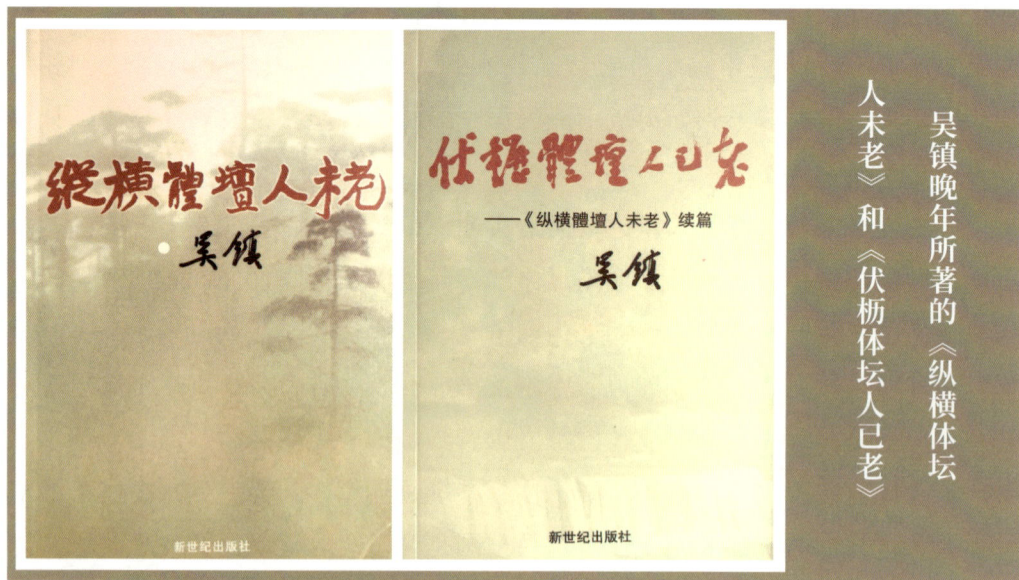

吴镇晚年所著的《纵横体坛人未老》和《伏枥体坛人已老》

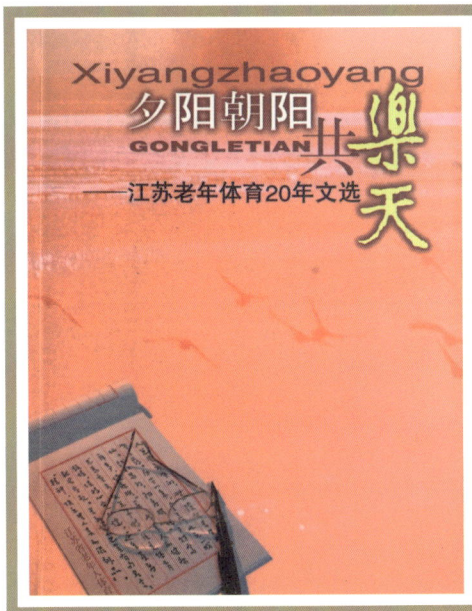

吴镇主编的《夕阳朝阳
共乐天——江苏老年
体育二十年文选》

吴镇兼任江苏省新四军和华中抗日根据地研究会常务副会长，不遗余力弘扬红色文化。他几十年爱岗敬业，笔耕不辍，用笔墨记录下一个个珍贵的历史瞬间，抒发了与国与民同忧共乐的心声，撰写了很多文章。

江苏省新四军和华中
抗日根据地研究会的领导

右一吴镇

吴镇退休之后的生活依然充实而有意义。他壮心不已，努力做好江苏省人大常委、教科文委员会主任工作，他将荣高棠提出的"一部红色史，一本奉献录、一幅光荣照、一首正气歌"奉为人生的座右铭，用一生去身体力行。

追寻
▶保联先行者的足迹
◀

"保联" 话剧团里的女一号

记坚强的新四军女战士、军事文化战线功臣周繁琍

周繁琍

1923年12月出生于上海川沙,爱国女子中学毕业,参加"保联",成为话剧歌咏演出的明星台柱。1939年10月经"保联"党组织推荐,化名周础进入新四军战地服务团,1943年入党。新中国成立后从军队转业,先后在上海华东局、江苏南京市委、市民政局、区统战部工作。1959年奉调赴北京参与筹建中国人民革命军事博物馆,献身党的军队历史文化建设事业,1970年10月起担任军博首任政委。

钟情话剧舞台，用沉浸式互动照亮夜空

周繁琍,1923年12月出生于上海川沙。1936年冬,在母校私立爱国女子中学35周年校庆以及创办人蔡元培70寿辰时,13岁的她已经登上话剧舞台参加演出了(该校校董还有刘鸿生、吴蕴初、蒋竹庄、金侣琴等工商巨擘)。

当时志同道合喜爱戏剧的同学们找剧本，请导演，兴致很高，虽在该剧里扮演并不重要的小角色。但激发了她对戏剧的酷爱："已经给了我许多的经验，和舞台上应注意之点，从这次演出后，我拼命地研究着，用心地学习着，在报章上看到什么剧社公演时，那我是非看不可。最可笑的，在上课时我也会请了假，跑往公演的地方去，正如一般同学所说的'繁珂，你简直是发疯啦！''我没有疯，因为我喜欢它'，当同学们说我时，生气似的我老拿这话去反驳她们。"

同学们常以走火入魔的"戏剧迷"来打趣她，并没有动摇她的选择，只要是抗日宣传的演出就愿意参加，用台词表演点燃年轻的生命。过了两个年头，1938年秋，15岁的繁珂加入"保联"，虽然她并非保险业界人员，按她自己的说法："我仍不放弃我的志愿，更加紧了我的学习，在最近加入了这充满青年朝气的保联，我是怎样的兴奋，怎样的欢跃呀！"很快她就脱颖而出，成为话剧组与歌咏组的明星台柱，曾主演《锁着的箱子》《忍受》《日出之前》《被摧残的生命》等。有关这些排练演出之盛况在《保联》月刊有较为详细的报道。

苏联独幕剧《锁着的箱子》演出是1938年12月25日"保联"庆祝第一届征求会员运动胜利联欢大会的重头戏，而且是话剧组第一次在大型集会上亮相。

该剧演绎沙俄时代一个贪婪的老农特尔，在警官的威逼利诱下，为讨得3卢布的赏钱，不惜出卖为正义而斗争的小舅子多罗夫，但老农的妻子把多罗夫藏进锁着的箱子，帮他躲过了警官的搜捕。该剧由沈以定（上海剧艺社专业演员）、张方导演。周繁珂主演特尔的妻子威格弟，一位正义善良的中年妇女，宁绍的吴镇饰表弟多罗夫，太平的程振魁饰演奸猾卑鄙的警官银基尔特，天一保险的谈峥声饰自私的老农特尔。他们均为首次登台，初出茅庐难免会出点洋相，但都酷爱话剧，热情很高，从排练到演出，只用了不到两个星期，倾情付出，表演获得好评。

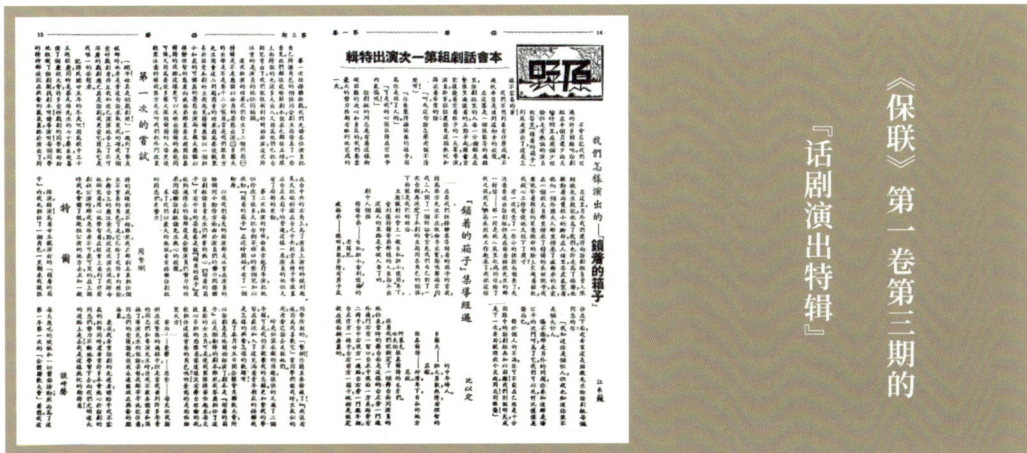

《保联》第一卷第三期的『话剧演出特辑』

1940年"保联"话剧团在会所楼顶平台合影

前排　左5 赵　萍　左6 郭素珍　左7 陆　瑛　左8 周繁琍

中排　左3 王亦洲　左4 李家培　左5 徐天碧　左8 蔡同华　左9 赵京生

后排　左1 洪　汶　左2 刘昌琪　左3 蒋德荣　左4 程振魁　左6 童文藻　左7 廖国英
　　　左8 李泽南　左9 马宝成　左11 林志康

这次演出后，《保联》还辟专栏进行了报道，主演们还分别写了心得体会。

话剧组的成功亮相，在保险业界，特别是在青年职员中产生了深远影响，他们中许多人纷纷报名加入话剧组。

部分成员在保联会
址楼顶平台合影

前排右一徐天碧 右三周繁琍 右四
刘昌琪 后排右一孙文敏 右二廖国英
右三童文藻 右四程振魁 右五洪汶

1939年2月21日，"保联"借四川路青年会举办春节联欢会。这时话剧组已扩大，拥有会员50余人。这是话剧组的第二次公演，演出了《春回来了》《二楼上》《征婚》三个独幕剧。

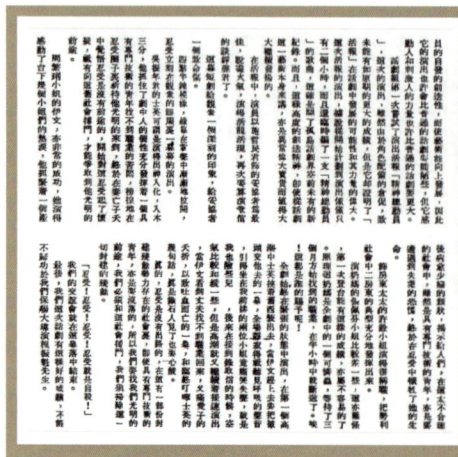

《保联》一九三九年
一卷七期
《忍受》
演出报道

第三次公演是在第二届征求会员运动结束后的欢迎新会员大会上，演出《一杯牛奶》《忍受》两个独幕剧。《一杯牛奶》由金鑫导演，《忍受》由沈宥、程振魁和谈峥声联合导演，吴镇饰演士英，一个具有技术能力却经受失业痛苦，遭遇妻亡子夭之打击，在忍受中彷徨的社会青年，周繁琍饰演伊文，士英的妻子，病后失业，吐血而死，许铨饰市侩房东太太，张佩芬饰演奶妈，一个在下层挣扎的劳动妇女。该剧揭示半封建半殖民地时代，忍受是没有出路的，要找到光明的前途，必须同旧势力搏斗，扫除一切反动派。上演后观众反响强烈，认为演得生动深刻、催人泪下。"保联"话剧组加入"上海业余戏剧交谊社"为团体会员，《忍受》一剧还参加了各业余剧团的汇演竞赛。

1939年6月"保联"一周年纪念庆典，周繁琍与夏静华表演女声二重唱《冷过这冷的冷天》，演唱效果极好。

周繁琍钟情话剧，用即时性现场演出，体验观众的情绪波动，用群谊文化厚植爱国情怀，这为她后来在新四军里从事宣教工作夯实了基础。尤其是她扮演角色时用心动情，善于调动观众情绪，代入感强，有人为杂志撰文称赞她在扮演起玲珑一角时触景伤情，真的流泪啦，感慨好的演员真的能做到真情入戏。

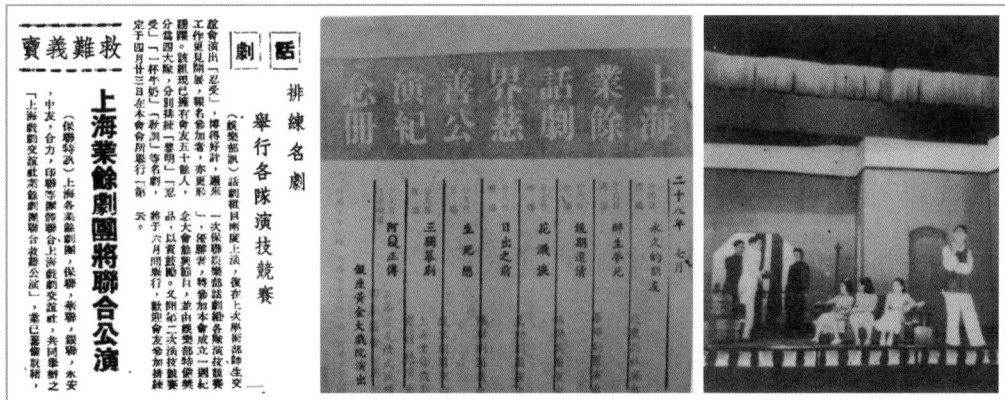

《上海业余话剧界慈善公演纪念册》及"保联"参演《日出之前》剧照

给周繁琍留下最深刻记忆的演出，非在八仙桥黄金大戏院的话剧《日出之前》莫属。1939年夏秋，话剧团决定响应全市业余话剧界的倡议参加慈善义卖公演，当时大家对这次演出的意义及产生的影响并不甚了解，只知道胡詠骐是主要赞助人和公演筹委会副主任，"保联"专门组织了15人的公演委员会，分头负责剧务、演出、义卖入场券等事宜。直至40多年后阅读党史资料，才了解这场慈善公演的缘由，周繁琍在《我为新四军义演》的文章中写道："1938年12月20日和1939年1月3日，上海民众组织了两批慰问团到皖南新四军后方根据地慰问。慰问团员返沪后，向民众报告了新四军给养困难情形。"上海职业界救亡协会发动所属各团体，举办义演筹款。鉴于"职协"夏令物品义卖时发生茅丽瑛被杀害的事件，义演改名为上海业余话剧界慈善公演，以避免日伪特务寻衅捣乱。自1939年7月24日至30日止共一个星期，每天演出日夜各一场。参加演出的有保联、银联、华联、益友、工华、精武、职妇、互助剧团、夜莺剧社、复旦剧团、上海业余戏剧交谊社11个剧团。全体演员超300多人，可谓盛况空前。剧目有《阿Q正传》《缓期还债》等。票价分五角、一元、两元、五元四档，场场客满。全部收入连同夏令物品义卖所得，均交八路军驻沪办事处转送新四军。

话剧团对这次义演非常重视，特请上海剧艺社的名导演陈鲁思执导，排练钱杏邨（阿英）编剧的《日出之前》。内容演绎一个大家庭因内部腐败和矛盾，出卖了城东北一块祖传土地。该剧影射腐败的国民党政府出卖东北三省的现实。周繁琍以"小琍子"化名扮演一个幼稚无知、性情懦弱，被纨绔子弟玩弄后遗弃的可怜小妹妹。除她年龄最小外，其他演员孙文敏、程振魁、谈峥声、白砥民、许铨、江凤等，也都只有20多岁。

当时筹备时间急，大家只有晚间空闲可凑在一起排练，经常一下班就急忙赶往"保联"会所，一排练就是几个小时，直至深夜十一二点钟才回到住处。陈鲁思导演除了讲述该剧的历史背景以外，还帮助每个演员深入分析角色的特点及个性。在对词排练中，他要求很严格，每句台词、每个动作都要反复排练，直至达到要求才罢休。而大家虽然累，但都毫无怨言——大家都要坚决抗日，不愿当亡国奴。

　　时逢七月酷暑，"保联"会所本就狭小，一间十几平方米的空间，十多个人挤在一起，一进屋就会闻到一股汗酸味。排练很苦，大热天汗如雨下，唯一能解暑的是一杯杯凉开水。大家从不叫苦，不发牢骚，热得实在受不了，只有排练的间隙，走到门口透透气。特别是看到陈鲁思导演每天不计报酬远道而来衬衫被汗水湿透时，无不万分感动。由于排练紧张，周繁琦的偏头痛老毛病曾犯过几次，但咬着牙忍着剧痛，不让别人知道，坚持参加排练。有次她实在痛得厉害挺不住，就坐在沙发上闭目稍憩一下。

　　正式演出是在7月28日夜场，舞台上强烈的灯光照射，汗不停地往下淌，演员化妆后只能忍着，绝对不准用手帕擦汗，不然会擦出大花脸影响演出效果。只有下场后才可以让别人帮着用棉纸轻轻吸去汗水。业余演员谈不上演技，大家有一颗赤忱之心，一登台就把苦和累统统忘记，按照剧情进入角色，取得较好的演出效果，受到观众热烈鼓掌。从晚上8点开始，一直演到深夜11点，舞台帷幕渐渐落下。谢幕后，大家在后台说着笑着，为辛劳付出所取得的成果而高兴，大家围着陈鲁思导演表示衷心的感谢。

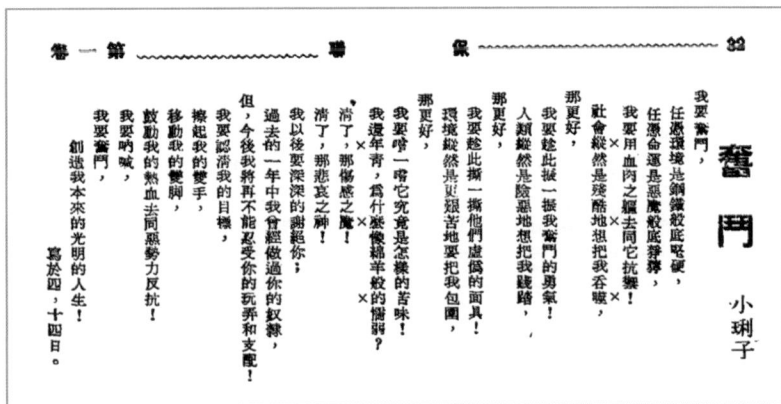

　　周繁琦多才多艺，她还以"小珮子"的笔名在《保联》月刊1939年第1卷8期上发表《奋斗》诗歌，展现青年人的革命激情。"小珮子"就像一只"夜莺"——精灵般的鸟儿，唱着清澈而简洁的歌，成为万马齐喑的租界"退缩的六月的/最后的光线"，她的表演，她的歌声，充满着对自由世界的渴望。"保联"党支部考虑她年龄尚小，需要磨炼，但早已把她列入积极分子重点培养名单。

血色浪漫，战地黄花分外香

1939年10月，"保联"党组织输送周繁琍到苏北革命根据地，她化名周础进入战地服务团，于1943年在新四军里加入中国共产党。

1938年阮英平在新四军留影

1943年秋，在新四军一旅旅部宣教科工作的周础与时任政治部主任的阮英平结为战地伴侣。阮英平，1913年出身于福建福安下白石镇小山村的农民家庭，幼年丧父，进糕饼店当学徒，满师后进茶行谋生，出身贫寒，嫉恶如仇，替当地百姓出头与欺压良善的恶霸做斗争。1931年秘密入党，1933年参加了甘棠暴动，成为有勇有谋的红军战士，1935年夏，阮英平率队与叶飞会合，结成了一生的搭档，担任闽东红军独立师首长，打出了一片红色天地，闽东根据地成为南方八省三年游击战争坚持斗争最成功的地区。全面抗战爆发后，叶飞与阮英平率1300多名闽东子弟改编为新四军老六团，任正副团长，北上抗日，阮英平赴延安学成归来后，征战沙场，战功卓著。

新婚伴侣来不及享受甜蜜生活，阮英平便怀着家国的责任，投入前线。只是残酷的战争不仅会砥砺人的精神，更会损耗身体。在敌军监狱里的严刑拷打，以及多年来艰苦环境里的高强度作战，让阮英平患上了严重胃病，突发急性黄疸病，随着病情愈来愈重，已无法正常站立，躺在床上，白天医生治疗，晚上妻子彻夜护理。此时，部队战斗频繁，为安全起见，组织让阮英平夫妇随后勤部门行动。他们经常在夜里行军，有时一个晚上接连转移好几个宿营地。极度虚弱的阮英平被安排在担架上随军行动，但他不愿意，硬撑着从担架上下来，结果栽倒在地上。后来只能秘密陪送上海红十字医院接受治疗。在医生及妻子的精心护理几个月后，阮英平才脱离危险。待恢复健康，阮英平就更加忘我地投入战斗，1944年年底，他被粟裕选中，和陶勇联手从苏南、皖南，一路往南猛攻，打到了浙西，并开辟了浙西新区。

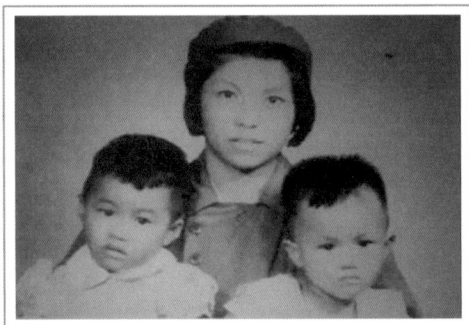

周础与儿女的合影

二人婚后生育了一对儿女。每次接受任务率部队出发前，阮英平都会对妻子说，要有随时牺牲的准备。解放战争开始后，阮英平先后担任山东野战军第一纵队第一旅政委、华东野战军第一纵队第一师政委，搭档仍是叶飞，叶被称为"一号首长"，阮则被称为"二号首长"，1946年夏，参加了苏中战役。

1946年年底，阮英平奉命秘密潜回故乡福建开辟敌后战场。其实是为党中央筹划的第二次向敌后挺进打前站——1947年12月组建的东南野战军，配置6个纵队先行渡长江，直捣国统区腹地江皖闽浙赣，后来形势有变，计划未能执行。周础因没有出月子，孩子尚在襁褓中，战争环境无法随行。离别那天的情景刻骨铭心，已是过午两点多，正守着儿女休息的周础，突然听到轻轻的几下敲门声，"小琍子，小琍子……"原来是阮英平轻声呼唤她的小名，便起床打开了门。进门脱下大衣，阮英平带着歉意说，"为了配合革命形势的发展，领导上决定让我重回福建去，开辟敌后游击战争。我很快就要出发了"。

周础重重地点了点头，离别在即，阮英平抱起出生不到20天的儿子看了又看，亲了又亲，回头又逗引两岁多的女儿喊"爸爸"……父爱绵绵，舐犊情深。阮英平对女儿轻声说，"等胜利后，爸爸就来接你们团聚"，随后又握着周础的手说："不要难过，干革命总要走南闯北的，为了党的事业，你要坚强地生活和工作。要把两个孩子抚养成人。"他还叮嘱："万一有一方不幸牺牲，活着的一定要化悲痛为力量，继续跟着党坚强地战斗……"周础眼噙热泪点头，千言万语涌上心头，但还没等她开口，丈夫就转身出发了。不承想，这一别竟成永诀！

阮英平乔装成商人，一路辗转秘密回闽去创建敌后根据地。经过多年烽火洗礼与熔铸，阮英平早已今非昔比，重返闽东的他决定根据当地实情，以宁德桃花溪、梅坑、华镜、洋中、虎贝等老根据地为立足点，恢复和发展党的基层组织，巩固和扩大游击武装队伍，发展生产并改善民生。

1947年9月，中共闽浙赣区委采纳阮英平（任闽浙赣区委常委、军事部长）的建议，同意在宁德洋中芹屿村九斗丘成立中共闽东地委，下辖宁德、福安、周（墩）政（和）屏（南）等县委以及古（田）罗（源）林（森）中心县委，阮英平兼任中共闽东城市工作委员会书记。闽东重新燃起熊熊烈火，相继打下洋中、七都、赤溪、虎贝等乡公所，在很短的时间内异军突起，声威大振。

但1948年2月后，阮英平却突然没有了音信。可能遇害的消息传到了华东前线，粟裕、叶飞、陶勇等昔日战友纷纷落下了眼泪，陷入深深的悲恸中，他们无法相信，与他们分别不久的战友会遭遇不测。粟裕在悲伤之余，愤慨地表示"一定要血债血还，攻下福建之后就算是掘地三尺，也要缉拿凶手归案"。

1949年8月，叶飞率领大军解放福建后，立即下令公安部门，一定要把阮英平失踪案件查个水落石出，不查出真相绝不罢休。经一年多时间的探查，宁德洋中大窝村的范起洪有重大作案嫌疑。公安部门对其进行审讯，终于查清了范起洪等三个歹徒谋财害命的滔天罪行。阮英平遭遇土匪偷袭而壮烈牺牲，年仅35岁。如果不是发生这出悲剧，1955年第一次军队授衔，按他同级别战友的情况比对，应该授予中将。

名将之花凋零，战地情歌只唱了三年就戛然而止，周础心有不甘，有说不出的痛，只能全身心地投入革命工作，抚养幼子。她的宣传动员能力出众，而且工作很要强，她参加过新四军的多次战斗和三年解放战争洗礼，新中国成立后从军队转业，先后辗转在上海华东局、江苏南京市委、市民政局、区统战部工作。

周础在1950年8月当选上海市民主妇女联合会执委的合影

周础在南京

一个现实的问题是，年仅26岁的年轻母亲要独立抚养一对儿女，要兼顾事业与家庭，将来的日子怎么过？组织上和同志们都关心她，劝她再婚。周础思前想后很长时间，为了给孩子创造一个完整的家庭环境，她再婚了。可惜这位心里总怀念着阮英平的烈士遗孀未能重建美满家庭，相反日子越过越糟，创伤越弄越深，终于弄到不得不离婚的地步……

1959年周础奉调赴北京，重新回到军队编制机构工作，参与筹建中国人民革命军事博物馆，让她能够抛却烦恼，开始一段全新的生活，从此她为我党和军队博物馆事业奉献了后半生。

革命斗争中用鲜血凝成的战友情义薄云天，时任福建省委第一书记的开国上将叶飞夫妇在千里之外听说了老战友阮英平遗孀周础的生活状况，1962年1月，叶飞在北京一所大杂院里找到了周础，提出要将其15岁的儿子朝阳带到福建抚养求学。为了儿子的学业，周础答应了。于是，她晚间回家神情凝重地对儿子说："妈妈今天有话对你讲。"年仅15岁的朝阳很纳闷：发生什么事呢？妈妈可从没这么严肃过。这位憔悴的母亲望着儿子，仿佛在思考该从何说起，停了好一会儿才继续说："我要告诉你，你的亲生父亲叫阮英平，是福建人，在你出生不久就牺牲了。"说着，她拿出一本革命回忆录，指着其中一篇文章继续说，"这一篇写的就是你父亲"。第一次听闻，朝阳蒙了，他看看母亲，只见母亲那一向刚毅的脸上流露着深深的哀伤，眼睛里噙满泪水。他茫然地拿起母亲指给他的文章读了一遍，文章最后有母亲的亲笔字，写着妻子对丈夫的回忆与怀念，还写着"儿子，永远不要忘记你的父亲"。朝阳失眠了，他怎么也想不到自己竟有这样一段身世，第二天，朝阳对母亲说"我愿意去"。几天后，阮朝阳跟着叶飞与好多叔叔，踏上了南行的旅程。叶飞与夫人王于畊将阮朝阳收为养子，视如己出，关爱备至，让他感受到从未有过的宽松与快乐。周础思念儿子，经常打电话，按月寄钱给儿子。1965年夏天，朝阳高中毕业，紧张的高考结束了，叶飞夫妇专门让人把还在北京的阮朝阳的姐姐接过来，带他俩回了一趟闽东老家去认祖归宗。这是朝阳平生第一次回老家，在那里，他得知父亲阮英平颇负盛名，家乡已更名为"英平大队"。那天，几乎所有的乡亲都闻讯赶来了！都要"看看阮英平的孩子"，姐弟俩被围得水泄不通。朝阳第一次踏上家乡的土地，踏上埋葬着父亲忠骨的青山，感觉自己突然长大了。阮朝阳如愿以偿考上了哈尔滨军事工程学院核电测试专业，姐姐阮寒阳任职于北京公安部门。阮朝阳大学毕业成为海军舰队的一员，在海浪中保家卫国。王于畊妈妈又热心地为他张罗婚姻大事，将叶飞战友钟期光将军的女儿介绍给他。阮朝阳没有辜负叶飞夫妇的期望，从严要求自己，努力学习，刻苦钻研，从一名普通参谋成长为中国人民解放军的高级将领，担任了解放军总装备部综合计划部少将部长。1999年，他在《解放军文艺》发表散文《我的两个爸爸》，缅怀了两位父亲英雄的一生。

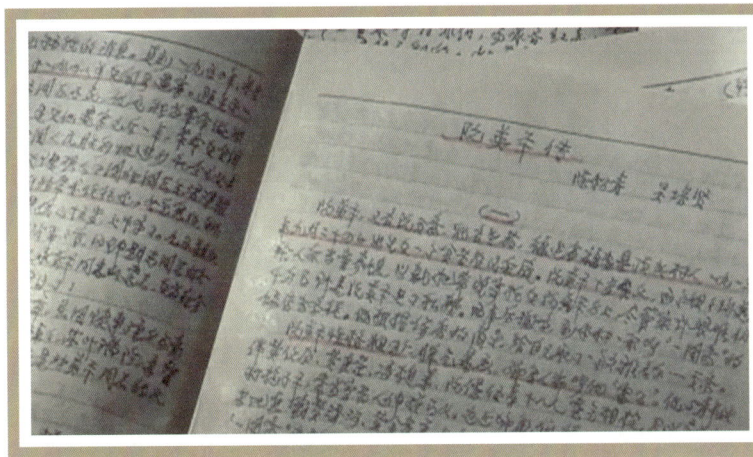

周础手抄的
笔记册

一九八三年
周础带儿孙参加
阮英平烈士公祭会

晚年的周础，数十年如一日，不懈地整理有关阮英平的史料，抄录成4册，近40万字，其中10万余字是她80岁以后抄录的。她撰写的《永久的怀念——忆英平》一文，编入叶飞与曾志主编的《风展红旗》（第五辑），1985年由福建人民出版社出版。2008年12月，经过她与儿女共同努力，记录阮英平生平的《阮英平传》一书正式出版。

2013年9月24日至25日，宁德福安、屏南县先后举行纪念阮英平烈士诞辰100周年、新四军六团北上抗日75周年活动。24日上午，与会嘉宾一同观看了《闽东之子——阮英平》文献纪录片。

军博筹建功臣，第一任政委

　　1958年9月12日，中央军委第155次会议作出筹建军事博物馆决定，确定了筹委会组成名单。周础就是1959年第一批抽调的建馆老同志，从此她把爱国情、强国志、报国行自觉融入党的军队历史文化建设事业，抢救革命文物，追寻红色记忆，赓续红色血脉，为国家博物馆的成长奉献了后半生。

　　军博一开始就着力打造人民军队的一号形象工程。总政治部向全军发出通知，筹建军博要"全军动手""有宝献宝，无宝献计"。老一辈革命家率先垂范，他们带头捐出私人珍藏的"一级红星奖章"，找到了红军长征仅存的一门山炮，将珍贵的"中华苏维埃共和国中央革命军事委员会"钢印调归军博展出。

　　1958年11月，《中国人民革命军事博物馆历史馆展览大纲》（草案）出台，经过多位元帅的反复审核，国务院领导不仅亲自审阅陈列计划，还百忙之中，抽出几个下午和晚上，亲临现场审查展览内容，他看完每一个分馆，审查完每一个展厅，逐块版面，逐条说明，都严格把关，提出了许多重要修改建议。

　　历时九个月的紧张施工，军博主体完工，顶部的直径达六米、重5吨的军徽，表面镶嵌黄金需要400多两，是中央领导专项批示解决的，镶涂工艺难题由上海企业攻克，竣工前夕由军车运回，吊装是由空军两名优秀飞行员分别驾驶直升机保持距离，保持高度，缓缓下降，才套装完成的。1959年7月30日，新建成的军博成为向国庆10周年献礼的首都十大建筑之一，在陈列大楼前举行6000人参加的竣工典礼，金灿灿的军徽照亮了时空。

追寻
▶保联先行者的足迹

中国人民革命军事博物馆
落成纪念

1960年8月1日，中国人民革命军事博物馆正式对外开放。先后建成红军馆、抗日馆、解放馆、抗美援朝馆、现代馆、兵器馆、民兵馆、礼品馆、综合馆。1960年4月，根据中央军委命令，中国人民解放军军事博物馆和军人俱乐部成立。军博属军人俱乐部，为副军级建制，隶属总政治部。

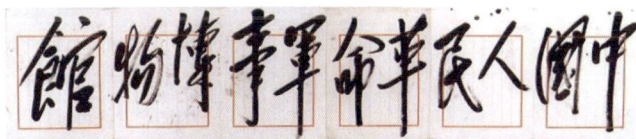

中国人民革命军事博物馆

一九六二年七月三十一日建军节晚会现场

军博沿用军队惯例，从1960年至1966年，每年"八一"建军节前，解放军总政治部都要在军博内举行盛大的联欢晚会。

1970年10月13日，军博按试行编制组建新领导机构以取代"革委会"，周础担任了军博首任政委，耿学文任副馆长。从1959年建馆时的元老，到拨乱反正时的一号首长，周础成为历史转变的关键人物，在极端困难的环境下，开始着手纠正错误，恢复历史文物的抢救与保护工作。1974年将转移到河南321仓库的文物运回北京，恢复历史综合馆常规展览。并率领全馆同志，着力打造第一批"国家一级博物馆"，直到1982年离职休养（享受副厅局级待遇），她把自己的全部心血都倾注于此。

党的十一届三中全会以后，国家回到正确轨道上来，周繁琦尽己所能，为抢救保护红色文献，赓续红色血脉作出非凡的贡献。

目前流传最广的这张"新四军女战士"照片，左起王健、张茜、周纫惠、李珉、王于畊（叶飞的夫人）、夏希平，就是周础挖掘考证出来的——她将《良友》画报上的照片翻拍下来，1965年，利用这张照片中的人物之一王于畊（儿子的养母，时任福建省教育厅厅长兼党委书记）来北京开会时辨认，并赠予了她。王于畊后来撰写《皖南新四军战地服务团的一张女兵照片》的回忆录，编入了由郑鲁南主编的《军中老照片》一书中（2013年出版）。

"新四军战地服务团歌咏队为连队演唱"的照片

1980年年底，南京军区副政委孙克骥主持编写《陈毅传》，历时十余年，看似容易的事，颇费周折。有一次，编写组汇报查阅档案的情况，说全国几家大的档案馆、博物馆都协调同意利用档案了，但还有几处没有联系好，比如中国人民革命军事博物馆暂时进不去。孙副政委的夫人束颖马上接口：我在"军博"有个好朋友，我可以介绍你们去找她，原来她说的就是老战友周础。于是，她写了介绍信，查档的事就很快落实了。

2003年根据中央决定，中国历史博物馆和中国革命博物馆合并组建中国国家博物馆。2007年，启动改扩建工程，2011年3月建成开放。新馆建筑面积近20万平方米，是世界上单体建筑面积最大的博物馆。时至今日，矗立在西长安街的国家博物馆已经连续多年位列全球最受欢迎博物馆榜首，2020年即使受新冠疫情严重影响，接待参观者人数仍高居全球第二（仅次于卢浮宫），这里面凝结着像周础这样一批默默无闻的博物馆建设者们的心血。军博深情诉说人民军队从"八一"走来，一步步成长壮大，见证着建党百年的辉煌，成为厚植爱国情怀，培固坚定信念，涵养报国之心，砥砺强国之志的革命熔炉，也将成为中华儿女心系天下，以身许国的永远丰碑。

莫嫌老圃秋容淡，唯有黄花晚节香

共产党人永葆革命青春。周础退而不休，继续奉献在革命文艺的战线上。1979年，熟悉的《新四军军歌》旋律召唤着她，周础加入了北京新四军老战士合唱团。重新穿上新四军军服，演唱《游击队之歌》《长征组歌》《怀念战友》《把一切献给党》，乘着歌声的翅膀，梦回吹角连营的战场，革命豪情高于天。他们登上解放军总政治部舞台、人民大会堂舞台、北京电视台，组成一支充满正气、德艺双馨的文艺轻骑兵，硝烟未曾散去，铁军精神永远辉煌！

周础（右四）
与同事战友聚会

周础（左）
晚年与朋友在一起

晚年的周础
与儿子整理
阮英平烈士史料

1988年5月，周繁琍远赴上海，参加"上海市保险业业余联谊会50周年"纪念活动，见到了几十年没有见面的"保联"战友，重叙战友情。她为《上海市保险业职工运动史料》，撰写了《我为新四军义演》的文章。

2015年9月周础获得"中国人民抗日战争胜利70周年"纪念章，经中组部和文化部批准，周础享受按副部省级标准报销医疗待遇。她的手印被盐城新四军纪念馆收藏。

2018年1月14日，周础在北京陆军总医院逝世，享年95岁，骨灰安葬在北京八宝山革命公墓玉岑园骨灰墙内。

同仇敌忾赴疆场
革命家庭的红色传奇

记"保联"学术部负责人
大安保险会计主任赵帛

赵帛

1938年在抗日救亡浪潮中加入中国共产党,任"保联"学术培训班组织管理者,主编《保联会报》。1941年12月出任大安保险公司会计主任,成为党的红色金融机构财务主管。1944年前往苏北解放区,进华中银行履职,为根据地人民金融事业作奉献。上海军管会的金融业接管人员,参与查封证券大楼,取缔银元投机。1956年任国家计委财金局局长,财金理论研究专家。

勤劳家庭的打拼梦想

赵帛,原名赵锦仁,"保联"学术培训班组织管理者,党的红色金融机构财务主管,1944年前往苏北解放区,进华中银行履职,为根据地人民金融事业作奉献,上海军管会的金融业接管大员,财金理论研究专家。他的大姐赵倩与妹妹赵征,在他之前都投奔新四军,进抗大分校培训,加入了党组织。他们一家人,包括父母姐妹,以及姐夫妹夫,在那场争取民族独立人民解放的战火里并肩作战,用热血演绎了峥嵘传奇,立下赫赫战功。

赵帛原籍江苏省宝山县刘行镇赵家宅农村，距上海仅18公里（后划归上海市郊区）。从祖父赵家秋这一辈起，男劳力农闲的时候就到上海城里打工，农忙季节全都回家帮忙，属于很会过光景的农户家庭。

父亲赵德荣十岁就离开家庭到上海去拜师学手艺，经过三年学徒生涯后，才有可能学到师傅一点真本事，"师傅引进门，修行在个人"，凭借过人的领悟能力，十多年后，终于精通印刷装订手艺，摸透了这个新兴行业的经营门道。母亲胡玉林，出生农家，与赵德荣成家后，进工厂做纺织女工。小两口勤劳持家，十多年后慢慢有了一点积蓄，不甘心一辈子为别人打工，遂在闸北区自开一个装订作坊，凭手艺吃饭。作坊较小，十来个人，谨慎打拼，生活还过得去。但"一·二八"事变中，这个作坊被日寇夷为平地了，人虽逃了出来，但机器都被炸毁了。战火令父亲创业失败，但他不甘心。一次偶然机会，发现有家工厂存有许多废旧汽油桶急于处理，父亲以低廉的价格全买下来，然后寻找客户转卖出去，赚了一笔钱，才有可能东山再起，办起了第二个装订作坊，规模比原来的略大，工人有三四十个，属辛苦劳作的私营小业主。

第二个装订厂有了起色，家庭经济状况逐渐好转，赵帛与妹妹、弟弟均可进学堂了，唯独大姐赵倩小学未毕业，13岁就辍学进织布厂做童工，后来父母让她回家做装订工人，帮衬家中创业。大姐心地善良，善解人意，在家里料理作坊，很会做事，跟工友相处得挺好。大姐并未放弃自学，晚上坚持去上夜校听课，渴望提高文化水平。她跟兄弟姊妹的关系非常亲密，所以这个家庭虽未达到小康，却是一个亲情盈门，生活无忧的幸福家庭。

国仇家恨，驱使全家踏上革命道路

在国弱民贫的年代，个人幸福譬如朝露，总是短暂的。抗战全面爆发后，安逸了没多久的家园又被毁了——在华界闸北区新闸路生昌里六号的家，被日寇占领了，全家逃难躲在英美租界，第二个印刷装订作坊又被洗劫一空。小业主的父亲伤透了心，只能靠做点小本生意，维持家庭开销。

父亲的作坊两次被毁，加上"八·一三"事变时外公外婆舍不得离开家园，被日寇进村后残暴地杀害了。国仇家恨，令全家恨透了日寇，同情和支持抗日救亡活动。后来父亲凭国人的良心，利用生意交往面广，头脑活络办法多，熟门熟路，经常冒杀头风险给新四军根据地采购急需物资，什么医疗设备、紧缺药品、印钞机，买到以后就秘密送到地下交通站，即使不赚钱也尽力去做。后来兼做可靠的交通员，掩护抗日武装的革命同志往来于上海与苏北根据地之间，如护送张凯夫妇，护送何克希的夫人徐青，以及叶超的爱人俞芳，还有《51号兵站》里的"小老大"之原型张洪树等，这在当事人的回忆录里都有追述。

1938年，赵帛与姐姐在上海各界抗日救亡浪潮中加入了中国共产党，慢慢认识到，消灭日本鬼子，这已不是一家一户、一村一地的私仇，而是整个国家民族的神圣使命，义无反顾走上了革命道路。

"保联"里的多面手

赵帛起初在保裕保险公司任职，加入"保联"，才华绽放，属于多才多艺、热情爆棚的骨干，活跃在各项体育赛场上，充满年轻人的朝气。

保裕与宁绍足球友谊赛的合影

后排右三赵帛 右三吴镇
前排右二程恩树

后排左二赵帛 左五沈润璋

「保联」成员在法租界某中学练排球时合影

《保联》第一卷第八期

"保联"成立不久，就创设了出版委员会，竭力筹划出版能代表"保联"并适应保险业各层次会众需要的刊物，以扩大宣传，沟通"保联"与广大保险业职工的联系。经过数月的筹备，1938年11月1日，《保联》月刊正式创刊。

《保联》除刊载保险学术文章外，也转载各项会务活动的报道，在"保联"会员之间架起了沟通的桥梁，密切了联系，吸引他们积极主动地投身联谊活动。

《保联》月刊后来改名《保险》月刊，成为研讨和交流保险学术的专业性刊物，赵帛与谢寿天、林震峰、施哲明等地下党员，都曾为《保联》撰写过文章，在宣传发展民族保险业的主张、舆论造势方面，发挥了主导的作用。赵帛结合保险实务案例，撰写了《火险查勘报告习作——申新第九纺织厂》的文章，探讨具体业务中的难题，通俗地宣传保险知识，这类文章深受各保险公司主管与从业初学者的欢迎。

《保联会报》

1940年1月起，"保联"出版委员会另创《保联会报》，承担原有的会员消息、会务报道及"原野"文艺等内容。在上海沦陷时期，由赵帛负责编辑（抗战胜利后，由徐天碧、洪汶负责编辑）。《保联会报》始终由地下党员或积极分子负责编辑，基本按照地下党的要求及"保联"工作方针，根据形势确定每期的选题和编辑思想。在赵帛领衔主编时期，根据地下党"勤学、勤业、交朋友"之工作方针，《保联会报》没有变成尖锐的政治宣传投枪，

而是符合地下斗争的生存环境要求，利用合法形式，通过反映职员联谊生活，培植职员爱好旨趣，倡导生活互助，做到文体通俗，吸引读者。当然，《保联会报》登载的歌咏队演唱爱国歌曲，话剧团排演进步剧目，俄文班、漫画班的活动情况，副刊选登带有很强政治倾向性的文艺作品，均鼓励弘扬民族气节，但形式上要委婉、含蓄一些。

1941年10月19日，当谢寿天邀集郭雨东、关可贵、陈巳生、董国清等"保联"核心成员，招募股金，筹创大安保险公司时，赵帛是积极的追随者与参与者，并成为大安公司的会计主任，红色金融机构的业务骨干。大安襄助"保联"各项活动，赵帛以保险业务拓展为掩护，发动组织业界群众参加联谊项目，借以传播进步思想，散播革命火种。

1941年12月8日，太平洋战争爆发，日军进占租界，将"敌对"国籍的侨民商人全部关进集中营，勒令英、美、法、苏国籍的保险公司停业。日本东京海上火灾、日产火灾海上保险株式会社相继来沪，妄图取代英美垄断的保险市场。但因中国人对日寇有切齿仇恨而不愿合作，抵制日商。其时上海的华资保险公司数量骤增至百余家，保险从业队伍急剧扩大，新入行的青年人比例提升，客观上需要尽快熟悉保险业务，修得一技之长，这样通过扫盲培训，提升

保险业务水平，成了保牢饭碗的迫切需要。而新设公司规模较小，根本无力培训新员。

1942年6月起，赵帛与过杰庆担任了"保联"学术部的负责人。遂于1942年初秋，学术部适时地筹办了"保险学术研究讲座"，替中小公司分忧解难，赵帛作班主任，化身"保联"集贤院的祭酒，培养专才。各公司竞相保送学员，原定招收名额100人，而实际报名超过200多人，起初考虑先后分两期实施，而报名者争先恐后谁也不肯退让，后经研究决定全部录取，采取甲乙两班制，每周甲班为一、四，乙班逢二、五晚间上课，聘请诸懋益、李志贤、金济生、陈良栋、林绳佑、骆承绪等专家，分别担任火灾保险、承保、查勘、水灾保险、人寿保险和保险会计等课程讲授。按计划，培训班为期三个月，200人同时结业，但因时局动荡，生活渐失安定，有部分学员未能坚持下来，中途将甲乙两班合并为一个班，坚持到结业者仍有80余人。1943年下半年，受通货膨胀的影响，职员生活陷入困顿，学术部活动无形中止。

红色家庭的特别贡献

1944年，因党员身份暴露，赵帛奉党组织令，秘密赴苏北根据地，发挥专长，在解放区的银行系统履职。当时的几块解放区均自创银行，属于区域性融通机构，业务主要是代理金库、发行抗币、发放贷款。抗战胜利后，几块解放区连片，1945年8月，由江淮银行、淮南银行、淮北地方银号、盐阜银行、淮海银行等银行合并组成华中银行，陈穆任行长，徐雪寒任副行长。为平稳实现解放区的币制统一，华中银行实施了"三步走"。第一步，华中币与解放区内的淮南币、淮北币、江淮币、盐阜币等6种抗币一律等价流通使用。第二步，将苏皖解放区内的一切物价、账册、契据都以华中币为计算单位，禁止伪币、法币、银元在市场流通。第三步，收回各根据地抗币，统一使用华中币。赵帛在发放农业、工商业等各类低息贷款，打击高利贷者盘剥方面，举措得当，显露才华，保障了解放区人民生活，促进了苏皖边区的生产。1947年年初，总行及部分分行北撤山东，与北海银行合并。1949年5月改组成中国人民银行华东区行，赵帛担任业务处处长。

赵帛早年参加革命，熟悉金融业，但特殊的城市接管需要，金融工作须与社会秩序治理结缘，让他也成为上海公安机构创始前辈——兼任刑事警察处刑五（政治）科三队指导员（1949年6月—1949年9月），在上海"接、管、清、改"、先接后管中，迅速而有力地肃清残余敌人，建立革命秩序，1949年8月底成立调查科（侦查大队），同时撤销了刑四科、刑五科。

革命家庭的『男子汉』们

摄于二十世纪五十年代初 右起赵帛

父亲赵德荣 姐夫刘毓标 妹夫吕若羿

赵帛的大姐赵倩，原名赵雅芳，出生于1917年11月，13岁进织布厂做童工，赚取微薄的薪水贴补家用。21岁时进海宁洋行巧克力车间做工，在地下党的领导下参加了"工人救亡协会"并成为负责人，曾领工友在"保联""益友社""青年会"参与活动。受党组织的指示，赵雅芳与吴秀丽为增加工资，改善福利，组织工友闹了两三次罢工，并挑头当谈判代表，1940年11月被资本家开除。

赵倩在『海宁洋行』做工时的工友姐妹

前排右起赵倩 汤翠娣 吴秀丽

先后参加新四军

后排右起赵萍 陆瑛

经中共地下党组织安排，赵倩与吴秀丽、汤翠娣等7名地下党员和工运骨干，从上海十六铺码头乘江轮北上，经过一个晚上的颠沛，到苏北新港上岸，经季家市、黄桥、海安、东台，抵达盐城参加新四军，党组织安排她进入中国人民抗日军事政治大学第五分校学习。

1941年1月皖南事变爆发，国民党当局撤销了新四军番号，断了新四军的军饷，新四军在盐城重建军部。

抗大五分校是中共中央为适应苏北抗战的需要，培养抗日军政干部人才的摇篮，同时吸引更多的热血青年投身抗日事业，于1940年11月刚刚筹建，陈毅任校长兼政委，副校长赖传珠、冯定，教育长谢祥军，政治部主任余立金，训练部部长薛暮桥。

抗大五分校师生
组织军民参加
文艺活动

抗大五分校，融会着烽火年代五湖四海进步青年的热血追求和救国心声，成为华中解放区军事文化教育中心。"根据地里好风光，荒郊草地是课堂，背包当凳膝当桌，青年读书声琅琅"，歌声飞扬，书声萦耳，这是当年抗大五分校教学与生活的真实写照。

学员生活紧张艰苦，为适应战争需要，除政治文化学习，学校还开设了军事训练课程，如队列操练、射击、刺杀、擒拿、翻越障碍等。日伪"扫荡"期间，学校经常随军转移，没有校舍，挂上黑板就是课堂，背包当板凳，膝头当课桌，学员们以苦为乐。学员们除借住民房外，还住在寺庙、私塾和其他公共房舍，铺上稻草麦秸，打成通铺。冬天门上挂草帘，稻草铺厚一些，大家挤一挤；夏天，一个班一个排睡大通铺，既闷热，又有蚊虫咬。在这种环境下，学员们有了"革命虫""革命疮"。每年冬季，棉衣经费筹措困难，学校全靠自力更生来补充棉衣需要，当时能找到破布撕成条，打双草鞋就是"奢侈侈品"了。

解放区空气晴朗，生活自由。赵倩置身于大熔炉中，过着和谐愉快的集体生活，忘掉了艰苦与疲劳。她的思想理论水平提高很快，由最初的单纯"造反者"变成了一个有共产主义理想信念的"革命者"。5月，从抗大毕业，她被评为学习模范，留校担任了第二期女生队排长、副队长。后到新四军军部三科（通讯科）协理处作政治干事。

在抗大五分校，战地唱响最美的情歌。赵倩与政治部副主任兼组织科长刘毓标相知相恋并组成革命家庭。

刘毓标，1908年出生于江西横峰葛源贫苦家庭，放牛娃出身，在宗族私塾里读了两年书，然后跟木工师傅学徒，1927年4月参加弋横暴动，1930年入党。1934年参加柯林农民暴动，在创建和发展赣东北苏区中，刘毓标英勇顽强，从乡苏维埃主席、区委书记、县委书记，到皖浙赣省委委员兼组织部长、红军独立团政委，成为方志敏麾下的英勇战将。度过了艰苦卓绝的3年游击战争。1937年3月3日遭反动派壮丁队伏击，身受重伤被俘。在被关押的5个月中，受尽了严刑拷打，在庭审时仍大骂叛徒，被加上了重镣。"西安事变"后第二次国共合作，刘毓标获释出狱，花了一个多月才找到党组织，汇报了被俘经过，经党组织一年之久的审查和严格考验，恢复党籍，担任新四军一支队政治部总务科科长。

1942年12月，日伪军对盐阜地区发动第二次大"扫荡"，形势骤然紧张。为应对更加残酷的斗争环境，军部机关实行精兵简政，充实作战部队。刘毓标调任新四军第十八旅第五十二团政委。当时，赵倩已怀有6个月的身孕，根据组织决定，秘密潜回上海隐蔽在亲戚家。1943年4月生下第一个孩子，取名"刘华申"。5个月后，为应对日伪保甲的反复追查，由地下党协助逃离上海，独自抱着褓褓中的儿子找回淮南解放区，在盱眙千棵柳与时任抗大第八分校政委的刘毓标重聚。

刘毓标、赵倩夫妇与儿子刘华申、刘华明在江苏盱眙黄花塘抗大八分校

一九五五年被授予
开国少将军衔的刘毓标与
军队转业的妻子赵倩

在新四军里，刘毓标担任新四军直属政治处主任、二师干部教导团政委、六旅副政委。1945年8月，任淮南津浦路东分区副政委兼政治部主任。在解放战争期间，先后任华东野战军第十一纵队第三十一旅、三十二旅政委、八十六师政委，1949年4月，任第二十九军政治部主任，率部参加了淮海战役、渡江战役、淞沪战役和进军闽粤的福厦战役。新中国成立后历任二十九军副政委兼政治部主任、军政委，华东军区装甲兵政委，1953年7月率部参加了抗美援朝中最大的一场坦克大战，赢得了最后的胜利。

赵倩奉令转业后在长江机器厂负责党务工作，那是一个拥有4000人的大厂，党员就有近千人，刚开始有畏难情绪，在丈夫鼓励帮助下，依靠广大党员干部，遇事多协商，不回避矛盾，亲自下车间去协调解决，有事就与大家商量。

追寻 ▶ 保联先行者的足迹

她作风民主，态度认真，待人真诚，平易近人，赢得了全厂上下的敬重。1981年她离休了，但人走茶不凉，同事还经常到她家去串门看望。

刘毓标赤胆忠心，战功赫赫，但在1956年时遭遇麻烦。本已弄清楚的南方三年游击战争中负重伤被俘的事又翻出来重新审查，他受到了错误的对待，军职被撤销，工资级别从七级降到九级，被冷落在军区第三招待所"休养"，一搁置就是5年，对他残酷斗争，无情打击，后被迫转业到江苏省民政厅任副厅长。他心中脱离军队的痛苦，无人能够理解。

一九六零年四月十六日在南京军人俱乐部拍摄的全家福

虽然属于控制使用，刘毓标还是珍惜机会，竭尽全力拼命工作，组织救灾救济，赢得了干部群众的拥戴。

一生多舛的刘毓标终于等到了"四人帮"倒台，盼到了拨乱反正，"悬案"被撤销，恢复工作，出任江苏省民政厅厅长、党组书记、江苏省政法办公室副主任、江苏省革命委员会顾问、江苏省政协副主席。

刘毓标、赵倩夫妻侠骨柔情，两本封面磨损、纸张泛黄的战地日记，互诉衷肠，记载情感历程，最深的情话是："为人类解放事业奋斗到底！"这彰显了革命伉俪的崇高信仰，感动国人，后入藏新四军纪念馆，被评定为国家二级文物。

将军夫妇教子有方，这个革命家庭成了"将军之家"——刘毓标与刘华苏、刘华建父子3人先后被授予共和国少将军衔。

刘毓标情系革命老区，关心家乡的建设事业，当他得知江西革命老区还有因贫困而失学的儿童时，就与赵倩一起拿出1万元积蓄捐资助学，在上饶横峰葛源中学设立"刘毓标、赵倩扶贫助学奖励基金"，以激励老区人民后代好学上进。2008年5月，赵倩因病去世，享年92岁。

拒学日文，愤而走上革命道路的赵征

赵氏兄妹知名度最高的，当属妹妹赵征。这个受赵帆影响最深的亲人，90岁时作为新四军一师的代表，受邀在2015年9月举行的纪念中国人民抗日战争胜利70周年天安门广场阅兵式中，登上老兵乘车方队，行暨世界反法西斯战争进在受阅方队最前方，接受祖国和人民的致敬，成了媒体关注的"明星"。当然，就像赵征所说的："这不是参阅者个人的光荣，是对那些牺牲战友的缅怀！"

赵征，1926年1月1日出生于上海。1940年，在哥哥赵帆带领下参加"保联"活动，借阅书刊，唱歌演剧（演过有关文天祥的话剧角色），深受洗礼。1941年日寇占领上海租界，规定每所学校都要增设日语课。15岁的赵征在上海道中女中读初三，学校强制学日文，在大哥大姐平时的爱国言行熏陶下有民族气节的赵征带头站出来，拒绝学日文，受到严责，萌生退学。加上资助赵征上学的亲戚向赵父提亲，要赵征与其子订婚。但在赵征眼中，"那人好吃懒做、不学无术，缺乏上进心，我宁可辍学，也不愿和他订婚。""我不肯接受旧式包办婚姻，我要去参加新四军。"在表达强烈的参军愿望后，在赵帛的联络下，由地下党交通员引领，赵征一行5个学生，于1942年4月1日从上海外滩十六铺码头登船，第二天来到苏北天生港，顺利到达根据地。离家之前，她向母亲撒了个谎，称"学校组织春游要出去三天"。后来赵征才知，母亲得知真相后追到十六铺码头，坐在那里整整哭了一天。直到收到赵征报平安的信件，"我参加了新四军，跟大姐在一起"，母亲才稍微放心了一点。

赵征入伍后先被安排进华中抗大教导队第三期，接受军事训练和政治教育，穿上军装操练，就像变了个人似的，不再是娇弱的城市女生，培养了艰苦奋斗精神。三个月后被分配到新四军一师二旅文工团，做民运工作，作为部队的后勤人员，虽然不扛枪作战，但还是尽自己所能做一些战地服务，开始了跟着部队夜行军的生涯，1943年5月3日加入中国共产党，在反"扫荡"的拉锯战中，每天行军四五十里路是必修的功课。

后来组织上照顾赵征，分配她从前线转后方做群众工作，担任江苏高邮一区东郭墩乡副乡长，领导贫苦农民成立农会，建立民兵组织，发动群众当家做主，参军、交公粮、"二五减租"。东郭墩乡距离敌人据点仅十公里，日伪军经常扫荡。为阻止敌军乘汽车进村骚扰，带领群众在夜里破坏公路，伏击敌人。安排民兵24小时值班，敌人一有动静，就吹号、敲锣预警做好隐蔽。在高邮战役开始前发动群众、支持前线、抗击敌寇。副乡长任上干了一年多后，党组织贯彻精兵简政，男同志留下来坚持斗争，女同志必须撤离。党组织找赵征谈话，两条出路：一是先回上海老家，等到形势好转后再归队；二是远赴山东根据地，因为山东解放区扩大了，急需人才。赵征二话没说就选择了去山东，理由很纯粹"我要革命到底！"于是她进山东省政府做会计工作，做省政府秘书长刘居英的秘书，协助纠正党内"肃托"错误，工作之余，自力更生开荒种地。

19岁的赵征，在省政府工作时邂逅了自己的初恋对象孙长明，"他聪明能干，上进心很强，写文章作诗样样都在行。他身材高大英俊，一身正气，也会体贴人。与他同岁，相处不久就产生了好感"。但在当时根据地里有"258团"的结婚规矩，即男方年龄在25岁以上、有8年以上军龄、军衔在团级以上才能批准结婚。孙长明当时是山东省政府秘书长的秘书，确立恋爱关系后，两人约定，等到抗战胜利、全国解放再结婚。然而事与愿违，1945年9月25日，孙长明突接紧急命令连夜出发，随秘书长去接收东北，竟没来得及与赵征告别，此后便杳无音讯。后来赵征打听他在四平战役中牺牲，但她始终不相信，直到那位秘书长给赵征来信，表示他也听说孙长明牺牲的消息，"这时我才彻底死心了，开始了新的恋情。1948年，我和八路军115师战地记者吕若羿结了婚，生了孩子"。

然而，1952年的一天，在赵征工作的中国银行上海分行私企处长办公室，孙长明的突然出现，让赵征"异常惊喜又心情复杂"。赵征回忆："我们紧紧握住对方的双手，谁也不松手，谁也不开口说话，这也是我们认识以来第一次也是唯一一次肢体接触。"关于自己的"死"，孙长明告诉赵征，他确实在四平战役中身负重伤，挣扎了许久才活过来，他很长一段时间，一直给赵征写信，却没有回应。同样，在孙长明离开之后，赵征的书信也一直未能到达孙长明的手中。而两人的重逢已太晚，无法改变了。"可恨的战争"，虽然已过去多年，耄耋之年的赵征仍对自己的初恋难以释怀，恍如昨天。后来孙长明成为某军区司令部参谋长，在赵征劝说下组建了新家庭。1996年孙长明因病去世，赵征专程前往送别，参加了葬礼。令人欣慰的是，赵征的儿子与孙长明的女儿结成了夫妻，"或许冥冥中注定，我们的子女要续写我们当年的爱情故事"。

上海解放后，赵征投身金融战线，任中国银行上海分行私企业务处副处长、第二营业部副主任、中国银行总行国外局综合计划部副总经理。1983年至1986年受总行委派担任浙江省中行行长，出任浙江省政府驻深圳办事处副主任、党组书记。任职期间，她任劳任怨、勇于开拓，出色完成了各项任务，对促进浙江对外开放、对内融通经济作出了突出贡献。丈夫吕若羿，又名吕栋臣，是江苏泰州才子，编入八路军115师的延安抗大毕业生，在山东解放区担任省政府主席黎玉的秘书，战地记者，1954年奉调北京担任全国人大常委会外事司副主任。1979年年初，任中国科协外事局局长兼党组书记，夫妻育有四个子女。1980年吕若羿因病去世。

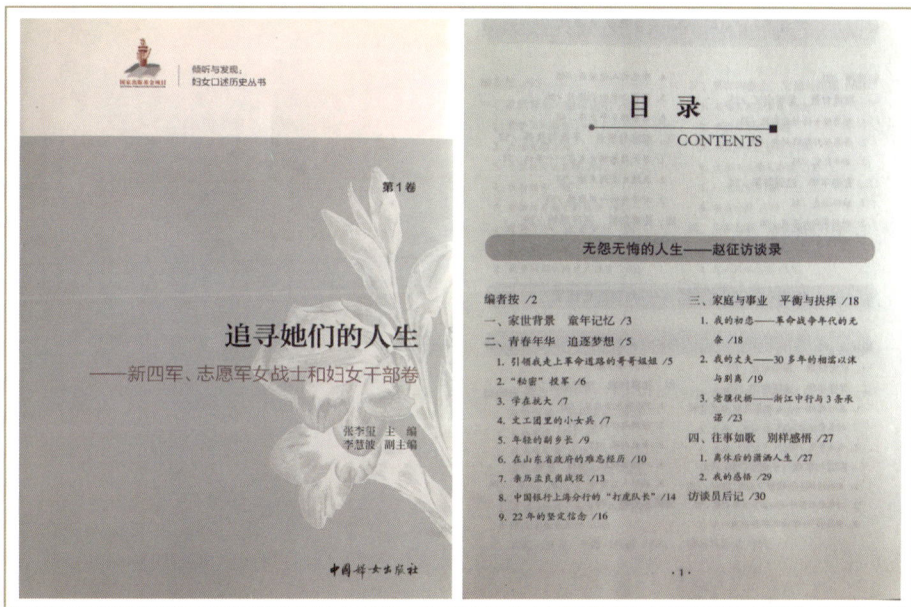

《追寻她们的人生》

新四军志愿军女战士和妇女干部卷

2014年，《无怨无悔的人生——赵征访谈录》编入了中国妇女出版社的《追寻她们的人生》第1卷。2016年8月7日，赵征病逝，享年91岁。

打赢上海金融界的"淮海战役"

　　1949年5月27日上海解放，共产党十万大军睡马路不扰民，给上海人民一个最好的见面礼！但新生人民政权面临巨大考验：能否打赢货币战稳定经济？

　　蒋介石政府穷途末路，饮鸩止渴，1948年8月，"金圆券"出笼，强制性收兑黄金、白银及外币，巧取豪夺，吸干老百姓血汗，引发全面金融风潮。而"金圆券"发行额失控，市场失控，疯狂贬值，顷刻成为废纸。饱受汪伪"储备票"及"法币"贬值盘剥之苦的上海市民，第一时间拿到薪水就会迅速兑换成实物或银元黄金，试图减少损失。上海一些商店已公开拒用"金圆券"，使用银元或美元标价，形成流通领域金银外币直接排斥法定货币的畸态社相。

　　人民币要登陆大上海，金融决战的大舞台选在上海证券交易所。这家远东最大的证券交易所，设在汉口路422号一幢8层高的大楼里，自1934年建成就成为一些金融、地产、纺织、百货、化工实业界巨头与官僚资本纵横捭阖资本市场的重要舞台，1937年登记的证券字号就有192家。"八·一三"抗战爆发时一度停业。1943年11月，汪伪政府命令复业，至1945年因日本投降而关闭。翌年9月9日，经国民党政府批准复业，登记参加交易的证券字号多达234家，它控制着全市乃至远东各大城市的有价证券交易，并通过买空卖空的投机活动，操控物价。国民党政府某些要员或明或暗地充当着投机活动的幕后保护伞，凭借权势，鲸吞渔利。市民中也有少数投机商人，涉足证券交易所从事所谓"抢

追寻
▶保联先行者的足迹

帽子"（即利用证券价格涨落快速买进卖出牟取差价）的投机活动。

查封银元市场的大本营——证券大楼

1949年5月5日，在人民解放军渡江南下的形势下，证券交易所自动停业。但5月28日（即上海解放次日），一些证券字号又悄然复活，打着经销证券的幌子，进行非法的"黄白绿"（也就是黄金、银元和美元）投机买卖。当日人民币与银元的比价约为100：1（即100元人民币可换一枚银元），短短数日，到6月8日非法黑市的比价已上涨到2000：1，几乎暴涨了20倍，银元猛涨，刺激大米、面粉、食油等生活必需品的价格急剧上升两三倍，人心惶惶，经济动荡，有人甚至放言"解放军进得了上海，人民币进不了上海"。敌人乘机造谣生事，"共产党军事一百分，经济零分"。

全市街头巷尾，随处可见"银牛"(即"黄牛党"，是上海市民对银元贩子的蔑称)叫卖活动，仅6月5日至8日三天内，"银牛"即由2万人增至4万多人。一些金融投机老手，以证券大楼为中心，在上海滩兴风作浪，掀起了投机风暴。证券大楼拥有几百门市内电话和大量对讲电话等通信工具，并且每天有数千名前来探听"行情"的"银牛"出入其间传递信息，触角伸向全市各个角落，操纵整个上海的金银外币黑市价格一天数变，利用市民们对银元的盲目信赖心理，哄抬比价，从中渔利，证券大楼成为金融投机罪恶活动的渊薮。

早在1949年5月8日，中共中央华东局就根据天津接收经验颁发了《关于禁止银元活动办法》，指出：银元买卖和在市场的流通，"造成物价波动，市场混乱，并破坏人民币信用与购买力，因而使人民蒙受损失，妨碍人民币的发行，对我极为不利"，指示各新解放城市建立军管会后，要立即布告禁止以银元为计价单位和买卖货物，要求新解放城市"在排尽与禁用伪币后，应紧接着对银元钱贩进行斗争"，消除这一严重隐患，人民银行要指定场所收兑金银，对继续利用银元进行违法犯罪活动的要予以惩诫。

上海解放第二天，军管会颁布第一号布告，明确规定"中国人民银行发行之人民币为解放区统一流通之合法货币"，自即日起"不得再以伪金圆券或黄金、银元及外币为计算及清算单位"。针对敌特势力哄抬物价，制造恐怖混乱，军管会宣布：金条、银元以及外币一律由人民银行挂牌收兑，禁止在市场上自由流通。6月3日，又颁布了《外汇管理暂行办法》，规定：所有外汇均须存入中国银行作为外汇存款，换取外汇存单，或直接售予中国银行兑取人民币，严禁外币在市场上流通。6月5日，为了制止银元投机活动，根据军管会指示，金融处指令证券交易所立即停业；《解放日报》也于同日发表《扰乱金融操纵银元的投机商赶快觉悟》的社论，代表中共上海市委和全市人民严正警告投机商贩停止作恶。上海其他各报刊和广播电台也纷纷撰文谴责投机奸商。

不法分子的捣乱，严重威胁和阻碍了人民币一统市场，损害了人民币的权威。人民银行每天早上发放的人民币，到晚上几乎全部回到人民银行；已明令禁止流通的银元及美元外币，暗中成了硬通货。打赢经济战的关键是驱逐银元。

6月6日，人民银行奉命抛售银元万枚，以平抑银元价格，但一点反响都没有。事实证明，单纯舆论训诫和经济揸注已不足以纠正银元投机。因此中共上海市委决定，一方面营造舆论高压态势，以市总工会、市青联和市学联的名义，广泛宣传动员广大市民拒用银元，发动群众声讨投机活动；上海市政府也在与各界人士会面时郑重劝告投机商洗手罢休，否则人民政府将采取断然措施。另一方面由金融处及人民银行派员深入黑市秘密摸查，开列为首作恶人员名单，掌握其罪行证据。市委还研究决定举办折实储蓄、开办供销合作社和发放失业工人救济金，以"解决基本群众因货币波动所引起的实际困难"，为杜绝银元投机创造条件。

然而，利令智昏的投机奸商，竟然置若罔闻，捣乱活动毫无收敛，变本加厉哄抬黑市价格。

6月7日晚，华东局举行会议，决定报请党中央批准对上海证券交易所查封，并惩办一批为首的违法犯罪分子，坚决打击投机捣乱活动。列席这次会议的陈穆（军管会金融处处长）、李士英（公安局局长）分别领受了任务：金融处负责查实应扣押处理的人员名单，公安局负责抽调力量全力配合，华东警卫旅负责对证券大楼的武装包围。

查封方案很快得到党中央与毛主席的批准，各方面准备工作迅即展开。公安局紧急会议，决定从刑警处抽调200余名干部参与行动，由刑警处处长马乃松、刑二科科长黄克负责召集并实施有关政策纪律教育，请兼任刑五科三队指导员的中国人民银行华东区行业务处处长赵帛，向与会人员介绍证券交易所及金银外币非法买卖情况，掌握政策尺度。

8日9日两天，马乃松、黄克率领少数骨干，化装进入证券大楼熟悉情况，观察地形，其余人员全部留局待命，并采取措施严防泄密。金融处依靠原地下党设在证券大楼的联络点和秘密联络人员张统祯、徐兰甫等，对证券大楼各投机商号、经纪人的违法活动进行摸底，排定了一批应予扣押审查人员的名单。

在南京西路反对银元投机的学生游行队伍

与此同时，全市各界群众纷纷集会声讨银元贩子罪行。全市大中学校召开了有15000名学生代表参加的大会，部署自10日起上街宣传取缔银元投机活动。市人民政府还召开工商界人士座谈会，表明政府对取缔银元投机的坚定决心。

6月9日晚，中共中央华东局、中共上海市委、上海市军管会、上海市人民政府举行联席会议，决定于6月10日上午查封上海证券交易所。10日上午8时许，李士英、马乃松、黄克率领260余名换上便衣的公安干部，按预定部署分散进入证券大楼，随后分五个组控制了各活动场所及所有进出通道；华东警卫旅副旅长刘德胜、参谋长刘春芳率一个营的战士分乘10辆大卡车到达现场，对整个证券大楼实施军事包围封锁。紧接着，上海1万余名工人学生在证券大楼周边封路，并向过往市民做宣传解释。上午10时，公安人员同时亮明身份，命令证券大楼场内人员立即停止活动，就地接受检查。

从上午10时到午夜12时，公安人员分头搜查了各家投机字号，并登记了所有封堵在大楼内的人员名单及财物。然后令全部人员到底层大厅集中，听取金融处代表赵帛的训话。聚拢起来的受检人员共2100余人，赵帛对他们进行了守法教育，宣布"惩办少数，宽大教育多数"原则，"对大多数只进行小额买卖的人，经过审查后即可回家，但必须保证不再重犯"。除根据事先确定的名单当场扣押238名送市人民法院思南路看守所羁押外，其余均陆续放出。

在对证券大楼查封的同时，黄浦、老闸、新成等公安分局也出动公安干警分头取缔各区银元投机窝点，并按名单拘捕了陈瑞堂、励荣然、邬延康等8名重大投机犯罪分子，对400余名从事小额贩卖的人，则集中训话，不予追究。

在上海证券大楼抓获的投机分子

随后根据《华东区金银管理暂行办法》有关规定，贯彻经济惩罚为主的原则，分别对6月10日被扣的246人分三批处理，主要是从经济上给予严厉制裁，其中受刑事处罚的由人民法院判处；凡被处有期徒刑的，允许以罚金折抵。这些扣押人员的审查处理工作，是由公安局、法院与金融处联合委派的以陆明为队长的工作队实施的。

据统计，这次行动在证券大楼共抄没黄金（含金饰）3642两，银元39747枚，美元62769元，港元1304元，人民币1545万多元，其他各种囤积商品（呢绒、布匹、颜料、肥皂等）折价人民币3553万元，以及美式手枪2支。各公安分局共抄没黄金81两，银元4488枚，美元2720元。此后，证券大楼由华东警卫旅(后改名为上海市公安总队)长期驻扎。

6月11日，公布《华东区金银管理暂行办法》，重申禁止金银计价使用、流通及私相买卖，并规定了处罚的原则。根据这一法规，上海市公安局继续查处非法买卖金银活动。江浙各地雷厉风行，群起响应，打击金银贩子，发动群众声讨银元投机。这些为了人民，依靠人民的联合行动，一举灭掉了投机奸商的威风，银元投机被逐步控制住。随后实施"两白一黑"（指大米、棉纱和煤炭）之多空对决战，打击投机资本，稳经济保秩序，上海持续十几年的通货膨胀终于被控制住了，奠定共和国的国计民生基石。金融决战虽没有硝烟，但同样惊心动魄，精彩纷呈。

银行公股董事，财金理论专家

上海解放，改天换地，一方面需要彻底清算原国民党国家资本、官僚资本金融机构，建立健全人民金融体系，另一方面需要对旧金融业私营机构分门别类关停并转进行整顿，以清除金融业的不安定、不健全因素。赵帛在这一变革过程中扮演重要角色，他既是上海市军管会的接收大员，又是金融领域治理政策的研究者践行者，还担当了新华银行与四明银行的公股董事，替国打理银行。

393

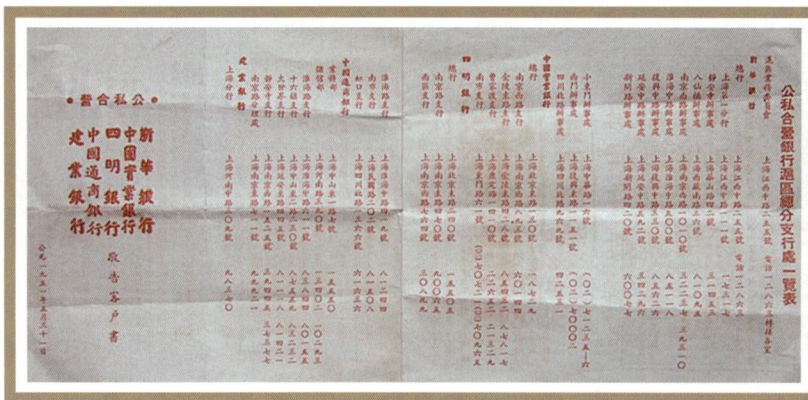

公私合营新华银行
中国实业银行 四明银行
中国通商银行 建业银行广告
公私合营银行通区总分支处一览表

上海军管会金融处依据人民政府制定的没收官僚资本政策，在接管以中、中、交、农为首的官僚资本金融机构后，下令官商合办银行、私营银行、外商银行全部停业清理，委派军事特派员入驻管理。为防止官僚资本逃逸，同时迅速切断私营银钱业与官僚资本之间的联系，5月30日军管会金融处发出训令，要求各私营行庄、信托公司在两日之内，向金融处呈报截至5月29日止各自的股东、董监、高级职员、所有存放款户名及余额、抵押品种类和数量、代收款项户名及余额、应解汇款及汇出汇款户名及余额、仓库存货种类数量及货主户名、保管箱租户、委托经租之房地产业主姓名及房地产所在地等详细资料。6月7日，中国人民银行上海分行将全市各商业银行、钱庄、信托公司等以前存入中央银行的存款准备金现金部分，合计人民币200余万元如数发还。

华东财委会通过分析研究，认为对拥有官股的官商合办银行不能简单地一概没收，应有所区别，结束军管后，不采取等同划一的政策。金融处决定对新华信托储蓄银行、四明商业储蓄银行、中国实业银行、中国通商银行、中国国货银行5家官商合办银行的整顿办法，依据实际情况而定。比如，虽然四明银行官股高达92%，但其"资产主要是房地产，如该行取消，则这批房地产管理即成问题，故须保持其原有机构，逐渐加以改造调整，使成为经营城市公有房地产的专业银行"；而中国实业银行"主要资金是投资于各工厂，今后可保留其机构，管理其投资之企业，并与中小私人工商业进行短期资金周转"；又认为新华银行"在业务上比较有生气"，拟维持新华银行的机构，发扬其业务经营的优势。而对于中国国货银行和中国通商银行则考虑予以结束，理由是中国

追寻
保联先行者的足迹

国货银行商股大部分操纵在孔祥熙、宋子文之手，"是宋子良主持的，全部账册及资产均已南逃，只留下一百七十个人，故结束此一机构"；"中国通商银行（官股达87%），名为官商合办，实为杜月笙个人所操纵，资金全无，凡属有钱可赚之营业，均转入杜月笙私人之其他经营机构中，此银行仅是一个空架子，提议抽出官股结束此银行"。

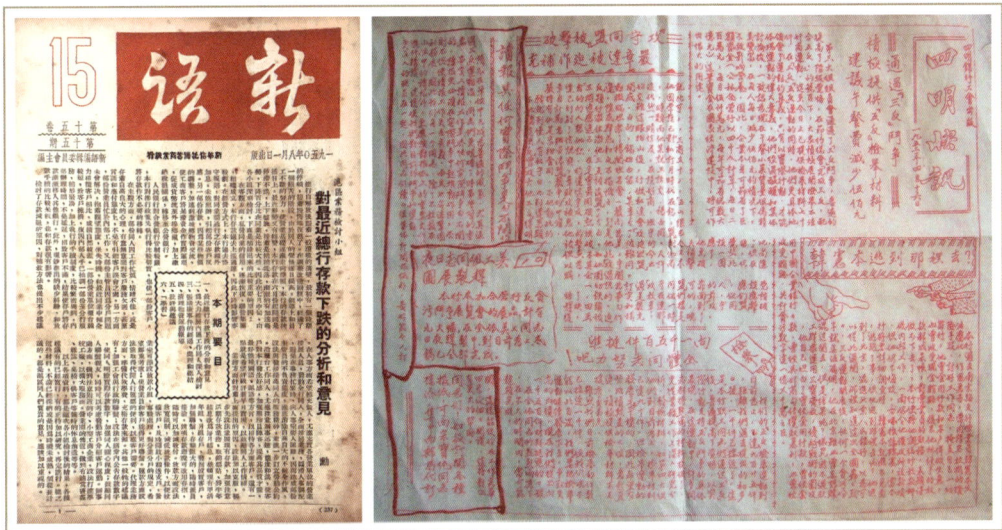

新华信托储蓄银行主编的《新语》与四明银行出版的《四明快讯》

后来执行过程中，只是对中国国货银行实行清理结束，新华、四明、中国实业、中国通商4家银行均是先委派军事特派员实施监督，而后宣布解除国民党政府推定之官股董监事职务，另行派员代表人民政府接收官股，并担任董事。当时向中国实业银行派出的公股董事为陈先、陈心波、韩宏绰、叶景灏4位；向四明银行派出的公股董事为项克方、卢钝根、吴承禧、徐里程、陈心波、方祖荫6位；向新华银行派出的公股董事为谢寿天、赵帛、韩宏绰、周耀平4位。这些公股董事与留在解放区的商股董事筹组新的董事会擘画行务，继续营业，4家官商合办银行遂成为最早的公私合营银行。

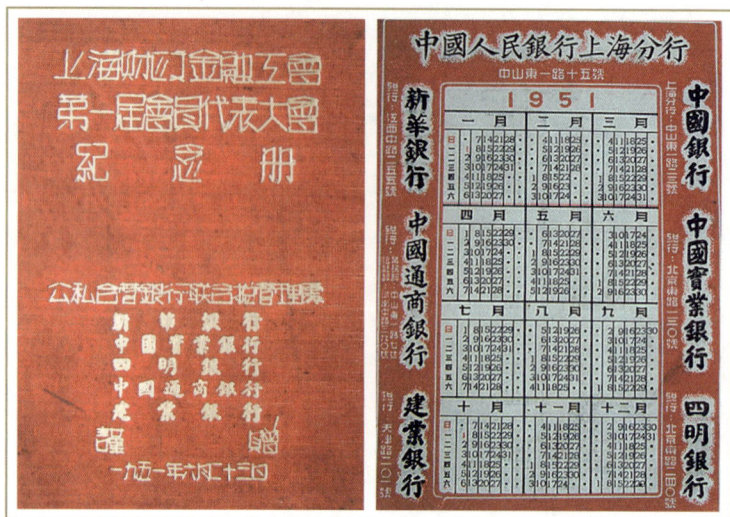

　　1950年7月11日，四明银行召开上海解放以后的第一届第一次董监事联席会议，选举项克方、赵帛、秦润卿为常务董事，项克方为董事长。

　　同时，新华银行也成立了新的董事会，公股董事为中国人民银行华东区行副行长谢寿天以及赵帛、韩宏绰、周耀平，商股董事为新华银行原董事长冯耿光、总经理王志莘等。

　　这4家银行在接收清理官股同时，并未停止过经营一般银行业务，经过改组，成为配合执行中国人民银行政策的公私合营银行，为便利市民和推广有关业务，他们曾受中国人民银行上海分行的委托，代理收兑银元、代办折实储蓄和汇兑业务，凡人民银行通汇的地方，上述银行都可接受汇款。在国民经济恢复时期成为公私金融业之间的桥梁和中国人民银行业务上的助手。

　　1951年5月新华信托储蓄银行与四明、中国实业、中国通商、建业四家公私合营银行组成联合总管理处。

　　上海金融的接管清理胜利完成，标志着国民党在中国大陆实施金融统制的主体部分已经被人民大众剥夺并进行了清算，为新中国金融奠基，接收清理过程虽没有硝烟弥漫，但以当下的目光审视其深远历史意义，称其为金融战线的"淮海战役"一点不为过。上海金融接管清理还直接推进了新中国国家银行体系的自愈与完善，从政治素质与业务能力方面极大地锻炼了新中国金融业干部队伍，原呈畸态乱象的金融市场开始步入正轨。

赵帛与国家
计委财金局同事合影

前排左三赵帛局长

1952年，赵帛奉令赴北京任职于中国人民银行总行，成为精通业务的部门领导，在社会主义"三大改造"完成以后，赵帛从央行调任国家计委财金局局长，开始宏观擘画国民经济发展战略、区域规划和产业政策，参与协调和制定相应配套的财政金融政策，参与编制各种债券的发行计划并监督实施，为国民经济的健康发展提供专业性金融工作支撑。

赵帛深入研究国家银行信贷资金计划管理中的实际问题，先后撰写了《关于工业企业怎样进行经济活动分析的一些问题》《关于国营工业企业降低成本支援农业问题的研究》《降低成本增加赢利是国营工业企业的重要任务》《推行投资包干加快基本建设发展》等一系列文章，其中尤以1961年发表于《经济研究》第5期的《关于财政、信贷、现金、物资之间平衡关系的研究》文章，深入探讨财政与物资的平衡关系，财政、信贷、现金之间的货币平衡关系，触及财政收支对信贷平衡的影响，论述深刻，在学术研究领域，被引用量颇多。

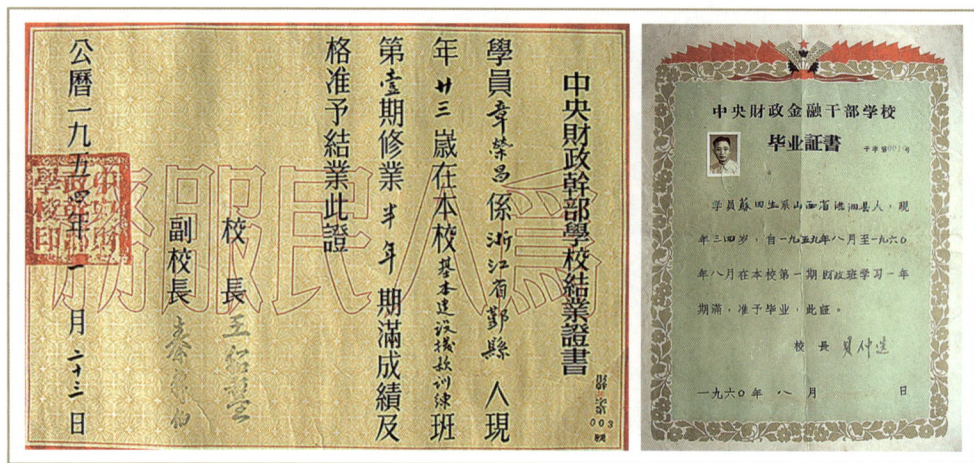

　　这一时期，赵帛还兼做中央财政金融干部学校的教学工作，为培养高素质的专业人才作奉献。在1960年5月筹办的"财政方针政策培训班"上，他承担财政预算八个专题中有关"综合财政计划问题"的讲座任务，学员主要来自各省、市、自治区财政金融干部学校、财贸干校、财经院校的教员，起点高要求深，赵帛的教学过程不是纯粹的理论学术讨论，而是紧密联系全国财政工作实际，政治站位高，大局意识强，教学效果不同凡响，受到好评。

　　1968年，赵帛因罹患肝癌，英年早逝，壮志未酬。

不朽的战歌
《大刀进行曲》在抗日烽火中诞生

保险先辈麦新用音符铸就信仰
献力全民抗战的文化战场

麦新

原名孙培元，1914年12月出生于上海，1929年进美亚保险公司当练习生，转正后履职八年，工余坚持中华书局函授学校学习。1935年5月，麦新加入"民众歌咏会业余合唱团"，成为核心骨干，开始创作救亡歌曲，其作品《九·一八纪念歌》《大刀进行曲》《牺牲已到最后关头》 等红遍全国。1938年4月加入中国共产党，1940年赴延安，任鲁迅艺术学院音乐部党支部书记，参加了延安整风和延安文艺座谈会。1947年6月在开鲁县剿匪斗争中壮烈牺牲。

麦新，原名孙培元，曾用名孙默心、孙克、铁克，祖籍江苏常熟，1914年12月5日出生于上海市，父亲原是小商人，后来进一家交易所的经济局工作，母亲是勤劳朴实的工厂女工。7岁起先后在上海市自励公学、刚山小学、南离公学和格致公学读书，12岁考入南光中学，后因父亲猝逝，家计拮据而辍学。上海爆发的"五卅惨案"，在麦新幼小的心灵埋下对日寇和军阀反动派仇恨的种子。15岁进外滩美商美亚保险公司当练习生，后转为正式职员，直到1937年9月离开上海止，保险生涯整八年。在职业之余，麦新坚持在西门英文夜校、中华书局函授学校继续学习，使他具备了较高的文化知识水平。

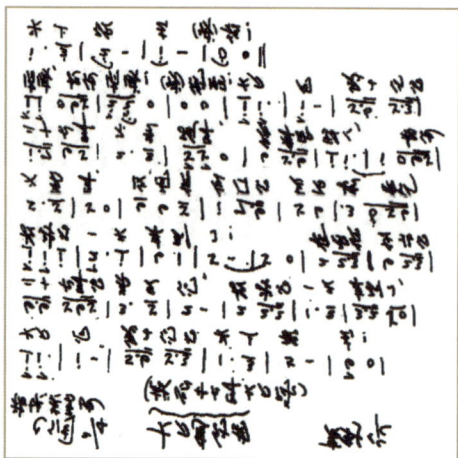

麦新创作的《大刀进行曲》

《麦新歌曲选》

"九·一八"事变爆发，麦新对日寇的仇恨更加强烈，他积极投身抗日宣传行动，1932年"一·二八"事变，日寇攻袭上海，社会民众配合十九路军奋起抵抗，麦新奋不顾身地投入抢救伤员救助难民行动。

勇立潮头的革命音乐家

1935年5月，麦新加入上海青年会领导的进步歌咏团体"民众歌咏会业余合唱团"，从此和歌唱艺术结缘，团内伙伴多为热血青年。麦新经常与吕骥、冼星海等音乐家一起学习和探讨音乐创作，遂成为该团核心骨干，领导成员之一，他们上街张贴抗日标语，以街演形式，演出《放下你的鞭子》（故事演绎一对中国东北逃难父女流离失所、以卖唱为生，控诉日本侵华造成的国仇家恨，是演遍中华大地的抗战爱国戏），高唱《五月的鲜花》《松花江上》《旗正飘飘》等爱国歌曲，呼唤民众投身抗战，为伤兵募捐，赴前线开展慰问战士、慰劳伤兵和难民教育工作，深入学校工厂里弄进行反日救国宣传。到"一二·九"运动爆发，全国抗日救亡运动空前高涨，上海的街头巷尾、工厂车站，救亡歌声处处嘹亮；茶馆店铺，机关学校，人人议论民族危亡，斗志昂扬。

据中外报刊相关报道，1936年6月7日，上海民众歌咏会策划在南市区公共体育场举行各行业抗日救亡歌咏大会。结果执政当局有意阻挠，先一步抢占体育场组织足球比赛，歌咏会社众到达时球赛鏖战正急，于是大家先进场看球，

追寻 ▶ 保联先行者的足迹

时间一到，来自上海学校、银行、商店、工厂的5000余名群众一齐涌进内场，齐声高唱《大路歌》《开路先锋》等歌曲。持枪军警前来驱散群众时，指挥家刘良模站在高凳上进行演说，并指挥全场高唱《打回老家去》等救亡歌曲，甚至连执勤警察也被气氛感染，全场高唱《义勇军进行曲》。全程参与的麦新领略了群众歌声的力量。散会后，这些抗日救亡之歌声在大街小巷传唱，迅速传播全国。1936年8月下旬，麦新的处女作《九·一八纪念歌》经冼星海谱曲，很快也传遍上海。同年他还加入"歌曲作者协会"和"歌曲研究会"。

震撼人心的时代战歌

大刀队英勇杀敌

　　1937年7月7日，日寇蓄意制造"卢沟桥事变"，发动全面侵华战争。第二天，中国共产党通电全国，号召全国军民与政府团结起来，筑成民族统一战线的坚固长城，抵抗日寇侵略。其时，驻守卢沟桥的国民政府军第二十九军大刀队英勇杀敌的捷报不断传来，年方19岁的大刀队员陈永德一人就杀死日军9名，缴获13支枪，威名大震。麦新彻夜不眠，热血沸腾，怀着对日本侵略者的刻骨仇恨，自己填词谱曲，创作了《大刀进行曲》（副题为"献给二十九军大刀队"）。先在弄堂里吟唱修改，后在浦东大厦首唱征询意见。

　　8月8日，此曲在上海文庙一举唱红。上海市民众教育馆原设上海文庙，作为上海抗日救亡歌咏活动的中心，成为抗日怒火的喷发点，革命文化呐喊之地，不少著名的歌曲从这里传向全国。

据史载，8月8日上午9时，国民救亡歌咏协会成立大会在文庙正式举行。主席台入座的有孟波、冼星海、鄢克定、麦新、徐则骧等11人。徐则骧致开幕词，鄢克定作筹备经过报告。中午，浦东、工音、民声、艺天、大众等一批歌咏团体从四面八方前来参会。麦新踏上文庙大成殿前的石露台上，大声说："同胞们，在大会正式开会前，由我指挥学唱几天前创作的歌曲《大刀进行曲》好吗？"群众高声响应："好！"于是麦新拿起指挥棒指挥："大刀向鬼子们的头上砍去……抗战的一天来到了，抗战的一天来到了！"近千名青年以饱满的情绪唱了一遍又一遍，越唱越激昂。有人喊："麦新，我们看不见你的指挥！"麦新闻声一步跨上石栏杆，站在上面指挥。指挥棒挥断了，他就攥起拳头指挥，不久"大刀向鬼子们的头上砍去……"的旋律即传遍了上海，慷慨激昂、震撼人心。

事后，麦新根据试唱效果及同伴的建议，对歌词做了修改，原词中的"二十九路军的弟兄们"，改成了"全国武装的弟兄们"；把"咱们二十九军不是孤军"，改成"咱们中国军队勇敢前进"等。这样一调整，适用范围更广、传播力就更强了。这首时代战歌一经诞生，就如疾风闪电，迅速传遍了烽火连天的大江南北、长城内外，成为唤醒全国军民斗志、振奋民族精神、争取民族解放的号角，同仇敌忾的时代最强音。

在这一时期，麦新的歌曲创作，代表作有《向前冲》《马儿真正好》《只怕不抵抗》《保卫马德里》《牺牲已到最后关头》等作品，他还与孟波一起编辑出版了国统区第一本救亡歌曲集《大众歌声》。今天我们还可看到麦新作词、孟波谱曲的《牺牲已到最后关头》，同样令人震撼："向前走，别后退，生死已到最后关头。同胞被屠杀，土地被强占，我们再也不能忍受！亡国的条件我们决不能接受，中国的领土一寸也不能失守！同胞们！向前走，别退后，拿我们的血和肉，去拼掉敌人的头。向前走，别退后，生死已到最后关头。拿起我刀枪，举起我锄头，我们再也不能等候！中国的人民一齐起来救中国，所有的党派，快快联合来奋斗！同胞们！向前走，别退后，拿我们的血和肉，去拼掉敌人的头，牺牲已到最后关头，牺牲已到最后关头！"

文化人投身抗战第一线

1937年9月，麦新参加由钱亦石领导的"战地服务队"（上海党组织奉命成立），随国民党第八集团军（张发奎部）开赴浙江前线。

1938年4月，麦新在武汉期间正式加入中国共产党。武汉失守后"战地服务队"来到广东，因国民党开始对国共合作排斥破坏，"战地服务队"被迫解散。

1940年1月，麦新奉命赴湖北任第一集团军（总司令黄琪翔）秘书长，负责军队音乐工作，7月来到重庆，同年11月底来到革命圣地"延安"。麦新在延安鲁迅文学院担任音乐研究工作，后任鲁迅艺术学院音乐部党支部书记，1942年参加了延安整风运动，还参加了延安文艺座谈会，明确了文艺工作者要到人民中去，接触群众，体验生活，反映好人民心声，坚持为人民服务的方向。在延安时期，麦新创作了《红五月》《保卫边区》《志丹陵》《苏联红军打胜仗》等近40首歌曲，曾担任"延安作曲者协会"干事、边区音乐界抗敌执委会执委，是延安群众音乐活动的组织者和领导者之一。1942年11月7日，麦新与程迈结婚。

1945年8月，抗日战争胜利，麦新和程迈等六位战友受组织委派，跟随华东干部工作团，赴上海一带开展工作。8月30日动身，出发没几天，又接到命令，要转赴东北创建革命根据地。此时，党中央制定了"向南防御、向北发展"的战略政策，向东北派遣大量干部，12月，麦新随大批干部奔赴东北，来到了阜新。

战火中永生，永恒的丰碑

1946年3月，麦新主动要求到胡匪遍地、穷乡僻壤的农区工作，来到开鲁县，先任县委委员、县委秘书，不久又兼任城关区区委书记，6月任县委宣传部长。麦新遵照指示，发动群众开展减租减息工作，他严格遵守"三大纪律八项注意"，时刻不忘群众利益，他打开恶霸、地主、汉奸的粮仓，救济贫民。为巩固根据地，麦新亲自主持开办了土改干部班，培训了一批坚强的农运干部。在繁忙工作之余，麦新还创作了朗朗上口、通俗易懂的农会会歌，被开鲁人民广为传唱，使穷苦大众明白了穷人为什么穷，是因为反动军阀、资本家和地主老财的剥削和压榨，提高了群众觉悟。1946年10月，国民党军队疯狂进攻通辽，麦新组织精干力量打游击，任干部中队指导员，以机动灵活方式打击敌人，屡立战功。后来一度兼任县委组织部部长，兼办《开鲁快报》，协助指导全县的党建、土改、剿匪、生产等组织工作。1947年6月6日，麦新在内蒙古科尔沁草原哲里木盟开鲁县执行任务途中遇大股敌匪埋伏，麦新沉着应战，他独自占领一个小沙丘作掩体，坚持杀敌，战至最后，麦新身中数弹而壮烈牺牲，为党的事业流尽了最后一滴血，年仅33岁。麦新牺牲后，留下了三万字的日记，他在1946年12月1日的日记中写道："是时候了！是每个共产党员受考验的时候了！要英勇奋斗（不怕死）！艰苦奋斗（不怕苦）！服从命令！遵守纪律……""我们这次在敌后坚持，应做英勇奋斗及艰苦奋斗的模范，我应具备：一、牺牲决心，最多是牺牲，为党的生存、为人民的解放而抛弃头颅，这是最光荣的，比病死在床上强多了，受了十年党的教育的我，是献出自己的生命，为人民服务的时候了！二、一切艰苦和困难都要咬紧牙关渡过和克服，最多是牺牲了，还怕什么吃苦，苦最多是冷、饿、累、跑路这四件事，但是这又算得了什么？经过这十天的考验，我是能行的！"

追寻
▶保联先行者的足迹

为纪念革命烈士，开鲁县政府将五区命名为"麦新区"、万发永村改为"麦新村"，开鲁县修建了麦新烈士陵园、麦新纪念馆等纪念设施，有关部门运用网络创建了麦新"党性教育网上展馆"。

勤勉履职　丹心图报国
临财不苟　保一身正气

记中国人保上海分公司第一任经理顾濂溪

顾濂溪

　　1918年3月出生于上海，1936年进民生实业公司当练习生，1940年9月加入中共地下党，10月应聘入重庆中央信托局产物保险处会计科从事陆地兵险服务。返沪后被推选为中央信托局职工消费合作社副经理，秘密担任中共中信局党支部副书记，积极参加"保联"及"银联"活动，当选"六联"第二届理事会副主席。1948年10月紧急撤往苏北，进入华中党校第十四大队学习。1950年11月，任人保上海分公司首任总经理。1951年12月任新丰保险公司总经理。1981年出任上海市金融研究所所长，兼任上海市保险学会副会长。

　　1918年3月，顾濂溪出生于上海南市老城厢引线弄，祖籍浙江嘉善。父亲是上海江海关的核税员，收入不高，家境并不宽裕，遭逢过一次火灾，还要靠母亲为寿衣店手工绣制寿鞋寿帽来补贴家用。

中学时期的顾濂溪

407

追随时代步伐，踏上革命道路

顾濂溪5岁入蓬莱路爱群女子小学读书，12岁考入上海中学（陆家浜路校区）读书。14岁时，父亲久病不治离世，家庭断了收入来源，依靠每学期申请的清寒奖学金读完了初中。当时上海中学高中部内分普通科与商科。顾濂溪品学兼优，虽对学普通科上大学更为向往，但为早日找工作挹注家庭经济，无奈选择了商科，学实用技能。到高三年级的银行会计课程，任教者是青年会计奇才顾准（中共地下党员，即后来的著名经济学家）。受其影响，顾濂溪阅读了许多进步书籍，如马克思《资本论》、艾思奇《大众哲学》、倍倍尔《妇女与社会》、邹韬奋《萍踪寄语》等，开始联络志同道合的同学，尝试发起社会科学研究会，属于有思想，比较活跃的学生。

1936年顾濂溪毕业进民生实业公司当练习生，受到"实业救国"思想的熏陶。民生公司乃"中国船王"卢作孚创办的轮运公司，专营长江航线。开始他被分配在采购组，具体经办各条船递交来的采购申请单，改填采购洽议书，通知相关供货的五金店报价，然后选择报价低的店铺发货到船上进行验收。没过多久，在民生内部的练习生统一考试中，顾濂溪的主题作文受到主管领导的赏识，随后加薪重点培养。

经商科同学介绍，顾濂溪与中国保险公司林震峰相识，同为生活在上海的浙江老乡，早年丧父，家境相类，志趣相投，引为知己，相伴参加文娱活动。1937年，林震峰引导顾濂溪加入了上海职业界救国会（由顾准发起领导的爱国团体，担任党团书记），集会游行，号召市民抵制日货，演唱抗战歌曲，宣讲抗日民族统一战线主张。"八·一三"事变后，上海租界沦为"孤岛"。在"九·一八"事变纪念日游行中，顾濂溪遭到宪警毒打，一同受伤的还有妇女界救国会的史良、胡子婴等。顾濂溪还在民生公司筹建"启智流通图书社"，向同事推荐进步书刊，他在这时第一次阅读到《西行漫记》，坚定了革命的信念。

1938年夏秋，卢作孚组织民生船队，冒着日寇的炮火和飞机轰炸，承担起号称"东方敦刻尔克"的宜昌大撤退之责任，抢运战略物资、工厂设备和机关学校人员到重庆，付出了巨大的牺牲，有16艘船被炸毁，69艘船舶被炸伤，索性沉船以堵截日寇军舰，民生有117名员工壮烈牺牲，76名员工伤残，这种毁家纾难的壮举保存了中国民族工业的命脉，深深震撼了国人。爱国企业挑起沉重的国家责任，却成为日寇的眼中钉，沦陷区的民生公司机构被迫放弃业务撤至重庆，只是实习生的顾濂溪失业了，为生计奔忙，彷徨无助。1939年9月，顾濂溪经熟人介绍远赴昆明陆根记营造厂任仓库管理员，一次游玩中偶遇在昆明从事陆地兵险的林震峰。林在昆明组织读书小组，每周六晚上聚会一次，交流进步书籍，讨论时事，这让顾濂溪的觉悟不断提升。1940年9月5日，经林震峰介绍，顾濂溪加入了中共地下党，在入党宣誓时明确表示，参加共产党是为拯救水深火热中的祖国，解放劳苦大众，党需要时就要作出牺牲。他每月将自己三分之一的工资作为党费上交党组织。10月，顾濂溪应聘到重庆中央信托局产物保险处会计科工作，并担任陆地兵险组组长，负责记录陆地兵险保险单的签发和保险费收付事宜。

战时陆地兵险，堪称保险事业在全民抗战时期的最大贡献。由于日寇空袭严重，投下燃烧弹引发火灾，导致商贸停顿，货物奇缺，物价狂涨，市民购物无着，温饱问题无法解决。中信局保险处配合政府鼓励营业稳定物价举措，扩充承保范围，"兼及商业行政机关建筑物及必要设备、运输工具等"，以飞机轰炸、防空炮火及敌特纵火破坏所造成的损失为限。其中最具典型性的是"指定商店兵险"：由重庆社会局出面要保，将指定商店名称、地点列单送上，指定商店的承保货物以指定非常时期生活必需品为限，每日应编实存数额报告备查，每家商店以5000元为限，像综合性之商场及重庆市日常必需品公卖处，则允以50000元为限。后来又将承保范围扩大到医疗、旅馆、理发等服务业，业务量倍增。

指定商店兵险自办理以来，出险频繁，"损失超过收入保费达七倍以上"，无奈对保额、费率等做了相应调整。但从陆地兵险历年收支统计表分析来看，除1940年因日寇对重庆大规模轰炸造成严重损失，赔付数额大，亏损较多外，其余年份都获得了赢利。

战争带来灾难损失是不可避免的，中央信托局承办战时兵险，用商业化运作成功化解日寇战机狂轰滥炸带来的经营风险，能够在民族危难时刻减轻工矿业主及商民的损失，树立了扶危救困、溥益民生之形象，鼓舞了抗战士气，扩大了保险业的良好影响，增进了社会各界对保险的认同。

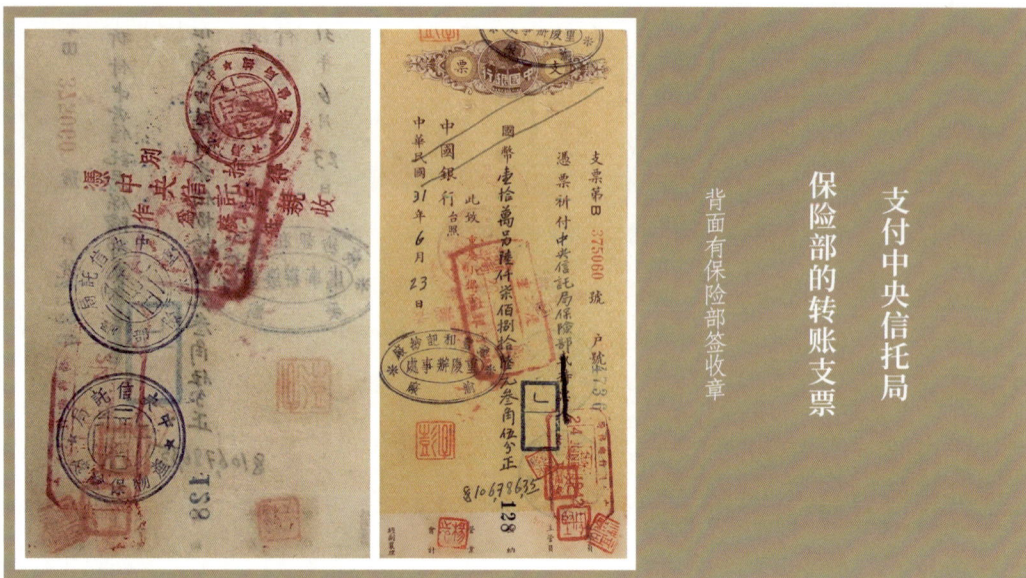

支付中央信托局
保险部的转账支票

背面有保险部签收章

革命熔炉里淬炼成钢

1942年的顾濂溪

顾濂溪一入保险门，就接受了硝烟交织血汗的鏖战洗礼。他接受组织指示，业余时间参加了重庆银钱业职工励进会，担任组织联络工作，进行抗日救亡统战宣传。他应重庆交通银行的杨修范邀请参加"中国经济事业协进会"，一起探讨"停止内战，建立民主自由的新中国"话题。不久，以该会为基础成立了中国民主建国会，顾濂溪当选为民建的理事。

有个故事插曲：地下党员都是单线联系，互不知情的。中央信托局产物保险处为妥善办理保险赔款，招聘了50个学员，举办了理赔训练班。该班有一位叫彭咏梧的学员，个子不高，穿蓝布长衫，比较朴实，给培训老师留下深刻印象。许多年后，顾濂溪才知道彭咏梧是江姐的爱人，时任中共重庆市委委员，他以中央信托局产物保险处职员身份为掩护开展革命，直到1948年1月为掩护战友壮烈牺牲。

抗战胜利后，顾濂溪随中央信托局返回上海，已不复当年那个对前程很迷茫的彷徨少年，变身为坚定的革命者。他被派到理赔室当副科长，具体任务是经办每张出险保单的善后处理，先经过公证行勘察，查明出事原因，厘清保险责任，估算损失金额，缮写报告，严格审核后交由会计科赔付，这让他有了充裕的外出活动时间。在林震峰的推荐下，顾濂溪积极参加了"保联"及"银联"活动，在斗争中淬炼成钢。

因工作务实，用心用情，群众威望高，1946年，顾濂溪被推选为中央信托局职工消费合作社副经理，经办统一采购平价米、面、油、煤等紧缺商品赊卖给职工，价款从工资里分期扣回的福利工作，并监管中信局食堂，任职工膳食委员会主任。当时在内部食堂解决午餐、晚餐的职工有400多人，他对普通员工的生活艰难感同身受，因此服务热忱，急大家之所急，想大家之所想，与各部门群众建立起了深情厚谊，深得同人的爱戴。

1946年2月，迫于物价飞涨，生计艰难，中国银行职员在中共地下党的策划下，提出按员工实际最低生活费发放工资的要求，遭银行方拒绝。于是中行、交行、央行及中央信托局的职员工友联合起来，在16日上午举行怠工2小时，银行开门但不营业，报刊舆论大哗，显示了群众罢工的威力，取得初步成果。在此基础上，怠工活动骨干分子因势利导，筹划成立官僚金融"四行两局"员工联谊会（工会性质，简称"六联"），经征求会员，很快达到1950人，约占职员总数的三分之一。他们"以联络感情，交换学识，增进服务效能，改善业余生活，发扬互助精神，同谋员工福利为宗旨"，举办各种联谊活动，同时也组织和支持职工维权的经济政治斗争。到5月，为便利会务开展，"六联"创办会刊《联讯》，每月出一期，由员工自筹经费、自己写稿、自主编辑，免费发给行局各部门员工，发挥战斗号角作用。

1947年下半年，因蒋介石挑起全面内战，经济濒临崩溃，物价暴涨，却要寻找借口削减行局员工的收入，激起大家的公愤。顾濂溪积极参加"六联"发动的行局员工抗议，并为《联讯》出版征集募捐（中信局职工中有937人捐款）。

1948年年初，经上级党组织批准，中信局中共党支部秘密成立，顾濂溪担任副书记，何文逵任书记。

1948年3月，"六联"再次发动罢工。上海市市长吴国桢出动宪警强令中国银行杜绝隐患，恢复常态。在巨大压力下，中国银行由宋汉章出面，保释被捕职员。为捍卫群众利益，地下党发动职工集体签名请愿，有理有节，依法登记并改选理事监事会。顾濂溪当选"六联"第二届理事会副主席，常务理事。

在"六联"的斗争中，涌现出一批经受住考验的群众积极分子，像浦文荣、张存鑫、葛凤等，均按照入党程序，由顾濂溪介绍他们秘密入党。到6月，反动当局取缔"六联"，中信局局长程远帆亲自出马，对顾濂溪进行威胁性谈话，对其他骨干分子也施加压力，勒令"六联"立即停止活动。顾濂溪与党员积极分子没有被吓倒，始终据理力争，进行活动。

1948年10月20日，因反动当局要彻底扼杀"六联"，抓捕"共产党"嫌犯，恰有党员被捕，林震峰让顾濂溪与其他暴露的党员立刻撤退，指定乘火车到镇江，在车站对面"近日楼"茶馆，等待交通员接头。约好的暗号是：将一个包裹放在桌面，上面挂一把洋伞。顾濂溪化名高立诚，前往扬州，渡过大运河，终于进入了苏北解放区腹地，到达目的地合德。

中共华中党校
第十四队
全体合影

顾濂溪被安排在华中党校第十四队，该队由上海撤退的职业界党员组成，党支部书记是郑焕章（即"保联"党团书记沈润璋），顾濂溪担任第六小组组长。组内除了原中央信托局四名地下党员、中国银行三名地下党员外，还有保险界的地下党员朱元仁、刘凤珠、唐凤喧、徐天碧等。

追寻
▶保联先行者的足迹

在华中党校，大家讨论政治军事形势，学习土地政策及城市接管策略等。先后研读《新民主主义论》《目前形势和我们的任务》《城市工商政策》等培训资料，还倾听过陈丕显、曾山、管文蔚等领导的辅导报告。

随着三大战役推展，国民党军队在战场上节节败退，苏北解放区也迅速扩展，学员在华中党校的培训任务也如期完成。

保险生涯，虽短却很灿烂

1949年5月，顾濂溪与华中党校学员随接管上海财经系统的"青州总队"从淮阴南下，沿运河坐船到高邮，由丹阳乘汽车向上海进发。27日，上海全境解放，宣布成立"上海市军事管制委员会"，立即向各官僚金融机构派出军代表。在财经接管委员会下设"贸易处""金融处"等机构，"金融处"下分"银行组""保险组"等，要求接收工作相互协调配合。

图中左端国际饭店　右端金门饭店

回到上海的第一夜，大家一同住在金门饭店（即华安大厦）九楼。闻讯而来的妻子章玲珠特意送来一条厚厚的棉花毯做垫被。

顾濂溪与原"六联"地下党员都分在贸易处。6月伊始，"贸易处"副处长卢绪章按照"快接细收"原则，部署接管中央信托局，顾濂溪受命负责接管中信局下辖的7家金融单位（后来保险组姚洁忱、乔冠馥加入进来协助完成工作）。他们尽量不打乱企业组织的原有机构和生产系统，以保证接收后能尽快恢复生产。对原有技术、管理人员，只要他们不搞破坏，继续保持"原职、原薪、原制度"，先实行监督生产，然后根据条件逐步地进行民主改革和生产改革。由于接管工作准备充分，又有地下党和广大群众的密切配合，到10月底，他们有条不紊地清理了全部账务，编制人员名册，妥善安置了全部职工。光接收的黄金就有二千多两，银元四万多个，珠宝一百多件。

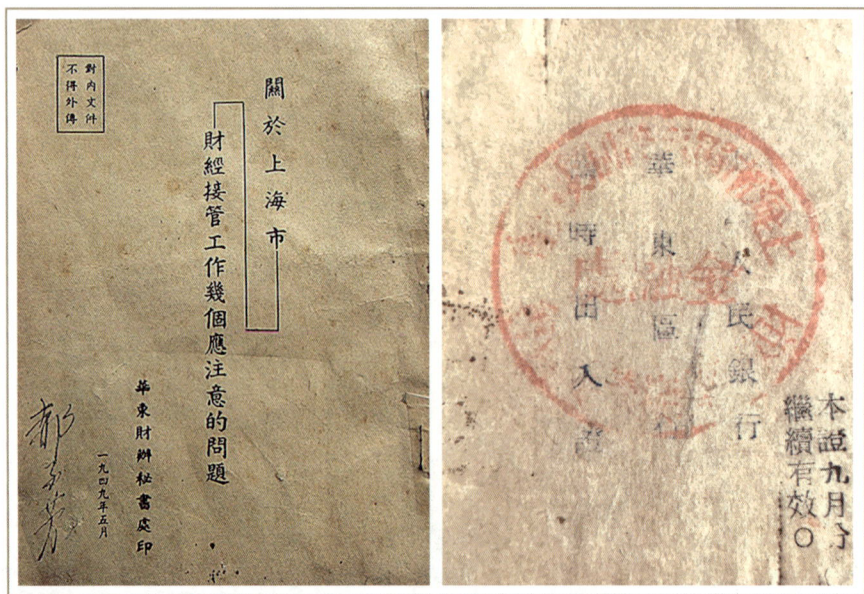

财经接管委员会学习文件与金融处临时出入证

1949年10月20日，中国人民保险公司总公司在北京成立，同时在上海设华东区公司。顾濂溪在接管工作全部完成后，指派担任人保华东区公司秘书科科长，负责日常的审阅签发文件。

1950年11月，中国人民保险公司决定将华东区营业部改建为人保上海分公司，办理上海地区的各类保险业务，司址在南京东路99号底楼。被委派顾濂溪担任上海分公司首任总经理。

上海分公司配置了三位副经理：陈人麟，江苏常熟人，原华东区营业部副经理；潘垂统，浙江余姚人，原华东区营业部副经理，保险经纪人的代表，"潘安记保险事务所"创始人，对私营工商业很熟悉；林正荣，原华东区公司副经理，文笔优美。上海分公司下设人事科、秘书科、会计科、火险科、运输险科、理赔科等科室。秘书科科长唐凤喧，是华中党校的同学。而会计科科长孙允祥，秘书科副科长梅亚华，火险科科长徐曾渭，理赔科科长戈志亮，还有周志斌、赵镇圭、宋安祥、廖申、傅竞雄、郭植宪等业务骨干，都是原中央信托局产物保险处的同事（其中徐曾渭与赵镇圭是战时兵险的"保险界十三太保"成员）。老友相处，氛围融洽。

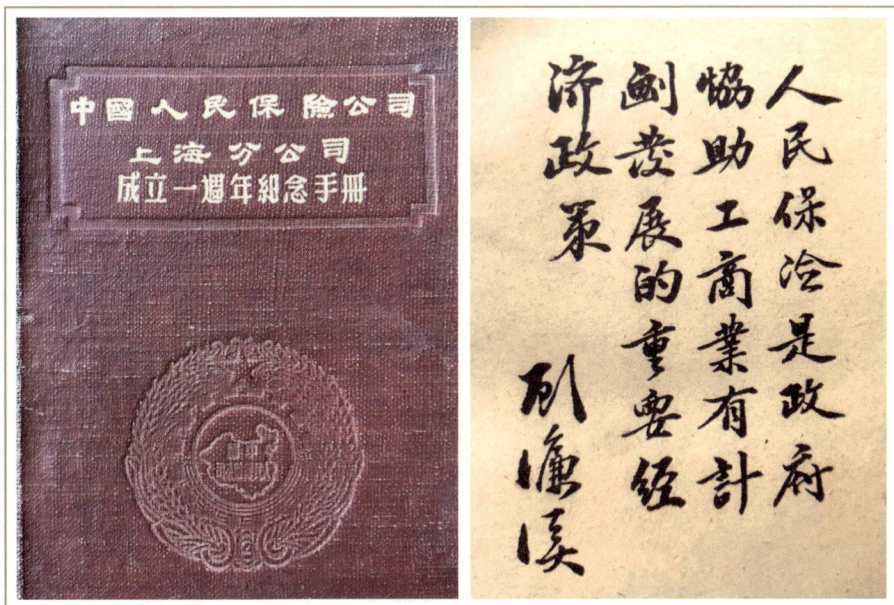

《中国人民保险公司上海分公司成立一周年纪念手册》
顾濂溪的题词

人保初期主营央企"强制保险"，拓展其业务不存在多少阻力，不用花很多心思。而占多半江山的私营经济则门类繁杂、覆盖面广，很多商户未形成与国营保险打交道的习惯。因私营保险公司同私人作坊商铺早就有人际熟稔带来的业务往来，人保要争取私企客户，就要理直气壮地合法竞争。

起初私营经济的保险业务由人民银行上海分行各办事处负责代理，但缺乏主动作为。顾濂溪提出要培育专门人才设立人保公司自己的办事处。当时区公司举办的保险干部培训班，前后多届毕业生分配到了上海分公司。加之上海财经学院保险系每年的毕业生也力争吸收到分公司，充实了公司的精兵强将队伍。而办事处的设立，大大有利于拓展私营经济的保险业务。

或许是童年时家庭的火灾遭遇让他刻骨铭心，他认为市民要有防灾保障。当时上海棚户区火灾易发区域，保户并不多。当棚户区遭遇火灾后，理赔科主动到棚户区，现场为受灾保户理赔，做好普及宣传，没有参保的家庭也觉得参加保险很有必要，因此纷纷要求参保，在保险公司及各办事处门口排起了长队。但此后在这片棚户区又接连发生了两次大火，每次都祸及一大片保户受损，这份保险业务损失了8万多元。

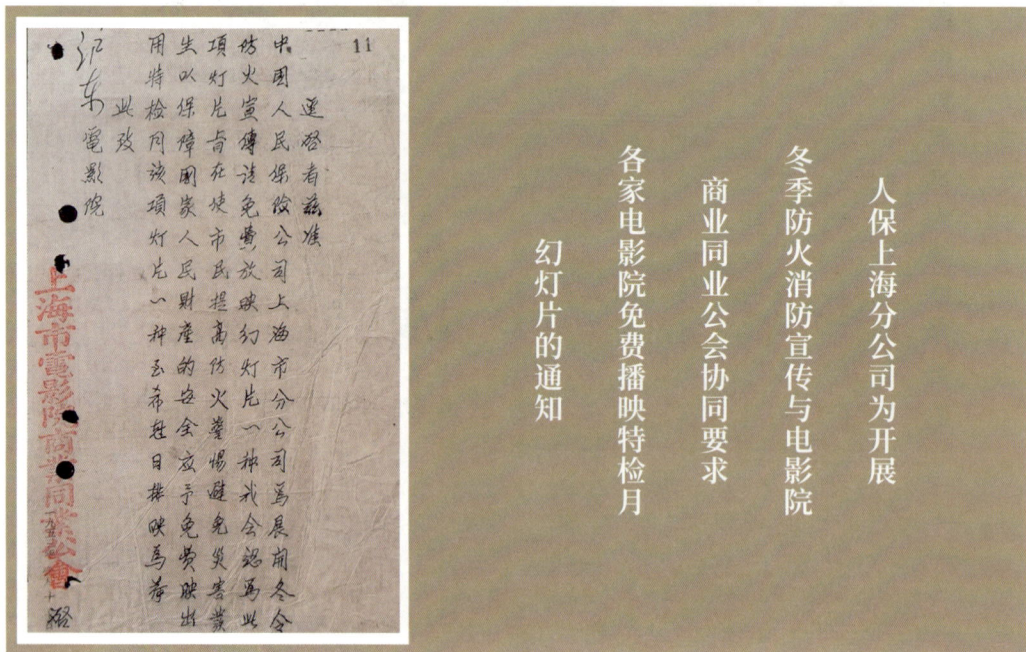

人保上海分公司为开展
冬季防火消防宣传与电影院
商业同业公会协同要求
各家电影院免费播映特检月
幻灯片的通知

顾濂溪及时调整策略，在推展保险市场同时，强调必须加强防灾防损宣传，并专门设置了防灾科，专责预防灾害督促检查事宜。

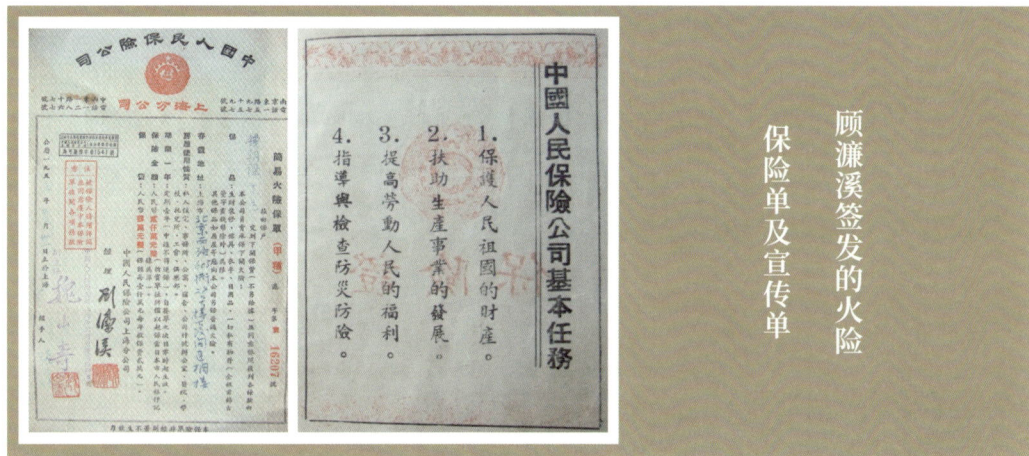

顾濂溪签发的火险
保险单及宣传单

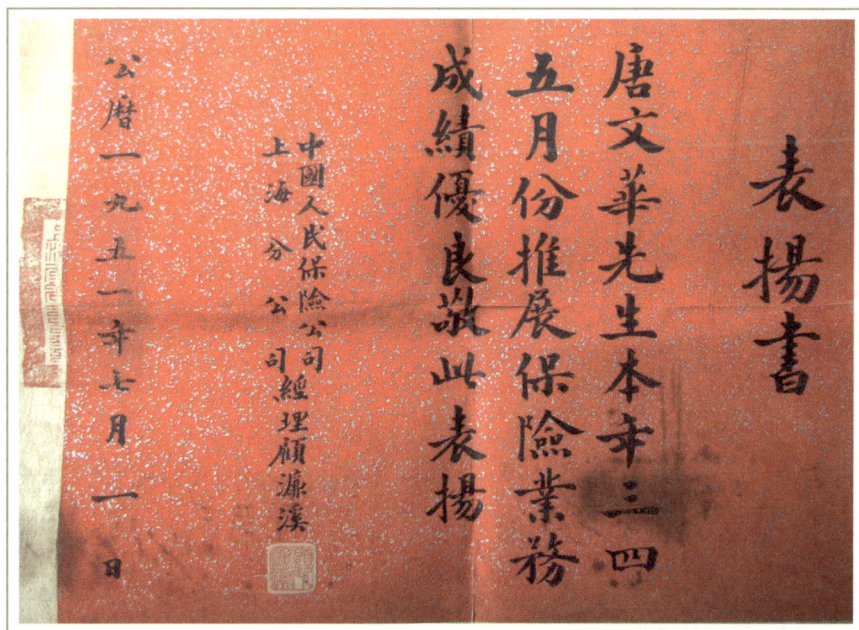

顾濂溪颁发给经纪人唐文华的表扬信

一九五一年七月一日

顾濂溪还认为保险乱象的症结在于吃回佣，倡导取消佣金和经纪人制度。民国时期保险推展业务主要依靠保险经纪人（旧称"保险掮客"或"保险跑街"）。新中国成立后，旧的称谓不太好听，存在中间剥削之意味。顾濂溪先把保险"经纪人制度"改为"代理人制度"（"代理人"社会地位似乎比"经纪人"要高一些）。最多时上海人保曾有专职代理人100多人，当时的水险（运输险）业务，基本上由代理人经手，人保既要利用这批展业力量，调动他们积极性，又要对代理人进行管理，通过政治培训，分配险源，规范展业，防止互撞发生，使他们能遵守政策与规则，这为拓展保险业务起了补充作用。

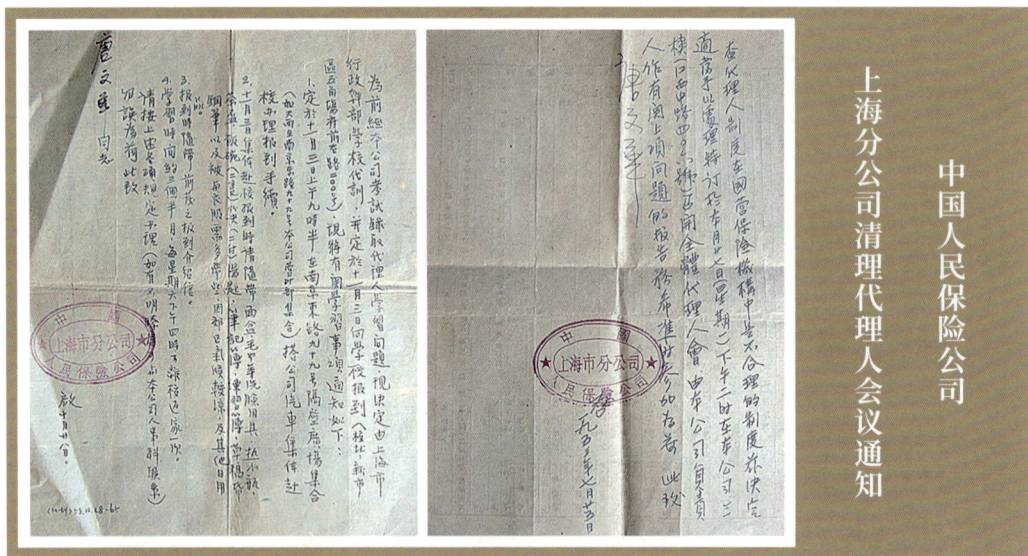

中国人民保险公司
上海分公司清理代理人会议通知

但时间稍长还是发现一些问题，如代理人之间的业务纠纷不可调和，多头扎堆频繁联系同一大中型企业，有时某位领导会在同一天接待几批保险代理人员，不胜其烦，败坏了行业形象；同时，代理人虚假承诺，经营收入差距过大，对外还有滥放折扣、送回佣等的不良手段，所以1952年年初开始采取逐步淘汰代理人的办法。对素质好业务精的代理人招安，通过人事部门的甄别，纳入人保编制，年老体弱或不宜任职者，则予以淘汰，直到1954年上海保险代理人制度宣告结束。

追寻
保联先行者的足迹

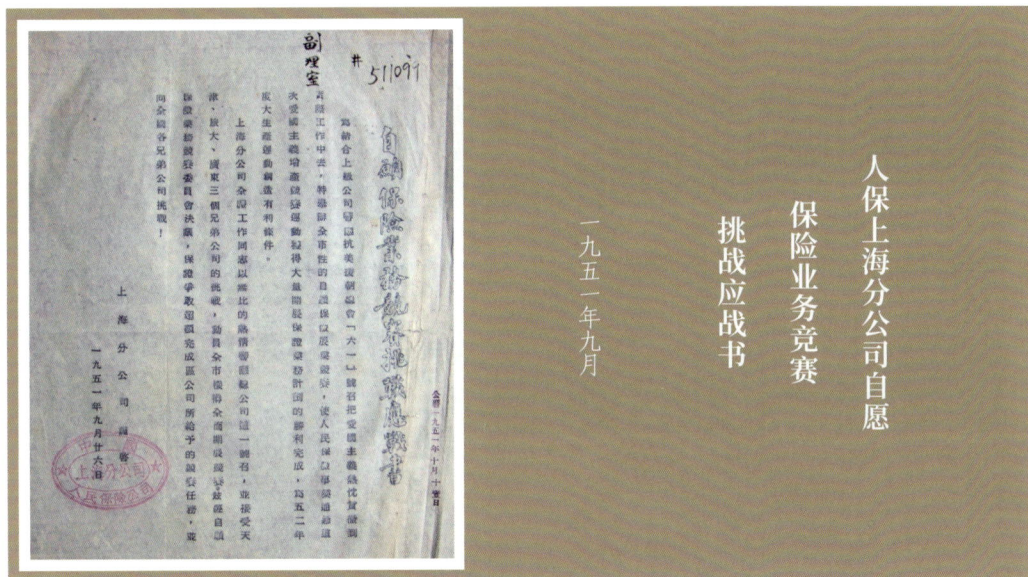

人保上海分公司自愿
保险业务竞赛
挑战应战书

一九五一年九月

1951年，为支援全国人民抗美援朝伟大斗争，响应总公司"六一"增产运动号召，顾濂溪组织人保上海分公司，接受天津、旅大、广东三家兄弟公司的挑战，把爱国主义热忱贯彻到实际工作中去，特举办自愿保险展业竞赛，订立目标，落实举措，以优异成绩应战。

顺境不长，1952年中，全国轰轰烈烈的"三反""五反"运动要定指标出成果，顾濂溪被停职审查。甚至《解放日报》第一版头条刊出的文章，指名道姓批判他右倾保守，打虎不力，是"三反"运动的绊脚石。就连顾濂溪曾经力推的一句广告词"天有不测风云，人有旦夕祸福"，也被指责为"幸灾乐祸""吓唬人民"，列为罪状。随后，外调粮食局处长孙玉甫为经理，顾濂溪降为副经理。

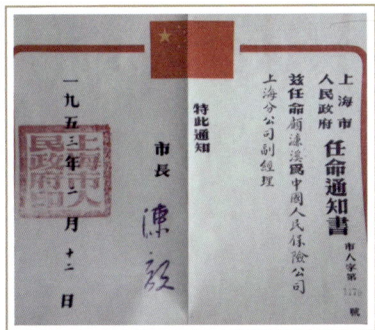

1952年年底，人保华东区公司奉命撤销，林震峰、施哲明、楼茂庆、朱元仁、刘凤珠、张蓬等10余人奉调北京总公司，其余人员全部到上海交通路保险干部训练班接受培训。

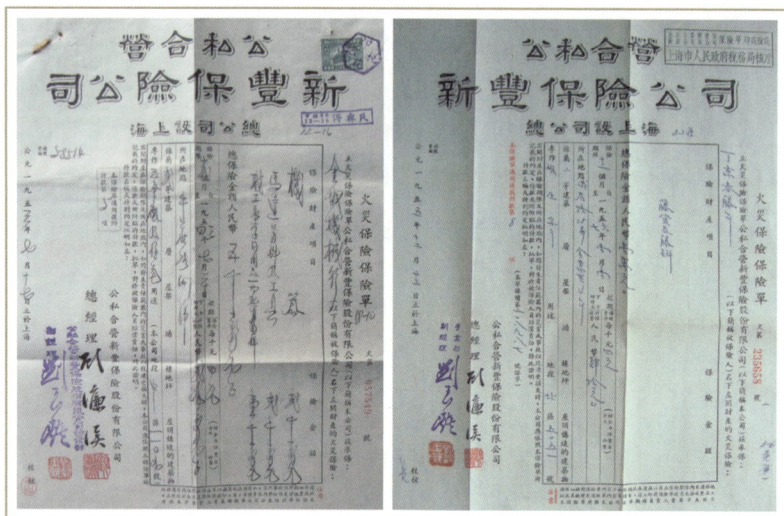

　　国家推行公私企业财产强制保险，指定人保公司为法定专项办理机构，致其他公司渐失市场，效益日渐式微。为研究解决"强制保险"新局面下出现的新问题，化解公私之间业务竞争的矛盾，公私之间加强了联络沟通。私营保险公司表示自己资金有限，力量分散，经营下去有困难，似乎只有走联合经营之路，把私营保险公司团结起来也符合人民保险的理念，于是，继太平保险公司之后，1951年12月1日，合并13家上海私营保险公司联合组成新丰保险公司正式挂牌（由新丰、大安、永宁、兴华、长城、华业、泰安、先施、永安、光华、兆丰、中国统一、大华组成）。资本总额60亿元（旧人民币），公股占55%，

追寻

▶保联先行者的足迹

私股占45%，陈巳生任董事长，孙玉甫为副董事长，顾濂溪出任总经理，周仰汶、李劲根为副总经理，经营各种非寿险业务。

接下来，全国私营工商业的社会主义改造逐步推进，为配合国策，按照国家"三大改造"总体要求，人保总公司适时提出《关于公私合营太平、新丰两公司合并方案》，新丰公开表示"参加公私合营"。1956年8月1日、2日，太平、新丰两公司在上海《解放日报》刊登联合启事，宣告合并，并将总公司迁至北京阜成门外天宁寺路。由于太平历史较长，品牌卓著，且在新加坡、马来西亚、印度尼西亚等海外设有分支机构，而新丰没有海外机构，合并后的新机构定名为公私合营太平保险公司。此举标志着保险全行业的公私合营终于实现，中国保险全行业社会主义改造全面完成。

一九五七年　顾濂溪全家合影

在此前的1954年2月，顾濂溪调任上海财政局企业财务处任处长，开始了后半生的财务干部生涯。

1958年，全国掀起"反右"运动，顾濂溪因思想保守，挖不出右派分子，再次被降为副处长。高尚成为高尚者的墓志铭，他总是在政治运动中善良地保护同志，使自己蒙受不白之冤。

1962年，上海市财政局成立中央企业财务处，顾濂溪任处长。1963年8月，顾濂溪任上海税务局直属企业稽征一处处长。1965年，中国拖拉机内燃机工业公司成立华东区公司，顾濂溪调任财务处处长。

1976年"文革"结束，58岁的顾濂溪获得彻底昭雪平反，重返财政局工作。

改革开放再出发，奋发向未来

临近退休的顾濂溪焕发了革命青春，在财经、保险、会计学许多领域显现出专家型领导的非凡才华。

顾濂溪发挥专长，笔耕不辍，在财经报刊发表文章。丰富的社会阅历与实际工作经验，以及较高的政治理论水平，让他站在了经济研究的最前沿，顺应时代潮流，勇于表达真知灼见，积极为各级政府职能部门提供决策咨询服务。今天看起来，他涉猎的研究领域比任职时还要广泛，他的许多观点很前卫，文章里闪烁着智慧的亮点。比如，早在1984年他就著文探讨我国发行股票的必要性与可行性，呼吁开启中国资本市场，为经济发展筹集资金。社会的发展印证了他的睿智，顾老曾表示，人要时刻走在时代的前列，千万不可落在时代后面，年纪老不等于不跟时代的步伐。

最具影响力的是他对改善市政建设的建言献策。20世纪80年代改革开放启航，上海城建显得十分窘迫。1980年10月3日《解放日报》头版刊发《十个第一和五个倒数第一说明了什么？》当时的上海，工业产值、出口创汇、人均生产总值等经济指标均居全国第一，担负着全国1/6的财政收入。但人均道路面积、人均绿化面积、人均居住面积皆为全国倒数第一，交通事故死亡率、污染排放皆为全国大城市最高。"上海向何处去？""钱从哪里来？"成了急迫的难题。地方财政捉襟见肘，而当时中央财政收入一年也不到300亿元，巨大的资金缺口靠中央拨款绝无可能，再节衣缩食勒紧裤腰带也没多少潜力可挖。唯有向改革要出路，切实解决制约经济发展的体制、机制瓶颈问题。

1985年5月，顾濂溪以七届市政协委员身份，为上海利用土地筹集建设资金算了一笔账："上海市面积实际上已超过140平方公里，扣除道路、公园、公用场地等约40平方公里，还剩下100平方公里，即1亿平方米，每平方米收取土地使用费10元，一年就是10亿元。"顾濂溪建议优先发展上海房地产业。他大胆提出"抗战前，上海外滩每亩土地最高价50万两白银"，解放以后，我们对土地国有化的理解是片面的，把土地看作没有价值，无偿使用是错误的。当时已有单位之间私下进行土地交易，如无地单位与有地单位"合作"建公房，双方按约定的比例分配，这实际上就体现了土地的价值。他还认为，使用土地必须考虑级差地租。不管单位还是个人，要根据其所在地段收取土地使用费。这样做有利于改变城市面貌，级差地租将会使市中心公寓大楼里的工厂和仓库自发迁往市郊。这些建言献策为政府采纳，由此开启了城市建设快车道，实现一年一个样，三年大变样。

他还关心金融教育，筹谋解决人才青黄不接问题，经常不辞辛劳为金融系统辅导班讲授保险、审计、财务课程，培养急需人才。

1980年8月，顾濂溪与潘序伦、马一行、顾树桢、胡远声、段力佩、黄朝治、陈敏之、陆修渊、张更生、顾福佑等财经界权威人士联名提出恢复立信会计专科学校的倡议，受到时任上海市市长汪道涵的重视，在其亲自过问下，10月获上海市人民政府批准，使中断办学20多年的金融名校喜获重生。

同年，上海成立投资信托公司（后更名为上海国际信托投资公司），顾濂溪出任副总经理（副局级），该公司成为国务院指定的全国对外融资"十大窗口"之一（未久，顾濂溪因与美商谈论原子能建设敏感话题，被人曲解诬告，遭降职）。

1981年元旦，上海公证会计师事务所宣告成立并正式开业。这是财政部试点成立的全国第一家会计师事务所。顾濂溪成为第一届董事会成员，事务所首任董事长是潘序伦，董事还包括顾树桢（上海市财政局局长）、娄尔行（会计学泰斗）、梅汝和（经济学家）等权威人士。

1981年，顾濂溪出任人民银行上海市分行金融研究所所长，主导上海金融理论研究，编审《上海金融》杂志，组织相关学术研讨会。

顾濂溪副会长
主持保险学术
交流会议

上海保险界理论研讨合影

前排右四顾濂溪

顾濂溪还兼任上海市保险学会副会长。1985年11月25日，中国保险学会与上海市保险学会在上海美琪大戏院隆重举行"中国民族保险业创办100周年纪念大会"，顾濂溪主持下午的学术交流会议。到第四届聘为上海市保险学会顾问。

1983年3月，他还借赴香港讲学访问机会，出色扮演了上海招商引资的宣传大使，产生了轰动效应。当时中国会计学会代表团杨纪琬（副会长兼秘书长）、顾树祯（副会长）、顾福佑（副秘书长）、顾濂溪（常务理事）一行四人，应世界八大会计师事务所之一"迪利奥蒂·哈斯金斯·赛尔斯"（简称：DHS）会计师事务所之邀，赴香港进行了一系列的讲学访问活动。据《上海会计》1983年第12期《中国会计学会代表团赴港讲学访问剪影》一文报道，这是一次引起了香港电视台与报刊广泛重视和瞩目的访问交流（香港《大公报》《文汇报》《华侨日报》《财经日报》《明报》《成报》《信报》和其他一些英文媒体纷纷报道）。

1987年交通银行在上海重新组建恢复营业，顾濂溪受聘成为咨询委员。

退休不褪色，展现最美夕阳红

濂溪之名，让人顿生敬畏—。闻名遐迩的"濂溪先生"同名不同。宋代理学鼻祖周敦颐，号"濂溪"，其《爱莲说》成就千古绝唱，全国多地濂溪书院人文蔚起，声名远播，薪火相传至今。

"人到无求品自高。"顾濂溪常说，我的生命是党和人民给予的，我的战友都先我而去，我能活到现在已很满足了，我要在我有生之年，尽我的微薄之力，为党，为祖国，为人民多做有意义的事，以告慰九泉之下的先烈们。不仅仅是口头这样表白，他用一生躬行了"濂溪先生"博学力行清正廉洁品质，凡溥益民生的事情都尽心尽力去做，不计个人得失，甘于清贫，力求践行"出淤泥而不染，濯清涟而不妖"之境界，也正由于这样的自律自强，让他成为知识分子老有所为的楷模。

1985年顾老离休。在职在岗时兢兢业业为党和人民发光发热，而在他颐养天年时依然发挥党员的先锋模范作用，发挥余热，退而不休，为促进经济社会健康发展贡献正能量。

他钟情于革命传统教育，关心中小学爱国主义教育，言传身教，把为国捐躯的革命先烈感人故事当作理想信仰教育的"活教材"，当作补好精神之钙的"营养剂"，向社区青少年进行"红色教育"，传承"红色基因"，培育"红色精神"。他应邀作为上海市金融业党史资料征集组成员及编委，参与了《上海银联十三年》的编写，他还撰写了《中央信托局的职工运动》的回忆文章，编入《上海四行二局职工运动史料》一书。

耄耋之年的顾老，热情附议方祖荫（上海"银联"地下党战友）的政协议案，积极响应并呼吁对街头广告牌与商品包装上的不规范拼音进行纠错：他认为不准确的汉语拼音是对母语的亵渎，不能熟视无睹，这样不规范的"拼音"不仅会影响青少年学生，而且对认真学中文的外国朋友也是一种误导。顾濂溪建议，除发动有关部门及广大市民注意拼音规范化，可以"让学过拼音的中小学生，组成'啄木鸟'队伍，主动挑错，让汉语拼音'纯净'起来"，确保上海成为名副其实的语言文字工作达标城市。

他关心祖国的福利互助事业，几十年如一日，热心参与慈善、社会公益和绿化建设。他与老伴相濡以沫大半个世纪，相守到老，不离不弃，共担风雨，成为家庭和睦、邻里友爱的楷模，携手积极参与社会公益献爱心活动，参加"万人捐，帮万家"和"全国助残日"事业，传播了正能量。顾老家庭条件并不宽裕，与老伴均患有心脑血管疾病，从不奢侈用药，居住老式里弄房子，省吃俭用，却长期资助着4个贫困学生。五个子女中，其中三个子女退休或下岗。

2000年，顾老在报纸上看到"上海开始推出面向市民的树木认养"消息，便高兴地对老伴章玲珠说："走，我们也去认养几棵树吧。"他用轮椅推着不便行走的老伴到电信局登记，捐400元认养曲阳路上的两棵广玉兰。他向媒体表示，美化环境是为民造福，这几年市政府投入大量资金绿化城市，但搞绿化不能光靠政府，还应发动群众来建绿护绿，每个市民都应有钱出钱，有力出力，齐心协力为上海天青水碧作出奉献。同年顾濂溪作出另一重大决定：签订捐献自己遗体的志愿书。两件事情，看似无关，却都诠释生命不息。2006年3月，已89岁的顾濂溪，又到曲阳公园签约，每年出资3000元认养公园两株250年树龄的银杏树。2009年1月，顾老走了，享年91岁。临终前的嘱托，是让老伴带领着儿孙十多人，为和平公园动物岛绿化建设捐资3000元，认养一棵老香樟。考虑到章玲珠一个人的养老金不多，绿化办曾希望免去老太太养树的费用，可老太太不答应，说了半天，勉强同意从每年3000元减至1500元。当看到《新闻晨报》倡议的晨报林认养，她又第一时间捐款。顾老留给家人的永恒遗产，是一本遗体捐献纪念证和一棵棵苗壮的绿树。

顾濂溪荣膺上海市十佳绿化志愿者称号，顾濂溪、章玲珠家庭当选"上海市五好文明家庭"。2004年，顾濂溪被评为全国人民银行系统离休老干部先进工作者，他的事迹通过中央电视台、《新民晚报》媒体报道，更在人们心目中传颂。

顾濂溪在改革开放时期发表的文章一览表

文章名称	合作对象	刊物名称及期数
当前能源形势和我国应采取的对策	—	《上海金融》1982年8期
财政银行分工的几个问题	—	《财贸经济》1982年8期
关于外贸出口亏损几个问题的意见	—	《财政研究》1982年9月
初探用什么指标反映国民经济的发展水平和速度	—	《上海会计》1983年3期
流动资金管理体制必须改革	—	《上海金融》1983年7期
探索利改税后资金付费的存废与设想	叶相治	《上海会计》1983年8期
我国发行股票的探讨	韩宏泰、黄鸿珊	《上海金融》1984年10期
初探加快运用外资、引进技术的步伐	—	《上海会计》1985年5期
保险公司要加强同火灾的斗争	—	《上海保险论文选(一)》(上海市保险学会编印)，1988年
注册会计师对审计工作应树立三个观点	夏高波	《上海会计》1991年10期
定期储蓄存款计算方法非改不可了	—	《上海金融》1992年第4期
对《试论合营企业应付工资帐户的性质和有关问题》一文的一点更正	—	《上海会计》1992年4期
注册会计师专业责任保险应尽速开办	—	《注册会计师通讯》1994年6月15日
应迅速开办注册会计师职业责任保险	—	《上海保险》1994年6月15
建立社会主义的市场经济是保险事业健康发展的前提	—	《上海保险》1995年1月15
注册会计师专业责任保险应尽速开办	—	《上海会计》1995年3月23
在宏观经济管理中也应运用 P.I.D 原则	—	《上海金融》2001年7月20

注：根据知网搜索整理，未能尽览全貌。

从保险练习生到红色外交官

"保联"火炬引领走上革命道路的徐天碧

徐天碧

1920年出生于上海,曾痴迷于新诗,做过文艺梦。1940年入北美洲保险公司当实习生,1941年转入四明保险公司任职。"保联"文娱活动骨干,编辑《保联会报》《保联剧讯》。1944年10月加入共产党,1948年10月撤往苏北,进华中党校第十四队所属的保险小组学习。上海解放后,跻身军管会"17人保险接收组",负责接管太平洋保险公司和交通保险公司。人保华东区公司成立后任人事科科长。1955年被国家选调进外交部履职。

徐天碧,曾用名徐德福,1920年出身于上海南市的贫寒家庭,一家人住在搭建的简易房里,似乎那张破旧的木床便是家里唯一的家具。家人都未上过学,父亲以贩菜为业,无论晴雨天,每天一大早,便挑一担新鲜蔬菜到大街小巷吆喝叫卖,生计辛苦,收入低微。母亲心地善良,勤俭持家,日子仍过得拮据。徐天碧有个姐姐,没进过学堂。后来母亲与姐姐寄居在城里亲戚家,实际是做帮佣。

诗人梦,为赋新诗真说愁

8岁时,靠房东太太的善心资助,徐天碧进私塾念了4年书。12岁时直接插班进小学，从二年级读起。环境造就人，徐天碧自觉出身寒微，被同学们看不起，他很少与同学来往，放学总是独自回家，性格非常内向。一人在家就是发奋读书，而学习成绩的拔尖，又令他自命不凡，常常喟叹怀才不遇，生不逢时，从小就养成了自卑敏感而又自负孤傲的复杂性格。

1936年徐天碧小学毕业，家里实在拿不出钱供他继续升中学，他只好提前步入社会，想为家里减轻经济负担。但一个涉世未深的小学毕业生，能有什么谋生本领呢？帮着父亲贩菜卖菜，放眼周边芸芸众生，都浑浑噩噩，为柴米油盐起早贪黑辛劳，生活看不到希望，经历了太多的贫穷与困苦，看多了恃强凌弱，弱肉强食，社会的黑暗与腐朽，使他颇感无助，把自己幽闭在个人狭小的圈子里，彷徨，天碧失学后，曾经一度沉迷于新诗，做过文艺青年的美梦，借住表兄家的一次偶然机会，徐天碧读到新月派诗人徐志摩的诗集《猛虎集》。徐志摩那"一刹那间灵感的触发"与"感情的跳跃"，幻化成那个时代许多"性灵"迷惘与无奈的挣扎，徐天碧被《猛虎集》中传达出的那种飘忽空灵的美所深深打动，产生强烈的共鸣。徐天碧躲在自己的小天地，把家庭的苦难、个人生活的困顿，倾注于笔端，化成诗，而且幻想拿自己写的诗到街头去卖，来解决衣食问题，这当然是幼稚可笑、不切实际的。

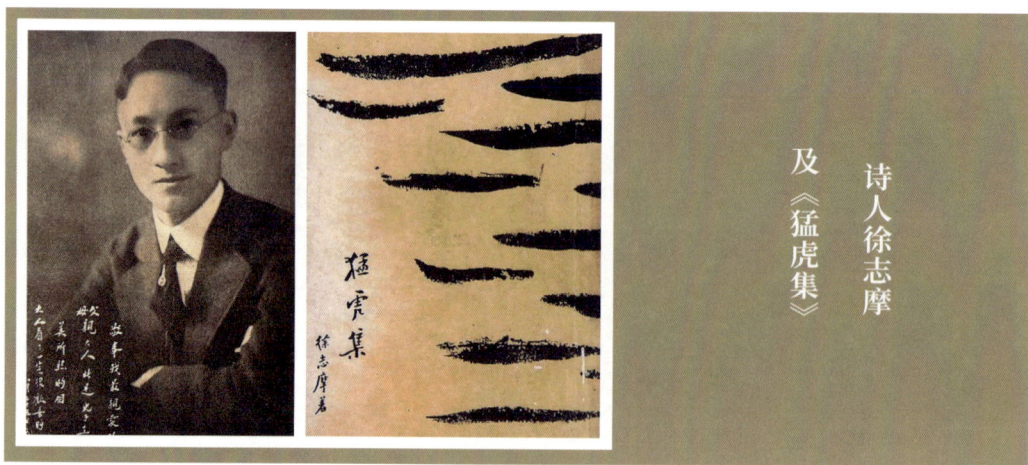

诗人徐志摩及《猛虎集》

他写的第一首诗是《云与愁，爱与恨》，在诗中将个人家庭的不幸、生活的不安定，归结于"变幻的风云"，十分荒唐，脱离现实的作品内容必然是贫瘠的，就像他的偶像徐志摩也一再声称"我知道，我全知道"，他也像作者在序文中说的那样，创作状态"简直到了枯窘的深处"，然而"久蛰的性灵"无意中又"摇活了"。他已经完全沉浸在心灵世界中无力自拔，因此他只有继续痛苦、消耗、枯窘下去，写一些"我要在枯秃的笔尖上袅出/一种残破的音调/为要抒写我的残破思潮"这类诗句，表达诗人那种无奈却又自赏的心情。淞沪抗战爆发后，逃难到租界的徐天碧，有次问表兄："什么叫朱毛？"表兄有点紧张，责怪他不要瞎说，最好远离政治。可见那时的徐天碧，对社会时事有多么无知。

北美洲保险公司保险单

1940年年初，经亲戚介绍，21岁的徐天碧进入北美洲保险公司当实习生。这是他的第一份体面工作，从最底层的勤杂干起，熟悉业务，后来做打字员。他后来回忆，每天的打字任务很吃重，十个手指上下翻飞，"变了几十个小浪头，'TI，TO，TI，TO'"，枯燥但有节奏，辛苦并乐观地"敲小浪头"。

北美洲保险公司是1792年创办于费城，按宾夕法尼亚州法律注册的美国公司。1919年来华营业，是组成在华美国保险公会的主要公司之一。1932年在上海设驻华分公司，公司设址九江路113号大陆银行大楼内，距外滩金融街近在咫尺。代理美商爱伦斯等多家保险公司业务，经营水险、火险、汽车险等。20世纪30年代中核定资本1500万美元，分150万股，每股10美元，实收1200万美元。业务拓展很快，渐次发展为拥有"北美洲""北美意外""爱伦斯"及"费城"等8家公司的集团公司。但好景不长，1941年因太平洋战争爆发被日寇勒令停业，美籍职员被关进集中营。徐天碧就此失去饭碗，心情极为沮丧。

美商"北美洲保险公司"搪瓷招牌及火标招牌

"保联"火炬，引领他峰回路转

　　1940年年初，经北美洲保险同事蔡同华的介绍，徐天碧走进了"保联"会所大门，看到许多适合自己志趣爱好的活动项目，便被深深吸引，等于找到了一个全新的精神家园，有了心灵的慰藉，不由自主去参加"保联"活动。他很快就结识了孙文敏，经其介绍，1941年徐天碧进入四明保险公司工作。

四明保险公司保险单与广告

四明保险公司是1933年4月创设于上海南京路470号的宁绍籍人士投资的保险公司，后来总公司移至北京路256号四明银行附楼内，时任总经理是锐意革新的金瑞麒。服务于四明保险，他的业务能力得以提升。

在"保联"里，徐天碧最钦佩已奔赴新四军前线的吴镇。虽未曾谋面，但心向往之，羡慕他的勇敢。在《保联》月刊上读到吴镇的诗歌，徐天碧也一度萌发了去苏北解放区，做有理想有抱负青年诗人的念头。

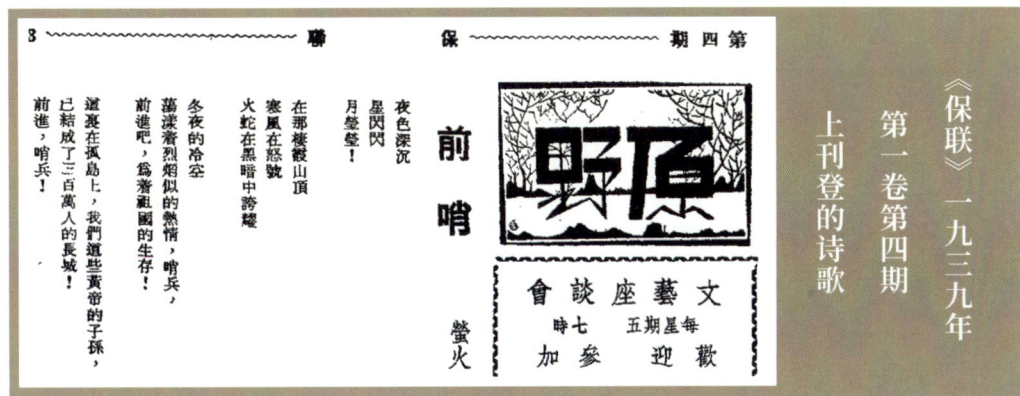

《保联》一九三九年第一卷第四期上刊登的诗歌

吴镇刊登在《保联》上的诗歌以及会务报道文章，徐天碧会反复揣摩，以至他在口琴演奏、话剧演出、体育竞赛中的传奇故事，都成了他暗暗模仿的方向；还有会友程振魁与孙文敏，他们的多才多艺，勇敢无畏，也在潜移默化地影响着他，激励着他，于是慢慢地他也成为"保联"文娱活动的行家里手，参加歌咏比赛、演唱弹词，参演话剧平剧，打乒乓球，给会刊写文章，几乎样样都大显身手。

娱乐亦有道。"保联"娱乐部部长是李言苓，副部长是施哲明、程振魁和刘文彪，其下再分歌咏组、国乐组、口琴组、舞蹈组及话剧组等，"提倡正当娱乐"，号召会员"娱乐不忘救国"，微言大义，进行同业"精神总动员"，逐渐成为舆论宣传导向，升华演变为全行业的自觉。

"保联"歌咏组以青年职员居多，由负责音乐指导的施哲明主持，初期教唱抗日救亡歌曲，如聂耳、冼星海、麦新等人创作的《义勇军进行曲》《救亡曲》《大刀进行曲》等，后作曲家陈歌辛每周来会指导练唱"世界名曲"，教苏联歌曲《祖国进行曲》《快乐的人们》及《船夫曲》等，大伙"放开喉咙发泄胸中的郁气"，慷慨激昂地高唱。正因为歌咏活动能唤起听众的共鸣，"保联"同人将其视为"消弭眼前一切恐惧而勇往直前"之"战斗的武器"以及"组织群众的工具"，是"集体力量的表示"，像《渡过这冷的冬天》，歌词营造了沉浸式体验，"渡过寒冷的冬天，春天就会到人间，不要为枯树失望，春花就会开放……"徐天碧完全陶醉在其中，"我们的歌声将唤醒了城市和乡村……我们要用音乐缀成的词句来燃烧起大家的热血，引导着大众向民族解放的路上前进"！

"保联"话剧组由程振魁负责筹建，曾先后单独或联合演出近40次。徐天碧外观形象较好，参演了其中的几部，觉得这些话剧同情穷人，鞭笞黑暗与邪恶，很对自己的胃口。

"保联"1938年7月成立，11月就创办《保联》月刊，主要刊登保险业务研究文章，比较枯燥，而附录的"保联"各项会务活动的即时报道消息，却非常受青年会员的欢迎。所以当《保联》更名为《保险月刊》，转为研究与交流保险业务的学术刊物，另行编印《保联会报》时，徐天碧就有了用武之地。

话剧组成员在会所楼顶平台合影
后排左1 徐天碧 左3 蒋德荣 中排左1
汪健征 左2 赵萍 前排郭素珍

话剧组成员在保联会所楼顶平台合影
后排左起 王亦洲 蒋德荣 李泽南 徐天碧
前坐者 陆瑛

《保联会报》创办之初，由林震峰、吴镇、张统桢、徐兰甫负责编辑。在上海沦陷时期，由赵帛负责编辑。抗战胜利后，转由徐天碧、洪汶负责编辑。始终由地下党员或积极分子负责编辑，基本按照党组织的指示及"保联"工作方针，依据形势发展来确定每期的选题和编辑要点。徐天碧力求使《保联会报》办出文艺范，借以培育起蓬勃的青年读者群体，构筑新闻宣传高地。

《保联会报》的刊头由保险界元老过福云手书，不定期出版，全面报道"保联"的联谊活动，并保留原《保联》之"原野"副刊，登载一些健康向上的诗歌、散文等文艺作品。特别是在每届征求会员运动前后，会集中出版几期，事前刊登征求委员会组成人员、各分队领导人名单，并报道各队之间开展竞赛的情况，以资宣传鼓动。到事后，则将征求结果，竞赛得分名次，征得经费金额，以及改选理监事当选名单，向会员公布。

《保联会报》还会刊登歌咏组演唱的歌词曲谱，话剧组演出的话剧梗概、人物简介，包括俄文班、漫画班的活动情况，副刊登载一些政治性很强的文艺作品，抨击时弊大胆尖锐，但后来就要含蓄、隐晦一些，不能以政治倾向外露的报纸面目出现，否则会遭封杀。抗战胜利后，物价飞涨，《保联会报》刊登一些解决职工实际困难的内容，如消费合作社、理发室、诊疗所等服务消息。为适应广大职员的阅读志趣，文章力求篇幅短小、文字浅显、文体通俗。还曾多次刊登灯谜竞猜，给猜中者发放小奖品，激发读者兴趣。徐天碧曾在一段时期独自承担集稿、编排、跑印刷所等事务。当时稿源困难，"保联"会务活动情况由各部门负责供稿，副刊文章由编辑去组稿，有缺口时由洪汶临时写几篇，用不同的笔名登出来。

《保联会报》在"保联"与广大职员之间架起了桥梁，增强了会员间的沟通，吸引大家更多地参与，"保联"赋予青年生活新的内容新的意义。

"保联"话剧组还出过一种铅印小报《保联剧讯》，也是由徐天碧主编的，他力求在当时条件下《保联剧讯》内容雅俗共赏，借助谈戏，演员交流参演感受，宣传进步思想，共编印了七八期，深受文艺青年的欢迎，后来因经费困难而停刊。

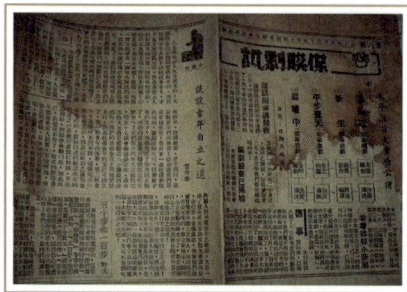

徐天碧还写过一个浪漫的话剧剧本，急于让话剧组演出。他那时还接触了上海一些木刻画家，但程振魁告诉他要小心他们是"托派"，这些在后来的回忆录中，都被徐天碧检讨为"小资产阶级情绪"。

党组织原来就在身边

徐天碧还兼任"保联"会务联络员，参与各项组织活动。"保联"许多骨干分子的言传身教，对他产生潜移默化的影响。如他在回忆录中表露：施哲明的勤奋好学，孙文敏的乐于助人，蔡同华的开朗大气，程振魁、周繁珂的热情向上，陈瑛大姐的潇洒风度等都给他留下深刻印象。他们与他以往生活圈里的小市民完全不一样，他们有着崇高的理想和追求。

徐天碧一直以为共产党组织非常神秘，高不可攀。慢慢地他发现平日接触的朋友后来不见了，如施哲明和赵帛，原来是奔赴苏北抗战前线了。他渐渐意识到"保联"绝不仅仅是娱乐开心，凑热闹的地方，而是怀揣理想干大事的场所。

程振魁无疑影响力最大——成为徐天碧走向革命道路的启蒙人，尽管比他大不了几岁，但他的成熟与坚定超乎常人。抗战中后期，"保联"公开活动被迫收缩，一些政治色彩浓郁的联谊项目取缔了。会友们改为私下聚会，有时偷偷观看苏联卫国电影，了解苏北根据地情况，秘密传阅《联共党史》与一些时政小册子。知道徐天碧喜欢新诗，程振魁还为他推荐了马雅可夫斯基、普希金的诗，还有高尔基的《母亲》和《海燕》，徐天碧寻觅到了来自苏联的精神食粮，未料自己从徐志摩出发，最后落脚在马雅可夫斯基，其间已经有了天壤之别。程振魁让他阅读《西行漫记》——当时的头号"禁书"。徐天碧被强烈吸引，原来世界上还有这样有意义的人生，这样令人神往的地方。他开始了解共产党，并将上海与延安的状况进行对比，使他加深了对现实的不满，这本书改变了他的人生。

徐天碧通读了毛泽东的《新民主主义论》，对新文化有了新的认识。尤其是《共产党宣言》里那句"无产阶级在这个革命中失去的只是锁链，他将获得的是整个世界"让他深为震撼。他不再是满脑子新文艺、诗歌，而是考虑社会变革、人类未来，思想趋于成熟起来。

心有光明，便不再彷徨。1944年9月，程振魁培养教育了徐天碧四年，终于约他到公园谈心。程振魁委婉地向徐天碧表示：自己有个朋友，征求对参加共产党的意见，我该怎么回答？徐天碧一听就明白了，他又惊又喜，想不到共产党就在自己身边，想不到自己的人生导师程振魁是共产党员！徐天碧当即表示：若是我，我也愿意加入共产党。回家以后，立马写了志愿书和自传，托程振魁转交。

10月10日，一位叫王林的人找上门，这人看起来年岁较大，穿着西装，骑着自行车。就在自己家里，徐天碧宣誓入党。后来徐天碧才知道，这位王林真名叫林震峰，只比自己大两岁。

徐天碧入党后，革命热情冲天，激情澎湃，甚至有些急于求成，不懂得斗争策略。他有两个要好的同事，平日接触颇多，所以自认为对他们进行了"教育"，已经水到渠成，就设想尽快发展他们入党。但当他公开谈这一话题时，同事很惊愕，他也险些暴露自己的身份。

1948年，罗北辰将"保联"更名为"上海市保险界同仁进修会"，独断专行，架空理事会，安插爪牙作专职干事，日夜驻会监视会员动向，安排亲信掌控出版和图书部门，停办《保险月刊》和《保险会报》。地下党被迫改变方式方法，寻机展开控制与反控制的斗争。徐天碧没有遵照党组织的布置，而是出于义愤，在一次有20多人参加的座谈会上，公开谴责罗北辰的某些做法，结果暴露了自己。罗北辰恫吓四明保险公司"一定要开除徐天碧"，于是，6月份他被迫调离上海去南京。

对自己的冲动与幼稚，情绪忽冷忽热，清高自大，认识主观等毛病，徐天碧有过反思，在回忆录《党引导我走上革命道路》中这样描述"我参加'保联'后，结识了一些后来才知道是共产党员的青年同志。特别由于程振魁同志的耐心帮助、教育，使我这个当时在政治上完全茫然无知、思想作风上有不少小资产阶级毛病、在人生道路上彷徨的青年，走上了革命道路""'保联'就是我的家，我每当一想起这段经历，总是对'保联'充满十分亲切的感情和感激"。

经过历练，徐天碧变得成熟稳定了，他发展一些培养对象列入组织考察名单，作为介绍人吸收王亦洲、朱元仁、刘凤珠等人入党，及时为党组织补充新鲜力量。

受命培训组建人民保险队伍

1948年10月，上海地下党接到指令：各系统选派两名党员到华中解放区，学习接管城市的政策，接受培训。

在苏北解放区，徐天碧与撤退到苏北根据地的沈润璋、唐凤喧、朱元仁、刘凤珠、徐慧英等人一同编入华中党校第十四队所属的保险小组学习。大家一起研讨《关于城市接收工作》《华东局关于接管江南城市的指示》等文件，交流思想，接受党的基础理论补习，在革命熔炉中经受新的考验。他们一边学习，一边随大军逐步南进。1949年4月徐天碧等人编入"青州纵队"，随着渡江部队和支前民工队伍，快步前行，一路上浩浩荡荡，他们高唱着新编的解放歌曲，兴奋异常。

在丹阳学习期间，谢寿天与先行抵达的孙文敏、施哲明共同商讨，筹组军管会保险组。他们反复学习有关方针政策和城市工作条例，拟订保险业接管方案，明确接管范围和对象。刘凤珠负责起草入城规定："一、遵守军管会及人民政府一切法令和各种规定；二、遵守城市政策，站稳阶级立场，发言谨慎；三、克服工作上的粗枝大叶，随时总结经验；四、无事不上街，外出必请假；五、不徇私舞弊。"徐天碧与刘凤珠、朱元仁、唐凤喧、汤铭志一同分配在保险组，筹划接管事宜。

上海解放后，徐天碧与戈志高奉命接管太平洋保险和交通产物保险公司。似乎一切都是新的，伴随着欢庆胜利的锣鼓和高亢的革命歌声，军管会保险组的同志们热火朝天地开展工作，废寝忘食地伏案清算账目，终于顺利完成了任务。在人保华东区公司成立后，谢寿天任总经理，徐天碧担任人事科科长。为加快对保险公司的接管改造，及华东区保险公司的顺利开张，徐天碧承担了许多基础性工作。

那是人民保险事业高歌猛进的时代，北京人保总公司创建伊始就面临人才短缺考验——专业干部极度匮乏。上海即使动员了前后多批中青年骨干及业务专家赴总公司充实力量，也是杯水车薪。1949年年底，随着人保全国分支机构铺开，业务拓展方兴未艾，急需大批懂保险的专业干部，总公司仍希望上海承担起人才输送驰援之重任。

上海乃旧中国保险业中心，支援全国义不容辞。先利用保险界原有保险技术人员应急，但人民保险事业需要新兴专业人才，留用旧时代人才，还必须补上新民主主义思想教育这一课，于是华东区公司组织招考，统筹延揽保险停业后的下岗员工，回炉重铸，通过十天半月的短期培训，使他们掌握新经济政策，懂得人民保险做法，每期培训结业后，首先满足总公司岗位需求，尽先挑选品学兼优者，还选派一些骨干去香港中国保险公司。另外，应人保东北分公司和西南分公司之需，动员业务骨干驰援，甚至派骨干远赴新疆等地筹建分公司，这批保险精英走向全国岗位，迅速缓解了人保初创家底薄、干才匮乏之困局。

到1950年华东区公司要在5省1市分设机构展业，轮到上海出现人才荒，许多地方反馈"只要有保险业务干部，就可开设保险公司，只要开了保险公司，就能发展业务，纷纷希望上海派保险业务熟练人员来"，看来单靠旧有从业者应急已不能从根本上解决人才匮乏困扰，更多的人才需求还得立足于通过专业培训自主培养，因此，考试招录有社会工作经历的知识青年，在上海集中实施保险职业培训，输送全国，成为华东区为全行业作贡献的一种常态需要。

"人民银行华东区分行储保训练班结业纪念徽章"及总公司证章

　　为了满足保险规模扩大后的人才旺盛需求，华东区公司把培训班当成解决干部荒的最好最快途径，筹办了多期保险业务训练班，后改称为华东储（蓄）保（险）干部训练班，由徐天碧、吴越（华东区公司人事科正副科长）二人兼任正副班主任（1955年徐天碧选调外交部任职后，由米秋阳接任），吴越主持常务工作。高中生成为新一轮招募对象，通过三个月的正规培训，每期400人，先后办了10多期，共计4000余人，培训之后他们迅速走上工作岗位。

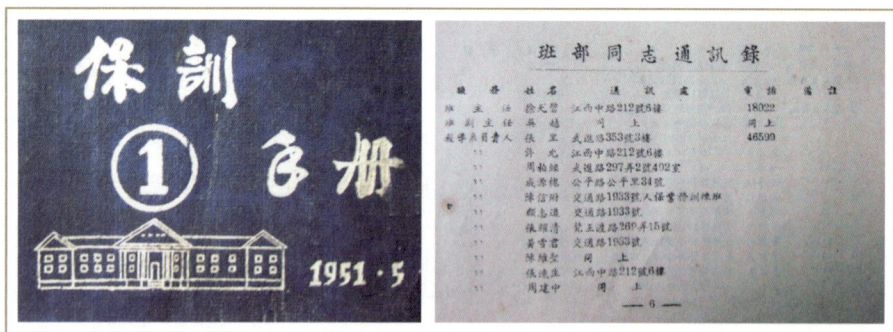

中国人民保险公司《保训手册》 1951年5月

与以往培训不同，不再是单一的专业技术学习，组织方突出了政治素养要求，增设了政治教育课程，如保险政策方针、社会发展简史、政治经济学、为人民服务、革命人生观及中国革命和中国共产党等。用新民主主义保险人才观培育人，武装人，致力于企业精神与经营理念的塑造。班部为此还订立了新的"爱国公约"，确保政治挂帅，把公司理念和文化植入学员头脑。

革命者的爱情，属于志同道合的相互欣赏，是互相扶持的相伴成长。在培训班，徐天碧的爱情就像从天而降一样。赵雪娣出身在上海工人家庭，根红苗正，曾在印刷厂当学徒工。1949年10月后，参加人保培训班后，被分配到人保华东区部门做人身险业务。那一年她18岁，徐天碧比赵雪娣大13岁，两人一见钟情，但开始赵雪娣老是害怕别人说自己与领导交往是另有所图，1951年两人组建革命家庭。几十年后，当有人问起已85岁的赵雪娣："徐天碧当年给您写过情诗吗？"老人羞涩地说："那时，他已经不写诗了。"

1955年，外交部在上海公开选聘综合素质过硬的外交官，徐天碧被国家选中，先赴北京进中国人民大学外交官培训班学习，后任外交部干部司处长。1956年，赵雪娣随迁来到北京，参加了外交部的文化补习，投身北京市人民教育事业，分配到北京14中学，做人事工作干部。徐天碧曾外派任驻老挝大使馆二秘。后由于健康原因回国，担任外交部干部司副司长、外交部纪检委办公室负责人。

1980年，徐天碧退休。他自愿参与"上海市保险业党史资料征集组"任委员，撰写《回忆<保联会报>》《党引导我走上革命道路》等文章。

2006年10月4日，徐天碧在北京因病逝世，享年86岁。一位人保系统最早的诗人，就这样悄无声息地离开了世界。

新中国"001号烈士"

记许身为国的职业革命家、大安保险 广东分公司经理石志昂

石志昂

1914年5月出生于上海，1931年进英商会德丰洋行做打字员，1935年入党，成为职业革命家。1936年受党组织派遣，协助沙千里组建"上海职业界救国会"，协助杨经才、杨延修、虞心炎、卢馥发起并筹组上海洋行华员联谊会（后组建为华联同乐会），担任党组书记。兼职《译报周刊》《职业生活》编辑，宣传革命。1942年任大安保险广东分公司经理。1946年1月以党的运营经费创建合众公司，任经理。利用往返沪港之间贸易开拓新领域，担任了中共香港地区工委副书记。新中国成立后，奋战在中国与世界贸易的最前沿，在"反禁运"第一线功勋卓著。1955年4月为万隆会议打前站，因"克什米尔公主号"飞机失事，为国捐躯。

石志昂，又名石景彦，祖籍浙江上虞区小越街道双堰村，1914年5月出生于上海，父亲是店员，母亲家庭妇女，含辛茹苦维持着家庭。但十分不幸，幼年丧父，家庭失去收入来源，石志昂小学毕业只读了一年初中就无奈辍学谋生，为弥补失学之憾，凭勤奋自学学会了英文打字。17岁进英商会德丰洋行做打字员，一边打工，一边在上海总商会图书馆自修英文与文学，身受高尔基、鲁迅作品魅力的感染，思想倾向革命，并结识了胡乔木（中国左翼文化界总同盟书记，新中国成立后任新华社社长，新闻出版署署长，中共中央宣传部副部长）、林淡秋（"左联"常务委员、组织部长，《西行漫记》的主要翻译者，

新中国成立后任《人民日报》副总编、浙江省文联主席）、胡万选等志同道合的共产党人，开始接受共产党的主张，积极探索救国救民的出路。

"九·一八"，点燃了上海职员的爱国热情

1933年，石志昂参加中国社会科学家联盟培训。这是信仰及思想觉悟的凤凰涅槃。该组织由中国左翼文化总同盟领导，组织社团、创办学校、举办讲座、出版书刊，旨在普及马列主义理论和社科知识，用科学理论培训骨干，通过社会变革促进中国进步。石志昂如饥似渴地阅读进步书籍，在丰富多彩的革命实践中受到马列主义思想洗礼，启迪了心灵，激发了斗志，确立了科学世界观，1935年在上海加入中国共产党，进入工人夜校当教员，传播火种，宣传革命真理。

时逢中华民族生死存亡关头，东北沦陷，华北危急，民不聊生，年轻的石志昂深深为天下兴亡而担忧。党领导"一二·九运动"向国人揭露了日寇吞并华北之阴谋，声讨了国民政府的妥协投降政策，中国共产党在瓦窑堡会议上确定"停止内战，一致抗日，建立最广泛抗日民族统一战线"的基本策略任务，这让石志昂找到了方向，致力于各界救国会的抗日救国活动。同胞们，"大家起来，担负起天下的兴亡！听吧，满耳是大众的嗟伤！看吧，一年年国土的沦丧！我们是要选择战？！还是降？！"上海成为民众反日运动的暴风眼，多数政治力量深受感召，协力掀起民族自救的巨浪。

1936年，党组织派他协助沙千里，将蚁社与上海各社会团体联合组建为"上海职业界救国会"（简称"职救"，1937年9月改组为上海职业界救亡协会），沙千里任理事长，石志昂担任理事兼组织部副部长，他以洋行职员身份作掩护，深入各家公司行号广泛联络，发动工商业者及职员投身救国救民，振奋精神，让职员们的爱国之心有处安放，将他们团结组织起来，找到归属感。

1936年11月，石志昂按党组织的分派，通过杨经才和杨延修，在洋行爱国华人员工中积极传播抗日救亡，激发报国之志，推动虞心炎、杨经才、卢馥发起并筹组上海洋行华员联谊会（简称"洋联"，后组建为华联同乐会），不几年，发展成为一个拥有万余会员的洋行职员进步社团。

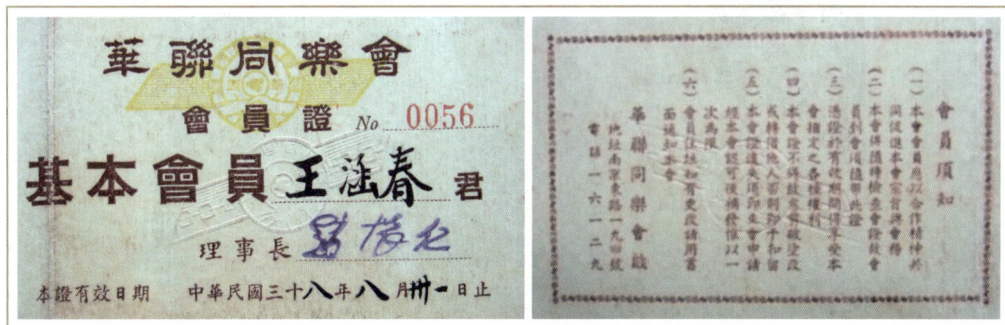

华联同乐会基本会员证

华联同乐会徽章

　　1937年"八·一三"淞沪抗战爆发后，石志昂担任上海职业界救亡协会的地下党委员，不久即任党组书记，统一领导上海职业界各群众团体开展战时服务各项救亡活动。当租界当局下令取缔一切团体、禁止一切抗日活动时，为显示人民大众的抗战决心，党组织自10月30日起联合组办"保卫大上海"宣传周，石志昂率领"洋联"100多个积极分子，分为30多个三人小组，在上海最繁华的先施公司、大新公司、老闸捕房一带，张贴"抗战必胜""坚持持久抗战"标语，带领群众高唱救亡歌曲。之后组建十人核心小组，作为筹备新社团的中坚力量，终于在1938年4月完成合法登记，将"洋联改"名为"华联同乐会"。石志昂与徐盼秋、张美祥担任了出版委员会的委员。

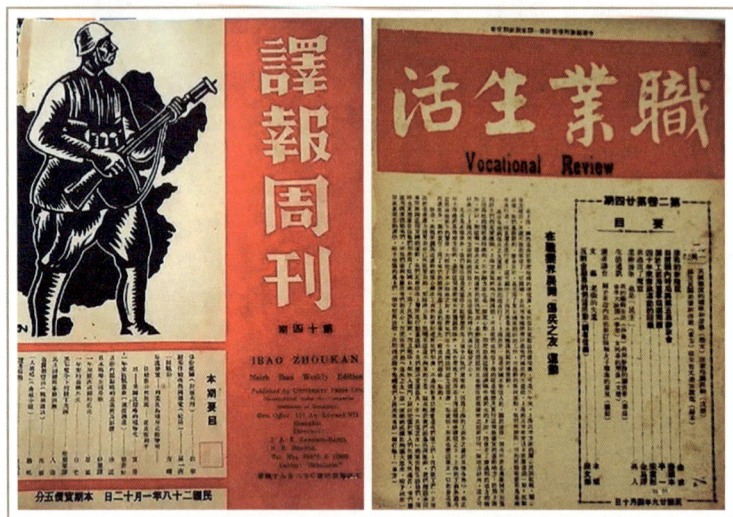

这一时期，石志昂还先后兼作《译报周刊》和《职业生活》的编辑。

《译报周刊》是《每日译报》副刊，是"孤岛"时期中共地下党借用外商名义在上海创办发行的刊物。编辑是梅益、王任叔、林淡秋、冯宾符等，开设《一周战局》《每周瞭望》《知识讲座》《社论》《生活漫谈》《书报介绍》等栏目，内容侧重向全国民众及时传递正面战场和敌后根据地坚持抗战的真实信息，宣传共产党的抗战路线和政策，揭露日、德、意法西斯的罪行，一时间，"洛阳纸贵"，在引导舆论、巩固抗日民族统一战线方面发挥了重要作用，在上海民众中产生了广泛影响。

《职业生活》原为《国际日报》增刊，自1卷8期起独立出版，是上海职业界救亡协会的机关周刊，编辑中有张承宗等党员。该刊物通过关注研究职员的生活状况和思想动态，唤醒抗争意识，把革命的种子撒向城市的各个角落。

隐身商界，为党筹集资金

1941年12月7日太平洋战争爆发，英商会德丰洋行被接管，石志昂失业。

上海形势日益恶化，日本特高课搜罗了抗日分子黑名单（大部分地下党领导人的名字都上榜）。日本特务和宪兵疯狂破坏地下党组织，逮捕抗日义士，禁止任何团体活动，不允许有3人以上的集会。党组织为保护和培训敌占区干部，决定江苏省委机关及各区委负责干部先后撤离到苏北根据地整训。

1942年9月，中共江苏省委在新四军军部附近泥沛湾的顾家圩子（今淮安市盱眙县黄花塘镇泥沛社区）筹办干部训练班，潜伏于上海的中共江苏省委及各系统地下党负责干部，除少数留下坚守外，大多撤到根据地参加整风学习。为协助这些干部安全撤退到根据地，江苏省委派遣张承宗负责干部审查，专门在淮南设立了义庄交通站作接待。石志昂化名石榴负责接待站的日常事务，担任秘密交通工作3个月。训练班按系统设4个支部：省委领导及机关人员一个支部，工人界一个支部，学生界和职员界各一个支部，共二百几十号人。培训内容主要是总结地下斗争经验，修习党的总路线和敌占区工作方针：中国革命以武装斗争为主，走农村包围城市，最后解放城市的道路；在敌占区坚持"隐蔽精干，长期埋伏，积蓄力量，以待时机"16字方针，为配合人民军队解放上海做准备。通过培训，干部们的思想认识有了很大提升，明确了目标，增强了夺取胜利的信心。

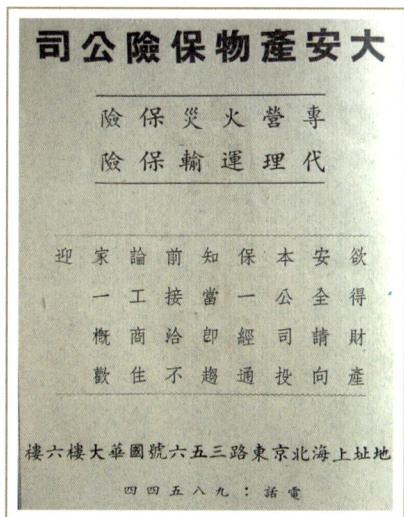

交通站接待任务完成后，石志昂返回上海，党组织考虑他在"职救会"时接触面广，党员身份可能早已暴露，遂通过郭雨东之斡旋，先应聘大安保险公司职缺，旋即派往广东展业，担任大安保险广东分公司经理，虽然只是客串保险业隐蔽下来，但他在不到三年的时间里还是开拓了粤地新市场，他以保险业务作身份掩护，在华南地区开展党的工作。抗战胜利前，石志昂奉调重返上海。

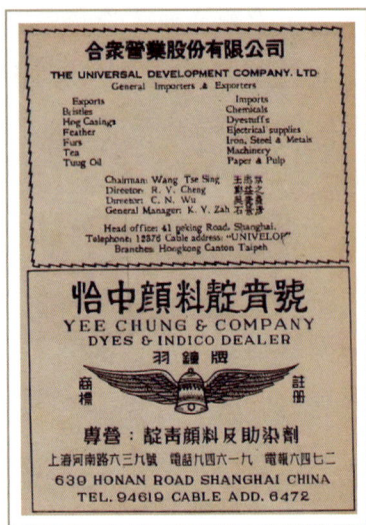

合众营业股份有限公司广告

1944年4月，石志昂还被"大上海分保集团"推为月报委员会委员。

经上海地下党负责人刘晓、刘长胜、刘少文审核挑选，选派石志昂与党内同志在上海北京东路以党的运营经费创建合众营业股份有限公司，党内由徐雪寒单线联系。为提升公司知名度并得到庇护，聘请上海银行业同业公会副主席、新华银行总经理王志莘挂名董事长。在外人眼里，石志昂俨然是手眼通天的商人。

1946年1月合众公司成立，石志昂化名石景彦出任经理，顾一凡任副经理。经营进出口业务，很有大公司气势。开业后遇到的问题还是资金短缺，上级党组织能提供的启动资金极其有限，必须寻找突破口，以小资本撬动大市场。石志昂经多方探询，了解到苏联制造的新闻纸价格低廉，市场很热销，有意在上海代理推销。遂与苏驻沪商务办事处洽谈，苏方表示如大批量订货，可预收小额订金，在一定周转期内付清余款。合众公司通过文化界进步人士与商务印书馆、三联书店及各家报社洽订了新闻纸张供销合同，确定了基本业务客户；同时利用各种途径手段，落实了接船、储仓、交货等环节，确保从接货到交货中各环节的运转畅通，以便快速回笼资金。当时上海纸张用量大，新闻纸又是抢手货，合众公司很快占领了市场，用小本钱做了大买卖，为公司的良性运营奠定了基础。

1946年秋，国民党在上海实行进出口贸易管制，对纸张等热门商品规定了配额。石志昂设法疏通关节，消除障碍，以正中书店、独立出版社（当时南京政府的喉舌）之名义，代合众公司进口苏联纸张，让国民党人员为共产党办事，突破了配额限制。从此公众公司的业务经营范围逐步扩大，涉及电器、化工原料、汽车配件、西药等，生意越做越大。1947年秋，公众公司又新开"合众西药行"，除批零经营外，同时秘密承担向苏北解放区输送药品的任务。

为了特殊工作的需要，石志昂与魔鬼打交道，外表很像大老板样，出入各种社交场合，觥筹交错，周旋于社会名流、国民党政要、"青红帮"上层，甚至党通局、保密局之间，灰皮红心，在错综复杂的商战环境中，为党赚取了大量资金。到1948年，受地下党掌控的经济实体：石志昂的合众公司、卢绪章的广大华行、谢寿天的东方贸易公司等，均发展成颇具知名度和影响力的上海经贸机构。

这期间，石志昂经常往返沪港之间以贸易名义完成党的秘密任务。在党内他还担任了中共香港地区工委副书，以老板身份作掩护，为党的事业作奉献。石志昂在上海期间租住定西路1190弄礼义新村4号1楼，自己家庭生活很节俭。据当年的邻居后来撰文回忆，石志昂仪表堂堂、气度不凡，很有派头，但似乎不是很有钱，因为他不够时尚——与邻居处得很好，经常需要向在洋行做事的邻居"借"西装领带之类，翻翻行头，去参加各种公关活动。根本不了解他其实"掌握党产大财"，经常身无分文却从无贪污挪用。

1948年秋，上海金融市场一片狼藉，"太子党"蒋经国挟令专程到上海打"老虎"，颁布《经济紧急处分令》，下令所有商业机构持有的黄金、美钞一律交政府兑换金圆券，围堵追查私人交易。形势严峻，上海地下党指示其掌控的几家商贸机构将所持有的黄金美钞统一交合众公司保存，伺机转移香港。为此，在香港从事银行业务的张锡荣被临时调至上海，协助石志昂筹划此事。国民党暗探对此似有所闻，某晚报登出题为《注意金融巨头石景彦之流》耸人听闻的报道。地下工作危机四伏，生死存乎一线，绝非一般人所能想象。

石志昂见情况危急，进出上海的车站码头搜查严密，便当机立断，于当天深夜将金条、美钞藏入轿车的肚底。第二天一早，带着家人，佯装去外地旅游，驱车走乡路直奔杭州，与先期到达的张锡荣、梁万程会合。在取道广州去香港时，广州车站检查严密，乘客逐人搜身。预先谋划，石志昂、张锡荣西装革履，后面紧跟挑着大皮箱的脚伕，俨然阔佬；梁万程身材瘦小，假扮跑单帮的小商人，将金条捆绑在身上，手提破藤篮，篮里放一只火油箱，箱上覆盖一层土特产，美钞就装在火油箱内，石、张二人外表奢华张扬惹人瞩目，过检查口被拦时，石、张故意拒绝开箱检查，神情慌乱，诱使稽查官起疑，吸引视线。而梁抓住时机，提着破藤篮，悄然从石、张背后溜出关卡。到广州后，石志昂又买通一名洗衣铺老板，由他托人将黄金、美钞走私带进香港（当时进入香港关口旅客每人限带美钞1000元以下）。就这样，石志昂在张锡荣、梁万程的密切配合下，冲破重重封锁，连闯三关，将上海地下党商贸机构历年来苦心经营积累的资金，安全转移到香港。党组织利用这笔资金创办了香港合众贸易公司（仍由石志昂任经理）、宝生银行（中银集团的前身之一）等机构，并为进步民主人士提供活动费用。对发展党的经贸事业和扩大爱国民主统一战线，迎接新中国的诞生，提供了经济资助。1949年6月，民安产物保险股权结构发生变动——总公司决定清理结束，费尽周折刚刚筹建起来的香港分公司马上关闭？沈日昌心有不甘，紧急擘画由内地赴港的金融界人士筹募资金，用了不到一个月时间，便将香港分公司改组为独立法人香港民安保险公司，注册资本100万港元，实收资本50万港元。首任董事长由广大华行分行经理梁次渔担任，石志昂（石景彦）出任总经理，沈日昌担任副经理，实际经营。将1949年10月1日定为香港民安保险有限公司正式成立的日子，打造成香港红色保险资本的摇篮。

委以重任，为开拓新中国外贸事业不懈奋斗

上海解放后，石志昂于1950年5月奉调回沪，出任中国进出口总公司华东区公司经理，从此奋战在中国与世界贸易的最前沿长达五年的时间。1951年4月奉调北京。其时国民党叫嚣反攻大陆，欧美国家企图将人民政权扼杀在摇篮里，尤其是抗美援朝战争爆发，欧美联合对中国全面封锁和禁运，美国操纵联合国非法通过对中国"禁运"案，美英日和西德等36个国家断绝同中国的贸易关系，企图以经济制裁逼中国屈服。面对外贸的严峻形势，党中央制定了"反封锁、反禁运"的斗争策略，其中一个重要举措，是积极拓展对西方国家的民间贸易往来，营造"以民促官"的态势，逐步瓦解"禁运"。

为此，外贸部委派石志昂先赴民主德国创设贸易机构，石志昂于1953年7月担任进出口总公司驻东柏林办事处总代表，代表处的工作人员有40余人，主要任务是：其一，以突破封锁禁运为中心，在恢复和发展中国对西欧贸易方面起前哨、窗口、桥梁作用；其二，以进出口重要战略物资为业务重点；其三，

与西欧各国工商界广泛接触，增进了解，开拓业务关系。

石志昂在"反禁运"第一线的重要岗位，夙夜在公，勤奋工作，充分施展其外文好、业务精通的特长，坚决执行国家的大政方针，"反禁运"工作卓有成效。代表处从1952年实际运作起到1956年关闭，先后与20多个西方国家的2000余家企业进行了接触，与300多家公司做成了生意。这些业务成绩，大部分是石志昂在任职时主持营建和夯实基础的。

其后，石志昂还兼任东欧商务代表团副团长，参加过莫斯科、日内瓦国际经济会议。其中1952年4月3日—12日，石志昂作为中国代表团商贸代表参加了在莫斯科召开的国际经济会议，会上与11个国家签订了贸易协议，并促成日本议员访问中国，签订了中日民间贸易协定，为中国和西方重开贸易以及48家集团的成立，发挥了巨大的作用。石志昂还通过商贸关系广交西欧工商界朋友，为不断拓宽东西方贸易创造了条件，促进了中国与世界发达国家间的贸易，1954年石志昂率领新中国第一个贸易代表团访问伦敦与布鲁塞尔。

1954年4月，中国政府代表团参加日内瓦会议。对外贸易部常务副部长雷任民任代表团首席顾问。会上，石志昂辅助雷任民有效地开展了一系列"反封锁、反禁运"活动，与比利时、意大利、荷兰工商界代表商谈贸易问题；商定了法国、瑞士、西德、挪威等国的商贸代表团访问中国，并在访华期间签订了民间贸易协定。特别是通过英国工商界领袖威尔逊的影响，雷任民与英国工业联合会海外理事坦南特爵士进行了会谈，确定应英方邀请，派中国贸易代表团访问英国。

日内瓦会议后，石志昂调任中国进出口总公司副经理。同年6月，由中国进出口总公司两位副经理石志昂与曹中枢率领新中国第一个贸易代表团访问英国，引起强烈反响。此次访问，通过与英国工商界广泛接触，阐明了中国的外贸政策，恢复了英国民间团体中断多年的对华贸易，对促进中英两国间的贸易产生了深远影响，动摇了美国操纵西方国家构筑的"禁运"壁垒。

中国代表团访英后，比利时、瑞典、法国等国陆续向中国发出访问邀请，西德的立场也开始动摇。7月，石志昂又率领中国贸易代表团访问了比利时，取得圆满成功，进一步推动了中国与西方国家的民间贸易。

"搞外交也会有牺牲"

不要低估一个国家在艰难岁月所做出的努力和付出的代价，在商贸外交战线也充斥着腥风血雨。

1955年年初，中国政府开始参加第一次亚非会议的筹备。中国政府期待利用会议的影响，大力发展同亚非国家的经贸关系，突破"禁运"，打开亚非缺口。为此，党中央安排对外贸易部部长叶季壮为中国政府代表团主要成员，外贸部选择时任对外贸易部三局副局长的石志昂为代表团工作人员，做会议的辅助准备工作。当时，石志昂患肺病刚刚痊愈，正处恢复期，但他欣然接受了这一使命，并以极大的热忱投入了前期的紧张工作。

新中国还没有直飞雅加达的航线，1955年4月初，代表团工作人员抵达香港，按原定计划，跟随中国政府代表团搭印度国际航空公司的"克什米尔公主号"包机飞印度尼西亚。其间，中方获悉国民党特务机构在香港预谋制造空难，意欲加害周恩来总理。当时周总理刚动完阑尾炎手术，尚未完全康复，临时改变行程的一个决定，让他与死神擦肩而过。周总理应邀去仰光与缅甸总理吴努、印度总理尼赫鲁和埃及总统纳赛尔会晤，取道仰光赴印度尼西亚，同时，正式通报港英当局，在"克什米尔公主号"空港停留期间，必须对其采取严密保卫措施，以确保代表团的安全。

4月11日，石志昂作为亚非会议中国代表团工作人员，肩负重任打前站。乘坐"克什米尔公主号"包机，自香港起飞前往雅加达转赴万隆。

图为石志昂 李肇基
李平 黄作梅等同志
香港登机之前

"克什米尔公主号"客机在飞越北婆罗洲沙捞越附近上空爆炸起火，机身坠入海中。同机遇难的有八位烈士：中国代表团工作人员石志昂、李肇基、钟步云，新华社记者沈建图、黄作梅、李平，中央人民广播电台记者杜宏和中央新闻电影制片厂摄影师郝凤格（同机还有三名外国记者朋友，即波兰斯塔列茨、奥地利严裴德和越南的王明芳同时遇难）。当石志昂遇难的消息传开后，从伦敦、柏林、安特卫普、香港、德里等地发来了外国朋友的唁电。

在失事的第二天，外交部专发"克什米尔公主号"飞机失事的严正声明：1955年4月10日上午9时30分，中国政府曾要求港英当局采取措施保障飞行安全，但阴谋依然得逞，英国负有严重责任。我方要求英国政府对参与这一阴谋的特务分子查办逮捕。声明还表示，"克什米尔公主号"空难是一起美蒋台湾特务机关导演的谋杀案。一时间，举世为之震惊，各国舆论哗然。

直至40多年之后，1995年台湾特务谷正文首次公开承认，这是一起由台湾特工头目谷正文主谋的刺杀事件，目标是周总理！他们估计周总理会乘这架飞机，便以60万港元的巨额赏金买通了香港飞机工程公司的清洁工周梓铭，令他将由美国中央情报局提供的高科技牙膏状炸药装入随身携带的洗漱盒，轻易通过机场安检，在"克什米尔公主号"临起飞前，将定时炸药塞进飞机的行李舱，随即逃往台湾。结果这枚定时炸弹在飞机起飞4小时后爆炸，造成机毁人亡的惨祸。

用"险恶"两字形容中国那时面临的形势绝不过分——国民党特务密谋在新中国搞破坏，美国及其盟友对中国实行敌对和孤立政策。美国不希望万隆会议开成一个反帝反殖民的大会，更不希望"共产党中国"在这个舞台上取得成功。

悲痛之余，周总理告诉代表团团员：敌人搞破坏，恰恰说明他们害怕我们召开亚非会议，但是这种破坏吓不倒我们，搞外交也会有牺牲。我们只有开好万隆会议，烈士的鲜血才不会白流。

周总理展现卓越的外交才华，通过会上发言和会下沟通的方式，表明"中国代表团是来求团结而不是来吵架的，我们是来求同而不是来立异的"，赢得了人心，尽自己所能把万隆会议推向成功。在周总理的努力下，4月24日，与会者一致通过了《关于促进世界和平与合作的宣言》，其中体现和发展了"求同存异" 理念和和平共处五项原则的基本内容，充分体现了亚非各国人民反对殖民主义、种族主义，争取和巩固民族独立，保卫世界和平，友好合作的"万隆精神"。万隆会议成为国际政治史上的一座丰碑。

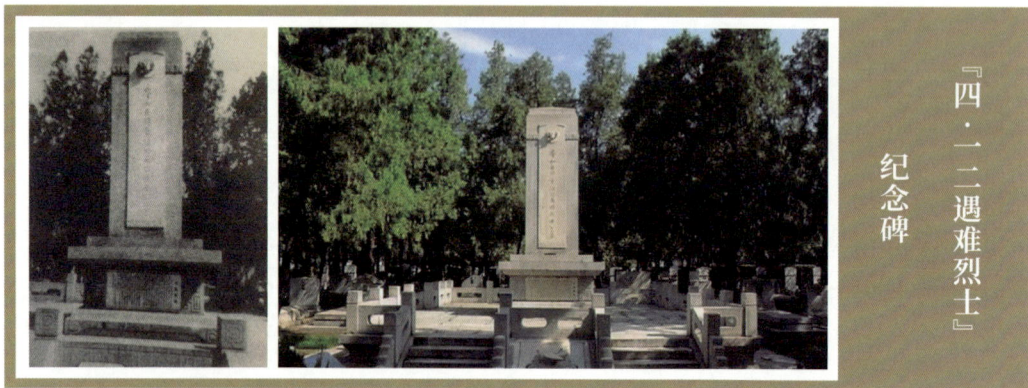

『四·一二遇难烈士』纪念碑

1955年4月16日，中共中央成立了以宋庆龄为首、彭真等36位部门负责人组成的"四·一二烈士追悼大会筹备委员会"，4月17日下午2时，首都5000名各界代表，在中山公园音乐堂举行追悼大会，党和国家领导人出席了追悼会，正在万隆的中国代表团，也专程发回唁电："和平事业绝不是卑劣的阴谋所能破坏的，为和平而牺牲的烈士们永垂不朽！"中央人民政府发给石志昂家人编号为001号的烈士证。

后续的调查陷入马拉松过程。因印度尼西亚海域气温高，找回的烈士遗体高度腐烂，无法辨认其具体身份，遂决定在北京西郊八宝山建一座公墓，合葬这11位遇难烈士。

1956年4月11日，是"四·一二烈士"遇难一周年忌日，在八宝山革命公墓举行了隆重的"四·一二遇难烈士"骨灰安葬和纪念碑揭幕仪式，党和国家领导人出席纪念大会和安葬仪式。

今天，在北京八宝山革命公墓，举目四顾，随处可见苍松翠柏。一座5米高的汉白玉纪念碑矗立其中，碑的上部镌刻周总理的亲笔题字"参加亚非会议的死难烈士公墓周恩来"16个字。下部还刻有《殉难经过》碑文，最后一句是"为和平、独立和自由的事业而光荣牺牲的烈士们永垂不朽！"背面刻着11名烈士（包括3位国际友人）的简历。

周恩来赠给石志昂的
妻子吕雪帷的手表

周恩来亲手将国际友人赠送给他的一块日本产"精工"牌镀金手表转赠给石志昂的妻子吕雪帷，以表达对石志昂的怀念以及对家属的慰问之情。手表由吕雪帷珍藏了40多年，病逝前将它转交给儿子石建都。1996年，石建都将这块手表捐赠给了上海龙华烈士纪念馆。2001年9月，经国家文物局专家组鉴定，确认为国家一级文物。

石志昂烈士铜像
揭幕仪式

家乡人民永远不会忘记自己的儿女！2022年3月29日上午，新中国001号烈士石志昂铜像揭幕仪式，在浙江上虞区小越街道双堰村举行。

从虔诚的基督徒
到坚定的民主战士

记中共特别党员、著名的民主领袖陈巳生

陈巳生

1892年6月出生于海宁，幼时由王国维蒙学，1908年到上海当学徒，1914年起受聘到上海基督教青年会任职，成为基督徒。1927年赴美国俄亥俄大学留学，1931年回国出任基督教青年会全国委员会助理总干事。1934年任上海平安轮船公司副经理。淞沪抗战后主持难民收容所事务，参加"复社"，协助出版《西行漫记》。1940年任宁绍人寿保险公司副总经理。1941年参与筹资创建大安保险公司，担任常董（上海解放后出任大安总经理），12月经中共江苏省委批准，纳为特别党员。1944年任"关勒铭金笔厂"总经理，为上海地下党构建新的安身堡垒。民进、民建两大民主党派的重要创始人。为抗美援朝，在全国首倡捐献飞机大炮。

似乎有点神奇：陈巳生与挚友胡咏骐循着同样的人生轨迹：虔诚的基督信徒，青年会总干事，美国留学海归，宁绍人寿的接棒人，爱国工商业者，秘密特别党员，坚定的民主战士。他不算长的一生，内心执着、色彩斑斓，留下了众多令人追忆的传奇故事。

名门望族里的革命者

陈巳生，字端师，1892年6月出身于海宁盐官镇大姓望族，祖辈曾开染

坊，亦官亦商。"海宁陈家"那是一个神奇的存在，金庸在《书剑恩仇录》中，演绎乾隆是海宁陈家洛（反清组织红花会总舵主）的亲兄弟，雍正用调包计和陈阁老换了儿女，那是民间传说，不足为信，但明清两朝陈家世代簪缨，出过31名进士、107名举人和442名秀才，其中位居宰辅者3人，官尚书、侍郎、巡抚、布政使者11人，有"一门三宰相，六部五尚书"之誉，科名之盛，天下无匹，却是事实。海宁虽是滨海小县，但人杰地灵，自古重教守训，崇文尚武。以近代为例，文有王国维，武有蒋百里，领新潮之先者有诗人徐志摩，小说家金庸等。

父亲陈汝康（1864—1898）24岁中举，在陈巳生2岁时做了京官，任清廷刑部候补主事，34岁成为进士，复经殿试，授翰林院庶吉士。1895年甲午战败，清政府被迫签订了丧权辱国的《马关条约》。父亲热血沸腾，参加了中国资产阶级改良派的第一次"公车上书"——康有为发起1300余名在京会试举人要求朝廷变法图存的政治运动，并加入了康有为、梁启超等数十人核心成员的维新派政治团体"强学会"，向国人呼吁认清深重的民族危机，以及实施维新变法的必要性。

蒙学恩师王国维

年幼的陈巳生对父亲的记忆很遥远。奔走于国事的父亲常年旅京，陈巳生与哥哥陈森生的开蒙教育基本由三叔父陈汝桢承担。叔父虽是一介教书匠，但对子侄们的学业则不敢有丝毫懈怠，设家塾聘请的先生便是陈家姻亲王国维（王国维的姐姐王蕴玉嫁给陈汝聪，安化郡王氏家族与海宁陈家三代联姻，亲上加亲，日后王国维成为国学大师）。1898年6月，父亲作为维新派重要成员，直接参与了光绪帝的"戊戌变法"。9月"百日维新"失败，西太后下令捕杀维新派，谭嗣同等六君子慷慨就义，陈汝康潜回海宁躲避，次年在悲愤之中肺病咯血病逝，年仅6岁的陈巳生横遭人生第一悲事——幼年失怙。大师的蒙学夯实了学养基础，但家道逐渐中落，癸卯学制颁行，陈森生、陈巳生进了本乡的公立学校。

1908年，因家境困窘，年仅16岁的陈巳生，无奈弃学谋生，由舅父介绍到上海同兴洋货号当学徒，三年满师后，改行到三叔父任职的上海商务印书馆印刷工厂学习铜板刻铸。在这里开始接受进步思想，参加工人活动。

『非以役人 乃役于人』
为会训的上海基督教青年会

中华基督教青年会证章

按赵朴初先生1953年8月6日在公祭陈巳生悼词中所述："（陈巳生）当学徒的时候，上基督教青年会夜校读英文。他读英文的动机原为了他职业上的需要，但渐渐地增加了社会知识，他认识到洋货行业不过是贩卖洋货，替外国人发财，是不对的。虽然那时他已经满了师，可以拿高薪待遇，但他决心放弃这个行业，经父执张元济先生的介绍，重新到商务印书馆印刷工厂当学徒，学铜版印铸工作。在工厂两年，他参加并组织各种工人业余活动。在这期间，他受了青年会的影响，正式受洗，成为基督教徒。"陈巳生深受陈门家训及"学习西方、维新图强"之社会进步思想影响，在印刷厂里参与组织各种工人业余活动。同时，又在上海基督教青年会学习商科。"青年会"是基督教的一个社会活动机构，这个"教会大学"学制四年，尝试在青年中进行德、智、体方面教育。在这里，陈巳生逐渐认同了基督教的一种社会主义学说——只要实行基督教的"博爱""互济"之教义，就能使劳苦大众摆脱人间苦难。于是，他发奋努力，很快就得到了"青年会"高层的赏识。

1914年，22岁的他受聘到上海基督教青年会任职，成为虔诚基督徒。起初做练习干事，因工作尽心尽责，能力非凡，一步步做到干事、主任干事。1922年，他奉命赴郑州基督教青年会任总干事，因会务活动，同驻豫的著名"基督将军"冯玉祥结缘相识，获得襄助。1922—1927年期间，陈巳生身兼上海和郑州两地职，往来奔波，与上海基督教青年会董事兼司库胡詠骐相识。1927年，经基督教青年会全国委员会总干事余日章推荐，比胡詠骐延迟了一年，保送到欧美游历和留学。1931年获美国俄亥俄大学毕业文凭回国，出任基督教青年会全国委员会助理总干事。这样的历练不仅全面提升了他的社会阅历和组织才干，还为其培养了广泛的人脉资源基础。这时三叔父陈汝桢已是苏州巨绅卢少堂所开上海华丰面粉厂的厂长，哥哥陈森生已当上了盐业银行襄理。

"自由上海"上层"开明"与"正直"的力量

1931年"九·一八"事变爆发，面对山河破碎的现状，陈巳生与胡詠骐忧国忧民，相同的经历，让他们成为莫逆之交，常在一起探讨挽救民族危亡的途径，逐步认识到，靠祈祷上帝是不能阻止日寇铁蹄的，决心走实业救国的道路。

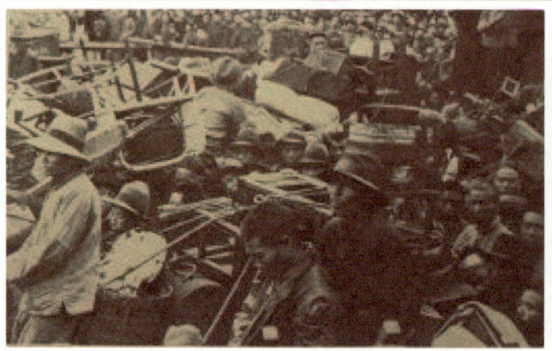

大批难民
拥挤在法租界
的大门外

1934年，陈巳生经族亲周吉斋介绍，到上海平安轮船公司任副经理，进入工商界，从此血脉里遗传的经商"基因"被唤醒。平安轮船公司创办于宣统二年（1910年），起初叫平安轮船局，后改名为平安轮船公司。先后购置平安、新宝华、平阳、宝华、康泰、平文等轮船，行驶长江、沿海航线。陈巳生入职时正值业务扩展时期，事业顺利。但1937年淞沪抗战爆发，平阳、新宝华、宝华3轮相继被日军掳掠、沉没。日本军方要求平安轮船公司悬挂日本国旗，才允许出航，陈巳生因不肯屈服，拂袖离去。

一九四八年
赵朴初与原净业教养
院长大成人的难童合影

1937年上海爆发淞沪抗战，烽火连月，上海人民饱受侵略者的蹂躏，当时大批难民涌入租界，流离失所。于是，陈森生、陈巳生、陈祖芬兄妹受赵朴初感召，积极组织社会救援，义无反顾参与净业教养院和少年村事业。陈巳生担任教养院董事，主持难民收容所事务，让夫人徐剑英到红万字会为难民服务，让胞妹陈祖芬（嫁入海宁硖石蒋家，丈夫蒋彤苏遭日机炸死）到赵朴初兴办的净业孤儿教养院工作，募捐寒衣。该院先后收容抚养流浪孤儿与烈士遗孤达3200余人，教书识字，教自立自强。不为人们所知的是，当时的难民救援工作直接为抗日前线作了贡献——上海国际第一、第二难民收容所，以及由赵朴初为代表的上海慈善团体联合救济会的50多个难民收容所，竟然成了中共地下党的特殊群众工作阵地。据《上海地下党支援华中抗日根据地》一书的统计数据，从1938年至1941年，中共地下党在难民收容所中发展秘密党员390余人，以动员收容所的青壮年难民返乡生产的"赴江西垦荒"之名义，三次秘密向皖南新四军军部输送青年骨干1200余名，向上海郊区、苏南、苏北、苏中等地输送2000多人，其中党员干部50多人。

为此陈巳生招惹日寇的仇恨，宪兵队传唤责问："为何要办难民收容所？"他理直气壮地回答："我是中国人，眼看自己的同胞无衣无食，面临饿死冻死，难道能无动于衷，任他们死去吗？"因他是上海宗教界、工商界有影响的名流，日寇有所忌惮，只好放他回家。

陈巳生与胡詠骐因参加"星一聚餐会"——每星期一晚上聚会而得名，这是"复社"活动的主要形式——就与"复社"出版《西行漫记》产生了直接关系，做了对国家功德无量的事。

"星一聚餐会"系由中共地下党主导的上海上层爱国人士之统战组织，初由沪江大学校长刘湛恩主持，刘被刺后，改由胡愈之主持，旨在研讨推进上海地区的救国运动。除胡陈二人，主要成员还有郑振铎、王任叔、韦悫、孙瑞璜、徐新六、丁贵堂、陈鹤琴、许广平、周建人、吴耀宗、沈体兰、林汉达、赵朴初、雷洁琼、严景耀、张宗麟、王芸生、萨空了等人。1937年年底，胡愈之与美国记者斯诺有了交往，阅读《红星照耀中国》英文版后，发现是难能可贵的纪实报道，再向上海中共临时办事处刘少文了解情况，得知斯诺确实去过延安，内容是可信的，觉得应该让更多国人读到这本书，知道红军长征和红色领袖。于是胡愈之在"星一聚餐会"提出翻译出版这本书，得到大家赞同，于是出钱出力，共襄盛举，确定了将翻译任务分给部分聚会参加者林淡秋、胡仲持、冯宾符、梅益等12个人。在刘少文和斯诺的支持下，全书一个月即翻译完成，第一版《西行漫记》1938年2月10日付印，3月1日以复社的名义发行。

复社接着还出版了《鲁迅全集》《续西行漫记》《海上述林》等书，尤其是《西行漫记》轰动了国内外，多次再版。在这些书籍的影响下，延安成为全球瞩目的焦点，大批有志青年奔赴根据地，投身革命。复社既无资本，又无铺面，也没有老板伙计，捐款也从不具名，实际成为地下党主导的左翼出版网。仰赖"孤岛"开明的知识分子以社团和聚会方式联系在一起，挹注资金，助推发行，为了共同的救国目标而奋斗，不断推动进步思想知识转化为出版物。

1939年秋，汪伪丁默村的特工队秘密筹划暗杀活动，迫害进步文人，大批抗日志士倒在血泊中。当局发现《西行漫记》后十分震惊，包打听四出侦探。他们大索复社，但始终不知其社址何在，后来搜查到巨籁达路174号，也找不到一本《西行漫记》，没有账册簿本，没有伙计、工人，连可作证据的纸片也

追寻
保联先行者的足迹

没有一张。复社创建的时候，像从海面上升起的太阳，光芒万丈，海涛跳拥，声势极盛；但在此时结束时，也立即烟消云散，声息俱绝。存书与纸版都得到妥善的处置，胡詠骐将印样纸版秘密隐藏在美华利钟表公司的原料仓库里。

以保险职业作最好的革命掩护

赵朴初这样描述陈巳生，"在这时期中，他开始了他一生中最有意义的工作，参加了救亡活动，参加了当时职业界的救亡组织，如保险业联谊会、益友会、上海华联同乐会等，从事救亡工作"。

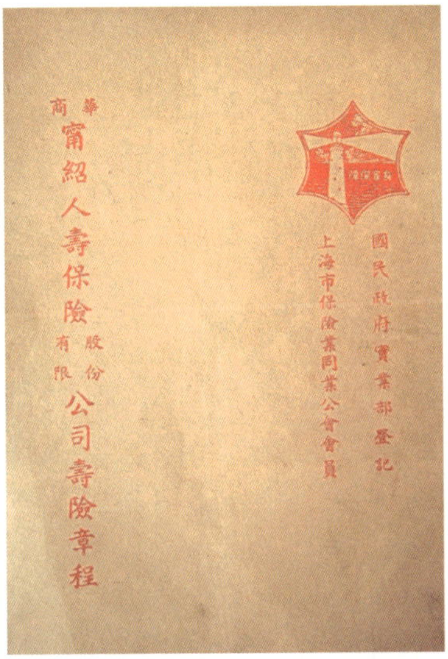

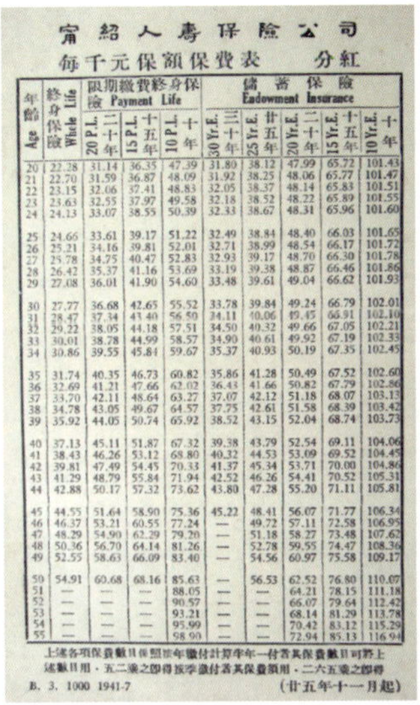

宁绍人寿保险公司 寿险章程及业务广告

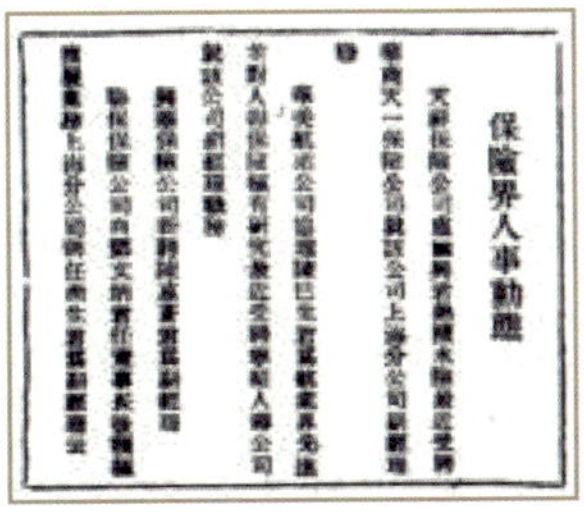

《保联》1940年第2卷第5期对陈巳生任职的报道

1940年，陈巳生应胡詠骐之请，到他筚路蓝缕创办的宁绍人寿保险公司任副总经理。不久，胡罹患癌症，子女尚幼，1940年11月5日，临终前托孤于他。一个人的社会贡献有多大，为人处世水平如何，从他的葬礼最能显现出来！怀着悲痛欲绝的心情由9家机构联合主办追悼会，上海保险业的头面人物几乎都参加了。在主持完"孤岛"时期最感人的葬礼后，陈巳生继任总经理，准备继承挚友的遗志，在保险业界大展宏图。宁绍保险公司职工大多有民主革命思想，便积极支持他们参与"保联"等爱国活动，为民族自强的努力不惜力。但时运不济，寿险公司之经营是以稳定的社会经济发展作为预期基础的，战乱一起，供需双方都漫无头绪，动荡的时局和恶性通货膨胀严重影响寿险业之运营，宁绍人寿业务渐趋停顿。陈巳生仅勉力经营管理三年，回天无力。到1943年起，宁绍人寿保险公司成为"空壳子"，核心人员纷纷跳槽。

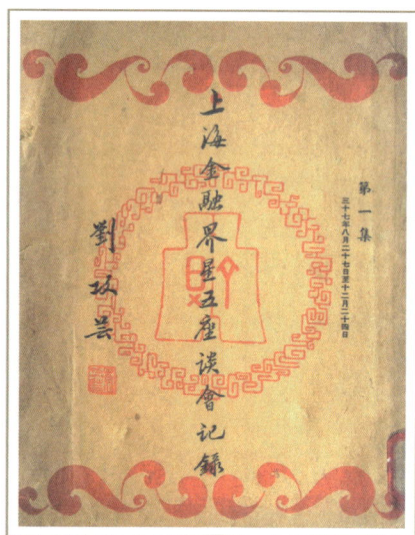

《上海金融界星五座谈会记录》

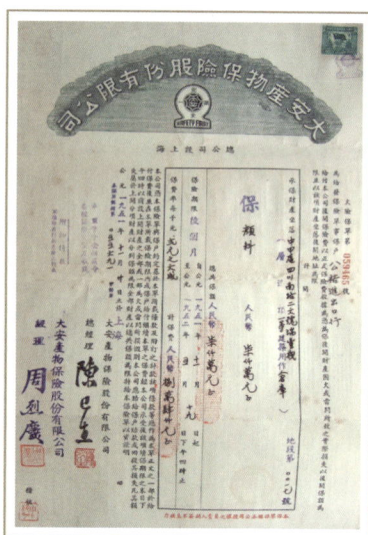

陈巳生出任大安保险总经理签发的保险单

中共江苏省委书记刘晓

谢寿天奉党的指示在金融界上层秘密做统战工作，对陈巳生的政治引领作用很大。自此，陈便频繁地参与进步社团活动，经常同郑振铎、许广平、王任叔、雷洁琼、赵朴初等进步爱国人士聚餐交流，加入工商界上层人士盛丕华、黄延芳、胡厥文、王性尧等组织的"星五聚餐会"，以聚餐为掩护，谈论国事。他还利用自己基督教的影响力，联络八仙桥青年会为群众活动提供会所帮助。

　　1940年，他还参加宪政促进运动，认真阅读毛泽东《论持久战》，通过参加社会活动和学习，他逐步认识到只有中国共产党对抗战形势作出了科学的研判，为挽救民族危亡指明了正确的方向。

　　1941年10月，陈巳生接受谢寿天的邀请，抓住日军进占租界，美、英、法资保险公司都被日寇接管，社会游资急于寻找出路的有利时机，作为7名发起人之一筹募股金，创建了第一家红色保险公司——大安保险公司，担任常董，上海解放后接替郭雨东出任大安总经理。

　　1941年12月7日，太平洋战争爆发，日寇进占租界，上海的形势更加严峻。

　　可陈巳生这时对抗战之前途及共产主义远景却看得更清楚了。第二天，他向谢寿天提出了入党申请，请他做介绍人，决心在中国共产党领导下，为民族解放和共产主义事业贡献自己的一切。由于陈是资本家身份，不符合基层党组织发展党员权限，谢寿天汇报给陆志仁，经请示中共江苏省委，党组织已对其进行长期了解，因此中共江苏省委很快批准申请，像当初胡詠骐一样，列为特别党员，不参加保险业支部，由时任省委书记刘晓联系，陈巳生与刘晓的患难情谊，可以追溯到抗战初期在宁绍人寿保险公司共事，刘晓是胡詠骐聘请的经纪人，20世纪50年代初，刘晓任上海市委书记兼华东军政委员会监察委员会主任时，陈巳生则任该会副主任。由此，陈巳生从一位基督教上层人士、工商界民主主义者，转变为一名共产主义先锋战士。

"关勒铭金笔厂"广告

1942年秋，陈巳生参加上海特别市保险业同业公会改组工作，当选为第一、二、三届理事会理事。1943年10月17日，陈巳生还当选上海保险业消费合作社第四届常务理事兼副社长，关心民生，拉近了"保联"与群众的距离。

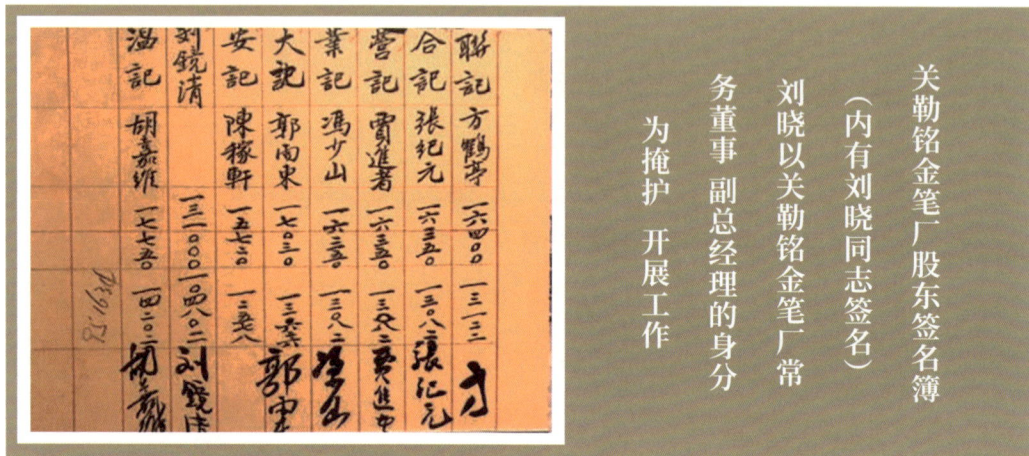

关勒铭金笔厂股东签名簿（内有刘晓同志签名）

刘晓以关勒铭金笔厂常务董事、副总经理的身分

为掩护 开展工作

1944年，陈巳生以大安保险公司名义并购控股"关勒铭金笔厂"，担任总经理（其兄陈淼生获得了多数股份，成为大股东），郭雨东出任监事。他们不仅把该厂的分红用于资助党的活动经费，而且凭借总经理身份，聘用刘晓（化名刘镜清）到关勒铭厂任常务董事、副总经理，安置江苏省委组织部部长王尧山作该厂职员。除此之外，从股东名簿看，入股作股东的中共地下党员，还有梅达君、陆修渊、张纪元、方鹤亭、贾进者等，为他们的党内活动提供社会职业的掩护，为上海地下党构建新的安身堡垒。陈巳生还投资宁安、新宁兴保险公司做董事。

作为工商界的成功人士，陈巳生入选《上海百业人才小史》，并赞誉陈巳生"对推销术学验俱丰云"。

"不在沉默中爆发，就在沉默中灭亡"

抗战胜利了，"保联"立即进行复兴会务工作。陈巳生与谢寿天、程恩树、董国清等人多方联系，及时调整了"保联"组织，并推选林绳佑为"保联"总干事，赵伟民为副总干事，迅速恢复各项会务。

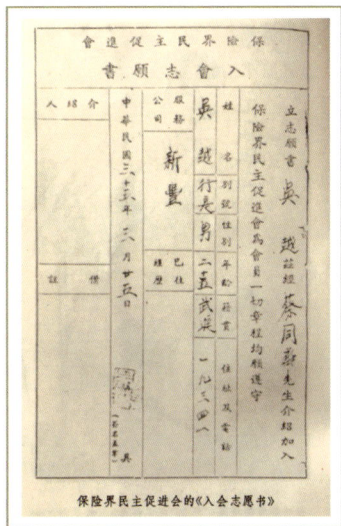

吴越经蔡同华介绍加入"保险界民主促进会"的志愿书

美国特使马歇尔来到中国，协调国共双方商谈停止内战事宜。为配合民主运动高潮的来临，陈巳生根据党的指示，发挥在基督教青年会的影响力，利用八仙桥青年会，座谈时局，聚拢了不少文化、教育、出版界精英，创办刊物，发表文章，共商国是。1946年3月，陈巳生发起组建"上海市保险界民主促进会"，在南京路劝工银行大楼举行成立大会，陈巳生与马叙伦莅会演讲，保险界填写志愿书办理入会手续的有120余人，"保联"骨干们几乎都报名参加了，由蔡同华、沈润璋、姚乃廉具体负责组建机构，明确表达"渴望和平，反对内战；要求民主，反对独裁；争取自由，反对迫害"的政治诉求，推动保险业职工积极投身为争取和平民主，为改善生活的各项活动。

1946年5月，在中共领导下，上海各界反内战、反饥饿、反迫害的人民斗争日益高涨。陈巳生参与发起组建"上海人民团体联合会"，并当选常务理事，有50多个人民团体参加，蔡同华与沈润璋作为保险界代表参加了5月5日的成立大会，发表了《反内战宣言》，号召人民团结起来阻止内战。

1946年6月，蒋介石撕毁停战协议，重启战端，进攻解放区。人民没能休养生息，又将卷入战争旋涡。上海各界人民团体纷纷抗议，决定推派11位代表赴南京请愿，向国、共及美国马歇尔三方代表呼吁和平。

姓　名	请愿团各界代表的身份背景
马叙伦	北洋政府及南京政府教育部次长、代理教育部部长、原北京大学教授
黄延芳	浙江兴业银行董事长, 四明医院董事长, 独资开设信平保险公司
盛丕华	上元企业公司董事, 开美科药厂董事长, 红棉酒家董事长
胡厥文	合作五金厂经理、中国民主建国会负责人
包达三	雷石化学公司董事长, 上海证券物品交易所常务理事
张絅伯	中兴实业公司董事, 明华商业储蓄银行总经理, 钱币收藏家
阎宝航	中国战略情报专家, 大明公司总经理, 秘密中共党员
雷洁琼	女, 东吴大学、沪江大学和震旦女子文理学院教授
吴耀宗	基督教青年会全国协会出版部主任
陈震中	圣约翰大学学生、上海学生团体联合会主席, 陈巳生的次子
陈立复	东吴大学学生自治会主席, 上海学生争取和平联合会代表

上海北站聚集的请愿群众

陈巳生的车队为反内战 反饥饿游行队伍开道

"上海人民和平请愿团"
赴南京请愿代表

右起 马叙伦 包达三 雷洁琼 阎宝航
张絅伯 盛丕华 胡子婴 黄延芳

6月23日，上海10万名各界群众集会，陈巳生安排安通运输公司汽车充当大会流动主席台，教育家陶行知、人民代表黄延芳、学生代表陈震中先后演讲，并为会后游行队伍提供开道车。安通运输公司开办于1945年，陈巳生出资一部分，任总经理，地下党出资一部分。集会游行的当天沿路散发的《告人民书》《告工友书》传单，也是由陈巳生参与投资，胡国城（胡詠骐长子）任总经理的中国文化投资公司印刷的。

当晚，上海人民和平请愿团到达南京下关车站时，遭到国民党特务包围殴打达5个小时，马叙伦、雷洁琼、阎宝航、陈震中4名代表，还有记者浦熙修、高集被殴重伤，财物被抢走，酿成了震惊中外的"下关惨案"。

7月5日，延安《解放日报》和重庆《新华日报》分别发表社论，让人民看清了国民党坚持独裁和内战的真面目。

陈巳生还按照党的决定，参加上海工商界的"双周聚餐会"，同陈叔通、盛丕华、包达三等人保持经常联系。同时，他还同一些地下党员和进步人士，创办了大安木材公司和安通运输公司，担任总经理，利用这两个公司支持上海人民的反内战、反独裁斗争。

1947年12月，大安保险公司与陈巳生洽商投资，彻底"并购改组"停业状况的宁绍人寿，陈巳生当选改组后的五人常务理事，大安初创时是借寓广东路51号大莱大楼二楼办公，这时已迁至北京路356号四楼，与宁绍人寿合署办公，主营水险、火险及其他财产损失保险业务。

罗北辰攫取"保联"领导权，陈巳生表面上与之敷衍，虚与委蛇，暗地里掩护受迫害的骨干分子。当大安保险公司襄理、地下党员蒋学杰紧急撤离上海后，为防范特务搜查，陈巳生立即秘嘱外甥女顾均穆（大安保险公司职员）帮助清理蒋学杰的小公桌，将其遗留的进步书刊清理出来秘密销毁。

助力民主党派的逆势创建

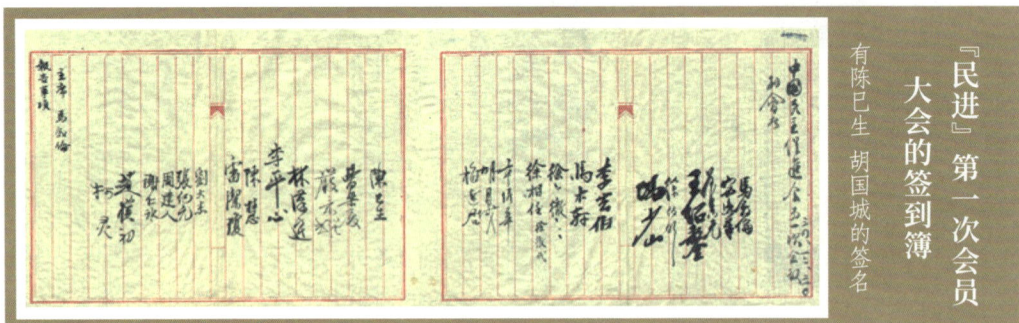

『民进』第一次会员大会的签到簿
有陈巳生、胡国城的签名

陈巳生还是民进、民建两大民主党派的重要创始人。

1945年12月马叙伦、王绍鏊、沙千里、许广平、郑振铎、雷洁琼等人发起成立中国民主促进会时，陈巳生即是实际召集人之一（马叙伦、陈巳生、王绍鏊3人为常务理事，未设主席，常务理事就是负责人）。

1945年12月，黄炎培、胡厥文、章乃器、杨卫玉等人在重庆发起成立中国民主建国会。大会，陈巳生与王绍鏊、盛丕华、王却尘、胡西园、张絅伯、包达三、徐永祚、沈子槎、杨卫玉等21人为上海分会筹备委员，当选为民建上海分会理事，不久被增补为民建总会常务监事。从此，陈巳生与民建结下不解之缘，直至他生命的最后。上海解放后，民建上海工作委员会成立，他被推选为常务委员，同时是组委会的主任委员。1949年12月，施复亮离沪赴京，陈巳生出任第三召集人（第一召集人为盛丕华，第二召集人为胡厥文）。1953年3月，民建上海市分会成立，陈巳生当选副主任委员。

1946年2月8日，民进理事会研究决定筹办人文科学补习学校，推定由陈巳生、赵朴初、严景耀3人负责，实际是培训民进组织骨干力量，邀请黄炎培、沙千里、金仲华等社会名流到校讲课。

三年解放战争期间，陈巳生在"白色恐怖"淫威下，多次以公开合法身份配合党组织，掩护了许多地下党员和民主人士，使落难同志脱离险境。国民党垮台前举起屠刀血腥镇压，上海地下党帮助民主党派领导人马叙伦、王绍鳌、徐伯昕、许广平等秘密由沪抵港，并在建国前夕北返北平，而陈巳生则继续领导民进、民建成员坚持斗争。陈巳生多次被保密局列入暗杀黑名单，由特务头子毛森策划。依恃着勇敢机智，得道多助，陈巳生一次次化险为夷。卑鄙阴险的敌人只能散布陈巳生身亡的谣言，来蛊惑民众。

上海解放前夕，一些工商界上层人士对共产党的政策半信半疑，瞻前顾后。陈巳生利用各种机会同他们接触、谈心，耐心宣传共产党保护民族工商业政策，稳定情绪，促使他们下决心留在上海。

战火燃近上海郊区，陈巳生在1949年5月13日晚，与民进留沪人员在愚园路1292弄65号秘密集会，研究迎接解放的准备工作。陈巳生在浦东大厦设立迎接解放军的联络处。

父子同为政协代表，观礼开国大典

开国大典前在北平召开的中国人民政治协商会议第一届全体会议，来自全国的代表中，有两对来自上海的父子代表，颇受人们的瞩目：陈巳生与陈震中，盛丕华与盛康年。

自古英雄出少年。陈巳生的次子陈震中早已是学生运动中的斗士，不到20岁已成为上海反蒋爱国学生运动领袖。11岁在上海中学读初中时，参加了学校声讨汪精卫卖国的斗争，后转入上海青年会中学高中部读书，思想进步，受到本校中共地下党组织的重点培养，成为积极分子。1943年，陈震中考入上海圣约翰大学医科（虽是教会学校，但地下党的力量比较强）。经过斗争的锻炼考验，陈震中于1945年2月加入了中国共产党（与钱其琛编在同一党支部），党组织让他转到学生较多的经济系学习，以便发动学生，因积极参加学运被校方开除。这年12月，党组织派他担任上海学生团体联合会主席，参与领导"上海大中学生欢迎马歇尔特使大会筹备会"请愿运动，表达"反对内战！""调停只许成功不许失败！""建立民主新中国！"

1946年1月，上海各界万余人在玉佛寺公祭被党通局特务杀害的昆明西南联大学生于再，宋庆龄、柳亚子、郑振铎组成公祭主席团，以学生为主体，由圣约翰大学总支负责筹备。公祭会上，陈震中代表圣约翰大学讲话，会后组织了抗战胜利后上海人民的首次政治诉求大游行。

6月，陈震中在震惊中外的"下关惨案"中身负重伤，家人万分焦急，继母徐剑英不顾危险，只身前往南京接其返沪，日夜守护。陈震中遭反动当局通缉，转郭雨东家隐蔽，伤愈后在胞弟、地下党员陈震海的掩护下，转赴香港，奉命筹建中国学联驻香港办事处，任对外联络部部长，代表中国学联参加在港各民主党派人民团体"双周座谈会"，向海内外广泛宣传中国爱国学生运动情况，1948年，陈震中北上到西柏坡参加中华学联十四大筹备，任筹委会主任，翌年就任全国学联副主席。

1949年4月，陈震中奉命随大军南下，参加上海接管，动员上海学生护校，维持秩序。6月，年仅23岁的陈震中接到通知，赴北平出席新政协筹备会第一次会议，在134位与会者中是最年轻的。

新政协筹备会第一次会议后，各民主党派、人民团体及区域单位，分头按照定额，酝酿推选代表。民建的代表名额有12人，当时陈巳生是民建、民进两大民主党派的中央领导成员。6月17日，由中共华东局统战部主持协商陈巳生作为民建代表出席，陈震中作为上海学生团体联合会主席代表。父子俩被推选后，未向家人及亲友透露，直到上海报纸刊出沪地出席新政协代表名单时大家才知道。

8月下旬，上海各界及在沪新政协代表同车北上，入住北京饭店。上海代表团团长是刘晓，陈震中被推为代表团联络员，负责各位代表间及与大会有关方面的沟通联络。有次刘晓让陈震中把一份党内文件送交陈巳生阅读。陈震中有点惊讶，只知道父亲是位思想进步、倾向革命的民主人士，但转而一想也觉得很正常，父亲真心诚意拥戴党的领导，积极宣传贯彻党的主张，党自然把他当作可以信赖的朋友，殊不知父亲是比他入党更早的党员，陈巳生的中共党员身份及秘密活动是始终严格保密的，家人丝毫不知情，直到1953年8月病逝后，上海党组织才告诉陈巳生的家人，对外始终未透露。

9月30日，中国人民政治协商会议第一届全体会议选举中央人民政府委员会。主席团指定60人分20组监票，陈震中为第14组监票人。

在选举第一届政协全国委员会时，只有180位政协委员。陈震中基于对党和人民的政治责任感和对父亲的由衷信任，同与会代表们一道，庄严地投票，把他选进了第一届政协全国委员会。

10月1日开国大典，陈巳生、陈震中父子及与会的政协代表们受邀登上天安门城楼，同党和国家领导人一道，观看了盛大的阅兵式和游行，见证了新中国的诞生。

新中国建立后，陈巳生任华东军政委员会委员、华东人民监察委员会副主任（主任刘晓），同时还在民主党派、人民团体、工商界、宗教界担任了许多重要职务，任抗美援朝运动华东分会副会长、第一次赴朝慰问团华东分团团长、基督教长老会救主堂董事长、基督教青年会董事长、基督教三自爱国运动委员会领导成员等。

为抗美援朝，首倡捐献飞机大炮

随着《跨过鸭绿江》《长津湖》的热播，作为立国之战的抗美援朝运动已为世人所熟悉，但有个历史细节并非人人皆知，即全民捐献飞机大炮是谁提出的？

陈巳生
在朝鲜前线
走在队伍前面者

1983年6月，陈沂撰文追忆赴朝慰问团往事时披露，是陈巳生在彭德怀为慰问团举行的宴会上提议的。陈巳生担任华东抗美援朝总会第二副主席，任中国人民第一届赴朝慰问团华东区暨上海慰问分团团长，副团长巴金。在朝慰问的两个多月，冒着敌机轰炸危险，日宿夜行，跋山涉水，深入前线慰问志愿军和朝鲜人民军，受到朝鲜金日成和志愿军司令部首长接见，经受难忘的战火洗礼，耳闻目睹人民子弟兵在战场上浴血杀敌情景，异常激动，也深深为我军不能打破美军空中优势而担忧，志愿军迫切需要飞机、大炮，所以在前沿阵地他即以上海工商界代表和民建会员的身份，向上海和全国各界人士发出捐献飞机大炮的倡议。

中国人民保险公司飞机、大炮捐献成绩

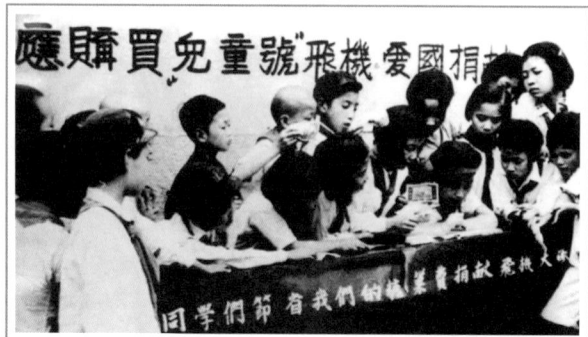

购买"儿童号"飞机爱国捐款活动现场

　　这一倡议得到全国人民的热烈响应和支持，成为中国人民抗美援朝总会发布"六一"号召的重要内容。各界群众闻风而动，1951年至1952年的整个中国都弥漫着浓浓的支援前线氛围，人民祝福子弟兵平安归来，祈祷战争早点结束，渴望举全国之力赶跑侵犯家门的列强！短短一年，截至1952年5月30日，全国各界一共捐款55650.37万元，购买3710架战斗机，仅爱国商人荣德生家族就捐了12架战机。中国人民保险公司总公司暨各分支机构员工共同捐献飞机架，定名为"人民保险号"。

　　战场的美军将领都感到不可思议：中国似乎一夜之间就变成了空军强国！"天下兴亡，匹夫有责""集中力量办大事"，中华民族的光荣传统又一次在千古长河中得到了深刻展现。

革命家庭的光荣传统

　　陈巳生炽热的爱国激情和进步思想，对家人及亲戚产生了深远的影响，在其言传身教下，他的两个外甥，与他们年龄相仿的两个叔叔及一个侄子，共5个人投笔从戎，从上海到皖南参加了新四军。

　　他的子女也先后走上了革命道路，用坚守诠释了忠诚。

陈巳生全家在
上海湖南路
住宅前合影

中排为陈巳生夫妇　前右一陈苏君
后排右二陈震中　右三陈震东

　　长子陈震东，遵父命考入黄埔军校13期战车队，浴血奋战在抗日前线的昆仑关大捷、滇西反攻作战、远征缅甸等战役中。后在国民党军撤离大陆之前脱离了国民党军，加入了粟裕将军的第三野战军。

　　次子陈震中，在新中国成立后，先后任共青团上海市委军体部长、华东区团委军体部副部长、上海市体委党委副书记、上海市科技情报研究所副所长等职。1985年离休。1985年荣获国家体委颁布的"新中国体育开拓者"勋章。

　　次女陈苏君，中共党员，毕生奋斗在中国外交战线，外交部官员。

　　三女陈苏卿，1954年从上海中学高中毕业考入复旦大学物理系。1957年毕业留校任教，任复旦大学理论物理教研室副教授、教授。其爱人倪光炯，复旦大学物理系教授、博导，复旦大学现代物理研究所副所长。合作出版《高等量子力学》等多种优秀教材著作和学术论文，曾获1992年全国高校优秀教材国家教委一等奖、1999年教育部科技进步二等奖、2002年全国普通高校优秀教材一等奖等。

三子陈震海，学生时代就积极参加抗日救亡和反蒋爱国学生运动，在斗争中接受考验加入了中国共产党。黄浦区南昌中学原副校长，离休干部。

四子陈震雷，上海黄浦区政协任职。四女陈苏民，人民教师。

陈巳生的外甥蒋祖同，1940年在上海中学读高中，经中共地下党组织新文字协会介绍投笔从戎，19岁时到江苏盐城投身于抗日洪流。在新四军第七师任兵工厂指导员，从此献身兵工战线，历任辽东军区兵工厂厂长、政委，沈阳兵工局副处长、东北办事处副主任、二机部办公厅副主任、对外联络司副司长、驻苏联订货总代表等。1959—1973年任430厂（即西安飞机厂，简称西飞）总工达14年之久（蒋祖同之子蒋艰现任上海飞机厂副总工程师、总工艺师，参与研制ARJ21客机，父子同为飞机厂总工在中国航空界传为美谈）。1973年蒋祖同任"708工程联络组"组长，即大型喷气客机"运10"项目研制总指挥。1988年蒋祖同任上海航空学会理事长。

1953年，陈巳生虽已年近六旬，仍努力地完成党和人民分配的各项任务，长时期的辛勤操劳，透支了健康，出现了腹泻便血，当年7月检查确诊为直肠癌晚期，8月3日去世，终年60周岁。在上海万国殡仪馆举行的追悼会上，华东区及上海党政领导，以及梅兰芳等各界名流前往吊唁。

陈巳生及家人为共和国的诞生出生入死的故事十分感人，知之愈多，敬仰之情愈深。

为"自白书"事件
改变人生的中共地下党员

记"保联"话剧团骨干陆瑛

陆 瑛

1922年12月出生于上海，1937年进美商"海宁洋行"当童工，成长为罢工运动积极分子。1940年11月，到"保联"会所参加文娱活动，成为话剧团骨干。1945年由著名红色特工卢志英接收入党，直属华中局联络处。1947年3月7日，因叛徒出卖被捕，有了七个月不堪回首的牢狱经历，"牢友"们经领导同意"自白"，交赎金，找铺保，得以出狱。但这一被捕"自白"，成为影响后半生的重大事件，直到1985年才彻底平反，恢复党籍，恢复干部身份。

陆瑛又名陆幸德，1922年12月出身在上海竹行街职员家庭，祖籍浙江吴兴双林镇，父亲陆菊人到上海做洋行职员，兼做"塘柴"生意。但时运不济，亏本失业成了常态，以致后来无法在上海立足，母亲带她与哥哥返回双林老宅生活。直到几年后父亲有了新职业，全家才搬回上海，住在天通庵附近的天宝坊。陆瑛九岁进多伦路上的教会学校"修德小学"上学，但安定没多久，日寇"一·二八"的炮火将天通庵一带夷为平地，摧毁了平静的生活，全家逃至英美租界难民营瑛15岁时进胡家木桥路上的美商"海宁洋行"（美商食品公司，益民食品一厂的前身）敲蛋间当童工，生产冷饮、糖果、蛋品等，每天工钱是4角到5角，厂规管理很严，中午不休息，劳动时间长，强度大，不准说话，动辄罚款。

海宁洋行
女工小伙伴

左起陆瑛 吴秀丽 汤翠娣

海宁洋行
冷饮品牌广告

贴心小姐妹在一起

后来海宁女工五人居然都加入了地下党
除陆瑛外都加入苏北新四军

前排左起吴秀丽 汤翠娣 赵倩

后排左起陆瑛 赵萍

海宁洋行有上千名工人，中共地下党活动能量很强，杨培娟、于文娟常常带工友厂休时出外参加工人救亡协会活动，在夜校读书，到静安寺附近的青年会听报告，义卖国旗，参加歌咏队，也会去"保联""银联"参加联谊活动。厂车经过外白渡桥时，乘车工友都要下车——向站岗的日本鬼子鞠躬，工友们为此罢工，迫使美方与日方交涉，厂车经过时工人不用下车，当然也就不鞠躬了。这在当时属于令人振奋的胜利，"孤岛"时不知有多少中国人因不向鬼子鞠躬而被杀害。为维护女工权益，改善福利，地下党员吴秀丽（工人俱乐部主任）、赵倩（救亡协会负责人）挑头做代表谈判，组织车间工友闹怠工，有两三次罢工，陆瑛对社会不公、阶级剥削深恶痛绝，是罢工骨干分子，站在厂门口，劝告工友不要上工、坚持斗争，罢工取得胜利。但罢工骨干后来遭厂方报复开除。1940年11月，赵倩、吴秀丽、汤翠娣决定秘赴苏北根据地，陆瑛不舍离开妈妈，便没有随同前往。临行前，陆瑛与闺蜜赵萍等去送行，赵倩把她们介绍给弟弟赵锦仁（赵帛），让弟弟带她们到"保联"会所继续参加活动。

"保联"园地里茁壮成长

一九四零年『保联』话剧团成员在保联会址楼顶平台合影

前排左五赵萍　左六郭素珍

左七陆瑛　左八周繁琍

"保联"女会员少，话剧团缺少女演员，陆瑛与赵萍等一去就参加了话剧团。话剧团约80个成员，负责人程振魁，导演洪汶、徐天碧，骨干分子周繁琍、孙文敏、吴越、王亦洲等，年纪20岁上下，多为各保险公司小职员，性格开朗活泼，爱国热情很高，陆瑛与女伴很快融入了这个群体，觉得话剧团就像温暖的大家庭。大家一起排演剧目，一起搭布景，一起搬道具，互相传阅进步书刊，夜里一起在街边的馄饨摊吃点心充饥。不久，他们前往胶州路慰问身陷租界战俘营的"八百壮士"，演出《放下你的鞭子》，反响热烈，剧终时台上台下"打倒日本帝国主义！"口号响成一片。到1939年，进步话剧演出在上海盛行，吹响了宣传救亡的号角。全市各职业界筹划话剧大会演，参演剧团虽多属业余性质，但革命热情高，由地下党员及积极分子组成，政治觉悟毋庸置疑。

陆瑛在《挂名夫妻》里饰小丫环，戏份不多，虽初次登台难免紧张，但导演洪汶对陆瑛特别照顾，考虑她社会阅历少，文化程度低，说戏特别仔细。同伴们都鼓励她要胆大，能放得开就能成为好演员。最后在卡尔登戏院演出，戏票卖到2元一张，销售还很不错，后来得知所得款项捐献给了新四军。

话剧组成员
在保联会址楼顶平台
后排左起 王亦洲 蒋德荣
李泽南 徐天碧
前坐者陆瑛

在"保联"图书室，陆瑛阅读了巴金的《激流》三部曲，使她更加痛恨这个吃人的社会，茅盾的《子夜》让她领略了资本家的无耻嘴脸，鲁迅的书虽看不懂，但她觉得言辞犀利，很解气。《西行漫记》给陆瑛打开了全新天地，使她更加向往革命。陆瑛还看了苏联小说《母亲》《铁流》《毁灭》……

"保联"的孙文敏是多才多艺的活动骨干（后期还是领导成员），对话剧团、歌咏组、平剧组的指导都很在行，还会拉胡琴，为人和善，乐于助人，脾气特好。他也是来陆瑛家里最多的朋友，不知不觉，陆瑛对他产生好感，连父母和哥哥也很喜欢他。一次哥哥生病，正好家里没人，孙文敏就不声不响陪了一夜。他年长四岁，像大哥哥对小妹妹一样呵护着陆瑛。陆瑛觉得他像党员，几次试探着向他提起入党话题，他都不接口，这让陆瑛很失望，觉得他瞧不起人。许多年后才知道错怪了他，因为1940年后的非常时期"保联"党组织规定不发展新党员。日本人占租界后，孙文敏加入大安保险公司，被公司派往天津拓展市场组建分行。陆瑛去送他，两人走出好远，都觉得依依不舍，最后孙文敏说："送君千里，终有一别，你回去吧！"后来两人一直通信，陆瑛寄去自觉最满意的照片，不料孙文敏来信说未收到，这场朦胧的初恋宣告无疾而终。

伙伴们参加联谊活动全是凭兴趣，没有进账，还要倒贴车钱饭钱。但大家心甘情愿，乐此不疲。1942年1月赵萍也到苏中根据地参加新四军了，陆瑛内心极想一起去，但就是缺少勇气。好不容易找到一家小糖果厂当包装工，未过多久厂就倒闭了。后又进了维多利亚糖厂，干了大半年，到淡季又失业了。陆瑛报名进成都路中华职业补习学校学中英文打字，断断续续半年。当时日本人管控极严，"保联"活动更隐蔽了，话剧团缩小了，排练内容也尽量不带政治色彩。

1943年春天，陆瑛考进日商日信洋行，开始做打字员，后来做接线员，耳濡目染，也学会了一般日语口语。高级职员均为日本人，从事进出口贸易，规定华人职员要读夜校学日语，但华员内心不情愿，前学后忘，很快忘光了。

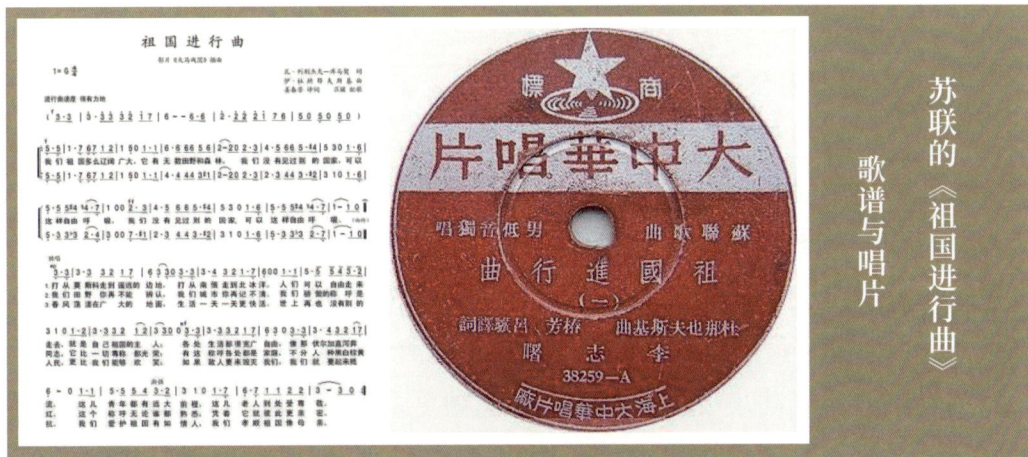

苏联的《祖国进行曲》歌谱与唱片

日信洋行在汉口路，距离"保联"会所不远，陆瑛常在下班后去阅读，话剧团开始排练了，陆瑛饰演过两个小角色。歌咏组则教唱苏联新歌——《大马戏团》主题曲《祖国进行曲》："我们祖国多么辽阔广大，它有无数田野和森林。我们没有见过别的国家，可以这样自由呼吸……我们骄傲地称呼是同志，它比一切尊称都光荣；人们可以自由走来走去，好像自己祖国的主人……"旋律一直萦绕在耳旁，非常具有感染力。

1944年除夕，"保联"组织了一次聚餐。伙伴们围坐一起，亲近得真像一家人。陆瑛兴高采烈当厨师，大家都夸她手艺好，不觉暗暗得意。尽管外面寒风凛冽，但心里却暖融融的。

在"保联"期间，陆瑛认识了施文美（施迪文）。人很热情的施文美，未过多久就带陆瑛去家里玩。她家住在黄陂路附近的小弄堂，父亲早逝，母亲在弄堂口摆小摊维持生活，哥哥施哲明是保联的骨干，当时在静养肺病，妹妹施月珍失业，挤在一间10平方米的前厢房里。施月珍与陆瑛同岁，活泼开朗，很快成了无话不谈的闺蜜。后来知道她1938年在浙江从事抗日宣传，并入了党，因在萧山被捕后断了党内关系。施月珍后来任职大安保险公司，也加入了"保联"，来往就更频繁了。

由著名红色特工接收入党

施月珍找到了党组织，曾多次试探着谈起共产党，陆瑛不假思索表示也想成为党员。这样有一天施月珍让陆瑛写自传，几天后的星期天，施带着几分神秘领陆瑛到襄阳公园去见党组织负责人老王——多年后才得知真名卢志英，是1925年入党的著名红色特工，1934年10月与莫雄一起向中央苏区秘送"铁桶围剿"绝密情报，使红军主力有机会在敌人铁桶合围之前成功突围，出手挽救8.6万名红军，这就是举世瞩目万里长征的开始。1932年卢任中共南京市委书记，苏北新四军抗联部队副司令员。1942年后任中共中央华中分局特派员、京沪杭情报网负责人，在上海以沪丰面包厂老板身份作掩护——。组织表示欢迎，鼓励陆瑛要加强学习，为党做更多工作，同时嘱咐入党之事要严格保密，对任何人都不能说，将她编入施月珍的党小组。后来施月珍告知陆瑛她们直属华中局联络处特派员工作处。

陆瑛的入党审核人——红色
特工卢志英

陆瑛就这样入了党，没有宣誓仪式。陆瑛接受的第一个任务是张贴传单，由施月珍写好，然后陆瑛与施家姐妹利用夜深人静出去贴，姐妹俩一边一个帮助望风，曾把传单贴到了亚尔培路2号日本特务机关附近，心里有一种胜利者的快乐。许多年后才知这不是上级布置的工作，是施月珍的自发行动。

日本宣布投降，抗战胜利了。这时施文美已赴解放区，党小组除了陆瑛与施月珍，还有吴秀珍——她与姐姐吴秀丽奔赴苏北解放区进抗大学习，嫁给了新四军首长。但吴秀珍在战场上腿受伤残疾了，行动不便返回上海，到芝罘路的周协记无线电行当店员，曾询问陆瑛有没有党的关系，老王当即表示为她恢复组织关系，这样吴秀珍也参加了党小组，陆瑛还介绍叶善宝入党，还有陈惠和、乔秀娟、姚永祥、赵海珍，先后编入了党小组。

日信洋行停业，陆瑛又一次失业了。党小组每隔一个星期开一次会，老王讲形势，交任务。开始是全力配合新四军接管上海，青年会里堆满了准备迎接新四军用的纸花和臂章，后来说因形势变化，新四军不进上海了，要求大家发动群众，扩大党的影响，反内战，反迫害。

1946年年初，陆瑛考入上海市轮渡公司，先做打字员，后当过一段总机接线。这时，孙文敏从大后方归来，他在外几年，先在天津后到南京筹建大安保险的分公司，后再转到重庆。久别重逢，自然是兴奋的，特别是陆瑛当时已入了党，觉得跟他又亲近了一层，敏感的是他变深沉了，话少了，似乎更忙碌，经常外出，陆瑛不知道此时的孙文敏已是"保联"党团领导成员了。陆瑛白天要上班，夜里参加"保联"活动，话剧团与歌咏组教唱反内战反迫害的歌《跌倒算什么》《茶馆小调》等，至今她还记忆犹新。

1946年3月，陆瑛与施月珍一起加入了"保险界民主促进会"，还参加了上海各界在玉佛寺公祭"一二·一惨案"死难烈士大会，声援昆明学生，宋庆龄写了挽联，许广平撰写挽诗，会后举行了示威游行。不久她们参加抗议特务杀害闻一多、李公朴示威活动，陆瑛女扮男装饰演了郭沫若《棠棣之花》中的弟弟，施月珍演姐姐。

一九四六年
上海妇女联谊会
组织妇女大游行

党对隐蔽战线党员提出的一项重要任务，就是扩大党的外围力量和组织。党小组的工作重点是跑腿串联，参与筹建妇联，陆瑛负责联络益友会，有时也到"华联"和"银联"去。

1946年"三八节"，经多方努力，上海妇女联谊会成立大会在八仙桥青年会成立。由蒋学杰主持，请来马纯古作报告，会后绕场游行，高呼要求民主的口号。第二天报纸发了消息，登了新闻照片，其中有一张是陆瑛昂着头张大嘴领喊口号，虽形象不算好看，但心里还有点小得意。陆瑛还在妇联内部参演过哑剧。

老王不在上海时，由助手张莲舫（原为新四军基层干部，后在上海以安达产物保险公司董事及中国联业保险公司董事身份作掩护，当时化名小李）来联络党小组，他较为年青英俊，能流利地说各种方言，平时经常改换打扮，有时穿长衫，有时穿西装，有时穿工人短打，看着挺像地下工作者。

追寻
保联先行者的足迹

1946年6月21日，上海职联组织大规模示威游行，欢送和平代表赴南京请愿。因施月珍生病无法参加，事先关照陆瑛到妇联蒋学杰那里拿妇联旗子，游行时撑起来。但陆瑛拿到旗后却找不到竹竿，挤在人群里，就挟着这面旗跟着游行了。后来张莲舫在党内会上很严肃地批评陆瑛，"你怎么这样幼稚，办事怎么这样慌张，准备工作为什么不做做好？这样一来，记者拍出照片来就少了一个组织，斗争中就少了一股力量，这就对党的事业造成了损失"。第一次当着全组同志受这样重的批评，她脸上有点挂不住，但想想还是满服帖的。

嘉兴

游览时的合影

右一陆瑛 右二孙文敏

右三施月珍 右七郭映艇

1946年秋，施月珍说星期天要到嘉兴看望救亡运动时的一位老朋友，问陆瑛是否同去。陆瑛除逃难外还没出过上海，当然愿去，孙文敏与"保联"的两人也一同去了。这次出游认识了郭映艇——妻子不久前病故了，留下幼女，他很伤心，常常独自流泪。陆瑛想这样重情的男人倒不多见，郭映艇陪大家游览南湖，很热情介绍名胜古迹。这次出游给陆瑛留下了美好的印象。想不到半年后，郭映艇考取了通商银行练习生，来到上海。陆瑛便跟他有了来往。

不堪回首的牢狱经历

1947年年初，国共和谈破裂，瘆人的杀气弥漫全国。3月6日，吴秀珍突报老王出事了，小李与施月珍都找不到了。她俩还是缺乏斗争经验，没有马上撤离上海躲起来，天真地认为特务不会在白天抓人，第二天照常上班，约定晚间乘船去苏北，未料上班时有人喊"陆小姐电话"，陆瑛一下楼就被架进了汽车。车到北京路电话公司门口特务又押上了吴宝琳——吴秀珍的哥哥（他不属于老王联系的）。陆瑛一下想起有次在吴秀珍家开党小组会，她哥与妹都在场，小李问秀珍："你哥是党员吗？"秀珍说："是的。"李又问："你妹妹呢？"秀珍说："她还小呢，不是党员。"陆瑛马上意识到可能是被小李（即张莲舫）出卖了。

警车开进了亚尔培路2号。当夜特务苏麟阁开始"甄审"，陆瑛一口咬定"不是党员"。又问参加妇联吗？陆瑛说参加的，那是公开团体，承认了也没关系。又问为什么要参加妇联，在妇联担任什么工作，妇联的负责人是谁，妇联有多少人等，陆瑛说喜欢演戏，喜欢人多去凑热闹，别的什么都不知道。绕来绕去时间长了，就换了个不知姓名的胖特务来通宵审问。

胖特务问妇联负责人的名字，并说只要说出来就可以回家。陆瑛说的确不知道，怎么可以乱说。他一再逼迫，陆瑛知道有蒋学杰、王梓南、张衡玉等不能说，只说知道一个许广平，这是报上登过的。特务恼羞成怒，劈手一巴掌，打得陆瑛眼冒金星，眼泪不觉流了下来。他又问施月珍认识吗？陆瑛点点头。他又问陈惠和认识吗？陆瑛说认识的。他又追问怎么认识的，陆瑛说读日语夜校时是同学。他紧接着问："卢志英认识吗？"陆瑛说不认识。他冷笑一声说："他3月2日就进来了。"他指着桌上一大堆写在拍纸簿上的文件，说这全是在陈惠和家拿来的，陆瑛一看，确是自己写的一些汇报。他还说："你看看，你的名字在上面呢。"陆瑛没答腔，第一次审讯就结束了。

陆瑛被押进女牢——没窗户的汽车间，充满异味，十平方米左右水泥地上铺着薄薄一层稻草，见到了陈惠和、乔秀娟、赵海珍和吴秀珍，还有不认识的沪江大学学生杨莹和教员张莲华。大家并排躺下挤得连翻身余地也没有。从家里被捕的人带来了被子，陆瑛就凑合着挤了进去。想到家，想到了父母，此刻妈妈还在给留门呢，自己却在这里受折磨，想着想着眼泪又流了下来，不知过了多久，陆瑛朦朦胧胧睡去。忽然被人推醒，杨莹等人在唱《国际歌》，这歌以前唱时，从未体会到它如此悲壮，小小的牢房被歌声震荡了。看守"咚咚"地敲门，喝令别唱，狱友不睬，越唱越起劲。后来每天早晨唱《国际歌》成了

追寻
保联先行者的足迹

惯例，一直唱到苏州，唱到释放。看守大声吆喝着："吃早饭，吃早饭！"扔进一只肮脏的饭篮，里面是脏兮兮的，混着老鼠屎的饭和几条烂萝卜干，一点胃口也没有，不想吃。在上海被关了7天，陈惠和被叫去审了2次，乔秀娟与张莲华各被审过1次，陆瑛和其他人都没再过堂。

3月12日，同案被抓的人押上囚车，到真如上火车时，才发现被张莲舫出卖的大约有20多人，男的都戴着手铐，陆瑛只认识姚永祥和吴宝琳，后来在苏州牢里认识张建功、王承洪、吴善金、卢克绪、庄枫。陆瑛这才知道老王真名卢志英，才知道陈惠和是卢志英的交通员。20多人被押进了苏州一处阴森森的大宅院，男女分住在东西厢房的二楼，卢志英单独关在楼梯口一间小房间里，当中有个厅堂定时放风。

女牢约20平方米大小，有一排朝南的玻璃窗，靠墙的地板上铺着一层稻草。到达时天已晚，大家忙着在稻草上铺被子。特务发了蒋介石《中国的命运》，勒令好好读，试图奴化教育，大家谁高兴看，随便扔一边去了。

张莲华被叫出去受审，没多久就回来了，说有人在想办法保她出去。没几天真就放出去了，她出狱后在《文汇报》上发表文章，控诉民权无保障，特务乱抓人。特务又开始审问了，陈惠和第一个受讯，回来后埋头写东西。审陆瑛的还是苏麟阁，这次他劈头就问什么时候入的党。陆瑛说我不是共产党员，他冷笑说："你还不承认，卢志英早把你们都写上了。"说着扬起手里的一叠纸，上面写满了毛笔字，定睛一看，只看清末尾"卢志英"三个毛笔字，一下子心里方寸大乱。特务盯着她的表情步步进逼，后来陆瑛承认是共产党员，被勒令写自白书。

陆瑛回来跟吴秀珍商量，她说有人问过卢志英了。卢志英凑机会对姚永祥说："你们都很年轻，写了自白书争取出去，让吴善金带你们到解放区去。但不能出卖组织和同志。"姚把这话告诉了乔秀娟，乔又悄悄讲给狱友听，卢表态在"白色恐怖"下，组织上是同意履行"出狱手续"的，"自白"不算变节，所以陈惠和写了，陆瑛与吴秀珍一起商量着写，大意是上了当，现在脱离共产党。同牢房的人都写了。但只"悔过"并没有出卖同志，大家所知道的党员及组织情况都没写上去。未料到，这一监狱自救措施竟为后半生埋下了祸端。

1945年，张育民、卢志英
与儿子卢大荣

特务想出了更恶毒的招，把卢志英的妻子张育民和两个孩子也抓进来，试图以此威逼。儿子小蓉11岁，内侄张军战14岁。张育民当时已经50多岁，完全是老太婆样了，小脚，穿着一件肮脏的男式长衫，讲陕西话。包丽琳是卢志英之堂弟卢克绪的爱人，开了一家面包店作掩护，当时已怀孕，后在狱中生产，特务不肯送医院，是乔秀娟与张育民给接生的，孩子生下就死了。

"五一节"，忘了是谁领头跟特务提出，大家要一起到过厅里吃饭，未料想特务竟答应了。于是两张桌子拼起来，像搞会餐仪式一样，还买了粽子给两个孩子吃，孩子们窜来窜去盛饭。大家围坐一起，老卢特意穿上了整齐的西服，虽当着特务的面不能说什么，但他那坚定的表情就是无声的鼓励。终身难忘的"五一节"！

小孩给阴森的牢狱带来了生气，特别是小蓉，天真活泼，很机灵，可以在男女牢房间自由走动，夜里去卢志英牢房里睡觉。小蓉还到特务房里偷过几次报纸，他爸看好后传给男牢，再传给女牢，陆瑛用被子蒙着头偷偷地看。后来小蓉被特务抓到了，还为此挨了打。卢志英请姚永祥教英语，教孩子读书，姚本就是大学毕业的土木工程师，非常尽职，每天到规定的时间就带着孩子们大声读英语。

天气越来越热了，特务让写信回家索要换季衣服，不久家里把衣服送来了，捧着衣服，似乎还能嗅到家的气息，陆瑛情不自禁哭了。特务乘机逼问为何哭，陆瑛说想家了。陆瑛偶尔与狱友说起会绣花，被特务听见了，几个特务就让陆瑛给他们绣，还说工钱可贴补菜钱。陆瑛给他们绣了好几对枕头，但拿走后再也不提菜钱的事。

男牢里的庄枫不到20岁，年青活泼，似乎是搞音乐的，常在牢里放声高歌，大家也跟着唱起来。《古怪歌》《茶馆小调》反复唱。后来看特务不管，连《你是灯塔》这样歌颂共产党的歌也唱起来。特务们大概听不懂，也没干涉。庄枫还教小孩唱苏联歌，听不懂，也记不清名字。

下午放风一个钟头，大家抓紧时间洗衣服，走动走动，晒晒太阳。吴善金还教几个男难友学打拳，连老卢也拖着受刑打残的腿来学，他似乎是同案中唯一受重刑的。陈惠和流着泪说："卢志英把事都揽到自己头上，是为了保护我们，让我们能活着出去。"大家都被感动了。

陆瑛写"自白书"后不久，一次放风，老卢凑到陆瑛跟前，小声说："小鬼，你为什么要写1945年参加组织呢？"陆瑛不知他是从何了解到的，也不知道他的用意，没回答他。后来才知道卢为保护大家，对特务说都是刚刚加入组织的。还有一次，他趁人不注意，悄悄对陆瑛说："出去后找施月珍带你到解放区去。"陆瑛用力点点头，他笑了笑，没想到竟成永诀，第二天他被押解到南京去了，后来张育民与孩子们也被押走了。眼看威逼利诱都没有效果，丧心病狂的特务急了，开始对卢志英严刑拷打，电椅、火烙、辣椒水、老虎凳，两腿活生生被折断，甚至用打气筒往他的下体打气，肚子胀的像一面鼓。用尽酷刑，换来的依然是卢志英坚贞不屈。1948年12月27日，卢志英被灭绝人性的特务一棒打昏，然后钉入木箱，秘密活埋在雨花台前的山坡上。这位年仅43岁的红色特工英雄就这样惨遭毒手，倒在了黎明前的最后一刻。

天热，牢狱卫生条件差，很容易染病。陈惠和本来就身体弱，发了好几天高烧。特务怕是传染病，送她进医院了，后来她就没回牢房，直接被放出去了。

9月，特务让写信回家索要赎金，并要求找铺保。发给每人几张表格让填写，登记表上填姓名、性别、年龄、籍贯、职业等；铺保单填写今保某某人今后随传随到，保人用自己身家性命来担保；每张表一式两份，在场的陆瑛、吴秀珍、赵海珍、杨莹、包丽琳、庄枫、王承洪、张建功、吴宝琳都填了，只有吴善金瓮声瓮气地说不识字，不会填，后来不知怎么释放的。

陆瑛家素无产业，铺保也不知到哪去找，但父母肯定设法去找，出狱后才知是表弟找老板帮的忙。表弟当时在一家私营厂当会计。为了交赎金，找铺保，家里花了大笔钱。10月2日填过表陆瑛就被释放了。

孙文敏第二天上门，原来是哥哥打电话告诉的。见到他，陆瑛第一念头就是担心有特务监控，故一见面就催促他快走，别找麻烦，他恐怕也想到这点，坐也没坐，就问了声"身体好吗"，没待几分钟就走了。陆瑛知道他根本就不该来。这是他俩最后一次单独会面，不久，孙文敏去了解放区，再相逢时已是新中国成立后，他已成为领导干部，且都是在多人场合，没有个别交谈过。

陆瑛急着上班，可到轮渡公司才知道遭除名了。又一次失业，四处求职，却连连碰壁。无奈只能待在家里做家务。哥哥买了台缝纫机，是美国胜家的二手货，陆瑛便自学缝纫，重操旧业绣花，在家帮人绣被面。

郭映艇常常上门，他从报上得知陆瑛被捕的消息就到家里探问过。出狱后，陆瑛托他帮助找工作，他很热心地答应了，但几次没成功。陆瑛很沮丧，他常常宽慰她，还借书给她看。有时买戏票或电影票来，拉她出去散心。一来二去，彼此加深了解，不知不觉产生了感情。

后来，陆瑛与妇联的同伴取得了联系，又开始参加妇联的活动。

入城的解放军
席地而睡

1949年5月27日，一夜醒来市民们都在说大街上睡满了解放军，街头站岗的全是解放军。陆瑛是在外滩站在妇联队伍里欢迎解放军的，当时真是心花怒放！连续几天都忙着扭秧歌，搞欢迎活动。

郭映艇十多年前由张爱萍领导一起搞救亡运动，浙江三支队老战友曹维廉在军管会，也介绍郭参加接管工作，几天后就被派往杭州接管邮电局，是与一个南下干部结伴去的。回来后说，那个南下干部死活不肯坐黄包车，说怎能让人拉他，甚至跳下车对车夫说："我来拉你吧！"郭感叹南下干部真是纯朴得可爱。

陆瑛到市轮渡公司申请复职，军代表热情接待，说你是为革命坐牢离职的，解放了当然应该回公司，还称她为自己人。陆瑛感动得热泪盈眶。回家的路上，从心底里哼出了"解放区的天是晴朗的天……"7月1日陆瑛就回公司上班了，还当打字员。陆瑛常去军管会办公室，觉得就像娘家一样，很亲切。上海轮渡工作平平常常，但往往返返，装载着百年逝去的时光。

陆瑛还参加妇联的活动。一些闺蜜都回来了。赵萍穿着军装，她是去浙江省接管财政厅的，她的妹妹兰珍失业，赵萍便介绍去北京中国人民银行总行工作。孙文敏与"保联"几位战友一起来看了趟她妈妈。老朋友见面因地位不同，似乎不可能像以前那样亲热无间了。

市里发通知在青年会召开"蒙难同志恳谈会"，狱友们都去参加，陆瑛走到会场门口，对"自白书"问心有愧，不好意思进去。当时只想一切都过去了，获得解放了，一切都好了，前途一片光明，只要好好干工作就行。

1949年10月10日，陆瑛与郭映艇举行了婚礼。新事新办，在青年会办了茶点，军管会同事都在婚礼上祝福他们。一年后，正当陆瑛休产假时，上海市公安局通知卢志英的家属到南京去认尸，姚永祥陪张育民去了，回来告诉他们，卢志英因叛徒出卖倒在了黎明前——南京解放前夜下落不明，党组织寻找许久，开棺才知他被活埋，是雨花台英勇就义的革命烈士。在卢志英的追悼会上，时任上海市公安局局长杨帆致悼词（卢隶属潘汉年情报系统）。镇压反革命运动中，叛徒张莲舫被抓捕，后被枪毙了。张建功当时在公安部门工作，也参加了公审大会。

哥哥工作的美资范昌洋行关闭了，失业后经电话公司的朋友徐德明（参加过新四军）介绍，进入香港华润公司。哥哥来信说孙文敏当了香港民安保险公司总经理，与他在一幢楼里办公。

熟悉的朋友离开了上海，难友夫妇去了安徽合肥，乔秀娟在省机关幼儿园当园长，姚永祥进了政协。吴秀珍跟着南下的丈夫去了浙江临海。施月珍和赵海珍进军政干校学习，后来去了西安。叶善宝后来辗转去了四川。金凤带着弟弟金龙参加了中南文工团，到湘西搞土改去了。

拨乱反正，重获新生

1976年"四人帮"倒台，开始拨乱反正，政治环境开始宽松。1979年初的一天，有一男子找上门来，第一句话就问"还认得我吗？"陆瑛认不出，他自我介绍"我是王承洪"。自从出狱双方就再没见过面，只听说他出狱后不久就与陈惠和结婚成家，被称为"蒙难鸳鸯"。新中国成立后他在铁路局工作，陈惠和当小学教师。30多年了，当年狱中的英俊小生已满脸皱纹。王承洪告诉陆瑛最近闭幕的党的十一届三中全会提出平反冤假错案，他准备申诉，要求复查案子。陆瑛心有余悸，怕以后被说成翻案。王承洪说党中央表示以后不搞政治运动了，拨乱反正，连"六十一人叛徒集团案"都平反了，幸存下来的战友要尽快从"叛徒"身份枷锁下解放出来，才能继续为党工作，怕什么！陆瑛起草了申诉书，第二天就到单位递交上去。

1979年4月，张育民逝世，她工作的毛纺厂给陆瑛发了追悼会请柬。在追悼会上，陆瑛见到了30多年未见面的小蓉，现在叫卢大蓉，在原子能研究所工作。他已长得高大魁伟，神情依稀是当年的卢志英。他很热情，还是像小时候一样叫这些狱友叔叔阿姨。

一九五四年卢志英的儿子卢大容以监狱亲身经历撰成《和爸爸一起坐牢的日子》由少年儿童出版社出版成为畅销书 多次再版影响了几代人

陆瑛从悼词里得知张育民1926年就参加革命，作过很多贡献。当年张育民在牢狱掩饰得像个啥也不懂的乡下老太婆，不仅蒙骗了敌人，把战友们也蒙过了。参加追悼会的难友都深切怀念这位为革命献身的老领导。

难友们鼓励撰写回忆录，相互补充印证，分别向各自单位提交了复查的申请。这时才得知中共中央组织部于1937年7月7日曾做出《关于所谓自首分子的决定》，规定："如经组织允许填写这类文件后出狱的，得恢复其组织，未经组织允许者，经过工作中考察，亦得恢复其组织。"1941年7月中共中央做出的《关于过去履行出狱手续者（填写悔过书声明脱党反党）暂行处理办法》中也有类似规定。看来当年卢志英狱中的指示就是源出于此。

等着盼着，"潘杨案"平反了，杨帆出狱恢复工作后对卢志英冤案深表关切，潘汉年的交通员吴葷写了证明材料。1985年春，上海市委组织部传达了关于解决地下党问题的文件，决定给此案牵连的同志彻底平反，恢复党籍，恢复干部身份。1985年5月5日，平反书面通知送到了家，根据陆瑛的资历定为副处级，不久，被选为离休支部委员，后来又当上支书。

陈惠和夫妇带陆瑛去见吴葷，开始有顾虑，没想到领导平易近人，他告诉他们，他曾参加过当年对张莲舫的审讯。可耻的叛徒从苏北解放区到大上海后，革命信仰丧失，腐化变质，染上了酗酒、嫖娼恶习，在无力自拔、入不敷出的窘况下，想出了主动向中统特务机关自首，来领取奖金和生活费的主意。早在1946年年初，他就投靠了国民党中统特务组织，入狱20多人全是他出卖的。

1988年纪念"保联"成立50周年，陆瑛也应邀参加，见到了程振魁、吴越、周繁琍等老战友。除洪汶在"文革"前病故外，大多数战友健在。孙文敏还在香港，未能前来。置身在老大哥、老大姐中间，陆瑛仿佛回到了青春年代。

陆瑛参加了老干部合唱团，参加1991年庆祝中国共产党成立70周年演出。站到舞台真是感慨万千。在"保联"演出时上过台，在妇联演讲时上过台，"文革"中被揪斗时上过台，今天又能上台唱歌，人生如戏呀！

陆瑛家庭被多次评上"五好家庭"，个人被单位评为五好家庭标兵，几次被评为"精神文明先进个人"，直到2002年满80岁时才退下来。

2005年8月，纪念中国人民抗日战争暨世界反法西斯战争胜利60周年时，

陆瑛作为参加过抗日战争的老战士接受了国家颁发的抗战纪念章。2015年，陆瑛因病去世，享年93岁。

擦亮"保联"革命文化名片
筑牢红色保险自信根基

党哺育成长的"保联"红色保险战士

"保联"地下党英雄谱人物简介

一、上海市保险业业余联谊会的中共党员及积极分子

"保联"的11年革命史，堪称200年中国保险史中最绚烂的篇章。"保联"很红色，"保联"很未来。承载着党领导人民在新民主主义革命、社会主义革命和建设时期铸就的伟大精神和宝贵经验，蕴含着保险先贤的初心与使命，积淀了厚重底蕴，勃发着自强不息的精神力量，是保险业实现伟大复兴中国梦的"精神稀土"。

让我们追忆前贤，用真理力量激活行业核心价值，用文化之火照亮保险复兴之路。

附录1 中共上海保险业地下组织历届成员名表（1938年5月—1949年5月）

组织名称	起讫年月	书记	成员	管辖范围（下属机构）		上级党组织	
				组织名称	领导人	组织名称	领导人
保险业支部	1938年5月—1938年10月	程恩树	林震峰			金融党委	张承宗
保险业支部	1938年10月—1939年10月	程恩树	林震峰 施哲明			金融党委	张承宗 袁君实
保险业支部	1939年10月—1940年4月	施哲明	张先成 陈瑛			金融党委	项克方
保险业支部	1940年4月—1942年12月	施哲明	陈瑛 翁辅庭			金融党委	江春泽 叶景灏
保险业支部	1942年12月—1944年12月	林震峰	陈瑛 程振魁			金融党委	杨世仪

支部名称	时间			下属组织	成员	上级党组织	联系人
保险业支部	1944年12月—1946年3月	林震峰	程振魁 戚白明	1945年11月设"保联"党团	成员沈润璋(后任书记) 徐天碧、蔡同华、吴福荣	金融党委	杨世仪
保险业支部	1946年3月—1946年5月	林震峰 林震峰	程振魁 戚白明 沈润璋	"保联"党团	书记沈润璋,成员徐天碧 蔡同华、吴福荣	金融党委	杨世仪
				太平保险公司支部	书 记 程 振 魁(兼)		
保险业支部	1946年5月—1947年5月	林震峰	程振魁 沈润璋	"保联"党团	书记廖国英,成员 徐天碧、蔡同华、孙文敏	中共上海 职员运动 委员会	杨世仪
				太平保险 公司支部	书 记 程 振 魁(兼)		
				其他公司支部	书 记 沈 润 璋(兼)		
保险业分党委	1947年5月—1948年11月	林震峰 金家铨	沈润璋 廖国英	"保联"党团	书记沈润璋成员 孙文敏、唐凤暄	中共上海 职员运动 委员会	王致中
				太平保险 公司支部	书记廖国英		
				其他公司支部	书记吴越		
保险业支部	1948年12月—1949年5月	杜伯儒				沪中区委 黄浦分区委	周炳坤 张 俊 沈学勤

附录2 上海市保险业地下党党员情况明细表

姓名	入党年月	入党介绍人	党内曾任职务	介绍何人入党	上级联系人 (按时先后)	入党时所在单位
程恩树	1937年11月	杨浩庐	首任支部书记兼 组织委员	施哲明、吴镇、 张庆祥	张承宗	宁绍水火保险公司
林震峰	1938年5月	尹克长	支委,第三任支 部书记	顾濂溪	张承宗	中国保险公司
张先成	1938年8月		保险支部委员			宁绍人寿保险公司
施哲明	1938年9月	程恩树	支委,第二任支 部书记	程振魁、蔡同 华、徐天碧	张承宗、项克方 江春泽	美商美亚保险公司
吴镇	1938年10月	程恩树			程恩树	宁绍水火保险公司
张庆祥	1938年10月	程恩树 张先成				宁绍水火保险公司
章耕华	1938年10月	张先成				宁绍人寿保险公司
吴福荣	1938年11月	陈愚		林荫昌、吴越	梁万程、刘杨林 沈润璋	英商亚细亚煤油公司
施迪文	1939年7月	钱铎		贝树生		华联同乐会补习学校
华世德	1939年9月			汤铭志	翁辅庭、程振魁 戚白明	光华保险公司
戚白明	1939年7月	王良材	保险支部委员		王良材、梁廷锦	盐业银行营业部
蔡同华	1939年9月	张先成		谢鸿章	程振魁、施哲明	北美洲保险公司
谢寿天	1940年	石志昂		陈巳生、郭雨东 吴承禧	陆志仁、张执一	天一保险公司

姓名	入党时间	介绍人	职务	发展党员	联系人	工作单位
蔡佩伦	1942年10月				程振魁	新四军6师16旅
贝超杰	1944年9月	戚白明			戚白明 殷仁珍 沈润璋	曹家渡怀德小学
徐天碧	1944年10月	程振魁 程振魁		王亦洲、朱元仁 刘凤珠	林震峰、沈润璋 廖国英	四明保险公司
沈润璋	1944年12月	程振魁 徐天碧	党团书记 支部委员	唐凤喧、王永昌 周世清	林震峰	金安保险公司
王亦洲	1945年2月	陈瑛		潘有福	林震峰	太平保险公司
徐达	1945年3月	许琦华		徐杰英、陈联芳 陈慎微	林震峰、戚白明	天平保险公司
袁若霞	1945年7月	黄锡荣		袁若云、黄婉芬	许琦华、徐琳 林震峰	上海市中德助产学校
杜伯儒	1945年10月	徐天碧	小组长 支部负责人	袁际禹、顾青云 董孝杰	黄锡荣、程振魁	金城银行
朱元仁	1945年10月	陆志仁 谢寿天			程振魁、林震峰 廖国英	太平保险公司
蒋学杰	1945年10月	程振魁			王曦、张执一	大安保险公司
金家铨	1946年3月	华世德	小组长 支部书记	冯宝豫、姚益君 袁际禹	戚白明	太平保险公司
汤铭志	1946年3月	吴福荣	小组长		戚白明	光华保险公司
吴越	1946年5月	沈润璋	支部书记		程振魁、沈润璋	新丰保险公司
唐凤喧	1946年3月	章丽华	保联党团成员		戚白明	民安产物保险公司
廖国英	1946年3月	徐天碧	保险分党委委员		沈润璋	丰盛保险公司
刘凤珠	1946年4月	谢寿天			沈润璋	泰山保险公司
徐兰甫	1946年	哈炯磊			林震峰	天一保险公司
陈君明	1948年6月	金家铨 杜伯儒			哈炯磊	
袁际禹	1948年7月	沈润璋	代支部书记	刘延凯	廖国英	太平保险公司
王玮	1948年8月	谢寿天			林震峰	上海市永乐小学
郭雨东	1948年11月	金家铨、杜伯儒			张执一	大安保险公司
顾青云	1949年2月	金家铨、杜伯儒	支部委员 代支部书记	祝寿瑜、陆芹芳 傅受达	张俊	太平保险公司
刘延凯	1949年2月	金家铨			金家铨、杜伯儒	太平保险公司
姚益君	1949年3月	席玉年			吕献春	天一保险公司
叶绪茂	1949年3月				蔡东园、韩西雅	中国保险公司

说明：本表由中共上海保险党史办公室1986年整理绘制，在保险界参加活动但不属于保险业支部（分党委）的党员，有胡詠骐、陆缀雯、石志昂、陈巳生、程振魁、陈瑛、施月珍、陈君明、魏静嘉、陆瑛等，后来离开保险业界的党员，如张先成、赵帛、顾濂溪，以及情况不确实的，均未统计其内。

附录3 上海地下党保险业支部(分党委)党员情况变化表

时间起止	外系统转入的党员	保险业支部自己发展的党员
1938年5月支部成立 到1940年停止发展新党员	程恩树、林震峰、乔冠馥 吴福荣、华世德、施文美	施哲明、张先成、吴振年、张庆祥、程振魁、陈瑛 蔡同华、赵锦仁、孙文敏、章耕华、翁辅庭、饶志德
1944年恢复发展党员始, 到抗战胜利前夕	戚白明、蔡佩伦、贝超杰	徐天碧、沈润璋、程文魁、王亦洲、徐慧英、贝树生
抗战胜利后到1948年11月	廖国英、杜伯儒、王培荣 袁若霞、张葵珠	朱元仁、刘凤珠、吴越、王永昌、汤铭志、周世清 姚乃廉、金家铨、陈联芳、潘有福、林荫昌、谢鸿章 林彬、袁际禹、徐杰英、陈慎微、冯宝豫、徐兰甫 王玮、唐凤喧
1948年底到1949年5月	周世清、王玮、王 亦洲转出保险支部	姚益君、顾青云、杨良能、徐通豫、董孝杰、 刘延恺、章漱天

注:抗战时期、解放战争时期自动退党的党员,有章耕华、林荫昌、谢鸿章、林彬、徐兰甫。在保险界参加活动但不属于保险业支部(分党委)的党员,有胡咏骐、谢寿天、陆缀雯、陈巳生、蒋学杰、郭雨东、施月珍、陈君明、叶绪茂、魏静嘉、陆瑛。

二、在"保联"里开展活动的中共地下党员

有人将"红色文化"概括为革命年代中的"人、物、事、魂"。"保联"的"人"是在革命时期对保险业有着一定影响的革命志士、革命烈士;"物"是"保联"会员所用之物,也包括他们生活或战斗过的革命旧址和遗址;"事"是有着重大影响的革命活动或历史事件;"魂"则体现为革命精神即红色精神。在梳理这些资料,走访老前辈的过程中,我真切感受到,当年"保联"丰富多彩的联谊活动欢快而新鲜,具有积极进步意义,富于革命理想主义的浪漫情调,深受保险界同人的欢迎,"保联"既为保险业内热血青年提供了展示青春的天空和舞台,也为他们的一生烙上深深的印记,赋能铸魂,终身不可抹去,直接影响这些志存高远年轻人对未来人生道路的选择。

"保联"是上海红色金融的初心地。除了前面红色故事的25位主人公之外,还有一些无法获取更多革命经历及事迹信息资料的党员,只能以简介的方式做概览叙述,留待以后为他们作传。

追寻
▶保联先行者的足迹◀

"保联"人物简介

>> 陆缀雯

1903年出身于上海江南制造局的一个普通职员家庭。1925年，进入中共中央军事委员会担任交通员，从事文书收发工作，陆缀雯在军委考察培养下入党。同年，与中央军委秘书长王一飞相恋，半年后，于1926年2月在上海举办了简朴的婚礼。蜜月刚过，王一飞被党组织派往汉口等地执行重要任务，陆缀雯则留在上海中央机关。1928年1月18日王一飞壮烈牺牲，唯一的儿子还未满周岁，党中央撤往江西瑞金，陆缀雯与党组织断了联系。1936年1月陆缀雯进入太平保险公司水险科任职，成为程振魁和陈瑛的革命引路人。她有段时间住在霞飞路霞飞坊许广平家的亭子间里，孩子交哥嫂抚养。"保联"成立后，陆缀雯任图书委员会主任，组织会员征书运动，用有限的经费购置左联作家及苏联作家的书籍，整理图书目录和卡片，修补破损的书籍，除出借外，还推销进步书籍刊物。在各大公司选设借书联络员，为会员借书服务，不定期举办读书会。1940年陆缀雯通过八路军驻上海办事处刘少文接续了党员关系，带着孩子奔赴延安。周恩来为缅怀王一飞，给陆缀雯的儿子取名"继飞"，希望他继承父亲未竟的事业。后来孩子王继飞由党中央安排，跟随瞿秋白的遗孀杨之华前往苏联学习，直到新中国成立后回国，在专家局工作。1946年陆缀雯返回上海，仍进保险公司从事地下工作。1949年5月上海解放后，她参加上海市军管会，受组织委派，与程振魁一起参与接管"中国纺织建设总公司"。1949年9月，陆缀雯从人民银行总行转调到保险筹建组，参与筹建中国人民保险公司人事机构，成了总公司第一任人事处副处长，1958年后调入财政部工作。1985年8月，陆缀雯在北京病逝，享年82岁。

>> 张先成

中华职业补习学校毕业，进宁绍人寿保险公司做职员，1938年"保联"成立后任体育组干事，"保联"会务骨干，第一届征求会员委员会第九队干事。1938年入党。1939年6月当选"保联"第二届理事会理事。1939年10月成为中共上海保险业党支部委员。1939年9月介绍蔡同华入党。1940年3月因在"保联"党员身份有所暴露，在党组织安排下，张先成转移到昆明，经杨延修推荐进入"年丰行"协助卢廷芳处理业务工作，参加昆联社的活动。1941年经卢绪章的安排，前往贵阳，与程恩树、包玉刚等合伙开设"中美行"，经营日用百货和服装、化妆品等，从上海、昆明、衡阳进货，运销贵阳，成为党组织的秘密据点。1941年冬天，太平洋战争爆发，贵阳中美行货源断绝，加上张先成患眼疾需要治疗，卢绪章通知将中美行关闭。广大华行党支部在重庆建立，归属中南局领导——派吴雪之（后为龚再僧）与卢绪章单线联系，张先成是其成员。1944年7月作为广大华行职员参与扩股展业，做外贸出口商品的调研活动。1945年4月任广大华行成都分行副经理，民孚企业公司董事。抗战胜利后，赴武汉，筹建广大华行汉口分行，任总经理。1948年8月，因沙平叛变，广大华行通知张先成结束汉口分行，紧急撤退。张先成撤到广州，负责广大华行各地分支机构资金转移香港的扫尾工作——通过各种关系将带至广州的资金换成外汇，汇到香港。在香港参加地下党举办的整风学习班。1949年3月奉命离开香港北上，到北平进入中央社会部受训，学习党内有关接管的政策，5月，奉命随钱瑛、张执一去武汉参加接管工作，进海关贸易接管处，负责接管中国植物油料厂。后赴香港华润集团供职，任副总经理。1982年冬重回经贸部的张先成与卢绪章联名向经贸部提案在北京建一个"中国国际贸易中心"，以便同世界接轨，得到采纳，向国务院呈报获准，使北京在1990年拥有了号称世界第二大的世贸中心现代化建筑群。张先成20世纪80年代后期在外经贸部离休后，赴上海爱国建设投资公司发挥余热。自愿参加"上海市保险业党史资料征集组"任委员，参与撰写《悼念战友程恩树同志》的文章。爱人郭素珍，是"保联"妇女部及话剧组成员，随丈夫辗转各地工作，白头偕老。

▶▶ 施月珍

又名施培云，施哲明的胞妹。1938年10月，在浙江萧山开始从事党的地下工作。1945年8月起，她以大安保险公司职员身份为掩护，在中共华中局联络部上海特派员办事处工作，同时参加"保联"活动。1947年3月6日，因张莲舫叛变，办事处遭破坏，施月珍被党通局特务逮捕，坚不吐实。次日傍晚，特务把她放了出去，准备利用她放长线钓大鱼。当保险业支部领导听到与施月珍联络的陆瑛被捕，察觉施的情绪消沉有点反常，即派蔡同华秘密与施谈心询问情况，施月珍立即流泪讲出自己被捕经过和特务机关要挟她必须经常到"保联"活动，要她监视程振魁、蔡同华、王亦洲等人的行动，还专门指派一个特务天天到家里催要情报。党支部觉得事态危急，马上采取应对措施：说服本来有肺病的施月珍装病，离开上海到蔡同华的家乡宁波去暂避，以便再转去解放区。但不凑巧，哥哥施哲明从根据地来沪办货探亲，不明妹妹被捕情况，不幸被保密局特务系统水上警察逮捕，党支部马上通知程振魁撤离上海去武汉，辗转去香港，通知徐天碧转移到南京，蔡同华、袁若霞撤退去浙江四明山游击区。施月珍在新中国参加军政干校培训，去西安第四军医大学工作。两次被捕改变余生，1956年审干以来，她背上了"叛党分子"的罪名，备受迫害，于1986年7月去世。临终前还请求所在单位中国人民解放军第四军医大学党委对她的问题作出公正结论，恢复她的党籍。后经该校训练部政治处根据大量调查材料证实，施月珍长期以来蒙受不白之冤，她不仅不是什么"叛党分子"，而是为党做了大量有益工作的好党员。1989年6月，校党委决定恢复她的党籍，党龄从1938年10月算起，撤销退职处理的决定。

▶▶ 张蓬

又名一帆，1907年6月出生于浙江鄞州。1934年，张蓬在上海大众火柴公司及其所属工厂做工。1935年，张蓬结识了中共地下党员林枫、王尧山，并参加了他们领导的学习小组。1936年3月，张蓬开始接受林枫布置的任务，从此参加革命。张蓬在大中华火柴厂团结广大职工，引起资方注意，公司借口裁员，将张蓬辞退。张蓬失业后，进入租界收容安置难民机构从事服务，张蓬、焦明（刘平若）、朱启銮、汤铺、周克、丁瑜、诸敏等受党组织委派在难民所里秘密发动群众，各收容所都有党组织，成立了"难民工作党委"。张蓬任生产组组长，并一度担任"慈联会"难民收容所副主任，负责救济难民和掩护地下工作。1937年9月，张蓬加入共产党。1938年2月，上海最大的商业职员团体"益友社"创立，张蓬任"益友社"党支部书记。以"提倡正当娱乐，改善业余生活"为宗旨，办起了剧团、图书馆、诊疗所、理发室，尤其是花大力气开办业余补习学校，吸引了越来越多的店员入社，团结商业资本家，为店员参加社的活动创造条件；推动上层人士和知识分子发挥特长，支持社务活动。"益友社"中共党团成立后，张蓬改任党团书记。1940年，赵朴初与工部局华员总会一起倡议举办难童教育，在各难民收容所中遴选一批11岁至15岁的优秀难童四百余人，成立工华难童收容所。张蓬任工华难童收容所主任，他带领大家艰苦创业。除了照顾好难童的生活外，还要对他们进行文化教育、政治教育、军事训练。组织他们演唱抗日歌曲，到学校演出活报剧《放下你的鞭子》，进行募捐。通过宣传教育和重点培训，提高难童素质和觉悟，使收容所成为"红色的基地"和"革命的摇篮"，许多难童也成了"红小鬼"，加入皖南新四军。不久，张蓬受党的派遣，潜伏到宁波，打入敌伪内部活动。浙东行政公署成立后，张蓬转入浙江抗日根据地，先后任浙东行政公署财经处副处长、公署秘书长、公署秘书主任。负责浙东抗日游击纵队的后勤生活保障工作，领导浙东人民开展减租减息、保卫秋收和开展大生产运动，创建浙东银行，发行抗币，创办干部学校、书店，组建区乡抗日民主政权等。浙东抗日民主政权在与敌伪顽政权犬牙交错状态中坚持斗争，"白色恐

怖"的4年多时间里，山下被敌人全面封锁，山上浙东游击纵队的后勤保障非常艰难。张蓬经常带着六七个战士乔装成商人，下山卖山货，回来时采购粮盐等生活必需品上山，为坚持浙东抗战大业作出了非凡贡献。1945年9月，新四军浙东纵队奉命北撤，进入山东解放区，张蓬任渤海行政公署副秘书长、党委委员、财政委员会委员等职。山东省政府成立后，张蓬任省粮食局副局长。解放战争后期，加入"华东南下干部纵队渤海三支队"随军南下，到上海、浙江、福建及四川等新解放区进行接收和管理。南下干部统一作为华东局党校学员，身着"中国人民解放军"军装，集中整训学习。1949年年底，张蓬奉命到浙江，负责财政工作，先后任杭州市军管会财经部秘书长、温州市军管会委员兼财政部部长、浙江省财政厅副厅长兼盐务管理局局长。1951年年底，张蓬由浙江调入上海，任中国人民保险公司华东区公司经理，兼任华东财政管理局副局长，从此开始了保险生涯。1952年年底，人保华东区公司撤销，组建人保上海市分公司。

张蓬、林震峰、施哲明、楼茂庆、朱元仁、刘凤珠等10余人奉调北京总公司，其余人员全部到上海交通路保险干部训练班培训。1953年，张蓬任中国人民保险公司副总经理，1956年10月，张蓬接任贝仲选，担任中国人民保险公司总经理。1958年10月，在西安召开的财贸工作会议上，正式宣布国内保险停办。张蓬率领中国保险代表团到莫斯科，出席了社会主义国家（苏、中、捷、波、东德、匈、保、罗8国）保险工作会议。率团访苏归来后不久，张蓬受了处分，被降职调往福建。1958年年底，张蓬任福建省财政厅副局长。1967年，张蓬退休，回到宁波老家赋闲。党的十一届三中全会后，张蓬获得平反，恢复名誉。1979年6月，张蓬任宁波市人民政府顾问。1979年，中国人民保险公司恢复国内业务，保险业迎来春天。张蓬热心保险事业，在保险杂志上发表了《新中国建立后保险工作的两次教训》等文。1989年12月4日，张蓬在宁波病逝，终年83岁。

>> 戚白明

1908年9月—2001年9月，曾用名戚鞠如、戚理白、白明。盐业银行营业部职员，1939年7月经金城银行王良材介绍入党，成为上海盐业银行第一位中共党员，编入上海银钱业北四行党支部，上级联系人为梁廷锦，宣传抗日救国，培养积极分子，抵制汪伪用中储券开立账户的企图。1943年介绍盐业银行门警关永禄（原张学良部下的骑兵）入党。1946年介绍黄朝治入党。1944年12月，受上级党组织委派，借调至保险业党支部担任组织委员，接替调往职妇支部的陈瑛，直到1946年5月止。在"保联"活动中，他还相知了一生伴侣贝超杰。1948年10月，由党组织决定，派往苏北华中党校学习。新中国成立后任上海市有色金属研究所副所长，享受局级离休干部待遇。1983年6月，上海市保险业党史资料征集组成立，林震峰任组长，戚白明与沈润璋、吴越、程振魁任副组长，十几位健在的老"保联"会员担任委员，当年的革命战友不顾年老体弱，从全国各地应召而至，再次携手谱写新篇章。戚白明综合战友意见，主笔撰写"上海市保险业业余联谊会的十年"征求意见稿，数经易稿，最终编成《上海市保险业职工运动史料（1938—1949）》和《续集》两本资料专辑。撰写的《上海地下党秘密活动二三事》一文获得上海市工业党委举办的征文活动优秀作品奖。戚白明还与林震峰、郭雨东合作撰写了《上海保险业统战工作的回忆》的文章，编入《统战工作史料选辑》第三辑。2001年9月25日在上海逝世，骨灰安葬在龙华革命公墓干部纪念馆。

>> 张庆祥

宁绍水火保险公司职员，1938年10月，经程恩树介绍加入中国共产党，与程恩树、李言苓、吴镇经常结伴在"保联"里参加活动，并承担学术部的图书馆工作，撰写了十多篇"新书介绍"及"书评"，其"一点意见"的来信也在《保联》杂志上刊登，建议"保联"理监事们想方设法，多扩充会员，并加强会员间的联系，让联谊会充满活力，具有吸引力。张庆祥还协助张先成举办英语夜校，承担入学登记等具体工作。程恩树奔赴大后方从事战时兵险后，由赵帛负责联络。1940年租界形势恶化，抗日救亡转入地下，张先成转达上级指示：由于政治环境变化，以后联系不可能固定，有事会找你，你不要找组织。这样有两年多时间没有去过"保联"，未参加党内活动。在胡詠骐离职后，宁绍水火保险公司的经营业绩江河日下，乌崖琴任经理，翁光天担任襄理，两人为争权夺利拉拢职工，斗争很激烈，于是，张庆祥与李言苓、翁辅庭相互协作，利用这种矛盾来改善职员福利，直到翁光天被76号汉奸组织杀害（一年后，另一位副理邵虚白又被汪伪杀害），宁绍公司裁员，无奈转去南丰保险公司任职。1944年秋，赵帛上门通知张庆祥去大安保险公司，重新接续上党内联系，布置任务，多与姜恺悌联系。1944年年底，日伪垮台已成定局，中储券贬值，大批保险公司停业清理，张庆祥失业后，去正明保险公司帮助做清理工作，获得养家糊口费用。后来赵帛介绍他去福州路外滩找中国棉业银行会计主任叶景灏，经过一般性考试，推荐录用为棉业银行会计员，每天做往来账目要到午夜十一二点，只有星期天到"银联"参与活动，三个月后，党内关系改由叶景灏单线联系。南京电热厂退休。

▶▶ 吴福荣

曾用名吴敬逊，马勒轮船公司仓库职员，英商亚细亚煤油公司职员，"保联"联谊活动骨干，担任体育部干事，1938年11月经陈愚介绍加入中国共产党，曾经介绍林荫昌、吴越入党。党内联系人先后有梁万程、刘杨林、沈润璋。参加"保联"消费合作社的服务工作。加入大安保险公司任庶务主任。1945年11月，担任"保联"党团委员。1946年3月，加入"保险界民主促进会"为会员，开展有关活动。新中国成立后在谢寿天任总经理的中国五金矿产进出口公司服务，后任上海分公司副经理，直至离休。

>> 华世德

光华保险公司职员，参加"保联"非公开的《大众哲学》和《政治经济学》读书小组，觉悟提高，1939年9月入党，与林震峰单线联系，后党内联络人为翁辅庭、程振魁、戚白明。介绍汤铭志入党。参加"华联同乐会"党组织开展的各项活动。1946年3月，加入"保险界民主促进会"。1946年进入红色机构广大华行做财务工作，担任党小组长。1948年11月，在香港参加上海地下党举办的整风学习班。后在上海市制笔工业公司离休。

>> 施文美

又名施培芬、施迪文，施哲明的大妹。1939年7月在华联同乐会补习学校，经钱铎介绍加入中国共产党。参加"保联"活动，任过党小组长，介绍贝树生入党。后进入革命根据地工作。晚年在山东省掖县干休所。

>> 翁逸平

又名翁子樵、翁也安，宁绍水火保险公司练习生，晚间与程恩树睡在办公桌上的伙伴，1938年9月由程恩树介绍参加"保联"，成为歌咏组的骨干，阅读进步书籍，受程引导参加中华职业学校举办的社会科学培训班，树立了革命人生观，曾在程恩树与林震峰召开秘密党会时望风。1939年秋，程恩树将撤退到大后方从事战时兵险事业，将他介绍给施哲明，翁逸平提出入党要求，施哲明说党组织已把对他的考察情况介绍到战斗第一线去，遂在党组织的安排下，10月底参加崇明县民众抗日自卫总队（隶属新四军），一个月后的1939年12月，在极端艰苦的战场成为光荣的中共党员，后升任游击队二中队指导员。新中国成立后在江苏省外贸局工作至离休。

>> 章耕华

宁绍人寿保险公司练习生，1938年10月经张先成介绍入党，1939年在"保联"图书委员会任干事，1939年冬，在"保联"学术部策划组织的第一届"保险论文竞赛"的征文活动中，撰写的《保险事业与战时经济》荣获第四名，获颁《保联》合订本之奖励。后进入抗日根据地，参加新四军。

>> 蔡同华

又名童国华、童斌，原籍浙江鄞东潘火桥，北美洲保险公司职员，"保联"骨干，承担图书室管理工作。1939年6月在"保联"一周年纪念系列庆典活动中，担任大会话剧道具组负责人，演出前后，制作搬运道具，辛苦备尝，任劳任怨，同人们多加赞扬，在接受记者采访时，他却不以为然，"谓此乃我应有之责任，并非为个人而工作，以是在同一工作人员间不应有过分赞扬云"，记者为蔡君的言论所感动，"正是明其道不计其功，这是多伟大的人格呀！我要告诉大家，'保联'正有着这些伟大的自我牺牲者在支持着，而且一天天的多起来了，也正因为这样，我们保联的前途是光明的"。1939年9月经张先成、施哲明介绍加入中国共产党，任"保联"党团成员。蔡同华还与吴镇结伴到中法剧艺学校，选修了戏剧历史、导演、演员修养和舞台化妆四门专业课程，执教老师为著名戏剧家吴天、乔奇等。党组织委派吴镇赴苏北根据地，由蔡同华与周繁琍把吴镇送上船。1941年大安保险公司筹资创建，蔡动员伯母出资2500元入股，添一份力。后履职大安，任会计主任，全力支持"保联"开展活动。蔡同华在"保联旅行团"里负责摄影，热心为大家服务。根据党组织的指示，1946年3月，陈已生发起组建"上海市保险界民主促进会""保联"骨干们几乎都报名了，由蔡同华、沈润璋、姚乃廉具体负责，明确表达"渴望和平，反对内战；要求民主，反对独裁；争取自由，反对迫害"的政治主张。保险界填写志愿书办理入会手续的有120余人。党通过这一组织，推动保险业职工积极投身为争取和平，改善生活的民主活动。1946年1月发动会员参加上海玉佛寺"一二·一昆明惨案"于再烈士公祭活动，追悼会由宋庆龄主祭，之后与会的万余群众举行了示威游行。1946年5月，上海各界人民要求民主、争取和平、反内战、反饥饿、反迫害的斗争高涨。在中共上海地下党领导下，陈已生发起组建了有五十多个人民团体参加的"上海人民团体联合会"，蔡同华与沈润璋作为保险界代表参加了5月5日的成立大会，并当选为常务理事。该会发表了《反内战宣言》，号召人民团结起来阻止内战。1947年因施月珍被捕而身份暴露，党组织通知蔡与袁若霞一起撤往浙江隐蔽，1948年年初，党组织派遣他到浙东四明山游击区，开展民运工作，任四明山二区区署民运工作组组长、区委委员。在四明山游击区，生活环境条件极为艰苦，多次与敌特遭遇甚至被包围，在生死瞬间他凭借英勇机智化险为夷。宁波解放初期，他担任中国人民银行宁波支行调研组组长、人行鼓楼办事处副主任，为中国人民银行宁波市支行的创建立下功勋。1949年年底，他奉调赴杭州担任中国人民保险公司浙江省分公司副经理（经理为李文灏），是人保浙江省分公司的主要创始人之一。1974年调任宁波地区外贸局党组副书记、副局长。其间，他参与领导了宁波海关的组建工作，为宁波的改革开放作出了贡献。在宁波市财贸办公室离休。1985年后自愿参加"上海市保险业党史资料征集组"任委员。

▶▶ 饶志德

又名姚志英，"保联"妇女部骨干，党员，1939年10月，由"保联"党组织输送到抗日根据地。

▶▶ 乔关福

又名乔冠馥，20世纪30年代后期在"华联同乐会"加入地下党，后由"华联"党组织系统转入保险业党支部，是施哲明的党内联系人。1939年在"保联"福利委员会任干事，是消费合作社发起人之一。上海解放后，参加上海市军管会保险组接管工作，后受命到军管会贸易处协助接管中央信托局下辖的7家金融机构。

▶▶ 翁辅庭

又名翁秉伟，宁绍水火保险公司职员，"保联"篮球代表队成员。1939年加入中国共产党，1940年4月—1942年12月任保险业党支部委员。1949年参加人民保安队。上海解放后，加入上海市军管会金融处保险组，接管官僚保险机构。后在人民银行从事人事保卫工作。1983年去世。

▶▶ 陆自诚

1919年3月生于上海。1938年6月在大后方重庆海棠溪车站从事地下工作，为《新华日报》的分销发行服务，党员关系隶属中共南方局。1945年在重庆兆丰产物保险公司任业务处经理，随公司迁上海，1946年开始，陆自诚成为"保联"学术部干事，与部长唐雄俊，副部长吴越，以及华德芳、唐凤暄等，共同承担保险业务训练班的举办，曾任上海兆丰保险公司协理。由于革命队伍里出了叛徒余永安、冉益智、刘国定，特务逮捕了未来得及转移的陆自诚、华德芳、刘寒松、傅罗、李家桢、陈丽金等人，被关押在提篮桥监狱。这些曲折经历被写进了小说《红岩》，成为故事人物原型之一。上海解放前夕，经地下党策反提篮桥监狱典狱长，营救成功，加入上海市军管会金融处，任军事联络员，成为17名保险"接管大员"之一，参与接管中国保险公司。1949年10月25日，中国人民银行总行组织成立"法规编审委员会"，开始对有关金融法令章则的研究和审查工作。委员会内分7个小组，其中保险章则小组由新成立的中国人民保险公司组织，总行研究处派人参加，工作重点是草拟新的保险法和保险业法。华东区公司按总公司指示于1949年11月26日召开保险法规研究会，会上产生了保险法和保险业法两研究小组，由与会的人任选一组参加，参加保险法小组的计有魏文达等15人。保险法小组推定陆自诚、王效文、龚汇百、刘焕文、叶志修5人负责起草，最后由王效文统稿定稿。20世纪50年代陆自诚曾在中央财政干校财政研究班进修，奉总公司命赴重庆筹建中国人民保险公司西南区公司，出任副经理，为拓展业务，推行各家银行机构特约保险公司派驻员制度，陆洞悉保险派驻员因工作辛苦，内外勤的事都要承担而出现思想波动，就反复强调"人民保险为人民"，每周六下午都要召开例会，听取工作汇报，每次都到场，通过交流情况、对工作中具体问题详尽解答，具体指导，迅速打开了工作局面。后赴京任中国人民保险总公司设计室副主任、副处长、处长，保险停办后转到福建省三明钢铁厂任副厂长。保险业恢复后，任中国人民保险总公司特约研究员，中国保险学会第一、二届理事会理事。1985年在《上海保险》发表了《评两本"苏联国家保险"》；1980年在《保险研究》等上发表了《论国营企业财产保险问题》《关于农民组织互助合作社的可行性研究》《试论保险费与成本、利润的关系》《家财险是发展分散业务的突破口》等论文。其中《论国营企业财产保险问题》是在中国保险学会成立大会期间做的专题发言。1989年9月病故，享年70岁。遗作《对提高保险理论研究水平的几点建议》刊登在《保险理论与实践》（1990年）。

▶▶ 华德芳

"保联"学术部干事，受《西行漫记》的鼓舞，产生了"到延安去"的念头。通过组织联络，华德芳与张建权、姚憬行、阮耿中、张建芳一行5人登上意大利轮船，先到浙江宁波，再转火车，一路辗转，找到了西安八路军办事处。几天后，辗转到了陕北。在延安，一起进入冯文彬、胡乔木领导的战地青年训练班（青训班）学习，1943年春，任地下党贵州革命青年自助会桂林分会领导成员。抗战胜利后，任中共中央南方局联络员，以上海永兴保险公司襄理为掩护，因叛徒出卖被捕，关押在提篮桥监狱，经上海地下党策反典狱长，50位被关押的革命者，武装护监，控制监狱，上海解放当日获得营救。

▶▶ 蔡佩伦

曾用名蔡阿毛，蔡同华的胞弟，参加"保联"活动，1942年10月经程振魁介绍，到敌后新四军六师十六旅四十六团一营三连当战士，经连队指导员潘振华介绍，于同年底在烽火战场加入中国共产党。在1943年秋与日伪作战时光荣负伤，伤愈后即到团部担任交通员及情报交通站分站长。后四十六团改组为地方部队，改名为新四军溧（阳）高（淳）总队，1945年，被派往苏浙皖边区溧阳县社渚游击连任管理排长。1945年初冬受命从驻地社渚镇到高淳县城总队部领取部队过冬用棉花，但刚到高淳，总队全体指战员接到紧急命令撤出高淳，即与总队部军需主任田佑民接洽，从水阳湖水路向溧水县方向转移，第三天傍晚船到一个小山村，即将2000斤棉花暂时寄放在一祠堂里，向总队部请示这批棉花运往何处，如何运输。当时的杨县长命他找挑夫挑运到溧水，由于需要20多个民夫，至夜晚在当地也没有雇齐，接着当地流传国民党新六军已经占领溧水，溧高总队紧急北撤，遂隐藏在山村老乡家里，准备打听部队的确切消息，看看能否等到过路的新四军部队搬运棉花，等了半个月没有任何结果，而且国民党的"剿杀"行动愈来愈出格，风声日紧，与部队失去联系，就在老乡的帮助下，换上便衣乘火车撤回上海。与大哥蔡同华见面，汇报从部队因公外出暂时断掉联系的情况，要求接续党组织关系。大哥让他随"保联"参加活动，在八仙桥参加了招待沈钧儒的座谈会；在玉佛寺参加于再追悼大会，会后参加从玉佛寺到南京路再到外滩的示威游行；之后，在一个雨天傍晚，程振魁到家听取他脱离部队的情况说明，直到1946年3月，程振魁通知他党组织会来接续党内关系，告诉他联络暗号。这样他接续上了党内关系，由史桂昶（新中国成立后任上海总工会组织部长）单线联系，组织上随即派遣他打入安远路义生橡胶厂开展地下工作。再以后，作为联络员，由屠传泗（新中国成立后任普陀区委组织部长）传达党的指示，积极组织和领导工人同反动黄色工会作斗争，成绩卓著，直到上海解放，在上海钟表材料厂工作直至离休。

>> 贝超杰

曾用名贝超伽、贝健，原曹家渡怀德小学教师，戚白明的爱人，在参与"保联"活动中接受党组织培养，1944年9月经戚白明介绍入党，上级联系人为殷仁珍与沈润璋。新中国成立后在上海胶鞋二厂工作至离休。

>> 王亦洲

曾用名王幽舫，太平保险公司职员，"保联"话剧组活动骨干，1945年2月经程振魁、徐天碧介绍入党，也曾介绍潘有福入党，党内联络人为林震峰。1946年3月，加入"保险界民主促进会"为会员，开展进步活动。1947年因在"保联"比较活跃引起特务的注意，遂及时调离保险业，改做其他党内工作。1955年成为上海市委领导刘晓的秘书，随同刘晓赴任中国驻苏大使，在大使馆工作至1962年回国。后在国家体委国际司离休。1989年，与施哲明合作撰写了《"保联"歌咏组和口琴组活动片段》的文章。1998年在《上海党史研究》发表《在莫斯科的日子里——刘晓的外交使节生涯》一文。

▶▶ 袁若霞

又名袁馥英，蔡同华的爱人。1945年7月在上海市中德助产学校，经许琦华介绍加入中国共产党，介绍袁若云、黄婉芬入党。参加"保联"活动，1947年，党员关系转入"保联"党组织，随蔡同华一起撤往浙江四明山游击区，在新四军浙东支队从事医护工作。在宁波市第三医院离休。

▶▶ 杜伯儒

曾用名施叔平、杜敏。金城银行职员，1945年10月经黄锡荣介绍入党。曾任党小组长、党支部负责人，参加太平保险公司职工为改善经济条件的罢工斗争，介绍袁际禹、顾青云、董孝杰入党。党内上级联系人为黄锡荣、程振魁。1946年3月，加入"保险界民主促进会"为会员，开展进步活动。1948年12月，太平保险公司遣散大批职工，但劳资谈判交涉仍在继续，生活没有着落的职员有集资做生意弥补生活的愿望，遂集资入股在原福安保险公司的写字间成立"太利贸易行"，每股1两黄金，共筹50两，做黄金美钞交易，股东会公推杜伯儒为经理，金家铨任会计，开始做了几笔交易，略有盈余，这样被遣散的太平职员经常来"太利贸易行"，有了公开的活动场所，联络情感，凝聚人心，传递进步刊物，沟通战事消息，宣传党的城市政策，1949年4月，物价飞涨，一些股东要求退股，经股东大会决议全部退股，分红结账。到上海解放前夕，杜伯儒与其他党员，按照上级党委的通知，调查收集国民党官僚资本的财产资料，他们把保险业务承保的地段卡片——上面注明的信息资料包括企业名称、仓库堆栈、房屋建筑、里弄门牌、财产物资——借阅摘录一遍，送交上级党组织，供新中国成立后接管查封官僚资本做参考，而杜伯儒把太平保险公司地下党员测绘校正过的上海市区街道地段图——查勘危险掌握承保限额之用需要依街区变化及时更新尽标注了街区房屋层次、建筑构造、坚固程度、左邻右舍、往来通道等，转给解放大军作为军事巷战及布置岗哨时参考。上海解放后，上级党组织反馈的信息赞扬这份图册非常实用。杜伯儒还组织党员积极分子40余人参加人民保安队，5月25日凌晨到南京路华联同乐会集合报到，办理入队手续，杜伯儒任保险业支队长，安排在中正路（今延安东路）、金陵路和四川路一带执行"保护工厂、商店、仓库等人民财产；监视制止国民党残匪及坏人乘机破坏，并收缴他们的枪支弹药，配合解放大军进驻市区，维护秩序和治安"任务，26日，接管了"保联"会所房屋，交给保险工会筹备会管理使用。上海解放后，加入上海市军管会金融处保险组，杜伯儒与廖国英负责接收中国航联意外责任和中国航联产物保险公司。之后赴北京进中国人民保险总公司，1955年任理赔科科长，在国外处工作。后在天津市芦台农场离休。1985年11月，还为中国保险学会与上海保险学会联合主办的《中国民族保险业创办一百周年纪念专集(1885—1985)》撰写了《对我国发展保险业的刍见》一文，仍对保险业充满真挚情谊，寄予厚望，自愿参加"上海市保险业党史资料征集组"任委员兼办公室副主任，参与撰写《太平保险公司职工的经济斗争》《保险业支部在上海解放前夕的活动》《怀念胡咏骐同志》等回忆文章。在《上海保险》发表《关于保险招商局有关疑问的查证》《关于仁和、济和与仁济和保险公司的查证》（与吴越合写）及《清末三个有关保险的法规草案》等文章。

▶▶ 金家铨

曾用名金松年，太平保险公司职员，1946年3月经程振魁介绍加入中国共产党，任党小组长、党支部书记。同期加入"保险界民主促进会"，开展进步活动。黎明前虽然黑暗，但天光逐渐明亮起来。介绍冯宝豫、姚益君、袁际禹、徐通豫、章漱天入党。党内联络人为戚白明。1949年5月，根据上级组织的指示，在保险业职工中组建人民保安队，共有40余人参加，编为保险支队，属"华联中队"指挥，配发"人民保安队"臂章，为迎接上海解放做好准备。在利华造纸厂离休。自愿参加"上海市保险业党史资料征集组"任委员，1985年11月，为中国保险学会与上海保险学会联合主办的《中国民族保险业创办一百周年纪念专集（1885—1985）》吟诗赋词。参与撰写《保险业支部在上海解放前夕的活动》的回忆文章。

▶▶ 汤铭志

化名汤泽，光华保险公司职员，后转投中国保险公司。1946年3月经华世德介绍入党，曾任党小组长。党内联系人为戚白明。1946年3月，成为"保险界民主促进会"会员，开展相关活动。1948年冬，紧急撤往苏北解放区，进华中党校十四队参加培训学习。上海解放后，成为上海市军管会金融处保险组的成员，参加接管官僚资本保险公司。自愿参加"上海市保险业党史资料征集组"任办公室工作人员，参与撰写《去华中党校学习和会上海参加接管工作的回忆》《图书春秋》《结伴游胜地，共叙友谊情》等文章。1995年，在《上海保险》发表《爱国主义与我国民族保险业的发展》一文。

▶▶ 徐慧英

又名徐达，天平保险公司职员，"保联"话剧组骨干，主演过二幕抗战剧《宁静的江南》，在"保联"活动中向党组织靠拢，1945年3月由陈瑛介绍入党，曾介绍徐杰英、陈联芳、陈慎微加入党组织。1946年3月，加入"保险界民主促进会"，开展相关活动。1948年11月下旬，党通局特务机关逮捕"保联"的中共地下党员吴越、廖国英，"保联"体育部受更大损失，党组织决定在"保联"暴露的党员撤离上海去苏北解放区，徐慧英与沈润璋、汤铭志、王培荣、朱元仁、唐凤喧、刘凤珠等分头转移，全部进入华中党校十四队学习，上海解放后，随南下大军回到上海，参加上海市军管会金融处保险组，参与接管保险公司。

▶▶ 徐杰英

徐慧英的妹妹，1945年上半年，由徐慧英介绍向保险业党组织提出入党申请，经党的特别支委戚白明负责考察，经过三次谈话，觉得她思想觉悟符合党员标准，态度表现积极，因此党支部1945年8月12日批准她入党，候补期三个月。后参加"华联同乐会"党组织开展的各项进步活动，上海解放后，在普陀区粮食局任职，1967年去世。

▶▶ 朱元仁

又名朱国信。1922年10月出身于江苏扬州小业主家庭。中学毕业后考取当地一家美术专科学校，但战乱让走艺术道路的梦想成为泡影，无奈1938年在堂叔朱懋仁的引荐下，来到上海进入太平保险公司工作。同年加入"保联"，朱元仁的外形帅气，让他很快成为话剧舞台上活跃的明星。他通过演艺工作，宣传抗日救亡，揭露社会黑暗。在话剧演出中，朱元仁结识了同样来自扬州的大家闺秀刘凤珠，1945年10月经徐天碧介绍秘密入党。1946年2月参加了太平保险公司200余职工为改善生活待遇而举行的第一次罢工斗争，3月成为"保险界民主促进会"会员，开展进步活动。坚持夜校自修，肄业于上海沪江大学城中区商学院工商管理系。1948年11月21日，党通局特务在太平保险公司门口将下班的廖国英逮捕。危急时刻，上海保险业地下党组织紧急组织撤离，朱元仁奉令化名朱国汶，与刘凤珠、汤铭志等组成第二撤离小组，一路艰辛奔赴苏北解放区，抵达淮阴华中党校学习，他们与先行到达的徐天碧、唐凤喧及稍晚报到的徐慧英等人一同编入14队保险小组，后来随军南下组建上海市军管会金融处保险组，接管官僚资本企业。朱元仁负责秘书工作，刘凤珠负责审查接管单位的财务账册报表工作。任中国保险公司总管理处计划室副主任，中国人民保险公司华东区公司秘书科科长。1956年8月，朱元仁奉命进京，在太平保险公司国外业务部履职。1959年，中国人民保险公司派遣朱元仁、刘凤珠夫妇到中国驻印度尼西亚大使馆商务处工作，对外名义为中国人民保险公司驻印度尼西亚代表，经营财险业务，服务对象为华侨和华裔工商业主。刘凤珠在使馆办公室任会计。1964年任期届满返回北京，总公司另派秦道夫与王淑梅夫妇接替。1969年，朱元仁、刘凤珠去河南淮滨"五七"干校。不久，朱元仁调回北京财政部，在保险组从事涉外业务，呵护着羸弱的保险火种。1979年保险复业，朱元仁归队，先后任国外业务部、再保险部处长等职。1982年，中国人保成立投资公司，开拓保险市场新领域，朱元仁任总经理。是中美保险公司总经理、中国保险公司首席监事、太平保险公司董事、中国人民保险公司董事、中国保险学会第一届理事会常务理事，中国保险学会第二届理事会常务理事兼秘书长。1984年，中国人保为配合迎接香港回归，加快发展海外业务，朱元仁被任命为人保公司驻港澳办主任。但尚未上任就办理了离休手续，专职在家照料罹患疾病的刘凤珠。自愿参加"上海市保险业党史资料征集组"任委员，参与撰写《太平保险公司职工的经济斗争》《去华中党校学习和会上海参加接管工作的回忆》文章。1994年1月至4月在《对外经贸财会》发表《跨国公司财务管理模式的考虑——跨国公司财务管理问题系列谈》；1995年在《会计研究》发表《跨国公司资金管理问题探讨》。1995年6月，朱元仁去世，享年73岁。

▶▶ 廖国英

1921年11月13日出生于福州。1940年2月，成为兴华保险公司练习生，后跳槽加入太平保险公司，成为"保联"活动骨干，经常参加话剧组演出。1944年任丰盛保险公司会计股主任、副科长。1946年3月经章丽华介绍加入中国共产党，担任保险业分党委委员。同期加入"保险界民主促进会"。积极配合程振魁发动太平公司200余职工为改善生活待遇而举行第一次罢工斗争，组建带有工会性质的"太安丰天同人联谊会"以巩固罢工成果，廖国英当选为主席，朱元仁、金家铨等13人当选为理事。后接替被迫离职的程振魁担任太平保险公司地下党支部书记，"保联"党团书记。1948年11月21日，因叛徒张莲舫出卖，遭特务逮捕，恋人邹慧娟（丰盛保险公司）亦被关

押。同案被捕的廖国英、吴越、洪汶、赵伟民4人先被关在亚尔培2号，后转到蓬莱路警察局看守所。在狱中，历尽折磨，但他们坚持斗争，始终没有牵涉任何同志，没有危害地下党机构。1949年1月，蒋介石宣布"引退"，李宗仁迫于释放政治犯的舆论呼声压力，民安保险公司出面保释，并付出26万金圆券，将4人一同营救出狱。1949年调入上海市军管会金融处保险组，参与接管中国保险公司、中国航联意外责任和中国航联产物保险公司。1949年10月20日，中国人民保险总公司成立，廖国英任华东区会计科负责人。1950年被委派到香港，任中国保险公司驻港总处会计部主任。1951年11月，廖国英奉调北京，任中国保险公司总管理处会计处处长、会计室主任。1961年被下放到人民银行山东分行泰安地区中心支行工作。1979年，人保恢复国内业务，廖国英任人保山东保险公司顾问。1993年2月2日，廖国英离世。

▶▶ 刘凤珠

又名刘敏芬，祖籍扬州刘氏经学望族，1923年1月生于上海虹口。1940年，刘凤珠从江苏省立上海中学高中学校商科毕业。第一份工作是到泰山保险公司做财务会计，开朗活泼的性格和热情奔放的文艺天赋，使她积极投入"保联"话剧组活动，她始终认真担当着不同角色的演出。她好学不倦，坚持夜读自修，1945年肄业于上海沪江大学城中区商学院。1946年3月，加入"保险界民主促进会"。1946年4月，经徐天碧介绍，加入中国共产党。徐天碧不仅是她政治引路人，同时也是她与朱元仁婚姻的牵线人。1948年冬，与朱元仁紧急撤退解放区，化名刘敏芬，进淮阴华中党校学习。在丹阳学习期间，加入上海军管会金融处保险组，筹划接管官僚资本保险企业。反复学习领会军管会的方针政策和城市工作条例，研究拟定保险业接管方案，明确接管范围和对象。刘凤珠负责起草入城规定。上海解放后，17人保险组分工负责接管24家官僚资本保险机构，朱元仁做秘书，刘凤珠负责审查接管单位的财务账册报表工作。后任中国人民保险公司上海市分公司计划科科长，1956年任太平保险公司总管理处办公室副主任。1956年，中国人民保险公司在北京召开海外保险公司会议，刘凤珠和秦道夫负责组织接待工作。1959年被派往印度尼西亚，为中国保险业首次派驻国外的代表。国内保险停办后，刘凤珠在公司总部继续做涉外业务，她连续数年代表人保参加广交会，与来自世界各地的客商互通保险业务。1979年任总公司国外业务处科长、调研处副处长，1982年到中国保险学会任第一届、第二届理事会常务理事等职，参与中国第一部保险词典的编写，组织撰写了《财产保险》等多部保险教材。她还到最早开设保险课程的大连海运学院和中央财经学院授课，为培养保险专业人才发挥余热。1984年，刘凤珠因病办理了离休手续。1985年11月，还为中国保险学会与上海保险学会联合主办的《中国民族保险业创办一百周年纪念专集(1885—1985)》撰写了《历史的教训应该牢记》的文章，参与撰写《太平保险公司职工的经济斗争》《去华中党校学习和会上海参加接管工作的回忆》文章。1992年1月，刘凤珠因病去世，享年69岁。

>> 唐凤喧

曾用名冯锦嶹，1926年出生于浙江省新昌县，"保联"活动骨干，1946年3月由沈润璋介绍入党，保联党团成员。同期加入"保险界民主促进会"，开展进步活动。1948年11月由党组织安排撤离上海赴苏北根据地，参加苏中党校十四队培训。1949年5月任上海市军管会金融处保险组军事联络员，负责接管台湾产物保险公司。后任人保上海分公司股长、秘书科副科长，国内保险停办后，任贵州省商业厅工商局科

长、副局长，省商业厅业务处副处长、办公室主任，贵州省人民政府驻上海办事处主任等职，1988年离休，享受厅局级干部政治生活待遇，自愿参加"上海市保险业党史资料征集组"任委员。因病于2003年7月31日在上海逝世，享年78岁。

>> 程文魁

程振魁的胞弟，1942年前后，在哥哥影响下，秘密参加"保联"《大众哲学》和《政治经济学》读书小组，思想觉悟得以提升，不久在"保联"话剧组参加演出。后在参加"华联同乐会"声乐、话剧股活动中，成为中共地下党员。1946年进红色经济实体广大华行做财务部主任，献身革命事业。1948年，因哥哥程振魁地下党身份暴露，程文魁在广大药房三楼会计室差点被特务逮捕，幸亏同事掩护，侥幸逃脱，紧急撤离。1948年11月，在香港参加上海地下党举办的整风学习班。后在香港华润（集团）有限公司工作至离休。

>> 徐兰甫

天一保险公司职员，1938年"保联"成立后，在图书委员会里做委员，一度与林震峰、吴振年、张统桢负责编印《保联会报》，承担图书室服务工作。1946年经谢寿天介绍入党，上级联络人为林震峰。1946年3月，成为"保险界民主促进会"会员，开展相关活动。在中国人民银行闸北区办事处退休。

>> 王培荣

是在中共上海地下党学委系统发展入党的，后入职华孚保险公司，1947年下半年正式转入地下党保险业分党委，编入汤铭志做组长的党小组。同组还有刘凤珠、陈联芳等。1948年11月下旬，党通局特务机关先后逮捕了"保联"吴越、廖国英，"保联"体育部副部长赵伟民和话剧组积极分子洪汶4人。为避免遭受更大损失，党组织决定在"保联"中暴露的党员撤离上海去苏北解放区，王培荣化名熊人标，与沈润璋、汤铭志、徐达（徐慧英）、朱元仁、唐凤喧、刘凤珠等分头转移，进入华中党校十四队学习，上海解放后，随解放大军回到上海，但没有回归保险业，而是进入教育科研系统，后来在北京中国科学院的下属机构工作，直至离休。1990年在《党校论坛》发表《把基层党组织的政治核心作用真正落实在企业》的文章。

>> 陶增耀

1926年生于上海。1946年考入中国农业保险公司，在吴康领导的学委系统入党，发动学生反内战反独裁，与"保联"并肩作战，形成第二条战线，有力地配合了人民解放的进展。国民党当局镇压上海学生运动，1948年8月26日，陶增耀与任民鉴、黄汝坚等遭党通局"特刑庭"逮捕，经过5个多月狱中斗争，终于在1949年1月28日出狱。1949年5月加入上海市军管会金融处保险组，担任军事联络员，负责接收中国农业保险公司。1949年8月，陶增耀与郭雨东、姚乃廉等四名党员带领30多位中青年骨干分子抵达北平，首批支援中国人民保险公司筹建，担任人保公司主持日常工作副总经理孙继武的秘书。1949年11月执管运输险科，完成从无到有的人保运输险各种运营初建。1957年受派到广州，成为广交会保险第一人。当选人保总公司首届工会主席，是金融工会丰富多彩的群谊活动擘画组织者。"文革"后期，被转派到人民银行工作。1984年，受命创建中国人民银行电子计算机中心，筹建计算机系统，任主任。1986年10月随保险科技代表团赴瑞典和瑞士访问。

>> 姚洁忱

又名姚乃廉，浙江湖州人。生于1921年11月。1945年毕业于上海沪江大学城中区商学院，进入丰盛保险公司。积极参加"保联"活动。1945年进入太平保险公司工作。1946年3月，成为"保险界民主促进会"会员，开展有关活动。1946年经程振魁介绍加入中国共产党。1948年进入中国工业联合保险公司任职。1948年转入中共上海局策反小组，做争取国民党军队起义投诚的工作。1949年参与上海市军管会保险组接管工作。同年到北京参加筹建人保总公司，先后在检查室、国外业务处工作，曾任科长、副处长。1954年被派往香港，任中国保险公司香港分公司副总

经理，澳门南通银行经理。1972年任总公司再保处副处长。1983年任中国人民保险公司驻伦敦联络处首席代表，并负责筹建中国保险（英国）有限公司，任董事长兼总经理等职。中国保险学会第二届理事会理事，高级经济师。著作有《再保险介绍》等。发表了《保险的作用和保险工作的体制改革》等论文。

▶▶ 毕世芳

1915—2000，江苏常州人。1933年12月进入友邦保险公司做英文打字员。1942年友邦停业，进入中国工业保险公司，与施哲明同桌办公，参加了进步组织联谊活动。在上海跑马场由"保联"组织的运动会上，毕世芳屡次获得竞走冠军。1943年，赴南京担任中国工业保险公司南京分公司经理。返沪后进五洲保险公司工作。1948年进入中国工商联合产业保险公司工作。1949年年底，参与中国人民保险公司筹建，在国内保险处人身保险科任副科长，主要负责寿险业务。爱人周文是老资格的革命者，娘家是党的地下交通站，1938年，就担任了新四军潞城镇妇抗会主任，"皖南事变"后逃到上海投亲靠友，与毕世芳结婚，入职中国工业保险公司，后进入人保北京市分公司。毕世芳为人保公司建立人身保险业务条例和法规尽心竭智，屡次陪同总经理到国务院法制局陈述立法依据，申报新的保险条例。1959年3月，毕世芳和周志诚等7位保险专业人员被遣散到广西壮族自治区南宁市工作，分配在新华书店工作，担任办公室主任。1979年保险业恢复时，就近在中国人民保险桂林市公司担任顾问。

▶▶ 周世清

中国国货公司职员，1946年10月经沈润璋介绍加入中国共产党，后转国货公司党组织，参加职工运动。后在中央广播电影电视部电影局离休。

▶▶ 贝树生

又名贝持中。1946年进广大华行做财务人员，参加"华联"活动，中共党员，编入"华联"党小组。后进入广大华行投资的大中华拆船厂任职。1948年11月，在香港参加上海地下党举办的整风学习班。后在浙江省嘉善县魏塘镇县农业银行退休。

▶▶ 陈慎微

1946年经徐慧英介绍入党。曾在中国人民保险公司华东区工作。

▶▶ 潘友福

1946年经王亦洲介绍入党。后调离保险支部。当安庆市工厂厂长。

▶▶ 袁际禹

化名陈协，太平保险公司职员，1948年7月经金家铨、杜伯儒介绍入党，一度代理党支部书记。发展刘延凯入党。1948年冬，紧急撤往苏北解放区。后在申江企业总公司离休。

▶▶ 王永昌

怡太保险公司职员，1946年3月，成为"保险界民主促进会"会员，开展有关活动。1948年之前加入中国共产党，参加人民保安队。任职于中国人民保险公司上海分公司，中国人寿保险香港分公司总经理。生命人寿保险股份有限公司上海分公司总经理。自愿参加"上海市保险业党史资料征集组"任委员兼办公室主任。

▶▶ 杨良能

中国联合保险公司职员，系民安保险公司首任总经理杨经才的次子。1949年2月加入中国共产党，上海解放时参加人民保安队。可惜在上海解放后不久的7月因病去世，中共上海市黄浦区委员会组织部还对他的党员身份出具过证明信。

▶▶ 顾青云

曾用名顾烈泉，太平保险公司职员，1946年3月，成为"保险界民主促进会"会员，开展相关活动。1949年2月经金家铨、杜伯儒介绍入党，曾任党支部委员、代支部书记。党内联络人张俊，参加人民保安队。后在上海海洋渔业公司离休。

▶▶ 刘延凯

太平保险公司职员，1949年2月经金家铨、杜伯儒介绍入党，参加人民保安队。在轻工业部华东供销管理处退休。

▶▶ 姚益君

曾用名姚益顺，天一保险公司职员，"保联"妇女部骨干。利用"母亲节"义卖纸花，向各公司职员推销，为纪念"七七"卢沟桥事变，义卖小国旗，事先购到数以千计小国旗，当时一次义卖即得到300多元，支援前线。利用业余时间，编织毛衣，裁制儿童衣帽等，送"职妇"参加义卖。参加"华联同乐会"救济难民，劝募寒衣等各项活动。1949年3月经金家铨介绍入党，参加人民保安队。党内联络人吕献春。后在上海徽章厂离休。参与"上海市金融业党史资料征集组"，任办公室工作人员。撰写了《"银联"历届会员大会（会员代表大会）简介》等文章。

▶▶ 叶绪茂

中国保险公司职员，1949年3月经席玉年介绍入党，党内联络人为蔡东园、韩西雅。成都市机械工业局离休。

▶▶ 张葵珠

中南保险公司职员，加入中国共产党，参加人民保安队。上海市计委离休。

▶▶ 陈联芳

泰山保险公司职员，加入中国共产党。在四川达县退休。1986年5月去世。

▶▶ 徐通豫

天一保险公司职员，上海解放前加入中国共产党，参加人民保安队。1968年去世。

▶▶ 董孝杰

太平保险公司职员，上海解放前加入中国共产党，参加人民保安队。在安徽省物资局离休。

▶▶ 陈君明

1948年经哈炯磊介绍入党。上海解放时参加人民保安队。

▶▶ 李文锦

孙文敏的爱人。香港新华社诊所离休。

▶▶ 冯宝豫

后党内关系转入交通银行。

▶▶ 董国清

美商北美洲保险公司职员，永宁水火保险公司襄理。1938年"保联"的发起人与创建者之一，也是首届理事兼同仁福利委员会副主席。1939年6月当选第二届常务理事兼组织部长。1939年12月任"保联"第三届征求会员委员会委员。"保联"为参加"上海市业余话剧界慈善公演"，组成了15人的义卖公演委员会，董国清是成员之一。董国清还与"保联"福利委员会的陈瑛、林绳佑、谢仲复、庄祖濠、乔关福等作为共同发起人，起草社章，创建了"保险业消费合作社"，任常务理事。1941年集股创建大安保险公司，是7名发起人之一，任副总经理。后按大安的计划，投资宁绍人寿保险公司肆万元，持股400股作"安记"股东，直到控股改组，着手挽救处于停业状态的宁绍人寿。大安保险投资100两黄金创办大安木材公司，董国清任总经理（陈巳生任董事长，郭雨东任监事长）。1950年12月20日，董国清撰写的《坚决抗美援朝就是卫国保家的基本工作》刊登在《木业界》新2卷11期上。在北京木材厂退休。

▶▶ 张统桢

天一保险公司职员，1939年6月当选"保联"第二届理事。在"保联"学术组里任干事，一度与林震峰、吴镇、徐兰甫负责编印《保联会报》，承担图书室服务工作。1939年6月《保联》第一卷第8期，刊登了张统桢与林雪松女士结婚典礼的消息。抗战胜利后，中共上海市委张执一委托谢寿天作为发行人兼编委创办《经济周报》，由上海书报社总经销，后因谢寿天事务繁忙转托信赖的张统桢做编辑兼发行人。谢寿天发起筹建了"东方联合营业公司"，经营进出口贸易为主，兼营信托投资。1948年10月，谢奉党的指示紧急撤离上海，为使"东方"业务不致中断，邀张统桢、徐兰甫跳槽来"东方"从事股票、金银的买卖，以遮人耳目，直至上海解放。这就为上海解放后的"金融大决战"埋下了伏笔：张、徐两人，对人民政权的金融稳固建立功勋——他们对证券大楼内各投机商号、经纪人操纵整个上海金融黑市的违法活动进行秘密调查，确定了一批应予惩办者的名单。为1949年6月10日上海市军管会查封上海证券交易所，惩治银元投机活动作出了贡献。20世纪50年代中期，任上海市公共饮食公司副经理。六七十年代，任上海市饮食服务公司经理。

▶▶ 戈志高

中共党员，上海市军管会保险组17名"接管大员"之一。与徐天碧负责接收太平洋保险和交通产物保险公司。接管工作从5月30日开始，10月23日顺利结束。1949年8月，由陈云同志主持，在上海召开了有华东、华北、华中、东北、西北5个地区的财政、金融、贸易部门领导干部参加的财经会议，会议正式提出创建中国人民保险公司的建议。保险组即兵分两路，留守上海和支援北京，戈志高与郭雨东、陶增耀、姚乃廉4位党员带领从接管单位挑选出的30多位思想进步、业务熟悉的中青年积极分子奉调首批赴京，参与筹建中国人民保险公司，奠定筹建的框架基础。

▶▶ 虞瑞德

"保联"党支部培养的积极分子，1939年10月，由"保联"党组织输送到抗日根据地。在杭州市财政局离休。

▶▶ 马宝星

又名马简文，"保联"与"华联"骨干分子，日寇进占上海租界时被捕，经石志昂组织营救才获出狱，石介绍他到重庆找卢绪章，先入广大华行处理账务，后赴西安任广大华行西安分行经理。1946年8月返回上海任广大药房副经理。1947年进入石志昂主办的合众西药行工作。

▶▶ 李锵

江苏苏州人。1924年10月生。1942年加入太平保险公司工作，任火险科实习生。他积极参加"保联"活动，1946年考取了上海沪江大学城中区商学院银行专修科，因参加太平保险公司职工罢工运动（任纠察队长），被遣往外地而肆业。先后在太平保险汉口分公司、长沙分公司、九江分公司工作，1948年11月遭公司解雇。1949年11月，李锵经朱元仁介绍，到人保华东区公司的训练班学习，1950年2月培训班结束，

被选派到北京加入人保总公司的早期创建队伍。1951年任国内业务火险科副科长。1959年任国外保险业务处副科长。1981年任业务二处副处长。1984年任中国人民保险公司总公司国外业务部副总经理，1988年任出口信用保险部副总经理。中国保险学会第一届、第二届理事会理事等职。是中央财政金融学院国际保险系兼职教授、中国海商法协会理事。著作有《责任保险》《新险种业务》等。高级经济师。

▶▶ 陈鹤

字鸣皋，浙江定海人。1924年毕业于圣约翰大学，归国后，在上海法商保太保险公司工作达18年之久。1936年10月参与创立具有统一战线性质的洋行华员联谊会，出面组织洋联战时服务团，投身抗战前线服务活动。后成为创建华联同乐会的十人核心小组成员，当选为首届理事会常务理事、会员部主任兼秘书处副主任。1943年，任民安产物保险公司业务处长、协理。以民安保险公司负责人的身份参与筹建重庆市保险界同人进修社，当选为理事，"以联络感情、调剂业余生活为宗旨"开展活动。陈鹤投资中国再保险公司、中国企业保险公司作董事，1949年，上海同业成立民联分保交换处，任副主任委员、上海民安产物保险公司上海分公司总经理等职。陈鹤还参与创办联安产物保险公司，出任董事兼代总经理，卢作孚任董事长。后陈鹤应聘到中国纺织建设总公司保险事务所担任副经理。新中国成立后，陈鹤奋斗在纺织工业战线，1952年，他追随夏循元、贾奕良到清河制呢厂新建的精梳毛纺车间蹲点，在毛纺行业移植和推广郝建秀工作法，培养了许多优秀挡车工，加强了生产管理，推动了该厂的增产节约运动。

▶▶ 魏原杰

浙江嘉善人。1930年3月生。1949年6月参加革命。1968年7月毕业于上海师范学院外语系。曾任中国银行上海市分行保险科科长、副经理，中国人民保险公司上海市分公司副经理、经理等职。上海作家、艺术家、企业家联谊会理事，上海公共关系协会理事。发表了《试论开展社会主义保险的必要性》《迎接我国保险新纪元》《保险的改革与发展》《保险如何为发展农副业生产服务》等论文。主编《中国保险百科全书》《今日上海保险市场》。创建上海保险学会，任会长。高级经济师。

▶▶ 陈中襄

浙江人。1918年7月生。1940年毕业于上海光华大学，考入中国保险公司任职。1949年参加革命工作，成为中国人民保险公司第一代创建者，任人保总公司编译科、宣传科副科长，组织人手翻译《苏联国家保险》一书，在全系统开展保险业务理论普及工作。1950年10月，人保险总公司创办了《人民保险》杂志，陈中襄成为杂志的第一任编辑。国内保险业务停办后，陈中襄被分到东北大庆油田，从事宣传工作。退休回京应聘协助李嘉华创办《保险研究》《中国保险》两本杂志，出任《中国保险》杂志主编，《保险研究》编审委员会委员，《财政》杂志副主编，中国保险学会第一届理事会理事等职。中国财政经济出版社、中国金融出版社社外编辑。著作有《企业管理与保险》等。中国保险学会第二届理事会理事。高级经济师。

▶▶ 赵萍

又名赵如仙，1924年出生于上海，美商海宁洋行女工，是工友里少有的初中生，"保联"话剧组骨干，1942年1月赴苏中根据地参加革命，同年7月加入中国共产党。历任苏中、苏北华中局审计、会计，从此成为红色金融战士，在山东进入"马背上的银行"北海银行任辅导干事、副股长、股长。1948年12月1日，北海银行、华北银行、西北农民银行合并为中国人民银行，以粮食、棉花等战略物资作为发钞的准备金，发行人民币，辅助人民币统一全国货币。参加"华东南下干部纵队"的短期集训，渡江战役后编入第一支队，在张劲夫、张雨帆、李培南率领下解放浙江，受命参加杭州市军管会，接管浙江省财政厅，出任中国人民银行浙江省分行股长、课长、副科长、办公室副主任、计划处处长，浙江省轻工业厅计划处、生产处负责人等职。浙江省轻工业研究所副所长、离休干部（享受厅局级待遇）。2012年11月10日在杭州逝世，享年88岁。

▶▶ 赵倩

原名赵雅芳，1917年出生于上海，是赵帛的大姐，鬼子的飞机两次炸毁了她家的房产，全家逃难到租界。13岁就到织布厂做童工，1938年初，赵倩在美商海宁洋行做工，在地下党的引领下入党，是"工人救亡协会"的负责人，多次组织工人罢工，宣传抗日，与资本家做斗争，参与过"保联"的联谊活动。1940年11月被资本家开除，经中共地下党组织安排，赵倩与吴秀丽、汤翠娣等7名地下党员和工运骨干，在上海十六铺码头乘江轮，经过一个晚上的航行，到苏北新港上岸，经季家市、黄桥、海安、东台，抵达盐城参加新四军，党组织安排她进中国人民抗日军事政治大学第五分校学习。5月，从抗大毕业，她被评为学习模范，获得了陈毅校长颁奖，留校担任了第二期女生队排长、副队长。在抗大五分校，赵倩与政治部副主任刘毓标相知相恋并组成革命家庭。刘毓标是1927年4月投身革命的老革命，从乡苏维埃主席、区委书记、县委书记，到皖浙赣省委组织部长、红军独立团政委，在南方度过三年艰苦卓绝的游击战争，在新四军里，刘毓标先后担任新四军直属政治处主任、五十二团政治委员、抗大第八分校政治委员、二师干部教导团政治委员、六旅副政治委员。1942年12月，日伪军对盐阜地区发动第二次大"扫荡"，怀孕6月的赵倩被安排回上海"打埋伏"。直至1943年夏天，她才抱着4个月的长子刘华申与刘毓标在盱眙县城东的千棵柳村会合。1945年8月，刘毓标任淮南津浦路东分区副政治委员兼政治部主任。12月，任第二师第六旅兼淮南津浦路西分区副政治委员。在此期间，先后任华东野战军第十一纵队第三十一旅、三十二旅政治委员。1949年4月，任第二十九军政治部主任。率部参加了淮海战役、渡江战役、淞沪战役和进军福建的福厦战役。新中国成立后历任军副政委兼政治部主任、军政委，华东军区装甲兵政委，参加了抗美援朝战争。这个革命家庭成了"将军家庭"——父子3人先后被授共和国少将军衔。赵倩转业后一直在长江机器厂负责组织工作，直至退休。他们夫妻侠骨柔情，两本战地日记见证了一段革命者的纯真情感，现收藏在新四军纪念馆，被评定为国家二级文物。

>> 赵征

赵帛的胞妹，1926年1月1日出生于上海。1940年，在哥哥赵帛带领下参加"保联"的活动，借阅书刊，唱歌演剧（演过有关文天祥的话剧角色）。1941年太平洋战争爆发，日寇占领上海租界，规定每个学校都要增加日语课。15岁的赵征在上海道中女中读初三，学校强制要求学日文，在大哥、大姐平时的爱国言行影响下已经接受抗日思想的赵征带头站出来拒绝学日文。后向大哥赵帛表达了参加新四军的愿望。1942年4月1日在大哥的安排下，由地下党交通员带领，秘密到达苏北根据地，进华中抗大三期教导队接受

军事训练和政治教育。三个月后分配到新四军一师二旅文工团为团员，1943年5月3日加入中国共产党，组织上安排她转业到后方，任江苏高邮一区东郭墩乡副乡长，一年多后赴山东解放区，进山东省政府做会计工作。上海解放后赵征投身金融战线工作，任中国银行上海分行私企业务处副处长、第二营业部副主任。中国银行总行国外局综合计划部副总经理。1983年至1986年受总行委派担任浙江省中行行长，浙江省政府驻深圳办事处副主任、党组书记。90岁时作为新四军一师的代表，受邀在2015年9月举行的纪念中国人民抗日战争暨世界发法西斯战争胜利70周年天安门广场阅兵式中，登上乘车方队，行进在受阅方队最前方，接受祖国和人民的致敬。2016年8月7日，赵征病逝，享年91岁。

▶▶ 吴秀丽

1918年12月出身于上海纱厂工人家庭，居住在提篮桥里弄，因家境贫寒，只在教会夜校扫盲班学习过几个月，10岁起就开始做童工。1938年进美商海宁洋行做女工，认识了地下党员杨培娟、于文娟，一起到青年会听报告，去曹家渡工人聚集点教唱歌，组织工人演话剧，受到启蒙教育，1939年3月1日经于文娟介绍入党，为党支部宣传委员，后来担任党支部书记，

曾在"保联""益友社""青年会"等场所活动，高唱《毕业歌》《在松花江上》《五月的鲜花》《义勇军进行曲》等抗日歌曲，去唤起民众的抗日热忱。在海宁洋行糖果厂组织工人俱乐部任主任，先后组织了3次怠工罢工活动。1940年12月，因身份暴露，在党组织的安排下，和工友赵倩、汤翠娣等7人由交通员护送，乘船顺利到达江北抗日根据地中心——盐城，参加了新四军，进入抗日军政大学第五分校学习。毕业后留校当排长。1942年年初，又调到军部报务科学习半年，后被分配到军部三部二科做情报工作，并任党支部书记。后来在战地与南通警卫团副团长罗桂华（安源煤矿工人出身的老红军，1955年被授予少将军衔，总后勤部西安办事处政委）相识相恋，到南通警卫团做民运工作。1956年转业到地方，1982年5月离休，离休前为中共西安市碑林区委党校

校长。获三级独立自由勋章。2008年在江苏苏州逝世，享年90岁。（图左，1941年冬，吴秀珍与大姐吴秀丽在抗大五分校重逢时合影）

▶▶ 吴秀珍

　　吴秀丽的大妹，美商海宁洋行做女工时期参加革命，加入中国共产党，在抗大五分校学习，嫁给了新四军将领，后来腿负伤残疾了，行动不便返回上海，到芝罘路的周协记无线电行当店员，经陆瑛的联系，接续党的关系，编入卢志英领导的华中分局联络处地下党组织。1947年3月7日，因张莲舫叛变，卢志英情报系统的20多位地下党员均遭逮捕，与陆瑛等关押大半年，受尽折磨，直到10月份，交赎金，找铺保，写"自白书"后释放。上海解放后，吴秀珍跟着南下的丈夫去了浙江临海工作。"文革"中，吴秀珍因"自白书"问题影响，被退职回家。1985年平反。

▶▶ 杨培娟

　　江苏吴县人。1915年11月生，1936年参加革命，1938年6月参加中国共产党。参加"救国会"，进行抗日宣传活动，由于工作需要，赴美商洋行海宁糖果厂做工，任海宁洋行第一届党支部书记。在厂里领导工人运动，赴"青年会""华联""保联"参加联谊活动，还动员好几个进步青年去苏北参加新四军；并在厂里发展了党的力量。1939年，脱产做党的秘密人事科科员交通工作，配合上海邮局中共地下组织输送秘密文件。1940年患结核性腹膜炎，经组织批准回家休养，后与组织失去联系。1946年病未痊愈，就参加邮电支部工作。1950年，受上海总工会派遣筹建上海失业工人生产自救的橡胶厂。1960年该厂并厂后改名为上海橡胶制品二厂。1965年离职休养。

参考文献

★ 《保联》月刊，上海市保险业业余联谊会出版委员会 1938—1941。

★ 《保联会报》，上海市保险业业余联谊会编印中华民国三十二年。

★ 《上海市保险业业余联谊会会议记录》《上海市保险业业余联谊会会员名册》。

★ 《上海市保险业业余联谊会第五届征求会员暨筹募扩大会所基金特刊》。

★ 《胡詠骐先生纪念册》，中华民国三十年七月十五日出版。

★ 《上海保险业职工运动简史》，内部资料，上海工人运动史料委员会1954年12月。

★ 《上海工人运动历史资料》，1954年第四辑，内有上海保险业运动简史。

★ 《上海市保险业职工运动史料（1938—1949）》，上海市保险业党史资料征集组编写，1987年12月。

★ 《上海市保险业职工运动史料续集（1938—1949）》，中共上海市委党史资料征集委员会主编、上海市保险业党史资料征集组编写，内部资料，1989年6月。

★ 《上海店员和职员运动史：1919—1949》，上海社会科学院出版社1999年版9月第1版。

★ 《众志成城：上海店职员运动战友谱》，刘燕如主编，上海画报出版社2007年第1版。

★ 《上海"银联"十三年》，上海市金融业职工运动史料第一辑，1986年8月。

★ 《上海四行二局职工运动史料》，上海市金融业职工运动史料第二辑，1987年11月。

★ 《上海市金融业职工运动史料》（第三辑），中共上海市委党史办主编。

★《上海解放三十五周年文史资料纪念专辑》，上海人民出版社1984年4月第1版。

★《上海解放四十周年纪念文集》，学林出版社、上海人民出版社1989年4月第1版。

★《红色金融交响曲：上海金融战线革命斗争图集》，上海人民出版社2021年12月版。

★《新四军人物志》，马洪才编，江苏人民出版社1985年4月版。

★《纪念刘晓诞辰100周年》，内部资料2008年。

★《晓珠天上红千般——张承宗百年诞辰纪念图文集》，中共党史出版社2010年版。

★《岁月无痕青山在——王尧山百年诞辰纪念图文集》，中共党史出版社2010年版。

★《张执一遗踪画卷》，武汉出版社2011年版。

★《陆志仁纪念集：1910—1992》，编辑组1993年9月。

★《笑傲特殊战线——"红色商人"杨延修的传奇人生》，上海爱建股份有限公司编著，中西书局2014年版。

★《上海市商会社会童子军团与绿营联谊社简史》，中共上海市委党史资料征集委员会主编，1992年6月。

★《华联同乐会与上海外商企业职工运动简史》，中共上海市委党史资料征集委员会主编，1991年版。

★《上海地下党支援华中抗日根据地》，财政部财政科学研究所、新四军研究会、上海高校专题组主编，华东师范大学出版社1987年6月第1版。

★《中国太平发展简史》，中国太平公司、上海社会科学院编，中国金融出版社2015年第1版。

★《群星璀璨——中国太平人物谱》，海天出版社2019年10月第1版。

★《防灾》，民联分保交换处出版，1950年1月1日创办。

★《上海保险业职工运动简史》，内部资料，上海工人运动史料委员会，1954年12月。

★《中国保险年鉴1937年》，沈雷春主编，中国保险年鉴社编辑出版。

★ 《中国保险史》，中国保险学会编审，中国金融出版社1998年9月版。

★ 《中国保险史志（1805—1949）》，颜鹏飞主编，上海社会科学院出版社1989年9月第1版。

★ 《中国保险历程》画册，周德英、童伟明等编，中国文史出版社1999年3月版。

★ 《中国保险业二百年》，中国保险学会、中国保险报编，当代世界出版社2005年6月第1版。

★ 《中国保险百科全书》，魏原杰、吴申元主编，中国发展出版社出版1992年9月第1版。

★ 《全国金融机构一览》，中央银行稽核处编印，中华民国三十六年三月增订版。

★ 《上海金融业概览》，联合征信所编，中华民国三十六年一月出版。

★ 《上海工商人名录》，中国征信所编，美华书馆印，民国二十五年五月初版。

★ 《最近上海金融史》，徐寄庼编辑，中华民国十五年十一月一日初版。

★ 《上海金融志》，洪葭管主编，上海社会科学院出版社2003年7月第1版。

★ 《旧上海的金融界》，文史资料选辑，上海人民出版社1988年8月版。

★ 《保险学》，商务印书馆1925年2月版。

★ 《中国公司法论》，王效文著，上海法学编译社出版，中华民国26年出版。

★ 《中国保险史话》，吴申元、郑韫瑜编著，经济管理出版社1993年2月第1版。

★ 《中国民族保险业创办一百周年纪念专集（1885—1985）》，上海市保险学会编。

★ 《简明中国保险知识辞典》，北京市保险公司编写组，河北人民出版社1989年10月版。

★ 《上海财经大学博物馆馆藏集萃（保险卷）》，喻世红主编，上海书画出版社2019年5月版。

★ 《迷失的盛宴：中国保险产业1919—2009》，陈恳著，浙江大学出版社2009年11月版。

★ 《时间的梳子》，高星著，中国华侨出版社2016年版。

★ 《族谱的墨迹——中国人民保险公司成立初期创始人列传》，高星著，中国金融出版社2017年版。

★ 《族谱的墨迹——中国人民保险公司成立初期创始人列传（续1）》，高星著，中国金融出版社2019年版。

★ 《族谱的墨迹——中国人民保险公司成立初期创始人列传（续2）》高星著，中国金融出版社2020年版。

★ 《1949，西交民巷108号——中国人民保险公司的诞生》，高星著，中国金融出版社2019年版。

★ 《不忘来时路——中国人民保险的记忆》，中国人保编写，中国金融出版社2021年版。

★ 《我们的故事：精算师在上海》，上海市档案馆朱纪华主编，上海书店出版社2017年7月第1版。

★ 《中国银行行员手册》，中国银行总管理处编印，中华民国三十四年一月。

★ 《档案里的金融春秋》，朱纪华主编，学林出版社2012年6月第1版。

★ 《中国金融旧事》，朱镇华著，中国国际广播出版社1991年10月版。

★ 《银行秘事》，刘忠著，中共党史出版社2008年1月第1版。

★ 《银行老照片》，孙持平主编，上海古籍出版社2008年11月版。

★ 《银行博物珍赏》，上海市银行博物馆藏品集，香港中国通出版社2003年2月版。

★ 《金融可以颠覆历史》，王巍著，中国友谊出版公司2013年6月第1版。

★ 《跌宕一百年中国企业1870—1977》，吴晓波著，中信出版社2009年1月版。

★ 《近代中国商业社会史迹追踪》，徐鼎新著，香港天马出版有限公司。

★ 《沪江大学九十周年纪念集 1906—1996》，内部发行，2010年。

★ 《上海社会科学院校友回忆录》，上海社会科学院内部印刷，2008年9月。

★ 《天命年回首》（共三辑），上海社会科学院经济研究所50周年征文选，上海社会科学院出版社2006年9月版。

★ 《中国社联成立55周年纪念专辑》，上海社会科学院出版社1986年3月版。

★ 《上海"孤岛"文学回忆录》（上下卷），上海社科院文学研究所，中国社会科学出版社1985年版。

★ 《惊涛拍岸：上海红色金融》，黄沂海，学林出版社2021年9月版。

★ 《上海滩金融传奇》，黄沂海著，中国金融出版社2021年2月版。

★ 《笑看金融》，黄沂海著，上海三联出版社1998年9月版。

★ 《风云五万里》，新安旅行团画册，上海人民美术出版社1989年1月版。

★ 《日月新天——上海解放亲历者说》，上海人民出版社2019年5月版。

★ 《十里洋场的侧影》，谢菊曾著，广州花城出版社1983年1月版。

★ 《卢绪章传》，李征著，中国商务出版社2004年6月版。

★ 《卢绪章与广大华行：政治使命与企业经营（1927—1950）》，王元周编著，中国对外经济贸易出版社1999年版。

★ 《我的爸爸包玉刚》，包陪庆著，浙江大学出版社2010年4月版。

★ 《共商国是海宁人——陈巳生陈震中》，海宁政协，中国文史出版社2019年版。

★ 《不忘初心——人保人口述历史笔录》，中国人保集团编，2017年7月第1版。

★ 《新四军人物志》，马洪才编，江苏人民出版社1985年4月版。

★ 《我的父亲刘毓标——开国将军的戎马人生》，刘华苏著，中国书籍出版社2014年3版。

★ 《阮英平传》，阮朝阳、李宗元著，中国文史出版社2009年8月第1版。

★ 《潘汉年传》张云著 上海人民出版社2006年1月第1版。

★ 《家：在时代的洪流中》，《上海人的故事丛书》，孙光玥著、胡晓岚编，2013年。

★ 《和爸爸一起坐牢的日子》，卢大容著、王白水绘图，少年儿童出版社1954年11月第1版。

★ 《上海工人运动历史资料》（一、二、三）。

★ 《上海工人运动历史大事记·第三分册》，1937年8月—1945年8月，上海社会科学院整理，上海书店出版社2019年5月版。

★ 《上海福建人》，高路霞主编，上海人民出版社2008年12月第1版。

★ 《上海的宁波人》，李坚著，上海人民出版社2000年10月第1版。

★ 《红色华润》，编委会，中华书局2010年4月第1版。

★ 《华润公司成立四十周年纪念特刊》。

★ 《五十春秋忆苏公》，纪念新四军苏中公学建校五十周年，1994年。

★ 《国立上海商学院一九四九级毕业纪念册》。

★ 《五十年来之中国保险业》，中国通商银行编，《五十年来之中国经济（1896—1947）》，王效文，第196页。

★ 《保险界人物志——胡詠骐》，《保联》第1卷第8期，1939年。

★ 《回忆上海社会科学讲习所》，王任叔撰，编入《上海孤岛文学回忆录》，上海社科院出版社1985年版。

★ 《悼念战友程恩树同志》，卢绪章、杨延修著，《上海市保险业职工运动史料》1987年12月。

★ 《你要像八月风荷出污泥而不染》，《卢绪章回忆录》载于《我们的周总理》，中央文献出版社1990年版。

★ 《怀念无产阶级革命战士胡詠骐同志》，林震峰撰，《中国民族保险业创办一百周年纪念专集 1885—1985》，上海市保险学会。

★ 《革命先驱保险魂》，林振荣，《中国保险报》2011年2月25日8版。

★ 《小处显大节，风范隐平凡——胡詠骐后人寻访实录》，林振荣著，分6期连载于《中国保险报》2017年2月10日至3月24日。

★ 杨延修口述《民安产物保险有限公司亲历记》，《上海保险》2010年第5期。

★ 《战斗在一条特殊的战线上》，《党的光辉照我心》由《解放日报》编辑部编印，1981年9月。

★ 《回忆抗战期间昆明业余联谊社的活动》，《云南现代史料丛刊（昆明）》1985年4期。

★ 《改革开放后国内首家民营企业：爱建的筹建、创业和发展》，杨延修、年士萍著，《浦江纵横（上海）》2015年3期。

★ 《回忆"文革"后上海工商界经济访问团首访香港》《浦江同舟（上海）》2017年1期。

★ 《参与创建改革开放后国内首家民营企业的杨延修》，杨延修、年士萍著，

★ 《浦江同舟(上海）》2013年2期。

★ 《陈氏父子的上海往事》，苏原著，《中国报道》2009年第4期。

★ 《无怨无悔的人生——赵征访谈录》，《追寻她们的人生》（新四军志愿军女战士和妇女干部卷），张李玺著，中国妇女出版社2014年12月版。

用"保联"专题收藏研究
向红色保险岁月致敬

《追寻——保联先行者的足迹》在中国保险学会擘画支持下，终于付梓印行，能够顺利与读者见面了，笔者百感交集，心头涌上万语千言。

总有人问，什么原因驱使我这样一个非保险从业人员的金融门外汉，痴迷保险历史文化收藏研究20余年？居然有胆量来挑战红色保险史之高大上课题？

三十年前，当我还在大西北党校任教中国货币史、中国金融史课程时，心里就充满好奇：一百多年前的沿海小渔镇是如何变身国际大都市的？为什么独独上海能够成为远东金融中心？二十多年前当我工作变动成为新上海人时，深深为海派文化中西交融的丰富内涵所感染，我由衷地对"党的初心地"——上海——"红色之源"的传奇故事充满虔诚与敬畏，并在迷恋与思考之余，萌发了难以抑制的收藏冲动，我要用另辟蹊径的收藏研究来展示这座城市的不凡魅力。

喜欢收藏的人，大多是活在故事里的，几乎每件藏品背后都会有一段意味深长的收藏故事。2006年的偶然机缘，让我与全民抗战中的红色保险历史遗存有了初次邂逅：我在上海云洲古玩城淘到一份"中央信托局职员履历书"，起初我并不太珍视这件略嫌简陋的厚纸片，只因与上海保险业历史有关才纳入囊中。之后随着保险历史专题研究的深入，渐渐发现其珍贵之处。"一张普通的登记表激活了一段尘封的历史"，前后耗时五年，查阅档案文献，走访金融业老前辈，逐步诠释其中的信息，终于解开了当事人程恩树及保荐人胡詠骐两位"保联"创始人中共地下党员的身份奥秘，查找到了这件貌似平常文档背后尘封的烽火岁月资料，探寻出它背后承载的"保险界十三太保"奉献于战时陆地兵险革命史内涵和党的第三条战线精彩故事，足以彰显金融界先贤以保险服务助力改天换地的奋斗精神，堪称珍贵的革命历史文物。2021年6月，这张"履历书"高调亮相由上海市政协文史资料委员会与上海市档案馆、交通银行、东方网联合主办的"红色金融交响曲——上海金融战线革命斗争展"，成为万众瞩目的焦点。

"上海市保险业业余联谊会第二届征求会员大会优胜纪念"银牌

"保联征求会友优胜纪念"徽章

收藏的境界，就像"众里寻他千百度，蓦然回首，那人却在灯火阑珊处"一样，充满惊喜和奇遇。记得2008年冬天一个周六早晨，我习惯性地很早来到云洲古玩城市场，正在仔细翻看地摊上的纸品，忽然有人向我招手，原来是经营票证的朋友，我曾向他购买过一些民国保险单据，也曾委托其代为寻觅保险业藏品。他告诉我在别人店里看到两枚与保险业相关的徽章，但索价较高，问我有没有兴趣。我问什么样式，有何文字。他说两枚均有"联保"字样及火炬图案，其中一枚盾牌型的银章有许多文字，记不太清楚，似乎有"优胜纪念"字样。我脑海里迅速搜索有火炬标志的保险机构信息，突然，一个念头跳出来，"联保"会不会是"保联"——难道是我苦苦追寻的"保联"徽章吗？"保联"是抗战爆发后由中共上海地下党主导创建的保险业红色群谊团体，相关实物资料非常稀见。如果真是"保联"徽章，那是可遇而不可求的收藏精品啊！我表面不露声色，心底却起了波澜，恨不得马上让他收摊带我去看，但经验告诉我不能操之过急。我淡淡地说等看到东西再说，他答应下午收摊后前去联系好再通知我。翘首以盼，一夜无回音。直到第二天早晨，他忽然来电说，有人已先他一步登门，看好这两枚徽章，正在谈价钱，如果我想要的话，就要比昨天约定的价钱再高一些，他想办法直接买下来，徽章真假他有九成把握，如属于赝品算他的；如果是真品，必须接受，不能不要，不准砍价。我害怕错失机会，又担心夜长梦多，当机立断，按他的条件办。等第一眼看到两枚徽章时，我真是喜出望外，为防节外生枝，我也来不及挑剔品相，马上按约付款，聊表谢忱。"上海市保险业业余联谊会第二届征求会员大会优胜纪念"银牌和"保联征求会友优胜纪念"徽章，成为我最喜爱的收藏品之一，虽然购价不菲，但依然让我兴奋了许久。

随着藏品逐渐增多，透射出的中国保险业历史文化的丰富性大大出乎我的预料。而对这些藏品所蕴含信息及背景资料的深度解读，更加深了我对保险历史收藏社会价值的认知。从一定意义上说，这20多年的收藏探究，尝试撰写鉴赏习文的过程，既是发掘保护文化遗产、系统整理保险史料、勾勒历史脉络、向先贤致敬的过程，更是我个人接受保险文化正能量洗礼、思想认识升华、感悟革命真谛的过程。像所有收藏家一样，我也时时纠结于自己的藏品远不够多、不够全，但我坚信，"多"和"全"不是收藏意义的全部，再丰富的藏品也需要花时间去深研细悟，只有精深解读，藏品背后的文化价值才会凸显出来。我不会满足于当一个文物史料保管员，应该力争成为术业有专攻的"专家"，不仅以拥有丰富的藏品为荣，更要系统地发现其附着的行业文化元素信息，用学识和视野令保险文化呈现得更加饱满和鲜明，以此来提升藏品的知识含量和智慧能级。有人说，民间收藏的乐趣在于藏珍聚奇，秘不示人，享受"人无我有，人有我精"的心理满足和精神愉悦。我倒认为，"独乐乐不如众乐乐"，挖掘个人藏品背后的历史文化内涵，为现实服务才是收藏的真谛。尤其是当你的藏品能够与一个国家、一座城市、一个行业的发展密切融合，用藏品去印证崛起之路，用故事留存成长记忆，方能凸显个人收藏的不同凡响。

　　2009年4月，我在中国保险学会网站开辟了个人博客，陆续发表了百余篇"保险业历史文化专题收藏鉴赏"习文。2009年11月，我应上海市收藏协会邀请，在云洲古玩城会展中心举办了"迎世博中国保险业百年发展历史回顾展"，上千件展品，从不同的视角向世人展现了中国保险业百年坎坷之路，轰动了上海收藏界，也引起了中国保险业界有识之士的热切关注。

　　2014年4月下旬我应邀赴北京参加中国保险学会与中国人民大学、《中国保险报》联合主办的"保险之路——中国保险历史文化展"，个人藏品在中国人民大学博物馆展出，首次登上高校"读史读经典"舞台，接着7月8日"保险公众宣传日"在中国保监会大厦举办"责任与梦想——中国保险历史文化展"，并全力支持中国保险学会开通了保险历史公众号。我的专题收藏引起全国新闻媒体的重视，有多家报刊、电台报道，并做专访。我的小收藏在分享中价值翻倍，快乐也加倍了。

保险之路　中国保险历史文化展

我还依据藏品实物与文献资料，撰写系列鉴赏文章，陆续刊登在《中国银行保险报》《银行博物》《上海保险》《金融文化》等刊物，有百余篇、约60万字，有些篇目还被中国网、凤凰网、人民网、新浪网、金融界等网站转载。

尤其是2009年前后的一次"机遇"：笔者在一个特别意外的场所——上海一家收藏品市场地摊上，看到一批当年"保联"会员往来信件及照片资料，阅读后大受震撼。原来这是属于"保联"中共地下党成员们在劫后余生的20世纪80年代中后期追忆往事、补正信息的信函，是为筹备"上海市'保联'创建五十周年纪念会"而稽考史实，汇集整理的上海市保险业党史资料。20世纪三四十年代，是什么力量主导着一批大都市的西装革履资本家、办公室白领、账房先生、洋装学生、时髦女郎们，不怕坐牢，甘冒杀头的危险投身抗日救亡革命？笔者油然而生探秘"保联"英雄人物、追寻上海"保联"隐秘斗争故事的冲动。

受革命先辈英雄事迹的鼓舞，笔者20年来汇集整理零散的文献，走访健在的革命前辈，参考回忆录，梳理脉络，钩深索隐，笔耕不辍。由于受"潘汉年杨帆"冤案的牵连，上海"保联""银联"及"广大华行"地下党人蒙受不白之冤，白区中共地下党工作遭否定，当事人受迫害，知情者讳莫如深，往事逐渐湮没于岁月尘埃。党的十一届三中全会，拨乱反正，正本清源，"保联"战友开始有了往来联络，组建上海市保险业党史资料征集组，汇编了《上海市保险业职工运动史料》及《续集》，侧重"保联"组织活动情况介绍，而主要人物的传记故事叙述不多。由于"少宣传个人"，50年恍如隔世，"保联"会员资讯无从查考，追寻核实人物梗概及红色故事进展艰难。天道酬勤，日积月累，总算抢救回一些"保联"人物的口述及文献资料，也陆续获得一些血火交织、激情澎湃的先辈回忆录。这些材料虽沧海一粟，"像素"不高，但足以让人肃然起敬。老一辈"保联"先驱们的人生故事犹如一幅波澜壮阔的红色画卷，彰显出保险人为保险业筚路蓝缕的自强创业史，为国家独立民族解放而献身的奋斗史，借以彰显保险人忧国恤民的人文情怀、价值追求与职业尊严。

亦有人觉得旧上海乃冒险家乐园，西装革履，洋腔洋调，灯红酒绿，为外商盘剥提供服务的洋行买办及保险从业者，仰人鼻息，明哲保身，锱铢必较，见利忘义，很难把红色印记与这样的职业群体挂起钩来，为他们立传属于小题大做。然而上海是中国共产党的初心萌发地，典藏历史可以为红色基因追根溯源。上海保险业是中共地下党深耕的一块沃土，诸如1905年曾少卿在抗美援侨"抵制美货"运动初露锋芒，1918年2月恽代英在上海《东方杂志》发表《人寿保险事业之新发展和长生会》译文，介绍西方保险思想，中国共产党建党伊始的上海中国劳动组合书记部拟订劳动者最低限度保险诉求的《劳动法案大纲》，20世纪二三十年代掀起的赎路运动及对日经济绝交行动，五卅运动，以及上海工人三次武装起义，都为上海保险业播下了革命火种，蓄积了力量。在宽宏博大的社会舞台上，保险先贤们以天下为己任，反帝爱国，投身于实业救国、金融强国的时代洪流中去，与国同呼吸共患难。当国有难，召必至，革命先驱义无反顾，从组建上海保险界战时服务团，参与抗日救国会，到秘密组建中共地下党支部，创建"保联"联谊组织，星火燎原；从发动保险业群众支援前线扩大爱国阵线，在大后方经理战时运输兵险及陆地兵险事业，服务经济抗战，再到创建为党作贡献的经济实体，构建像广大华行、大安保险、民安保险、宁绍人寿、上海联安保险、关勒铭金笔厂、东方贸易公司、合众营业公司那样的红色网点，更涌现出一大批赳赳雄心的保险精英，赴汤蹈火的无畏战士，利用保险业务的身份便利，创建共产党的第三条秘密战线，勇毅前行；从稳定金融秩序迎接解放，到军管会接管官僚买办金融，把旧的保险机构纳入人民保险金融体系，踔厉奋发公私合营，无不体现共产党人矢志不渝，坚定的理想信仰和高超的斗争艺术。"保联"共产党人坚守为人民谋幸福、为民族谋复兴的初心使命，赴汤蹈火，视死如归，不是他们不懂得生命的可贵，而是因为生命之上，有视若珍宝的理想，高至云端的信念。

追寻"保联"地下党履痕，撰写人物传记故事，其实是一场虔敬的修行，我常常自愧没有生花妙笔，描摹不出革命先驱的慷慨激昂，壮怀激烈。哲学家帕斯卡尔说："思想形成人的伟大，人只不过是一根芦苇，是自然界最脆弱的东西，但它是一根能思想的芦苇。"华夏先祖在《诗经·秦风》中以"蒹葭苍苍，白露为霜"吟诵过芦苇之美。确真如此，在"保联"成员的身上，我们可以看到生命像质朴的芦苇一样，清寂飘逸，从无追名逐利，有着沁人心脾的壮美：芦苇不是树，却有深植根脉的树的坚强与无私；芦苇不是竹，却有中通外直竹的风骨与气节。汇集他们的成长故事，可以看到彷徨青年是怎样像顽强的

追寻
保联先行者的足迹

芦苇一样，扎根贫瘠的荒滩，萌芽、抽穗，芦花盛开，如雪似霜，在寒风中纷扬，由稚嫩而刚强。他们像芦苇一样从不嫌弃土地的瘠薄，总是用脆弱而坚韧的生命衬托大地的深沉与壮阔；他们似芦苇一样从不娇贵和张扬，不与群芳争艳，总是不避风雨而立，不畏霜雪而栖，总是于静默之处见精神、淳朴之中显刚毅……

"保联"像一座革命大熔炉，荡涤泥沙，锤炼民族危亡时刻每个保险从业者的灵魂，"保联"会员们化身红色金融精神的诠释者、传播者、践行者：砥砺成长起来一批忠诚战士（到上海解放前夕为止，保险业地下党组织先后有过60名党员），有坐穿牢底不改初心的志士豪情，有义无反顾征战疆场的慷慨悲壮；有外争主权、内堵漏卮的凛然气节，有立足保险岗位为国奉献的使命担当；有烽火中的颠沛流离和浪漫爱情，也有革命夫妻理想高于天的九死一生、生死相依真情；也有革命战友穿越时空、荣辱与共的挚爱情谊……回溯"保联"红色血脉，透过本书25位保险业地下党员的信仰坚定执着，可以深深感知他们体验志士报国、救亡图存的新奇与崇高，经受住多重考验，绘写出绚丽的革命篇章，其中有些人还收获了爱情，寻到了生命中的另一半，"保联"成就了几对革命伴侣，像沈润璋与王玮、谢寿天与蒋学杰、程振魁与陈瑛、戚白明与贝超杰、朱元仁与刘凤珠、孙文敏与李文锦、张先成与郭素珍、蔡同华与袁若霞、唐凤喧与梅亚华等，就是苦乐年华里一抹艳丽的风景，人生如歌，青春因拼搏而迸发出夺目的生命光彩。

在"保联"存续的11年中，其号召力与示范影响并不囿于保险业界范围，也辐射其他职业界，在上海职工运动史上留下了不可磨灭的功绩。试举实例为证："保联"党员先锋舞台除了有保险业从业人员，还吸引一些学生（爱国女子中学周繁珮、中华职业补习学校张先成、华联同乐会补习学校施文美）、教师（永乐小学王玮、曹家渡怀德小学贝超杰、上海市中德助产学校袁若霞）、工人（英商亚细亚火油公司吴福荣）、其他金融业职员转入（盐业银行戚白明、金城银行杜伯儒）等，连美商海宁洋行的普通女工陆瑛、赵萍、吴秀丽、汤翠娣、赵倩都曾经在"保联"话剧组踊跃参与活动，都加入了共产党（赵萍、赵倩、吴秀丽、汤翠娣、赵征先后进入苏北根据地，参加抗大学习，成为光荣的新四军战士）。

你还在把保险从业者视为孳孳为利的生意人或"野蛮人"吗？请读一读"保联"红色故事吧！笔者相信事实会战胜偏见——把问号拉直，变成惊叹号！

学史明理、学史增信、学史崇德、学史砺能。问号"拉直"的过程，是追寻红色足迹、叩问初心使命，朝觐保险"精神高地"的体验。曾几何时，崇高信仰、坚定信念，被边缘化了，时代在变，家国情怀从未改变；岁月流转，红色血脉永续传承，历久弥新。革命先辈毁家纾难、隐秘奉献，与人民同心，与时代同行，他们爱党爱国，无私奉献的忠诚担当，这才是保险业界内生动力和初心情怀，才是金融业发展进步的精气神。保险业扶危救困，为实现社会的稳定发展而存在，可以成为解决系统风险治理难题、实现社会美好目标的最佳推动力。追寻的"保联"人物故事愈多愈丰满，追寻愈深入，就愈显中共中央推进"四史"教育的真理性，愈能提升红色基因教育的事实信度、记忆刻度和情感温度，就愈能为金融人立心，为保险行业铸魂。

本书撰稿者林振荣先生

"保联"的英雄凯歌已经过去八十余年，随着时间飞逝和世事沧桑，"保联"的人与事，渐渐为世人淡漠了，然而他们的这段传奇故事本身就是一部值得品读与珍惜的党史教材，留给后人的是一笔深厚得近乎沉重、丰富得至于杂乱的革命遗产，好在有大力弘扬红色文化的加持，期望我的钩沉梳理，拾遗补阙，拙劣讲述能够抛砖引玉，对业界有所裨益。

在新时代新征程上，书写红色保险历史谱系，鉴往知来，向史而新，从"保联"革命史中汲取精神养料，感悟风险治理现代化不可或缺之功业，汲取一往无前的智慧力量，成为历史的必然。只有追寻红色足迹，赓续红色血脉，重塑风清气正的业界生态，对保险职业心存敬畏，守得住行业红线，不越轨不逾矩，循诚信谋长远发展，保险业才能挣脱"保费第一、利益至上"的牢笼，奋力谱写新时代金融高质量发展的新篇章，奔涌出蓬勃的活力。

"保联"犹如一棵参天的大树，树上每片叶子不仅有共同的叶脉，还有各自不同寻常的故事……笔者虽矢志保险历史文化收藏研究，"为保险业英雄建档，让保险先贤留名"，耗时20多年，陆续公开发表了几十篇红色金融人物传记，由于这些革命先烈所从事的保险事业是共同的，齐心协力去践行的，每个人的传记故事里难免有重复冗繁之叙述，书稿依然存在着许多不足和可供商榷之处，祈识者批评赐教。而且还有许多"保联"前贤均应立传，苦于资料过少，笔者才疏学浅，无法成篇，无奈付诸阙如，未涉及的感人故事相信会有许多，容当知情者补充完善。而近百位有名有姓"保联"战士的奋斗故事，远不能涵盖烽火岁月保险业全部的担当与使命，只是给后来者提供一个主要活动及人物概览，旨在抛砖引玉，若蒙识者不吝赐教，当不胜感激之至。

感谢中国保险学会领导及权威专家们的热情鼓励、指导、建议，数易其稿，精心打磨，感激他们的策划、选稿、统稿、编纂，以及内容调整、体例规范、落实经费、联络出版等方面提供的无私帮助，正是这些擘画支持，才使本书稿得以付梓印行。感谢上海财经大学保险博物馆允许使用馆藏的部分珍贵保险文献图片资料。

本书撰稿人林振荣先生（左）与吴越（右）老前辈

特别感谢已届百岁高龄的吴越老前辈，多次登门请教，求证"保联"人物的情况，均蒙热忱接待，毫无保留地真诚协助。他在罹患新冠住院治疗之余，得知我撰写"保联"红色故事，欣然表示鼓励支持，尽力帮助，勘勉有加，还克服困难为本书作序，令我这个后学之人肃然起敬。

感谢陪伴我一同走上保险历史文化收藏研究之路的良师益友颜鹏飞、童伟明、高星、夏小钦、成继跃、王珏麟、陈国庆等，感谢上海市银行博物馆许斌、陈培卿及《中国银行保险报》编辑方磊的指导与帮助，也衷心感谢志趣相投朝夕相处的上海收藏朋友圈顾耀德、郑家庆、陈伟国、余庆生、徐海光、吴非、吴福明、蔡黎、喻建忠等一众朋友的鼓励与支持。

由于作者水平有限，书中难免存在不当之处，欢迎批评指正！向"保联"先行者致敬！让更多的人领略"保联"革命前辈过往的精彩，展望保险未来的美好，这就是我著述的初心和期盼。

撰稿者有关"保联"红色人物的部分传记文章发表概览

文章名称	传记主人公	发表刊物	发表时间
革命先驱保险魂——记中国民族保险业的拓荒者胡詠骐	胡詠骐	《中国保险报》	2011年2月25日第5版
小处显大节，风范隐平凡——胡詠骐后人寻访实录	胡詠骐 胡国定	《中国保险报》连载六期	2017年2月10日、17日 3月3日、10日、17日、24日
"詠"者无畏——中共"特别党员"的特别贡献	胡詠骐	《银行博物》(中国工商银行《行家》增刊)	2021年夏季号
永远的祖国战士——记中国保险业最早的中共党员程恩树	胡詠骐 程恩树	《中国保险报》第5版	2011年4月8日
峥嵘风采——记新中国成立前上海保险业的中共地下党组织	胡詠骐 程恩树	《中国保险报》	2011年4月8日2011年7月1日和7月8日连载
与"魔鬼"打交道的人——记秘密战线上的保险业杰出人士程恩树	程恩树	《银行博物》(中国工商银行《行家》增刊)	2017年秋冬号
金融先驱 红色忠魂——记中共第三条秘密战线上的坚强战士程恩树	程恩树	《中国银行保险报》连载六期	2021年2月26日、3月5日、3月12日 3月19日、4月2日、4月9日
"股份制"成就中国保险业昨天(五)	谢寿天 郭雨东	《中国保险报》	2012年8月10日
"股份制"成就中国保险业昨天(六)	卢绪章 杨延修	《中国保险报》	2012年8月17日
"股份制"成就中国保险业昨天(七)	卢绪章、陈瑛 吴越、林震峰	《中国保险报》	2012年8月24日
闪耀"契约精神"的光芒 透射"合规文化"的力量(十三)	程恩树 林震峰	《中国保险报》	2013年7月19日
业界硕学人保俊彦——记人保初创时期业务大家郭雨东先生	郭雨东	《中国保险报》连载三期	2015年6月12日6月19日、7月3日
陆地兵险与"十三太保"	程恩树 林震峰	《保险史话》	2017年12月

"保联"：抗战中成长起来的革命团体	胡詠骐、程恩树 林震峰、谢寿天 郭雨东	《保险史话》	2017年12月
才华横溢厚实学养，投身保险初心不改 ——记"保联"首任理事会主席郭雨东	郭雨东	《上海保险》	2021年第6期
笃行红色保险，矢志革命报国—— 记建功于多家红色保险机构的孙文敏	孙文敏	《中国保险报》连载三期	2019年9月20日 10月25日、11月15日
在"保联"里淬炼成长的革命伉俪—— 记为金融事业奋斗终生的革命前辈 沈润璋与王玮	沈润璋 王玮	《中国保险报》连载四期	2021年5月14日、5月 21日、5月28日、6月4日
"保联"淬炼成长的革命伉俪—— 记风雨同舟七十春秋的金融前辈 沈润璋与王玮	沈润璋 王玮	《银行博物》 （中国工商银行《行家》增刊）	2021年秋冬号
咏歌演剧：献力全民抗战的"战 场"——保险先辈积极投身抗日 救亡活动史实钩沉	麦新、胡詠骐 施哲明、程振魁 吴镇、周繁琍 孙文敏等	《中国银行保险报》 连载四期	2021年7月16日、7月 23日、7月30日、8月6日
中共地下党蓄势发力，股份制金 融魅力显现——红色保险创业史 迹钩沉	谢寿天、郭雨东 陈巳生、卢绪章 杨延修	《上海保险》连载两期	2021年第7期、第8期
从红色历史中汲取前行的力量—— 保险可以救国，保险人需要坚守初 心、职业自信	胡詠骐 谢寿天 程恩树	《中国银行保险报》 连载四期	2021年11月19日、11月26日 12月24日、12月31日
打上红色烙印的金融机构 ——宁绍保险公司史料新发现	胡詠骐、程恩树 吴镇、郭雨东 刘晓、陈巳生	《中国银行保险报》 连载五期	2022年4月8日、4月15日 4月22日、4月29日、5月6日
红色金融铺路石——记大安保 险公司广东分公司经理石志昂	石志昂 郭雨东	《中国银行保险报》 连载四期	2022年6月17日、6月24日 7月1日、7月15日
"保联"话剧团里的女一号——记新 四军女战士、军事文化战线功臣周繁琍	周繁琍	《中国银行保险报》 连载三期	2022年8月12日、8月 26日、9月16日
同仇敌忾赴疆场 经受革命浪潮洗礼 ——一个革命家庭的红色金融传奇	赵帛、赵倩 赵征	《中国银行保险报》 连载三期	2022年10月21日、11月18日 12月2日；2023年1月29日、2月3日
程恩树：上海保险业第一任 党支部书记	程恩树	《群星璀璨——中国太 平人物谱》	2019年10月
沈日昌：香港民安保险的创办者	沈日昌	《群星璀璨——中国太 平人物谱》	2019年10月
吴越中国保险历史文化价值 的发现者与守护者	吴越	《中国银行保险报》连载五期	2023年5月19日起